SV

Martin Mulsow

ÜBERREICHWEITEN
Perspektiven einer globalen Ideengeschichte

Suhrkamp

Gefördert von der VolkswagenStiftung

Erste Auflage 2022
Originalausgabe
© Suhrkamp Verlag AG, Berlin, 2022
Alle Rechte vorbehalten. Wir behalten uns auch eine Nutzung des
Werks für Text und Data Mining im Sinne von § 44b UrhG vor.
Umschlaggestaltung: Brian Barth, Berlin
Umschlagabbildung: Carstian Luyckx, Stilleben mit Globus,
17. Jahrhundert, Foto: mauritius images/The Picture Art Collection/
Alamy Stock Foto
Satz: Satz-Offizin Hümmer GmbH, Waldbüttelbrunn
Druck: GGP Media GmbH, Pößneck
Printed in Germany
ISBN 978-3-518-58793-5

www.suhrkamp.de

Inhalt

Vorwort 13
Einleitung: Praktiken der Bezugnahme im Prozeß der
Globalisierung 17

Erster Teil
Zeitrahmen, transkulturell

I. Mumien auf dem Boot nach Europa 62
II. Menschen vor Adam 127

Zweiter Teil
Fremde Natur und Sprache

III. Ein Zettelkasten voller Drogen 195
IV. Alchemie zwischen Ost und West 241
V. Leibniz' chinesische Bücher 284

Dritter Teil
Häresie, global

VI. Häresietransfer 337
VII. Ein Vaterunser für die »Hottentotten« 388
VIII. Der Teufel und der Jaguar 435

Epilog: Mikrohistorie, Globalgeschichte und die
Rekonstruktion intellektueller Praktiken 475

Anmerkungen 483
Verzeichnis der Abbildungen 697
Namenregister 706

In Erinnerung an
Patricia Crone

*Jedenfalls aber ist unsere philologische Heimat die Erde;
die Nation kann es nicht mehr sein.*
Erich Auerbach

VORWORT

Daß im 21. Jahrhundert Ideengeschichte nicht mehr weiter selbstverständlich aus der Perspektive Europas geschrieben werden kann, ist mir in meinen Jahren als Professor an der Rutgers University in den USA klargeworden. Dort waren Studierende aus allen Kontinenten die Hörer meiner Vorlesungen, und die bisherige deutsche Erfahrung erschien auf einmal provinziell. Prägend war dann die enge Zusammenarbeit mit der Islamwissenschaftlerin Patricia Crone und dem Historiker Jonathan I. Israel am Institute for Advanced Study in Princeton, als wir 2008/2009 zusammen eine Reihe von Tagungen organisiert haben, in denen es um intellektuelle Fernwirkungen radikalen Denkens vom Islam des 9./10. Jahrhunderts bis zum Westeuropa der Aufklärung ging.[1] Dabei wurde mir deutlich, daß in der Zusammenarbeit von Arabisten, Judaisten, Byzantinisten, Renaissance-Experten und Aufklärungsforschern völlig neue Fragen gestellt werden konnten und weitmaschige Verbindungen sichtbar wurden, die sonst gar nicht in den Blick kamen. Seit spätestens 2011 beschäftigte mich auch die konkrete Frage, wie eine Adaption der Globalgeschichte für die Ideengeschichte oder »Intellectual History« auszusehen hat und welches die methodischen – aber auch die wissenschaftspraktischen – Änderungen sein werden, die die Ideengeschichte dabei vornehmen muß. Einfach globalgeschichtliche Termini wie »Verflechtung« auf intellektuelle Prozesse zu übertragen, ist ja nicht möglich, ohne daß sehr genau reflektiert wird, ob und wie Aussagen oder Rahmungen von Aussagen sich »verflechten« können.

Aber was ist überhaupt globale Ideengeschichte? Angezielt

bei diesem Unternehmen sind transnationale und vor allem transkulturelle Verbindungen von Wissensbeständen. Da sich der Begriff »Global Intellectual History« etabliert hat, übernehme ich mit ihm auch das »Globale«; das soll aber weder heißen, daß immer die ganze Welt betroffen ist, noch daß ich überall Verbindungen vermute, auch dort, wo es keine gibt. Unverbundenheit ist genauso ein wichtiger Umstand wie Verbundenheit.²

Jede transkulturelle Forschung ist notwendigerweise standpunktgebunden. Das hängt mit der jeweils eigenen intellektuellen Sozialisierung zusammen. Mein eigener Standpunkt ist Europa, denn bisher habe ich vor allem europäische Ideengeschichte betrieben; das wird im vorliegenden Buch auch deutlich werden. Es sollte aber nicht daran hindern, von diesem Standpunkt aus Fragen nach globalen Verflechtungen zu stellen und ihnen dann auch bis in entlegene Regionen zu folgen. Ich hoffe zu zeigen, daß dies in vielerlei Hinsicht möglich ist, ohne Rücksicht auf engere disziplinäre Grenzen, und daß man sogar eine eigene Narratologie entwickeln könnte, die reflektiert, wie der Sprung ins Außereuropäische gelingen kann.

Nun mögen schnell zwei Einwände erhoben werden. Der erste: Es ist doch vermessen, den Fokus der Untersuchung auf die ganze Welt auszuweiten, zumal wenn auch noch große Zeiträume einbezogen werden. Da verflüchtigt sich jede historische Präzision, von so etwas wie Kontextualisierung ganz zu schweigen. Und der zweite: Es ist vermessen, jenseits der eigenen kulturellen und sprachlichen Kompetenzen zu forschen, wo man das Quellenmaterial nicht mehr aus erster Hand erheben und kontrollieren kann. In allem, was über die eigenen Kompetenzen hinausgeht, wird man nur Sekundärliteratur wiedergeben und womöglich noch nicht einmal auf dem aktuellen Forschungsstand sein. Beide Einwände sind sehr ernst zu nehmen.

Meine Konsequenz, die ich aus dem ersten Einwand ziehe, lautet: Globale Ideengeschichte ist nicht anders als in Fallstudien zu betreiben. Für eine umfassende Überblicksdarstellung – falls so etwas überhaupt möglich ist – ist es noch viel zu früh. Doch in Fallstudien kann sehr wohl präzise kontextualisiert werden, auch wenn die Kontexte sich in ferne Regionen hinein erstrecken. Solche Studien können einen Eindruck von der Vielfalt der Wege geben, die in Zukunft zu beschreiten sind.

Es ist dabei mein Anspruch in diesem Buch, jedes Kapitel auf neue und oftmals unbekannte Quellen zu gründen – zumindest was die europäischen Quellen angeht – und dabei methodisch flexibel sowie auf dem Stand der neueren kulturwissenschaftlichen Herangehensweisen zu sein. Zugleich gibt die ausführliche Einleitung den methodischen Rahmen für das Ensemble der Studien.

Der zweite Einwand ist schwerer zu entkräften und zieht, wenn er ernst genommen wird, praktische und sogar wissenschaftspolitische Konsequenzen nach sich. Längerfristig werden, so meine ich, Monographien über globale Ideengeschichte nur von Teams von zwei oder drei Autoren zu schreiben sein, die ihre Kompetenzen zusammenfügen. Erst dann vermeidet man die Falle, im Hinblick auf die Disziplinen, die man nicht aus erster Hand kennt, lediglich Stereotypen und ältere Forschung zu reproduzieren. Bei künftigen Büchern hoffe ich, es so handhaben zu können. Für dieses Buch mußte ich mich noch damit begnügen, eine Vielzahl von Freunden, Kollegen und Kolleginnen mit meinen Fragen zu bestürmen. Für deren Hinweise bedanke ich mich in den Fußnoten – es sind zu viele, um sie hier alle zu nennen.

Immerhin gibt es mehr und mehr Versuche in der Richtung, die mir vorschwebt. Forscher wie Sanjay Subrahmanyam, Giuseppe Marcocci, Jorge Cañizares-Esguerra, Sabine MacCormack, Serge Gruzinski, Antonella Romano, Urs App oder John-Paul Ghobrial, um nur einige zu nennen, haben in den letzten Jahren begonnen, das verwirrende Zusammenspiel von zugleich räumlich und zeitlich weitreichenden Bezugnahmen zu erforschen. Mit dem vorliegenden Buch hoffe ich, einen Rahmen für diese Art von Untersuchungen zu geben und dadurch weitere anzuregen.

Noch ein Wort des Dankes: Der Deutschen Forschungsgemeinschaft bin ich zu Dank verpflichtet, daß ich im Rahmen der Kollegforschergruppe »Religiöse Individualisierung in historischer Perspektive«, die ich zusammen mit Jörg Rüpke geleitet habe, mehrere Jahre zu Themen der Verflechtungsgeschichte forschen konnte. Der Volkswagenstiftung danke ich für die Gelegenheit, durch ihr großzügiges Opus-Magnum-Stipendium das Buch abschließen zu können.

Erfurt, im Frühjahr 2022

Einleitung:
Praktiken der Bezugnahme
im Prozess der Globalisierung

Wir verfallen immer auf das Fernliegende.

Günter Eich

Überreichweiten

Überreichweiten kommen zustande, wenn durch eine bestimmte Wetterlage ein fern gelegener Sender sehr viel weiter reicht als gewöhnlich und einen näher gelegenen Sender derselben Frequenz überlagert: Dann bilden sich auf dem Fernsehbildschirm verschobene Bilder mit gleichem Inhalt. Die Konturen verdoppeln und überlagern sich, bei Radiosendern verschieben sich die Töne. Ein Bild aus Zeiten vor dem Kabelfernsehen.[1]

In diesem Buch wird die Frühe Neuzeit als ein Zeitalter der Überreichweiten interpretiert. Als eine Zeit, in der Quellen aus nah und fern sozusagen dasselbe funkten, ohne daß man mit dieser Verdoppelung zurechtkam oder sie manchmal auch nur bemerkte. Es war eine Epoche, in der sowohl zeitlich als auch räumlich die Weite des Ausgriffs nicht mit dem, was wir heute als die reale Reichweite erkennen, übereinstimmte. Diese Einsicht möchte ich dazu nutzen, die frühneuzeitliche Ideengeschichte in die Form von »Globalisierung« zu überführen, die ihr angemessen ist. Eine globalisierte Ideengeschichte, eine Intellektualgeschichte in Form einer weitgespannten Verflechtungsgeschichte, wird von vielen heute als dringend nötige Ergänzung der herkömmlichen, meist europazentrierten Sichtweise auf die Dynamik von Geist und Wissen angesehen. Es scheint ein Punkt erreicht, an dem unterschiedlichste wissensgeschichtliche Disziplinen auf diesen Punkt zulaufen. Man redet von einer »Global History of Science«, von »World Antiquarianism«, »World Philology«, »Global Art History« und auch von einer »Global Intellectual History«.[2] Zunächst sind das nur Titel, die den Anspruch markieren, den Fokus über Europa hinaus zu erweitern. Über eine Methode ist damit noch nichts gesagt. Das Spektrum reicht von einer vergleichenden Perspektive[3] über punktuelle Konnektivitäten bis zu »entanglements«, dichten Formen von wechselseitigen Transfers.

Die meisten dieser »Globalifizierungen« – um mit Jürgen Osterhammel zu reden[4] –, also dieser Ausweitungen von Disziplinen unter dem Eindruck der gegenwärtigen Globalisierung, beziehen sich auf das 19. und 20. Jahrhundert (allenfalls noch das späte 18. Jahrhundert mitgerechnet), denn seit dieser Zeit setzt mit aufkommender Weltpolitik, mit Imperialismus, Kolonialismus, Industrialisierung und Fernhandel, zudem mit immer besserer Kommunikation und funktionierendem Verkehrswesen die akute Phase des Lebens im »Weltinnenraum« des Kapitals – und auch der Ideen – ein.[5] Im vorliegenden Buch aber wird der Blick weiter zurück gelenkt. Es geht mir hier um die Vormoderne und spezifisch um die Frühe Neuzeit zwischen (europäisch gesprochen) Renaissance und Aufklärung.

Was ist spezifisch für die globalen Ausgriffe der Vormoderne? Und was ist spezifisch für die globalen, transkulturellen Verflechtungen, wenn nicht ökonomische, soziale oder militärische Beziehungen, sondern Theorietransfers und die Adaption von Ideen im Fokus des Interesses stehen? Diese beiden Fragen müssen beantwortet werden, bevor man sinnvoll von einer globalen Ideengeschichte sprechen kann. Meine Antwort: Die globalen Ausgriffe sind noch risikobehaftet, unsicher, gehen in ihrer Reichweite und in ihrer Erfassung oft fehl. Und: Diese Ausgriffe sind als mentale, intentionale Ausgriffe zu verstehen, als referentielle Bezugnahmen auf zeitlich, räumlich und/oder kulturell fernstehende Autoren, Aussagen, Semantiken und Theoriekomplexe. Daher der Begriff der »Überreichweiten«. Er steht für ein ganzes Bündel von Fehlausgriffen, die zu weit, zu nah, zu unpräzise oder völlig verfehlt sind. Kolumbus glaubte, (Hinter-) Indien erreicht zu haben, als er auf Honduras anlandete. Die Renaissance glaubte, daß sie in Hermes Trismegistos die älteste philosophische Autorität vor sich habe, einen Denker aus der Zeit Abrahams, obwohl es sich in Wirklichkeit bei seinen Schriften um Pseudepigraphen aus dem 2./3. nachchristlichen Jahrhundert handelt. Als die Jesuiten 1549 in Japan anlangten, hatten sie sich von einem aus Japan nach Indien geflohenen Mörder namens Anjirō den (Zen-)Buddhismus erklären lassen, und aufgrund dieser Erklärungen schien es ihnen so, als seien die Japaner Christen, denn sie hätten in wesentlichen Punkten die gleiche Lehre. Umgekehrt hielten die Japaner die Jesuiten für *Tenjikujin*, Männer aus dem Mutterland des Buddhismus, also Indien. So entstand für kurze Zeit eine völlig unerwartete Nähe zwischen Japanern und Europäern, die einander mit größtem Interesse zuhörten, weil beide Seiten einer Fehlwahrnehmung aufsaßen.[6]

Oft wird unterschätzt, wie sehr solche Fehlwahrnehmungen die Vormoderne geprägt haben. In mühevollen Lernprozessen, in der Entwicklung kritischer Philologie, Historiographie und Empirie mußten viele von ihnen im Laufe des 17. und 18. Jahrhunderts beiseite geräumt werden.[7] Nimmt man den Begriff der »Überreichweiten« in diesem umfassenden Sinne als Leitkonzept einer globalisierten Ideengeschichte, wird schnell deutlich, daß – methodologisch gesehen – eine Theorie der Referenz nötig ist, um die spezifische Art transkultureller Ausgriffe, *longue-durée*-Bezugnahmen und Fehlbewertungen adäquat beschreiben zu können. Erst dann können oft unscharf gebrauchte Begriffe wie Transfer, Transmission oder Adaption präzisiert werden. Denn es ist die ständige Einbeziehung einer Differenz nötig, bei der zwischen der intentionalen Bezugnahme auf ein Objekt (z. B. Hermes als Weiser zur Zeit Abrahams) und der realen Beziehung (ausgehend vom Autor aus dem 2./3. Jh.) zu unterscheiden ist. Ich werde das eine »Doppelhelix« nennen, einen Doppelstrang aus gedächtnisgeschichtlichem Bezug und realem Transmissionsgeschehen, und in dieser konzeptionell orientierten Einleitung genauer entwickeln. Diese methodische Besinnung sollte freilich nicht zu einer philosophischen Sterilität führen. Daher werde ich den Akzent auf das Referenz*verhalten* setzen, um die verschiedenartigen Bezugnahmen auf transkulturelle Objekte in ihrer Einbettung in Praktiken zu verstehen. Denn intellektuelle Verflechtungen sind ja eingebettet in Reisen und Eroberungen, Handel und Migration – selbst wenn es nur deren schriftliche Niederschläge sind, die einen Lehnstuhl-Wissenschaftler erreichen. Indem die vormodernen Überreichweiten praxeologisch rückgebunden werden, eröffnet sich ein ganzes Feld von neuen Möglichkeiten für die historische Forschung.

Globalisierung als Herausforderung der Kulturgeschichte

Die amerikanische Historikerin Lynn Hunt hat kürzlich in ihrem Buch *Writing History in the Global Era* eine bestimmte Sorge formuliert, was die Globalgeschichtsschreibung angeht.[8] Ursprünglich war das Buch in einer italienischen Version erschienen, als *La storia culturale nell'età globale*,[9] und dieser Titel weist etwas genauer auf die Kernaussage des Werkes hin: Globalgeschichte laufe Gefahr, die kulturgeschichtlichen Errungenschaften der vergangenen Jahrzehnte zu verspielen. Kulturtheoretisch geprägte Geschichtsschreibung war in den 1970er Jahren aus den Krisen von Modernisierungstheorie, marxistischer Sozialgeschichte, serieller Geschichte im Sinne der Annales-Schule und identitätspolitischer Geschichte hervorgegangen – so zumindest das Szenario in den USA, das Hunt beschreibt. Die neuen Kulturtheorien unterminierten hingegen die Grundannahme, die diesen vier Richtungen zugrunde lag, nämlich daß die ökonomischen und sozialen Verhältnisse die darüberliegenden kulturellen und politischen Ausdrucksweisen bestimmten.[10] In ihren verschiedenen Ausprägungen als Poststrukturalismus, Postkolonialismus, Postmodernismus, Linguistic Turn und Cultural Studies stellten die Kulturtheorien, vereinfacht gesagt, die alte Hierarchie auf den Kopf: Der kulturelle Code sei entscheidend und durchdringe sogar die »harten« Bereiche des Sozialen und Ökonomischen. Allerdings brachten die Kulturtheorien auch die Abkehr vom Eurozentrismus hervor und entwickelten seit den 1990er Jahren, auf der Höhe des Erfolges, in der ihnen eigenen destruktiven Art eine Reihe von selbstkritischen Einwänden. War nicht die explanatorische Kraft des Kulturellen überreizt worden? Hatte man sich nicht zu sehr auf das Exotische, Lokale, Abgelegene, Unbedeutende, Marginale kapriziert und dabei die großen Faktoren der Weltgeschichte aus den Augen verloren?

In dieses Vakuum ist, so Hunts These, die Globalgeschichte gestoßen. Ihr beträchtlicher Erfolg sei auch als revanchistisches Programm zu sehen: Endlich wieder, nach Jahrzehnten der Vernachlässigung, war es möglich, große Fragen zu stellen, langfristige Fragen, und Fragen nach kausalen Verknüpfungen, nicht nur nach Interpretationen und symbolischen Verhältnissen.[11] Es ist das Programm, das in einer fast zeitgleich zu Hunts Buch erschienenen Kampfschrift noch einmal offensiv formuliert worden ist: in Jo Guldis und David Armitages *History Manifesto*. Dort wird der »Kurzfristigkeit« der Mode des Mikrohistorischen der Prozeß gemacht und das Plädoyer für eine *longue-durée*-Betrachtung großer Themen zum einen an die Notwendigkeiten heutiger Politikberatung und zum anderen an die

Möglichkeiten von Big-Data-Computeranalysen angebunden.¹²
So problematisch das sein mag,¹³ so ist doch deutlich, daß der Trend der Historiker tatsächlich in diese Richtung geht: Globalgeschichte ist vornehmlich »harte« Geschichte: Wirtschaftsgeschichte, Umweltgeschichte, Sozialgeschichte.

Und genau an diesem Punkt setzt Lynn Hunt mit ihrer Frage an: Welche Konsequenzen zeitigt die Herausforderung der Globalisierung für die Kulturgeschichte? Gehen in ihr Einsichten verloren, die die postmodernen, postkolonialen, kulturalistischen Geschichtsschreibungen schon erreicht hatten? Es gibt ja, so Hunt, noch kein einheitliches, kohärentes Paradigma der Globalisierung.¹⁴ Meist wird Globalisierung »von oben« gedacht, von den makroökonomischen Prozessen her, und zumeist auch von den gegenwärtigen Dynamiken, die dann allenfalls auf ihre Vorläufer hin in die Vormoderne zurückverfolgt werden. Dagegen haben sich eine Reihe von Ansätzen »von unten« in Stellung gebracht, bei denen Historiker aus den Quellen heraus die komplizierten und unvorhersehbaren Wege beschreiben, die Globalisierungsprozesse in der Frühen Neuzeit faktisch eingeschlagen haben.¹⁵ Sie gehen von der Handlungsperspektive einzelner Akteure oder Akteursgruppen aus und zeigen, daß »ökonomische Motivation nicht länger als automatisch primär angesehen werden muß, und daß selbst in den vielen Fällen, bei denen es um Handel geht, klar wird, daß andere Faktoren wie Geschmackswandel, persönliche Interaktionen, Familienbande, Schreibfähigkeit oder religiöse Empfindungen globale ökonomische Transaktionen erst möglich machen«.¹⁶ Damit deutet sich schon an, in welche Richtung eine Globalgeschichte weitergeführt werden kann, die sich nicht völlig abkoppelt von den kulturalistischen Strömungen und Untersuchungen der 1970er bis 1990er Jahre, sondern sie fortsetzt und verbreitert.

Hier will ich den Faden aufnehmen und Hunts Deutung der historiographischen Situation auf ein Feld tragen, das sie nicht vornehmlich im Auge hat: auf das der Ideengeschichte – international gesprochen der »Intellectual History«.[17] Auch die Ideengeschichte hat ihren »cultural turn« gehabt, wenn auch erst in den späten 1980er Jahren. Wie Peter Burke sagt, ist Intellectual History heute meist eine Art Kulturgeschichte intellektueller Praktiken.[18] Sie ist, von einer Elitegeschichte philosophischer Ideen her kommend, durchlässig geworden zu einer allgemeinen Geschichte des Wissens und der Information, indem sie Aspekte der Räumlichkeit, der Materialität oder der Medialität in sich aufgenommen hat. Um nur einige meiner eigenen Projekte zu nennen: *Räumlich* kann man fragen nach der Topographie der République des Lettres, ihren Netzwerken und Kommunikationswegen, aber auch nach den Räumen des Untergrundes bei verbotenen Wissensformen.[19] *Materiell* gesehen wandelt sich die Frage nach der radikalen Aufklärung in eine nach der Prekarität des Wissens, das nur mündlich oder in Handschriften zirkulieren und dabei verlorengehen kann.[20] *Medial* kann philosophische Emanzipation an die parasitäre Benutzung von Literatur oder gar von pornographischen Schriften gebunden sein, um eine größere Verbreitung zu finden.[21] Intellectual History hatte also teil an der Konjunktur der Kulturgeschichte und teilte mit ihr die Vorlieben des Kleinen, Lokalen und Marginalen. Es sind ebendie Vorlieben, die nun durch den Trend zur Globalgeschichte in Zweifel gezogen werden.

Globale Kulturgeschichte der Ideen

Mit Hunt im Hintergrund läßt sich daher folgende Frage stellen: Bedeutet Globalisierung auch im Bereich der Ideengeschichte eine mögliche Reversion der »cultural turns«? Gibt es auch in der Ideengeschichte eine Abkehr vom Kleinen und Kurzfristigen? Gibt es auch hier Renegaten des Kulturalismus? Ja, es gibt sie. Es gibt zum einen einen neuen Trend zu einer Globalifizierung auch der Ideengeschichte, und es gibt zum anderen einen Trend zur Rückkehr von »big ideas« und Untersuchungszeiträumen der *longue durée*.[22] Die großen Themen sollen wieder beherzt über die Jahrtausende und nun auch über die Kontinente verfolgt werden. Darüber hinaus zeigt der Erfolg der Tetralogie Jonathan Israels zum *Radical Enlightenment*, die sich aggressiv von den kulturalistischen Erzählungen Robert Darntons oder Roger Chartiers distanziert, daß es auch hier eine revanchistische Agenda gibt, die in das Vakuum vorstößt, das die kultur- und sozialgeschichtlichen Ansätze hinterlassen hatten: Es soll wieder um das Denken selbst und seine Wirkmächtigkeit gehen.[23] In einem anderen Bereich ist im Zeichen des *spatial turn* die Annäherung von Politischer Ideengeschichte und der Theorie internationaler Beziehungen zu beobachten.[24] All das läßt es nicht völlig abwegig erscheinen, auch für die Ideengeschichte die Diagnose von Lynn Hunt zu formulieren: Die Globalisierung der Ideengeschichte geht einher mit einer Abwendung von kulturgeschichtlichen Ansätzen. Fast scheint es, als ob die ungeheure Dehnung, die ein Blick auf globale Zusammenhänge bedeutet, eo ipso dazu drängt, sich aufs Wesentliche zu konzentrieren.[25] Wenn das für die Realgeschichte bedeutet: aufs Ökonomische, dann für die Ideengeschichte: auf die großen Ideen selbst. Steht uns also eine – modifizierte – Rückkehr von Arthur Lovejoys »unit-ideas« bevor? Eine Rückkehr zu den basalen Ideen, die sich über Hunderte oder Tausende von Jahren durchhalten, auch wenn sie immer wieder neue Ausdrucksformen annehmen und andere Verbindungen eingehen?[26]

Man kann aber auch andersherum fragen, ganz im Sinne von Hunt: Wie ließe sich das Arsenal kulturgeschichtlicher Methoden und Einsichten auch für eine globale Intellectual History bewahren, wie ließe sich bei einer globalen Ausdehnung die kulturgeschichtliche Dimension zurückgewinnen? Zwar ist Jürgen Osterhammel der Meinung, die Ideengeschichte sei von den Problemen, die die Globalifizierung der Disziplinen mit sich brächten, nicht so sehr betroffen, denn sie habe nie Makrokonstrukte wie die »Weltwirtschaft« im Bereich des Ökonomischen gekannt und sei von jeher an lokale Spezifiken von Texten gebunden.[27] Ich bin mir da nicht so sicher. Ideengeschichte beerbt die immer noch stark an Großtheoretiker wie Hegel gebundene Geistesgeschichte und kennt insofern seit ihrer Geburt geschichtsphilosophische Makrokonstrukte, die schon damals kulturgeschichtliche Kleinarbeit unmöglich gemacht haben.

Es gibt erste Vorschläge, wie das Problem angegangen werden kann. So wird es wichtig sein, die jeweiligen historischen Kontexte, in denen Ideen zirkulieren, auch bei einer globalen Ausweitung und in einer *longue-durée*-Betrachtung nicht außer Acht zu lassen. Erst Kontexte bieten das Fleisch, an dem die Analyse kultureller Praktiken und Symbole ansetzen kann. Die pragmatischen Kontexte von Ideen innherhalb publizistischer »Sprechakte« oder innerhalb »politischer Sprachen« zu untersuchen, war ja das Markenzeichen der »Cambridge School« gewesen.[28] Doch tendieren Kontextualisierungen notwendigerweise zum Mikrohistorischen und lassen sich nicht beliebig räumlich und zeitlich ausweiten. Um diese Schwierigkeit zu beheben, kann man lediglich auf dem beharren, was David Armitage einen »serial contextualism« nennt: man kontextualisiert immerhin die Knotenpunkte der Transmissionsgeschichte von Ideen.[29] Wenn eine Idee im Athen des 5. vorchristlichen Jahrhunderts, dann im Bagdad des 9. Jahrhunderts und im Neapel des 15. Jahrhunderts auftaucht, dann ließe sich zumindest an diesen Orten und Zeiten genauer feststellen, in welchen Äußerungskontexten sie verwendet wurde – auch wenn nicht die ganze Überlieferungskette mit allen ihren Zwischengliedern auf diese Weise behandelt werden kann. Immerhin: Der serielle Kontextualismus würde der Forderung der Globalgeschichte »von unten« nachkommen, die Handlungsperspektive der Einzelnen, die »agency«, zu respektieren.

Doch man kann einwenden, daß damit nur ein bloßer Kompromiß erreicht ist. Die Kontextualisierung bleibt sozusagen okkasionell, sie reicht nicht hin, um die Kontexte wirksam aufeinander zu beziehen. Denn sie leidet am Manko jedes Okkasionalismus: nicht für Kontinuitäten aufkommen zu können. Die aber sind gerade erklärungsbedürftig: Wie kann es überhaupt zu Transmissionen in transkulturellen Kontexten kommen? Welches sind die Rahmen, welches die Stabilitätsbedingungen, damit ein Gedanke aus China über die Seidenstraße ans Mittelmeer gelangen kann und dort immer noch als solcher erkennbar ist? Haben solche Bedingungen zum Teil auch mit Praktiken oder materiellen Trägern zu tun, und kann über diese die Kulturgeschichte zurück ins Bild finden? Oder reichen Praktiken und Materielles nicht hin, um die Identität einer Idee zu gewährleisten? Man denke an die Schwierigkeiten bei der Übernahme von Praktiken chinesischer Medizin in den Westen der Frühen Neuzeit, die Harold Cook untersucht hat.[30] Wenn Ideen gern »in Gesellschaft reisen«, huckepack als Mitfahrer von Handel, Religion und Militär,[31] dann ist zu fragen, ob in den Praktiken und im impliziten Wissen der Reise-»Wirte« genügend Kontext mitgegeben ist, um die Idee an ihrem Ankunftsort noch immer verstehbar zu machen.[32] Auf der anderen Seite müssen in der Rezeptionskultur geistige Paßräume, »slots«,[33] vorhanden sein, um die transferierte Idee überhaupt aufnehmen und einpassen zu können. Wenn der Paßraum ein ganz anderer ist als der der Ausgangskultur, kann das zu dramatischen Bedeutungsverschiebungen führen.[34]

Lynn Hunt hat, um die Möglichkeiten einer Geschichtsschreibung im Zeitalter der Globalisierung auszuloten, Themen, die um den Gesellschafts-Pol kreisen und gewissermaßen objektiv sind, von solchen, die um den Selbst-Pol kreisen und das Subjektive markieren, unterschieden.[35] In dieser Einteilung wären die Rahmenbedingungen von Transmissionen der gesellschaftliche Pol. Am subjektiven Pol angesiedelt wären hingegen – cum grano salis – die spezifischen Ausdrucksformen von Ideen und ihre individuelle Aneignung. Es gibt eine große Ausdrucksvarianz von symbolischen Formen und epistemischen Genres,[36] in denen Ideen zur Sprache kommen können: von Haikus und literarischen Dialogen bis zu »eigentlichen« epistemischen Gattungen wie scholastischen Traktaten, Observationen oder Meditationen. Auch solche Ausdrucksformen können natürlich selbst Gegenstand eines interkulturellen Transfers sein.

Themen wie diese möchte ich in dieser Einleitung angehen, die einen Rahmen für die Fallstudien des Bandes aufspannt. Es geht darum, das Problem der Rückgewinnung der kulturgeschichtlichen Dimension zu operationalisieren.

Referenzverhalten in der europäischen Expansion

Will man die Ideenwelt der Akteure in der Frühen Neuzeit angehen, die mit zeitlich und räumlich fernen Kulturen zu tun hatten, dann bietet sich auf den ersten Blick an, ihre propositionalen Einstellungen, vor allem ihre Überzeugungen, zu analysieren. Diese lassen sich in Sätzen ausdrücken wie:

(1) Jean de Léry glaubt, daß die Tupinambá Kannibalen sind.

(2) Ficino ist davon überzeugt, daß Zoroaster eine Art Trinität gelehrt habe.

(3) Die Jesuiten meinen, der Teufel habe den Inkas die Orakelsprüche eingegeben.

Sicherlich, Überzeugungen über andere Kulturen und die Zuschreibung ganzer Theoriekomplexe an sie sind wichtig für die Analyse, vor allem auch um Fehldeutungen und Mißverständnisse aufzudecken. Doch möchte ich hier noch etwas fundamentaler ansetzen. Denn alle Überzeugungen und Propositionen basieren auf einer Bezugnahme. Wovon ist überhaupt die Rede? Der Ausgangspunkt dieses Buches ist ja, daß bereits die Bezugnahme in Prozessen der Globalisierung problematisch und unsicher ist. Wie läßt sich das in eine präzise Sprache fassen?

Die philosophische Debatte über Referenz ist seit John Stuart Mill und Gottlob Frege, seit weit über hundert Jahren also, verwickelt und manchmal auch verworren.[37] Ich kann hier nur einige Punkte streifen und dann zügig versuchen, die Referenzfrage zum einen auf die frühneuzeitlichen Akteure zu beziehen und zum anderen für die Pragmatik historischer Kontexte zu öffnen. Seit Frege unterscheiden viele Theoretiker Sinn und Bedeutung (englisch oft *meaning* und *reference*), sogar im Fall von Eigennamen. Freges Beispiel sind die Audrücke »Morgenstern« und »Abendstern«, die sich beide auf den Planeten Venus beziehen (Bedeutung), aber unterschiedliche Gegebenheitsweisen repräsentieren (Sinn).[38] Die Identitätsaussage »Der Morgenstern ist derselbe wie der Abendstern« ist nicht trivial, sondern setzt bereits eine Entdeckung oder Einsicht voraus. Viele kontroverse Diskussionen befassen sich mit der Frage, ob Aussagen letztlich nur von existierenden Gegenständen gemacht werden können, oder mit der weiteren, ob Eigennamen und natürliche Arten wirklich einen Sinn (im Sinne Freges) besitzen oder nicht nur eine starre Denotation in allen möglichen Welten.

Für unsere Zwecke ist eine Unterscheidung, die Saul Kripke im Anschluß an Keith Donellan getroffen hat, von zentraler Wichtigkeit, nämlich die Unterscheidung zwischen Sprecher-Referenz und semantischer Referenz.[39] Die semantische Referenz geht auf das Objekt, auf die das Wort oder die Beschreibung tatsächlich zutrifft, die Sprecher-Referenz hingegen ist die Bezugnahme, welche derjenige meint, der das Wort verwendet (auch wenn in seiner Verwendung Irrtümer enthalten sind). So etwa im Fall von Kolumbus, als er am 12. Oktober 1492 – die »Santa Maria« ist soeben in der Neuen Welt angekommen – zu seinen Seeleuten sagt: »Dieses Land ist unser Triumph! Jetzt ist der Weg zu den Gewürzinseln frei!« Kolumbus' Sprecher-Referenz, also die Objekte, auf die er sich zu beziehen glaubt, sind Inseln, die südlich von Japan der chinesischen Küste vorgelagert sind, auf der Höhe von Hangzhou. Er meinte, den westlichen Weg nach Asien gefunden zu haben und kurz vor China zu sein. In sein Logbuch schrieb er: »Dort werde ich dem großen Khan die Briefe Eurer Majestät überreichen, um eine Antwort ersuchen und damit zurückkehren.«[40] Kolumbus' semantische Referenz von »dieses Land« zielt aber mit seinem indexikalischen Ausdruck auf die Bahamas, vor denen er den Satz ausgesprochen hat. Von den wirklichen Inseln vor der chinesischen Küste war er Tausende Kilometer entfernt.

Man könnte die Sprecher-Referenz auch als intentionale Referenz bezeichnen, um den Aspekt des Glaubens und Meinens stärker herauszuheben.[41] Sie ist für den Historiker und die Historikerin besonders interessant, da es ihnen darum geht, das eingeschränkte und zeitbedingte Wissen früherer Akteure und damit ihre Bezugnahmen zu rekonstruieren. Die Bestimmung der semantischen Referenz hingegen setzt in gewisser Weise einen allwissenden Beobachter voraus. Sie zeigt auf, wie sich die Sache »eigentlich« (oder für den Historiker: von heute aus gesehen, nach dem heutigen Stand der Wissenschaft) verhält.

Wir sehen schon: Bezugnahme ist in komplizierter Weise mit Wissen verbunden. Das wird auch in der umfassenden Theorie der Bezugnahme deutlich, die von Gareth Evans entwickelt worden ist. In ihr spielt der informationelle Zustand oder Informationshintergrund eine große Rolle, den ein Bezugnehmender hat.[42] Dieser Hintergrund darf selbst natürlich nicht referentiell gedacht werden. Kolumbus hatte einen ganz anderen Informationshintergrund als jeder Kapitän, der auch nur zehn Jahre später an der gleichen Stelle aufkreuzte und Bezug auf die Küste nahm. Andere Theoretiker wie Hilary Putnam, der ähnlich wie Kripke von einer starren Referenzbeziehung bei semantischer Referenz ausgeht, haben die Arbeitsteilung im Hintergrundwissen betont. In vielen Fällen verläßt sich der Sprecher oder die Sprecherin auf Expertenwissen, so daß eine Entlastung im Wissensanspruch besteht.[43] Das Thema der Reichweite von Intentionen ist bei alledem kein grundsätzliches Thema der Sprachphilosophie. Ich kann mich ohne weiteres auf beliebig Entferntes beziehen, wie den Mond oder eine fremde Galaxie. Das Thema tritt aber in den Vordergrund, sobald die Bezugnahme konkret in ihren Kontexten und Praktiken betrachtet wird. Dann kommt man schnell zu Überlegungen wie denen des 18. Jahrhunderts, ob etwa Mitleid nur für Unglück in der Nähe empfunden werden sollte, oder ob man auch für weit entferntes Leid Verantwortung tragen kann.[44] Diese Frage gerät erst in den Fokus, wenn es stabile interkontinentale Kommunikation und Verkehrsverbindungen gibt.

Referentielle Lieferketten

Als Historiker ist mir daran gelegen, den Referenzbegriff pragmatistisch zu begreifen, als Ergebnis von Handlungspraktiken und Interpretationsschemata. Das ist nicht nur im Lichte neuerer philosophischer Debatten möglich,[45] es besteht auch die Chance, hier historisch anzuknüpfen und Referenzverhalten vergangener Zeiten und Personen praxeologisch zu rekonstruieren. Verbindet man nämlich die Referenztheorie etwa mit der Informationsgeschichte globalisierter Verwaltungspraxis im 16. und 17. Jahrhundert,[46] dann läßt sich rekonstruieren, vor welchem konkreten kommunikativen Hintergrund von Missionarsberichten, Schiffsfahrten und Archivierungen beispielsweise ein Jesuit in Rom sich auf ein konfuzianisches Lehrstück beziehen konnte. Insofern geht Referenztheorie bei Bedarf unmittelbar in Kulturgeschichte über. Nur innerhalb kommunikativer Netzwerke läßt sich überhaupt erst auf eine präzise Weise von Bezugnahme sprechen.⁴⁷

Wie aber, wenn die Referenz – wie im Falle von Kolumbus – unklar oder höchst spekulativ war? Dann war es angebracht, das Hintergrundwissen an die Oberfläche zu holen und zu problematisieren. Mußte in ihm etwas modifiziert werden? Und konnte man es so erweitern, daß der Bezug auch präzisiert und richtiggestellt werden konnte? In der sozialen Epistemologie hat man treffend von Referenzjagd gesprochen, wenn es etwa um die Identifizierung von Quarks geht, die theoretisch postuliert, aber zunächst noch nicht experimentell verifiziert worden waren.⁴⁸ Solche Referenzjagden finden, so meine ich, keineswegs nur in der modernen Wissenschaft statt. Mehrere Kapitel dieses Buches werden zeigen, wie sich Gelehrte der Frühen Neuzeit bemüht haben, die Bedeutung, aber auch die Referenz von Substanzen herauszufinden, von denen man nichts als den Namen und einige wenige Indizien besaß. Identifizierungswissen ist ein zentrales Element jeder Referenztheorie.⁴⁹ Sprecher, aber auch Hörer müssen in der Lage sein, den Gegenstand, von dem die Rede ist, von vielen anderen zu unterscheiden, wenn Verständigung möglich sein soll. Dabei wird der informationelle Hintergrund aktiviert.

Wie ist das praxeologisch zu denken? Der Historiker hat zu rekonstruieren, vor welchem Hintergrund seine Akteure ihre Bezugnahmen vorgenommen haben. Woher hatten sie ihre Informationen, und wie haben sie sie in ein kohärentes System gebracht? Das kann sehr viel mit Globalisierung zu tun haben, denn es ist hier ähnlich wie bei der »commodity chain«-Analyse in der Ökonomie: Erst die genaue Kenntnis der Lieferketten für ein bestimmtes Produkt offenbart die globalen Verflechtungen, die Machtstrukturen und die problematischen Taktiken im Hintergrund einer Ware.⁵⁰ Erst dann ergibt sich ein volles Bild, etwa der ökologische Fußabdruck eines Stückes Fleisch oder eines Automobils. So auch in der Ideengeschichte: Die Analyse des Informationshintergrundes enthüllt die konkreten Wege, die Informationen von räumlich und zeitlich weit entfernten Umständen genommen haben, bis sie den Akteur erreicht haben und ihm ermöglichten, eine bestimmte Bezugnahme vorzunehmen. Ich spreche daher von referentiellen Lieferketten.

Bezugnahme auf Konfuzius

Die Vormoderne hatte nicht immer Glück. Die Informationslieferketten konnten löchrig oder fehlerhaft sein, wie im schon genannten Fall von Hermes Trismegistos, oder aber kompliziert durch vielerlei Umstände der Überlieferung und der kulturellen Übersetzung. Um das besser zu verstehen, wollen wir einen kurzen Blick auf den Konfuzianismus werfen.[51] Auf wen referierte ein Gelehrter, wenn er im Europa des frühen 18. Jahrhunderts von Konfuzius sprach?

Es ergibt sich eine lange Lieferkette, die bei Konfuzius selbst – der im 6. und 5. Jahrhundert vor Christus lebte – im weit entfernten chinesischen Staat Lu (in der heutigen Provinz Shandong) beginnt. Ein erstes Problem ergibt sich schon daraus, daß dieser Meister Kong sich selbst nur als Traditionsübermittler und -bewahrer und keineswegs als origineller Autor verstand. Außerdem sind seine Lehren erst später von seinen Schülern niedergeschrieben worden, und schon in der Schülergeneration, etwa zwischen Menzius und Xunzi, gab es große Differenzen in der Auslegung. Unter dem Qin-Kaiser Shihuangdi und seinem Ersten Minister Li Si kam es nach 213 v. Chr. zu Beschlagnahmungen und Bücherverbrennungen von traditionellen Werken chinesischer Denker – das war ein Nadelöhr, durch das die konfuzianischen Bücher hindurchgehen mußten, bevor sie in der Han-Zeit erstmals größeren Einfluß auf die Staatsführung bekamen, durch Gelehrte wie Dong Zhongshu.[52] Dong hob Konfuzius erstmals als ersten und einzigen Philosophen heraus, ja er legte den Grundstein dafür, daß Meister Kong nicht mehr nur als gewöhnlicher Sterblicher angesehen wurde. In der späteren Han-Zeit hat sich das verstärkt, und konfuzianische Pseudepigraphen wie die *Apokryphen* aus dem 1. Jahrhundert n. Chr. reicherten das Corpus an. Man ließ jetzt auch die *Fünf Klassiker* der konfuzianischen Schriften für die zentralen – noch rudimentären – Beamtenprüfungen lesen, die nun eingeführt wurden, zudem wurde die Lehre kosmologisch abgerundet. Philosophisch war es dann ein genialer Ausleger wie Wang Bi im dritten nachchristlichen Jahrhundert, der in seinen Kommentaren zu den *Annalekten* des Konfuzius, zu Laozi und zum *Yijing* dem Denken eine ganz neue spekulative Tiefe gab.[53] Kanonisierung, Institutionalisierung, Synkretisierung, Idolisierung und denkerische Vertiefung gingen Hand in Hand und machten Konfuzius nach und nach zu der übergroßen Gestalt, die anschließend – nach einigen Rückschlägen[54] – die folgenden Jahrhunderte und Jahrtausende dominierte. In der Sui- und der Tang-Dynastie wurde die Einrichtung der Beamtenprüfungen wieder aufgenommen und ausgebaut, aber erst in der Song-Dynastie (960-1279) führte man sie zur Perfektion. In dieser Blütezeit der chinesischen Kultur entstand der sogenannte Neo-Konfuzianismus und wurde zur alles bestimmenden Ideologie des Staates.[55] Philosophen wie Cheng Yi, Shao Yang und vor allem Zhu Xi gestalteten den Konfuzianismus spiritueller, kohärenter und universeller, als er je gewesen war. Er war jetzt auf klare naturphilosophisch-metaphysische Prinzipien gegründet.[56] Diese Form der Lehre blieb nicht nur die kommenden Jahrhunderte erhalten, sie verbreitete sich auch nach Japan und Korea.

In Japan bezog man sich im 17. Jahrhundert – in der Tokugawa-Zeit – auf Konfuzius ganz und gar im Lichte dieses Neokonfuzianismus.[57] Das Land war in starker Weise abgeschlossen gegenüber allen ausländischen Kontakten; um so intensiver nahm man Impulse von außen wahr, auch die aus China. Es paßte gut zum feudalen, kontrollierenden System des Regimes, auf Song-Denker wie Zhu Xi zu setzen; orchestriert war der Einfluß durch Überreichweiten und Legenden wie die von Xu Fu, der als ursprünglicher Überbringer chinesischer Kultur nach Japan imaginiert wurde. Auf der anderen Seite gab es allerdings auch die Kogaku-Schule, die den frühen und »echten« Konfuzius bevorzugte.[58]

Als die Jesuiten im 17. Jahrhundert die Lehren des Konfuzius kennenlernten, legten sie sich ihr ganz eigenes Konfuzius-Bild zurecht. Es war streng antibuddhistisch, da man sich entschlossen hatte, auf die konfuzianische, nicht auf die buddhistische Karte zu setzen. Außerdem lehnte man den Neokonfuzianismus der Song-Gelehrten ab und akzeptierte nur die ganz frühen konfuzianischen Schriften, die man auch noch christianisierte.[59] Durch diese Vereinseitigung der Sicht auf Konfuzius, die letztlich die tausendjährige Entwicklung der ganzen chinesischen Philosophie rückgängig machte, wurde das europäische Bild von Konfuzius geprägt. Wenn also ein Europäer, der nur die Jesuitenversion des Meisters Kong kannte, sich auf »Konfuzius« bezog, war das ein ganz anderer Konfuzius als der, den die Mehrheit der gebildeten Chinesen des 17. Jahrhunderts im Blick hatte.

Die konkreten Lieferketten der Jesuitenberichte nach Europa verlangen dann nochmals ein eigenes Kapitel für sich. Es wäre von Couplets lateinischer Konfuzius-Ausgabe von 1687 und ihren Umständen zu berichten – in Kapitel IV werden wir kurz darauf zu sprechen kommen –, von Noëls Ausgabe der »sechs Klassiker«, die dann Christian Wolff zu seiner *Rede über die praktische Philosophie der Chinesen* inspiriert hat, und von anderen Werken, die meist handschriftlich nach langen Ozeanfahrten in Paris ankamen und dort gedruckt wurden.[60]

Der Gelehrte im frühen 18. Jahrhundert, den wir uns vorstellen, mag sich über diese Lieferketten nur sehr bruchstückhaft im klaren sein. Er vertraut – ganz nach Putnam – auf Expertenwissen und weiß von Konfuzius vielleicht nur aus ein oder zwei oberflächlichen Abhandlungen und Philosophiegeschichten.[61] Das wird ihn aber nicht daran hindern, selbst den Namen »Konfuzius« zu gebrauchen und sich höchst beredt über ihn zu Wort zu melden.

Transmissions- und Gedächtnisgeschichte

Versuchen wir nach all diesen Überlegungen zur Referenz die Beantwortung einer allgemeinen Frage: Was sind intellektuelle Akte der Globalisierung? Es sind Bezugnahmen auf räumlich Entferntes (und, wie wir sehen werden, auch zeitlich Entferntes) im Kontext von geistiger Aneignung fremder Ideen, zumeist im Zuge realer europäischer oder nichteuropäischer Expansion, ob es sich nun um Eroberung oder nur um Entdeckung auf den Wegen von Händlern und Missionaren handelt.[62] Ein Orientalist in Oxford um 1700 beugt sich über eine chinesische Karte und kritzelt vermutete Identifizierungen der Ortsbezeichnungen,[63] ein deutscher Hofgelehrter fragt sich um 1650, ob der legendäre Priesterkönig Johannes in Indien oder Äthiopien zu vermuten sei,[64] ein italienischer Antiquar versucht um 1600, mit aztekischen Zeichnungen zurechtzukommen.[65] Sie alle referieren auf weit entlegene und von ihnen nicht leicht bestimmbare Phänomene.[66] Das heißt auch, daß ihre Referenz vage sein oder gar fehlgehen kann, daß sie zu kurz oder zu weit greift. Was intensional – von der Bedeutung her – ein Mißverstehen ist, das ist extensional – von der Referenz her – ein Fehlgriff. Nun läßt sich natürlich mit Namen, indexikalischen Ausdrücken und Kennzeichnungen ganz unterschiedlich auf Gegenstände referieren. Doch alle diese Referenzweisen haben einen historischen Index, sind auf spezifische Weise entstanden und überliefert.

Bezugnahme ist dabei komplementär zu Transmission zu sehen. Wer innerhalb bestimmter Interpretationskonstrukte auf Konfuzius und seine Lehrstücke Bezug nimmt, so haben wir gesehen, den hat umgekehrt eine Transmissionskette erreicht, die von Konfuzius ausgeht und über viele Generationen in China verläuft, dann über Jesuitenberichte Europa erreicht. Die Stationen dieser Kette sind vielfältig, und auf jeder Station kann es Transformationen und Veränderungen gegeben haben.[67] Das Verhältnis ist im einzelnen jeweils zu bestimmen. Man kann, denke ich, auf produktive Weise die reale Transmission der Ideen von der »gedächtnisgeschichtlichen« Transmission,[68] die den Interpretationsrahmen für die Referenz zu einer gegebenen Zeit an einem gegebenen Ort bestimmt, unterscheiden und beide Stränge in der Art einer »Doppelhelix« rekonstruieren, bei der immer wieder Abweichungen der Stränge vorkommen. In der philosophischen Referenztheorie hat vor Jahrzehnten Saul Kripke dafür argumentiert, daß insbesondere Namen »starre Designatoren« sind, die sich kausal direkt auf das von ihnen Bezeichnete beziehen müssen und nicht durch eine Umschreibung ersetzbar sind.[69] Er postuliert eine Kette vom unmittelbaren »Taufakt« der Benennung bis zum jeweiligen heutigen Sprachgebrauch. Diese Vorstellung einer realen Transmissionskette sollten wir, denke ich, auch in einer Referenztheorie der Globalisierung als regulative Idee behalten, um die Differenz zur Gedächtnisgeschichte an jedem Punkt des »serial contextualism« bestimmen zu können.

Unter den Philosophen sind die »verzerrten und verhunzten Informationen« (Evans) auf dem Weg vom Gegenstand zum Sprecher nur als Probleme und Schwächen von Kripkes Theorie diskutiert worden: daß die Kausalketten seit der Taufe mehrere sein können, daß zu bestimmen sei, welches davon die relevante ist, daß Ketten »defekt« sein können, also Lücken haben oder Veränderungen in der Bezeichnung aufweisen.[70] All diese Fälle spiegeln aber aus Sicht des Historikers gerade die komplexe historische Realität und weisen auf den Reichtum an Variationen hin, die es zu untersuchen gilt. Da gibt es etwa den Fall von Madagaskar, auf den sich Gareth Evans bezieht. Die Insel Madagaskar hat ihren Namen von Marco Polo, der im 13. Jahrhundert eine afrikanische Insel mit unbeschreiblichem Reichtum mit diesem Namen beschrieb. Er hatte nur indirekt und mit Mißverständnissen von der Insel erfahren, als er durch Asien reiste. In Wirklichkeit hatten sich die Seefahrererzählungen, die er hörte, auf die afrikanische Küste bezogen, eventuell auf Mogadischu. Dennoch hatte das Mißverständnis den Effekt, daß italienische Kartographen der Renaissance die inzwischen von Portugiesen entdeckte Insel mit diesem Namen belegten. Auch Marco Polo nahm also mit einer Fehlreichweite Bezug, wenn er Madagaskar als Insel meinte, aber den entstellten Namen von Mogadischu benutzte. Diese Fehlreichweite hat »reale« Konsequenzen gehabt.

Rahmen, implizite Referenzen und kulturelle Übersetzung

Die Veränderungen, die im Verlauf der vielfältigen Transmissionen auftreten, geschehen entweder innerhalb größerer begrifflicher Rahmen, oder sie geschehen durch den Wechsel in andere Rahmen. Die Analyse der Transformation ist dann jeweils eine ganz andere.[71] Aber was sind Rahmen? Lassen sich begriffliche Rahmen von kulturellen Rahmen unterscheiden, wenn man unter letzteren Kulturkomplexe versteht, also Gebiete von miteinander verwandten kulturellen Codes?[72] Soll man etwa für das vormoderne Eurasien von einer »indoeuropäischen Globalisierung« sprechen?[73] Oder von einer »Seidenstraßen-Globalisierung«?[74] Oder spezifischer von einer »mongolischen Globalisierung« für jene Zeit, in der – im 13. Jahrhundert – die Fernhandelswege besonders offen waren, weil die Mongolen große Teile von Ost- bis Westasien erobert hatten?[75] Die Schlüsselworte der Historiker lauten hier »Interaktion« und »Integration«.⁷⁶ Enge Interaktionen etwa in Handels- und Migrationsräumen wie dem Mittelmeer oder dem »Black Atlantic« setzten Integrationsprozesse in Gang, einen Austausch, der in Richtung auf Angleichung führt. Aber was besagt das für intellektuelle Prozesse?

Man muß hier wohl zwischen impliziten und expliziten oder auch unartikulierten und artikulierten intellektuellen Elementen unterscheiden. Schaut man etwa auf die indoeuropäische Sprachenverwandschaft seit den ersten vorchristlichen Jahrtausenden, so ist zu sehen, daß in ihr sich auch Sprachformeln und basale Mythologeme ausgebreitet haben, wie sie Calvert Watkins beispielsweise für die »poetische« Grundform der Drachentötung durch den Helden aufgewiesen hat.⁷⁷ Auch rudimentäre Institutionen und Werte wie die von der Treuegemeinschaft einer Elite von Blutsbrüdern gehören zu diesem indoeuropäischen Erbe.⁷⁸ Das ist noch weit entfernt von einer explizierten und artikulierten intellektuellen Errungenschaft, also einem Epos, einer Theorie, einem Staatsverständnis. Ich will hier auch keinen Kulturdeterminismus im Gefolge von Vico und Herder suggerieren. Dennoch kann eine globale Ideengeschichte nicht darum herumkommen, im Zweifelsfall auszuloten, wie tief kulturell imprägniert eine bestimmte explizite Idee oder Wissensform am Ort und zum Zeitpunkt ihres Auftretens ist. Daran bemißt sich dann, wie der Rahmen bestimmt werden kann: über die »deep history« von Kulturkomplexen, die mittlere Ebene von Interaktionsräumen oder nur die obere Ebene von gemeinsamer religiöser und philosophischer Theoriesprache.⁷⁹

Auch für die Referenz hat das seine Konsequenzen. Was in Transmissionen weitergereicht wird, kann man mit einem Paket vergleichen, das einen Absender und einen Inhalt hat (dazu möglicherweise noch Paratexte); ein Empfängername fehlt meist, denn Ideen sind nicht dazu entworfen, eine andere Kultur zu erreichen, wenn sie in der eigenen Kultur entwickelt wurden.⁸⁰ Umgekehrt hingegen gilt schon: Wenn ein Lehrstück von

Konfuzius kommt, dann führt es meist seinen Namen (und seine Autorität) im Absender, selbst wenn es Europa oder Japan erreicht. Es gibt darüber hinaus aber auch etwas, das ich implizite Referenz nennen möchte. Referenz ist in diesem Falle nicht gemeint im Sinne aktiver Bezugnahme oder Intentionalität, sondern im Sinne eines Herkunftsmerkmals, also einer Eigenschaft, die etwas über den Ursprung der Idee oder Wissensform verrät. Das tut sie aber nur für denjenigen, der mit einem Hintergrundwissen vertraut ist. Die Person kann der direkte oder ein früher Empfänger der Botschaft sein, etwa wenn ein Kirchenvater platonische Elemente in der Trinitätslehre entdeckt und diese als heidnisch ablehnt.[81] Die impliziten Referenzen können aber auch so schwer zu erkennen sein, daß erst ein Beobachter mit extrem viel Hintergrundwissen, etwa ein moderner Wissenschaftler, in ihnen die wahre Herkunft entdeckt. Da tut sich wieder die von mir schon genannte Differenz zwischen Gedächtnisgeschichte und realer Transmissionskette auf, zwischen Akteurs- und Beobachterperspektive. Erst die Wissenschaft seit dem späten 19. und 20. Jahrhundert kann luwische und hethitische oder gar akkadische Herkünfte in dem »Paket« erkennen, das die homerische *Ilias* darstellt oder Hesiods *Werke und Tage*.[82] Während Homer gedächtnisgeschichtlich als griechischer Kulturheros und auf Chios verortet wird, ist manches, was er sagt, wahrscheinlich von älterer und nichtgriechischer Herkunft.

Dabei ist es wichtig zu sehen, daß implizite Referenzen nicht nur durch semantische, sondern auch durch morphologische Eigenschaften gegeben werden können, daß also auch Strukturmerkmale Hinweise auf die Herkunft geben können. Ideentransmission für sehr frühe Zeiten kann fast nur so vorgehen, besonders dort, wo es sich – wie im indoeuropäischen Raum – zunächst um orale Literatur handelt, die eng verwoben mit formelhaften Ausdrücken und mit ritueller Kohärenz ist. So folgert etwa Joshua Katz mit linguistischen Mitteln die Wanderung des

Namens »Sphinx« aus dem vedischen Indien nach Griechenland, wo er auf ein äyptisches Phänomen angewendet wird, und mit dem Namen auch die Praxis des vertrackten Rätselfragens.[83] Auch die Frühgeschichte der Idee einer Seele, die nach dem Tode weiterlebt, hat solche Dimensionen einer »deep intellectual history«. Gelegentlich ist von einer »indoeuropäischen Eschatologie« die Rede,[84] von der »Erfindung« des Lebens nach dem Tode mit dem Bild einer Überfahrt ins Jenseits. Wie wichtig diese Tiefendimension für das spätere Verständnis des Menschen von sich selbst – oder von seinem Selbst[85] – ist, spätestens nach den expliziten Theorien eines Pythagoras und Platon und im Zuge des Christentums, sollte evident sein.[86]

Eine globale Ideengeschichte, die mit *longue-durée*-Zeiträumen operiert, tut deshalb gut daran, verschiedene Stufen der Explizitheit zu definieren, um zu sehen, was jeweils als Rahmen angenommen werden sollte, innerhalb dessen die Vorstellung »integriert« worden ist. Erst dann läßt sich weiterfragen, wie Transmissionen in andere Rahmungen mit ihren sowohl sprachlichen als auch kulturellen Übersetzungen vor sich gegangen sind.[87]

Aber sind nicht gerade Ideen etwas, das auch unerwartete Wege einschlagen kann, jenseits der großen Migrations- und Transmissionsströme? In Einzelfällen sicherlich. Eine Globalgeschichte »von unten« wird deshalb – insbesondere je näher sie der Moderne kommt – immer auch »wilde« Zirkulationen feststellen, anormale Wege und Verbreitungen ohne geographischen Zusammenhang. Der Anthropologe George Marcus hat in den 1990er Jahren eine multidimensionale Ethnographie vorgeschlagen, die allein den Netzwerken der Akteure folgt, wohin auch immer sie führen, und auch Historiker sind diesem Beispiel gefolgt.[88] Man sollte also umgekehrt von einer Unvorhersehbarkeit der Referenz ausgehen, um offen genug für neue Entdeckungen zu bleiben.[89]

Die Globalisierung philosophischer Sprachen

Rahmen, die für explizite Ideen maßgeblich sind, sind oftmals philosophische und philosophisch-theologische Sprachen. Sie bestimmen und beeinflussen die Sprechakte, die in ihnen getätigt werden. Insbesondere John Pocock hat Ideengeschichte als Geschichte von »Sprachen« propagiert.[90] Ist hier ein Ansatzpunkt, bei dem auch sprachtheoretisch der Globalisierung die kulturgeschichtliche Dimension zurückgegeben werden kann? Das wäre der Fall, wenn erstens geklärt ist, ob sich philosophisch-theologische Sprachen globalisieren können, und zweitens, ab wann sinnvoll von solchen Globalisierungen gesprochen werden kann. Die Ausbreitung philosophischer Sprachen und Systeme erfolgt in frühen Zeiten fast immer durch religiöse Expansionen.[91] Mit ihnen werden Denkmöglichkeiten, Begrifflichkeiten, Fragestellungen und Exempel transportiert, mitunter über weite Entfernungen, wenn man die Ausbreitung des Manichäismus über die Seidenstraßen oder die Expansion des Buddhismus in Südostasien bedenkt.[92] Ab wann möchte man hier von Globalisierungsphänomenen sprechen? In einer *longue-durée*-Sicht kommt die ganze Entwicklung der Menschheit seit den frühen Zivilisationen in Frage, sei es im Sinne sprunghaft ansteigender Konnektivität[93] oder im Sinne größerer transkultureller Verbindungen vom Mittelmeer bis nach Indien.[94] Christopher Bayly hat mit einem sehr holzschnittartigen Schema versucht, eine »archaische Globalisierung« bis etwa 1750 zu beschreiben, die noch vor der Zeit der stabilen transkontinentalen Vernetzungen erfolgt ist.[95] Er benennt drei Faktoren, die mit ihrer Expansionskraft die Ausbreitung über weite Räume zur Folge gehabt hätten: eine Ideologie des universalen Königtums, das Menschen in entlegensten Gebieten als seine potentiellen Untertanen ansieht; große Religionen (»kosmische Religionen«) mit ihrer Missionstätigkeit; schließlich basale Vorstellungen über Körpersäfte und Sternkonstellationen. Stehen diese Faktoren auch für Denkrahmen? In gewisser Weise ja, doch immer nur indirekt, indem Wissen und Ideen in den Prozessen als »Fellow Traveller« anwesend sind. Das kann auch die Zirkulation von Stoffen und Objekten betreffen, wie Pamela Smith ausgeführt hat.[96] Sie bindet Ideentransmission an frühe eurasische Handelsverbindungen, in denen Stoffe wie Zinnober ausgetauscht worden sind. Seine rote Farbe war in ihren kulturellen Bedeutungen in Kontexte von Blut und Körperempfindung, sakralen Heilriten und alchemischen Quecksilber-Techniken eingebettet. Daran wiederum schlossen sich Wissensformen und die Produktion von Texten an.

Ganze philosophische Sprachen sind die komplexesten Wissensformen, die über solche Migrationsprozesse ausgetauscht wurden. Manchmal waren es nur Teile von ihnen, etwa spezielle Institutionen und Argumente. So hat Christopher Beckwith die Methode des rekursiven Arguments (die spätere »scholastische« Methode von *quaestiones*, die einzelne Behauptungen und Unterbehauptungen auf ihr Pro und Contra prüfen) von Zentralasien über die islamische Welt bis nach Europa verfolgt.[97] Und er sieht die Ursprünge von Pyrrhos skeptischen Isosthenie-Techniken im frühen Buddhismus in Gandhara, den Pyrrho als Begleiter des Heerzuges von Alexander dem Großen kennengelernt habe.[98]

Vor allem der Aristotelismus hat eine komplexe Ausbreitung erlebt, die durch die islamische Adaption von Timbuktu bis Indien reichte, in der Frühen Neuzeit aber in christlicher Adaption durch die Mission der Orden, vor allem der Jesuiten überlagert wurde; so gelangte der Aristotelismus bis nach China und Lateinamerika.[99] Am interessantesten scheint mir allerdings eine Reflexion darauf, welche Limitationen die Ausbreitung philosophischer Sprachen auch nach sich ziehen konnte. Serge Gruzinski hat darauf hingewiesen, daß die europäische »Modernität«, die sich in der Frühen Neuzeit, zumindest im

16. Jahrhundert, über den Globus verbreitete, nicht die nordeuropäische, sondern eine katholische und, von Nordeuropa aus gesehen, rückständige und »abergläubische« war: die der iberischen Universalmonarchie.[100] Die »iberische Globalisierung« erfolgte nämlich mit einem Denkrahmen des christlichen Aristotelismus, den Gruzinski mit einer Kristallkugel vergleicht, die das Äußere sehen läßt, aber zugleich einen echten Kontakt verhindert. Während sich in Europa, vor allem in Italien, der Aristotelismus transformierte[101] und im 17. Jahrhundert in Richtung auf eine galileische, kopernikanische und cartesische Wissenschaft auflöste, blieb an den Universitäten in Mexiko oder in Lima der alte Rahmen durch den Katholizismus über Jahrhunderte zementiert.[102]

Triangulation der Referenz und referentielle Fehlreichweiten

Begriffsrahmen haben gelegentlich auch eine zeitliche Dimension. Denn wenn in ihnen die Referenz auf weit entfernte und nur vage bekannte Phänomene strukturiert wird, erfolgt diese Strukturierung über bekannte Modelle, die in der Vergangenheit liegen können. Wenn wir etwa rekonstruieren, wie die referentielle Bezugnahme von Spaniern des 16. und 17. Jahrhunderts in Lateinamerika beschaffen war, dann begegnet uns etwas, das wir eine Antike-Triangulation nennen können. Wie vor allem Sabine MacCormack gezeigt hat, haben die Spanier Orte, gesellschaftliche Strukturen und Werte, auf die sie bei den Inkas getroffen sind, durch die Brille des antiken Rom oder der Bibel wahrgenommen.[103] Das waren die Modelle, nach denen sie ihre Erfahrung strukturierten. Gregorio García etwa vertrat in seinem 1607 erschienenen Buch *Orígen de los Indios de el Nuevo Mundo e Indias Occidentales* die von Benito Arias Montano aufgestellte Theorie, das in der Bibel erwähnte Land Ophir, aus dem Salomo seine Goldschätze bezogen hat, sei Peru gewesen. Salomo habe also mit seiner Flotte bereits Peru erreicht gehabt. García referierte auf Peru mittels seiner Ideen über Ophir; eine Dreiecksbeziehung, die zahlreiche Implikationen besaß, von rechtlichen Legitimationen bis zu missionarischen Absichten. Solche Referenztriangulation ist in der Vormoderne relativ häufig.

Die Gründe für die Referenztriangulation liegen natürlich darin, daß unbekannte Objekte zunächst einmal durch Schemata beschrieben werden, die dem Referierenden schon bekannt sind. Nun war vormoderne Globalisierung aber ein Ausdruck und eine Folge von offensivem Risikohandeln.[104] Man strebte ins Unbekannte, war kognitiv ständig überfordert und dennoch gezwungen, Orte und Dinge zu benennen, einzuordnen und zu bewerten. Phänomenologisch gesprochen ist Globalisierung permanente Protention und Überschreitung der ursprünglichen Wirkzone eigenen Wissens.[105] Da ist Triangulierung eine Hilfskonstruktion, die nur fallengelassen wird, sobald die Fakten zu sehr gegen diese Interpretation sprechen. Allerdings muß viel an Evidenz zusammenkommen, ehe Akteure Kernstücke ihres gesamten Weltbildes (etwa die Ansicht, daß die biblische Offenbarung auch für die Neue Welt relevant ist) aufgeben.

Eine häufige Folge der Protention ins Unbekannte sind referentielle Fehlreichweiten. Die bekannteste Fehlreichweite hat sich, wie wir gesehen haben, Kolumbus selbst geleistet, als er, in der Karibik angekommen, meinte, er habe den Weg nach Indien entdeckt. Noch lange Jahre hielt er bekanntlich an dieser Überzeugung fest. Kolumbus bezog sich seiner Intentionalität nach auf (Hinter-)Indien, real aber auf Amerika, als er 1502 im heutigen Honduras erstmals das Festland des Kontinents betrat. Diese Struktur begegnet uns in der Frühen Neuzeit (wie auch schon davor) nicht nur in Bezugnahmen auf Orte, sondern auch auf Namen zeitlich weit zurückliegender Personen, bei Hermes Trismegistos etwa oder bei Dionysius Areopagita.

Die Fehlreferenz kam zustande, weil die Texte, wie so viele andere auch, als Pseudepigraphien den Namen einer uralten mythischen oder einer biblisch bezeugten Figur benutzten, um ihre Autorität zu erhöhen. Spätere Leser wurden bewußt in die Irre geführt.[106] Es liegt also nicht wie bei Kolumbus eine eigene Fehlinterpretation vor, sondern eine gelenkte. Doch auch hier ist sie durch Protention verursacht: in diesem Fall den Vorgriff auf älteste Autorität, ohne daß adäquate philologische Mittel bereitstanden, diesen Vorgriff hinreichend zu legitimieren. Risikohandeln auch hier.

Räumliche und zeitliche Fehlreferenzen scheinen ganz unterschiedliche Fälle zu sein, doch das Beispiel Ophir hat bereits gezeigt, daß sie oftmals zusammenhingen. Wenn etwa Athanasius Kircher die chinesische Welt als Ergebnis einer Diffusion ägyptischen idolatrischen Denkens versteht (der Kaiser Fu Xi habe vom Noah-Sohn Ham aus Ägypten die Hieroglyphenschrift übernommen), dann deutet er China indirekt über seine Fehldatierung von Hermes, den er für den ägyptischen Kulturstifter höchsten Alters hält.[107] Will man das Referenzverhalten mit seinen räumlich-zeitlichen Über- und Unterreichweiten im einzelnen rekonstruieren, dann kommt man auf komplizierte Muster von etwas, das ich Referenzkaskaden nenne.[108] Die scheinbar 3000 Jahre überwölbende und scheinbar nur nach Ägypten gerichtete Intentionalität Kirchers auf Hermes läßt sich auf der Ebene der realen Referenz in zahlreiche kleine Einzelschritte unterteilen, die über mehrere Länder und Regionen führen. Kircher bezog seine Kenntnisse über den angeblichen Hermes, wie wir in Kapitel I sehen werden, von einem ägyptischen Polygraphen des 15. Jahrhunderts, Ǧalāl al-Dīn al-Suyūṭī. Dieser zitiert Aḥmad Ibn Yūsuf aṭ-Ṭīfāšī, einen Tunesier des 13. Jahrhunderts, und Ka'b al-Aḥbār, einen jüdischen Konvertiten zum Islam, die von der Identität von Idris, Hermes und Osiris berichtet hätten. Diese arabische Ägypten-Literatur hat wiederum die Legende Abū Ma'šars aus dem 9. Jahrhundert vom dreifachen historischen Hermes weitertransportiert. Dahinter tut sich eine komplizierte, ins sassanidische Persien reichende Transfergeschichte von Hermes-Legenden auf.[109] Eine »kausale« Referenztheorie verfolgt all diese Kaskaden zurück bis zum Ursprung der Texte oder der Namenslegende.[110]

Doch das Phänomen der Fehlreichweiten läßt sich nicht nur mit dem vormodernen Risikohandeln verbinden, sondern auch mit einer Theorie der Resonanz.[111] Denn riskantes Referenzverhalten gibt es vor allem dort, wo ein Resonanzraum für es vorhanden ist, eine allzu willige Bereitschaft, den spekulativen Bezugnahmen glauben zu schenken. Kolumbus lebte innerhalb einer großen Gruppe von Menschen, die begierig darauf waren, den Seeweg nach Indien zu finden; die italienische Renaissance sehnte sich danach, einen »heidnischen« Offenbarungsträger zu erhalten, der platonisierendes Denken in den Status religiöser Gewißheit erhob.[112] Solche Resonanzen konnte es sogar wechselseitig geben: Wir haben anfangs schon die Episode erwähnt, als 1549 Jesuiten nach Japan kamen und glaubten, die Japaner seien eine Art exotischer Christen, während die Japaner die Jesuiten für *Tenjikujin* hielten, für Männer aus Indien. Es ist eine Resonanz, die dadurch entstanden ist, dass sowohl die Europäer als auch die Japaner sich eine Fehlreferenz leisteten.[113]

Eine eigene Narratologie

Die Beispiele, die ich bisher angeführt habe, gehen meist von einer Referentialität der Europäer auf fremde Orte und Zeiten aus; das liegt an der unhintergehbaren Positionalität auch in der Globalgeschichte,[114] die einen festen Ort benötigt, um von dort aus transkulturelle Zusammenhänge erkennen zu können. Doch kann dieser Ort auch dazu dienen, von ihm aus zumindest andere Perspektiven zu erproben und einzuüben. Die eigentliche globalgeschichtliche Herausforderung liegt darin, zum einen der eigenen Bezugnahme die komplementäre Bezugnahme von der anderen Seite her hinzuzufügen, um Verflechtung aufzuweisen, und zum anderen die eigene Position in Epoché zu setzen (sie also phänomenologisch gesprochen »einzuklammern«) und statt dessen Bezugnahmen und Teleologien zwischen zwei Positionen zu untersuchen, die nicht die eigenen sind. Das setzt eine aktive Imagination von Ortsverschiebungen[115] voraus. Die intellektuelle Welt des frühen Islam etwa wird dann nicht nur – durch seine Übersetzungsbewegung[116] – als Zwischenstation der griechischen Antike zum neuzeitlichen Europa angesehen, sondern es wird auch nach Wirkungen islamischen Denkens auf andere Weltregionen, etwa Indien oder Westafrika, gefragt.[117] Das ist eine transversale Teleologie, die nicht mehr die eigene Position (Europa) als Endpunkt hat. Solche transversalen Teleologien bedürfen der Einübung, unabhängig von welcher Eigenposition aus sie gedacht werden. Auch ein Japaner benötigt eine Distanzierungsleistung, wenn er Ideenbewegungen etwa von Indien nach Europa beschreibt.[118] Perspektivenverschiebungen haben auch narratologische Konsequenzen, die bisher wenig bedacht worden sind.[119] Die Geschichte kann dann nicht mehr aus vertrautem Blickwinkel geschrieben werden, sondern benötigt Techniken des Schnitts, Exkurse und neue Plot-Konstruktionen.

Eine übliche Plot-Konstruktion in historischen Darstellungen bietet eine »Erklärung durch Modellierung« an, wie Hayden White es genannt hat. Je nachdem, ob die Geschichte eher in Form einer Romanze, einer Satire, einer Tragödie oder einer Komödie erzählt wird, tendiert die Geschichtsschreibung zu bestimmten Erklärungstypen und impliziten Ideologien.[120] Das ist zunächst noch unspezifisch gegenüber globalen Thematiken. Was mir aber wichtig erscheint, ist eine Reflexion darüber, wie geschlossene Darstellungsformen *aufgebrochen* werden können. Eine Romanze etwa stellt einen Held in den Mittelpunkt, der sich von zu Hause in die Welt hineinbegibt, dort

Abenteuer erlebt, als Guter gegen das Böse kämpft und am Ende als Sieger heimkehrt. Globalgeschichtlich gesehen impliziert das eine Exotisierung des »Fremden« in der weiten Welt und eine Heimkehr nach Europa. Um diese narrativistisch festgeschriebene Teleologie zu durchbrechen, ist es nötig, eine Art Theorie der Abschweifung einzuführen – sei sie nun von Lawrence Sterne, von Diderot oder anderswo inspiriert – und an Stellen, an denen der »Held« auf fernen Kontinenten weilt, Perspektiven von dort einzunehmen. Das ist sozusagen ein Fehler in der Geschichte, ein Sprung aus der Logik der Erzählung heraus, aber nur durch ihn werden wir in der Lage sein, wenn der europäische Held etwa in Indonesien weilt, von dort aus neue Fragen zu stellen, die Europa transzendieren. Wie blickte man von Indonesien aus auf China, welches waren die Beziehungen chinesischer und indischer Kultur in Südostasien?[121]

Nun funktionieren Fallstudien, so wie sie in diesem Buch vorliegen, allerdings nicht nach dem Muster von historischen Großerzählungen à la Ranke oder Michelet. Vielmehr gehen sie bestimmten Spuren nach, die von Europa aus in fremde Welten führen. Paradigma ist hier eher, wie Carlo Ginzburg es betont hat, der Detektivroman und zugleich eine »Teppichstruktur«, nach der Verknüpfungen in vertikalen, horizontalen und diagonalen Richtungen nachzugehen ist.[122] Wenn man dabei den Bezugnahmen auf räumlich und zeitlich weit Entferntes nachgeht, ist das Kriterium für Entfernung nicht die Anzahl der Jahre oder Kilometer, sondern die Menge der Knoten im Teppich, die in ihren Verbindungen nachvollzogen werden. Wir haben hier die narratologische Entsprechung zu dem, was wir zu Beginn mit David Armitage als »seriellen Kontextualismus« bezeichnet haben. Den Knoten gilt es, gleichsam vorwärts und rückwärts nachzugehen, je nachdem, ob wir die Perspektive der Transmissions- oder der Gedächtnisgeschichte einnehmen. Wir können uns hier auch auf das beziehen, was Pamela Crossley für die »commodity-chain«-Analyse wirtschaftlicher Globalgeschichte als »Kontext-Spinner« bezeichnet hat: Dinge, Motive, Phänomene, die man dazu benutzen kann, um Reihen zu bilden und damit Spuren über den Globus und durch die Geschichte zu folgen.[123] Nur geht es uns hier um Ideen. Das Erzählmuster, das globalgeschichtliche Fallstudien einnehmen sollten, scheint mir von daher eine Mischung von Detektivroman und durchbrochener Romanze zu sein: ein Verfolgen der Indizien und Referenzen und zugleich der gelegentliche Sprung in die transversale Perspektive. Man mag einwenden, daß damit die Gefahr einer gewissen Beliebigkeit gegeben ist, denn gerade die Exkurse werden kaum irgendeinem Anspruch auf Vollständigkeit genügen. Aber das ist nicht zuletzt der Vorläufigkeit geschuldet, in der die globale Ideengeschichte sich noch befindet. Gegenwärtig scheint es mir wichtiger, neue Perspektiven aufzuzeigen und neue Fragen zu stellen, als schon abgerundete Darstellungen zu geben. Sogar gelegentliche Zeitraffer-Einschübe, die Ausblicke auf Entwicklungen Hunderte Jahre später geben, scheinen mir legitim.[124] In Kapitel VII etwa werden wir sehen, wie die globalisierende Wirkung der christlichen Apologetik, die überall nach dem »consensus gentium« der natürlichen Gotteserkenntnis sucht, sich bis in die Ethnologie des frühen 20. Jahrhunderts fortgesetzt hat.

Ein ähnliches Umdenken wie in der Narratologie ist im übrigen auch für die kartographischen Darstellungen zu fordern. Was bedeutet die Provinzialisierung Europas für das Rekonstruieren der Ideengeographie? Elmar Holenstein hat beispielsweise eine geostete statt einer genordeten Karte benutzt, um zum einen das Ungleichgewicht zwischen den Kontinenten der nördlichen und der südlichen Hemisphäre auszugleichen und zum anderen die Ausbreitung der Menschheitsentwicklung von Afrika augenfällig darzustellen. Afrika ist bei dem geosteten Globus ganz unten, Amerika oben.[125] Solche Umbesetzungen werden auch in den mentalen Karten nötig sein, die sich in unseren Köpfen befinden. Es geht darum, jeweils die

Darstellung zu finden, die dem Material und seinen Transmissionen, Verflechtungen und Transversalitäten angemessen ist. Sehen wir zunächst auf Formen der Verflechtung, bevor wir uns dann der Transversalität zuwenden.

Perspektivumkehr und Ideenverflechtung

Wie läßt sich Ideenverflechtung denken? Gab es eine Art »Columbian Exchange«, also eine wechselseitige Durchdringung mit Ideen in der Art, in der sich die biologischen Arten Amerikas und Eurasiens nach 1492 durchdrungen haben?[126] Oder ist das zu einfach gedacht? Ideen sind ja, trotz gelegentlicher Versuche, sie so zu konzipieren,[127] keine sich selbst vermehrenden Entitäten. Sie sind, wie wir gesehen haben, interpretationsbedürftig und von Rahmungen abhängig. Um so interessanter ist es, ein Aufeinandertreffen von Ideen zu beobachten, die oberflächlich ähnlich, in ihrer kulturellen Tiefenstruktur aber sehr unterschiedlich sind. Ein Beispiel ist die »connected history« des Millenarismus, als die Portugiesen nach Indien kamen und dort im 16. Jahrhundert eine Endzeiterwartung von indisch-islamischer Seite – tausend Jahre nach der Hidschra – auf eine Endzeiterwartung von christlicher Seite – wegen der Voraussagen des Buches Daniel und der Johannesapokalypse – traf.[128] Das konnte eine Verstärkung bewirken, gar einen »Rhythmus« der eurasischen Mentalitäten, hatte aber völlig unterschiedliche Gründe. Umgekehrt kann es ein Aufeinandertreffen scheinbar unterschiedlicher Theorien und Ideen geben, die dennoch miteinander harmonieren und auf empfängliche »slots« auf der anderen Seite passen. Wir haben bereits von der wechselseitigen Resonanz gesprochen, die den anfänglichen Kontakt zwischen Jesuiten und Japanern begünstigte, wenn auch aufgrund wechselseitiger Fehlreferenzen.

Prominent ist natürlich auch die Rezeptionsbereitschaft des

chinesischen Kaiserhofes, insbesondere von Kaiser Kangxi, dem zweiten Kaiser der Qing-Dynastie, in den Jahren um 1700 für europäische Mathematik und Astronomie, wie sie ihm von den Jesuiten vermittelt wurde. Catherine Jami hat die Geschichte nicht, wie üblich, von der europäischen Seite her erzählt, sondern von der komplementären chinesischen.[129] Erst dann wird der Prozeß als echter Verflechtungsprozeß sichtbar, denn man kann erkennen, wie der Kaiser die Ideen adaptierte und zur Befestigung der Mandschu-Dynastie einsetzte, während die Jesuiten in ihrer Akkommodationsbereitschaft auf anderen Gebieten chinesische Vorstellungen übernahmen.

In vielen Fällen freilich waren die Resonanz und die Bereitschaft zur Verflechtung der Ideen eher gering. Die Rahmen (oftmals religiöse Rahmen mit weitreichender kultureller und intellektueller Bedeutung) waren so fest und resistent, daß allenfalls ein äußerlich bleibender Handel zustande kam. Als beispielsweise der italienische Reisende Pietro della Valle auf seiner Orientreise um 1620 im persischen Lār Station machte und sich dort mit dem Astronomen Zayyn al-Dīn al Lārī unterhielt, suchte er nach dem »chaldäischen« (aramäischen) Urtext des Buches Hiob, um eine Passage zu verstehen, die für die Bibelautorität hinsichtlich des heliozentrischen Weltsystems entscheidend war; umgekehrt gab er dem Perser eine Übersetzung eines Traktates über Tychonische Astronomie, um ihn – wie es die Jesuiten in China gemacht hatten – damit zur Konversion zu bewegen. Erfolgt war ein partieller Austausch, Text gegen Informationen, im Kontext der astronomischen Debatten in Europa (die selbst ihre arabischen Parallelen hatten[130]), aber ohne eine tiefere Wirkung im Gedankengebäude als Ganzem.[131]

Noch anders ist die Verflechtung dann gewesen, wenn europäische Ideen auf nichteuropäische Gesellschaften getroffen sind, die bereits von den ökonomischen und politischen Auswirkungen der europäischen Expansion verändert worden waren und nun in ihrem eigenen Modernisierungsprozeß die europäischen Theorieelemente adaptierten. Das geschah meist im Anschluß an die Aufklärung im 19. Jahrhundert, und dann in einer kreativen Umschmelzung, bei der Aufklärungsideen mit indigenen Traditionen identifiziert wurden. In Japan etwa war es der Begriff *ri*, der im Konfuzianismus Ordnung und Harmonie in der menschlichen Gesellschaft bezeichnet, der jetzt für das Laisser-faire und die Marktrationalität verwendet wurde. In China entstand eine Auffassung von Fortschritt als Mixtur aus neokonfuzianischen Diskussionen und sozialdarwinistischen Texten.[132]

Ideengeschichte als Verflechtungsgeschichte kann also sehr Verschiedenes meinen. Entscheidend sind die Umstände der Begegnung der Kulturen, die Tiefenstrukturen hinter den Ideen und die Ziele, die mit dem Austausch verbunden waren. Eine rein biologistische Ausbreitung von »Memen« gibt es nicht. Eine interkulturelle Hermeneutik ist darauf angewiesen, weder auf völliges Verstehen noch auf völliges Mißverstehen zu setzen, sondern die Exzentrizität im Verstehensprozeß zu betonen: Dann spielt die Verwunderung über das Fremde und die produktive Unabschließbarkeit des Verstehens die zentrale Rolle.[133] Gerade auch die resonanzfördernden Mißverständnisse können Motoren in diesem Prozeß sein.

Formen der Transversalität

Wie aber läßt sich das Referenzverhalten beschreiben, wenn man es transversal beobachtet? Dann geht es nicht mehr um die Verflechtungen zwischen Europa und Nichteuropa, sondern um querliegende Beziehungen und Tranfers. Ich möchte zwei Beispiele nennen: (1) Serge Gruzinski hat das Verhältnis zwischen Mexiko und der islamischen Welt um 1600 untersucht, also zwei Sphären, die sich nie direkt getroffen haben.[134] Dennoch gibt es eine Chronik der Neuen Welt im Istanbul des Jahres

1580, und auf der anderen Seite eine mexikanische Chronik von 1606, die auch die Osmanen behandelt. Beide Seiten haben sich also zumindest wahrgenommen. Solche Wahrnehmungen sind aber zu rekonstruieren, wenn man verstehen will, was »die Welt« in einem globalen Sinne in der Frühen Neuzeit war. Dies ist keine bloße Komparatistik,[135] sondern die Addition von rekonstruierten Bezugnahmen.[136] Referenzverhalten ist also auch hier der zentrale Untersuchungsgegenstand. Diese Referenzen sind kulturell geprägt und hatten je ihre eigenen Fehlreichweiten und Mißverständnisse. (2) Anders steht es mit der Beobachtung realer Transfers zwischen nichteuropäischen Kulturen. Das können die Beziehungen der arabischen Welt zu Tibet entlang der Moschus-Straße sein[137] oder auch die komplizierte indische Sanskrit-Gelehrsamkeit der Moghul-Zeit in ihrem Verhältnis zur islamisch-persischen Geistesgeschichte. Auch die Bezugnahmen dieser Zeit, etwa eines Dārā Shukoh oder Yásovijaya Gaṇi, verfahren in triangulierter Referenz: Sie rezipieren die altindischen Upanischaden über den Blick auf den Koran und die islamischen Sufi-Traditionen, die ihrerseits wieder durch griechisch-neuplatonisches Gedankengut geprägt sind. So kommt es zu seltsamen Interpretationen und Übersetzungen der altindischen Ideen.[138]

Entscheidend bei einer transversalen Ideengeschichte sind die unerwarteten Narrative, die hier auftreten und eine globale Ideengeschichte im Sinne einer additiven Geschichte von Ideentransfers zu einer gegebenen Zeit oder über einen begrenzten Zeitraum verkomplizieren.[139] Die sich überkreuzenden (oder auch isoliert bleibenden) Wahrnehmungen und Bezugnahmen machen eine Ideengeschichte so »dicht«, daß von einer Globalität der »big ideas« ohne kulturgeschichtlichen Kontext keine Rede mehr sein kann. Das wird auch deutlich, wenn wir nun am Ende noch einmal auf Lynn Hunts Szenario einer Globalgeschichte mit mangelnder kulturhistorischer Grundierung zurückkommen. Hunt hat in ihrem Buch ein eigenes Beispiel gewählt, das modellhaft zeigen soll, wie Globalisierung als Kulturgeschichte zu schreiben wäre.[140] In diesem Beispiel vom chinesischen Rhabarber, der innerhalb kürzester Zeit eine enorme Nachfrage in der ganzen Welt erlebt, bindet das Konzept von Konsumption alles zusammen:[141] die Botanik und Medizin, die die Eigenschaften neuer Pflanzen erforscht, globale Warenströme, neue Geschmacksrichtungen, die sich bei Verbrauchern auftaten, Emotionen, die mit Substanzen verbunden werden. Im Falle von Tabak, Kaffee und Tee kann man noch weitergehen und zur Eröffnung von neuen Kommunikationsräumen als Folge des Pflanzenimports kommen, nämlich den Kaffeehäusern und Teestuben, in denen dann wiederum Ideen und politische Ansichten zirkuliert sind. So schlägt Hunt den Bogen bis in die abstraktesten Sphären. Die von mir erörterten Vorschläge gehen in eine andere Richtung. Sie verfechten zwar auch eine Untersuchung der Globalisierung »von unten«, von den Akteuren aus, aber nicht so sehr über Konsumpraktiken, sondern eher über Referenzpraktiken, sozusagen die Voraussetzung der Konsumption von Ideen, die die ontologischen Grundlagen bereitstellte: Bezüge auf Namen, Orte, Dinge.

In den Referenzen wird das Grundgerüst aufgerichtet, das dann mit Bedeutung gefüllt werden kann. Diese Füllung mag theoretischer Natur sein, aber sie kann auch über Bilder geschehen und emotionale Färbungen annehmen. Wenn man Aby Warburgs großen Gedanken von den »Bilderfahrzeugen« aufnehmen möchte, die verborgene und potentielle emotionale Energien über die Jahrhunderte transportieren,[142] dann kann das eine Referenztheorie nur bereichern, ebenso wie eine Theorie der Ideenverflechtung nur bereichert werden kann, wenn man in sie die Verflechtung des Imaginären, also der bildlichen Vorstellungen, einbezieht.[143] Insgesamt steht eine kulturgeschichtlich informierte globale Ideengeschichte noch am Anfang. Sie muß schauen, was sie alles aus den Debatten der vergangenen Jahrzehnte über Kulturtransfer, Globalität und Entangled History lernen kann, doch sie kann noch kaum erkennen, welche spezifischen auf Wissen und Ideen bezogenen Kategorien sie zu entwickeln hat.

Die Anlage dieses Buches

Die Gefahr einer Globalität der »big ideas« ohne kulturgeschichtlichen Kontext besteht mutatis mutandis auch für »globale« Ausweitungen von Geistesgeschichte, die dann die großen »Strömungen« der östlichen und westlichen Philosophien verfolgen will. Dieser Tendenz, da bin ich mit Hunt einig, gilt es, entgegenzusteuern. Eine globale Ideengeschichte ist keine Neuauflage alter Universalgeschichte. Vielmehr haben viele Arbeiten neuerer Wissenschaftsgeschichte und auch die jüngsten Diskussionen über Mikrohistorie als Globalgeschichte gezeigt, daß anderes möglich ist.[144] Das vorliegende Buch wählt daher bewußt den Weg der Fallstudien, um mikrologisch und akteurszentriert Fälle von unterschiedlichsten Risikoausgriffen, Überreichweiten und Verzahnungen jahrhundertelanger Transmissionen über verschiedene Kontinente aufzuzeigen. Nur dann, so meine Überzeugung, lassen sich die Errungenschaften der Kulturgeschichte – und eben auch: der Ideengenschichte als Kulturgeschichte intellektueller Praktiken – bewahren. Die einzelnen Fallstudien werden das ganze Arsenal neuerer praxeologischer »Intellectual History« benutzen und auf neue, globale Felder führen. Sie schauen auf hingeworfene Skizzen und Notizen, analysieren Konstellationen von Briefpartnern, rekonstruieren alchemische Experimente, benutzen unterdrückte Literatur, den Umgang mit Karten und Objekten und vieles andere.

Wie wird dabei auf außereuropäische Kulturen eingegangen? Hier verfolgt das Buch eine klare Strategie. Jedes Kapitel beginnt in Europa, oft sogar im deutschen Kulturraum, meist im späten 17. oder frühen 18. Jahrhundert.[145] Es ist jene Perspektive, die der Herkunft des Autors geschuldet ist.[146] Damit ist aber auch ein leidlich homogener Ausgangsraum gegeben, intellektuell gesehen das Europa der »crise de la conscience moderne«, als entscheidende geistige Weichenstellungen hin zur Moderne vorgenommen wurden.[147] Mikrologisch werden dann theoretische Bemühungen der Akteure verfolgt, bei Reisen nach Indonesien, beim Untersuchen fremder Substanzen, beim Umgang mit persischen Drogenpräparaten oder bei der theologischen Interpretation afrikanischer Rituale, Bemühungen, die mit dem Fremdartigen zurechtzukommen versuchen und es mit den Vorstellungen über antike und biblische Vorgaben verbinden möchten. Zugleich wird der Umbau von Überzeugungen beobachtet, der dabei stattfindet, und immer wieder das Referenzverhalten beschrieben, das den Theorieversuchen zugrunde liegt.

Doch damit nicht genug: Bis hierhin handelt es sich immer noch um eine europäische Perspektive auf den Umgang mit dem Fremden, nicht um eine echte Verflechtungsgeschichte, die auch den Blick von der anderen Seite erfordert. Daher werden in jedem Kapitel – entsprechend meinen narratologischen Überlegungen – die Fernreferenzen zum Anlaß genommen, das Denken der anderen Seite als solches zu erkunden: Wie war denn der Blick der Afrikaner von Äthiopien auf das südliche Afrika? Was haben die Menschen in Indonesien von Metalltransmutation gehalten? Welche Ansichten von alten Schriftzeichen hatten die Chinesen in der Song-Dynastie? Zusammengenommen ergibt sich auf diesem Weg, so hoffe ich, ein komplexes Bild von reziproken, aber auch transversalen Bezugnahmen in der Frühen Neuzeit – einer Epoche der riskanten Referenz –, das den Leser und die Leserin dazu antreiben mag, tiefer in die außereuropäischen Denkwelten einzudringen.

Erster Teil
Zeitrahmen, transkulturell

ERSTER TEIL ZEITRAHMEN, TRANSKULTURELL

Wenn der Pilz das Symbol für Verflechtung ist, dann ist die Mumie das Symbol für einen Transfer aus der Vergangenheit. Anna Lowenhaupt Tsing hat den Pilz als paradigmatisch begriffen: Sie erzählt die konkrete Geschichte von globalen wirtschaftlichen Verflechtungen anhand des Matsutake-Pilzes, und zugleich dient ihr dieser Pilz als Bild für Verflechtung als solche, zumal in Zeiten des postatomaren Anthropozän.[1] Auch die Mumie führt dieses Doppelleben. Im ersten Kapitel beginne ich mit dem Sezieren von Mumien, die auf frühneuzeitlichen Schiffen nach Europa transportiert worden sind. Doch die Mumie steht mir für das Ägyptische überhaupt, die vergangene ägyptische Ideenwelt des Hermetismus. So wie von Mumien Geistergeschichten erzählt wurden, so ist auch der Hermetismus auf seine Weise unheimlich. Er ist das Gespenst, das im Europa des 17. Jahrhunderts umgeht. Der Hermetismus ist die dunkle Unterströmung der sonst rationalistischen Neuzeit.

Aber auch in anderer Hinsicht ist der Hermetismus ein Gespenst. Denn seine Autorität beruht auf einer Täuschung. In ihn ist eine Zeitverschiebung eingebaut, eine Überreichweite. Seine Autorität ist nicht die, die sie zu sein vorgibt. Mit solchen oft nicht in ihren Konsequenzen gesehenen Verschiebungen beschäftigt sich der erste Teil dieses Buches. Globalgeschichte hat zunächst immer mit Rahmungen zu tun: zeitlichen Rahmungen, räumlichen Rahmungen.[2] Gerade die zeitlichen Rahmungen entfalten eine ungeheure Wirkung. Eine Epoche, die glaubt, Hermes sei ein Prophet aus der Zeit Abrahams, die chaldäischen Orakel stammten von Zoroaster und damit aus einer ähnlichen Zeittiefe, die Kabbala sei die mit Moses anhebende mündliche Tradition der alten Israeliten und Dionysius Areopagita sei der Schüler von Paulus – eine solche Epoche muß notwendigerweise kabbalistisch, hermetisch und neuplatonisch durchwirkt sein, denn die Autorität des Uralten und Heiligen verweist alle anderen Wissensansprüche auf einen niedrigeren Rang. Erst die Philologen des 17. und zum Teil des 18. Jahrhunderts haben entdeckt, daß die Kabbala mittelalterlich ist, Dionysius im 6. Jahrhundert gelebt hat, die chaldäischen Orakel neuplatonische Machwerke sind und auch Hermes eine Pseudepigraphie der nachchristlichen Zeit darstellt. Die europäische Renaissance ist also durch und durch in ihrer Ideen-Autoritätsstruktur verzerrt. Es kann keine Ideengeschichte der Frühen Neuzeit ohne Reflexion auf diese Überreichweiten geben.

Das erste Kapitel will diesen verzerrten Zeitrahmen anhand der Transmissionsgeschichte des Hermetismus besser begreifen. Wie ist die Verzerrung entstanden, und wie sind die gelehrten Akteure mit ihr umgegangen? Haben sie versucht zu verstehen, wann Hermes gelebt hat und wer er war? Ich wechsele zwischen der Mikroebene einzelner Gelehrter und der Makroebene großer Ideenmigrationen, und ich wechsele zwischen der symbolischen Thematik der Mumientransfers und dem eigentlichen Anliegen der Ideentransmission.

Das zweite Kapitel setzt die Arbeit an den Rahmungen fort. Nicht nur Fehldatierungen haben die kognitive Orientierung der Zeitgenossen geprägt, sondern auch Irritationen gegenüber anderen Zeitrechnungen. Vom »Diebstahl« der indigenen Chronologien hat Jack Goody gesprochen, wenn er den Europäern ankreidet, ihre Epocheneinteilung auf fremde Kulturen zu übertragen.[3] Aber die Diebe konnten selbst verwirrt werden. An den Bruchlinien zu anderen Kulturen warteten zeitliche Undenkbarkeiten auf sie, wenn Inder oder Chinesen über den Tellerrand der biblisch gesetzten 6000 Jahre hinausblickten. Was ist aus dieser kognitiven Dissonanz entstanden? Konnten die Anstrengungen, diese Dissonanz zu überwinden, trojanische Pferde generieren, die die eigene Kultur bedrohten? Die sogenannten »Präadamiten«, Menschen, die vor Adam gelebt haben sollen, bewohnen solche trojanischen Pferde. Sie sind buchstäblich Überreichweiten in Menschengestalt, Überreichweiten über den normalen Anfang der Menschheitsgeschichte hinaus. Sie haben nicht nur in Europa ihr Unwesen getrieben, sondern auch, wie das Kapitel zeigen wird, in anderen Teilen der Welt. Ich versuche mich also an einer Globalgeschichte des Präadamitismus, so wie ich in Kapitel I eine Globalgeschichte des Hermetismus skizziert habe.

Hinter der Reflexion über unterschiedliche Zeitrahmen steht nicht zuletzt das große Thema von Kommensurabilität oder Inkommensurabilität.[4] Dabei wird oft auf die Bedeutung von Begriffen oder Sprechakten verwiesen, die in die jeweils andere Kultur nicht adäquat übersetzt werden können. Doch bereits die Rahmenbedingungen von Wissensbeständen können so unterschiedlich sein, daß eine Orientierung entlang von bestimmten räumlichen oder zeitlichen Maßstäben schwierig wird, wenn sie unter neuen kulturellen Bedingungen geschieht. Das muß nicht heißen, daß kulturelle Verständigung dadurch völlig unmöglich wird. Zahlreiche Untersuchungen haben gezeigt, daß Kulturen wie die indische oder die europäische selbst natürlich in sich vielfältig sind und immer schon Elemente von anderen Kulturen in sich aufgenommen haben. Dennoch gibt es diese Irritationen, die intellektuelle Reaktionen und Anpassungsleistungen nach sich gezogen haben wie diejenigen, die in Kapitel II beschrieben werden.

Kapitel I.
Mumien auf dem Boot nach Europa

> *And did you talk with Thoth, and did you hear*
> *the moon-horned Io weep?*
> *And know the painted kings who sleep beneath*
> *the wedge-shaped Pyramid?*
>
> Oscar Wilde, »The Sphinx«[1]

Eine Doppelhelix

Daß die Philosophie mit Thales angefangen habe, ist eine relativ junge Sichtweise. Sie stammt aus dem frühen 18. Jahrhundert.[2] Davor war die philosophische Tradition viel enger mit den Weisheitslehren des Nahen Ostens verbunden. Zahlreiche Gelehrte der Renaissance und teilweise auch noch des 17. Jahrhunderts hielten Hermes Trismegistos für den Vater der Philosophie, den ägyptischen Weisen Thot.

Das war, wie wir heute wissen, eine Überreichweite. Die Hermetischen Schriften stammen aus dem 2. und 3. nachchristlichen Jahrhundert; man glaubte aber, Hermes sei viel älter, er habe 1500 oder gar 2000 Jahre vor Christus gelebt. Alles, was Pythagoras oder Platon an Lehren über das Göttliche und die Welt vermittelt hatten, sei bei ihm schon vorgebildet gewesen. Der Schock für die Renaissance-Hermetiker kam 1614: In diesem Jahr veröffentlichte der hugenottische Philologe Isaac Casaubon sein Werk *De rebus sacris et ecclesiasticis exercitationes*, in dem er die hermetischen Schriften als pseudepigraphische

»Fälschungen« entlarvte.³ War die Überreichweite in diesem Moment geheilt?

Ganz so einfach ist die Sache nicht. Schauen wir nur auf Athanasius Kircher, den berühmten Jesuiten in Rom.⁴ Er schreibt Jahrzehnte nach Casaubons Buch, und doch im Wesentlichen unbeeindruckt von der Fälschungshypothese. Seine Philosophie ist nach wie vor durchtränkt von hermetischen Lehren, und er bezieht sich sogar vielfach explizit auf Hermes Trismegistos als uraltem Weisheitslehrer. Wie war das möglich? Gab es konfessionelle Gründe? Konnte ein Katholik die philologischen Ergebnisse eines Protestanten ignorieren?

Nein, keineswegs. Die Kritik Casaubons wurde durchaus überkonfessionell rezipiert. Doch sahen manche Gelehrte Gründe, das Corpus Hermeticum nicht tout court als seriöse Quelle und als philosophische Autorität zu verabschieden.⁵ Ralph Cudworth zum Beispiel, anglikanischer Philosoph und Theologe in Cambridge, gab 1678 in seinem *True Intellectual System of the Universe* zu bedenken, daß man bei den Ägyptern eine gewöhnliche und abergläubische Theologie von einer »esoterischen« und geheimen unterscheiden müsse. Diese letztere spiegele sich durchaus im Corpus der hermetischen Schriften wider. Zwar treffe Casaubons Spätdatierung auf einige Schriften des Corpus zu, aber eben nur auf einige. Etliche andere seien authentische Zeugnisse ältester ägyptischer Weisheit.⁶

Athanasius Kircher, der noch vor Cudworth schrieb, hatte eine solche philologische Differenzierung nicht einmal nötig. Denn er differenzierte im Autor Hermes selbst. Wie das? Kann man einen Autor denn zerlegen wie ein Corpus unterschiedlicher Schriften? Das ist im Falle von Hermes durchaus möglich. Kircher war der erste europäische Autor, der in der Frage der Hermes-Biographie massiv auf arabische Quellen zurückgreifen konnte, und die arabische Tradition kennt – wie wir noch genauer sehen werden – drei verschiedene Personen namens Hermes. Was im naiven geschichtlichen Rückblick als eine einzige Figur erscheint, ist in Wirklichkeit eine Kompositgestalt, die Eigenschaften von Personen unterschiedlicher Epochen zusammenfügt. Mit dieser differenzierten Sicht war es leicht, Casaubons Kritik auszuhebeln: Späte Autoren konnten etwas geschrieben haben, das dennoch auf den Lehren und der Autorität eines Denkers mit dem gleichen Namen beruht.[7]

Das bringt uns dazu, uns mit einer sehr grundsätzlichen Frage zu beschäftigen: Wie bezog man sich denn im 17. Jahrhundert auf eine Figur wie Hermes Trismegistos? Genauer gesagt: Worauf referierte der Name »Hermes Trismegistos«, wenn ein Gelehrter ihn zu dieser Zeit verwendete? Auf eine Person? Auf drei oder sogar vier Personen – wie Kircher es vorschlug? Oder auf keine Person, da der Name nur eine Fiktion benannte, hinter der keinerlei Realität stand?

Wir sehen schnell: Es wird nicht genügen, der Referenz eine Überreichweite zu attestieren, denn die Lage ist viel komplizierter. Notwendig erscheint eine Geschichte der unterschiedlichen Bezugnahmen zu unterschiedlichen Zeiten auf zeitlich unterschiedlich situierte Personen, bei denen jeweils zu diskutieren ist, ob sie möglicherweise real waren oder nicht. Dieses Unternehmen wäre weder eine klassische Transmissionsgeschichte noch eine Gedächtnisgeschichte, wie Jan Assmann sie entworfen hat. Eine Transmissionsgeschichte würde bei der Entstehung des Corpus Hermeticum in der hellenistischen Antike beginnen und von dort die Überlieferung der Texte bis in die Neuzeit hinein verfolgen. Eine Gedächtnisgeschichte würde danach fragen, wie die Figur Hermes im 15., im 16. oder im 17. Jahrhundert imaginiert worden ist und welche Funktionen dieser kollektiven Erinnerung zugrunde liegen, etwa die Fundierungsfunktion, Wissen durch die Anbindung an eine früheste Weisheitsfigur zu legitimieren.

Das Interesse an der jeweiligen Bezugnahme, am Referenzverhalten, das uns beschäftigt, läßt sich aber mit keiner der beiden Richtungen vollständig befriedigen. Vielmehr kombiniert der Ansatz, den ich in diesem Kapitel erproben möchte, beide Verfahren.[8] Ich spreche deshalb von einer »Doppelhelix«: von einem komplexen gewundenen Muster, das sowohl den Transmissionsstrang als auch den Strang der Gedächtniskonstruktion enthält, wobei beide Stränge – wie in der Molekularbiologie Watsons und Cricks – aufeinander bezogen sind.

Diese wechselseitige Komplementierung wird besonders dann einsichtig, wenn man sich bewußtmacht, daß der Hermetismus ein transkulturelles Phänomen ist. Für eine reine Gedächtnisgeschichte scheint er eine Angelegenheit von Ägypten und Mitteleuropa zu sein: die – wie auch immer konstruierte – kulturelle Erinnerung Europas an Ägypten.[9] Wie wir aber sehen werden, zeigt die Transmissionsgeschichte des Hermetismus ein viel reichhaltigeres Bild; darin spielen auch Persien, Byzanz oder die islamische Welt eine große Rolle. Die Transmissionsgeschichte kann also eine intrinsische Blindheit der Fixierung der Gedächtnisgeschichte auf das Gedächtnisbild korrigieren: Sie weist darauf hin, daß die Bezugnahme in ihrer Tiefenstruktur transkulturell gesehen viel vielfältiger gewesen ist als nur ein Europa-Ägypten-Bezug. Umgekehrt aber würde einer reinen Transmissionsgeschichte völlig der Aspekt der Bezugnahme, der Intentionalität, der Imagination fehlen. Da wäre vordergründig nur von Texten die Rede, die von einer Station zur nächsten wandern, von Alexandria nach Ktesiphon, von dort nach Bagdad, von dort nach Toledo oder Florenz. Interessant aber ist zu sehen, wie von jeder Station aus zurückgeblickt worden ist auf den Autor, den man da – aus unterschiedlichen Gründen – sich aneignete, abschrieb, weiterdachte und umdeutete. Jede Station hat ihre eigene Intentionalität, ihr eigenes Referenzverhalten.

So kann man sich die Geschichte des Hermetismus als lange, vielfach sich teilende Kette von Stationen vorstellen, die alle für sich ihren eigenen Gedächtnisbezug haben – wie eine Doppelhelix, bei der es vorwärtsgerichtete Transmissionsstränge und rückwärtsgerichtete Gedächtnis- und Referenzstränge gibt, beide eng miteinander verwoben. Und dabei kommt auf neue Weise die Transkulturalität ins Spiel. Denn die Geschichte des Hermetismus ist lange Zeit nur als Transmissionsgeschichte, nämlich als Diffusionsgeschichte erzählt worden. Wie aber sieht sie aus, wenn sie statt dessen als Verflechtungsgeschichte aufgefaßt wird? Eine Geschichte, in der verschiedene Kulturen wechselseitig aufeinander einwirken, die nicht linear verläuft, sondern in unterschiedliche Richtungen gleichzeitig?

Eine Idee davon, was dann aus dem Hermetismus wird, soll das vorliegende Kapitel geben, das die traditionellen Narrative auf mehrfache Weise aufbricht. Hermetismus wird als ein Phänomen deutlich, das in komplizierten Bahnen zwischen Ägypten und Europa verläuft, Bahnen, die Umwege über andere Kulturen nicht ausschließen; und es wird als ein Phänomen verstanden, das nicht automatisch in Europa endet, sondern auch in ganz andere Richtungen, etwa nach Persien und Indien verfolgt werden kann.

Zu alledem soll uns die einfache Frage »Wer war Hermes Trismegistos?« verhelfen. Es ist die Referenzfrage. Auf wen bezog sich ein Marsilio Ficino im 15. Jahrhundert, als er von Hermes redete, auf wen bezog sich ein Athanasius Kircher im 17. Jahrhundert, und wie waren die philologischen Informationen und historischen Annahmen beschaffen, die einen Ficino und einen Kircher dabei leiteten?[10] Wie gelangten diese Informationen und Angaben zu den Gelehrten?

Wer war Hermes Trismegistos?

Die übliche Antwort auf die Frage nach dem Autor Hermes ist die: Hier liegt eine Pseudepigraphie vor, eine fälschliche Zuschreibung an einen Autor, der die Schriften, die in seinem Namen kursieren, nicht geschrieben hat. Diese Antwort kann aber nur vorläufig sein, denn man kann weiterfragen: Warum wurde ein falscher Name angegeben? Wer ist denn die Person, die angeblich die Schrift geschrieben haben soll? Existiert sie, existiert sie nicht? Die durchaus elaborierte Forschung zur antiken Pseudepigraphie – einem verbreiteten Phänomen – stellt ein begriffliches Besteck zur Verfügung, das uns ein Stück weiterhilft.[11] Danach wird zunächst zwischen primärer und sekundärer Pseudepigraphie unterschieden. Primär ist Pseudepigraphie dann, wenn der falsche Verfassername von Beginn an mit der Schrift verbunden ist, ihr also bewußt beigegeben wurde. Das ist bei den Hermetica zumeist der Fall. Sekundäre Pseudepigraphie hingegen läge vor, wenn die falsche Zuschreibung erst nachträglich geschehen wäre. Dann kann man zwischen impliziter und expliziter Verfasserfiktion differenzieren: Wird die Urheberschaft durch Hermes nur über Anspielungen und Inhalte nahegelegt, oder steht sie ausdrücklich im Titel? Auch hier hat das Corpus Hermeticum einen hohen Grad an Explizitheit.

Aber was steckt denn in dem Namen »Hermes«, was ihn so aufgeladen hat, daß hellenistische Autoren im 2./3. Jahrhundert nach Christus ihre Schriften mit ihm schmückten? Nun kommen wir an das intrikate Verhältnis von Autorschaft und Autorisierung. Denn Autorzuschreibungen können ganz unterschiedliche Funktionen besitzen.[12] Namen können als symbolische Identifikationen dienen, sie können als Repräsentanten für eine ganze Gattung von Fachschriften stehen, sie können die religiöse oder politische Würde einer Autorität an sich binden. All das erzeugt einen gewissen Sog, der einen realen Autor dazu bewegen kann, sein Erzeugnis einem anderen Namen anzuvertrauen. Mit seinem eigenen Namen hätte das Produkt nicht genügend Autorität, um sich durchzusetzen. Wohlgemerkt: Das muß nicht unbedingt eine bewußte Strategie sein, es kann mit Tradition, Anstand, Standesbewußtsein, Verehrung und religiöser Devotion zu tun haben. »Tief ist der Brunnen der Vergangenheit«, hat Thomas Mann gesagt und überzeugend dargestellt, wie auch das Zeitbewußtsein und das Bewußtsein der eigenen Identität in antiken Epochen so beschaffen sein konnte, daß der Träger eines Namens wie Isaak und Abraham sich geradezu identifizierte mit früheren Trägern, ja mit dem mythischen Urvater, der »als erster« diesen Namen getragen hatte. All das ist mitzubedenken, wenn hier umstandslos von »Kompositgestalten« die Rede ist.[13]

Neben diesen vielschichtigen Formen der Eingliederung des eigenen Produkts in eine autorisierte Tradition gab es allerdings immer auch Pseudepigraphie als bewußte Täuschung. Das kann zum eigenen Vorteil geschehen, oder zur Schädigung eines anderen, oder kann auch in Richtung literarische Fiktion gehen.[14] Der echte Autor ist dann bemüht, die Verfasserfiktion zu plausibilisieren, indem er (oder höchst selten: sie) den Stil des angeblichen Verfassers imitiert, intertextuelle Bezüge einbaut, die auf den angeblichen Verfasser schließen lassen, oder die Authentizität durch persönliche Noten besonders betont. Aber es kann auch zahlreiche Mischformen geben, bei denen die Pseudepigraphie nur Teile von Werken oder einzelne Sätze betrifft. Das wird dann »unselbständige« Pseudepigraphie genannt und ist bei Interpolationen und Fortschreibungen echter Werke der Fall. Umgekehrt kann auch mehr als ein einzelnes Werk, nämlich ein ganzes Corpus von Schriften betroffen sein. So ist es beim Corpus Hermeticum: Hier gibt es eine größere Gruppe von griechischsprachigen ägyptisierenden Schriften, die alle einem »Hermes Trismegistos«, einem »dreimalgroßen Hermes« zugeschrieben werden und die als Offenbarungen oder Lehren eines Meisters an seinen Schüler präsentiert sind.

Dabei wird meist zwischen dem eigentlichen philosophisch-theologischen Corpus (von achtzehn Schriften) und dem diffuseren Corpus der »technischen« Hermetica unterschieden, die magisch-alchemisch-astrologisches Wissen übermitteln. Das ist auch deshalb wichtig, weil beide Gruppen unterschiedliche

Rezeptionsgeschichten besitzen: Das philosophisch-theologische Corpus, das viel mittelplatonisch-stoisches Gedankengut enthält, aber auch einige Einsprengsel jüdischen und christlichen Denkens, ist wahrscheinlich von byzantinischen Gelehrten als solches zusammengefaßt worden; im 11. Jahrhundert war es bereits eine feste Größe.[15] Eine Sammelhandschrift mit diesen Texten ist im 15. Jahrhundert in den Westen gelangt, nachdem 1439 das Unionskonzil von Ferrara und Florenz getagt hatte und byzantische Gelehrte in Italien ihre Kenntnisse ausbreiteten. Diese Gelehrten standen unter großem Druck, denn ihre Hauptstadt Konstantinopel befand sich kurz vor der Eroberung durch die Osmanen. Durch diese Kontakte kam die Handschrift 1460 in die Hände von Cosimo de Medici, der Marsilio Ficino damit beauftragte, sie ins Lateinische zu übersetzen.[16] Ficino war eigentlich damit beschäftigt, die Werke Platons zu übertragen, unterbrach seine Tätigkeit aber für die Hermetica, die 1463 in Buchform erschienen.[17] Das war der Beginn der Erfolgsgeschichte des Hermetismus in Europa, die die intellektuelle Renaissance nachhaltig prägte und bis weit ins 18. Jahrhundert nachwirkte.[18]

Die »technischen« Hermetica sind hingegen eine sehr viel diffusere Gruppe und haben eine ganz andere Wirkungsgeschichte. Sie sind Teil von allgemeineren synkretistischen Strömungen von Magie und Naturphilosophie und haben vor allem in der arabisch-islamischen Welt durch zahlreiche Übersetzungen weitergewirkt.[19] Von dort aus ist bereits im Mittelalter einiges nach Europa eingedrungen, vor allem aber in der Frühen Neuzeit kommt dieser Strang im Paracelsismus und anderen okkulten Traditionen der Naturphilosophie, Magie, Alchemie und Astrologie mit dem philosophischen wieder zusammen.[20] Oft ist kaum klar zu unterscheiden, was konkrete Pseudepigraphie ist, die unter dem Namen »Hermes« segelt, und was nur sehr allgemein »hermetische« Denkmuster enthält.[21]

Was bedeutet es in einer so verworrenen Lage, sich auf Hermes Trismegistos zu beziehen? Zu unterschiedlichen Zeiten an unterschiedlichen Orten konnte das Referenzverhalten sehr naiv sein und ganz vage eine mythische Figur der Frühzeit im Blick haben, es konnte aber auch reflektiert geschehen, mit Überlegungen und Nachforschungen zur Identität des Autors. Und der Bedarf nach Autorisierung konnte schwanken: Hielt man beispielsweise als muslimischer Gelehrter Hermes für den im Koran erwähnten Idris, hinter dem man wiederum die biblische Figur des Henoch vermutete, dann konnte man eine magisch-astrologische Schrift mit dem Bewußtsein lesen, hier berichte letztlich ein von Gott in den Himmel entrückter Weiser, was er auf seiner Reise durch das Universum an Geheimnissen über die Welt erfahren hatte. Hielt man hingegen als skeptischer Philologe »Hermes« für einen Schwindler, der sich anmaßt, außerhalb der Bibel auf angebliche Offenbarungen zu verweisen, suchte man allenfalls Hinweise auf spätantike ägyptische Denkweisen in den Schriften.

Dem Historiker heute muß es also darum gehen, das so unterschiedliche Referenzverhalten von Lesern der hermetischen Schriften im Rahmen der Doppelhelix, des Transmissions- wie des Konstruktionsaspektes, zu rekonstruieren. Und er muß und kann versuchen zu sehen, wie die Abfolge von Einzelfällen von Referenzverhalten zu bestimmen und zu bewerten ist. Es ist hier ähnlich wie bei der »commodity chain«-Analyse in der Ökonomie: Nur die detaillierte Kenntnis der Lieferketten zeigt uns die globalen Verflechtungen, die Machtverhältnisse und die Winkelzüge im Hintergrund einer Ware.[22] Erst dadurch erhalten wir ein vollständiges Bild, zum Beispiel hinsichtlich des ökologischen Fußabdrucks eines bestimmten Produkts. Das gilt auch in der Ideengeschichte. Was sind die referentiellen Lieferketten von Hermes Trismegistos? Was ist sein intellektueller Fußabdruck?

Eine Apotheke in Breslau

Wir wollen ein wenig ausholen und die Lieferketten des Namens Hermes und des Hermetismus zunächst ganz handgreiflich über die Lieferketten von Mumien aus Ägypten erforschen. Hermes ist ein »ägyptisches« Produkt, so wie auch Mumien und Hieroglyphen ägyptische Produkte sind.[23] All diese Produkte sind miteinander verbunden. Dort wo Mumien verschifft werden, wird auch Wissen von ihnen und ihrer Geschichte verschifft. Doch was ist, wenn auf der Überfahrt Dämonen aufkreuzen?

Im Dezember des Jahres 1658 drängen sich in einer Apotheke in Breslau einundzwanzig Männer um einen Tisch. Auf dem Tisch liegen drei ägyptische Mumien, und ein Dichter ist dabei, sie zu zerschneiden.[24] Der Dichter, Andreas Gryphius – heute gilt er als einer der Großen der Barockliteratur –, hat Medizin und viele andere Fächer studiert und arbeitet inzwischen, mit Anfang vierzig, als Rechtsvertreter der Landstände in Glogau, knappe hundert Kilometer von Breslau entfernt. Für Mumien hat er sich schon lange interessiert. Bereits als Student in Leiden kaufte er sich eines der frühen Werke über die ägyptische Kultur, Lorenzo Pignorias Deutungsversuch der berühmten Isis-Tafel.[25] Stolz schrieb er damals seinen Namen auf die Titelseite: »Den Musen des Philosophen und Dichters, Magister Andreas Gryphius, geweiht«.[26]

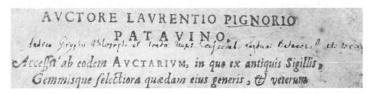

Abb. 1: Gryphius' Besitzeintrag in seinem Exemplar von Pignoria.

Und die Musen küßten ihn dafür; eifrig schrieb er Gedichte, wenn die Vorlesungen oder die Besuche im *Theatrum anatomicum* vorüber waren.[27] Als er wieder nach Deutschland zurückgekehrt war – nach neun Jahren im Ausland –, wollte er, neben seiner anstrengenden Verwaltungstätigkeit und seinem Schriftstellerdasein, auch seine Medizinkenntnisse beweisen, ja sie mit seiner ägyptologischen Gelehrsamkeit verbinden. Er interessierte sich ungemein für Leichname und Gräber und hatte vor, ein Buch über Jesu' Kreuzigung und seine Gruft zu verfassen.[28] Welche Kleidung hatte der Heiland getragen, als man ihn in die Höhle legte? Was geschah nach der Grablegung? In Gryphius stritten der Tragödiendichter, der gelehrte Antiquar und der Naturwissenschaftler darum, wem dieses wunderbare barocke Thema eher zukommen sollte.

Ägyptische Leichenbestattungen waren dabei der beste Anschauungsunterricht und die beste Vorbereitung für das Christus-Thema. Denn im trockenen Wüstenklima und dank der Einbalsamierungstechniken hatten viele Mumien bis heute überdauert. Seit geraumer Zeit wurden sie von Grabräubern ausgehoben und mit Schiffen nach Europa gebracht, wo sie meist in Apotheken endeten und zerkleinert den Rohstoff für angebliche Arzneimittel hergaben. Aber auch in einige Sammlungen waren sie eingegangen, diesmal unzerstört und ganz geblieben.

Das große Standardwerk zu allem, was mit Ägypten zu tun hat, war in drei Bänden zwischen 1652 und 1654 erschienen und stammte vom schon genannten Athanasius Kircher. Sein Titel: *Oedipus Aegyptiacus*. Niemand kam daran vorbei. Der *Oedipus* enthält im dritten Teil einen fast fünfzigseitigen Abschnitt *De Mumiis*.[29]

Es war nicht leicht für Gryphius, an das Buch zu kommen, obwohl er vor Neugier brannte. Die Pest wütete in Schlesien, der Dichter hatte sich 1656 auf das Landgut von Johann Christian Schönborner zurückgezogen und durfte nicht in die Stadt. Schließlich gelang es ihm, trotz Verbotes (»publice impedito«),

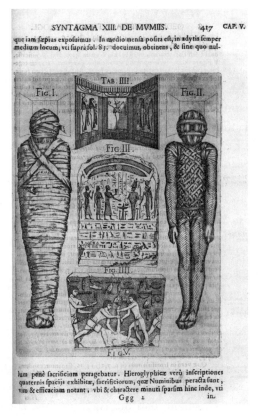

Abb. 2: Athanasius Kircher über Mumien.

sich der drei Folianten zu bemächtigen und sie zu studieren.[30] Die Wissensfülle war überwältigend, die Kircher da ausbreitete. Kircher stellte die Sitten und Gebräuche der Ägypter dar, ihre Geistes- und Ideenwelt, führte Obelisken und deren Inschriften auf und verkündete, er habe die Bedeutung der Hieroglyphenschrift entziffert. Die Welt wurde von den Ägyptern, so Kircher, unterschiedlich wahrgenommen. Das einfache Volk folgte, so stellte er dar, größtenteils den abergläubischen Riten und Symbolen und auch der Magie, die auf den mißratenen

Noah-Sohn Ham (Cham) zurückgingen; die Elite hingegen pflegte das ursprüngliche Wissen von der Struktur der Welt, das Adam, dem ersten Menschen mitgegeben worden war. Zwar war vieles von diesem Wissen mit der Sintflut untergegangen, doch in Noah hatten wichtige Teile überlebt. Hams Sohn Misraim (Mizraim) wurde der erste nachsintflutliche König Ägyptens, und da ihm als Berater Hermes zur Seite stand, der große Kulturstifter und Erfinder, konnte er manches von Adams und Noahs Wissen an die künftige ägyptische Kultur übermitteln, denn Hermes erfand die Hieroglyphen. Das waren, so Kircher, begriffliche Symbole, die die zentralen geheimen Wahrheiten über das Universum und das richtige Zusammenleben in sich zusammenfaßten, die seit Adam den Menschen bekannt waren: vor allem das Wissen von der Einheit und zugleich Dreieinigkeit Gottes, von seiner Schöpfernatur oder von seiner Allmacht, aber auch kosmologische oder politische Einsichten. Die Hieroglyphe von einer geflügelten Kugel, die eine Schlange gebiert, symbolisiere beispielsweise die Trinität, die von Osiris als dem *intellectus archetypus* in ihren Qualitäten und in ihrer Macht an die Welt vermittelt werde. Nur die Priester und Pharaonen kannten diese Wahrheiten, dem Rest des Volkes waren sie verborgen.[31] Den Umstand, daß die Ägypter ihre Toten mumifiziert hatten, führt Kircher auf eine der Lehren zurück, die Hermes den Ägyptern vermittelt hatte: die von der Metempsychose, der Wanderung der Seele nach dem Tod in einen anderen Körper.[32] Hat ein Mensch im Leben gute Taten vollbracht, wird er in einem heiligen Tier wiedergeboren, war er böse, wird er etwas Niedriges wie ein Krokodil oder ein Esel. Kircher stützt sich in seiner konkreten Arbeit hier vornehmlich auf die Mumiensammlung des Großherzogs von Florenz, die ihm der dortige Mediziner Giovanni Nardi hat abzeichnen lassen, der auch zugleich ein Experte für die Leichenpräparation war.[33]

Kircher und der Nahe Osten

Gryphius schneidet, er erklärt, er wickelt der Mumie Schicht um Schicht die Leinentücher ab. Neben ihm steht Christian Hoffmann von Hoffmannswaldau – auch er mit öffentlichen Aufgaben betraut und daneben Schriftsteller. Und da ist noch Philipp Jakob Sachs von Löwenheim, ein Arzt, der wenige Tage nach der Sektion unter dem Namen »Phosphorus« in die kürzlich gegründete *Academia Naturae Curiosorum* aufgenommen werden sollte.[34] Sie war der Versuch, nach der Totalzerstörung Deutschlands durch den Dreißigjährigen Krieg ein loses Netzwerk von Naturforschern aufzubauen, das dem intellektuellen Leben im Reich zumindest ein wenig wiederaufhelfen sollte.[35] 1670 wird Sachs in diesem Rahmen die früheste medizinisch-naturwissenschaftliche Zeitschrift in Deutschland ins Leben rufen: die *Miscellanea curiosa* – nach dem Vorbild des *Journal des Sçavans* und der *Philosophical Transactions of the Royal Society*, beide seit 1665 erscheinend.

Sachs hat, als Akademiemitglied und Zeitschriftenherausgeber, auch mit Athanasius Kircher in Rom Kontakt aufgenommen.[36] Dieser Mann im Zentrum der Informationsflüsse des weltweit operierenden Jesuitenordens, zu dem im Nachkriegsdeutschland alle – wenn auch nicht unkritisch – aufschauten, bot denn auch tatsächlich an, seine Verbindungen für die deutschen Landsleute zu öffnen. Da waren die Verbindungen nach Ost- und Südostasien, die die Naturwissenschaftler besonders interessieren mußten, weil von dort eine Unmenge an Rohstoffen, biologischen Arten und potenziellen Pharmaka importiert werden konnte.[37] So schreibt Kircher Anfang 1672 an Sachs: »Im vergangenen Monat haben in Rom drei Statthalter von Ostindien in Religionsangelegenheiten vorgesprochen; einer aus Japan, ein anderer aus N., der dritte aus China. Alle kennen sich in der Vielfalt und Unterschiedlichkeit der ostindischen Naturdinge bestens aus. Der erste, Pedro Iazardo, hat China, Tonking, Siam, Kambodscha und das ganze Mogulreich durchreist, ebenso das mittlere Afrika und Brasilien.[38] Man kann kaum sagen, wie viele unerhörte und im dreifachen Naturreich staunenswerte Erfahrungen er zugänglich gemacht hat, die er dem Licht der Öffentlichkeit übergibt. Der dritte hat drei Werke von großem Interesse in Chinesisch-Lateinisch mit für Europa unerhörten Argumenten zusammengestellt, die in Amsterdam dem Druck übergeben werden.«[39] 1678 wird Johann Otto Helbig dieselbe Rhetorik des »Unerhörten« bedienen und aus Indonesien eine *Physica inaudia* nach Europa schicken, gewidmet der *Academia Naturae Curiosorum*.[40] Und 1674 wird Georg Wolfgang Wedel seine pharmakologischen Studien zum asiatischen Opium »ad mentem Academiae Naturae Curiosorum« ausrichten.[41] Wir werden das in späteren Kapiteln sehen.

Dann waren da natürlich die Orientkontakte, die Kircher erst in die Lage versetzt hatten, seinen *Oedipus aegyptiacus* zu schreiben. Denn ihm standen in Rom eine ganze Reihe von Informanten aus der Levante zur Verfügung, allen voran die christlichen Priester aus dem Libanon, die sich im Maronitenkolleg versammelt hatten;[42] darüber hinaus aber auch das Collegio Urbano zur Missionarsausbildung, wo es außereuropäische Studenten gab, und das Neophytenkolleg, an dem Konvertiten aus dem Islam oder Judentum studierten.[43] An kaum einem anderen Ort in Europa gab es solche Möglichkeiten, indigenes Wissen in gelehrtes europäisches Wissen zu überführen. Dazu war eine große Portion Neugier nötig, zugleich aber auch ein gefestigtes christliches Selbstbewußtsein und die Überzeugung, alle fremdartigen Informationen in ein christliches Weltbild einordnen zu können.

Was für ein Übergang aus dem Nahen Osten nach Europa liegt hier eigentlich vor? Wie segelt Information aus dem islamischen Kulturkreis in den Westen? Ist das nicht ein Vorgang, der dem handfesten Objekttransport der Mumien ähnelt, die von

Alexandria nach Livorno oder Marseille verschifft wurden?[44] Zumal da alte Bücher in gewisser Weise Mumien ähneln? Auch sie vermitteln das Altertum, eingewickelt in dichte Lagen von Stoff oder Papier, Papyrus oder Pergament. Das Besondere war dabei: Hier geschieht nicht nur eine räumliche Transmission, sondern zugleich eine zeitliche. Was in Livorno, in Rom, in Breslau ankommt, ist eine Flaschenpost nicht nur aus einem fernen Land, sondern auch aus einer lange versunkenen Zeit, dem pharaonischen Ägypten. Ist das nicht unheimlich?

Der Transport von Mumien

Als unheimlich galten Mumien in der Tat. Gryphius, der 1662 einen schriftlichen Bericht von seiner Breslauer Mumiensektion gab, vergaß nicht anzuführen, daß Fürst Nicolaus Christoph Radziwill im Jahr 1584 von einer Pilgerreise aus dem Nahen Osten zurückkam, eine Überfahrt, bei der er in Alexandria heimlich sieben Kisten mit Mumien und Götterfiguren auf das Schiff hatte laden lassen.[45] Heimlich deshalb, weil man ohnehin unter Seeleuten die Dämonen und Gespenster fürchtete, die dann auf dem Schiff ihr Unwesen treiben konnten. Und so kam es auch: Als ein Priester an Bord sein Stundengebet hielt, begann ein schreckliches Gewitter, der Priester wurde von Dämonen heimgesucht und das Schiff geriet in Seenot. Erst als Radziwill gestanden hatte, daß Mumien im Frachtraum lagen und man sie ins Meer geworfen hatte, war die Gefahr vorüber.[46]

Gryphius ist skeptisch gegenüber solchen Geschichten.[47] Er deutet an, daß er sich schon länger mit diesen Fragen beschäftigt hat und sogar beabsichtigt, darüber ausführlich zu publizieren. »In der Tat«, sagt er, »ist es auch nicht abwegig, dass es Menschen gibt, die derartigen Schreckensgespenstern mehr als andere ausgesetzt sind. Ich hoffe (so Gott und das Schicksal es wollen), dem Leser zu diesem Thema bald in einer umfangreicheren Abhandlung Genüge zu tun.«[48] Auch im Anhang zum *Leo Armenius*, der »Erklärung etlicher dunckeln Oerter«, heißt es – noch nicht 1658, aber in der Ausgabe letzter Hand 1663 –: »Was ferner vor Zeiten durch solche Opffer [nämlich Menschenopfer] gesuchet / wie auch was von dergleichen Erscheinungen und Weissagungen zu halten / haben sich vil zu erklären bemühet: Unsere Meynung führen wir weitläufftiger aus in unserem Bedencken von den Geistern: welche wir mit ehestem / da Gott will / hervor zu geben gesonnen.«[49] In der angekündigten Abhandlung, wenn sie denn zustande gekommen und veröffentlicht worden wäre, ging es also um die Existenz von Gespenstern und Geistern und um die Kulturgeschichte des Glaubens an sie.

Gryphius, Teil der Breslauer Szene von Gelehrten und Naturkundigen, leistet Aufklärungsarbeit: »Wie gegenstandslos ist dagegen die Leichtgläubigkeit in unserer Zeit! Wie viele Verbrecher, die sich ungestraft gegen den Himmel verschworen haben, wie viele Mörder, durch welche Schandtat auch immer versündigt, haben die Meere wohl schon getragen!« Und nichts sei passiert. Sei es dann nicht reiner Zufall, daß gerade in diesen seltenen Fällen von Mumientransport Stürme aufgezogen waren?[50] Dann unternimmt er den Versuch, die Mumienabscheu auf Schiffen anders zu erklären.[51] Er gibt eine ganze Kaskade von Gründen rationaler und empirischer Art, die sich leicht zu einer Geschichte des Aberglaubens anreichern könnten. Traditionell war die böse Wirkung von Mumien durch die Götterbilder, die Idole, erklärt worden, die in ihnen enthalten waren. Es ging also um scheinbare Wirkungen von Talismanen und Statuetten, ganz wie sie Pignoria in seinem Buch abgebildet hatte. Gryphius hingegen erweist sich als gnadenloser Empiriker, fast schon ein früher Aufklärer.

Jean Bodin und der Hermetismus

Auch bei Jean Bodin, dem französischen Staatstheoretiker und Philosophen, gibt es Berichte vom Gespenster-Unwesen beim Mumientransport. Bodins anonymes nachgelassenes Manuskript, das wohl 1593 entstandene *Colloquium heptaplomeres*, ist einer der großen, verwirrenden Texte, die klandestin ihren Weg durch die europäischen Eliten genommen und subkutan ihre Wirkung entfaltet haben.[52] Erst im 19. Jahrhundert wurde das *Colloquium* veröffentlicht. Es gilt als frühes Zeugnis religionsphilosophischer Toleranz, aber irritiert auch durch den in ihm manifesten Dämonenglauben. Man kann eine »hermetische Rahmung« des fiktiven Gespräches von sieben Personen konstatieren, an dem ein Katholik, ein Calvinist, ein Lutheraner, ein Mohammedaner, ein Jude, ein Wortführer heidnischer Religionen und ein Vertreter einer natürlichen Religion teilnehmen.[53] Denn gleich zu Anfang des Gespräches erzählt Octavius, der Mohammedaner, von einem Mumienraub in Ägypten. »Nachdem man die Mumie an Bord des Schiffes gebracht und die Seefahrt begonnen hatte«, so resümiert Ralph Häfner die Erzählung des Octavius, »ereignet sich etwas Erstaunliches. Die Mumie scheint, wie der Arzt behauptet hatte, eine Kraft zu besitzen, die sich jedoch in ganz anderer Weise auszuwirken beginnt. Denn plötzlich erhebt sich ein heftiger Sturm, der das Schiff in arge Seenot bringt. Wie auf derart internationalen Verbindungen nicht weiter überraschend, gehören die Reisenden einer Vielzahl von Religionen an; kein einziges Gebet dieser unterschiedlichen Glaubensrichtungen indes scheint vermögend, den Sturm zu beschwichtigen. Er legt sich vielmehr erst, nachdem man die Mumie hatte über Bord gehen lassen.«[54]

Diese Episode im *Colloquium* – die der bei Radziwill sehr ähnlich ist – und ihre Bezüge zur hermetischen Tradition können uns zum Anlaß dienen, die Spuren, die von diesem Dialog zum Hermetismus und nach Ägypten führen, weiterzuverfolgen, um eine Reihe von Transferproblemen zu identifizieren. Wir entfernen uns damit Stück um Stück von Gryphius und seinen Kollegen in der Apotheke und kommen zu den größeren Fragen der Referenz. Es geht anhand der Datierungsproblematik des *Corpus Hermeticum*, die schon Bodin bewußt war, um Ideentransfers aus der Antike über das islamische Ägypten bis in die europäische Renaissance, und es geht zugleich um kulturelle Transfers zwischen der arabischen Welt und dem frühneuzeitlichen Italien und Frankreich. Am Ende sind daraus Überlegungen zu einer künftigen Ideengeschichte abzuleiten, die nicht mehr nur europazentriert agiert. Die Mumie auf ihrem Weg zwischen Europa und dem Orient führt uns auf die »Stürme« und Umwege, die dem Frühneuzeithistoriker abverlangt werden, sobald er die Sicherheiten der alteuropäischen Kontexte verläßt.

Sehen wir genauer auf das Objekt, von dem die Rede ist. An der Stelle des Herzens enthielt die Mumie, von der Octavius erzählt, ein kleines steinernes Bildnis, in das der Name Isis eingraviert war. Octavius erläutert, daß Isis eine Königin Ägyptens aus grauen Vorzeiten sei, über die eine Inschrift auf ihrem Grabmal in Nysa zu lesen sei:

> Ego Isis sum Aegypti regina
> A Mercurio erudita;
> Quae ego legibus statui,
> Nemo solvet.[55]

> Ich bin Isis, Königin von Ägypten
> Von Hermes erzogen;
> Das, was ich mit meinen Gesetzen befohlen habe,
> Soll niemand übertreten.

Daß diese Inschrift, Teil einer sogenannten Isis-Aretalogie, von Diodor Siculus in Nysa gesehen und daher überliefert,⁵⁶ aber sicherlich nach dem Modell in Memphis gebildet, etwas mit der Figur des Hermes zu tun hat, ist kein großes Wunder. Die neuere Forschung nimmt an, daß der Autor aus dem Milieu der Isis-Priester in Oxyrhynchus oder Memphis stammt.⁵⁷ Auch wenn der Text griechisch war – die Aretalogien brachten dem nichtägyptischen Publikum im alten Ägypten die ägyptische Religion nahe –, war er wahrscheinlich ägyptisch (und zwar demotisch) konzipiert.⁵⁸ Garth Fowden hat auf eine den Isis-Aretalogien ähnliche Asclepius-Aretalogie hingewiesen, von der sich ein Fragment auf der Rückseite des Papyrus Oxyrhynchos 1381 befindet.⁵⁹ In diesem Text spricht der Verfasser (ob nun rhetorisch oder authentisch) in sehr persönlicher Weise von seinen Krisen und von seiner dadurch motivierten Tätigkeit, Texte zu verfassen, und er sagt: »Ich entfaltete wahrlich in einem physikalischen Traktat [...] die Geschichte der Weltschöpfung.«⁶⁰ Seine Verehrung des Gottes Imouthes, der im Rahmen der hellenistischen wechselseitigen Übersetzung antiker Polytheismen mit dem griechischen Heilgott Asclepius gleichgesetzt wurde, aber auch Aspekte von Hermes besitzt,⁶¹ zeigt deutlich, daß die aretalogischen Texte und die theologisch-philosophischen Spekulationen in engem Zusammenhang zu sehen sind. So ist das *Corpus Hermeticum* in der Zeit des Hellenismus entstanden.

Inzwischen gibt es duch Richard Jasnow, Karl-Theodor Zauzich, Sidney Aufrère und Christian Bull weitere Untersuchungen, die das *Corpus* in den altägyptischen Vorstellungen verankern. Zwar sind viele der Gedanken griechisch-hellenistisch, doch gibt es zahlreiche Motive, rituelle Anspielungen und Darstellungsformen (z. B. den Initiations-Dialog von Thot (*dḥwtj*)/ Hermes mit seinem Schüler), die genuin aus Ägypten stammen.⁶² Jasnow und Zauzich haben einen demotischen Text ediert, die *Gespräche im Haus des Lebens*, der einen guten Ein-

Abb. 3: Papyrus-Fragmente vom »Buch des Thot«.

druck von den Denkweisen ägyptischer Thot-Priester gibt, mit ihrer Hochachtung der Kulturtechnik des Schreibens und der damit verbundenen Vogel-Symbolik, bis hin zu geheimnisvollen Listen von 42 Geiern und ihren Nistplätzen, die mit 42 Heiligen Büchern im »Haus des Lebens« identifiziert wurden.[63] Fast erinnern diese »Topoi« an die europäische Mnemotechnik des Mittelalters und der Renaissance: eine sakrale Geographie Ägyptens, die wohl zugleich sakral-philosophische Inhalte vermitteln konnte.[64] Man bekommt eine Ahnung, wie vertrackt die Referenzfrage ist: Wie tief reicht der Inhalt der hermetischen Schriften in den Brunnen der ägyptischen Vergangenheit? Was am Autor, was an seiner Autorität ist jung, was ist alt?

Bodin hat sich Gedanken darüber gemacht, auch wenn er noch nicht die Entdeckungen der modernen Ägyptologie nutzen konnte. Später im *Colloquium*, wenn es um die Datierungsfrage der Hermetica geht, kommt er nämlich wieder auf die Isis-Aretalogie zurück. Dort repliziert Toralba auf Friedrichs

Inanspruchnahme des Hermes für die Trinitätslehre mit historischer Skepsis.⁶⁵ »Doch wer auch immer schließlich jener Trismegistos gewesen ist, so zwingt die Inschrift der Isisstatue und die Chronologie zuzugestehen, daß er sowohl der Lehrer der Isis als auch der nach Mose älteste Schriftsteller aller Ägypter gewesen ist. Was aber an Büchern unter dem Namen von Trismegistos zirkuliert, davon ist klar, daß sie lediglich auf Griechisch vorgelegen haben, als sie ins Lateinische übersetzt wurden, und daß der Autor vieles aus den Lehren der jüngeren Platoniker abgeschrieben hat. Denn die, die weniger fabulieren, schreiben ihm 36525⁶⁶ Bücher zu, Jamblich aber 110000,⁶⁷ und was aus jenen Büchern von Jamblich, Plotin, Proklos und Cyrill exzerpiert worden ist, liest sich in allen Hinsichten verschieden von dem, was wir im *Pimander* und im Gedicht geschrieben lesen. Was aber von Friedrich zum Trinitäts-Argument angeführt wurde, scheint wörtlich abgeschrieben zu sein, und zwar nicht so sehr aus Trismegistos als aus dem Brief Platons an Hermias und Dionysos [...].«⁶⁸

Bodin trennt klar die seiner Ansicht nach historische Hermes-Gestalt, die er für alt hält, von den Büchern, die in deren Namen in der Zeit der Mittel- oder Neuplatoniker verfaßt worden sind und deren Gedankengut enthalten. Die Exzerpte bei Jamblich und anderen hält er offenbar für Fragmente von echten, zahlreichen Schriften (möglicherweise des echten, alten Hermes Trismegistos), doch den *Poimandres* und die anderen Texte des *Corpus Hermeticum* hält er für neuplatonische Fälschungen. Daher sei auch der von Friedrich als hermetisch zitierte Satz in Wirklichkeit ein sekundäres Zitat aus Platon, der Autorität der neuplatonischen Fälscher.

Zu beachten ist, daß wir es hier mit der Zeit vor Isaac Casaubons philologisch subtiler Entlarvung der Hermetica als nicht authentischen Pseudepigraphen zu tun haben, mit der Zeit vor 1614.⁶⁹ Wie originell ist daher Bodins Beobachtung, die er dem Toralba in den Mund legt? Ist es Gilbert Genebrard, der benediktinische Gelehrte in Paris, an dessen philologischen Zweifeln in der *Chronographia* von 1567 und 1580 er sich hier orientiert? Nein, bei Genebrard findet sich das Argument einer Abhängigkeit der Hermetica vom Mittel- oder Neuplatonismus nicht. Bei ihm geht es nur um eine Neudatierung in die Jahre um 300 v. Chr., wegen bestimmter Namensnennungen (wie »Phidias«), die nicht vor der klassischen Epoche der griechischen Kultur gemacht sein konnten.[70] Eine Abhängigkeit von Plotin oder ähnlichen Autoren hat interessanterweise vor Casaubon praktisch niemand behauptet. Allein in einer kaum je wahrgenommenen Passage von Thomas von Aquins *De regimine principum* kann man lesen, daß »Sokratiker und Platoniker« vom Gemeineigentum gesprochen hätten, »wie Hermes Trismegistus über Plotin und Macrobius über den Traum des Scipio«.[71] Doch hier liegt vielleicht nur eine Verwechselung von Hermes mit Porphyrius und dessen Plotin-Biographie vor.

Es scheint mir daher eher, daß Bodin durch sein Sprachrohr Toralba eigene Beobachtungen äußert.[72] Dafür spricht auch seine idiosynkratische Trennung von echten und falschen hermetischen Schriften. Damit würde er sich in die französische Rezeption des *Corpus Hermeticum* einreihen, die immer relativ skeptisch war, weit skeptischer jedenfalls als die italienische. Schon Adrien Turnèbe war zurückhaltend gewesen, einer der Herausgeber des *Corpus*, noch mehr Matthieu Beroalde, der Calvinist, aber auch Genebrard, der Erzkatholik. Für Beroalde waren die hermetischen Schriften pure Häresie, denn wahre Offenbarung könne ja nur *sola scriptura*, durch die Bibel, erfolgt sein, nicht durch heidnische Propheten.[73] Genebrard mußte sich daran nicht stoßen, aber er konnte philologische Gründe anbringen.

Der fiktive Toralba setzt diese Reihe fort und führt eine neue Beobachtung ein. Er datiert das *Corpus Hermeticum* (korrekterweise) in die Zeit des Mittel- und Neuplatonismus. Doch er bezieht sich zugleich auch auf die antiquarisch-historischen Beobachtungen von Octavius zum möglichen Alter der »wahren«, euhemeristisch verstandenen Hermes-Figur, die als Lehrer einer ägyptischen Königin namens Isis aufgefasst wird, beglaubigt durch epigraphische Evidenz. Die Euhemeristen erklärten ja mythische Götterfiguren als Überhöhungen realer historischer Gestalten. Für diesen Teil von Bodins Nachforschungen ist es instruktiv zu sehen, woher er den Wortlaut der Isis-Inschrift genommen hat, die er zitiert. Sicher, es ist die von Diodor überlieferte Inschrift; doch Bodin zitiert sie nicht direkt aus dem Griechischen des Diodor. Anhand der Wortwahl in der lateinischen Überlieferung läßt sich feststellen, welches die Vorlage war, die er hier benutzt hat. Es ist eine Epitaphensammlung von Petrus Apianus und Bartholomeus Amantius, erschienen unter dem Titel *Inscriptiones sacrosanctae vetustatis* in Ingolstadt im Jahr 1534.[74] Das paßt zum antiquarischen Interesse Bodins (und im *Colloquium* vor allem des Octavius). Die ganze Geschichte von der Schiffsüberfahrt mit der Mumie atmet ja den Geist von Antiquarianismus, Ägyptenfaszination, medizinischen Spekulationen über sympathetische Wirkungen und Reiseliteratur.

Antiquarianismus, Medizin und Chronologie

Ist die Verbindung von ägyptologischem Antiquarianismus, Medizin und Datierungsfragen, die bei Bodin aufscheint, einzigartig in ihrer Zeit, in den 1590er Jahren? Oder kommt sie öfter vor? Es ist interessant zu sehen, daß es wenige Jahre vor Bodins Niederschrift des *Colloquium* in Norditalien, im Veneto, Diskussionen gab, die ganz ähnlich wie bei Bodin diese drei Komponenten zusammen gesehen haben.[75] Im Veneto: also genau dort, wo Bodin das *Colloquium* fiktiverweise stattfinden läßt.

In Padua wurde der botanische Garten durch den Deutschen

Melchior Wieland (latinisiert Melchior Guilandinus) geleitet. Er hatte 1572 ein Ägypten-Buch geschrieben: *De papyri*, ein Werk über antike Schreibkunst aus der Sicht eines Botanikers, der sich dabei auf philologisches Gebiet wagt. Joseph Scaliger hat ihm dafür die Leviten gelesen.[76] Sicherer waren Wieland und seine Kollegen im Veneto bei ihren Debatten über ägyptische Mumien und deren pharmakologische Wirkung.[77] Wielands Freund und Kollege Prospero Alpino hat tatsächlich Ägypten bereist und seine humanistischen Kenntnisse über Tiere, Pflanzen und medizinische Praktiken durch Augenzeugenschaft bereichert.[78] Wie schon zuvor André Thevet, wie Gian Giacomo Manni da Salo oder Domenico da Re – die alle als Modelle für Bodins Octavius geeignet wären – hatte es ihn nach Ägypten gezogen, um dort alles mit eigener Erfahrung zu sehen. Ob er und die anderen auch mit Mumien oder Mumienstaub auf dem Schiff nach Italien zurückkehrten, sei dahingestellt.[79]

In diesem Milieu jedenfalls hat man sich auch über die Datierung des *Corpus Hermeticum* Gedanken gemacht. Anfang der 1580er Jahre war ein junger Italiener, Teodoro Angelucci, aus Paris vom Studium nach Venedig zurückgekommen. Auch er war medizinischer Humanist und hatte seine philosophischen und naturwissenschaftlichen Studien mit philologisch-historischen Kursen bei Gilbert Genebrard ergänzt. Angelucci ist es, der ähnlich wie Bodin (und wenige Jahre vor ihm), von der französischen Hermes-Skepsis angeregt, kritische Beobachtungen zum *Corpus* macht und dieses ebenfalls sehr spät datiert. Angelucci hat seine detaillierten Aufzeichnungen damals nicht veröffentlicht (wie auch Bodin ja das *Colloquium* nicht), aber er hat Wieland und den Naturphilosophen Antonio Persio zu Schiedsrichtern angerufen, die beide sowohl mit den Aristotelikern als auch mit dem Hermetiker Francesco Patrizi Umgang hatten.[80]

Bodin hat also ein durchaus realistisches Bild gezeichnet, als er Octavius und Toralba mit ihren Freunden sowohl über Antiquarisches und Mumien als auch über Datierungsfragen sich hat unterhalten lassen. Das Besondere damals war nicht so sehr, daß man spielend Disziplingrenzen überwand, es bestand eher darin, ob man den »antiqui« oder den »moderni« zugeneigt war. Während Wieland beim Thema Ägypten nur an die Antike dachte, war Alpino so offen und realistisch, daß er auch die medizinischen Techniken des zeitgenössischen, arabisch-osmanischen Ägypten zu schätzen wußte. Er ging von einer Kontinuität altägyptischer Kenntnisse auch in der islamischen Kultur aus, zumindest bis zur Mameluckenherrschaft im 13. Jahrhundert.[81] Mehr noch: Er suchte nach Büchern, in denen altägyptische Medizin in demotischer Sprache aufgezeichnet war und die möglicherweise bis in die Zeit der osmanischen Eroberung Ägyptens im frühen 16. Jahrhundert überdauert hatten. Eine Quelle dafür war für ihn ein Werk aus dem 13. Jahrhundert von Abū 'l-Munā al-Kūhīn al-'Aṭṭār. Hippokrates selbst, so nahm Alpino an, hatte über die Vermittlung der Stadt Kyrene viele seiner Lehren von den Altägyptern übernommen.[82]

Hermes in Persien

Diesen Punkt einer Kontinuität antiker Lehren in die arabischsprachige Welt hinein, oder besser: die Suche nach dieser Kontinuität wollen wir im Folgenden etwas weiterführen und auf den Hermetismus beziehen. Wenn es im Sinne von Hans Blumenberg und Hans Robert Jauß wahr ist, daß ein Mythos erst in seiner Rezeptionsgeschichte sein ganzes Potential entfaltet, dann mag man dies auch für einen Hinweis nehmen, die Wirkungsgeschichte der Hermes-Pseudepigraphie daraufhin abzusuchen, welches zunächst gar nicht sichtbare Potential sich in ihr entfaltet hat.[83] Dieses Potential liefert dann gleichsam die Folie, vor der Bodins paradoxer »Hermetismus« oder zumindest die hermetische Rahmung seiner Schrift zu sehen ist.

Ich nehme daher die Erkenntnisse, die wir durch Garth Fowden und andere über das ägyptische Milieu des Hermetismus haben, wieder auf und verbinde sie mit dem, was von Kevin van Bladel zur nachgriechischen Rezeptionsgeschichte der Hermes-Figur gesagt worden ist.[84] Zentral ist dabei immer noch die spätantike Phase des dritten nachchristlichen Jahrhunderts, in der viele der hermetischen Schriften entstanden sind. In Persien gab es seit der Errichtung der Sassanidendynastie, insbesondere seit der Regierung von Ardaschirs Sohn Schapur I., das Bestreben, an die faktisch größtenteils verlorengegangene alte religiöse Weisheitstradition der Perser anzuknüpfen, ja diese in gewisser Weise neu zu schaffen. Umgekehrt sieht man im nichtpersischen Mittelmeerraum in dieser Zeit – im späten 3. Jahrhundert – zahlreiche griechischsprachige Pseudepigraphien von angeblich altpersischen Autoren umgehen: So nennt Porphyrius in der *Vita Plotini* die Namen von Zoroaster, Zostrianus, Nicotheus, Allogenes und Messus.[85] Man kann nun spekulieren, daß der sassanidische Bedarf und die hellenistische Bereitschaft zur Pseudepigraphie sich wechselseitig ergänzt und angestachelt haben. In diesem Kontext werden dann auch die noch recht frischen ägyptisierenden Pseudepigraphen von Hermes mit nach Persien gebracht worden sein. Denn es gab alte Modelle, die ägyptische und altpersische Weisheit miteinander verschränkten. Bolos von Mendes hatte möglicherweise in der Zeit um 200 v. Chr. die Figur des persischen Weisen Ostanes aus pseudepigraphischen Legenden übernommen.[86] Dieser Ostanes war Bolos zufolge nach Ägypten gereist, um dort die Weisheit zu erlernen. Bolos machte ihn nun zum Lehrer von Demokrit, um dem Griechen frühe Formen von alchemischem Denken zuzuschreiben oder, falls es diese bei Demokrit gegeben hat, sie mit persisch-ägyptischer Weisheit zu grundieren. Es war die Phase des frühen Hellenismus, in der auch andere Völker Kultursuperioritätsprobleme mit den Ägyptern hatten. Die jüdischen Autoren Eupolemos, Pseudo-Eupolemos und Artabanus etwa setzten sich (teilweise mit einem Augenzwinkern[87]) damit auseinander, ob nicht doch ihr Moses besser als die ägyptischen Weisen war und schon alle Wissenschaften beherrscht hatte.[88]

Van Bladel jedenfalls vermutet, daß »die Reputation von Hermes als einem uralten Weisen – und auch die Werke von Hermes – den Sassanidischen Hof wegen seiner Verbindung mit ›ihrem eigenen‹ Persischen Ostanes erreicht haben, von dem gesagt wurde, er habe die Lehren von Hermes übermittelt«.[89] Also ließ man dort die griechischen Texte ins Persische übersetzen.

Aus den mittelpersischen Hermetica scheint später wiederum, nachdem die Araber nach 642 das Sassanidenreich bezwungen hatten, vieles ins Arabische übersetzt worden zu sein. Van Bladel sieht diesen Weg als gewichtiger an als den der vielfach verbreiteten Auffassung, die sogenannten Sabier in der lange heidnisch gebliebenen Stadt Harran hätten die Hermetica an den Islam vermittelt.[90] Immerhin haben die Sabier Hermes als einen ihrer Propheten verehrt.[91] Das zumindest war ein Modell für die spätere islamische Praxis, Hermes mit dem im Koran genannten Idris zu identifizieren, der als der biblische Patriarch Henoch verstanden wurde, und so zu nobilitieren.[92]

Entscheidend für jede islamische Auffassung von der Person des mysteriösen Hermes war aber ab dem 10. Jahrhundert Abū Ma'šars *Kitāb al-Ulūf*, das »Buch der Tausende«. Der aus Chorasan in Zentralasien stammende Abū Ma'šar kombinierte darin den iranozentrischen Standpunkt seines Vorgängers Ibn Nawbaḫt, nach dem Hermes ein König von Babylon (einer aus groß-persischer Sicht »iranischen« Stadt) gewesen sei, mit spätantiken, von den byzantinischen Chronographen übermittelten Angaben aus Werken der ägyptischen Mönche Pandorus und Annianus über einen zweifachen Hermes.[93] Und er tat dies alles auf dem Hintergrund von indisch-persischen astronomisch-geschichtsastrologischen Berechnungen zur Einteilung der Weltgeschichte, die wir im nächsten Kapitel genauer kennenlernen werden.[94] Das gab seinem Werk eine so große wissenschaftliche Autorität.

Daraus resultierte die Theorie, daß Hermes eine Kompositgestalt sei, daß es nämlich in Wirklichkeit drei Träger dieses Namens gegeben habe, die im späteren kulturellen Gedächtnis zu einer Einheit verschmolzen seien: 1. Hermes, ein vorsintflutlicher Prophet, identisch mit Henoch bzw. Idris. 2. Hermes, ein König von Babylon, in der Zeit nach der Sintflut. Und 3. Hermes, ein ägyptischer Autor, bewandert in der Alchemie, Lehrer des Asclepius.[95]

An diesem Punkt können wir erkennen, welches Potential und welche Komplexität die Hermes-Legende inzwischen aufgenommen hatte. Aus den aretalogischen Äußerungen von ägyptischen Priestern war eine in sich differenzierte Synthesegestalt einer Weltreligion geworden, die von Andalusien bis Persien, von Indien bis Marokko in die Literatur ausstrahlte. In ihr vereinigen sich Wissenschaftsgründer-Phantasien, die zum Beispiel in der jüdischen Hekhalot-Literatur über die Himmelsreise von Henoch umgingen,[96] mit iranischen Nationalismen und aus Indien inspirierten astrologischen Berechnungen zur Sintflut. Mit ihrer extakten Datierungsgestik gibt sich Abū Ma'šars Theorie dabei als verläßliche historische Differenzierung.

Diese Theorie hat nicht nur in den arabischen Ländern gewirkt, sie ist später auch in Europa aufgenommen worden.[97]

Drei Hermesse, fünf Hermesse?

Auch in der europäischen Renaissance zur Zeit von Bodin – sogar noch vor ihm – spricht man gelegentlich von Hermes als einer in den langen Wirrungen der Geschichte zusammengesetzten Kompositgestalt. So hat Annibale Rosselli, ein kalabrischer Philosoph und Theologe, der von christlicher Seite her einen Riesenkommentar zum *Pimander*, einer zentralen Schrift des *Corpus Hermeticum*, verfaßte, im späten 16. Jahrhundert gar von fünf verschiedenen Hermessen gesprochen – und das noch ohne Kenntnis der arabischen Tradition: »Es hat fünf Hermesse gegeben, lehrt die Antike. Der erste nämlich ist von Coelus (dem Himmel) als Vater und von Dies (dem Tag) als Mutter geboren. Der zweite ist der Sohn von Valens und Pheronide. Der dritte ist von Jupiter dem Dritten und Maia geboren. Der vierte von Vater Nil, den die Ägypter den Frevel hatten zu benennen, der, wie man sagt, Argos umgebracht und aus diesem Grund Ägypten befehligt und den Ägyptern Gesetze und Wissenschaften übermittelt habe.«[98] Der fünfte sei Theut, der König, Priester und größte Weise.[99] Schaut man genauer hin, sieht man, daß Rosselli dabei auf Ciceros *De natura deorum* rekurriert, also auf eine Schrift, die noch gar keine Hermetica kannte, wenn sie auch bereits von der wechselseitigen kulturellen Übersetzung von Hermes und Thot ausging.[100]

Und noch ein weiteres Beispiel: Agrippa von Nettesheim und Ludovico Lazarelli statuieren im frühen 16. Jahrhundert, wie später Kircher, die Identität von Henoch und Hermes Trismegistos.[101] Interessant ist, daß Agrippa sich dabei auf Abraham Avenazar – wie er ihn nennt – beruft, also auf Abraham Ibn Ezra, den jüdischen Exegeten und Astrologen des 12. Jahrhunderts.[102] Man hat somit auch diese jüdische Kommentar-Tradition im Blick zu behalten. Allerdings ist Ibn Ezra seinerseits nicht nur von jüdischen, sondern stark auch von arabischen astrologischen Traditionen abhängig, auf die wir gleich noch kommen werden. Im Islam wird der koranische Idris ja mit Henoch identifiziert.

Weit überboten werden diese gelegentlichen und etwas verzweifelten Versuche, die unterschiedlichen antiken Zeugnisse über Hermes dadurch in Übereinstimmung zu bringen, daß man mehrere Träger des Namens vermutete, von der umfassenden historischen Gesamtschau des Athanasius Kircher zur Mitte des 17. Jahrhunderts.[103] Auch Kircher hält Hermes für eine Kompositfigur aus drei, oder besser: vier Individuen.[104]

Basis dafür ist bei ihm zunächst auch die genannte Identifizierung von Hermes mit Henoch.[105] Dies ist der erste Hermes, ein vorsintflutlicher ägyptischer Priester. Doch er geht weit darüber hinaus. Der zweite Hermes, so Kircher, lebte nach der Sintflut, nämlich in der dritten Generation nach Ham in Theben. Er sei ein Schreiber des Königs (oder der König selbst[106]), der die ursprüngliche Wahrheit der Patriarchen wiederhergestellt habe.[107] Das weicht von Abū Ma'šars iranischem König etwas ab, wenn nicht in der Zeit, so doch im Ort. Der dritte Hermes war nach Kircher der achte König Ägyptens, genannt auch Horus oder That. Möglicherweise habe es sogar einen vierten Hermes zur Zeit Mosis und Hiobs gegeben.[108]

Man sieht: Diese historische Theorie steht unzweifelhaft in der Nachfolge Abū Ma'šars, wenn auch an dessen Lehre weitergearbeitet wurde, um sie mit anderen Textfunden kompatibel zu machen. Fragen wir nun: Wie kam die Abū Ma'šar-Theorie nach Italien, in das Rom Kirchers? Sie kam dorthin durch Kirchers Lektüre eines ägyptischen Polygraphen des 15. Jahrhunderts, Ǧalāl ad-Dīn as-Suyūṭī. Dieser hat etliche arabische Bücher über die ägyptische Kultur geschrieben.[109] Kircher zitiert eine Schrift as-Suyūṭīs über die Benennungen des Nils, in der der Polygraph sich auf ältere Quellen beruft wie eine Schrift von Ahmad Ibn Yūsuf at-Tifāšī, einem Tunesier des 13. Jahrhunderts, die von der Identität von Idris, Hermes und Osiris berichtet hätte.[110] Diese arabische Ägypten-Literatur hat die Legende Abū Ma'šars vom dreifachen historischen Hermes weitertransportiert. Sie zeigt zugleich, daß Prospero Alpinos Vorstellungen von einer ägyptisch-arabischen Kontinuität ingeniös, aber viel zu naiv waren. Er hätte sich kaum träumen lassen, wie verwickelt die Überlieferungslage, sei es von Hippokrates, sei es von den Hermetica bis zur europäischen Renaissance, gewesen ist.

Kircher hatte, anders als Rosselli, bereits arabische Quellen zur Verfügung und lebte in einem Umfeld von arabischen Muttersprachlern, die ihm zur Hand gehen konnten. Wenn er die Referenzfrage stellte, war die Kette seiner Zulieferer schon sehr viel länger als bei den Renaissancetheoretikern wenige Jahrzehnte zuvor. Die Kette reichte über das Ägypten von zweihundert Jahren zuvor bis tief ins persische Chorasan des 9. Jahrhunderts und sogar weiter zu Ibn Nawbaḫt ins Bagdad des 8. Jahrhunderts und zu Ka'b al-Aḥbār in den Jemen des 7. Jahrhunderts. Eine globale Ideengeschichte, die eine solche Kette von Referenzen untersucht, hat, wie wir eingangs ausgeführt haben, immer die Komplementarität von Gedächtnisgeschichte und realer Rezeptionsgeschichte zu beachten, von Rekonstruktion der Perspektive vergangener Theoretiker einerseits und Analyse der Rezeptionsrezeption andererseits, also der Kaskaden von faktischen Referenzen, die meistens statt einer direkten Bezugnahme vorliegen.[111] Wenn Renaissancephilosophen von ursprünglichem Monotheismus oder von alten magischen Weisheitslehrern sprechen, dann läuft die faktische Kette ihrer Bezugnahmen eben nicht direkt in eine graue Vorzeit, sondern über spätantike Autoren wie Macrobius, deren Vorstellungen von Sonnentheologie sie in die Frühzeit projizieren,[112] oder über arabische Werke wie dem *Picatrix*, der selbst wieder eine hochkomplizierte Entstehungsgeschichte hat.[113]

Doch nochmals zurück zu Bodin. Eine solch historisch differenzierte Theorie wie die Abū Ma'šars bzw. Kirchers kann zum Teil die von Bodin geäußerten Bedenken auflösen. Sie würde seine Unterscheidung einer historischen Figur, von authentischen Schriften einer bestimmten frühen Zeit und Fälschungen aus späterer Zeit aufnehmen und den entsprechenden Zeitschichten zuordnen. So ist uns jetzt deutlich, daß philologische Datierungsprobleme noch längst nicht das Ende der Aufnahmebereitschaft für »hermetische« Ideen bedeuten mußten – nicht bei Kircher und auch nicht bei Bodin. Ein vielfach vermittelter Hermetismus, wie man ihn bei Bodin feststellen kann, ist unbeschadet der Philologie von dessen Dialogfigur Toralba denkbar gewesen. Und was antwortet im übrigen der Dialogpartner Friedrich im *Colloquium* auf Toralbas Datierungszweifel? Er sagt: Na und! »Was folgt schon daraus? (*Quid tum*)«. Denn bei Trinitätsfragen gehe es ohnehin nicht um früher oder später, sondern nur um die Ordnung der Relation von Vater, Sohn und Heiliger Geist.[114] Friedrich ist gar nicht beeindruckt, ihn interessieren die historischen Detailfragen nicht. Er wäre damit ein typischer »reactionary hermeticist«, wie Frances Yates das genannt hat, und demonstriert ganz gut, welchen begrenzten Stellenwert in der epistemischen Situation um 1600 rein philologische Argumente haben konnten.[115] Er steht eher auf dem Standpunkt, den im 16. Jahrhundert Annibale Rosselli vertreten hat, nämlich das *Corpus Hermeticum* für nützlich für das Christentum zu halten, gerade deshalb, weil mit ihm die Trinität so schön demonstriert werden konnte.[116]

Zu einer transkulturellen Hermetismusgeschichte

Indische Astrologie, sassanidische Traditionsaneignung, harranische Deutung von Weisheitslehrern als Propheten, jüdische Hekhalot-Literatur, arabische Ägypten-Vorstellungen, christliche Trinitätslehre in der Renaissance: all diese Schichten lassen sich in der Tiefenbohrung der realen Hermes-Überlieferung feststellen. Es ist ein Horizont, der sich gleichsam hinter dem gedächtnisgeschichtlichen Komplex des Hermetismus auftut, ungleich vielschichtiger als dieser und sehr verschieden von ihm. Nochmals: Während die Gedächtnisgeschichte des Hermetismus fast nur von Ägypten handelt, geht seine Realgeschichte weit darüber hinaus. Damit geht aber auch der Horizont der Kultur, die die »sich erinnernde« ist, weit über das Europa der Renaissance und der Frühen Neuzeit hinaus, die man gemeinhin im Blick hat. Ein in Ansätzen »globaler« Horizont erscheint. Ein kluges Maß für die Tiefe der Globalisierung sollte dabei nicht unbedingt sein, wieviel Kilometer man zurückgelegt hat, ob China oder Japan involviert ist (das kann über eine Handelskompanie des 17. Jahrhunderts schnell der Fall sein), sondern wieviel Zwischenschritte an kulturellen Referenzen zu rekonstruieren waren.

Es wird hier mehr verhandelt als nur eine Beziehung der Europäer zu einem imaginären »Ägypten«. »Europa provinzialisieren«: dieses Motto von Dipesh Chakrabarty ist daher durchaus angemessen, wenn es darum geht, einen weiteren Blick einzuklagen, als frühneuzeitliche Ideengeschichtler ihn normalerweise pflegen.[117] Erst die Kontrastierung von Gedächtnisgeschichte und realer Rezeptionsgeschichte sprengt die Scheuklappen, die wir uns auferlegen, wenn wir uns damit zufriedengeben, den Blick der Protagonisten in der Frühen Neuzeit nachzuzeichnen.[118]

Doch haben wir schon genug provinzialisiert? Reicht es schon, die Umwege über Chorasan und den Jemen kennenzulernen, oder sollte man nicht auch die implizite Teleologie überwinden, die darin liegt, alle Entwicklungen automatisch in Europa enden zu lassen? Fragen wir also: Wie hat sich der sich über Persien und die arabische Welt ausbreitende »Hermetismus« eigentlich außerhalb Europas in der Neuzeit weiterentwickelt? Was ist in Indien aus den sassanidischen und später arabischen Einflüssen geworden? Wohin ist der Hermetismus sonst noch gelangt? Wie hat er sich an anderen Orten der Welt verändert?

Es ist nicht leicht, eine solche ungewohnte Perspektive einzunehmen oder auch nur den richtigen Einstieg in sie zu finden. Setzen wir dazu nochmals bei Athanasius Kircher an. Es wird nicht gleich um Hermes gehen, sondern um andere Überreichweiten, doch benötigen wir diesen Umweg, um Hermes im Mittleren Osten zu lokalisieren.

Ein Moses-Autograph

Wenn wir uns auf diesen Weg machen, sollten uns nicht nur die textlichen Praktiken der Bezugnahme, sondern auch die persönlichen und mündlichen interessieren, denn wenn es um die Realitäten der Referenz geht, sind sie eng mit den textlichen verwoben. Kirchers großer Vorteil war es, in Rom wie in einem Spinnennetz zu sitzen, im Zentrum globaler kirchlicher Informationsströme.[119] Nur so konnte er, wie Daniel Stolzenberg deutlich gemacht hat, seine erfolgreichen Bücher über Ägypten und die Kulturen des Ostens schreiben.[120] Kircher pflegte seine zahlreichen Kontakte in den Osten, über das schon genannte Maronitenkolleg der syrischen Christen, das Neophyten-Kollegium und das Collegio Urbano. Etliche Syrer, Libanesen und Juden aus der Levante lebten in diesem Umfeld in Rom und brachten arabisch geschriebene Texte mit, die sie Kircher vorlegten und erläuterten. Pietro della Valle, der berühmte Orientreisende, wohnte seit seiner Rückkehr 1626 wieder in Rom und pflegte enge Kontakte zu Kircher.[121] Aber es gab auch andere, die hier zu berücksichtigen sind, etwa Dominicus Germanus de Silesia.[122]

Dieser deutsche Franziskaner hatte in Rom studiert und war 1630 nach Palästina gegangen, bevor er 1636 Professor im Missionskolleg S. Pietro in Montorio in Rom wurde. Auch sein Ordensbruder Tommaso Obicini aus Novara lehrte an diesem Kolleg.[123] Er war ebenfalls im Nahen Osten gewesen und hatte auf seiner Reise in den Sinai eine bemerkenswerte Inschrift auf einem Felsen am Berg Horeb entdeckt, dem Berg, an dem Gott Moses in einem brennenden Dornbusch erschienen war. Zumindest hielt man diesen Ort im Sinai für die historische Stelle.[124] Obicini zeichnete die Inschrift so genau wie möglich ab. Man konnte drei Gruppen von Strichen sehen, die teilweise ineinander verschränkt waren und zudem noch an einigen Stellen kleine Kreise aufwiesen.

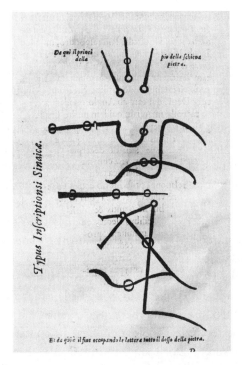

Abb. 4: Obicinis Abzeichnung der Felsinschrift am Berg Horeb.

Niemand vermochte mit diesen Zeichen etwas anzufangen. Kaum daß Germanus aber 1636 in Rom angekommen war, zeigte er Kircher Obicinis Skizze, und dieser bemühte sich sofort, sie zu entziffern. Immerhin schien es möglich – der Gedanke keimte sofort auf –, daß niemand anderes als Moses selbst es gewesen war, der diese Zeichen in den Stein geritzt hatte. Es schien der sensationelle Fund zu sein, den sich so viele Pilger ersehnt hatten, die auf den Spuren der biblischen Geschichte den Sinai durchstreiften.[125]

Kircher grübelte nur kurz, dann präsentierte er seinen orientalistischen Kollegen – dem Maroniten Sergio Risio (Sarkis ar-Ruzzi), Erzbischof von Damaskus, dem Maroniten Abraham

Eccellensis (Ibrāhīm Ibn Ibrāhīm Ibn Dāwūd Ḥāqilānī) und dem Franziskaner Filippo Guadagnolo – seine Lösung, die er auch gleich im *Prodromus Coptus* veröffentlichte.[126] Er hatte die Buchstaben – wenn es denn welche waren – als sehr frühe hebräisch-aramäische (»alt-chaldäische«) gedeutet und daher mit hebräischer Quadratschrift, aber auch mit syrischer Schrift verglichen. So kam er zu der – von heute aus völlig abenteuerlichen – Lesung: »Gott wird eine Jungfrau schwanger werden lassen, und diese wird einen Sohn gebären.«[127] Wenn diese Lesung richtig war, dann hätte Moses, nachdem er die Offenbarung durch Gott erhalten hatte, bereits die Kunde vom künftigen Christus niedergelegt! Eine weitere nicht nur typologische, sondern konkret-historische Verbindung zwischen Altem und Neuem Testament schien gefunden!

Für solche Hypothesen war Kircher berühmt – und später berüchtigt: wie ein Zauberer in Windeseile Ergebnisse aus dem Hut zu ziehen, die wunderbarerweise genau zur christlichen Doktrin passten. Die Theologenkollegen konnten da nur ehrfürchtig nicken.[128] Doch auch in diesem Fall beging Kircher eine waghalsige Überreichweite: Der sogenannte Mosesberg im Sinai (Ǧabal Mūsā) enthält zahlreiche Inschriften, aber die sind nabatäisch und somit meist aus dem 2./3. nachchristlichen Jahrhundert, nicht etwa anderthalb Jahrtausende früher, wie man sich das wünschte.[129] Im Fall von Obicinis Inschrift, die bis heute nicht gedeutet ist, muß man wohl auf eine noch spätere Zeit gehen, da die Buchstaben (wenn es solche sind) viele Ligaturen enthalten, was eher auf eine Sinai-Schrift deutet, eine Schreibform zwischen Nabatäisch und kufischem Arabisch, oder sogar auf Kufisch selbst; dann wäre das Graffito sogar erst im 8., 9. oder 10. Jahrhundert in den Felsen geritzt worden.[130]

Abb. 5: Kirchers Versuch einer Entzifferung.

Chézauds Dechiffrierung

Kircher deponierte Obicinis Skizze in seinem Museum, das einer veritablen Wunderkammer glich. Hier konnten Rom-Pilger, die den *Prodromus Coptus* gelesen hatten, das Original bestaunen.[131] Der *Prodromus* wurde sogar im Nahen Osten studiert. Kirchers Schüler Aimé Chézaud zum Beispiel, der 1639 nach Aleppo reiste, um dort die jesuitische Mission in Syrien zu verstärken, nahm das Buch mit auf die Reise und verbreitete in Aleppo die Kunde von der gedeuteten Moses-Inschrift.[132] Chézaud war so begeistert von dem Inschriften-Fund und seiner Deutung, daß er sich die Skizze auf ein großes Blatt Karton übertrug, inklusive Kirchers »Übersetzung« der Schrift in hebräische Buchstaben, und auch selbst noch eine arabische Übersetzung hinzufügte.¹³³ Er hängte sich das Bild in der Stube auf, in der er in Aleppo lebte. Die arabische Übersetzung half ihm dabei, den islamischen Besuchern, die sein Zimmer betraten, die scheinbar authentische mosaische Prophezeiung der Jungfrauengeburt zu zeigen und zu erläutern. Er erntete bewunderndes Staunen.¹³⁴

Aber Chézaud beließ es nicht beim Vorführen des von Kircher Übermittelten. Er wollte sich auch selbst an diesem außergewöhnlichen Zeugnis abarbeiten und die Deutung vertiefen. So versuchte er sich an einer Interpretation der seltsamen kleinen Kreise, die auf mehreren der Schriftzeichen zu sehen waren. Kircher hatte nichts mit ihnen anzufangen gewußt, sie aber getreu der Abzeichnung durch Tommaso Obecino in seinem Buch wiedergegeben. Chézaud muß lange probiert haben, bis er das herausbekam, was er herausbekommen wollte. Auch ihm stand – wie Kircher – geradezu obsessiv vor Augen, man habe ein Autograph von Moses vor sich, und deshalb stellte er sich vor, Moses habe in den Kreisen irgendeine geheime Botschaft verstecken wollen. »Ihrem Sinn, verehrter Pater, folgend«, schreibt er Kircher, »wollte ich noch etwas anderes verstehen, das Ihre Interpretation unterstützt, nämlich aus den Buchstaben, wenn man sie in ihren Zahlenwerten nimmt, das Jahr, in dem sie aufgeschrieben worden sind, zu bestimmen.« Hebräische (wie auch arabische) Buchstaben besitzen ja einen Zahlenwert, da man in diesen Sprachen keine Ziffern hat. Die Kabbalisten und auch die arabischen Buchstabenmystiker haben aus diesem Umstand den Ausgangspunkt für ausgreifende Spekulationen gewonnen.¹³⁵ Von ihnen beeinflußt, hat sich Chézaud an die Arbeit gemacht. Er wollte eine Summe der Buchstabenwerte finden, die einen Sinn in bezug auf die Prophezeiung von der Jungfrauengeburt ergab, etwa in chronologischer Hinsicht. Da zwischen Moses und Christus über 1500 Jahre lagen, Chézaud bei der Addition der Zahlenwerte aber nur auf die Zahl 1262 kam, mußte ein Weg gefunden werden, die Summe zu erhöhen. Er verfiel auf die Idee, die kleinen Kreise auf den abgezeichneten Strichen als Anweisungen zur Vervielfachung der Buchstabenwerte zu lesen: ein Kreis als Verdopplung, zwei Kreise als Verdreifachung, drei Kreise als Vervierfachung des Wertes.[136] Damit kam er schon ein gutes Stück weiter. Ganz die Lücke schließen konnte er so aber nicht. Die Striche, die Kircher als Vorform des Buchstabens מ (Mem) gedeutet hatte, waren mit denen, die er als ת (Taw) gelesen hatte, hoffnungslos verflochten. Insgesamt waren zwei Kreise auf diesem Geknäuel. Dem Taw ordnete Chézaud keinen der Kreise zu, dem Mem aber nur einen.[137] Denn sonst wäre er nicht bei der gewünschten Summe angelangt: 1509: »Auf diese Weise habe ich, indem ich die Summe der Zahlenwerte nach dieser Regel gebildet habe, die Zahl 1509 herausgefunden, und wenn Sie, verehrter Pater, richtig davon ausgehen, daß Moses dies entweder geschrieben hat oder hat schreiben lassen, dann wollte er auch die Zeitumstände hinzufügen. Er wollte gleichsam sagen, im tausendfünfhundertneunten Jahr werde Gott verfügen, daß eine Jungfrau schwanger werde und einen Sohn gebären solle. Von daher fällt der Zeitpunkt der Inschrift in das Jahr nach dem Auszug der Kinder Israels aus Ägypten, ziemlich zu der Zeit, als Bezalel und andere sich daranmachten, die Stiftshütte zu bauen, bevor sie am 20. Tag im 2. Monat des 2. Jahres aus der Wüste Sinai aufgebrochen sind, wie es in Numeri 10 geschrieben steht.«[138]

Eine bemerkenswert genaue Datierung. Mit den zwei Kreisen im Mem mußte Chézaud etwas tricksen, aber dann war es ihm gelungen, auf exakt passende Weise den Abstand zwischen Moses' Sinai-Auftreten und der Geburt Jesu zu überbrücken.[139]

Chézaud und die Buchstaben

In Aleppo gab es in den Jahren um 1650 ganze drei Jesuiten und vier Karmeliter.[140] Chézaud hatte Arabisch und Armenisch gelernt und sich darauf vorbereitet, in der Levante Muslime für das Christentum zu gewinnen. Seine Kenntnis der Buchstabenmystik sollte ihm dabei helfen. Auch sein Lehrer Kircher hat sich damit beschäftigt, denn Kircher hat ein Kapitel über die »Cabala Saracena« in seinen *Oedipus aegyptiacus* eingefügt.[141] Er sah die islamische Buchstabenmystik als eine Abart der hebräischen Kabbala an, die der Tendenz zum Abergläubischen noch wesentlich stärker verfallen sei als ihr Vorbild. Wieder hatten ihn seine römischen Gewährsleute mit guten Arabischkenntnissen unterstützt und ihm vor allem einen Text von Abulhessan Aben Abdalla Elhassadi (wohl ein Abū 'l-Hasan Ibn ʿAbdallāh al-Asadī) gezeigt, der von den Namen Allahs handelt und die arabischen Buchstaben mit ihren mystischen Dimensionen auflistet. Diese Buchstaben seien aus dem Himmel herabgekommen zu Adam, der die Kenntnis von ihnen weitergegeben habe an Seth, dieser an Enos, dieser an Keiter und so fort bis hin zu Noah und zu Abraham.[142] Aus anderen Autoren (unter anderem aus einem »Aben Pharagi Maroccanus Scriptor Nubianus«) gibt er Schemata an, nach denen die Buchstaben den 19 Namen Allahs, den 7 Planeten und den 12 Tierkreiszeichen in bestimmter Weise entsprechen.[143] Auf diese Weise lassen sich dann Aussagen machen und auch Talismane konstruieren. »Die mystischen Buchstaben«, schreibt Kircher, »die sie selbst natürliche Namen und Bilder benennen, sind nicht anderes als die bildliche Darstellung göttlicher Namen, um die Geheimnisse zu wahren.«[144] Sicherlich hatte Kircher diese Themen mit seinen Schülern auch schon ansatzweise diskutiert, als Chézaud noch in Rom war. 1652 erschien der zweite Band des *Oedipus*, in dem das Kapitel enthalten war und in dem auch

Chézauds Brief an Kircher wegen des Mose-Autographs gedruckt wurde.

In diesem Jahr wechselte Chézaud von Aleppo nach Isfahan. Er hatte den alten Karawanenweg zu nehmen, der am Euphrat entlang über Bagdad nach Osten führte. Schon bald war er in seiner neuen Umgebung eingerichtet; wahrscheinlich hing auch dort wieder die Abzeichnung von Moses' persönlicher Inschrift an der Wand seiner Stube. Und hier treffen wir wieder auf den Hermetismus. Denn Chézauds Vorliebe für Buchstabenmystik fand sich hier in einer überaus lebendigen Kultur wieder, in der solche mystischen Spekulationen geradezu an der Tagesordnung waren. Uns wird die Übersiedlung Chézauds nach Isfahan die Gelegenheit geben, einen Blick auf die hermetisch-okkulte Tradition zu werfen, wie sie sich im mittleren 17. Jahrhundert dort, »tiefer« im Mittleren Osten, zeigt. Und zwar wollen wir versuchen, die Situation von beiden Seiten aus zu beschreiben, mit dem »westlichen« und dem »östlichen« Blick.

Wie kann man eine solche Ideengeschichte konzipieren? Ist die Ideengeschichte von Isfahan in den 1650er Jahren eine Verflechtungsgeschichte? Das wäre sicherlich eine Annahme, die die Realitäten verzerren würde. Isfahan war seit 1598 die Hauptstadt der muslimischen Safawidenherrscher. Um sie auszubauen, waren über 30 000 Handwerker und Künstler in die Stadt geholt worden; viele von ihnen waren Armenier und kamen aus Dschulfa (heute Culfa in Aserbaidschan), zumal Schah Abbas I. 1603 Armenien eroberte und die Einwohner aus Dschulfa vertrieb. Große Mengen siedelten sich jetzt in einem Teil Isfahans an, der sich Neu-Dschulfa nannte. Chézaud kamen hier seine Armenischkenntnisse zu Hilfe. Denn die vielen Armenier in Neu-Dschulfa waren ja immerhin Christen, mit ihnen gab es beträchtliche Gemeinsamkeiten zum Katholizismus. Jetzt, unter Schah Abbas II., ging es nicht mehr ganz so tolerant und offen hinsichtlich der Kontakte des Hofes mit den Christen zu, aber die Situation war immer noch erträglich; es gab einige kleine Missionen von Augustinern und unbeschuhten Karmelitern, und jetzt sollte auch eine Jesuitenmission etabliert werden.[145] Außerdem gab es eine große jüdische Gemeinde in Isfahan, die es nicht leicht hatte. Im frühen 17. Jahrhundert war sie mehr oder weniger zwangsislamisiert worden, dann gab es einige Jahrzehnte lang wieder größere Toleranz, jetzt aber begannen schon wieder neue Islamisierungswellen.[146] Isfahan war also von großer Religionsvielfalt, grundsätzlich auf eine Koexistenz eingestellt, die aber nicht immer einfach war. Wie fühlte sich ein christlicher Missionar außerhalb der armenischen und jüdischen Viertel? Wagte er sich in die Straße Harun-i Vilayat, in der Opium verkauft wurde?[147]

Abb. 6: Ansicht von Isfahan um 1650.

Natürlich gab es in dieser Welt andere Formen des Sozialisierens, als man es aus Europa gewohnt war. Vor allem Kaffeehäuser (*qahvaḫānah*) und Sufi-Konvente (*takīya*) waren beliebt, um über Fragen der Religion und der Gesellschaft zu reden.[148] In den Sufi-Konventen waren soziale Unterschiede eingeebnet, und das machte sie – ähnlich wie in Europa im 18. Jahrhundert die Freimaurer-Kreise – für Intellektuelle attraktiv. Disputiert wurde gern und überall. So gab es auch am Hof zahlreiche Disputationen und Religionsgespräche. Seit Mullā Ṣadrās Wirken im frühen 17. Jahrhundert war man offen für Einflüsse der griechischen Philosophie. Diese gemeinsame Basis in der Philosophie der griechischen Antike konnte als Ausgangspunkt dienen, wenn Missionare mit muslimischen Gelehrten ins Gespräch kommen wollten.

Chézaud lernte eifrig Persisch, und 1656 war er soweit, daß er auf Persisch zwei Schriften gegen einen der maßgeblichen Geistlichen in Isfahan, Sayyid Aḥmad ʿAlawī, zirkulieren lassen konnte. ʿAlawī gehörte zu den Persern, die sich auf einen polemischen Dialog mit den Christen eingelassen hatten. Er hatte gegen den *Spiegel der Wahrheit* geschrieben, den der Jesuitenpater Jerónimo Javier de Ezpeleta y Goni in persischer Sprache für die Mission im Mogulreich verfaßt hatte.[149] Nun antwortete Chézaud auf ʿAlawīs Replik.[150] ʿAlawī war Schüler und Schwiegersohn von Mīr Dāmād, einem berühmten neuplatonisierenden Philosophen in der Nachfolge von Avicenna und Suhrawardī.[151] Mīr Dāmād hatte wiederholt den Wunsch geäußert, mehr über die griechischen Originalschriften zu erfahren. Schon Jahrzehnte bevor Chézaud ankam, hatten Missionare in Persien nach Rom berichtet, man möge ihnen bitte die Werke von Platon und Aristoteles im Original schicken, da Bedarf danach bestehe.[152]

Bei den Kontakten mit islamischen Gelehrten wurde deutlich, daß diese dem »historischen Christentum der Kirchen [...] ein Urchristentum« gegenüberstellten, »dessen Reinheit durch die koranische Offenbarung wiederhergestellt worden sei. Sayyid Aḥmad ʿAlawī versuchte einerseits, im Alten und Neuen Testament Hinweise auf die kommende Prophetenschaft Mohammeds nachzuweisen, die ihm als Muslim als Abschluss der göttlichen Offenbarung galt. Andererseits warf er den Aposteln und Evangelien vor, ›die wahre Offenbarung Gottes an den Propheten Jesus [...] entstellt zu haben‹.«[153] All diese Motive, inklusive des *taḥrīf*-Vorwurfes der Verfälschung, werden wir in Kapitel VI noch ausführlich kennenlernen. Chézaud imaginiert in seiner Antwort an ʿAlawī ein Dreiergespräch zwischen einem Mullah, einem Missionar und einem Philosophen. Wärend der Mullah die traditionellen islamischen Vorwürfe gegen das Christentum vorbrachte, nahm der Philosoph eine vermittelnde Stellung ein, denn er repräsentierte ja den gemeinsamen Grund, auf dem die Auseinandersetzung stattfand. Allerdings – das war die Pointe von Chézauds Schrift, überzeugte der Missionar am Ende den Philosophen und legte damit auch dem Philosophie-affinen ʿAlawī nahe, sich dem Christentum anzunähern.

Das war alles schön gedacht, aber hatte keinen Erfolg. 1661 gibt Chézaud die Disputationen mit den Persern auf und verlegt die Mission eigenmächtig – Briefe nach Rom fanden keine Antwort – nach Neu Dschulfa, um sich lediglich noch mit den Armeniern zu beschäftigen. Die Situation für Christen war eindeutig schwieriger geworden, und es frustrierte Chézaud zunehmend, mit seinen Argumenten ins Leere zu laufen. Auch der innerislamische Diskussionsspielraum verengte sich in diesen Jahren.[154]

Man sieht aus diesen Mißerfolgen Chézauds, daß eine globale ost-westliche Ideengeschichte nur zu einem ganz geringen Anteil als Begegnungs- und Verflechtungsgeschichte geschrieben werden kann. Zu einem großen Teil war es eine Nicht-Begegnungsgeschichte. Wir haben also doppelsträngig zu erzählen: vom Austausch zwischen Christen und Muslimen, aber auch von den Aspekten der islamischen Gelehrtenrepublik, die gar nicht in den Blick von Chézaud und seinen Kollegen kamen. Das betrifft auch den Hermetismus des Ostens. Schauen wir daher genauer auf die Buchstabenmystik, die Chézaud doch so sehr am Herzen lag, aus islamischer Perspektive.

Lettrismus und Hermetismus

Dieser »Lettrismus«, diese Buchstabenmystik, im Islam Buchstabenwissenschaft (*'ilm-i ḥurūf*) genannt, geht noch über die traditionelle Spekulation bezüglich der numerischen Werte der Buchstaben (*abğad*) hinaus. Sie ist die Schlüsseldisziplin, um die hermetischen und okkulten Strömungen im Islam der Frühen Neuzeit zu verstehen. Lange war die Forschung zu »okkulten«, esoterischen oder hermetischen Traditionen in Kulturen wie Byzanz oder dem Islam kaum vorhanden; erst durch die Etablierung einer seriösen Esoterik-Forschung im Westen ist auch die Aufmerksamkeit für östliche magische, alchemische und okkult-mystische Texte gestiegen.[155] Man sieht dann schnell, daß dies ein riesiger Komplex von »Geheimwissenschaften« ist, der unzählige Manuskripte umfaßt.[156] Der eigentliche Hermetismus – wenn es so etwas gibt – ist fast unentwirrbar mit anderen Strömungen darin enthalten.[157] Das wird schon an den Autoritäten-Namen deutlich: neben Hermes (der ja mit Idris und Henoch identifiziert wird) gibt es etwa Schriften, die Adam zugeschrieben werden, solche, die angeblich Seth zum Verfasser haben (der mit Agathodaimon identifiziert wird), oder Balinūs (Apollonius von Tyana).[158] Ein ganzes Bündel an Pseudepigraphien und damit an Überreichweiten. Seit den Zeiten des Abassidenkalifen al-Ma'mūn (gest. 833), als massiv Schriften aus dem Griechischen, Syrischen und Mittelpersischen ins Arabische übersetzt wurden, war eine große Vielfalt an spätantik-synkretistischem und »gnostischem« Gedankengut im Islam verfügbar und inspirierte weitere Schriften. Hermetica wurden, wie wir gesehen haben, aus Persien importiert, aber auch aus Harran, der heidnischen Enklave in Nordmesopotamien, wo sich noch bis zum 10./11. Jahrhundert spätantikes Denken und ein Gestirnkult hielt, außerdem die Vorstellung einer Kette von Weisheitspropheten.[159] Solche Genealogien von Übermittlern der ursprünglichen Weisheit – wie wir sie im Westen bei Autoren wie Kircher finden – waren auch im esoterischen Islam beliebt. Noch Mullā Ṣadrā, der große Philosoph aus Shiraz, wird im 17. Jahrhundert statuieren: »Wisse, daß die Weisheit ursprünglich mit Adam begann und seinen Nachkommen Seth und Hermes. [...] Und es ist der dreimalgroße Hermes, der sie durch alle Weltregionen verbreitet [...], der sie auf die wahren Gläubigen ausgegossen hat. Er ist der Vater der Philosophen und der Meister derer, die die Wissenschaften meistern.«[160]

Die Entwicklungslinien des Hermetismus im Islam zu skizzieren, ist entsprechend schwierig und beim heutigen Forschungsstand noch kaum möglich.[161] Man kann bei frühen Wissenschaftlern wie Ǧābir Ibn Ḥaiyān (spätes 8. Jh.) und al-Kindī (gest. 850) beginnen, bei der Brüdergemeinschaft der Iḫwān aṣ-Ṣafāʾ im 10. Jahrhundert und bei Maslama Ibn Qāsim al-Qurṭubī fortfahren (gest. 964), dem mutmaßlichen Verfasser der magischen Schrift *Picatrix*,[162] und dann fast lückenlos über die Jahrhunderte Autoren benennen.[163] Uns soll hier nur die spätere Zeit interessieren, die sonst immer ausgeblendet wird, wenn es lediglich um islamische Einflüsse auf Europa geht. Die Phase nach der mongolischen Eroberung Bagdads 1258 kennt vor allem langlebige Sufi-Traditionen, in denen unorthodoxes und okkultes Gedankengut weitertradiert wurde.[164] Bei den Sufis war der aus dem nordafrikanisch-andalusischen Milieu stammende Mystizismus Ibn al-ʿArabīs (gest. 1240) von großer Wichtigkeit, aber auch der Okkultismus eines al-Būnī (gest. 1225) aus dem gleichen Milieu, der mathematische Anweisungen für Magische Quadrate und Talismane gab.[165] Von Persien und Syrien aus wirkte Suhrawardī (gest. 1191), der seine »Philosophie der Erleuchtung« auf der Philosophie Ibn Sīnās, aber auch auf okkulten Traditionen gründete und eine ganze Schule von neuplatonisierenden Philosophen nach sich zog, die sogenannte Schule von Shiraz im 15. und 16. Jahrhundert.[166] Diese Transformationen des 12. und 13. Jahrhunderts haben den Okkultismus und Hermetismus im islamischen Kulturbereich nachhaltig verändert. Was vorher kosmologisch ausgerichtet war, wurde jetzt zunehmend spiritualistisch in dem Sinne, daß es sich auf innere Erfahrung bezog, auf eine im Subjekt realisierte Metaphysik, und auch auf ein Ende der Geschichte. Vielleicht war das sogar eine Vertiefung der ursprünglichen Intentionen des Hermetismus.[167]

Seit der Zeit um 1400 erstreckte sich das gewaltige Timuridenreich vom indischen Delhi und Transoxanien bis nach Kleinasien und in den Irak – ein frühes Globalreich im Spätmittelalter mit Persien und Usbekistan als Zentrum.[168] In diesem Reich gab es keine Grenzen, daher lassen sich auch im Bereich des okkult-hermetischen Denkens weitgespannte Netzwerke beobachten.[169] Die Impulse aus der turko-mongolischen und aus der persisch-islamischen Welt kamen hier zusammen. Gerade was die Buchstabenmystik angeht, den Lettrismus, wurden jetzt ganz neue Dimensionen erreicht.[170] Diese geradezu übersteigerten Dimensionen werden bei Fazlallāh Astrābādī (Astarābādī) deutlich, der sich für einen Propheten hielt, ja für eine Inkarnation Gottes, die die Welt zu Ende bringen würde. Astrābādī, der 1394 hingerichtet wurde, begründete die Bewegung der Hurufis, die sich nach dem *'ilm-i ḥurūf* benannten, weil die göttlichen Buchstaben in ihrer Lehre eine so große Rolle spielten.[171] Aus ihnen entwickelten sich ab dem 15. Jahrhundert die Nuqtavis, die ganz in der Linie von Hermes, aber verändert durch Suhrawardī, eine gnostisch-mystische Metaphysik und Physik vertraten.[172]

Astrābādīs Lettrismus geht davon aus, daß es göttliche Buchstaben gibt, die ähnlich wie platonische Ideen die Essenz einer Sache ausdrücken; die realen Buchstaben sind nur approximative Manifestationen dieser eigentlichen Lettern. Ja, man kann sogar sagen: Die Klänge des Kosmos sind der gesprochene und die physische Welt der geschriebene Ausdruck der göttlichen Buchstaben.[173] Für den Sufi gilt es also, den Klang und die Form der realen Buchstaben, die er vor sich hat, so zu studieren, daß er Zugang zu den höheren Formen erhält – nicht mehr mit den Sinnen, sondern mit seinem Herzen. Diese Form der Buchstabenmystik war nicht mehr primär kosmologisch orientiert wie noch der hellenistisch-hermetisch geprägte Lettrismus al-Būnīs, sondern nahm jetzt eine spirituell-metaphysische und auch eschatologische Tönung an.[174] Der Sufi erkennt dann in sich hochabstrakte Prinzipien mit okkulten Eigenschaften, aus denen die Struktur der Welt zusammengesetzt ist. Ähnlich wie im antiken Pythagoreismus liegt darin das Geheimnis des Seins. Kein Wunder, daß sich Astrābādī als Messias am Ende der Zeiten verstand, denn er war es, der seiner Ansicht nach dieses Geheimnis aufgedeckt hatte.

Aber wie viele dieser Buchstaben gibt es? An diesem Punkt kam ein nationaler Aspekt ins Spiel. Das Arabische kennt 28, das Persische aber 32 Buchstaben. Mohammed hatte sich arabisch ausgedrückt, Astrābādī schrieb persisch. Deshalb macht Astrābādī die zusätzlichen vier Buchstaben zu einem Zentrum seines Denkens, das sich als Erfüllung und Überbietung der Lehre Mohammeds versteht. Ja, sein Schüler Mīr Fāżilī hat versucht, den arabischen Koran zu lesen, als sei er persisch geschrieben. Entscheidend sei allein der Klang der Wörter, und in ihm versteckten sich Bedeutungen auch für alle anderen Sprachen der Menschheit.[175]

Im Lettrismus, im *'ilm-i ḥurūf*, gibt es zahlreiche Interpretationen der Formen der realen Buchstaben, die weit über Chézauds Deutung der Kreise als Verdopplung des Buchstabenwertes hinausgehen. Gerade und gerundete Formen, Bezüge zum Namen Allah, aber auch zu den menschlichen Körperteilen und zu Bewegungen machen den Lettrismus zum Kern einer Universalwissenschaft. So ließen sich die vorgeschriebenen Ritualbewegungen im muslimischen Gebet als Ausdruck der Buchstaben des Gottesnamens deuten, und das Fasten als Freiwerden des Körperinnern zur Aufnahme der göttlichen Buchstaben.

Neben den Hurufis gab es noch andere lettristische und millenaristische Strömungen, die im enzyklopädischen Werk von Ṣā'in ad-Dīn Ibn Turka (gest. 1434) synthetisiert werden, einem Mann, der in Isfahan und Samarkand lebte.[176] Nicht etwa die Philosophie diente ihm als Universaldisziplin, vielmehr bekam sie nur einen untergeordneten Platz, da sie nicht direkt an der Offenbarung ausgerichtet war. Der Lettrismus hingegen war für Ibn Turka die geeignete Klammer für ein Wissen von allem, ähnlich wie achtzig Jahre später im Westen Pico della Mirandola eine christliche Kabbala favorisierte, die alle Weisheitsströmungen in sich aufzunehmen fähig war; diese westliche Art von Universalwissenschaft lebte dann noch fast zweihundert Jahre bei Autoren wie Pierre Grégoire, Robert Fludd und nicht zuletzt Athanasius Kircher nach.[177] Im Osten hingegen bildet Ibn Turka zusammen mit Šaraf ad-Din 'Alī Yazdī (gest. 1454) und 'Abd ar-Raḥmān al-Bisṭāmī (gest 1454), der sich unter den Mamelucken in Antiochia und dann unter den Osmanen in Bursa aufhielt, eine Gruppe von Gelehrten, die einen Höhepunkt des synthetischen Lettrismus darstellen und weit ausgreifende Verbindungen bis in die Levante und nach Nordafrika pflegten.[178] Man verstand sich als eine neue Version der Iḫwān aṣ-ṣafā', der »lauteren Brüder« aus dem 10. Jahrhundert. Das Bewußtsein, in einer langen hermetisch-okkulten Tradition zu stehen, war für diese Lettristen dabei immer noch essentiell. Bisṭāmī etwa hat eine Liste okkulter Bücher geführt, die in den Schriften von Hermes, Adam, Seth und Henoch kulminiert: »231. Ḫafīyat Hirmis«, der Prophetie des Hermes, »232. Sifr Ādam«, Buch des Adam, »233. Sifr Šīṯ«, Buch des Seth, des Sohns von Adam, und »234. Sifr Idrīs«, Buch des Henoch.[179]

Auch als die schiitischen Safawiden 1501 die Timuriden ablösten, lebte diese Kultur weiter. Insbesondere in Shiraz und dann zunehmend in Isfahan sammelten sich rationalistische Philosophen, die aber teilweise Sufi-Ideen anhingen oder Sufismus praktizierten. Sie wurden Vertreter eines philosophischen Mystizismus, der die Vorstellungen von Suhrawardī weiter ausbaute und mit dem Lettrismus verband. War unter den Timuriden Shiraz das intellektuelle Zentrum gewesen, wurde es im 16. und 17. Jahrhundert unter den Safawiden Isfahan. Große schiitische Philosophen der sogenannten Schule von Isfahan wie Mīr Dāmād, der Schwiegervater von Chézauds Kontrahenten ʿAlawī, und Mullā Ṣadrā beherrschten die Szene.[180] Es ist die Welt ihrer Schüler, in die Chézaud 1652 eintrat.

Chézauds Schema

In dieser Situation läßt sich fragen, was Chézaud eigentlich von der Vielfalt der intellektuellen Strömungen in Isfahan wahrgenommen hat. War ihm die lettristische Weiterentwicklung der hermetischen Strömungen bewußt? Hat er zwischen all den Abstufungen und Verzweigungen unter Peripatetikern, Illuminatisten, Sufis, Zwölfer-Schiiten und den diversen Sekten unterscheiden können? Was konnte er verstehen, wenn er sich in den Kaffeehäusern umhörte, in denen Haschisch geraucht und wild diskutiert wurde, wenn er Sufi-Konvente besuchte oder über die Marktplätze ging?

Leicht kann es nicht gewesen sein. Das Persisch, das Chézaud schreibt, ist immer noch recht fehlerhaft. Schauen wir auf die Polemiken, die er gegen ʿAlawī verfaßt hat. Dort fällt sofort ins Auge, daß Chézaud sein Interesse für Buchstabenmystik weiter gepflegt und für seine Konversationsversuche eingesetzt hat. Er muß den Lettrismus sehr gut gekannt haben, denn er hat selbst ein lettristisches Schema benutzt, um die arabisch-persischen Buchstaben so anzuordnen, daß sich ein christlicher Sinn aus ihnen ergab.[181]

Vielleicht hat er sich dieses Schema ebenso an die Wand gehängt wie die Moses-Inschrift. Es besteht aus einer Kreisfigur, bei der zehn immer größer werdende Kreise ringförmig um ein

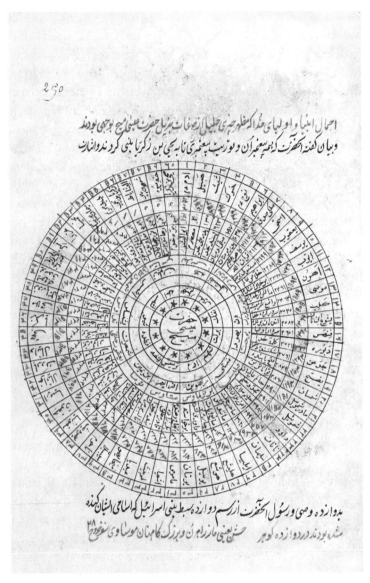

Abb. 7: Chézauds lettristisches Schema.

Zentrum angeordnet sind, das den Thron Salomons darstellt, auf dem sitzend Jesus Christus zu denken ist. Die Kreise sind in sechzig Segmente unterteilt. Jeder Segmentausschnitt, der in einem Ring liegt, kann eine Bedeutung aufnehmen. So listet der zweitäußerste Kreis sechzig Propheten und Väter auf, angefangen von Adam bis hin zu Johannes dem Täufer, dem nach Chézaud letzten Propheten, der ja direkt auf Jesus verwies, der kein Prophet mehr war, sondern der Gottessohn und Messias. Nicht Mohammed ist daher das Siegel der Propheten, sondern Johannes. Der drittäußerste Kreis nennt, wie viele Jahre vor Jesus die Propheten gelebt hatten – ganz ähnlich wie bei Chézauds Deutung der Moses-Inschrift. Der vierte Kreis beschreibt das jeweilige Zeitalter der Propheten, der fünfte, was sie von Jesus ausgesagt haben. Der sechste Kreis ist nur in zwölf Segmente eingeteilt, die die zwölf Apostel benennen – in astrologischer Analogie zu den zwölf Häusern des Tierkreises, die um die »Sonne der Gerechtigkeit« herum formiert sind. Der siebte Kreis enthält die zwölf Stämme Israels, der achte ist leer gelassen, aber der neunte Kreis bezeichnet zwölf Edelsteine, die den Choschen, die Brusttasche des Hohepriesters Aaron, geziert haben.[182] Im zehnten Kreis schließlich sieht man nur zwölf Sternsymbole, welche auf die Sterne hindeuten sollen, die jedem der zwölf Stämme zugeordnet sind.[183]

Chézauds Schema ist also durch und durch christlich, aber grundiert von jüdischer Mystik und Kabbala und mit astrologischen Konnotationen versehen.[184] Indem Chézaud das Schema ins Persische übersetzt hatte, konnte er hoffen, daß die safawidischen Lettristen, mit denen er sich auseinandersetzte, an den dort aufgewiesenen Analogien Interesse fanden – zumal der äußerste Kreis numerische Werte in Form von Buchstaben angab. Die Lettristen waren mit Schemata dieser Art ja vertraut, wie Chézaud schon aus dem ganz ähnlichen Kreismodell von Aben Pharagi über die Gottesnamen wußte, das Kircher im *Oedipus* abgebildet hatte.[185]

Dort sind die Buchstaben außer mit den Gottesnamen mit Engeln, Planeten und Tierkreiszeichen korreliert.[186] Chézauds Schema hingegen war ganz auf die Propheten konzentriert, es war kreisgewordene Geschichte des Heils: ein Angebot an den Islam, sich in dieser Geschichte wiederzufinden.

Gelehrtenrepublik, weiter östlich

Hatte Chézaud Erfolg bei seinen Missionsversuchen? Von heute aus gesehen, stellt sich die Situation der wenigen Jesuiten in der 600 000-Einwohner Stadt Isfahan als kurioses Mißverhältnis dar. Es bedurfte schon einigen Mutes, sich einer solchen Übermacht nicht nur an Personen, sondern auch an intellektueller Kapazität zu stellen. Was können wir mit unserem Interesse an der Bezugnahme in intellektuellen Kontexten über diese Situation sagen? Vielleicht ist es sinnvoll, einen Begriff wie den der Normenkonkurrenz oder Multinormativität aus der gegenwärtigen rechtswissenschaftlichen Diskussion aufzunehmen und für unsere Zwecke umzuformen. Von Multinormativität ist immer dann die Rede, wenn unterschiedliche normative Ordnungen – Rechtsvorstellungen, Sitten, rituelle Regeln – aufeinandertreffen oder in einer Gesellschaft koexistieren. Besonders wenn man gegen eine vorschnell unterstellte Einheitlichkeit die Pluralität von Werten und Vorstellungen betonen möchte, bietet sich dieser Begriff an.[187] So stehen die Missionare in Isfahan nicht nur mit den Normen ihrer schiitischen Umgebung in Konkurrenz, sondern auch untereinander (Karmeliter versus Jesuiten) und zuweilen sogar mit den Normen ihrer Ordensoberen in Rom, die die Lage vor Ort nicht immer genau einschätzen konnten.[188] Diese Sensibilität für verschiedene Perspektiven gilt es auch im Hinblick auf die epistemische Situation zu pflegen. Man könnte dann statt von Multinormativität von Multireferentialität sprechen. Damit meine ich die ganz verschiede-

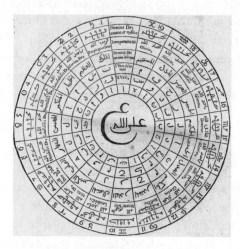

Abb. 8: Aben Pharagis Schema der Gottesnamen.

ne Ausrichtung der Bezugnahme in verschiedenen Gruppen innerhalb eines Milieus. Chézaud und seine Mitstreiter bezogen sich – natürlich – immer auch auf christliche Traditionen; die intellektuellen Lieferketten wiesen via Rom zurück auf Gewährsleute der Renaissancegelehrsamkeit, auf die Kirchenväter und auf die Bibel, aber auch auf griechische Originaltexte. Bei aller Akkommodation an die zu missionierende Kultur – für die ja vornehmlich die Jesuiten bekannt waren – war es doch für das Selbstverständnis zentral, diese Verankerungen zu haben. So nimmt Chézaud sich bei seinem Versuch eines lettristischen Diagramms die christliche Kabbala zum Vorbild, bei der ebenfalls bereits Jesus als Gottessohn durch Buchstabenmystik plausibel gemacht wurde, nämlich um die Juden mit ihren eigenen Waffen zu schlagen und zu überzeugen. Dort wurde ein unscheinbares Shin (שׁ) in den unaussprechlichen Gottesnamen JHWE eingesetzt, der damit – so argumentierte zumindest Nikolaus von Kues und auf andere Weise Johannes Reuchlin – zu »Jesus« und damit aussprechbar wurde. Das Christentum als Realisierung des Judentums.[189]

Chézauds persische Kontrahenten hingegen bezogen sich auf Quellen, Gewährsleute und Kontakte im Osten: aus Damaskus oder Kairo, aus Istanbul oder Samarkand, aus Agra oder Buchara. Wenn wir diese Differenzen an Lieferketten weiterverfolgen, kann uns der Begriff der Multireferentialität helfen zu erkennen, wie sehr sich die Netzwerke der europäischen und der persischen Gelehrten in Isfahan unterschieden haben. Erst dann entwickeln wir ein Verständnis dafür, daß es auch im Osten eine Art Gelehrtenrepublik gegeben hat. Es mag ungewohnt sein, die Regionen Asiens (und Nordafrikas) als eine eigene Form von *République des lettres* zu sehen, da der Begriff aus dem Europa des 17. und 18. Jahrhunderts stammt und ganz und gar mit europäischen Umgangsformen und Medien verbunden zu sein scheint: Zeitungen, Zeitschriften, Gelehrtenbriefwechseln, kritischer Vernunft.[190] Und doch wird in den letzten Jahren zunehmend – und mit Erfolg – versucht, dieses Konzept auch für den »Osten« und seine intellektuellen Netzwerke fruchtbar zu machen.

Im Osten herrschte eine Manuskriptkultur vor, schon deshalb waren hier viele Rahmenbedingungen von Öffentlichkeit andere.[191] In einer Hinsicht aber waren die Bedingungen besser als im Westen: Es gab wenige politische und kaum kulturelle Grenzen.[192] Die islamischen Großreiche nach den mongolischen Eroberungen fast ganz Asiens umfaßten gewaltige Flächen. So haben die Timuriden im 14. und 15. Jahrhundert über die Gebiete des heutigen Afghanistan, Usbekistan und Iran geherrscht; Nachfolger waren seit 1501, wenn auch auf etwas kleinerem Territorium, die Safawiden.[193] In Indien gab es seit Baburs Machtübernahme 1526 die muslimischen Großmogule. Und das Osmanische Reich, das noch im 14. Jahrhundert im Schatten von Byzanz gestanden hatte, dehnte sich seit dem 15. Jahrhundert immer mehr aus und umfaßte jetzt, Mitte des 17. Jahrhunderts, Kleinasien, die Levante und Mesopotamien, die arabische Halbinsel, Nordafrika und den Balkan. Auch wenn diese Reiche als

»Gunpowder Empires« einander teilweise feindlich gegenüberstanden, so blieben sie doch innerhalb einer einzigen religiös-kulturellen Sphäre und waren voller wechselseitigem Austausch.[194]

Es sind innerreligiöse Migrationsbewegungen, die die intellektuelle Welt des Islams geprägt haben. So flohen etwa, als die Safawiden unter Schah Abbas I. die kurdisch besiedelten westiranischen und aserbaidschanischen Gebiete eroberten, etliche gelehrte Kurden, die in persischsprachiger Kultur sozialisiert waren, zu den Osmanen. Denn die Safawiden waren für diese bisher ansässigen Sunniten zwölferschiitische »Häretiker« ohne Toleranz. Wer nicht floh, wurde oftmals in andere Teile des Safawidenreiches deportiert. Die ins Osmanische Reich geflohenen Kurden beeindruckten dort mit präzisem Wissen in den rationalen Wissenschaften. Auf einmal begann, dank dieses Einflusses, bei den Osmanen die Logik und Dialektik (ādāb al-baḥth) zu blühen, wie auch die Anweisungsliteratur zur Benutzung gelehrter Bücher (ādāb al-muṭālaʿa).[195] Umgekehrt kamen nach dem Zusammenbruch der Saadischen Dynastie in Marokko zu Beginn des 17. Jahrhunderts Gelehrte in den osmanisch regierten Vorderen Orient, wo sie ihrerseits Spuren hinterließen.[196] Da es in Marokko viele Unruhen gab und die Pilgerreise nach Mekka ein guter Anlaß war, das Land zu verlassen, zogen etliche von ihnen westwärts und ließen sich in Ägypten oder Arabien nieder. Auf diese Weise wurde das Denken von Muḥammad Ibn Yūsuf as-Sanūsī in Kairo und an anderen Orten populär, der im 15. Jahrhundert gelebt hatte. Sanūsī hatte stets Wert auf rationale Beweisführung gelegt, auf »Verifikation« (taḥqīq) statt auf bloßer Nachahmung. Es entstand eine Vorliebe für Logik und dazu eine ganze Literatur, die sich an Nichtgelehrte wandte und die Grundlagen von rationaler Theologie (kalām) vermittelte. Auch diese Strömung trug – nicht weniger als die logisch-theologischen Traktate der Kurden – zum Aufschwung rationaler Wissenschaft im Osmanischen Reich bei.

Wir werden in Kapitel VI sehen, wie dieser Rationalismus schließlich einige Denker zu dem gebracht hat, was dann in Westeuropa als »Spinozismus« und »Atheismus« mißverstanden wurde.

Die Pilgerreisen nach Mekka waren ohnehin ein ständiger Zirkulationsmotor, der Wanderungen durch die islamischen Großreiche mit sich brachte. In Mekka trafen sich Muslime aus Indien, aus Persien, aus Kleinasien, dem Balkan und dem Maghreb, sie konnten sich austauschen und wechselseitig anregen.[197] Was Indien angeht, so hat Sanjay Subrahmanyam auf die *tazkira*-Biographiensammlungen als Quellen hingewiesen, aus denen die Herkunft und Migrationswege der Mitglieder der Elite an den Mogul-Höfen deutlich werden. An ihnen ist abzulesen, wie lokale Herrscher wie Mirza ʿAbd ar-Raḥīm in Burnhanpur über ihre Hofintellektuellen persische Kultur in Indien verbreiteten und eine Brücke ins Safawidenreich darstellten; ähnliches gilt für Potentaten und Patrone in Agra, Lahore und anderen Höfen.[198]

Wenn wir nach einer anderen Geschichte des Hermetismus in der Frühen Neuzeit fahnden, dann haben wir also nach den osmanisch-safawidisch-indischen Netzwerken zu fragen, in denen sich Austausch über Themen des Lettrismus – dieser transformierten Variante der hermetisch-okkulten Strömungen – ausbreiten konnte. Die Multireferentialität der islamisch geprägten Lieferketten ist dabei in ihrer Reichweite kaum zu überschätzen. Lettristische Texte tauchen schon im frühen 16. Jahrhundert am Mogul-Hof auf.[199] In der Blütezeit des Kulturkontaktes der persisch-indischen Geisteswelt mit alten Hindu-Traditionen, im mittleren 17. Jahrhundert, ist es ein intellektuell aufgeschlossener Prinz wie Dara Shikoh (Shukoh), der beispielhaft für die Rezeption islamischer Mystik in Indien steht.[200] Ihn werden wir im nächsten Kapitel noch kennenlernen. 1658, als Gryphius in Breslau Mumien seziert und Chézaud in Isfahan eifrig seine Berichte an die Ordensoberen schickt,[201] muß Dara Shikoh aber erleben, daß seine jüngeren Brüder sich gegen ihn, den Thronfolger, erheben und ihm eine entscheidende Niederlage beibringen. Er flieht aus Delhi, wird gefangengesetzt und im August des nächsten Jahres hingerichtet.

Bis nach China

Chézaud hatte noch einige wenige Jahre länger zu leben, bevor er 1664 starb. In diesen Jahren wurde in der Region von Nanjing, der früheren Hauptstadt der Ming-Dynastie, Liu Zhi geboren, der später einer jener Gelehrten war, die den Islam in China verbreiteten. Es gibt nämlich auch in China eine größere muslimische Gemeinschaft, die nicht auf die Uiguren in Xinjiang beschränkt ist. Besonders zwischen 1630 und 1730 finden sich zahlreiche gelehrte Aktivitäten dieser Gruppen, deren Erzeugnisse als *Han Kitab* (漢克塔布) bezeichnet werden, von *han* als »Chinesisch« und *kitāb* als arabisch für »Buch«.[202] Während die Interaktionen zwischen der indisch-buddhistischen Kultur und China sehr bekannt sind, ist der Einfluß des Islam in China oft übersehen worden. Dabei hat eine Globalgeschichte des Hermetismus durchaus auch mit diesen Regionen zu rechnen. Ich will hier gar nicht behaupten, daß die Bewegung des *Han Kitab* hermetisch gewesen sei. Doch zeigt Liu Zhis Geschichte, wie sehr in Übersetzungsprozessen konfuzianische Begriffe und mystische Ideen aus dem Islam verschmelzen konnten. Denn Liu Zhis Gewährsleute für die Interpretation der muslimischen Lehren war eine Reihe von Sufi-Gelehrten.

Hatten wir die östliche Variante der Gelehrtenrepublik in Form von multireferentiellen Netzwerken zwischen Isfahan und Agra, Istanbul und Damaskus, Mekka und Kairo kennengelernt, so sieht es, wenn man China einbezieht, nochmals anders aus. In China sind die Beamtenprüfungen das Rückgrat der ganzen intellektuellen Kultur und ihres Austausches.[203] Denn jeder, der in diesem Land als Gelehrter zählen wollte, mußte sich der staatlichen Prüfungen unterziehen, die eine gewaltige Normierungsmacht besaßen. Seit der Song-Zeit wurde diese Normierungsmacht im Sinne des Konfuzianismus benutzt, allerdings eines Konfuzianismus, der im 17. Jahrhundert bereits durch die Prägungen von Philosophen wie Wang Bi im dritten, von Zhu Xi im zwölften und von Wang Yangming im frühen sechzehnten Jahrhundert hindurchgegangen war.[204] Wenn es in China Intellektuellennetzwerke gab, dann hatten sie sich aus diesem Bildungsweg ergeben.

Liu Zhi war da allerdings eine Ausnahme. Als Sproß einer islamisierten Familie hatte er in jugendlichem Alter in der Militärmoschee in Nanjing Arabisch und Persisch gelernt und den Koran studiert. Danach bildete er sich fünfzehn Jahre lang zu Hause als Autodidakt weiter, bevor er sich am Fuß des Stadtberges von Nanjing niederließ und dort die islamischen Schriften erklärte. Liu Zhi betrachtete Konfuzius und Menzius als »Weise des Ostens«, setzte ihnen aber Mohammed als »Weisen aus dem Westen« an die Seite und war der Auffassung, daß die Lehren beider Seiten letztlich ein und dieselbe seien. So interpretierte er denn den Koran und islamische Lehren aus der Sicht des Konfuzianismus. 1704 veröffentlichte er seine Synthese unter dem Titel *Tianfang Xingli* (天方性理), über Natur und Prinzip im Islam.[205] Darin werden die verborgenen Dimensionen des Mikrokosmos und Makrokosmos erläutert, die Tugenden des Weisen und die Natur des Einen, und all das mit den Prinzipien von Yin und Yang, den chinesischen Vorstellungen von Natur und Lebensenergie.

Liu Zhi stützt sich in seiner Darstellung auf mehrere klassische Sufi-Werke, etwa auf ʿAzīz ad-Dīn Nasafīs *Maqṣad-i aqṣā*, das erhabenste Ziel. Nasafī stammte aus der zentralasiatischen Kubrawiyya-Bruderschaft, setzte aber auch das Denken von Saʿd ad-Dīn al-Ḥammūʾī fort, der wiederum die philosophische Terminologie von Ibn al-ʿArabī verwendet hat.[206] Diese Terminologie taucht denn auch in Liu Zhis Buch auf, wenn er

Abb. 9: Liu Zhi über die Differenzierung von Naturen und Prinzipien.

die Emanationen des Einen erläutert. So zeigen sich auch indirekt hermetische Einflüsse, denn Ibn al-ʿArabī war durchaus stark von hermetischen Lehren geprägt, etwa der Doktrin aus Buch V der hermetischen Schriften (»Ein Gespräch von Hermes mit seinem Sohn Tat«) über Gott als in allen materiellen Dingen enthalten; umgekehrt sei selbst das Nicht-Existierende in seinem Wesen enthalten. Solche Sätze tauchen fast wörtlich in Ibn al-ʿArabīs *Fuṣūṣ al-Ḥikam* auf.[207]

Die Kreise und Diagramme, die Liu Zhi entwirft, um die philosophische Grundstruktur zu erläutern, sind von al-Ḥammūʾī inspiriert, der als einer der Autoren des *ʿilm-i ḥurūf*, des Lettrismus, gelten kann. Wie Chézaud jüdisch-kabbalistische Schemata verwendet, um seinen Konversionsbemühungen lettristischen Nachdruck zu geben, so liebt auch Liu Zhi geometrische Schemata wegen der ihnen innewohnenden Überzeugungskraft. Da gibt es etwa das Diagramm 1,6, das »vom Beginn der Differenzierung der Naturen und Prinzipien« Kunde gibt.[208] Es ist ein Kreis von Positionen, die sich wie eine Perlenkette um ein Zentrum schmiegen, mit dem »Prinzip des Thrones oder der Natur des höchsten Weisen« am oberen Ende.

Aus diesem Ursprung heraus bewegen sich die abgestuften Folgen in zwei Richtungen: links die »Prinzipien« und rechts die »Naturen«, so wie bei Rāzī die Welt in Intellekt und Geist aufgeteilt ist. Die Emanation der Prinzipien aus der Einheit verläuft linker Hand über das Prinzip des Bodenhimmels, dann des Holzhimmels, des Feuerhimmels, des Sonnenhimmels und acht weiterer kosmologisch-naturphilosophischer Stationen bis hin zum »unermeßlichen Bodensatz«, dem untersten, ungestalten Ende, der Vielheit oder Materie. Die rechte Seite der Perlenkette ist hingegen als eine Bewegung des Aufstiegs von unten nach oben zu lesen, wieder im Sinne Rāzīs und Nasafīs. Diesmal werden die Naturen durchschritten, zunächst die der Elemente, dann der einfachen Leute, der Wissenden, schließlich der Weisen, bis man wieder am Gipfel anlangt, des Geistes des höchsten Weisen, nämlich Mohammeds.

Schon indem Mohammed als »Weiser« im Mittelpunkt der Deutung steht, zeigt Liu Zhi seine Prägung als Konfuzianer, denn der Weise und dessen maßgebende Funktion in der Gesellschaft formen das Zentrum dieser chinesischen Lehre. Zugleich – und das zeigen die »Naturen« und »Prinzipien« – ist es ein metaphysisch-naturphilosophisch durchwirkter Konfuzianismus, der sich da ausdrückt. Die Sprache, die Liu Zhi verwendet, ist die des Neokonfuzianismus der Song-Zeit, den wir in Kapitel V noch streifen werden. Er redet von *li* (Prinzip), *qi* (Lebenskraft), *ti* (Substanz), *yong* (Funktion), *xin* (Herz und Geist) und *xing* (Natur). Im Neokonfuzianismus war es ausgemacht, daß es ein einziges Prinzip der Welt gibt, das sich in der Vielheit seiner Manifestationen zeigt.[209] Das paßte gut zur hermetischen Philosophie Ibn al-'Arabīs, nach der das Eine überall in der Vielheit anwesend ist – wie schon erwähnt ein Reflex nicht nur des Neuplatonismus, sondern auch von Texten wie dem Buch V der hermetischen Schriften.

Liu Zhi mag diese Lieferkette im einzelnen gar nicht so bewußt gewesen sein. Wenn er sich – wie indirekt auch immer – auf Hermes zurückbezieht, der für ihn wahrscheinlich der koranische Idris gewesen ist, dann über Nasafī, al-Ḥammū'ī und Ibn al-ʿArabī, also in einer Referenzkaskade, die zurück ins Dunkel des ersten Jahrtausends führte.

Vorläufiges Fazit einer Mumien-Odyssee

Globale Ideengeschichte sollte daran teilhaben, bestehende Forschungstrends in andere, neue Richtungen zu lenken. So haben wir in diesem Kapitel versucht zu zeigen, daß die Geschichte des Hermetismus keineswegs immer nur auf Europa bezogen werden muß, sondern daß sie sich auch in ganz anderen Kulturkreisen entfaltet hat. Ein anders gefärbter Hermetismus zeigt sich, vielfach transformiert, im Osmanischen Reich, in Persien, Indien, ja sogar in China. Diese Transformationen zu verstehen, hilft, die Hermetismusforschung zu entprovinzialisieren und ihre Teleologie auf Europa hin zu relativieren. Wir konnten dabei an zwei Trends anknüpfen, die sich in den letzten Jahren in der »Intellectual History« bemerkbar gemacht haben. Da ist zum einen der Trend, der Forschung zur »westlichen Gelehrtenmagie« und zum »Western Esotericism« auch das östliche Komplement an die Seite zu stellen.[210] Denn wirklich »westlich« waren der Hermetismus und die Magie ja ohnehin nicht, sondern sie stammten aus Ägypten und der hellenistischen östlichen Mittelmeerwelt. Nur hat man sich vor allem für die Wirkungen dieser Strömungen auf die europäische Geisteswelt konzentriert und dabei die Ausstrahlungen in der byzantinischen und islamischen Welt vergessen. Und da ist zum anderen der Trend, das Konzept der Gelehrtenrepublik auch für den Osten – vor allem die Netzwerke der islamischen Welt – fruchtbar zu machen. Auch diese Wendung steht noch ganz am Anfang und wird weitere globale Ideengeschichten hervorrufen: Was ist mit intellektuellen Netzwerken in Indochina, in Japan, Korea oder Afrika?

Sobald ein Motivkomplex wie der »Hermetismus« gegeben ist, lassen sich anhand seiner Besonderheiten referentielle Lieferketten rekonstruieren, die synchron durch Briefe oder Reisen innerhalb der jeweiligen Netzwerke realisiert wurden oder aber in großen zeitlichen Abständen, als Rezeptionskaskaden, erfolgt sind. Zuweilen stellen sich dabei die Transformationen als so stark heraus, daß die Identität einer Sache wie »Hermetismus« unscharf wird. Ist der Lettrismus noch so etwas wie Hermetismus? Oder hat er zwar bestimmte Funktionen und Motive von ihm übernommen, andere aber ausgeschieden? Interessant ist dabei immer wieder ein vergleichender Blick auf Europa. Wir haben beispielsweise gesehen, daß die enzyklopädische Synthesefunktion eines ganzheitlichen spirituellen Wissenskosmos, die der Lettrismus des 15. und 16. Jahrhunderts in der islamischen Welt – vor allem Zentralasiens – ausgeübt hat, in Europa in dieser Zeit durch die christliche Kabbala oder eine Mixtur aus Kabbala, Hermetismus, Lullismus und Neuplatonismus übernommen worden ist.

Wir haben in diesem Kapitel einen verschlungenen Weg zurückgelegt und sind zunächst von Athanasius Kircher und Mumien-Sezierungen im Europa des 16. Jahrhunderts zurück zu den Anfängen der Produktion hermetischer Pseudepigraphen geschritten. Uns hat dabei die Referenzfrage geleitet: Worauf bezog man sich, wenn man in der Frühen Neuzeit von Hermes Trismegistos sprach? Wir haben feststellen können, daß die Transmissionsgeschichte der Hermes-Legende und damit auch des Informationshintergrundes, wer Hermes denn gewesen sei, einen komplizierten Verlauf aufweist, bei der erst Persien und dann die arabisch-islamische Kultur eine bedeutende Rolle spielen. Zunehmend wurde von Gelehrten Hermes als Kompositgestalt, als Vermengung unterschiedlicher Personen dieses

Namens angesehen. Das hat bis nach Europa gewirkt, als Athanasius Kircher erstmals eine Reihe von arabischen Texten für seine Darstellungen nutzen konnte.

Doch wir haben uns mit diesem Ergebnis nicht zufriedengeben wollen, denn immer noch war Europa das Ziel einer – wenn auch nun angereicherten – Hermetismusgeschichte. Daher haben wir nochmals bei Kircher angesetzt und über ihn – und mehr noch über seinen Schüler Chézaud – den Weg in den Mittleren Osten gefunden, um von dort aus die Hermetismus-Forschung zu re-orientieren. Der östliche Hermetismus hat sich als überaus reichhaltig und vielfältig herausgestellt, und durch die Weitläufigkeit islamischer Lieferketten ließ er sich mühelos bis nach Indien, ja bis nach China hinein verfolgen. Dort, in China, sind wir vorläufig stehengeblieben. Aber es war nur ein vorläufiger Halt. Sobald wir weiterblicken würden, etwa auf die Rezeption der Theosophie in Asien im 19. Jahrhundert, würden wir erkennen, daß der fruchtbare Boden, auf den diese Rezeption fällt, der globale frühneuzeitliche Hermetismus, die globale frühneuzeitliche Esoterik ist, die dann auch noch mit zahlreichen indischen Einflüssen interferiert.[211] Und schon könnte diese Geschichte über Bezugnahmen fortgeschrieben werden.

Kapitel II.
Menschen vor Adam

Wenn ihr, Knochensammler,
einst hier NICHTS findet,
wundert euch nicht,
denn dieses Grab ist das von
NIEMAND, dem Präadamiten.

Johann Conrad Dannhauer[1]

Galaxien

1996 erschien Samuel Huntingtons Buch *The Clash of Civilizations*, über den »Zusammenstoß der Kulturen«, und gab damit die Stichworte für die Geopolitik nach dem Ende des Ost-West-Konflikts.[2] Die sinische Kultur, die islamische, die westliche, die hinduistische, sie alle, so Huntington, seien dazu disponiert, aufeinanderzustoßen und Bruchlinienkonflikte zu erzeugen. Die Metapher vom »Clash« evoziert mehrere große Himmelskörper, Planeten, die als Ganze miteinander kollidieren. Aber sind Zivilisationen nicht eher wie Galaxien zu denken, die einander durchdringen, wenn sie sich kreuzen? Haben sie in ihrer unendlichen Reichhaltigkeit nicht zahllose Elemente, die miteinander kompatibel oder zumindest gegeneinander neutral sind, so daß sie einander keinen Widerstand bieten? Denkt man an die wechselseitige Durchdringung von Christentum, Judentum und Islam, kann man erkennen, daß es dort sogar etliche Gemeinsamkeiten gibt, die einander verstärken. So sind es lediglich bestimmte Punkte in den einander durchdringenden Galaxien, die tatsächlich kollidieren und von denen aus sich Bruchlinienkonflikte ergeben und in Stoßwellen verbreiten. Welches sind in der Frühen Neuzeit solche punktuellen Auslöser ideengeschichtlicher Bruchlinienkonflikte gewesen?

Einer läßt sich zweifellos in der Chronologie beobachten. Verschiedene Kulturen können verschiedene Zeitrechnungen haben. 1583 war es die große Leistung von Joseph Justus Scaliger, die diversen Zeitrechnungen der antiken Kulturen – die Griechen rechneten nach Olympiaden, die Römer nach der Gründung ihrer Stadt, die Perser nach Regierungsjahren ihrer Herrscher – miteinander zu synchronisieren, auf der Basis gemeinsamer astronomischer Daten.[3] Was Juden, Christen und Muslime angeht, so stimmt ihr Zeitbewußtsein erstaunlich gut miteinander überein, da alle drei Kulturen sich auf die Bibel stützen und ihre Schöpfungsgeschichte und Zeitmaße zugrunde legen. Demnach ist die Welt vor etwa 6000 Jahren in sieben Tagen geschaffen worden – für die Juden und Christen der Frühen Neuzeit vor etwa 5500, für die Muslime vor etwa 7000. Am sechsten Tag entstand Adam, der erste Mensch.[4] So weit, so gut. Was aber, wenn diese abrahamitischen Religionen und Kulturkreise von anderen Weltzeiten irritiert wurden? Von Weltzeiten, die weit über 6000 Jahre hinausgingen, in die Zehntausende, Hunderttausende, ja Millionen von Jahren? Gab es dann einen »Clash of Chronologies«, wie Thomas Trautman ihn nennt?[5]

In diesem Fall konnte es geschehen, daß die paradoxe Behauptung aufgestellt wurde, es müsse Menschen vor Adam gegeben haben – also Menschen vor dem ersten Menschen: eine Überreichweite, über den verbrieften Anfang des Menschengeschlechts hinaus. Man spricht dann von »Präadamiten«. Zu welchen Ideenkapriolen mochte das führen? Vielleicht waren die 6000 Jahre, konnte man etwa fragen, nur eine Spätphase oder ein Zyklus einer in Wirklichkeit viel länger währenden Geschichte? Wie gehen lineare Zeitauffassung einerseits und das astronomische und astrologische Denken in Zyklen andererseits zusammen? Was ist Beginn, was ist ewige Wiederkehr?

Präadamiten

Eine Debatte über Präadamiten hat es in Europa in der Mitte des 17. Jahrhunderts gegeben. Es war eine der heftigsten Auseinandersetzungen ihrer Zeit und rief viele Dutzende von Gegenschriften gegen diese Hypothese hervor. In gewisser Weise markiert die Episode sogar den Beginn der modernen Bibelkritik.

Und doch kam sie zunächst nicht von außen, sondern von innen: aus der Exegese der Bibel selbst. Ein recht freigeistiger Franzose, Isaac La Peyrère, von dem Richard Popkin meinte, er sei aus der Marranenkultur offiziell konvertierter, aber inoffiziell weiter praktizierender Juden hervorgegangen, hat 1655 in Amsterdam seine *Praeadamitae* publiziert, nachdem das Buch bereits viele Jahre unter europäischen Intellektuellen als Manuskript zirkulierte und heftig diskutiert wurde.[6] Seine Motivation war theologischer Natur. Als überzeugter Calvinist, der in den Jahren um 1620 an den hugenottischen Hochburgen von Montauban und Saumur ausgebildet worden ist, hat La Peyrère sich intensiv mit der Rechtfertigungs- und Satisfaktionslehre beschäftigt. Man las schottische Protestanten wie George Buchanan oder John Cameron, aber natürlich auch die Schweizer Theologen von Calvin bis Beza und die Niederländer. Dabei ist La Peyrère über eine schwierige Paulus-Stelle im Römerbrief 5,12-14 gestolpert: »Derhalben, wie durch *einen* Menschen die Sünde ist in die Welt gekommen und der Tod durch die Sünde, so ist der Tod zu allen Menschen durchgedrungen, weil sie alle gesündigt haben. Denn die Sünde war wohl in der Welt, ehe das Gesetz kam; aber wo kein Gesetz ist, da wird Sünde nicht zugerechnet. Gleichwohl herrschte der

Tod von Adam bis auf Mose auch über die, die nicht gesündigt hatten mit gleicher Übertretung wie Adam, welcher ist ein Bild des, der kommen sollte.« Bei den Calvinisten wurde viel über die Anrechnung der Sünde und das Verhältnis von Natur und Gnade diskutiert. Man kannte die Dreiteilung der Heilsgeschichte durch die Begriffe *sub natura*, *sub lege* und *sub gratia*. Darunter verstand man eine erste Phase von der Schöpfung bis zu Moses, dann die Phase des Alten Israel unter dem Gesetz des Moses und schließlich die neue, letzte Phase seit der Erlösungstat Christi, die Phase der Gnade.[7]

Doch die genaue Lektüre La Peyrères stieß sich an den Widersprüchen, in die geriet, wer die Paulus-Passage auslegen wollte. Wenn man wirklich als das »Gesetz« das mosaische Gesetz verstehen wollte, warum war dann hier von Adam die Rede, als dem Prototyp für Christus, den Erlöser? Müßte man nicht unter Gesetz das Gesetz verstehen, mit dem Gott Adam den Genuß vom Baum der Erkenntnis untersagt hatte? Was aber hatte Paulus dann mit den Worten gemeint, daß Sünde in der Welt war, ehe das Gesetz und somit auch Adam existierten? Könnten damit nicht Menschen vor Adam impliziert sein, die zwar auch sündig waren, aber nicht so gesündigt hatten wie Adam, der vom Baum der Erkenntnis gegessen hatte?

Das war ein ganz neuer Gedanke; ein Gedanke, den sich frühere Exegeten nie zugestanden hatten, denn er schmeckte zu offensichtlich nach Häresie. Menschen vor Adam! La Peyrère schaute daraufhin nochmals genau in den Schöpfungsbericht und erkannte, daß dort ja zweimal von der Erschaffung des »Adam« die Rede war: in Gen. 1,27 und in Gen. 2,7. Heute wird das erklärt durch die Zusammenfügung von zwei Texten, der Priesterschrift und dem sogenannten Jahwisten, in eine einzige redigierte Fassung. Doch davor hatte die Exegese mit dieser Doppelung zurechtzukommen, und La Peyrère nutzte sie, um zu sagen: Es handelt sich um zwei verschiedene und zeitlich nacheinander liegende Schöpfungen: In Gen. 1,27 ist das hebräische Wort »Adam« (אָדָם) in seiner generischen Bedeutung als »Mensch« zu übersetzen – es berichtet von der Erschaffung von Menschen überhaupt; in Gen. 2,7 aber ist mit »Adam« der individuelle Mensch dieses Namens gemeint. Adam war Stammvater der Juden, und die Bibel handelt ausschließlich von der jüdischen Geschichte als der Geschichte des auserwählten Volkes. Die allgemeine Menschheitsgeschichte wird dort vorausgesetzt, aber nicht eigens behandelt. Es gab viele Menschen vor Adam, wie man ja auch daran sieht, daß sie in manchen Passagen, etwa zu Abel, der die Herde hütete, implizit vorausgesetzt werden. Nur ist von ihnen nie ausdrücklich die Rede.

Diese Interpretation der Paulus-Stelle und die mit ihr einhergehende Neuperspektivierung der Menschheitsgeschichte sowie der Stellung der Bibel waren unerhört. Kein Wunder, daß La Peyrère lange Zeit zögerte, das Buch zu veröffentlichen, das er auf diese Entdeckung hin schrieb, und daß die Publikation auf so große Schwierigkeiten stieß. Seit mindestens 1642 lag eine Rohfassung vor und zirkulierte in verschiedenen Varianten unter Intellektuellen in Paris und Holland; doch erst 1655 wurden die *Praeadamitae* und das mit ihnen zusammengehörige ausführliche *Systema theologicum* in Amsterdam gedruckt.[8] Die Konsequenzen, die sich ergaben, wenn man La Peyrères Interpretation zugestand, waren in der Tat gewaltig. Der Stellenwert der Bibel war dann in mehrfacher Weise marginalisiert.[9] Moses ist für ihn nicht der einzige Verfasser des Pentateuch, das Werk berichte lediglich von der speziellen Geschichte der Juden, Ereignisse wie die Sintflut seien nur als lokale, nicht universelle Geschehnisse zu verstehen, der Text sei größtenteils nur durch Abschriften und lückenhaft vorhanden und müsse daher durch säkulare Quellen ergänzt werden, besonders was die Nachrichten über die restliche Menschheit angehe.[10] Damit war zwar viel nachdrücklicher als zuvor eine Trennung zwischen Sakralhistorie und Profanhistorie vorgenommen, allerdings nicht im Sinne einer erkenntnistheoretischen Unterscheidung. Die Trennung erfolgt durch regionale Aufteilung, nicht wie sonst nach dem Kriterium, ob man durch Offenbarung oder durch bloß ungewisse empirische Überlieferung von der Menschheitsgeschichte wisse. In dieser Hinsicht standen Sakrales und Profanes für La Peyrère jetzt auf einer Stufe und sollten einander ergänzen. Damit war eine Distinktion, auf die die Theologen immer viel Wert gelegt hatten, verwischt.[11]

Es entstand unter dem Titel der nichtadamitischen Menschheit ein ganz neuer Bereich der rein naturwüchsigen Geschichte, in den alles hineingelegt werden konnte, was sich an Zweifelsfragen und Problemanzeigen in den frühneuzeitlichen Reflexionen ergeben hatte. Was war mit den neuentdeckten Völkern in Amerika? Waren sie Präadamiten? Wie sollte man mit Chronologien von Zehntausenden oder Hunderttausenden von Jahren zurechtkommen, von denen man zunehmend erfuhr? Wenn die biblischen 6000 Jahre nur für die Juden galten, war der Rest der Menschheit dann nicht für eine ungleich längere Tiefenzeit frei? Wie stand es um naturwissenschaftliche Entdeckungen, die nicht mit biblischen Berichten zu vereinbaren waren? Wenn die Bibel unzuverlässig berichtete und sich im Sinne einer Akkommodation an einfache Leute richtete, konnten dann nicht der Kopernikanismus und die neue Physik als unproblematisch gelten? All diese Schwierigkeiten vermochten durch die neue Hypothese geheilt werden. Das machte La Peyrère für Avantgardedenker und Libertins so attraktiv, und diese reichten den Mann aus der Gascogne in den 1640er Jahren in den Pariser Salons herum.[12]

Juristische Fiktion und doppelte Wahrheit

Woher konnte jemand wie La Peyrère die Unbefangenheit beziehen, aus den angestammten Denkschemata auszubrechen? Welche Mittel standen ihm zur Verfügung? Viele von den intellektuellen Anstößen, die er empfangen hat, liegen im Dunkeln. Doch ein Instrument, das er benutzte und auf das Herbert Jaumann hingewiesen hat, mag hier exemplarisch herausgestellt werden, um die Aufsprengung des Denkraumes plausibel zu machen. Es ist La Peyrères Verwendung der Begrifflichkeit der *juris fictio* aus dem Römischen Recht.[13] La Peyrère war ausgebildeter Advokat und hat diese Terminologie benutzt, um die Besonderheit der sakralgeschichtlichen Typologie von Adam dem Sünder und Christus dem Erlöser zu erklären.[14] Mit seiner Interpretation hatte er sich das Problem eingehandelt, zeigen zu müssen, wie die Sünde, die Adam für seine Übertretung angerechnet wurde, und die Sünde der Präadamiten, die »nicht zugerechnet« wurde, wie der Paulus-Text sagt, voneinander verschieden waren. Dafür mußte er sich tief in die sogenannte Imputations-Lehre der Theologen einarbeiten. Es war ein Bereich, in dem die Juridifizierung der Theologie besonders weit fortgeschritten war.[15] La Peyrère zitiert einen ungenannten Theologen, auf den er sich beruft; dieser Theologe sagt: »Das Wesen des gesamten Menschengeschlechts existierte in Adam als seinem führenden Kopf. Und so existierten wir in jener Zeit alle, zwar nicht wirklich und wahrhaftig, sondern potentiell und nur der Möglichkeit nach [...].« Das war die Vorstellung der sogenannten Seelentraduktion, die vor allem unter Lutheranern akzeptiert war, nach der die Seelen aller Menschen bereits potentiell im Samen Adams bzw. Evas enthalten gewesen sind.[16] Der – angebliche oder reale – Theologe führt den Satz weiter, indem er vom naturwissenschaftlichen auf ein jusristisch-theologisches Theorem überleitet: »[...] und es war eine Art juristischer Fiktion, daß wir durch den Akt der Pflichtverletzung Adams Gottes Gesetz brachen und seinen Willen in den Wind schlugen, wie es geschrieben steht.«[17]

Warum soll die Vorstellung einer Pflichtverletzung (*praevaricatio*) Adams eine juristische Fiktion sein? Genauer gesagt: die Anrechnung der Pflichtverletzung Adams auf alle Menschen?

Die Frage wurde diskutiert, seit Fausto Sozzini – nicht zufällig ein gelernter Jurist – 1578 in seiner Abhandlung *De Jesu Christi servatore* die traditionelle Satisfaktionslehre frontal angegriffen und den Sinn einer »Genugtuung« der Sünden der Menschen durch die Erlösertat Christi in Zweifel gezogen hatte. Sozzini legte damit eines der Fundamente der von allen etablierten christlichen Kirchen im 17. Jahrhundert so gehaßten antitrinitarischen Strömung des Sozinianismus. Kein geringerer als der junge Hugo Grotius – ebenfalls Jurist – hat 1613 in einer Gegenschrift Sozzini vorgeworfen, er wende das juristische Konzept der *acceptilatio* auf das Problem an: der Befreiung von einer Zahlungsschuld durch gegenseitige Befragung zwischen Schuldner und Gläubiger, wodurch jede Partei von demselben Vertrag befreit wird.[18] Übertragen auf die Theologie: Durch Adams Gesetzesverstoß war dieser – und mit ihm alle seine Nachkommen – Gott gegenüber eine Schuld eingegangen, die ihm erlassen (quittiert) wurde, als Christus stellvertretend die Sünden der Menschen auf sich nahm und dadurch die Schuld bezahlte. Wie François Turretini es später polemisch ausdrücken sollte: »Eine Acceptilatio ist eine rein imaginäre Lösung und eine juristische Fiktion, mit der quittiert wird, was jemand zu bezahlen angehalten wurde«, und er beeilte sich hinzuzufügen: »aber wir haben zuvor bewiesen, daß von Christus eine wahre Lösung gegeben worden ist.«[19]

Das waren Debatten, mit denen der junge La Peyrère offenbar bekannt wurde, als er an den hugenottischen Akademien studierte.[20] Die Calvinisten verwehrten sich gegen den Anschein des rein Fiktiven, der mit der Analogie der juristischen Konstruktion nahegelegt wurde. Aber als La Peyrère in Paris in die Kreise der Libertins, der neuen Wissenschaft und der skeptischen Sezierung traditioneller Wissensbestände gekommen war, merkte er zusehends, daß man mit solchen »Fiktionen« und »Hypothesen« auch affirmativ umgehen konnte. Auch hier erweist er sich wieder als origineller und unbekümmerter Denker, der sich nicht scheut, Dinge ganz anders zu denken als gewohnt. Er stülpt den umstrittenen Begriff einer nur fiktionalen Lösung einfach ins Positive um und identifiziert ihn mit dem, was Theologen »mystisch« oder übernatürlich nennen. Das hatte natürlich etwas Frivoles, aber es setzte unzweifelhaft Möglichkeiten frei. La Peyrère konnte nun die präadamitischen Menschen als Träger einer naturwüchsigen Sündhaftigkeit ansehen, bei der man an alle Unvollkommenheiten und Laster denken mag, die Menschen zu eigen sind; Adams Schuld durch Gesetzesübertretung hingegen war von einer ganz anderen Art. Es hatte mit der komplizierten Konstruktion zu tun, daß Adam eine Schuld auf sich geladen hatte, die auch seinen Nachkommen angerechnet wurde, obwohl sie sie nicht begangen hatten, eine fiktive Zurechnung, die aber in bezug auf die generelle Erlösung, die Christus für alle Menschen erwirkt hat, als sinnvoll erachtet werden könne. Diese »Sünde«, so La Peyrère, ist rein geistig zu verstehen, und der Tod als Strafe für sie ebenfalls als rein geistig. Es komme darauf an, diese beiden Sphären säuberlich zu unterscheiden. »Deshalb gehöre ich nicht zu denen«, erläutert er, »die meinen, daß die Anrechnung der adamischen Sünde die menschliche Natur umgestürzt hat, aber ich gebe wiederum auch denen nicht recht, die von solcher Anrechnung überhaupt nichts wissen wollen. Ich möchte die natürlichen wie auch die übernatürlichen Dinge dort lassen, wo sie hingehören. Ich meine, man muß das Natürliche auf natürliche Weise annehmen und über das Übernatürliche auf eine ihm gemäße Weise urteilen.«[21] Das war eine Denkweise, die sich bei den sogenannten Pariser Averroisten etabliert hatte, eine klare Differenzierung der Bereiche: Naturwissenschaftliche Fragen wollte man rein naturwissenschaftlich, unter Absehung von jeder Philosophie, behandeln, und theologische eben übernatürlich. Die Formulierung »naturalia naturaliter«, die La Peyrère benutzt, stammt von Siger von Brabant aus dem 13. Jahrhundert, der sich von Albertus Magnus inspirieren ließ; und auch Pomponazzi hatte im 16. Jahrhundert seine These von der Sterblichkeit der menschlichen Seele damit begründet, er betrachte diese Frage hier unter Absehung aller Offenbarungswahrheiten rein naturwissenschaftlich.[22]

Die Einstellung hat etwas Defensives, sie sortiert die Dinge übersichtlich, um den Geltungsanspruch des theologischen Denkens einzugrenzen. Es blieb dabei immer unausgemacht, ob man den theologischen Teil, den Teil der »Wunder« und des »Geistigen«, nicht einfach streichen könne. Daher der Anschein des Frivolen und die Provokation, die solches Denken auslöste. Auch La Peyrères Freund François La Mothe le Vayer, der Skeptiker und Libertin, der ebenfalls ausgebildeter Jurist war, hat dieses Denkmuster verwendet und – ganz im Sinne juristischer kontrafaktischer Fiktionen – dafür plädiert, man könne etwas vom Standpunkt des Heidentums, *in puris naturalibus*, aussagen, ohne dabei immer die Perspektive des Christentums voraussetzen zu müssen.[23] Das heißt aber nicht, daß man La Peyrère oder La Mothe le Vayer einfach als verkappte Atheisten ansehen muß. Man kann ihnen auch zubilligen, daß sie in ihrem Selbstverständnis meinten, den Drahtseilakt zu meistern und die Doppelung von naturalistischer und christlicher Perspektive zu beherrschen. So wie sich La Mothe le Vayer ganz unbefangen als legitimer Katholik und als Teil der Jesuiten-nahen Richelieu-Unterstützer gerierte, so sah sich wohl auch La Peyrère als legitimer Christ – zunächst als Calvinist und dann, nach seiner mehr oder weniger erzwungenen Konversion – als Katholik in einem weiten, universalistischen Sinne.[24]

Dieser Universalismus ist wohl auch die bestimmende Motivation für La Peyrères Gesamtkonzeption gewesen. Es ging ihm darum, die Heiden und die Juden – also die Völker *sub natura* und *sub lege* – in den Status *sub gratia* gelangen zu lassen, in der Hoffnung, es werde einen neuen Messias geben, der die Heilsgeschichte in einer jüdisch-christlichen Universalmonarchie vollendet. Jegliche Abspaltungen und unerlöste Gemeinschaften wären dann überwunden.²⁵ La Peyrère hat das in seinem Buch *Du rappel des Juifs* von 1643 ausgeführt, dessen Konzeption ebenso wie die Präadamiten-These aus seiner Exegese des Römerbriefs entspringt, hier vor allem Röm. 9-11.²⁶ Sie setzt die Zweiteilung der Welt in die Welt der Menschen (das, was Paulus »die Völker« im Sinne von »die Heiden« nennt) und der Juden konsequent fort. Die Menschen oder Heiden sind die Nachkommen der Präadamiten, die Juden sind die Nachkommen Adams. Letztere sind die Erwählten, das Volk Gottes, während die Heiden erst durch Christus (gleichsam rückwirkend) zu dieser Erwählung adoptiert worden – wieder eine quasi-juristische »fiktionale« Konstruktion wie in der Frage der Erlassung der Schuld, die auch rückwirkend funkioniert hat. Die Heiden sind durch die Adoption zu »Juifs selon L'Esprit« geworden. Beide, Juden wie Heiden, sehen sich aufgerufen, gemeinsam eine »Eglise véritablement CATHOLIQUE« zu bilden, in der die Menschheit spirituell vereint sei.²⁷ La Peyrère hat missionarische Absichten, er möchte die eigentlichen Juden, die noch-nicht-Christen, »zurückrufen« und im Sinne der Universalreligion bekehren; er schreibt dem französischen König als dem »roy tres-chrétienne« die Rolle zu, die zu bekehrenden Juden in seinem Reich zu sammeln. Bis zur Wiederkehr Christi herrsche dieser als Universalkönig auf Erden.²⁸

Der globalgeschichtliche Kontext

Was hat all dies mit globaler Ideengeschichte zu tun? Ist es nicht eine typisch christozentrische und eurozentrische, ja frankozentrische Konzeption? In gewisser Weise sicherlich. Doch: Durch La Peyrères neue Einteilung der Heilsgeschichte und der Anerkennung einer unbestimmt langen Zeit vor Adam, in der es auch schon Menschen gab, war ebendieser Freiraum geschaffen, in dem zahlreiche – heterodoxe – Ansichten ihren

Platz finden konnten.²⁹ Der Freiraum war sowohl räumlicher als auch zeitlicher Natur. Räumlich konnten die neuentdeckten Völker, vor allem in Amerika, von denen unklar war, wie sie zur biblischen Geschichte standen, als Präadamiten interpretiert werden. Es gab schon vor La Peyrère vereinzelt immer wieder – etwa im Paracelsismus oder bei Giordano Bruno – die Vorstellung von einer Polygenese der Menschheit, also ihrer Entstehung nicht an einem Ort, sondern in unterschiedlichen Regionen. Die offenkundige Verschiedenheit von »Rassen« in Afrika, Amerika und Asien konnte damit erklärt werden.³⁰ Freilich mit brisanten theologischen Folgeproblemen: Wenn Christus den Sündenfall Adams aufgehoben und so die Menschheit erlöst hat, hatte er dann faktisch nur einen Teil der Menschheit erlöst? Galt die Heilsbotschaft des Christentums nicht universell? La Peyrère hat diese Frage, wie wir gesehen haben, so beantwortet, daß das Wort Christi sehr wohl universelle Geltung habe und Juden und präadamitische Heiden für seine zukünftige Wiederkehr in die Schar der auserwählten Menschheit heimgeführt werden sollten. Doch diese idiosynkratische Lösung mußte nicht jeder teilen. Man konnte die Präadamitenlehre auch so verstehen, daß sie das Christentum gegenüber einer globalen Sicht marginalisierte.

Auch zeitlich konnte nun integriert werden, was vorher nur Kopfzerbrechen verursacht hatte. Denn man kannte etwa aus Diodor Berichte über die Chronologien der Babylonier und Ägypter, die mit Zehntausenden von Jahren an Menschheitsgeschichte rechneten.³¹ Und aus China berichteten Missionare wie Martino Martini, die Chinesen hätten Kaiserlisten, die Tausende Jahre vor Christi Geburt zurückreichten.³² Auch wenn La Peyrère nicht bei diesen Problemen angesetzt hatte, sondern als Paulus-Exeget, so hat er sie doch einbeziehen können und sich zunehmend auch mit ihnen beschäftigt. Er begann, Bücher wie das 1648 erschienene *De annis climacteriis et antiqua astrologia* zu lesen, das von dem hugenottischen Gelehrten Claude

Saumaise stammt, den er kurz zuvor kennengelernt hatte.[33] Die schon entwickelte These entfaltete einen Sog, der La Peyrères Interessen und sein Leseverhalten steuerte. Und nicht nur sein eigenes, sondern auch das der ganzen nachfolgenden Generation, soweit sie denn bereit war, die gewohnten biblischen Wahrheiten über den Haufen zu werfen. Spinoza hat sich mit dem *Tractatus theologico-politicus* ein Beispiel an ihm genommen, wie auch die auf ihn folgende Radikalaufklärung.[34] Die Bibel war nie wieder dieselbe. In England gab es einzelne Präadamitentheoretiker, die La Peyrère nacheiferten.[35]

Allergische Reaktionen

In Paris und Amsterdam galt La Peyrère schon in den 1640er und frühen 1650er Jahren als so etwas wie eine verruchte Berühmtheit. Man nannte ihn ironisch selbst den »Präadamiten«. So hat beispielsweise der Mathematiker und Physiker Christiaan Huygens in sein Tagebuch notiert, er habe heute wieder Besuch von »Herrn La Peyrère, dem Präadamiten« bekommen.[36] Dabei dachte er wohl schmunzelnd an die Sekte der »Adamiten«; das waren frühe anabaptistische Nudisten, die nackt durch die Straßen liefen und sich als direkte Nachkommen Adams im Paradies gerierten.[37]

Als die *Praeadamitae* 1655 erschienen waren und die Rezeption über den engen Zirkel der Eingeweihten und Sympathisanten hinaus ging, da brach ein Sturm der Entrüstung los. Ein gutes Dutzend Gegenschriften erschien unmittelbar nach der Publikation, und zahlreiche weitere Auseinandersetzungen vor allem von Theologen folgten in den kommenden Jahrzehnten. Neben Hobbes und Spinoza avancierte La Peyrère zur *bête noir* der europäischen Gelehrtenrepublik.

In Deutschland hat zum Beispiel Johann Heinrich Ursinus, Superintendent in Regensburg, gleich 1656 eine Polemik gegen

Abb. 10: Die Sekte der Adamiten in Amsterdam.

La Peyrères Buch veröffentlicht, mit dem sprechenden Titel *Novus Prometheus*.³⁸

Ursinus hatte es sich auf die Fahnen geschrieben, jegliche Unterminierung der Autorität von Moses und seinem Pentateuch zu bekämpfen. Das tat er 1661 mit seiner Schrift gegen Zoroaster, Hermes Trismegistos und Sanchoniathon, und das tat er jetzt gegen La Peyrère. Die drei Weisheitsautoritäten der Perser, Ägypter und Phönizier stellt er allesamt als das Ergebnis von Pseudepigraphien dar und ist sich auch nicht zu schade, deren Schriften als Kunstgriffe des Teufels gegen das Christentum zu bezeichnen – eine Argumentation, die uns in Kapitel VIII wiederbegegnen wird.³⁹ Mit La Peyrère setzt er sich fast ausschließlich innerbiblisch auseinander und sieht in seinem Buch eine miserable Exegese; auf die weiteren Kontexte der Präadamitenhypothese geht er kaum ein.⁴⁰ »Was für eine ›dumme Prometheus-Hypothese‹!« ruft er aus in Anspielung

Abb. 11: Ursinus, *Novus Prometheus*.

auf die Variante des Mythos, nach der dieser Titan den ersten Menschen aus Lehm gestaltet habe, mit Fehlern und Unzulänglichkeiten, unter denen die Menschheit seither leide.[41] Denn die Präadamiten seien Wilde im Naturzustand – Ursinus gemahnt an die Seneca-Zeile: »und der Mensch ist gefährlicher als alle wilden Tiere« –, weit von Gottes Güte entfernt.[42] Hätten sie sich in diesen langen Zeiten nicht schon unendlich vermehrt?

Was aber dann tun? Erst sie schaffen, dann sie wieder strangulieren?[43]

Ähnlich scharf zogen auch Johann Conrad Dannhauer in Straßburg oder Gottlieb Spizel in Augsburg über den Präadamiten-Theoretiker her.[44] Dannhauer begann seine Schrift immerhin ganz direkt mit Christoph Kolumbus und der Entdeckung der Neuen Welt. Er sieht viel besser, was auch globalgeschichtlich auf dem Spiel steht. Auch er greift, wie Ursinus, in die literarische Kiste. Mit Homers *Odyssee* spricht er vom *Outis*, dem Präadamiten, also jenem »Niemand«, als den sich Odysseus listigerweise gegenüber dem Monstrum Polyphem bezeichnet hat.[45] Dannhauer gestaltet seine Polemik als Dialog zwischen einem »Mythologus« (dem »Geschichtenerzähler« La Peyrère) und einem »Philaletha« (dem »Wahrheitsfreund« Dannhauer). Am Ende wird dem Präadamiten-»Niemand« ein Epitaph gesetzt: »Halte, Wanderer, Deinen Schritt und bleibe stehen. / Du fragest, wer hier begraben liege? NIEMAND. / Mit wem als Vater? Der Phantasie. / Welcher Mutter? Der Torheit. / Wo geboren? Im Kopf – nicht wie Minerva aus Jupiter, sondern wie Morpheus aus dem Schlaf. / Mit welcher Amme? Der Eitelkeit. / Mit wieviel Zeit? Ewig nach seiner Einbildung, doch in Wahrheit kaum fünfundzwanzig Jahre. / Was trieb er in der Welt? Er lachte, verhöhnte, gebar Irrtümer, malte Kürbisse, jagte Winde. / Was behauptete er? Erstaunliche, wunderliche Gehirngespinste, Zuschreibungen, Aktionen, die nach hinten losgehen. / Wenn ihr, Knochensammler, einst hier NICHTS findet, wundert euch nicht, denn dieses Grab ist das von NIEMAND, dem Präadamiten.«[46]

Nur Johann Christoph Wagenseil aus Altdorf, der sich mit La Peyrère in Paris angefreundet hatte, weil sie beide gemeinsame Interessen in der Judenmission hatten, ging etwas schonender mit dem Franzosen um.[47] In seinem Buch *Pera librorum juvenilium* etwa schildert er Gespräche mit La Peyrère, als dieser ihm begeistert seine neue Deutung von Jesaja 44,7 vortrug, die er auf die Präadamiten münzte.⁴⁸ In Jesaja war in der Vulgata-Übersetzung von einem »populus antiquus«, einem alten Volk, die Rede. War das nicht ein Indiz für seine These? Wagenseil nickte und bemerkte, dann müßte ihm ja die Stelle von Jeremia 5,15 fast noch besser gefallen, wo von einem Volk von ferne (»gentem de longinquo«) die Rede sei, das auch alt (»antiquam«) genannt werde. »Aber«, fügte er mit wissendem Lächeln hinzu, »wenn wir mit Sorgfalt die Propheten anschauen, wird aus dem ganzen Kontext der Rede deutlich werden, daß Jesaia die Juden und daß Jeremias die Chaldäer im Sinn hatte, Völker, deren Herkunft in den Heiligen Schriften beredt überliefert ist.« Nichts also mit Präadamiten. Was der alte lateinische Übersetzer (Hieronymus) als »alt« übersetzt habe, hieße im Hebräischen עולם (ʿolam), das oft eher die Bedeutung »ewig« habe. Wagenseil versuchte redlich, den Freund davon zu überzeugen, von seiner gewagten Hypothese abzulassen.

Der türkische Spion

Bis hierhin ist das alles eine europäische Angelegenheit. Unter Philosophiehistorikern ist die Kontroverse um La Peyrère leidlich bekannt.

Kaum bekannt aber ist, daß es auch schon im 9. und 10. Jahrhundert, im islamischen Abbasidenreich, eine Debatte über Präadamiten gegeben hat. Auch dort wurde darüber spekuliert, ob Adam vielleicht doch nicht der erste Mensch war, sondern Vorgänger hatte, ja daß ganze Kulturen dem Paradies von Adam und Eva vorausgegangen waren. Da drängt sich eine Fragestellung von globaler Ideengeschichte auf: Hängen diese beiden Debatten zusammen? Gibt es eine Transmissionslinie von 800 Jahren, wie dünn auch immer, die von Bagdad nach Paris oder Amsterdam verläuft? Und welche Stationen hat sie aufzuweisen? Immerhin gab es auch andere Ideen, die diesen Weg von Bagdad nach Amsterdam gegangen sind, etwa die blasphemische von den »Drei Betrügern« Moses, Jesus und Mohammed, die Friedrich Niewöhner nachgezeichnet hat.[49]

Die horizontale Breite der Verflechtung östlicher und westlicher Traditionen der Präadamitenfrage zeigt sich schon wenige Jahrzehnte nach La Peyrères Buch. Am 15. April 1683 überreicht in Paris ein junger Italiener König Ludwig XIV. sein Manuskript einer fiktiven Briefsammlung.[50] Ein gewisser Mehmet, der Gesandte des Osmanischen Reiches in Frankreich, schreibt in dieser fiktiven Sammlung an Bekannte in islamischen Ländern, aber auch an einen Juden und einen christlichen Mönch Briefe, in denen er das Europa der Jahre seit 1637 schildert. Es ist der »fremde« Blick auf die europäischen Zustände, der die Briefsammlung so attraktiv macht. Ihr Autor, Giovanni Paolo Marana, war in Genua geboren und aufgewachsen, lebte aber seit 1681 in Paris. Der König war angetan, und so veröffentlichte Marana zwischen 1684 und 1692 anonym acht Bände des *Espion dans les cours des Princes chrétiens*, die Bestseller wurden und spätere ähnliche Werke wie Montesquieus *Lettres persanes* nach sich zogen.[51] Ein Thema – von vielen –, das in diesen Briefen entwickelt wird, ist das des großen Alters der Welt und der Lebewesen – inklusive der Menschen –, die es bereits vor Adam gab. In einem der fiktiven Briefe in Band III, gerichtet an einen Abdel Melec Muli Omar in Fez, zweifelt der Autor daran, daß diese Welt »von gestern« sei, also nur etwa 6000 Jahre alt, wie Juden und Christen behaupteten. Als Gegenbeweis zitiert er einen arabischen Autor, bei dem die Welt ein Alter in der Größenordnung von einer Million hat. »Ich schaute hinter mich und sah die Zeitalter, die vergangen waren; und siehe da, sie waren ohne Zahl oder Anfang. Ich sah die vier Jahreszeiten, immer wieder zurückkehrend an ihren angestammten Zeitpunkt, und die Sonne verließ nicht ihren Ort, für tausend und abertausend Generationen. Ich zählte eine Million von Zeitaltern […].« Der Autor berichtet in seiner Vision von vier Epochen des Lebens

Abb. 12: Marana, *Der türkische Spion*.

auf der Erde: der Zeit der Kentauren, der Satyre, der Engel, schließlich der Menschen. Weil die früheren Rassen zu sündhaft waren, habe Gott sie ausgelöscht.[52]

Marana nennt weder La Peyrère noch die Diskussion um dessen Buch. Immerhin sollen die fiktiven Briefe, die er vorführt, ja auch schon in den 1640er Jahren geschrieben sein. Doch ist es sehr wahrscheinlich, daß er die Diskussion kannte und indirekt zu ihr Stellung nahm. Während akademisch komplette Ablehnung gegenüber La Peyrère vorherrschte, geben Briefe wie der des Abdel Melec sanfte Unterstützung von unerwarteter Seite. Nach dem Zitat aus der arabischen oder pseudoarabischen Quelle kommt Mehmet auf Indien zu sprechen, ein weiteres Lieblingsthema in seinen Briefen. Er habe einen Bruder, sagt er, der kürzlich aus Indien gekommen sei. »Er berichtet seltsame Dinge von bestimmten Büchern, die sich ausschließlich in den Händen der Brahmanen befinden. [...] Diese Bücher enthalten eine Geschichte der Welt, die, wie sie sagen, über 30 Millionen Jahre alt ist. Sie teilen ihre Dauer in vier Teile ein, von denen drei, wie sie sagen, schon verflossen sind, und ein großer Teil des vierten.«[53] Es scheint zunächst, als hätte Marana hier seine Informationen – zumindest teilweise – aus al-Bīrūnīs *Āṯār al-Bākiya*, der Chronologie der alten Völker, genommen oder einer späteren uns unbekannten Quelle, die ähnliches berichtet. Bīrūnī redet dort von der Chronologie der Buddhisten in Indien, und daß es für die Buddhisten ein Alter der Welt von vielen Millionen Jahren gebe (wenn auch nicht genau die Zahl, die sich bei Marana findet), eingeteilt in vier Epochen, von denen wir in der vierten – und schlimmsten – leben.[54] Doch Bīrūnī, der im 11. Jahrhundert im zentralasiatischen Choresmien lebte und auf die Verflechtungen der arabischen mit der indischen Welt reagiert, war damals längst noch nicht übersetzt, ebensowenig wie indische Quellen zur Chronologie.

Statt dessen ist die wirkliche Quelle Maranas ein französisches Buch, das erst vor kurzem erschienen war: François Berniers *Suite des Mémoires [...] sur l'empire du Grand Mogol*, die 1671 in Paris erschienen war.[55] Dort gibt der Brief Berniers vom 4. Oktober 1667 an Jean Chapelain einige Details über den hinduistischen Glauben preis. Es werden vier Zeitalter beschrieben, von denen, so Bernier, drei und ein großer Teil des vierten schon vergangen seien. Bernier hatte sich von 1658 bis 1669 in Indien aufgehalten und war Arzt des Großmoguls gewesen. Mit seinen Informanten bekommen wir einen Kontakt, einen Austausch mit der hinduistischen Kultur seiner Zeit zu greifen. Die Informanten waren offenbar indische Gelehrte, die Bernier im Gefolge seines Protektors, des Aga Daneshmand Khan, kennengelernt hat. Daneshmand Khan stammte aus Yazd in Persien und hieß eigentlich Mullā Šāfi'a'ī.[56] Er hatte einen Pandit bei sich, also einen Brahmanen, mit dem Bernier über mehrere Jahre hinweg Diskussionen führte und der wahrscheinlich als Kavīndrācārya Sarasvatī identifiziert werden kann.[57] Kavīndrā gehörte zum Kreis des Prinzen Dara Shikoh, der wie sein Großvater, der Großmogul Akbar, an den verschiedenen Religionen der Welt interessiert war, dessen Projekt von Übersetzungen aus dem Sanskrit ins Persische er fortsetzte.[58] Kavīndrā besaß eine riesige Sammlung von Sanskrit-Manuskripten und war jederzeit in der Lage, Bernier über die Feinheiten der indischen Weltalterlehre zu informieren.[59] Da Bernier selbst kein Sanskrit verstand, konsultierte er zusätzlich den deutschen Jesuiten Heinrich Roth, der sich auch am Hof des Moguls aufhielt. Hier wird eine synchrone Verflechtung sichtbar, bei der sicherlich Informationen in beide Richtungen verliefen. Man könnte versuchen, die Wirkung europäischer Vorstellungen auch auf der indischen Seite nachzuweisen, denn Bernier übersetzte seinerseits Descartes und Gassendi ins Persische, damit diese Philosophen am Mogulhof gelesen werden konnten.[60]

Was Maranas Texte über die Inder und Araber angeht, so erklärt freilich auch die Lektüre von Berniers Bericht nicht alle Details. Marana war ungewöhnlich gut informiert über Themen aus der östlichen Welt. Natürlich hatte er neben Bernier auch gängige zeitgenössische Bücher wie das von Rycaut gelesen, auch den Koran, aber sein Wissen ging weit über diese Standardquellen hinaus.[61] Maranas eigentliches Geheimnis waren seine mündlichen Kontakte.[62] Er stand in Paris in Kontakt mit genuesischen Diplomaten und Edelleuten: vor allem mit Sinibaldi Fieschi, der selbst wiederum engen Kontakt zu Luca Durazzo, der von 1666 bis 1678 Gesandter in Istanbul war, pflegte; und mit Charles Marie François Olier, dem Marquis de Nointel, einem französischen Gesandten in Istanbul von 1670 bis 1680.[63] Nointel besaß eine große Bibliothek orientalischer

Abb. 13: Miniaturporträt des Prinzen Dara Shikoh.

Codizes in Paris, zu der seine Freunde Zugang hatten. Auch François Pidou de Saint-Olon gehörte zu diesen Kreisen, ein Orientliebhaber, der ab 1694 französischer Gesandter beim König von Marokko war. Dessen Bruder Louis-Marie war dreißig Jahre lang französischer Konsul in Persien. Marana hatte also Zugang zu Kreisen, die ihn mit zahlreichen Informationen über den Orient beliefern konnten. Die große Unbekannte ist freilich, inwieweit in diesen Kreisen Ideen aus islamischen Texten – bezogen etwa aus unedierten Manuskripten – diskutiert wurden.

Es scheint, als hätte Marana Informationen aus Bernier und aus diesen Kreisen mit jenen Gedanken kombiniert, die in freigeistigen Kreisen umliefen, nämlich vor allem die Präadamitenthese La Peyrères, dem heißen Gesprächsstoff im Europa der 1660er und 1670er Jahre. In gewisser Weise hat Marana, als er in exotistischer Weise auf das Präadamitenthema einging, die Präadamitentheorie La Peyrères wieder zurückgebracht zu den arabischen Quellen, in denen sie sieben- oder achthundert Jahre vorher auftaucht.

Indische Zeiten

Wir müssen mit einer komplexen Mischung von Transmissionen und Verflechtungen rechnen, wenn wir nach den Zusammenhängen von islamischen (oder gar vorislamischen) Themen und westeuropäischem Libertinismus suchen. Fragen wir aber zunächst danach, was es mit den »tausend und abertausend Generationen« und den »Millionen« von Jahren auf sich hat, die sich in arabischen und indischen Texten finden. Es fällt auf, daß es bei diesen Zeitspannen weder einfach um die Ewigkeit der Welt geht, wie sie unter Aristotelikern diskutiert wurde, noch aber auch um längere Listen von Dynastien und Königen, wie etwa im Falle der Ägypter, die noch um einige hundert oder tausend Jahre hinter die traditionelle biblische Chronologie zurückreichen. Was ist also der Hintergrund dieser Doktrin?

Die indische Lehre von den Yugas (युग), den Weltaltern, die den Europäern des 17. Jahrhunderts durch Werke wie die von Bernier oder Marana bekannt wurde, ist eine Doktrin, die zwischen dem Ende der Veden-Periode und dem 3. Jahrhundert vor Christus entwickelt wurde, von Brahmanen, Buddhisten und Jainischen Mönchen.[64] Es werden vier Yugas unterschieden: Krita, Treta, Dvapara und Kali, die immer kürzer werden: 4800, 3600, 2400 und 1200 Jahre, was 12 000 ergibt – allerdings Götterjahre. Diese müssen noch mit 360 multipliziert werden (der Anzahl der Tage im Jahr), wenn sie Menschenjahre werden sollen. Das ergibt dann insgesamt 4 320 000 Jahre für alle vier Weltalter. Diese letztlich astronomisch motivierten Zyklen sind in der Neuzeit auf westliche Zeitrechnungen gestoßen – Thomas Trautman nennt das, wie schon erwähnt, den »Clash of Chronologies«.[65] Vor allem aber haben sie schon längst vorher auf komplizierte Weise in der iranischen und dann arabischen Welt mit der mesopotamischen Astronomie und Astrologie interagiert – eine bereits archaische Verflechtung.[66] Dabei hat sich immer wieder dann, wenn wie im Islam eine biblische Chronologie involviert war, als Konsequenz ergeben, Menschen vor Adam anzunehmen.

Ich beziehe mich im folgenden auf die noch unveröffentlichten Forschungen des Iranisten und Islamwissenschaftlers Kevin van Bladel. Nach ihnen berichtet al-Maqdisī in seinem *Kitāb al-Badʾ wa-'t-taʾrīḫ* von einem »Buch der Konjunktionen« des sonst nicht bekannten Ibn ʿAbdallāh al-Qasrī, der in der Zeit etwa um 900 zu lokalisieren ist.[67] Darin heißt es, das *Sindhind*, ein astronomisches Werk indischen Ursprungs, berechne das Alter der Welt auf 4 320 000 000 Jahre (eine nochmals mit 1000 multiplizierte Variante der von uns genannten Yugas), die Chinesen auf 175 000 Myriaden Jahre, wobei jede Myriade 10 000 Jahre sei; die Perser und Babylonier hingegen sprächen von 360 000 Jahren der Welt. Al-Qasrīs Ausführungen gehören zu den kulturvergleichenden Werken der Muslime noch vor al-Bīrūnī, die eine Folge der Verflechtungen und Handelsbeziehungen in der weitgespannten islamischen Welt waren. Patricia Crone vermutet, dass dieser al-Qasrī auch derjenige sei, den al-Bīrūnī als Verfasser eines Buches über astrologische Konjunktionen anführt, der voraussagt, daß in der 18. Konjunktion nach Mohammeds Tod ein Religionsstifter hervorgebracht werde, der den Zoroastrismus wiederherstellen und die Araber vertreiben würde.[68] Man sieht, wie solche Spekulationen abhängig von der im 9. Jahrhundert entwickelten einflußreichen Geschichtsastrologie von Abū Maʿšar sind. Abū Maʿšar stammt aus Baktrien, dem heutigen Afghanistan, einer Kontaktzone von iranischen und indochinesischen Einflüssen.[69] Seine Geschichtslehre basiert auf Zyklen von großen Konjunktionen zwischen Jupiter und Saturn, bei denen immer wieder Kulturstifter auftreten, die neue Zivilisationen begründen. In der islamischen Welt war diese Astrologie, mit der auch die vergangene Welt der Sintflut, der Patriarchen und der Gründung der monotheistischen Religionen rekonstruiert wurde, nicht unbedingt per se häretisch. Aber wenn sie zu antiarabischen und antiislamischen Voraussagen wie bei al-Qasrī führte, dann wurde sie heterodox.

Al-Qasrī jedenfalls macht den Präadamitismus, der immer lauerte, wenn man die Geschichtsastrologie nicht koranisch-biblisch auf wenige tausend Jahre einhegte, explizit: »Vor Adam« sagt er, »gab es viele Völker, geschaffene Rassen, Monumente, Siedlungen, Zivilisationen, Religionen, Königreiche und Könige, und es gab Geschöpfe, die sich von den jetzt lebenden in ihrer Natur, ihren Sitten, ihren Lebensgrundlagen und sozialen Beziehungen unterschieden.«[70] Im Osten der islamischen Welt, in den Kontaktzonen zu Indien und China mit ihren tiefenzeitlichen Chronologien, lag es näher als in der Levante, den biblischen Rahmen zu sprengen. Dann hybridisierte man auch die Einflüsse: bei al-Qasrī erscheint der Buddha als Budhasaf, als ein babylonischer Weiser und Begründer der Geschichtsastrologie.[71]

Wie konnte man sich diese vielen Rassen und Völker vor Adam vorstellen? Entweder ganz analog zu den zeitgenössischen Menschen und ihren vielen Hautfarben und Sitten oder eher phantastisch unter Zuhilfenahme von fabulösen Reiseberichten und astrologischen Analogien. So berichtet das wohl ägyptische *Kitāb Aḫbār az-zamān* aus der Zeit um 1000, eine Schrift, die um wilde Legenden nie verlegen ist, von 28 Nationen vor Adam, die den astrologischen Mondhäusern[72] und ihren Wirkungen entsprechend eher von wässriger, luftiger, feuriger oder erdiger Konstitution seien.[73] Die luftigen Wesen stellt sich der Autor als groß, hell, blau (wie der Himmel) und mit Flügeln vor, andere eher wie Löwen oder wie Menschen, aber mit den Gesichtern auf ihren Bäuchen – ganz wie Autoren wie Megasthenes im Anschluß an Alexanders Heerzug nach Indien es aufgeschrieben hatten.[74]

Abb. 14: Darstellung eines Dschinns in einem Manuskript des persischen Epos *Schahnameh*.

Geschichtsastrologie

Solche Charakterisierungen ließen sich schnell finden, wenn man Geschichtsastrologe war. Man tendierte dann entweder zu einer »realistischen« Geschichtsvorstellung von Zivilisationen, oder aber eben zu Vorstellungen über Engel, Fabelwesen und Dschinns. Abū Ma'šar wird nicht der erste gewesen sein, der über geschichtsastrologische Zyklen nachdachte. Diese Themen lassen sich zum Teil, so van Bladel, auf den sassanidischen Königshof und damit ins 7. oder 6. nachchristliche Jahrhundert zurückverfolgen. Dabei spielen, wie auch schon bei Budhasaf, intentionale Überreichweiten eine Rolle, also Rückprojektionen von Gestalten und Texten in eine viel weiter zurückliegende Vergangenheit, als es in Wirklichkeit der Fall war. Oft wird Hermes ins Spiel gebracht, der als ägyptischer Weiser in einer sehr frühen Zeit angesetzt wird, teilweise sogar, wie bei al-Qasrī, als Präadamit.

Geschichtsastrologie hat zu ihrem Zentrum die Lehre von den großen Konjunktionen.[75] Konjunktionen sind das Zusammentreffen von Planeten – natürlich immer von der Erde aus gesehen – im gleichen Sektor des Sternenhimmels. An Planeten waren in der klassischen Epoche nur Merkur, Venus, Mars, Jupiter und Saturn bekannt. Da Jupiter und Saturn am langsamsten wandern, sind ihre Konjunktionen besonders selten: alle zwanzig Jahre. Saturn hat eine Umlaufzeit von 30 Jahren, Jupiter von 12, das ergibt ein Zusammentreffen alle zwanzig Jahre. Wegen der Seltenheit und des großen astrologischen Ansehens dieser Planeten hat man sich ihre Konjunktion als besonders bedeutsam für das irdische Geschehen gedacht. So sagt der jüdische Astrologe Ibn Ezra (in lateinischer Übersetzung): »non significant super particularia, immo super communia« – sie bezeichnen nicht private Ereignisse, sondern öffentliche Geschehen.[76] Denn man pflegt in der Astrologie die Vorstellung, daß die Gestirne – besonders die Planeten – bestimmte Eigenschaften haben, mit denen sie auf die irdische Welt einwirken. Bei Konjunktionen treffen diese Eigenschaften zusammen, daher der besonders starke Einfluß. Es gibt zum Beispiel »feurige« oder »wässrige« Gestirneigenschaften, die – so dachte man – auf die feurigen oder wässrigen Anteile des menschlichen Körpers und Geistes einwirken und so ihre Wirkung erzielen können. Die – umstrittene – Wirkung auf ›Allgemeines‹, auf Religionen und Reiche, waren dabei besondere Ausnahmen.

Nun ist aber der zwanzigjährige Zyklus der Konjunktion von Jupiter und Saturn noch keine echte große Konjunktion – und historisch gesehen findet sie noch viel zu oft statt, um durch große geschichtliche Epochen voneinander abzutrennen. Doch man kann die Konjunktion der beiden Planeten in Relation zu dem Gestirnhintergrund sehen, vor dem sie stattfindet – präziser gesagt, vor dem Tierkreiszeichen. Wenn man den Zodiakalkreis mit seinen zwölf Sternbildern (Widder, Stier, Zwillinge usw.) aufzeichnet, so kann man sehen, daß drei hintereinanderfolgende Jupiter-Saturn-Konjunktionen ein Dreieck bilden: nach sechzig Jahren findet die Konjunktion in etwa wieder in demselben Sternbild statt wie zu Beginn. Damit hat man eine Sechzig-Jahr-Periode. Doch da die Stelle nicht exakt wieder eingenommen wird, sondern langsam weiterwandert, tritt die Konjunktion nach vier Sechzig-Jahr-Perioden, also nach 240 Jahren, in ein neues Sternbild ein. Das ist eine »conjunctio maior«. Innerhalb dieser 240 Jahre wird das Dreieck (*trigon*), das die Konjunktionen einschreiben, nach den Eigenschaften der drei jeweils als Hintergrund betroffenen Sternbilder benannt: z.B. Widder, Löwe und Schütze: das ist dann ein »feuriges« Dreieck, weil die summierten Eigenschaften dieser Tierkreiszeichen »feurig« sind; anders das vorausgehende Dreieck Fische, Krebs, Skorpion: es ist – ganz einsichtig – ein »wässriges« Dreieck. Kein Wunder, daß das *Kitāb Aḫbār az-zamān* auf wässrige, luftige und feurige Wesen kommt.

Aber auch die »conjunctio maior« ist noch nicht die entscheidende Größe. Entscheidend ist erst jene Periode, in der die verschiedenen Dreiecke durchwandert sind und das Ausgangsdreieck im Zodiakalkreis wieder eingenommen wird. Das ist die »coniunctio maxima«, die größte zu beschreibende Periode, denn dann ist die ganze Konstellation wieder am Beginn – als Beginn wurde die Konjunktion im Widder angenommen –, und alles kann von vorn anfangen. Die Welt steht sozusagen wieder auf null. Dieser Neuanfang geschieht alle 960 Jahre, und es ist verständlich, daß man die Vorstellung entwickeln konnte, immer nach 960 Jahren beginne in der Weltgeschichte wieder etwas völlig Neues; etwa eine neue Religion oder ein neues Weltreich.

Dem kam im Westen entgegen, daß nach griechisch-platonischen Zyklus-Vorstellungen von einem tausendjährigen »Weltjahr« geredet wurde – die vierzig Jahre Differenz machten da nicht viel aus –, und auch in der jüdisch-christlichen Einteilung in sechs Weltalter von je tausend Jahren war ja eine Periode von dieser Größenordnung angenommen. War es da nicht ganz einfach, die heilsgeschichtliche Geschichtsauffassung und die Astrologie zusammenzudenken?

Ganz so einfach war das nicht, denn beide Zugangsweisen kamen aus ganz unterschiedlicher Richtung. Die arabische Astrologie war dezidiert naturalistisch, sie galt als potentiell deterministisch (die Araber glaubten, so sagte man, an das Fatum, das verhängte Schicksal), deshalb wurde sie in Europa meist eher als Bedrohung und unliebsame Konkurrenz zur Sakralhistorie angesehen, seltener als Ergänzung. Einer von den europäischen Geschichtsastrologen, die sich trotzdem darauf einließen, war Roger Bacon im 13. Jahrhundert, ein anderer Pierre d'Ailly im 15. Jahrhundert. Schon die Araber hatten beispielsweise das Datum der Sintflut astrologisch mit Hilfe der Großen Konjunktionen berechnet (3102 v. Chr.). Es mußte natürlich eine Konjunktion innerhalb eines »wässrigen« Dreiecks gewesen sein, die diese Naturkatastrophe ausgelöst hatte. Aber da war man schon beim ersten Problem für die Christen: Sakral überlieferte Ereignisse wie die Sintflut, die ja nach der Bibel von Gott als Strafe geschickt worden war, erschienen astrologisch nicht als Wunder, sondern als notwendig eingetroffene Naturereignisse. Weit brisanter war das noch beim Beginn der christlichen Religion, bei der Geburt Christi. Manche Astrologen wie Bacon und Ailly, später auch Girolamo Cardano, haben sich nicht gescheut, das Geburtshoroskop Christi zu stellen.[77] Man hatte berechnet, daß 6. v. Chr. eine große Konjunktion stattgefunden hatte. Das mußte – so die christlichen Astrologen – die Konjunktion gewesen sein, die die christliche Weltreligion hatte aufkommen lassen.

Gelegentlich sind für solche brisanten Deutungen Astrologen auf den Scheiterhaufen geschickt worden. Aber bei einem Interesse für Weltgeschichte und bei einem Verständnis von Religionen als natürlichen Phänomenen war die Versuchung groß, Konjunktionen und Geschichtsereignisse miteinander in Beziehung zu setzen. Hatte nicht die große Konjunktion von 571 die Heraufkunft der neuen Weltreligion Islam zur Folge gehabt? Konnte man nicht versuchen, die Antichrist-Prophetien der Apokalypse, die Vier-Monarchien-Prophetie Daniels und die Voraussagen Joachims von Fiore mit dem astrologischen Wissen zu verbinden? Solche Verbindungen hat es im europäischen Mittelalter und in der Frühen Neuzeit zahlreich gegeben – wie man sich denken kann, mit ziemlicher Brisanz in vielen Fällen von politischer Voraussage.

Jüdischer und (Pseudo-)Babylonischer Präadamitismus

Es gibt andere Überlieferungsstränge zu den Präadamiten. Einer ist der Midrasch *Genesis Rabba* aus dem fünften nachchristlichen Jahrhundert, ein Zeugnis der klassischen rabbinischen Tradition. Darin geht es darum, daß Gott vor der jetzigen Welt andere Welten erschaffen habe – unter anderem deshalb, weil die Thora mit dem zweiten Buchstaben des hebräischen Alphabets beginnt, dem Beth (ב), nicht mit dem Aleph.[78] Im jüdischen Mittelalter kamen noch etliche astrologische Autoren hinzu, die darauf aufbauten und ihre Spekulationen entfalteten. Sie sind im Kontext der arabischen Kultur zu verstehen.[79]

Man kann allerdings bezweifeln, daß die Quelle *Genesis Rab-*

ba wirklich einflußreich für mitteleuropäische Überlegungen zu Menschen vor Adam war. Eine heißere Spur verläuft über Maimonides und Ibn Waḥšiyya zurück in die spätantik-syrische und, zumindest intentional als Überreichweite, auch in die babylonische Vergangenheit. Maimonides nämlich zitiert im *Führer der Unschlüssigen* im 12. Jahrhundert (wie auch schon zuvor Jehuda ha-Levi in seinem *Kusari*) einen seltsamen Text. Das Werk hieß die *Nabatäische Landwirtschaft* und war von Ibn Waḥšiyya aus dem nördlichen Mesopotamien im 9. oder 10. Jahrhundert angeblich aus dem Nabatäischen, einem babylonischen Aramäisch, übersetzt worden. Es behauptete, auf altbabylonische Quellen zurückzugehen und deren Lehren zu vermitteln.[80] Maimonides hat gemeint, damit eine Art Urheidentum greifen zu können, gegen das er die jüdischen Ritualgesetze ausspielte. Er sah in ihm einen »säbäischen« Text, also ein Zeugnis desselben Heidentums, das sich auch in der Stadt Harran manifestierte, jenem Milieu, in dem bis weit in die islamische Zeit hinein das spätantike Heidentum überlebt hat. Und der russisch-jüdische Orientalist Daniil Chwolsohn meinte in den 1850er Jahren sogar, kurz nach der Entzifferung der Keilschrift und voller Enthusiasmus über die altorientalischen Zeittiefen, die sich auftaten, die Vorlage Ibn Waḥšiyyas müsse in das 16. Jahrhundert vor Christus datiert werden.[81] Das impliziert freilich, daß Ibn Waḥšiyya oder einer seiner Intermediatoren in der Lage hätte sein müssen, Keilschrifttexte zu entziffern.

So weit geht man heute längst nicht mehr. Derzeit sieht man die Quelle, die ins Arabische übersetzt wurde, als einen syrischen Text aus dem nördlichen Irak an, der um 600 entstanden ist, aber viel lokales traditionales Wissen in sich aufgenommen hat.[82] In der *Nabatäischen Landwirtschaft* ist die Ansicht allgegenwärtig, Adam sei nicht der erste Mensch gewesen, sondern habe Vater und Mutter gehabt. Konkrete Namen werden genannt wie Yanbushar als Adams Lehrer und Sagrith und Dawanay als andere Menschen vor Adam. Astrologische Motive scheinen dabei im Hintergrund zu stehen – dafür spricht schon die Berufung auf das babylonische Erbe – sowie kulturelle Referenzen, die nach Indien weisen. Zu fassen ist hier – wie vage auch immer – ein spätantikes Milieu, in dem Astrologie und Präadamitenlehre sowie die Vorstellung einer Abfolge von Weisen vor Adam Hand in Hand gingen. Aus dieser Mischung sind in den folgenden Jahrhunderten unterschiedlichste Lehren über Menschen vor Adam hervorgegangen, von Persien bis Indien – unter der Decke verschiedener Religionen.

Die Ismailiten und Adam

So gab es in den esoterischen Richtungen des schiitischen Islam, etwa in der sogenannten Zwölfer-Schia, Spekulationen über menschenähnliche Wesen vor Adam. In der Zwölfer-Schia glaubt man, daß der letzte rechtmäßige Imam (in diesem Fall der zwölfte) nicht gestorben sei, sondern in Verborgenheit (*ġaiba*) weiterlebe und am Zeitenende als »Mahdī« zurückkehren werde. Hier leben manichäische und mazdäisch-zoroastrische Vorstellungen in transformierter Weise weiter, und große Zeitzyklen wie bei den Babyloniern spielen dabei ebenfalls eine Rolle.[83] Nur sind diese Spekulationen in Form von Koranexegesen und von Traumvisionen gestaltet. Die Beliebtheit von Visionen und spirituellen Reisen durch das Universum sind ein literarisches Genre, haben aber durchaus auch mit den meditativen Praktiken von Sufis und Mystikern zu tun und teilweise auch mit der Drogenkultur in manchen Sekten des Orients, auf die wir in Kapitel III noch eingehen werden.

So berichtet etwa der im Jahr 991 gestorbene Ibn Bābūya, ein imamitischer Gelehrter der Zwölfer-Schia, Muḥammad al-Bāqir, der fünfte Imam aus dem 8. Jahrhundert, sei von seinem Schüler nach dem Sinn der Koransure 50,15 gefragt worden, in der von einer ersten und einer neuen Schöpfung die Rede ist. Er habe geantwortet: »Da diese Schöpfung und diese Welt vernichtet werden [...], wird Gott eine neue Welt schaffen, verschieden von dieser Welt, und er wird neue Geschöpfe erschaffen, weder männlich noch weiblich, auf daß diese seine Einheit verehren und bezeugen. Er wird für sie eine andere Erde als die jetzige schaffen, die sie trägt, und einen anderen Himmel als den jetzigen, um ihnen Schatten zu geben. Glaubst Du denn, Gott hätte nur diese eine Welt geschaffen? Glaubst Du, daß Gott keine andere Menschheiten als eure geschaffen habe? Keineswegs: Denn Gott hat Tausende und Abertausende Welten geschaffen, Tausende und Abertausende Adams, so daß Du also zu der letzten dieser Welten und dieser adamitischen Arten gehörst (*ulā'ika al-ādamīyīn*).«[84] Eine Traumvision dieser Art muß Marana als Vorlage gehabt haben, auch wenn er die Wesen, die darin vorkommen, der europäischen Imagination angepaßt hat.

Im 17. Jahrhundert war Qāzī Saʿīd Qommī aus der sogenannten Schule von Isfahan, gestorben 1691, einer der Gelehrten, die diese Traditionen kannten und weiter ausschmückten. Chézaud – wir erinnern uns an Kapitel I – hat ihn womöglich noch treffen können. Qommī kommentiert Aussprüche wie diesen: »Eine Million Welten und eine Million Adams. Du bist in der letzten dieser Welten und dieser adamischen Zyklen.«[85] In seine Ausformungen dieser Vision sind bereits die Philosophie Suhrawardīs und die Mystik Ibn al-ʿArabīs integriert, um die imaginativen Welten voller leuchtender Stofflichkeit zu beschreiben und in ihrer Systematik zu erklären. Immer wieder geht es insbesondere um sieben Adams vor dem biblischen Adam, von denen jeder am Anfang seiner eigenen Ära stehe.[86] Diese Wesen und ihre Nachkommen werden durchaus menschenartig gedacht – zumindest sind es rationale Wesen – und können insofern Präadamiten genannt werden. Die Spekulationen beginnen bei den frühen Schiiten in Kūfa und ziehen sich dann durch die Jahrhunderte; allerdings sind diese Traditionen des esoterischen Schiitentums immer nur sehr heimlich tradiert worden, um nicht in die Verfolgung als häretisch zu kommen. Bis ins 20. Jahrhundert schlummerten die meisten entsprechenden Handschriften in östlichen Privatbibliotheken und waren unter Verschluß.[87]

Persische Zeiten

Der manichäisch-zoroastrische Hintergrund der schiitischen Esoterik läßt es als nicht besonders verwunderlich erscheinen, daß auch bei den Zoroastriern, die sich im Persien der Frühen Neuzeit immer noch mehr oder weniger offen zu dieser Religion bekannt haben, astronomisch-astrologisch motiviertes Zyklendenken sichtbar ist. Es war im muslimischen Persien zwar überlagert von der offiziellen biblischen Chronologie des Islam, doch brach es immer dann durch, wenn einzelne Gruppen sich gegen die »Überfremdung« durch die Araber auflehnten und dabei alte zoroastrische Vorstellungen wieder lebendig wurden, wie sie schon die Sassaniden während ihrer Herrschaft vom dritten bis zum siebten nachchristlichen Jahrhundert kultiviert hatten, damals selbst bereits als Reprise der vorhellenistischen Archaik.[88] Schon kurz nach der muslimischen Eroberung Persiens und der anschließenden Islamisierung waren zahlreiche Parsen – Anhänger Zoroasters – nach Indien emigriert und hatten dort zum Teil eigene Städte gegründet.[89] Seitdem gab es immer wieder einzelne Wellen der Migration, etwa als im frühen 17. Jahrhundert die militanten Safawidenherrscher es den Krypto-Zoroastriern unter den Intellektuellen und Sufis schwermachten, ihre Überzeugungen offen zu vertreten. Es gab damals eine Strömung, die als Dasatiri- oder *Ešrāqī*-Bewegung bezeichnet wird und von Āżar (oder Adar) Kayvān begründet wurde, der aus Fars in Persien stammte, aber nach Indien ging und in Patna am Ganges seine Anhänger um sich scharte.⁹⁰ Dort konnte er offen als zoroastrischer Hohepriester leben und die philosophischen Lehren, in denen er sozialisiert worden war, so umformen, daß sie den Zoroastriern ein eigenes, selbstbewußtes Weltbild gestatteten.

Das Problem war nämlich – wir haben es schon in Kapitel I gesehen –, daß den Persern eine eigene schriftliche Vergangenheit fast völlig fehlte. Die überlieferten Texte des Avesta waren nicht viel mehr als Ritualsammlungen; echte philosophische Schriften hingegen oder auch nur Weisheitsschriften fehlten. Daher sannen Männer wie Kayvān darauf, den Parsen die metaphysische und historische Grundlage zu geben, die ihnen ihrer Meinung nach eigentlich zukam und die dem Erbe des persischen Weltreiches zu Zeiten von Xerxes und Darius würdig war. Kayvān war in Persien ein Anhänger der Philosophie von Šihāb ad-Dīn Yaḥyā Suhrawardī gewesen, dem großen platonisch-mystischen Denker aus dem 12. Jahrhundert. Dessen »Philosophie des Lichts« war von Avicenna ausgegangen und hatte die »Illumination«, die visionär-intuitive Erkenntnis, in den Mittelpunkt gestellt.⁹¹ Suhrawardī hat dabei auch hermetische und zoroastrische Elemente integriert, auch wenn er dies nicht so betont, wie es manche seiner Nachfolger getan haben.

Die Zoroastrier um Kayvān waren nicht weniger durch Suhrawardī geprägt wie Zwölfer-Schiiten à la Qāzī Saʿīd Qommī. Doch sie betrieben keine Koran- und Hadith-Exegese, sondern nutzten die philosophischen Vorgaben, um Suhrawardīs Philosophie gleichsam auf die persische Geschichte zurückzuprojizieren und damit endlich die scheinbar vergessenen persischen Weisen zum Sprechen zu bringen.⁹² Wo die Schiiten ihre Reihe von Imamen hatten, da wollten diese Neu-Zoroastrier eine Reihe von sechzehn vorislamischen mazdäischen Weisen präsentieren. Strenggenommen war es schlicht Fälschung, was sie produzierten, doch wir haben ja schon im vorigen Kapitel gesehen, welch ein schillerndes und vielschichtiges Phänomen die Pseudepigraphie ist. Es war Betrug in bester Absicht, aufgrund der offenkundigen Überzeugung, man wisse, wie die frühen Perser gedacht hätten.

Auf diese Weise entstanden eine Reihe von angeblich uralten Schriften: vor allem der *Dabistān-i Maẕāhib* und der *Dasātīr-i-Āsmānī*, aber auch der *Šaristān-i Daniš va Gulistān-i Biniš*. Die Texte haben noch im 19. Jahrhundert – obwohl ihre Authentizität bald mit guten Argumenten angefochten wurde – eine Rolle in der Konstituierung eines persischen Nationalbewußtseins gespielt, ja spielen sie bis heute.[93] Überreichweiten können eine robuste politische Funktion besitzen.

Nach der persischen Tradition war es nicht Adam, sondern Gayōmart, der der erste Mensch und zugleich auch der erste Herrscher der (iranischen) Welt war; damit setzten sie sich von den Arabern mit ihrer aus dem Koran und der Bibel abgeleiteten Sicht auf Adam als dem Stammvater der Menschheit ab.[94] Nun überboten die Neo-Zoroastrier aber diese Konkurrenz noch, denn in der Sammlung von angeblichen Briefen im *Dasātīr* gibt es sogar noch Briefe von vier Weisen, die vor Gayōmart gelebt hätten – ähnlich wie bei al-Qasrī Hermes Trismegistos als ein präadamitischer Weiser aufgetreten war. Letztlich war ja auch al-Qasrī ein früher Neo-Zoroastrier, mehr als 500 Jahre vor Kayvān. Diese Weisen, Mahabad, Ji-Afram, Shay-Kaliv und Yasan werden vorgestellt als Gründerväter von jeweils eigenen Ären, so wie die esoterischen Schiiten spezifische Adams von eigenen Zeitzyklen kannten.[95] Mahabad ist der erste Weise (*avval-i vaḥshuran*), auch für den *Dabistān* ist er der erste Kulturstifter. Gerechnet wurde dabei in Saturn-Jahren (nicht ganz zufällig heißt »Kayvān« nichts anderes als »Saturn«): »Die Anhänger des alten Glaubens nennen eine Umdrehung des herrschenden Saturn einen Tag; dreißig solche Tage einen Monat; zwölf solche Monate ein Jahr; eine Million solcher Jahre einen Fard; eine Million Fard einen Vard; eine Million Vard einen Mard; eine Million Mard einen Jád; dreitausend Jád einen Vád;

und zweitausend Vád einen Zád. Nach dieser Rechenart dauerte das Glück und der Glanz der Máhábádischen Dynastie einhundert Zád Jahre.« Das wären 6 mal 10^{30} Saturn-Jahre – eine beträchtliche Summe. »Sie glauben, daß es unmöglich ist, den Beginn der menschlichen Existenz festzulegen; und daß es vom menschlichen Wissen nicht begriffen werden kann. Denn es gibt keine Epoche von identischen Personen, so daß es völlig unmöglich ist, irgendwelche bestimmten Ideen darüber auszuformen, die einer unendlichen arithmetischen Folge ähneln. Solch eine Überzeugung stimmt mit der Philosophie und den Ansichten der griechischen Weisen überein.«[96]

Persische astronomische Zyklen und griechische Weisheit – die Neo-Zoroastrier wollten Übereinstimmung, aber doch auch zugleich Überbietung der bekannten Traditionen. Zuweilen wollte man zwischen den Weltbildern vermitteln und ging davon aus, daß mit Gayōmart und Adam dieselbe Person gemeint gewesen sei. Bahrām Ibn Farhād, der Verfasser des *Šaristān*, gibt ähnlich wie wenig später La Peyrére zu bedenken, daß Ereignisse wie die Sintflut regional begrenzt gewesen sein könnten – für Persien gälten sie keineswegs – und daß rein philosophisch gesehen (La Peyrères »naturalia naturaliter«) die Welt als ewig gelten müsse.[97] Das kam auch mit den mazdäischen Vorstellungen einer uferlosen Zeit (*zurvan akanarak*)[98] überein. Adam, so Bahrām Ibn Farhād, hatte einen Vater und dieser einen Vater und so weiter. Daß Adams Vater im Koran nicht genannt wird, habe nicht damit zu tun, daß er keinen leiblichen Erzeuger gehabt habe, sondern lediglich damit, daß er niemanden gehabt habe, von dem er etwas hätte erben können und der ihn erzogen hätte. Das kommt La Peyrères Überlegungen durchaus nahe, daß mit dem biblischen Adam eher geistig oder spirituell eine neue Reihe beginne, nicht aber vom Körperlichen her.

Abgestützt war die Hinterlegung der islamischen Gegenwart mit einer von der persischen Mythologie und Religion definierten Welt durch sehr konkrete archäologische Spekulationen.

Im *Dabistān* kann man lesen, daß die muslimischen Heiligtümer in Mekka, in Jerusalem, in Medina, in Nadschaf, in Karbala (beide im Irak) und in Maschhad (Iran) alle auf alten mazdäischen, also zoroastrischen, Feuertempeln errichtet worden seien. Selbst die Namen islamischer Städte seien arabisierte Formen ursprünglich persischer Namen. So habe Mekka ursprünglich *Mag-gah* (Mond-Ort) geheißen, Medina *Mah-Dianah* (Mond der Religion), Nadschaf sei eine Abwandlung von *Naakfat* (Nicht-Verletzung) und Karbala eine von *Kar-i Bala* (erhabene Handlungskraft). Selbst buddhistische heilige Orte wie Gaya (in der Gangesebene) und Mathura (zwischen Delhi und Agra) seien ursprünglich von persischen Namen abzuleiten, wie *Gah-i Kayvān* (Domizil des Saturn) und *Mihtara* (Zuflucht des Erhabenen).[99]

Aus diesen Überlegungen spricht nicht nur ein persischer Groß-Nationalismus, sondern auch eine Art gesteigertes Geschichtsbewußtsein, eine Aufmerksamkeit für Altertümer vor der islamischen Epoche. In Europa gab es zeitgleich ähnliche Phänomene wie etwa die Doktrin von Oluf Rudbeck d. Ä., als schwedische Forscher die Großmachtaspirationen ihres Reiches durch einen Gotizismus komplettierten, nach dem sich alle europäische Kultur letztlich aus der uralten Zivilisation der Goten oder Skythen herleite, die mit dem mythischen Atlantis gleichgesetzt wurde.[100] Doch im Islam gilt die vorislamische Zeit eigentlich pauschal als *Ǧāhilīya*, als eine Epoche der Unwissenheit, die von keinerlei Interesse sei. Daher ist ein Antiquarianismus im Sinne einer Wertschätzung von Altertümern der Antike im Islam strenggenommen gar nicht denkbar.[101] Dennoch hat es immer wieder auch Ausnahmen gegeben, und der persische »Nationalismus« der Safawidenzeit, gesteigert im zoroastrischen Exil, war ein Anlaß zur Ausnahme. Michael Cook hat darauf hingewiesen, daß im Safawidenreich gelegentlich unter Anhängern der Aḫbārīya, der nicht-rationalistischen Strömung im Rechtsdenken der Zwölfer-Schia,

Abb. 15: Feueraltar in Naqsh-e Rostam.

Untersuchungen über die Frühgeschichte von islamischen Moscheen angestellt wurden, um dadurch die Herkunft unklarer ritueller Bestimmungen (wie der Linksdrehung im muslimischen Gebet) herauszufinden.[102] Waren die hyper-persischen Theorien der Feuertempel-Vergangenheit der Moscheen auch ein Auswuchs solches Aḫbārīyya-Empirismus, nun aber hinter die Frühgeschichte des Islam hinausgehend und gleichsam unter dessen Fundamenten das zoroastrische Substrat entdeckend?[103]

Clash innerhalb von Indien

Kayvān und seine Anhänger waren Außenseiter im Dunstfeld von Akbar. Ihre präadamitischen Vorstellungen verblieben in den Kreisen der Parsen. Aber es gab auch durchaus einflußreiche Überlegungen zu Menschen vor Adam direkt an den Höfen der indischen Mogul-Kaiser. Im Jahr 1683, als Marana sein Manuskript an Ludwig XIV. übergibt, stirbt in der Ganges-Ebene in Indien ein Sufi-Scheich namens ʿAbd ar-Raḥmān Čištī. Er war Angehöriger des Chishti-Ordens, der seit dem 12. Jahrhundert in Indien ansässig und seit Mitte des 16. Jahrhunderts, seit Akbar dem Großen, zunehmend in die Religionspolitik des Hofes involviert war.[104] Der Hof stützte den Orden, der Orden legitimierte die Herrscher von geistlicher Seite. Dabei ging es immer auch darum, wie die Traditionen der Hindu-Bevölkerung mit dem islamischen Weltbild der Mogul-Herrscher vermittelt werden konnten, ohne sie nur geringschätzig als zu vernachlässigendes Heidentum abzutun.[105] Wir haben schon bei Kavīndrā und Dara Shikoh gesehen, daß Übersetzungen aus dem Sanskrit ins Persische vorgenommen wurden. ʿAbd ar-Raḥmān gehört in die gleiche Zeit; er war einer der religiösen Ratgeber unter Shah Jahan, dem Vater von Dara Shikoh, der bis 1658 regierte, bis er von seinem anderen Sohn Aurangzeb entmachtet wurde, der dann auch ein Jahr später Dara Shikoh hinrichten ließ.[106]

Bei ʿAbd ar-Raḥmān kann man beobachten, daß die Übersetzungen aus dem Sanskrit, etwa des mythologischen Epos *Mahābhārata*, langsam Wirkung zeigten und die Sufi-Gelehrten sich den Kopf darüber zu zerbrechen hatten, wie man unter den Vorgaben des toleranten Zusammenlebens von Muslimen und Hindus deren Weltbilder – und auch Chronologien – zu einer Einheit verbinden konnte; oder zumindest so zusammenflikken, daß sie sich nicht mehr eklatant widersprachen. Bruchlinienglättung sozusagen. ʿAbd ar-Raḥmān tat das in seiner Schrift *Mirʾāt al-Maḫlūqāt* (*Spiegel der Schöpfung*), auf die Muzaffar Alam aufmerksam gemacht hat.[107] Er ging nicht so offensiv vor wie Abū ʿal-Fażl im vorausgegangenen Jahrhundert, der maßgebliche Religionsberater Akbars, der noch etwa höhnisch gesagt hatte: »Gewöhnliche Leute unter den Muslimen [...] glauben, der Anfang der Menschheit sei vor etwa 7000 Jahren gewesen. Daher entschied der gütige Geist [von Akbar], dies [das *Mahābhārata*], das das Alter des Universums und seiner Wesen erklärt und das völlig beschäftigt ist mit der uralten Vergangenheit der Welt und seiner Einwohner, in eine gut verständliche Sprache übersetzen zu lassen, so daß diese Gruppe von Leuten mit göttlicher Hilfe etwas gebildet werden und von ihren widerlichen Ansichten Abstand nehmen.«[108] ʿAbd ar-Raḥmān ist da vorsichtiger – er darf seine muslimischen Brüder nicht vor den Kopf stoßen. Daher gibt er vor, einen Sanskrit-Text des klassischen Hindu-Weisen Vashista ins Persische zu übersetzen, obwohl er selbst die Mixtur produziert, die im Stil der heiligen *Puranas* aus dem ersten nachchristlichen Jahrtausend geschrieben ist. Auch hier wie bei den Parsen also letztlich eine fromme Pseudepigraphie, allerdings keine, die Identität stiften, sondern nur eine, die vermitteln will.

Schon Kayvān hatte im Einflußbereich Akbars gestanden; er hatte um 1570 seine persische Heimat verlassen und sich in Patna angesiedelt, um dem religiösen Synkretismus des Mogul-Herrschers nahe zu sein. Da Akbar an allen Religionen interessiert war, konnten Kayvān und seine *Ešrāqī*-Bewegung hoffen, daß auch die ihre berücksichtigt wurde. Abd al-Rahman stand im Einflußbereich Shah Jahans. Insofern sind die parsischen Pseudepigraphen den indischen Vermittlungsversuchen nicht völlig fern.

Im *Mir'āt al-Maḫlūqāt* läßt ʿAbd ar-Raḥmān Vashista einen Propheten (*muni*) innerhalb der Gemeinschaft der Dschinn sein, also einer Art Feuer- oder Geistwesen, die parallel zu den Menschen existierten. Im Koran gilt die Verkündung des Propheten Mohammed ausdrücklich nicht nur für die Menschen, sondern genauso auch für die Dschinn.[109] Vashista konnte sich zurückbeziehen auf den Vater aller Dschinn mit Namen Mahadeva, von dem er sein Wissen über die Schöpfungsprozesse der Welt erhielt. Es gab im Islam, wie wir gesehen haben, Traditionen über eine präadamitische Welt voller Dschinn, an die ʿAbd ar-Raḥmān dabei anknüpfen konnte. Er zitiert aus dem *Rawżat aṣ-ṣafāʾ (Garten der Reinheit)*, einer persischen Geschichte über die Ursprünge des Islam und der Zivilisation, die wiederum okkulte Schriften wie ein *Buch des Adam*, von dem wir im vorigen Kapitel gehört haben, verarbeitet hat. So kommt er auf die Ansichten von vier Zeitaltern (*zamāna*) und Zyklen (*daura*) der Gestirne. Wir haben ein europäisiertes Echo davon im *Espion Turc* vernommen: die Zeit der Kentauren, der Satyre, der Engel, schließlich der Menschen. Das ist alles noch islamisch – wenn auch okkulter Islam. Diese vier Zeitalter aber werden nun als die vier indischen Yugas interpretiert: in jedem Yuga-Zeitalter haben bestimmte Wesen gelebt, und das, was die indische Mythologie als Götter kennt, seien meist Wesen der früheren Yugas gewesen, an die in der letzten der vier Epochen Adam nahtlos anschließt. So heißt es, es sei nicht richtig zu glauben, daß die indischen Götter wie Rama (die siebte Inkarnation von Vishnu, als Urkraft Brahman verehrt), Krishna (die achte Inkarnation von Vishnu) und Arjuna (Krishnas Dialogpartner in der *Bhagavad Gita*, Heldengestalt im *Mahābhārata*) Abkömmlinge von Abu 'l-Bašar (Adam) gewesen seien.»Ramchand [Rama] lebte im Treta und Bashist [Vashista] hat geschrieben, er sei ein Abkömmling von Brahma [einem der Hauptgötter im Hinduismus], der im Satjug [dem Satya Yuga, der ersten der vier Epochen] lebte. Mahadeva [also der Stammvater der Dschinn] lebte ebenfalls im Satjug, und diese beiden Personen wurden vom absoluten Gott geschaffen, ohne Mutter und Vater.« Indem ʿAbd ar-Raḥmān vom »absoluten Gott« spricht, der Brahma und Mahadeva erschafft, gibt er der ganzen Kosmogonie einen monotheistischen Rahmen und sichert sich in den Augen seiner muslimischen Brüder die Rechtgläubigkeit.»Brahma wurde aus Licht (*nūr*) und Feuer (*nār*) und Mahadeva aus Feuer und Luft (*bād*) geschaffen, während Adam gegen Ende der Dwapar-Zeit [der dritten Epoche] geschaffen wurde. Obwohl Kishan und Arjun Zeitgenossen der Abkömmlinge von Adam waren, hat Biyas [Vyasa, der Ordner der Veden] ihre Genealogie auf Raja Jada zurückgeführt. Raja Jada lebte auch im Tratya-Zeitalter [Treta, der zweiten Epoche], und wegen dieser Verbindung ist Kishan als *Jada bansi* bekannt, das heißt aus der Familie (*nasl*) von Raja Jada. In der Tat: bis zur Zeit von Kishan [Krishna] und Arjun waren Adams Nachkommen nicht in das Land Hind [Indien] gekommen; dort waren immer noch die Dschinns und *ʾunsurī*, das heißt non-*nūr*, Engel, an der Herrschaft. Biyas [Vyasa] schreibt, daß das Kommen Kishans um der Vernichtung von Kans und der Tötung der gesamten Gemeinschaft der Dschinns in der Schlacht von Mahabharat willen geschah.«[110]

ʿAbd ar-Raḥmān geht sehr vorsichtig in seiner Synthese vor, die aber immer noch halsbrecherisch gewagt erscheint. Es ist Brahman, der letztlich Adam erschafft, er ist dabei allerdings dem absoluten Gott (*Qādir-i Mutlaq*) unterworfen, so daß man ʿAbd ar-Raḥmān nicht vorhalten kann, er habe Gottes Allmacht in Frage gestellt. Dieser Gott manifestiert sich in Krishna und kommt auf die Erde, um die Mächte des Bösen zu bekämpfen, aber auch Krishna ist nicht Gott selbst.

Die Sufi-Traditionen, in denen ʿAbd ar-Raḥmān stand, begünstigten solche Synthesen, wie er sie sich erdachte. Wie wir gesehen haben, waren die Denkformen, derer er sich bediente, nahe denen der esoterischen Schia, die wiederum auf gnostisch-manichäischen Vorstellungen fußte. Der große Mystiker Ibn al-ʿArabī war zwar Sunni, doch sein Denken hatte auch die Schiiten in ihren präadamitischen Zyklen-Modellen geleitet.

Große Konjunktionen und ihre Genies

In Europa waren die innerpersischen und die innerindischen Bruchlinienkonflikte praktisch nicht bekannt. Aber immerhin einige der auch genannten Ideenströmungen und Debatten – diejenigen, die von Abū Maʾšar, von *Genesis Rabba* wie auch von Ibn Waḥšīya ausgingen – haben ihren Weg zu den Präadamiten-Theorien in Europa gefunden. Die genaue Verbindung ist bisher freilich noch nie klar gesehen worden.[111] Die Transmissionsketten sind dünn, oftmals verlieren sie sich im Dunkel der fehlenden Überlieferung. Was die Transmission der historischen Astrologie angeht, so hat sich Abū Maʾšars wahrscheinlich in den 1130er Jahren in Toledo in zwei Versionen übersetzte[112] *Kitāb al-Milal wa-ʾd-Duwal* (*De magnis conjunctionibus*) vor allem in Norditalien mit jenem naturalistischen und heterodoxen Aristotelismus verbunden, der im Anschluß an Ernest Renan oft pauschal und verfälschend »Averroismus« genannt wurde.[113] Dort bildet sich ein Syndrom von proto-libertinistischen Thesen aus, die oft zusammen vertreten wurden, innerhalb dessen die historische Astrologie eine wichtige Rolle, vielleicht sogar die Rolle eines Katalysators spielt. Die Präadamiten-These ist dabei nicht immer prominent; wichtiger sind die naturalistische Erklärung von Prophetie und Wundern, die

»politische« Erklärung von Religion als Einrichtungen von »Gesetzgebern«, die das einfache Volk mit Fabeln und Wundern versorgen, um die Autorität der Gesetze zu stützen; hinzu kommt meist eine Skepsis gegenüber dem Fortleben der Seele und gegenüber der von der Religion verordneten Moral mit den Sanktionsinstanzen Himmel und Hölle. Statt dessen wird betont, wie sehr der Mensch ein Teil der Natur und mit seinen Instinkten nicht so fern von den Tieren sei.

Autoren wie Pietro d'Abano im Padua des späten 13. Jahrhunderts – dessen Leichnam man exhumiert hat, um ihn wenigstens nachträglich noch als Ketzer verbrennen zu können – sind in diesem Zusammenhang zu nennen, aber auch der berüchtigte Cecco d'Ascoli.[114] Was Pietro angeht, so läßt sich an ihm sehen, wie sich in Europa die arabische Geschichtsastrologie mit der galenischen Medizin verbinden konnte. Denn wenn nach Abū Ma'šar bei jeder großen Konjunktion ein mächtiger Herrscher oder Religionsstifter ersteht, der neue Sitten und Zivilisationen begründet, dann konnte man fragen, wie sich die Gestirnkonstellation auf das erwählte Individuum übertrug. Das war der Nährboden für Komplexionstheorien zu »vollkommenen Menschen« – im arabischen *insān kāmil*, ein Lieblingsbegriff des Mystikers Ibn al-'Arabī –, Menschen, die im Moment ihrer Geburt durch den Himmelseinfluß eine perfekte natürliche Ausstattung bekommen hatten: Schönheit, Charakterstärke, gewaltige kognitive Fähigkeiten.[115] In der galenischen Medizin definierte man Vollkommenheit durch eine optimale Balance der Körpersäfte (*eukrasia*). Ist also ideale Eukrasie zugleich die Konstitution eines »Genies«, um es anachronistisch zu sagen? Pietro d'Abano reichte das nicht, er bestand gegen seine Gewährsleute Galen und auch den Araber 'Ali Ibn al-'Abbās darauf, daß es sich bei der Komplexion eines »Genies« um noch etwas Spezielleres handeln muß als nur »normale« Ausgeglichenheit.

Pietros Terminus für die Optimalkomplexion ist »complexio

iustitialis«, und man sollte seine Synthese von medizinischer Tradition und arabischer Astrologie genau, Satz für Satz betrachten, um seine Quellen dabei zu erkennen. »Justitial« war ein Fachterminus aus der politischen Astrologie.[116] Pietro sagt: »Es gibt auch eine andere justiziale Komplexion, die ein wenig an der Gradbreite teilhat (*latitudine participans aliquantula*), aber viel enger ist und viel seltener vorkommt, und die nicht einmal zwei, geschweige denn mehr Personen haben können, die zur gleichen Zeit existieren.«[117] Pietro hat die scholastische Lehre der »latitudo« (wenn auch noch nicht die etwas später entwickelte Konzeption der Formlatituden) zur Beschreibung der Wirkungsbreite der Gestirnkonstellation verwandt.[118] »Denn dazu«, fährt er fort, »scheint eine große Konjunktion, nämlich vom Saturn und Jupiter im Anfangssternbild des Widders mit anderen, und ein ganz überhimmlischer Aspekt wirken zu müssen, mit Hilfe der göttlichen Natur.«[119] Er bezieht sich auf Abū Ma'šars Geschichtsastrologie der großen Konjunktionen, aber sichert sich vorsichtshalber durch den Konkursus der »göttlichen Natur« ab. Die Konjunktion habe dann den Effekt, daß »jemand sich von ihr beglaubigt erhebt, als Prophet ein neues Gesetz einführt und den Weisen und den Menschen eine Lehre gibt. Er ist hier nämlich die Vermittlung zwischen Engeln und Weisen, mit anderen Worten Menschen.«[120] Der Prophet ist Empfänger der göttlichen Lehre, aber gibt sie auch an die normalen Menschen weiter: daher ist er der legitime (religiöse) Gesetzgeber. Um klarzumachen, um welche Dimension es geht, heißt es am Ende der Passage noch: »Und solches waren, sagt man, ein gewisser Moses, die makkabäischen Lügner und Christus, der Sohn der Maria.«[121] Das ist, ohne daß dies im Text gekennzeichnet ist, ganz offensichtlich ein Zitat, und zwar ein Zitat aus einem muslimischen Autor, sonst wäre die haßvolle Distanz zum Judentum und Christentum nicht so spürbar.[122]

Welches mögen die Quellen gewesen sein, die Pietro dabei im Auge hatte? Man sollte beachten, daß er wahrscheinlich kein

Arabisch gesprochen hat und möglicherweise auch kein Hebräisch, obwohl er andererseits eine Übersetzung astrologischer Schriften von Abraham Ibn Ezra ins Lateinische besorgt haben soll.[123] Er hatte sich also auf lateinische Übersetzungen zu verlassen, von denen allerdings zahlreiche im Umlauf waren. Pietro nennt bezüglich der Vermittlungsstellung des Propheten drei Referenzautoren: »Isaac Amaraa, Avicenna und Algazel«. Hinter Isaac Amaraa verbirgt sich Isaac Amharam oder Isaac ben Salomon Israeli, der erste der jüdisch-neuplatonischen Philosophen des Mittelalters, aus dem späten 9. und frühen 10. Jahrhundert. Dessen *Buch der Definitionen* und *Buch der Elemente* gab es in lateinischer Übersetzung.[124] Isaac entwirft ein hierarchisches Universum nach neuplatonischer Art, allerdings schöpfungstheologisch modifiziert, und sagt: »Wenn der Schöpfer der Seele offenbaren möchte, was er in der Welt neu einführen will, macht er den Intellekt zum Vermittler zwischen sich und der Seele, genau wie der Prophet der Vermittler zwischen dem Schöpfer, gesegnet sei er, und dem Rest seiner Kreaturen ist.«[125]

Avicenna, der zweite Referenzautor Pietros, steht für eine ähnlich neuplatonisierende Sicht nun im Islam, mit philosophisch wesentlich vertieften und originellen Aspekten der Prophetenlehre. Die Vermittlerrolle des Intellekts ist unterbaut mit einer Theorie der intuitiven Erkennnis von Universalien, die dem menschlichen Geist durch Emanation des aktiven Intellekts in ihn zuteil werden. Auch dafür ist der Prophet, der zugleich ein optimal ausgestatteter Geist ist, ein »Genie«, der ideale Empfänger. Wenn Pietro sich schließlich als dritten auf Algazel, also auf al-Ghazali beruft, dann ist das nur auf den ersten Blick irritierend, denn der al-Ghazali, der im lateinischen Spätmittelalter rezipiert wurde, ist ja nicht der Bekämpfer der Falasifa, sondern ihr Darsteller mit seinem Buch *Maqāṣid al-falāsifa*, das lediglich die Ansichten anderer Philosophen wiedergibt – vornehmlich diejenigen wiederum Avicennas.[126] Also liegen Pietros Gewährsautoren letztlich alle auf einer Linie: sie repräsentieren alle das Niedergehen der göttlichen Botschaft, der göttlichen Formen, auf den Idealempfänger am Boden, den Propheten. Dieser Prophet ist immer auch Philosoph und Gesetzgeber.[127] Und in dieser Rolle ließ er sich tatsächlich mit Abū Ma'šars Geschichtsastrologie zusammenführen, was Avicenna keineswegs gemacht hat, was aber möglich war und bei Pietro auch geschah.

Dieser kleine Exkurs mag genügen, um die Querverbindungen und Verflechtungen von Geschichtsastrologie und Temperamentenlehre, arabischen und griechischen Doktrinen zu illustrieren, die im Hintergrund der Präadamitenlehre wirken. Man könnte noch weiter ausführen, wie diese Synthese mit christlichen Vorstellungen (Christus als der *homo perfectus*) und mit der pseudoaristotelischen Theorie des melancholischen Genies zusammenging, die Pietro als erster westlicher Autor in Konstantinopel in einem Manuskript entdeckt und ins Lateinische übersetzt hat.[128] Doch das würde uns zu weit vom eigentlichen Thema entfernen.

Cecco von Ascoli und die Zoroastrier

Fest steht, daß manche Glieder der Transmissionskette des Präadamiten-Themas äußerst untergründig gelagert sind. Was Cecco von Ascoli angeht, so beruft er sich in seinem Kommentar zur *Sphaera* des Sacrobosco unter anderem auf eine Schrift von »Zoroaster« über die Viertel-Umdrehungen der achten Sphäre.[129] Nach diesem Pseudo-Zoroaster werden immer dann, wenn die achte Sphäre ein Viertel einer Umdrehung vollendet hat – was nur alle 12 000 Jahre geschieht –, durch die Macht von Incubi und Succubi (also Dämonen) Menschen geboren, die, unterstützt vom Göttlichen, neue Religionen einführen. Wenn die auserwählten Menschen sterben, so Ceccos Pseudo-Zoroaster, werden sogar die Himmel erschüttert. Am Ende von 12000 Jahren wurde das Mosaische Gesetz durch die christliche Religion beendet, und diese Religion werde in gleicher Weise durch den Antichrist beendet werden.[130]

Cecco scheint über extrem seltene Quellen verfügt zu haben, Handschriften, die in Kreisen von Astrologen und Nekromanten zirkulierten. Die Handschriften waren möglicherweise jüdische Magieschriften (da sie Salomo-Pseudepigraphen waren) und vielleicht auch arabische magische Texte.[131] Ein solcher arabischer Text könnte Ceccos Pseudo-Zoroaster gewesen sein. Es gibt Manuskripte astrologischer Werke auf Arabisch, die Zoroaster zugeschrieben sind; keines von ihnen ist bisher publiziert.[132] Auch David Pingree konnte seine Edition von Zoroasters *Buch der Nativitäten*, das eine sehr frühe Übersetzung aus der Zeit um 750 aus dem Mittelpersischen ins Arabische sein soll, nicht mehr veröffentlichen, bevor er starb. Pingree schreibt in seiner *Astrological History of Masha'allah*: »Einige Zoroastrier wie etwa der Autor oder die Autoren des ersten Kapitels des Bundahischn teilen die 12000 Jahre der Schöpfung ein in vier gleichgroße Perioden; während der drei ersten Millenninen – vor dem Angriff Ahrimans und der Daevas – gibt es keine Bewegung im Himmel; zwischen dem vierten und dem fünften Millennium gibt es einen berühmten Kampf zwischen den Mächten des Lichts und der Düsternis, mit einer Art von katastrophischem Ausgang im sechsten Millennium; und in den letzten drei Millennia obsiegt schließlich das Gute.«[133]

Wir sind hier wieder bei persischen Zeitzyklen. Das *Bundahišn* ist eine mittelpersische Enzyklopädie, die auf sassanidischen Quellen basiert und eine Welt von 12000 Jahren beschreibt.[134] Wir erinnern uns an die 12000 Götterjahre bei den indischen Yugas, die allerdings nicht in gleichgroße Partien geteilt waren. Deutlich ist: Hier reicht eine Zoroastrisch-arabische Quelle in die Geschichtsastrologie des europäischen Spätmittelalters herein. Cecco mixt seine Quellen zu einer Theorie zusammen, nach der Moses, Hermes, Merlin, Simon Magus,

Christus und der Antichrist »göttliche Menschen« waren und sein werden, die unter einer besonderen Konstellation geboren sind und Religionen eingeführt haben oder einführen werden. Hatten die Schiiten ihre Imame und die Parsen ihre vierzehn Weisen, so adaptiert auch Cecco die Serialität von großen Männern für den europäischen Horizont. All diese Mischungen aus historischer Astrologie und heterodoxem Aristotelismus partizipieren noch in hohem Maße an Vorstellungen der Magie und Nekromantie. Erst im norditalienischen Denken des 15. Jahrhunderts schwindet diese Magiegläubigkeit langsam. Biagio Pelacani da Parma stellt Christus das Horoskop, ohne seine astrologische Theorie noch mit magischen Vorstellungen im Sinne einer dämonischen Magie zu belasten.[135]

Wir haben bei Cecco die Idee einer Terminierung des Christentums durch den Antichristen angetroffen. Die Terminierung einer jeden Religion oder Zivilisation ist in der arabischen Geschichtsastrologie implizit; die Terminierung des Christentums durch den Antichristen ist bei Cecco apokalyptisch, mit möglichen Einflüssen, wie wir gesehen haben, aus der zoroastrischen Apokalyptik; bei al-Qasrī hatten wir die Terminierung des Islam durch eine neue Form von Zoroastrismus, eine die ganze Menschheit umfassende Religion kennengelernt. Es konnte kaum ausbleiben, daß astrologische Endzeitideen eine Interferenz mit anderen kursierenden Endzeitideen wie der Vorstellung eines »neuen Gesetzes« durch Joachim von Fiore eingingen – und damit mit den mit ihnen zusammenhängenden antiklerikalen Protest-Auffassungen.[136]

Zanino der Häretiker

In diesem Zusammenhang ist nun auch das Wiederauftauchen der Präadamitenthese in Norditalien zu beobachten. Die These begegnet uns explizit 1459 in der Lombardei, als Zanino da Solcia, Jurist und Kanonikus von Bergamo, gefangengenommen wird. Wir besitzen von diesem Fall nur die wenigen Materialien, die Odorico Rinaldi 1753 in seiner Baronius-Fortsetzung *Annales ecclestiastici* publiziert hat.[137] Nach ihnen hat Zanino die Auffassung vertreten, daß diese Welt zu einem Ende kommt, weil die Feuchtigkeit der Erde und der Luft von der Sonnenwärme nach und nach aufgebraucht werden. Die Elemente, so Zanino, werden dann entzündet und alle Christen gerettet. Doch ist dieser Weltbrand keine einmalige Angelegenheit, sondern offenbar Teil eines zyklischen Vorganges des Werdens und Vergehens von Welten. Denn Zanino sagt gegenüber dem Inquisitor: »Daß Gott auch eine andere Welt vor dieser geschaffen habe, und daß es zu jener Zeit viele andere Männer und Frauen gegeben habe, und daß folglich Adam nicht der erste Mensch gewesen ist.«

Woher hat er diese im europäischen Mittelalter höchst ungewöhnliche Ansicht? Hat Zanino untergründig arabische oder persische Quellen studiert? Das ist kaum anzunehmen. Wie Lucio Biasiori meint, genügt für solche Meinungen auch eine gründliche Lektüre von Diodor, der ja, wie wir gesehen haben, die langen Zeiträume der Babylonier und Ägypter referiert. Außerdem stellt Diodor sehr naturalistisch die Entstehung des Lebens und der Menschen dar.[138] Trivial war es allerdings nicht, aus einer Diodor-Lektüre so etwas abzuleiten. Es mußte schon eine große Portion heterodoxer norditalienischer Aristotelismus hinzukommen, um so gewaltige Konsequenzen aus dem Buch zu ziehen.

Einsickern in die Kunst

Zur Zeit von Isaac La Peyrère, im frühen und mittleren 17. Jahrhundert, war Zanino da Solcia gründlich vergessen. Die indischen Yuga-Vorstellungen kannte noch kaum jemand, allenfalls sickerte langsam ein bildliches Wissen von indischer Mythologie in die europäische Kunst ein. Indische Miniaturen sammelte man in den Niederlanden seit der Zeit um 1600, und Künstler wie Rembrandt haben sich von ihnen anregen lassen. Rembrandt benutzte die farbigen Miniatur-Porträts von Shah Jahan oder Jahangir dazu, historisch akkurate Kostüme oder Gesten für seine Bilder zu entwerfen.[139] Man konnte auch versuchen, ganze Serien von indischen Mogul-Herrschern zu ergattern, möglichst vollständig, und besaß dann das Gerüst für ein historisches Verständnis der letzten zweihundert oder dreihundert Jahre Indiens. Hinzu kamen die mythologischen Abbildungen der vielen Götter des Subkontinents, etwa der Verkörperungen von Vishnu, die ʿAbd ar-Raḥmān so mühevoll in seiner Synthese der Yugas mit dem muslimischen Weltbild untergebracht hatte.[140]

Abb. 16: Adaption einer indischen Miniatur
von Krishna bei Philippus Baldaeus.

Doch selbst als zu diesem Bildmaterial ein Hintergrundwissen über die großen Zeitzyklen kam, wie man sie inzwischen bei Bernier nachlesen konnte, reichte das nicht hin, um diese Informationen so ernst zu nehmen, daß sie die biblische Chronologie in Frage stellten. Philippus Baldaeus sagt in seiner *Beschreibung der Ostindischen Kusten Malabar und Coromandel* von 1672, es seien im Kali-Yuga bereits 4750 Jahre vergangen, und 21680 Jahre blieben noch, die kämen. Er fügt aber hinzu: »Es läßt sich keine andere Gewißheit der Chronologie als in Gottes Wort erreichen, und es sind nicht mehr Jahre als 5425 seit dem Anfang der Welt bis zum Jahr 1665 vergangen.«[141] Wenn man nicht gerade ein La Peyrère war, war das die normale Reaktion.

Immerhin gab es einige Männer in den Niederlanden, die ihre Sammlungen von indischen Orginalbildern als Ausgangspunkt für ernsthafte Forschungen anlegten. Der wichtigste von ihnen war Nicolaas Witsen, Bürgermeister von Amsterdam und einer der Direktoren der Vereenigde Oostindische Compagnie. Er sammelte unter anderem Narwalzähne, Münzen, chinesische Spiegel, Insekten und Landkarten, besaß aber auch Alben mit insgesamt 450 indischen Miniaturen.[142] Witsen war, wie wir in Kapitel V noch genauer sehen werden, von unbändiger Neugierde und maßlosem Forscherdrang beseelt; er benutzte seine Sammlungen, um aus ihnen möglichst viel Wissen zu pressen. Daher hat er auch seine Miniaturen-Serie zur chronologischen Forschung über die indische Geschichte verwendet, so wie man es in der Numismatik gewohnt war, die Kaiserporträts auf den römischen Münzen für eine verläßlichere Quelle der Geschichtsschreibung zu halten als die überlieferten Texte.[143] Doch selbst ein Witsen ging nicht so weit, aus den Abbildungen von Krishna oder Rama ein Argument für die Existenz einer präadamitischen Periode vor Adam abzuleiten. ʿAbd ar-Raḥmāns Versuche kannte er nicht.

La Peyrère und die Orientalistik des 17. Jahrhunderts

Als La Peyrère in den 1640er Jahren an seinem ketzerischen Buch schrieb, wird er, wie schon festgestellt, verschollene Männer wie Zanino oder al-Qasrī kaum gekannt haben. Er stand auch nicht – soweit wir wissen – in einer Kontinuität mit den proto-libertinistischen und libertinistischen Ideen über Rassen und Menschen vor Adam, die teilweise aus der Geschichtsastrologie, teilweise aus der These von der Ewigkeit der Welt und teilweise aus der Theorie der Spontangeneration gewonnen waren. La Peyrère war eben zunächst und in erster Linie ein Bibelexeget. Er hat aber, vor allem im Alter, immer dann interessiert zugehört, wenn ihm Gesprächspartner von früheren Präadamiten-Thesen erzählen konnten, so Menasse ben Israel über die jüdischen in *Genesis Rabba* oder Richard Simon, der Oratorianer, über jene »sabäische« von Ibn Waḥšīya, die bei Moses Maimonides überliefert war.[144] Durch seinen Freund Claude Saumaise wußte La Peyrère von den Chronologien der Chaldäer und der persischen Astrologie, auch wenn er die kritische Distanz, die Saumaise diesen Theorien gegenüber einhielt, nicht teilte.[145]

Das schlug sich auch in den *Praeadamitae* und im *Systema theologicum* nieder, denn da das Manuskript mehr als ein Jahrzehnt ungedruckt in der Schublade lag, hatte La Peyrère Gelegenheit, immer wieder neue Aspekte in den Text einzufügen. So steht es auch mit Buch III des *Systema theologicum*, das die Anregungen aus Saumaises Astrologiebuch *De annis climactériis* verarbeitet. Die Bibel, meinte La Peyrère, müsse mit Zeugnissen der heidnischen Kulturen ergänzt werden, weil die Offenbarung nur von der regionalen Geschichte der Juden berichtet. Die Heiden hingegen, Nachfahren der Präadamiten, konnten mit keiner Offenbarung rechnen, sie hatten den Sinnen und der Vernunft zu vertrauen. »Es wäre sicher unsinnig zu glauben, die Heiden hätten jemals irgendwelche Kenntnis vom wahren Gott erlangt als die, welche sie den Dingen, die sie seit der Erschaffung der Welt vor Augen hatten, entnehmen konnten.«[146]

Es ist genau diese Argumentation, die – so abwertend sie sich zunächst anhört – die antiken Zeugnisse über astronomische Großzyklen und Tiefenzeiten in ein ernstzunehmendes Licht rückt. Waren die Berichte über Chaldäer oder Chinesen sonst als Fabeln abgetan worden, gibt ihnen die Komplementaritätsthese ihre Wertigkeit zurück. Die Angewiesenheit auf die »visibilia creationis« trieb die frühen heidnischen Kulturen zur Astronomie, denn mit ihr konnten sie Theorien über den Lauf der Welt entwickeln. La Peyrère läßt es sich deshalb nicht nehmen, Dutzende Seiten über die Frühgeschichte der Astronomie und Astrologie in sein Werk einzufügen. Saumaise hatte all dies zwar rekonstruiert, aber mit dem spöttischen Ton des Besserwissenden: »In [dieser Abhandlung] zeigen wir, was für ein Unfug in der Wissenschaft herrscht, die aus der Beobachtung der Gestirne gewonnen wird, und welche Inkonsequenz, die aus den unterschiedlichen Meinungen der Autoren resultiert. […]« Zudem sei die Überlieferungslage wegen des mehrfachen Kulturtransfers katastrophal: »An dieser Stelle erläutern wir auch die Irrtümer der Araber bei der Übersetzung der griechischen Texte und weisen auf die abwegigen Einfälle bei der Übertragung arabischer Schriften seitens ein barbarisches Latein schreibender Autoren.«[147]

La Peyrère störte das alles nicht. Für ihn war allein schon die Tatsache, daß die frühen Zivilisationen astronomische Theorien hatten aufstellen können, ein Beweis der langen Zeiträume, seit denen sie lebten, denn Umlaufsbeobachtungen von Gestirnen brauchten viele Jahrhunderte, um valide Ergebnisse zu erbringen.[148] Noch viel länger habe es gedauert, bis die astrologischen Wirkungen der Gestirne auf die sublunare Natur und den

Menschen erforscht gewesen wären.[149] So waren nach und nach die Zeiteinteilungen und Zyklen eingeführt worden: »Man glaubte, die beständige Bewegung, in der die Welt dahinrollt, habe eine im steten Wandel begriffene Zeit geschaffen, eine Zeit also, die eine ungeheure Dauer gewährt hat und eine weitere ungeheure Dauer währen wird. Diese Zeit besteht aus Teilen, Augenblicken, Stunden, Tagen, Monaten, Jahren, Zeitaltern und schließlich einer Dauer, bestehend aus vielen Zeitaltern, einer Zeitdauer, die immer länger wird von einem Zeitalter ins nächste, die am Anfang aller Dinge begonnen hat und an deren Ende aufhört.«[150] Mit dieser Überlegung hatte La Peyrère den Anschluß gefunden zu den antiken Vorstellungen von Weltaltern, die noch bis in die schiitischen und ismaelitischen, die neo-zoroastrischen und indischen Lehren weitergewirkt hatten. Jetzt war der Moment, wo er affirmativ die »heidnischen« Chronologien referieren konnte: »Die Chaldäer«, berichtet er aus seiner Saumaise-Lektüre, »seien bei der Berechnung der Regierungszeiten ihrer Könige so freundlich und großzügig gewesen, daß sie diese nicht nach Jahren zählten, sondern nach gleichbleibenden Gruppen von Jahren.«[151] So komme man auf die riesigen Zeiträume. »Auch die Mexikaner und Peruaner waren es gewohnt, das Alter der Welt mit derartigen Mengen von Jahren zu berechnen, und sie rechneten dabei in Sonnen. Nach dem Bericht von Gomara bestand eine Sonne aus achthundertundsechzig Jahren.«[152] Da hätte La Peyrère auch keine Schwierigkeiten gehabt, die Saturnjahre aus dem *Dabistān* in seine Konzeption einzuordnen.

Wir sind nun fast an einem Punkt, an dem wir den großen 800-Jahre-Bogen von al-Qasrī bis La Peyrère schließen könnten: Denn Saumaise, der hier als Stichwortgeber für La Peyrère fungierte, war eng mit Jacob Golius befreundet, seinem Leidener Kollegen auf dem Lehrstuhl für orientalische Sprachen, der sich lange in der Levante aufgehalten hatte. Golius war einer der wenigen Europäer mit – für seine Zeit – guten Kenntnissen von arabischen und persischen Manuskripten. Er interessierte sich beispielsweise für die persischen Texte von Naṣīr ad-Dīn aṭ-Ṭūsī, den großen schiitischen Astronomen und Naturwissenschaftler des 13. Jahrhunderts aus Tus in Iran. Nun hat Ṭū sī einen Traktat mit dem Titel *Rawḍat al-taslīm* oder *Taṣawwurāt* geschrieben, in dem er eine esoterische, ismailische Interpretation von Adams Sündenfall gibt.[153] Danach ist Adam – wie wir gesehen haben – lediglich der erste Mensch unseres heutigen Geschichtszyklus gewesen (der der »Adamiten« – »Adamiyan«), während es davor viele andere Zyklen mit anderen Menschen oder ähnlichen Wesen gegeben hat. Wenn La Peyrère über die Verbindung Saumaise-Golius vom Inhalt des *Taṣawwurāt* Kenntnis gehabt hätte, dann läge eine direkte Rezeption iranischer Präadamitenlehre vor. Dann hätte sich die Kette zu diesem Strang der Überlieferung geschlossen. Doch das ist nicht der Fall: Golius war nur mit der weitverbreiteten Astronomie Ṭūsīs beschäftigt, während dessen esoterischer *Taṣawwurāt* in wenigen Exemplaren in ismailischen Privatkollektionen schlummerte – bekannt geworden erst in der zweiten Hälfte des 20. Jahrhunderts. Es ist ähnlich wie bei Isaac Newton, der ebenfalls eine exoterische naturwissenschaftliche Außenseite und eine esoterische Innenseite besessen hat, für die er alchemische und bibelprophetische Spekulationen pflegte. Im Westen ist nur Ṭūsīs Außenseite angekommen, daher hatte La Peyrère keine Chance, seine islamischen Verbündeten kennenzulernen. So nah können sich Gedanken aus unterschiedlichen Zeiten und Kulturen kommen – um sich dann doch nicht zu berühren.

Auch was China angeht, war La Peyrère über Saumaise und Golius nahe an der Quelle. Denn in Leiden hatte Golius Martino Martini kennengelernt, jenen Jesuiten, der in China auf die alten Kaiserlisten von Tausenden von Jahren gestoßen war. Martini hatte sich seit 1643 in Hangzhou aufgehalten und den gewaltsamen Übergang von der Ming- in die Qing-Dynastie miterlebt. Um nicht Opfer der politischen Säuberungen zu werden, hatte er sich angepaßt und den Kopf rasiert, so wie es die neuen Herrscher forderten. 1651 war er dann nach Europa zurückgekehrt.[154] Golius besprach mit ihm damals die Bedeutung des Namens »Cathey«, weil er bei älteren Missionaren wie Matteo Ricci und Bento de Góis gelesen hatte, Cathey sei China. Und bei Ṭūsī hatte er den chinesischen Kalender diskutiert gefunden. All das wollte er jetzt klären. Martini konnte ihm bestätigen, daß Ṭūsī die 24 Jahreseinteilungen des Kalenders richtig überliefert hatte.[155]

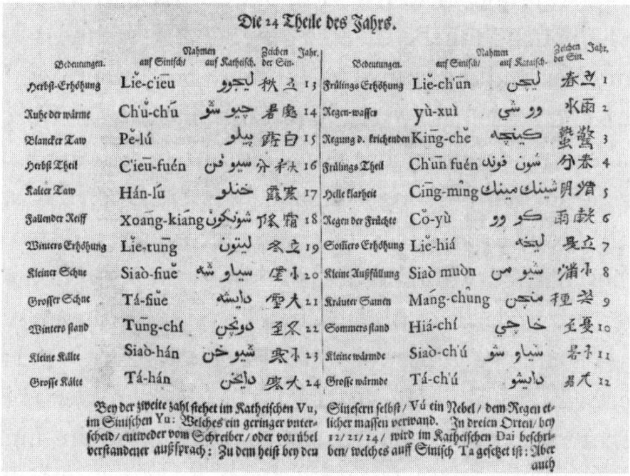

Die 24 Theile des Jahrs.

Bedeutungen.	Nahmen auf Sinisch	Nahmen auf Katheisch.	Zeichen der Sin.	Jahr.	Bedeutungen.	Nahmen auf Sinisch	Nahmen auf Kataisch.	Zeichen der Sin.	Jahr.
Herbst-Erhöhung	Lie-c'ieu	ليجوو	秋立	13	Frülings Erhöhung	Lie-ch'ūn	ليچن	春立	1
Ruhe der wärme	Ch'ù-ch'ù	چيو شو	暑處	14	Regen-wasser	yù-xuì	وو شي	水雨	2
Blancker Taw	Pě-lú	پيلو	露白	15	Regung d. kriechenden	King-chě	كينچه	蟄驚	3
Herbst Theil	C'ieū-fuén	سيو فن	分秋	16	Frülings Theil	Ch'ūn fuén	شون فوند	分春	4
Kalter Taw	Hán-lú	خنلو	露寒	17	Helle klarheit	Cīng-mîng	شينك مينك	明清	5
Fallender Reiff	Xoang-kiang	شونكون	降霜	18	Regen der Früchte	Cŏ-yù	كو وو	雨穀	6
Winters Erhöhung	Lie-tung	ليتون	冬立	19	Sommers Erhöhung	Lie-hiá	ليخه	夏立	7
Kleiner Schne	Siaò-fiuě	سياو شه	雪小	20	Kleine Außfüllung	Siaò muòn	شيو من	滿小	8
Grosser Schne	Tá-fiuě	دايشه	雪大	21	Kräuter Samen	Máng-chûng	منچن	種芒	9
Winters stand	Tūng-chí	دونچي	至冬	22	Sommers stand	Hiá-chí	خا جي	至夏	10
Kleine Kälte	Siaò-hán	شيوخن	寒小	23	Kleine wärmde	Siaò-ch'ú	سياو شو	暑小	11
Grosse Kälte	Tá-hán	دايخن	寒大	24	Grosse wärmde	Tá-ch'ú	دايشو	暑大	12

Bey der zweite zahl stehet im Katheischen Vu, im Sinischen Yu: Welches ein geringer unterscheid / entweder vom Schreiber / oder von übel verstandener außsprach: Zu dem heist bey den Sinesern selbst / Vú ein Nebel / dem Regen etlicher massen verwand. In dreien Orten / bey 12/21/24/ wird im Katheischen Dai beschrieben / welches auff Sinisch Ta gesetzet ist: Aber auch

Abb. 17: Jacob Golius über die Jahreseinteilung in China.

So hat La Peyrère möglicherweise in Gesprächen in Holland Martinis Nachrichten über die enormen Zeittiefen der chinesischen Geschichte erfahren können, auch wenn Martinis *Sinicae historiae decas prima* erst 1658 erschien, nach Veröffentlichung der *Praeadamitae*.[156] Aus Golius' Nachlaß hat sich später Philippe Masson bedient, auf den wir in Kapitel V kommen werden, wenn es um die Deutung früher chinesischer Schriftzeichen geht.

Energetische Aktualisierung

Es ist, so sehen wir, nicht richtig, sich die verschiedenen Präadamiten-Modelle als Glieder einer einzigen Kette vorzustellen, bei der jedes neues Glied sich aus den älteren herleitet. Die Sache ist viel verworrener. Manche Verbindungen sind da, kommen aber nachträglich – wie bei La Peyrère – zu schon vorgängigen Theorieentwürfen hinzu. Anderes ist eine historische Sackgasse und hat im frühneuzeitlichen Europa gar nicht gewirkt. Wie soll man mit so einer Situation umgehen?

Zunächst einmal mag es sinnvoll sein, sich an unser Doppelhelix-Konzept aus dem vorigen Kapitel zu erinnern. Doppelhelix hatte besagt: es gibt an jeder Station einer Transmissionskette eine kausale Verbindung nach vorn und zugleich einen je spezifischen Rückblick, der gedächtnisgeschichtlich die Herkunft des Behandelten konstruiert. Transmission und konstruierte Rückwärts-Kette müssen keineswegs übereinstimmen. Und auch die Gedächtniskonstruktionen an Punkt A (sagen wir in Kairo im 12. Jahrhundert) müssen keineswegs mit denen an Punkt B (in Bergamo im 15. Jahrhundert) übereinstimmen.

Hier müssen wir die Konzeption nun etwas modifizieren oder zumindest an die veränderte Lage anpassen. Es gibt ja nicht die eine durchgehende Transmissionskette. Und es gibt auch nicht die Konstruktion einer individuellen Referenz wie im Falle von Hermes, sondern eher die von ganzen Referenzrahmen: Zeitzyklen, Yugas, Prophetenketten, Imam-Abfolgen. Auch hier müssen wir sagen: diese Gedächtniskonstruktionen von ganzen Rahmen und Serien sind jeweils unterschiedlich ausgefallen. Entweder werden einzelne Glieder ausgetauscht – etwa der persische Mahabad gegen den ägyptischen Hermes als Kulturstifter – oder ganze Reihen; mal gibt es sieben Adams und ihre Zyklen, mal indische Götter und ihre Ären, mal europäische und nahöstliche Zauberer und ihre Religionen. Mit einem strukturalistischen Blick – man denke an Forscher wie Émile Benveniste – könnte man die jeweiligen Funktionen der Einzelglieder in den Serien bewerten und dann eher die allgemeineren Muster, die sichtbar werden, miteinander vergleichen.[157]

Was aber auch zu modifizieren ist, ist die Grundannahme einer einzigen Transmissionskette, die keine Löcher aufweist. Wenn die Kette nicht geschlossen ist, macht das nicht das ganze Modell zuschanden? In einem engen Sinne ja. Aber verlassen wir die mechanistisch gedachte Denkform und versuchen wir statt dessen, uns mit Potentialitäten und Re-Aktualisierungen anzufreunden. Das ist weit weniger akkurat wie eine philologisch streng rekonstruierbare Transmissionskette. Doch ein Theoretiker wie Aby Warburg hat den ganzen Komplex des Einflusses nahöstlicher Motive und Ideen auf diese Weise zu verstehen versucht: als energetische Re-Aktualisierung.

Bei Denkern wie Cecco von Ascoli hatten wir uns in den Untiefen der Nekromantie befunden, jenes dämonischen Spätstadiums der Astronomie und Astrologie, das Aby Warburg so gefürchtet hat und von dem er zugleich so fasziniert war: die Himmelslinien und Orbitalpunkte werden als durch Geister besetzt gedacht.[158] Das hatte seine Ursprünge bereits in der hellenistischen Vermischung von Griechentum und – um mit Franz Cumont zu reden – »orientalischen Religionen«.[159] »Unter den Praktiken der hellenistischen Astrologie«, schreibt Warburg indigniert, »hatte sich die lichte Natürlichkeit des griechischen Pantheons zu einer Rotte monströser Gestalten zusammengeballt«, die durch ihre »Undurchsichtigkeit als fratzenhafte Schicksalshieroglyphen« charakterisiert werden können.[160] Heute würden wir mit solchen Idealtypen von lichtem Westen und dunklem Osten, von reiner Wissenschaft und unreiner Magie, sehr viel vorsichtiger umgehen.

In den Augen von Warburg, der sich zwar nicht mit den Präadamiten, aber sehr wohl mit Geschichtsastrologie beschäftigt hat, wäre das sporadische Auftreten der These von Menschen vor Adam ein typischer Fall von »Nachleben« der Spätantike gewesen, von einer »engrammatischen« Energie, die in bestimmten Krisen- und Schwellenzeiten immer wieder ausbricht wie heiße Lava aus dem Erdinneren.[161] Die Präadamiten sind gewissermaßen die Geister aus den langen Zeiträumen, die bei Zusammenstößen mit anderen Chronologien, aber auch in Zeiten der Unzufriedenheit mit der eigenen Religion über uns kommen.

Warburgs Modell von der energetischen Aktualisierung von Latenzen ist vielleicht nicht ungeeignet, mit der »langen Leitung«, mit der wir es hier zu tun haben, umzugehen. Weil die Transmissionsgeschichte der Präadamiten-Idee so verschwommen ist, wie wir sie aufgefunden haben, sollten wir um so mehr nach Ursachen von Re-Aktualisierungen fragen. Im 6., 7., 8. Jahrhundert, vielleicht auch schon früher, so haben wir gesehen, gibt es eine Reihe von Vorstellungen, die zirkulierten: Weltjahre von Zehntausenden oder Millionen Sonnenjahren, Vierteilungen von Weltjahren, Welten vor Adam, Menschen vor Adam, viele Adams, Dschinns oder Fabelwesen vor Adam. Man kann sogar weitergehen und behaupten, die Re-Aktualisierungen seien deshalb möglich, weil es urgeschichtliche Narrative von einem ersten Menschen, seinem Schicksal und seiner Stellung innerhalb einer Reihe von (oft vier) Weltaltern in Eurasien gab, die sich in den verschiedenen Kulturen lediglich unterschiedlich ausdifferenziert haben, die aber bei allen Bruchlinien doch genügend Gemeinsamkeiten besaßen, um einen Adam mit einem Yami oder einem Gayōmart in Beziehung zu setzen.[162] Oft wissen wir aber keineswegs präzise, wie sich diese Vorstellungen zueinander verhalten haben. Und beim Fortgang dieser Ideen bis in die Frühe Neuzeit oder ihrem vereinzelten Vorkommen im europäischen Mittelalter sieht es nicht besser aus: Wir können oft nur raten, woher die Einflüsse kamen.

Die Präadamitenthese taucht auf, und sie taucht wieder unter. Wir müssen damit rechnen, daß der Gedanke vielfach neu entwickelt – oder eben: neu aktualisiert – wurde. Es gab immer wieder neue Stimulantien, neue Vergleichserfahrungen, die eine solche Reaktion herausgefordert haben: neue Kulturkontakte, erzwungene Emigrationen oder notwendige Vermittlungen an den Herrscherhöfen. Dabei reichte keineswegs, wie wir gesehen haben, der Kontakt an sich, der *Clash* zwischen den Kulturen und ihren Chronologien selbst. Sehr schnell konnte eine Kultur die andere für »ungültig« erklären, weil sie »Heidentum« sei, oder *Ǧāhilīya,* oder ein Übermaß an Phantasiegebilden. Es mußte etwas hinzukommen, das die Personen antrieb oder nötigte, über die gängigen zeitlichen Einordnungen hinauszugehen.

Und noch etwas, so haben wir gesehen, spielt dabei eine Rolle, nicht nur Stimulantien. Es ist auch wichtig, interne Ermöglichungsbedingungen innerhalb der einzelnen Kulturen zu erkennen, die aus ganz unerwarteten Richtungen kommen, die aber Freiräume geschaffen haben, in denen eine Re-Aktualisierung erfolgen konnte. Im Islam bewirkte der Umstand, daß der altarabische Geisterglaube an Dschinns seinen Niederschlag auch im Koran gefunden hatte, den Effekt, daß der Weg frei war, diese Dschinns mit Spekulationen über Welten zu verbinden, die sie bevölkerten. Und im Christentum? In Kapitel VII werden wir sehen, daß die christliche Apologetik mit ihrem Konzept des *consensus gentium* eine Bahn hin zu globalen Kontexten eröffnet hat. Und hier, im Fall der Präadamiten, erkennen wir bei La Peyrère, daß seine immanente Neulektüre der Bibel, ohne daß dies zunächst die Absicht war, neue Denkwege für die Integration anderer Zivilisationen und anderer Chronologien in das christliche Weltbild ermöglicht hat. Bei ihm war es die Exegese des Römerbriefs im Umfeld von Grübeleien zu Natur, Gnade und Erbsünde, die den Weg bereitete. Auf einmal wurde durch die geniale Lösung, mit der dieser Franzose den gordischen Knoten dieser Probleme durchhauen hat, ein neues Feld eröffnet: das der Tiefenzeit und der Urmenschen außerhalb der biblischen Tradition.

Zweiter Teil
Fremde Natur und Sprache

Die postkoloniale Variante der Wissensgeschichte hat sich schon seit einiger Zeit mit den Wissensformen beschäftigt, über die die Europäer sich die fremden Welten Asiens, Amerikas und Afrikas angeeignet haben. Wegweisend hat Bernard S. Cohn für Indien gezeigt, wie Machtinteressen und Wahrnehmungen Hand in Hand gingen.[1] Cohn nennt diese Synthese »investigative Modalitäten« und beschreibt ihre Ausprägungen in der Historiographie, der Beobachtung, der Kartographie, der Zählung, der Museologie und der Überwachung. Zugleich hat eine andere Sparte der Subaltern Studies betont, daß Eroberer und Kolonialisten nie wirklich zu dem vorgedrungen sind, was indigene Völker empfanden und dachten. Es gebe eine harte Inkommensurabilität, die bereits auf der semiotischen Ebene bestehe. Der Andere ist und bleibt der Andere.[2]

Man weiß allerdings inzwischen, daß nicht alle Fremdbeziehungen sich so aggressiv-dominant gestaltet haben wie die der Spanier in Mexiko und daß nicht aller Orientalismus so konkret mit Kolonialmacht verknüpft war wie der der Engländer in Indien. Die deutschen Territorien des 17. und frühen 18. Jahrhunderts haben zwar gelegentlich mit kolonialen Phantasien geliebäugelt – wie die Grafschaft Hanau mit Surinam[3] –, doch bei aller Verflechtung mit den Expansionen der Holländer oder Engländer stand die Beschäftigung mit außereuropäischen Realitäten nur sehr indirekt mit »investigativen Modalitäten«, wie Cohn sie beschrieben hat, in Verbindung.[4] Manchmal waren die Gelehrten, überspitzt ausgedrückt, nicht mit der Macht im Bunde, sondern eher mit der Machtlosigkeit. Kapitel III beschreibt die oft hoffnungslosen Versuche der Europäer, osmanischen Kampfdrogen auf die Spur zu kommen. Das Kapitel erzählt von der detektivischen Suche nach einer Substanz, von der die deutschen Ärzte nur vage Gerüchte aus dem Osten kannten, Soldaten würden damit zugleich zur Schlacht angestachelt und im Leiden abgehärtet. Es sind Versuche in der Modalität der Investigation, aber gerade nicht vor Ort, sondern vom heimischen Schreibtisch aus und ohne jede Truppenmacht im Rücken. Gerade weil diese Versuche so tentativ sind, haben sie Spekulationen begünstigt – und mit ihnen Überreichweiten. Die gewagten Hypothesen, um die es in diesem Kapitel geht, greifen weit aus bis ins Altai-Gebirge Mittelasiens, wenn es darum ging, sprachliche und botanische Evidenzen miteinander in Einklang zu bringen.

Was sich beobachten läßt, ist nicht nur ein Ringen mit dem Verstehen, sondern auch ein Ringen mit der Referenz. Wer am Schreibtisch sitzt, bezieht sich auf eine sehr vage Ferne, anders als der Kolonialist im Land selbst. Mich interessiert daher die Frage: Wie bezieht man sich auf eine Substanz, von der man nicht weiß, woher sie stammt und worin sie genau besteht? Welche Rolle spielt die »paper technology« dabei, die Technik des Verzettelns und Verzeichnens? Das Referenzverhalten der Ärzte, dem wir nachgehen werden, besteht aus Erkundigungen, pharmakologischen Untersuchungen an Substanzen, aber auch linguistischen Forschungen über die Herkunft des Namens. Auf den Notizzetteln, die gefüllt werden, geht alles nebeneinander her. Die Reichweite des Bezuges ist dabei jederzeit unklar: Kommt die Substanz dorther, woher ihr Name stammt? Und kann die sprachgeschichtliche Spekulation mit der angenommenen Migration von Völkern abgeglichen werden?

Kapitel IV setzt diese Beobachtungen zum Wechselspiel von Beobachtung und Benennung fort. Allerdings ist der Protagonist diesmal vor Ort, nämlich in Batavia auf Java. Die bisherige Forschung über Ideenverflechtungen hat vor allem auf zwei Begriffe gesetzt: Zirkulation und Übersetzung.⁵ Zirkulation meint – einigermaßen diffus – das Umlaufen von Ideen und Wissensbeständen, die dann in Kontakt mit Wissensformen kommen, die zuvor in einer Region gepflegt wurden. Übersetzung hingegen beschreibt die Art der Interaktion und Integration, die dann passiert: ein kultureller Transfer, der die Sache verändert, die übersetzt wird, und der abhängig ist von Interessen und Machtverhältnissen. Beide Begriffe sind wichtig und sollen hier nicht in ihrer Bedeutung geschmälert werden. Aber sie haben ihre Begrenztheiten. Sie imaginieren – vor allem im Fall der Zirkulation – Prozesse, bei denen Ideen als Quasi-Entitäten die eigentlichen Akteure sind. Unser Fokus auf das Problem der Bezugnahme hingegen zeigt, daß es große Unterschiede darin gibt, wie man sich mit Ideen und Namen auf die Welt bezieht, und daß Fragen der Reichweite nicht auf die Übersetzungsunbestimmtheit zu reduzieren sind.

Das Kapitel verfolgt denn auch die Verflechtung von Wissen zwischen Batavia und Europa – am Beispiel der Alchemie – nicht so sehr anhand von Zirkulationen und Übersetzungen, sondern unter dem Blickwinkel des prekären Status von Wissen, der Interaktion mit indigenen Praktiken und der intendierten Überreichweite von einer Benennung, die auf die Resonanz der Europäer für Exotisches berechnet ist. Gerade der Kontrast zwischen der von uns rekonstruierten »banalen« materiellen Wirklichkeit der Substanz, um die es geht, und ihrer in den Osten zielenden Benennung als »Tessa« ist ein Umstand, der sich mit Begriffen von Zirkulation und Übersetzung allein nicht fassen läßt. Es ist nötig, so werden wir sehen, so dicht wie möglich an die Praktiken der Akteure heranzurücken, um diese Differenzen zu erkennen.

Schließlich rundet Kapitel V unsere Annäherung an die Thematik von Nähe und Distanz in der »investigativen Modalität« ab. Diesmal geht es wieder um Bezugnahme aus der Ferne, nämlich die Interpretation von sibirischen Felszeichnungen, die wir heute dem späten Neolithikum zurechnen. Mich interessiert dabei der Aspekt der sozialen Epistemologie, der auch über das Schema von Zirkulation und Übersetzung hinausgeht: Wie haben sich Konstellationen von Forschern auf Objekte bezogen, deren genaue Bedeutung ihnen unklar war? Welche Referenzen sind dabei ins Spiel gekommen? Bereits in Kapitel III können wir beobachten, daß Fogel seine Referenzjagd nach der Droge Maslach im wechselseitigen Kontakt zu anderen Medizinern vorgenommen hat. Hier nun steht der Kontakt ganz im Mittelpunkt. Erst in der Konstellation, so werden wir sehen, ergeben sich die speziellen Fehlreichweiten, die das Riskohandeln Forschung mit sich bringt. Zeitlich ist es eine Unterreichweite, die Leibniz, La Croze und Cuper begehen, da sie das Alter der Zeichnungen unterschätzen, räumlich eine Überreichweite, wenn sie die Felszeichnung im Ural mit China in Verbindung bringen.

Kapitel III.
Ein Zettelkasten voller Drogen

Das Sophisma, wonach man sich um nichts sorgen soll [– das Fatum Mahometanum –], mag zuweilen nützlich sein, um gewisse Leute dazu anzutreiben, tollkühn der Gefahr entgegenzustürzen, wie man das besonders von den türkischen Soldaten behauptet; mir aber scheint daran der Maslach mehr Anteil zu haben als jenes Sophisma.

Gottfried Wilhelm Leibniz[1]

Opium in Hamburg

Im Jahr 1672 reist ein schmallippiger Mann durch Deutschland, um sich Opium zu besorgen. Sein Name: Georg Wolfgang Wedel. Gerade ist er in Jena zum Doktor der Medizin promoviert worden, und er hat Großes vor. Der siebenundzwanzigjährige Wedel schreibt an einer *Opiologia*, in der er alles zusammentragen will, was über Herkunft und Wirkungsweise der Droge aus dem Osten zu sagen ist.[2] In Hamburg trifft er sich deshalb mit Martin Fogel, einem Kollegen, der eine ärztliche Praxis unterhält, aber in seiner freien Zeit ein leidenschaftlicher Forscher ist, Schüler des berühmten Joachim Jungius.[3] Fogel bittet ihn in die Stadtbibliothek am Plan, die im Gebäude des Johanneums untergebracht ist, und dort sehen sich die beiden ein Pulver an. Vor vielen Jahren war dieses Pulver aus Istanbul nach Hamburg gekommen, als der 1658 gestorbene Stadtarzt Paul Marquard Schlegel es sich über einen Mittelsmann schicken ließ.[4] Jetzt liegt es da, zwischen all den anderen Substanzen und Präparaten von Schlegels Naturaliensammlung, und die Männer wissen nicht, ob sie es probieren sollen oder nicht.[5]

Opium, das in Anatolien angebaut worden war, wurde auf Schiffen in die Handelsstädte transportiert, nach Amsterdam, London, Kopenhagen und eben auch Hamburg. Unterschiedlich wurde es präsentiert. Die harten braunen Kuchen zum Beispiel waren meist mit den Samen einer Art von Krausem Ampfer bestreut und in Mohnblätter gewickelt; andere Formen wie das sogenannte »Alexandriner« bezog man aus Ägypten.[6] Ärzte interessierten sich dafür, welche Wirkung mit dieser Droge und anderen Narkotika verbunden war. Ließen sie sich als Medikamente einsetzen? Um das herauszufinden, entschlossen sich manche von ihnen zum Selbstversuch, wie etwa Thomas Sydenham in London, der sogar ein spezielles Medikament, sein »Laudanum«, daraus entwickelte. Mit spanischem Wein, Zimt, Krokus und Gewürznelke vermischt, habe das Opium eine vielseitige heilsame Wirkung.[7] Auch Wedel glaubte das. Sydenham leugnete, daß er abhängig geworden sei; allerdings nahm er sein Laudanum schön regelmäßig jeden Tag.

Zugleich war man bestrebt, durch Berichte von Reisenden Auskunft darüber zu erhalten, was die Völker im Osten – die osmanischen Türken, die Araber, die Perser – über Opium und andere Drogen an Erfahrungen zu vermitteln hatten.[8] Dazu bedurfte es orientalistischer Kenntnisse. Man hatte dann erst einmal zu klären, welche Wörter welche Substanz bezeichneten. So wurde etwa in Persien von *bandsch* und *mandsch* geredet, auch von *bang*, aus dem man eine andere Substanz, *tschars*, gewinne, ebenso wie von *waraq al-hiyāl* oder *asrār*. Außerdem gab es *afyun* oder *tiryāq*.[9] Andere Wörter waren im Türkischen oder im Arabischen gebräuchlich.

1672, zur Zeit von Wedels Hamburg-Besuch, waren die Türkenkriege nach dem Frieden von Eisenburg 1664 zu einem vorläufigen Halt gekommen, aber es sollte nur noch ein Jahrzehnt dauern, bis die Türken erneut aufbrachen und bis vor die Tore Wiens rückten. Viele Legenden gingen um über die pharmakologischen Geheimwaffen, die sie einsetzten, um ihre Krieger aggressiver, ausdauernder und für Schmerz unempfänglicher zu machen.[10] Man redete von einer Substanz namens *Maslach*, die den Soldaten als Trank verabreicht wurde.[11] Die Soldaten würden sich dann vor lauter Kampfbegierigkeit mit brennenden Ästen Wunden an der Brust zufügen, ohne vor Schmerz zu zucken.[12] Zu Wedels Zeit waren die Diskussionen darüber, was wohl die Ingredienzien dieses *Maslach* seien, bereits eine »alte Leier« (*decantatissimum*).[13] Dennoch war das Problem ungelöst. Zwar vermutete man, Opium oder Cannabis sei im Spiel, aber da in türkischen Geheimrezepten oftmals verschiedene Narkotika zusammengemixt waren, war es ohnehin, selbst wenn man die Ingredienzien gekannt hätte, schwer zu sagen, welche für welchen Effekt verantwortlich waren.[14] Zuweilen sprach man auch von *Asseravi / Asseral / Esrar*, wenn man dasselbe meinte.

Wedel fühlte sich nicht sicher in diesem orientalistischen Labyrinth. Das war der Grund, weshalb er Fogel aufsuchte, einen eigenwilligen, hochintelligenten Wissenschaftler, der sich für Sprachen ebenso interessierte wie für Pflanzen, Tiere oder Medizin. Eigentlich hieß er Vogel, aber da er die Theorie entwickelt hatte, daß den germanischen Völkern das »V« fremd sei, nannte er sich konsequenterweise nur noch Fogel.[15] Fogel hatte bei Aegidius Gutbier Arabisch gelernt, war knapp zehn Jahre älter als Wedel und für ihn eine bewunderte Autorität. Er fing zur Zeit von Wedels Besuch – und womöglich von ihm befeuert – damit an, einen gelehrten Traktat *De Turcarum Nepenthe* zu verfassen. »Nepenthes« war in der *Odyssee* der Name eines Zaubermittels, das Helena von einer ägyptischen Königin bekommen hatte: »Siehe, sie warf in den Wein, wovon sie tranken, ein Mittel / Gram zu verscheuchen und Groll und jeglicher Leiden Gedächtnis.«[16] Dieses Gegenmittel gegen Traurigkeit aus der hochstehenden ägyptischen Medizin war eine der verlorenen Errungenschaften der Antike, denen man in der Frühen Neuzeit wieder auf die Spur zu kommen trachtete.[17] Schon der Napolitaner Pietro La Sena hatte in diesem Sinne 1624 eine Schrift mit dem Titel *Homeri Nepenthes sive de abolendo luctu liber* geschrieben.[18] Doch Fogel plante nichts Antiquarisches; er wollte zeigen, was das »Anti-Depressivum« (*ne-penthes* heißt ja: gegen Kummer), das Aufputschmittel der zu seiner Zeit lebenden Türken sei und woher es stamme.

Was Wedel angeht, so zog er nach dem Hamburg-Besuch weiter. Er besuchte noch andere Gelehrte, oder wenn er sie nicht erreichen konnte, schrieb er ihnen zumindest: Andreas Müller in Berlin, Adam Olearius in Gottorf, Hiob Ludolf in Frankfurt, Günter Christoph Schellhammer in Jena, später in Kiel.[19] 1674 erschien seine *Opiologia*. Fogel hingegen entwickelte eine Wedel in nichts nachstehende Sammelwut, was das Drogenthema anging, und kam auf originelle, die übliche Literatur weit hinter sich lassende Thesen. Er hatte sich angewöhnt, nach dem Vorbild seines Lehrers Jungius kleine Oktavzettel – oft Makulatur aus alten Briefen oder Druckbögen – mit Informationen zu beschreiben und diese dann systematisch abzulegen. 32 000 solcher Zettel sind noch vorhanden, lediglich ein Teil einer noch größeren Menge.[20] Nicht alle handeln von Drogen, keineswegs, aber eine Vielzahl von ihnen enthält Einträge zum Problem der Narkotika.[21]

Doch Fogel starb früh. Während die Zettel erhalten sind, ist Fogels Buchmanuskript, das nicht mehr zum Druck gelangte, schon kurz nach seinem Tod im Oktober 1675 verschollen; wahrscheinlich existiert es nicht mehr. Es ist wohl ebenso verlorengegangen wie die anderen druckfertigen Manuskripte zur Geschichte der Accademia dei Lincei, zur Logik und zur Erdgeschichte.[22] Was uns bleibt, ist, zumindest in Grundzügen zu rekonstruieren, worum es in diesem Buch ging. Wir können dabei aus der Not eine Tugend machen: Da Fogels Zettelkästen erhalten sind, läßt sich ein wenig über seine »Paper Technology« herausfinden, über die Techniken und Praktiken, mit denen er als Wissenschaftler gearbeitet hat.[23] Von wem hat er seine Informationen eingeholt? Wie hat er sie verzeichnet? Wie hat er Bücher gelesen, die für seine Themen relevant waren?

Kontakt zu den Orientalisten

Die ersten Spuren von Fogels Beschäftigung mit *Maslach* stammen aus dem August 1672. An Henry Oldenburg, den aus Bremen stammenden Sekretär der Royal Society, schreibt er damals, er habe eine kleine Abhandlung (»commentariolem«) über diese Substanz fast fertig.[24] Fogel war aber noch darauf angewiesen, die Meinungen von Orientalisten zu hören, die in den östlichen Ländern gewesen waren, und da die Engländer gute Handelsbeziehungen in die Levante unterhielten, hoffte Fogel, Oldenburg könne den Kontakt zu Männern wie Edward Pococke oder Paul Rycault herstellen.[25] Das gelang auch insofern, als Oldenburg an Pococke Fogels Fragen übermittelte. Allerdings war dieser schon alt und konnte sich nicht mehr genau erinnern, obwohl er damals oft mit Leuten Umgang hatte, die Opium, »Gras« oder Marihuana konsumierten.[26] Erst im Juli 1673, nachdem Fogel insistiert hatte, gelang es Oldenburg, dem Oxforder Gelehrten etwas mehr zu entlocken. Fogel fragt weiter zu botanischen Details aus al-Idrīsīs Weltbeschreibung, von der Pococke ein Manuskript besaß: »Ich kann nämlich nicht erkennen, welche Ähnlichkeit Cardamum [grüner Kardamom, ein Ingwergewächs] mit Cannabis haben soll, egal, ob es um die Form oder um die Eigenschaften geht.«[27]

Im Oktober oder November dieses Jahres kamen dann auch direke Antwortbriefe von Pococke und von Thomas Hyde, dem großen Bibliothekar der Bodleian Library, der Spezialist vor allem für die persische Kultur war.[28] Fogel antwortete, und Pococke hat sich auf Fogels Brief auf arabisch die richtige Lesart von Idrīsīs Passage notiert: Die Ähnlichkeit zwischen Cannabis und Cardamum, so der Araber, besteht darin, daß beide kleine Taschen haben, in denen der Samen zu finden ist.[29]

Man sieht, daß es ohne Orientalisten nicht ging. Die Globalisierung des Wissens war um 1670 schon so weit fortgeschritten, daß Sprachexperten, Reisende und einheimische Informanten mit den Wissenschaftlern zusammenarbeiten mußten. Seit dem 16. Jahrhundert waren Botanik, Zoologie und Pharmakologie die Gebiete gewesen, die sich am raschesten auf die Informationen aus der Neuen Welt in Ost und West ausgerichtet hatten.[30] Auch was Drogen anging, hatte man sich schnell für ferne Länder interessiert. Garcia da Ortas *Colóquios dos Simples, e Drogas he Cousas Mediçinais da India* von 1563 brachten Neuigkeiten aus Goa.[31] Auf ihnen baute dann Cristobal Acosta mit seinem *Tractado de las Drogas, y medicinas de las Indias orientales* auf.[32] Fogel kannte das Buch: 1673 hat ihm sein Hamburger Kollege Eberhard Anckelmann ein Exemplar geschenkt, weil er von Fogels Obsession in Sachen *Maslach* wußte.[33]

Fogel streckte seine Fühler in alle Richtungen aus. Über seine italienischen Verbindungen versuchte er, an den Pariser Orientalisten Barthélemy d'Herbelot heranzukommen, den späteren Autor der *Bibliothèque orientale*.[34] Und England war für ihn auch noch nicht ausgeschöpft. Dort hatte William Seaman eine türkische Grammatik geschrieben, die Fogel besaß und exzerpierte; daher schrieb er am 14. November 1672 an Seaman, ob er ihm in Sachen »Maslik« oder »Maslak« etwas über syrische Beerenfrüchte sagen könne.[35]

Ganz wichtig wurde dann aber der Austausch mit dem Augsburger Mediziner Georg Hieronymus Welsch, einem Mann, der unverheiratet und depressiv im Elternhaus lebte, nie sein Doktorat abschloß oder gar praktisch als Arzt arbeitete, aber sich ein ungeheures Wissen angeeignet hatte, das weit über das rein Medizinische hinausging.[36] 1674 schickte Welsch Fogel

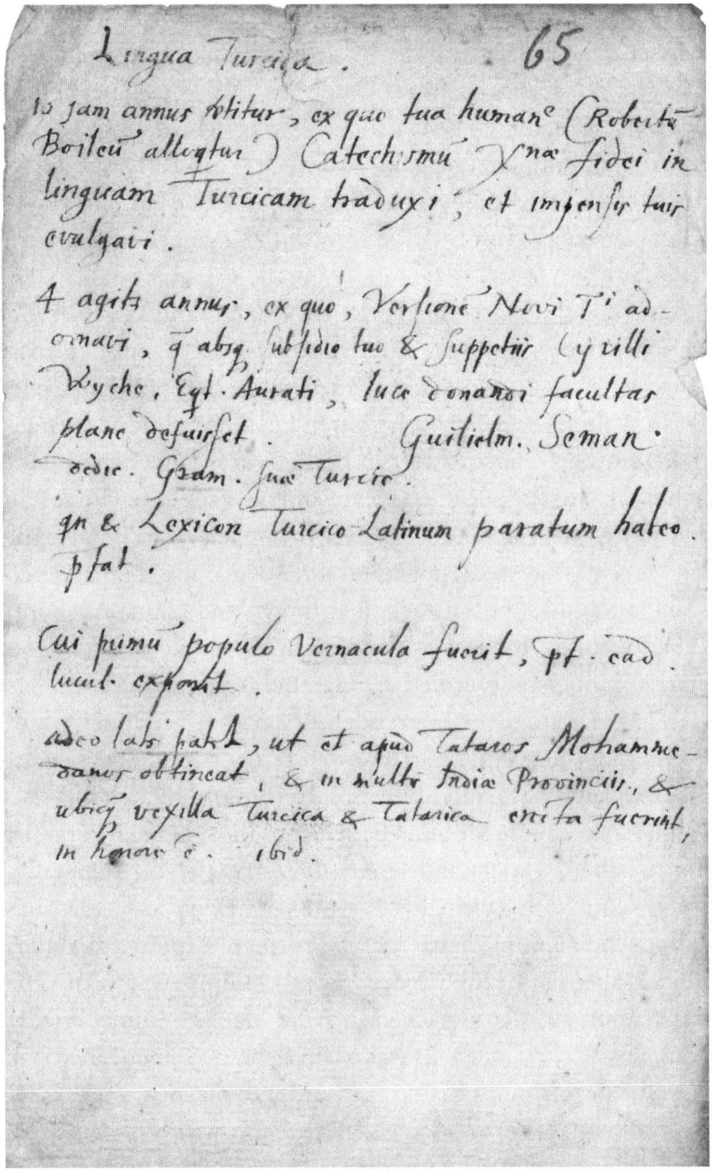
Lingua Turcica. 65

10 jam annus volvitur, ex quo tua humanitate (Roberte Boileu alloquitur) Catechismu Christianae fidei in linguam Turcicam traduxi; et impensis tuis evulgavi.

4 agitur annus, ex quo, Versione Novi Testamenti adornavi, quam absque subsidio tuo & suppetiis Cyrilli Wyche, Equitis Aurati, luce donandi facultas plane defuisset. Guilielm. Seman. dedic. Gram. suae Turcic.

qui & Lexicon Turcico Latinum paratum habeo. praefat.

Cui primum populo Vernacula fuerit, postea eandem ... exponit.

adeo late patet, ut et apud Tataros Mohammedanos obtineat, & in multis Indiae Provinciis, & ubique vexilla Turcica & Tatarica erecta fuerint, in honore est. 1670.

Abb. 18: Fogels Exzerpt aus dem Vorwort von Seamans türkischer Grammatik.

einen dreiunddreißigseitigen Brief, in dem er ihm all seine Wissensschätze über Narkotika bei den Orientalen ausbreitete.[37] Das war ein so reichhaltiges Geschenk, daß Fogel augenblicklich entschied, diesen Brief drucken zu lassen und an seine eigene Abhandlung anzuhängen. Dabei ging die Korrespondenz mit Welsch ungebrochen weiter: auch im nächsten Jahr folgte Information auf Information – was immer Fogel wissen wollte.[38]

Und einen weiteren hochgelehrten Mann fand Fogel als Gesprächspartner: Andreas Müller, einen Philologen, der zehn Jahre lang in London Mitarbeiter an der polyglotten Bibel Brian Waltons und dem polyglotten Lexikon Edmund Castells gewesen war,[39] dann Probst in Berlin wurde und sich schließlich nach Stettin zurückzog, um dort – ganz wie Welsch in Augsburg – als Privatier seiner Gelehrsamkeit zu frönen.[40] Müller war Orientalist, der nicht nur über den arabischen und persischen Raum, sondern auch über Indien und China Auskunft geben konnte. Noch zwei Wochen vor Fogels plötzlichem Tod, am 7. Oktober 1675, erhielt der Hamburger einen Brief Müllers als Antwort auf seine bohrenden Fragen nach Malve-Opium, einem indischen Opium, mit dessen Bezeichnung Fogel nichts anzufangen wußte. »In Sachen Malve-Opium bin ich in Verlegenheit«, bekannte Müller. »Es scheint seinen Namen vom Ort her zu haben, wie jene andere Art, die *Teixera Mecery* heißt. Dabei erkennt man zweifellos Ägypten.«[41] Denn »Meceri«, das ägyptische Opium, hatte schon Prospero Alpino erwähnt.[42] Und Müller hat bezüglich des Malve-Opiums recht: Das Opium stammt aus der indischen Provinz Malva.[43] Immer wieder Namen, Orte, Pflanzen. Es war nicht leicht, sich einen Überblick über die Bezeichnungen und Herkünfte zu machen. Was Müller dabei über das Wort *Maslach* sagen konnte, war vor allem negativ: auch wenn dieser Begriff den Türken wohlbekannt sei, habe es dennoch keinen türkischen Ursprung; aber auch keinen arabischen und keinen indischen.[44] Das erfuhr auch Fogels Kollege Wedel. Wedel fragte zusätzlich Hiob Ludolf, den großen Orientalisten und Äthiopienexperten, er fragte Johannes Frischmuth, seinen philologischen Kollegen in Jena, er fragte sogar jüdische Rabbiner, wenn er sie traf.[45] Doch alle schüttelten den Kopf: eine befriedigende Herleitung habe noch niemand gegeben.

Fogels Traktat

Kein Wunder, daß Fogel gerade diese harte Nuß knacken wollte. Aber was sind die Thesen, die er über *Maslach* entwickelte? Das läßt sich aus den Briefen nicht erkennen. Glücklicherweise hat Wedel in seiner *Opiologia* in einigen Passagen auf diese Thesen angespielt. Er spricht dort von »Fogel, dessen Werk *De Turcarum nepenthe* wir in Kürze erwarten, in dem er, wie er uns auch vor zwei Jahren freundlicherweise mündlich und in Briefen mitgeteilt hat, erstmals mit verläßlichen Zeugnissen zeigt, daß das Medikament, das *Maslag* genannt wird, nicht eine einzige Substanz (*unum*) ist, und er hängt daran die Beschreibung der einzelnen von den Türken benutzten Stimmungsaufheller (*euphrosynorum*) an. Danach versucht er, die Ursachen der Wirkungsweisen herauszufinden, und schließlich stellt er eine von ihm entwickelte These über den Ursprung des Wortes *Maslag* auf.«[46] Das Werk hatte also offenbar drei Teile: zunächst die botanische Bestimmung des Narkotikums als eine Mehrzahl von verschiedenen Produkten; zweitens die pharmakologische Analyse; und drittens die sprachgeschichtliche Herleitung des Namens.

Fogel strebte – das wird aus diesen wenigen Angaben deutlich – keine simple und einlinige Antwort auf die Fage nach dem *Maslach* an. Und er knüpfte seine Antwort möglicherweise an eine bestimmte sprachhistorische Überlegung. Die bisher in der Literatur vertretenen Theorien – oder besser Vermutungen – waren in völlig unterschiedliche Richtungen gegangen. Leonhard Thurneysser, der weitgereiste Leibarzt des Brandenburger Kurfürsten, hatte einen syrisch-aramäischen Ursprung der Droge vermutet, da es in Syrien eine Pflanze gebe, die die Einwohner *Masz* nennen. Sie werde in aller Heimlichkeit eingesammelt und zu einem Gummi verarbeitet.[47] Johann Oberndorffer hingegen schrieb in seiner 1610 veröffentlichten und gegen Martin Ruland gerichteten *Apologia chymico-medica practica*, das Wort *Maslach* sei »ohne Zweifel« aus dem hebräischen שלח (*Schalach*) entstanden, was »er hat vergessen« meine, spiele also auf die gedächtnisvernichtende Wirkung des Stoffes an.[48] Dabei kommt Oberndorffer allerdings etwas mit שכח (*Schachach*) durcheinander, was eigentlich »er hat vergessen« heißt, und er hat das »M« als semitisches Präfix gedeutet: *Masslach*. Außerdem gab es noch populäre Herleitungen Maslachs von *Mas-allah* (»was Gott gewollt hat«), was Fogel aber für unglaubwürdig halten mußte. Ein großes Durcheinander.[49]

Wie Fogel zunächst einmal die Wirkungsweise der Droge oder der Drogen erklärt hat, wissen wir nicht. Man kann sich das ähnlich vorstellen, wie Wedel die Wirkung des Opiums beschreibt. Wedel war ein moderner Arzt, der sich an einer Synthese von harveyschem Blutkreislauf, cartesischer Automatentheorie, aktualisiertem Paracelsismus und modifizierter galenischer Temperamentenlehre versuchte.[50] Insofern geht er die Frage zunächst mit traditionellem medizinischen Besteck an, indem er fragt, ob das Medikament von warmer oder kalter Natur sei; er erörtert die Ansichten von Galenisten wie auch von Paracelsisten und untersucht den chemischen Unterbau des Problems, indem er etwa die Schwefelanteile und das Ölige im Stoff berücksichtigt. Dann ringt er sich zu einer Differenzierung durch: Opium sei ein *mixtum*, das mit seinen warmen Anteilen auf das Herz, mit den kalten auf das Gehirn wirke.[51] Da Wedel alchemisch ausgebildet war, konnte er die genaue Wirkungsweise dessen, was er den »narkotischen Sulphur« nannte, nachzeichnen. In den Fußstapfen von Paracelsus und Johann Baptist van Helmont[52] benutzte er die Kenntnis dieses aus Eisensulfat hergestellten Mittels, das auf Wunden aufgetragen wurde, um von dort aus auf das Wirken der Schwefelanteile im Opium zu schließen – eine durchaus moderne und raffinierte Denkweise.[53] Ob Fogel ihr gefolgt wäre, wissen wir nicht. Er wäre vielleicht vorsichtiger mit paracelsistischen Vorgaben gewesen.

Die Ungarn-Hypothese

Nur zum dritten Teil, der sprachgeschichtlichen Herleitung von *Maslach*, gibt Wedel wieder einen Hinweis. Er schreibt: »Daß aber das Wort *Maslac* zwar den Türken wohlbekannt ist, aber dennoch kaum türkisch ist, auch nicht Arabisch oder Indisch, haben wir von Herrn Andreas Müller gelernt, dem berühmten Theologen und Philologen, dessen Autorität in dieser Sache wir sehr schätzen. Daß es Ungarisch sein kann, könnte überzeugen, wenn es notwendig ist, von daher Namen abzuleiten und heranzuziehen, von wo die Sachen selbst ihren Ursprung haben, die früher sind als jene. Zwar habe nämlich die türkische Sprache dies nicht aus sich, aber nicht wenig hat die ungarische. Weshalb ein berühmter Mann, von dem wir glauben, daß es der schon erwähnte Dr. Fogel ist, mit dessen Zustimmung wir dies hoffentlich auch sagen können, an Herrn Müller geschrieben hat, *Maslag* leite sich her von *Masolom* oder *Masalom*, das alterierte, das veränderte, d. h. das verändernde (Medikament), weil es den ganzen Menschen verändert; diese Analogie werde auch in anderen ungarischen Wendungen deutlich wie bei *Orvoslom*, »ich heile«, oder *Orvossag*, »Heilmittel«, *tanuloc*, »ich lerne«, *tanussag*, »Lehre« usw. Aber auch wenn es von dieser Analogie her so scheint, daß man *Maslag* sagen müsse, steht dem nicht entgegen, daß wir, bis besseres ans Licht kommt, diese Herkunft vor den anderen auswählen, besonders da es verschiedene Schreibweisen gibt, *Mazlach, Maslac, Matslag* usw. – wenn das nicht auf dem Fehler des Setzers beruht, wie vielleicht bei Höchstetter und anderen, in Dekade 3 der Observatio 1, S. 197, wo vom *Massac* der Orientalen die Rede ist. Und uns ist bezeugt worden, daß den Ungarn jene Herleitung aus ihrer Sprache nicht fremd ist.«[54]

Wedel hatte also von Müller erfahren, was Fogel sich inzwischen zurechtgelegt hatte. Der hatte sich auf seine sprachwissenschaftlichen Untersuchungen gestützt und war zum Schluß gekommen, das Wort leite sich aus dem Ungarischen her. Eine originelle, gewagte und bisher nie geäußerte These, der Wedel sich vorsichtig anschloß. Fogel wäre nicht Fogel, wenn er nur das wiedergekäut hätte, was andere schon vor ihm gesagt hatten. Doch: Wie kam er auf seine These?

Mit der ungarischen Sprache hatte Fogel sich schon zuvor intensiv beschäftigt. Er ist nämlich der erste gewesen, der den gemeinsamen Ursprung des Finnischen und des Ungarischen bemerkt hat, und gilt daher als Begründer der Finnougristik. Freilich hat man das erst im 19. Jahrhundert bemerkt, nachdem die Forschung auf anderen Wegen zu derselben Einsicht gekommen war, denn Fogels kleine Schrift *De Finnicae Linguae indole observationes* war nie gedruckt worden. Er hatte sie 1669 als Vorwort zu seinem *Nomenclator Latino Finnicus* verfaßt, ein finnisch-lateinisches Wörterbuch, das er für den Großherzog der Toskana schrieb.[55] Das Besondere an seinem Vergleich war gewesen, daß er nicht nur auf Wortähnlichkeiten geachtet hatte, sondern vor allem auf strukturelle Gleichheiten wie die Verwendung von Postpositionen statt Präpositionen oder das Ausdrücken von Possessivverhältnissen durch Personalendungen.

Nun aber: die Ähnlichkeit des Ungarischen mit dem Türkischen. Das ist ein Aspekt von Fogels Wirken, der bisher noch keine genauere Aufmerksamkeit gefunden hat – eine Überraschung. Ist denn das Türkische mit dem Ungarischen verwandt? Beide Völker waren auf ihrem mehrere Jahrtausende dauernden Weg vom Ural in Richtung Europa lange Zeit miteinander gewandert, allerdings ohne – das weiß man heute – wirklich verwandt zu sein. Die Ungarn haben in dieser Zeit der Wanderung zwar ihre eigene sprachliche Identität beibehalten, aber vieles aus dem Türkischen übernommen. Das gilt nicht nur für einzelne Wörter, sondern auch – und so etwas fiel Fogel natürlich auf – für bestimmte Sprachstrukturen, etwa den agglutinierenden Sprachaufbau. Im 19. Jahrhundert hat man deshalb – über die finno-ugrische These noch hinausgehend – auch die These der sogenannten ural-altaischen Sprachenverwandtschaft entwickelt, also eines gemeinsamen, noch weiter zurückliegenden Ursprungs des Ungarischen, des Türkischen und einiger anderer Sprachen.[56] Fogel war, so kann man annehmen, auch auf dem Weg zu dieser Theorie. Als Anhang zu seinem *De Turcarum Nepenthe* schrieb er, das wissen wir aus den Nachlaß-Listen, eine *Commentatio de affinitate linguae Turcicae et Ungaricae*.[57] Das wird eine Schrift ganz ähnlich den *Finnicae Linguae indole observationes* gewesen sein.

Einen Begriff von der Arbeit an dieser Theorie kann man sich aus Fogels übriggebliebenen Notizen machen. Da gibt es mehrere Blätter zur »Turcicae & Hungaricae convenientia«; auf einem sind Wörter wie »Löwe«, »Hund«, »Stier«, »Vater«, »zwei«, »sechs«, »sterben« oder »wissen« in ihren Ähnlichkeiten notiert.[58]

Löwe etwa ist »Aslan« auf türkisch und »Oroszlán« auf ungarisch. Fogel vermerkt dazu die Seitenzahlen der *Colloquia familiaria turcico-latina* des Ungarn Jacob Nagy de Harsany, die gerade eben erst, 1672, erschienen waren.[59] Als Ungar hätte Harsany interessante Bemerkungen zum Türkischen machen können, beschränkte sich aber auf Kulturelles, also Titel, Institutionen, Grußformeln, ohne die Sprache mit seiner eigenen in Beziehung zu setzen. Fogel vergleicht auch die Grammatik von William Seaman, dazu die Beobachtungen von Thevenot oder Georgijević.[60] Interessant ist in diesem Zusammenhang ein

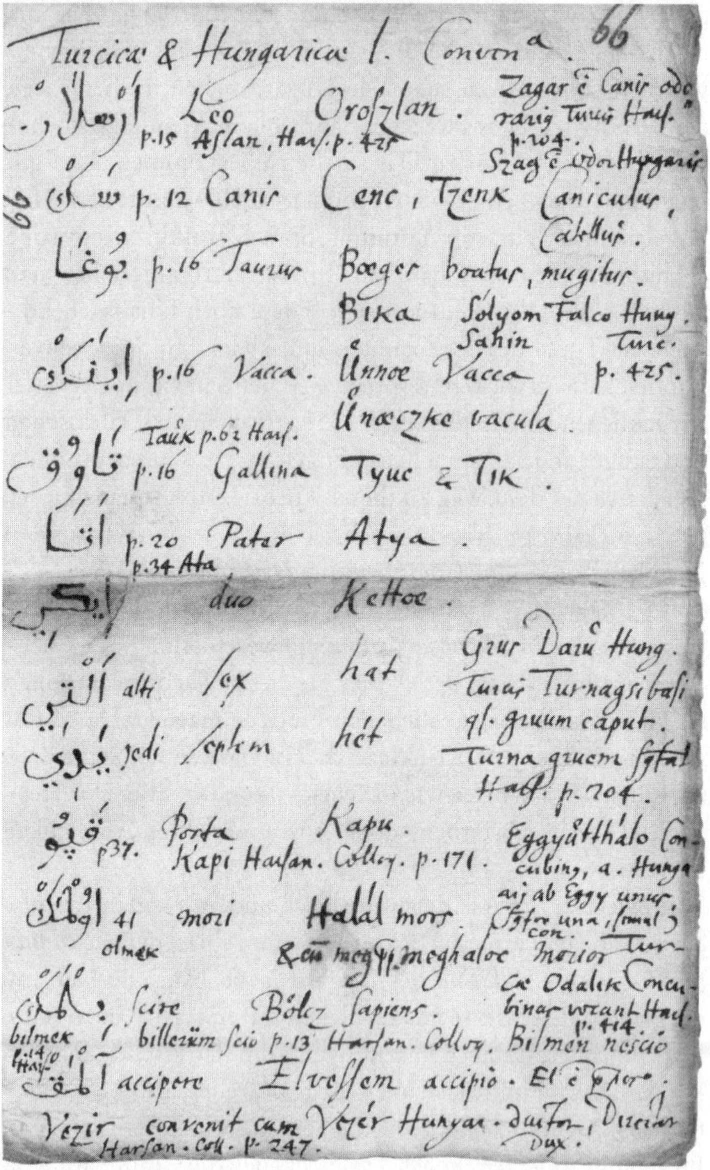

Abb. 19: Fogel über semantische Ähnlichkeiten zwischen der türkischen und der ungarischen Sprache.

Zettel des Konvoluts, auf dem Fogel tatsächlich die Strukturähnlichkeiten bemerkt:
»Die Türken drücken eine privative Bedeutung durch einen schwachen Laut aus, nicht wie die Griechen, Lateiner und Deutschen dem ihm Positiven vorgestellt, sondern nachgestellt. [...] Die Ungarn zeigen ebenso durch *lan* und *la* am Ende des Positiven die Privationen an.«[61] Fogel erläutert das an den Begriffen für Atheist und unmenschlich. Weiter: »Die Türken und die Hunnen deklinieren gleich. Die Genera sind bei den Ungarn allein aus der Bedeutung erkennbar, die Türken unterscheiden sie ebenso durch verschiedene Endungen. Die Türken bilden den Superlativ, indem sie dem Positiv eine Partikel entgegensetzen. Die Ungarn bilden den Komparativ durch *leg*.«[62] Da sehen wir Fogel mitten in seinem Element. So etwas machte ihm zu seiner Zeit kaum jemand nach. So können wir diese eine Seite als den Kern von Fogels späterer *Commentatio de affinitate linguae Turcicae et Ungaricae* ausmachen.

Etymoskopie

Fogel schloß nun von der Sprachherkunft auf die Herkunft der Sache. Diese Maxime spiegelt sich in Wedels oben zitierter Bemerkung »wenn es notwendig ist, von daher Namen abzuleiten und heranzuziehen, von wo die Sachen selbst ihren Ursprung haben, die früher sind als jene«.[63] Die Sachen sind früher als die Namen, die *res* gehen den *verba* voraus: für Fogel war das eine der Schlüsseldevisen, nach denen er als Naturforscher auf seine Linguistikstudien schaute. Humanisten wie Lorenzo Valla und Mario Nizolio hatte im 15. und 16. Jahrhundert die Aufmerksamkeit auf die Wechselbeziehungen von Wort und Sache gelenkt, aber erst im 17. Jahrhundert hatte sich jene »realistische« Bewegung herausgebildet, die – ob in der Pädagogik oder in der Wissenschaft – den Dingen die Priorität einräumte.[64]

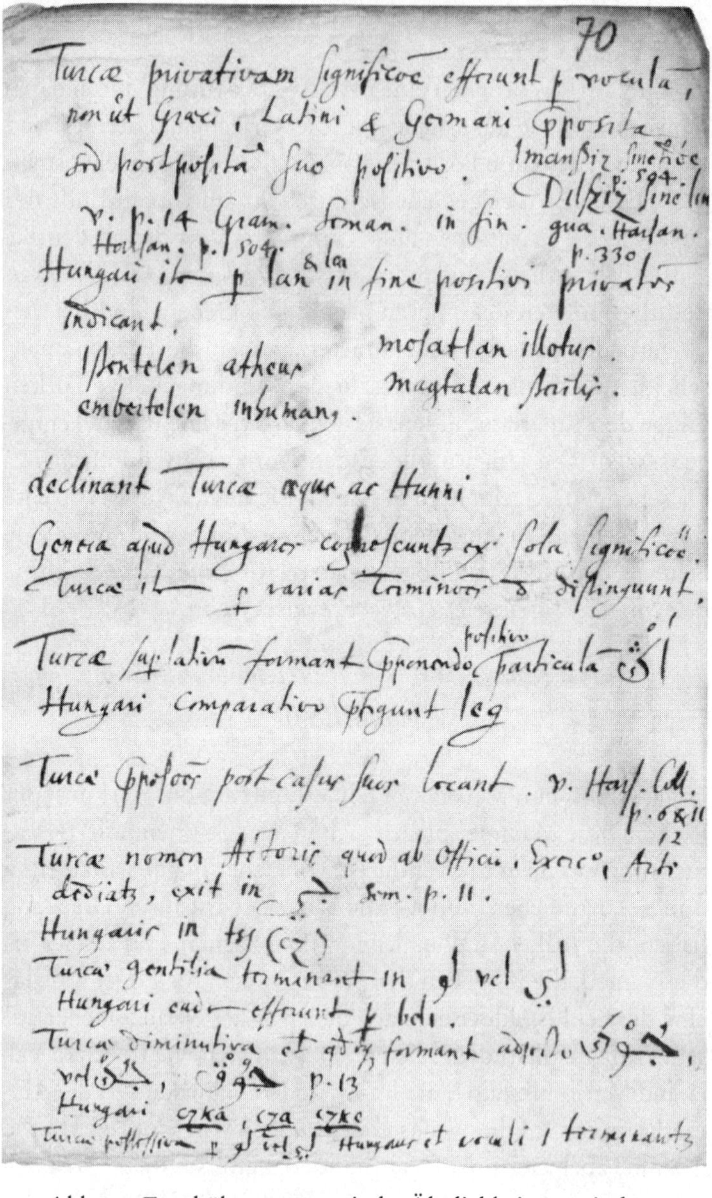

Abb. 20: Fogel über grammatische Ähnlichkeiten zwischen Türkisch und Ungarisch.

Von hier aus hatte Fogel das entwickelt, was er »Etymoskopie« nannte.[65] Sein Lehrer Joachim Jungius war ihm darin vorangegangen, daß er sich nicht mehr um traditionelle Disziplinen geschert hatte, sondern ganz spezifische Methoden zurechtschneiderte, die ihn in der Praxis überzeugten und Buchgelehrsamkeit mit Realwissenschaft verbanden; so etwa seine »Doxoskopie«, bei der man sich durch die Forschungsliteratur zu einem Problem durcharbeitete und dadurch auch in den sachlichen Fragen weiterkam.[66] Ähnlich frei fühlte sich Fogel. Er stellte sich eine medizinische Geographie (*Geographia medica*) vor, die nicht nur für bestimmte Gegenden typische Krankheiten verzeichnete, sondern auch, mit der Sprachgeschichte verknüpft, die geographische Ausbreitung bestimmter Krankheiten oder Heilmittel mit der geographischen Ausbreitung von Sprachen parallelisierte. In diesem Rahmen hatte eine »Etymoskopie« die Aufgabe, die Ähnlichkeiten und Verwandtschaften unter den Sprachen festzustellen, indem sie genaue phonetische Untersuchungen machte und Strukturähnlichkeiten der Grammatiken bemerkte – wie etwa die zwischen dem Türkischen und dem Ungarischen. Im Sinne einer *Geographia medica* hieß das dann: Wenn das Türkische mit dem Ungarischen verwandt ist, dann sind nicht nur sprachliche Ausdrücke zwischen den Völkern gewandert, sondern auch Medikamente und das Wissen um sie. Dann ist es möglich, daß Bezeichnung und Rezept von *Maslach* gar nicht aus der Türkei stammen, sondern von den Ungarn. Wedel hat die Argumente, die sich wohl in Fogels verlorener Schrift fanden, kurz genannt: aus dem Verhältnis des ungarischen *Orvoslom*, »ich heile«, und *Orvossag*, »Heilmittel«, kann strukturell auf ein ähnliches Verhältnis von *Masolom*, »ich verändere«, zu *Maslag*, »das Verändernde« geschlossen werden.

Fogels sprachgeschichtliche *Geographia medica* war ein genialer Forschungsentwurf, der weit über seine Zeit hinauswies. Er verband die sich globalisierende Botanik und Pharmakologie mit der vergleichenden Orientalistik der »harmonia linguarum«. Letztere war zwar um 1670 eine verbreitete Denkform, doch erst in ihrer phonetisch-strukturalistischen Weise, wie Fogel sie praktizierte, kam sie aus den gängigen Willkürhypothesen heraus und erreichte eine brisante Wissenschaftlichkeit.[67] Aus seinem sprachgeschichtlichen Befund heraus wird Fogel sich dann wieder der Pharmakologie zugewandt haben: Was war mit den Ungarn? So lautete die Frage nun. Einen ersten Hinweis darauf, welche Perspektiven sich hier auftaten, kann uns die Bemerkung Wedels geben, daß die Ungarn die Praxis des Maslachtrinkens »nicht selten nachgeahmt« hätten.[68] Wenn man nun den Spieß umdrehte, wie Fogel es offenbar tat, wären es letztlich die Türken gewesen, die sich einen ungarischen Brauch angeeignet hätten.

Kulturwanderungen

Wanderungstheorien von Völkern und Sprachen waren im 17. Jahrhundert an sich nicht selten. Die traditionelle auf der Bibel basierende Theorie von der Zerstreuung der ursprünglichen Menschheitskultur in 72 verschiedene Sprachen und Völker nach dem Turmbau zu Babel hatte – gerade im Barock-Jahrhundert – imposante Spekulationen über Kulturderivationen hervorgebracht. Samuel Bochart etwa glaubte in seiner *Geographia sacra* zeigen zu können, daß aus den Wurzelkonsonanten der Namen der Noahsöhne durch Transmissionsfehler die Namen der griechischen Götter gebildet worden wären.[69] Aus »Japhet« etwa wurde der Titan »Iapetus«, den man mit Poseidon identifizieren könne. In Frankreich arbeitete Bocharts Freund und Schüler, der Bischof von Avranches Pierre-Daniel Huet, an einem Buch, das erst 1716 erscheinen sollte, kurz vor seinem Tod: *Histoire du commerce et de la navigation des anciens*.[70] Dieses hochgelehrte Werk über den Handel zur See in der Antike – eines der Pionierwerke der Wirtschaftsgeschichte – beschreibt die Seefahrt als Motor der Zivilisation. Es paßt genau zu Bocharts Phönizier-These, die er im zweiten Band der *Geographia sacra* vorgebracht hatte, daß es nämlich das Händler- und Seefahrervolk der Phönizier war, das die kanaanitische Sprache überall im Mittelmeerraum ausgebreitet habe und so Mythogenese durch Fehlkopie in Gang gesetzt habe.[71] Den Auftrag für das Werk hat Huet vom französischen Staatsminister Colbert bekommen, einem Mann, der nur zu gut vom Wert der Informationen für den Staat wußte.[72] Huets These ist weitreichend und differenziert: Über die Kanäle des Handels verbreiten sich die Sagen der Völker, ja sie bilden sich geradezu erst durch diese Übertragung aus. Aus der Kultur des alten Israel werden, wie bei Bochart, durch kulturelle »Übersetzungsfehler« die Mythologien des Heidentums, und noch die Romane sind nach Huet als – diesmal bewußt gestaltete – Parallelen solcher fiktionserzeugenden Fehlübertragungen entstanden. Der Zugang über den Handel ermöglicht es Huet, schon 1670 eine Art globale Geschichte der Literatur zu verfassen und damit all die literarischen Nationalgeschichten hinter sich zu lassen, bevor sie überhaupt geschrieben worden waren.[73]

Übersetzungen

Kulturelle Übersetzungsfehler sind in der Tat auch bei der Herkunft von Rauschmittel-Namen an der Tagesordnung. Andreas Tietze hat das für die Geschichte des Wortes *berş* gezeigt. Damit ist eine zusammengesetzte Droge benannt, die aus Opium bestand, mit Beimischungen von Haschisch und vielleicht anderen Substanzen.[74] Im 15. Jahrhundert, längst bevor die Bezeichnung im Türkischen gebräuchlich wurde, erscheint sie in einem Brief, in dem ein Prinzenerzieher klagt, sein Zögling habe Rauschgift genommen und sei fast gestorben. Der Begriff, den er benutzt, ist *bershi'thā*, ein Wort aus der arabischen Pharmakologie.[75] Da die Araber viel aus dem Syrischen übernommen haben, kann man davon ausgehen, das *bershi'thā* ursprünglich syrisch war. Nun vermutet Tietze, daß auch dies noch nicht die erste Station gewesen ist, sondern daß ihr noch eine andere kulturelle Übersetzung vorausliegt: die vom Griechischen ins Syrische. *Barshi'thā* sei letztlich ein verzerrtes περσιθέα (*persithéa*), denn dies ist einer der Beinamen der Göttin Aphrodite. In der Antike, so Tietze, könne das »eine gute Marke eines Aphrodisiakums gewesen sein«. Doch die wahre Herkunft, glaube ich, ist noch etwas anders zu erklären. *Barshi'thā* scheint mir leichter vom griechischen Namen πασιθέα (*pasithéa*) abzuleiten zu sein.[76] Pasithea war eine der Chariten, also der Grazien, und Hera hatte sie Hypnos, dem Gott des Schlafes, zur Gattin versprochen, wenn er ihr dabei helfe, Zeus in Schlummer zu versenken. *Barshi'thā* ist deshalb in der Spätantike, so vermute ich, als Schlafmittel gehandelt worden. Wir kommen hier dem Homerischen *Nepenthes* auf einmal ganz nahe, und es erscheint nicht mehr nur eine reine Bildungsreferenz zu sein, wenn Fogel seine Schrift *De Turcarum Nepenthe* genannt hat, sondern eine Einsicht in die *longue durée* der Narkotika-Geschichte.

Drogen-Urgeschichte

Fogels *Geographia medica* sticht aus den barocken Theorien der Transmissionsfehler durch ihre linguistische Überlegenheit heraus. Hatte auch Bochart in seinem Buch *Hierozoicon* Naturwissenschaft und Orientalistik zusammengeführt, so blieb er doch manchen traditionellen Etymologien verhaftet.[77] Und Bochart war sehr viel bibelgläubiger als Fogel. Der Hamburger kümmerte sich nicht mehr besonders um religiöse Vorgaben und ging statt dessen eigene Wege.[78] Wenn seine Vorstellungen über gemeinsame türkisch-ungarische Ursprünge und dabei ausgetauschtes medizinisches Wissen tatsächlich in die Richtung gegangen sind, die wir hier insinuieren, dann war er auf einer abenteuerlichen Spur. Erst in neuerer Zeit hat die Forschung wieder das Niveau solcher komplexen sprachgeschichtlich-völkergeographisch-pharmakologischen Fragestellungen erreicht. Nun werden Fragen gestellt nach dem Gebrauch von narkotischen Drogen entlang der Völkergemeinschaften, die eine gemeinsame Herkunftsgeschichte haben wie die finnougrischen Völker.[79] Dabei hat sich seit Gordon Wassons Buch *Soma* von 1968 die Aufmerksamkeit auf bestimmte Pilze – vor allem Fliegenpilze – gerichtet, die, gegessen, zu bestimmten halluzinogenen Zuständen führen und Traumreisen ermöglichen.[80] Die Praxis dieses Pilzessens wird nun in der Tat als Grund für religionsgeschichtliche Gemeinsamkeiten angesehen, die sich entlang der sibirisch-skythischen Wanderungsbewegungen vom Ural bis nach Europa hinein nachweisen lassen. Carlo Ginzburg bindet – in hypothetischer Weise – auch jene magisch-schamanistischen Bräuche und Vorstellungen an diese Praxis, die von Inquisitoren seit dem 14. Jahrhundert in das Bild vom Hexensabbat gepreßt wurden.[81] Immerhin: Was Fogel vom wortgeschichtlichen Ursprung von *Maslag* als »Veränderung« sagt, paßt gut zu den schamanistischen imaginären Veränderungen von Menschen in Tiere, etwa in Werwölfe, wenn sie unter Einfluß der Drogen standen.

Doch bei Fogel ging es, soweit wir sehen können, nicht um Pilze und nicht um Schamanismus – auch wenn die ersten Berichte über Schamanen und Seelenreisen just in den Jahrzehnten auftauchen, in denen Fogel arbeitete.[82] Das *Maslach*-Problem stellte andere Aufgaben, und Fogel hatte eine andere Lösung erarbeitet. Kannte Wedel sie? Offenbar nicht, sonst hätte er sie vielleicht in seiner *Opiologia* verraten, so wie der ja auch die Ungarn-These verraten hat. Immerhin: Am Ende seiner Abhandlung macht Wedel eine Verbeugung in Richtung auf Fogel, hin zum größeren Meister: »Aber sowohl zur eigentlichen Zusammensetzung als auch zum Gebrauch und Mißbrauch [des *Maslach*] wird Doktor Fogel ausführlicher handeln. Wir müssen die Neugier des begierigen Lesers dahin vertrösten, nicht anders als Sokrates bei Xenophon in den *Memorabilien* S. 651. ›Wenn jemand‹, sagt er dort, ›zu mir kommt und nach Feuer oder Wasser fragt, und ich aber beides nicht habe, verweise ich ihn an jemand anderen, bei dem er fragen kann‹.«[83]

Der Zettelkasten

Doch der Meister starb, bevor er sein Werk publizieren konnte. Ihm hatte man zugetraut, das Rätsel des geheimnisvollen Narkotikums zu lösen. Hat er es gelöst? Das Manuskript ist verloren. Neben den spärlichen Informationen bei Wedel bleibt uns nur der Zettelkasten Fogels. Der allerdings ist übervoll. Er befindet sich heute in der Leibniz-Bibliothek Hannover, denn es war Leibniz, der ihn nach Fogels Tod bei dessen Erben ausgeliehen hatte, ohne ihn je zurückzugeben.

Fogel hatte die Praktik des Verzettelns von seinem Lehrer Joachim Jungius übernommen.[84] Jungius frönte der Kultur der einzelnen Observationes, der »small facts«, die immer wieder neu anzuordnen waren, wenn man einer Erkenntnis auf die Spur kommen wollte.[85] Deshalb hatte er eine Aufschreibetechnik entwickelt, bei der alle Notizen auf Oktavblättern vorgenommen wurden, so daß sachlich zusammengehörige Notizblätter übereinandergelegt werden konnten.[86] Exzerpte und Literaturangaben standen gleichwertig neben Zeitungsnotizen und eigenen Alltagsbeobachtungen. Notizen wurden ausgeschnitten und zusammengeklebt, Zettel später wieder vorgenommen und ergänzt, so daß der Wissensschatz kontinuierlich wuchs. Nach diesem Modell ging auch Fogel vor.

Sichtbar wird seine Verzettelungspraxis im Bereich der Narkotika etwa in seinen Einträgen zum Laudanum. Am unteren

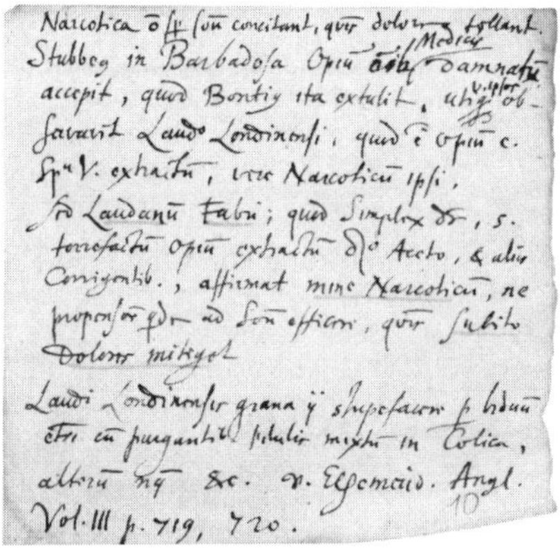

Abb. 21: Fogels Notiz zum Laudanum.

Rand des Zettels ist vermerkt, woher Fogel seine Informationen zum Londoner Opiummedikament genommen hat, nämlich aus Band 3 der *Transactions* der Royal Society.[87]

Andere Zettel verzeichnen Literaturangaben zur schädlichen Wirkung von Opium und zu dessen Wirkung auf Kinder, beides genommen aus Thomas Bartholins Zeitschrift *Acta Medica* mit konkreten Beobachtungen.[88]

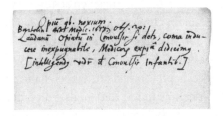

Abb. 22: Fogel zur schädlichen Wirkung von Opium.

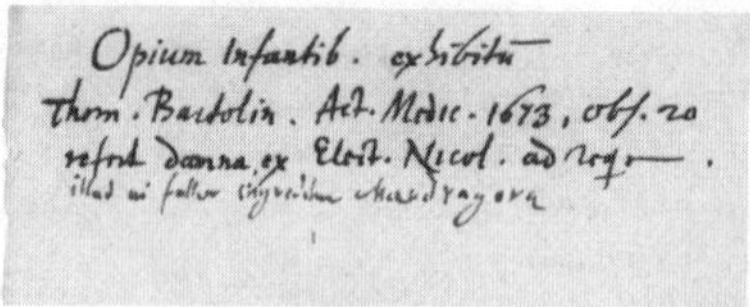
Opium Infantib. exhibitum
Thom. Bartolin. Act. Medic. 1673, obs. 20
refert damna, ex Eloit. Nicol. ad Regi— .
illud ni fallor Mandragora

Abb. 23: Fogel zur Wirkung von Opium auf Kinder.

Stechäpfel

Bei all diesen verstreuten Zetteln hat man dennoch nicht den Eindruck, es könnten die sein, die der unmittelbaren Vorbereitung der *Nepenthes*-Schrift gedient hätten. Fast scheint es so, als wären die entscheidenden Konvolute gerade nicht unter den Materialien, die heute in Hannover sind.[89] Ist es dennoch möglich, der Lösung näher zu kommen? Vielleicht schon. Geht man Fogels Ungarn-Spuren nach, kann man feststellen, daß es in Ungarn eine Pflanzenart gibt, die Csattanó Maszlag heißt.[90] Dieser »Maszlag« ist der sogenannte Stechapfel, in botanischer Terminologie *Datura stramonium*. Diese Fachterminologie hat sich erst im Laufe der Frühen Neuzeit ausgebildet, aber auch zu Fogels Zeiten sprach man im Lateinischen schon von »Datura«.[91] Außerdem sagt man im Ungarischen »Maszlag«, wenn man bloßes Gebrabbel oder unsinnige Worte meint.

Beides kommt Fogels Vermutungen möglicherweise ziemlich nahe. Denn der Stechapfel enthält tatsächlich halluzinogene Substanzen, so daß das unsinnige Reden als Folge der Einnahme von Stechapfelsamen, die etwa als Teeaufguß verabreicht werden, gedeutet werden kann. Zwar kann die Bezeichnung der Pflanze auch vom Türkischen ins Ungarische gelangt sein, während der langen osmanischen Besatzungszeit zwischen 1526 und 1683, aber da Fogel vom Befund ausging, daß Maslach kein türkisches Wort sei, kam er zum Ergebnis, Ungarn sei der Ort der Herkunft.[92]

Stechäpfel 219

Abb. 24: Der Stechapfel.

Der Stechapfel enthält, in heutiger chemischer Terminologie, in allen Teilen ein Gemisch von Tropanalkaloiden von schwankendem Gehalt.[93] Ein – geringer – Anteil ist Atropin, eine Stimulanzie, die bis zu Tobsucht und Raserei führen kann; der sehr viel höhere Anteil hingegen besteht aus dem Halluzinogen Scopolamin. Besonders wer von den Samen ißt oder sich einen Teeaufguß bereitet, gerät für viele Stunden in einen Zustand, in dem er Visionen hat, herumlallt und sich völlig verändert verhält, ohne daß er sich später an irgendetwas erinnern kann. Relativ leicht kann die Droge auch zum Tod durch Atemstillstand führen.

Kann es sein, daß dies Fogels Lösung des *Maslach*-Rätsels war? Wir können nur Indizien anführen, die auf genau dies hinweisen. Einen solchen Hinweis gibt ein Satz von Fogels Korrespondent Georg Hieronymus Welsch, der in einer *Observatio* schreibt, Giuseppe Casabona habe aus dem Saft von Tomaten und anderer Nachtschattengewächse »Chylocollae« gekocht, also einen bestimmten leimigen Saft. Dieses Rezept sei ihm,

Abb. 25: Datura stramonium.

Welsch nicht bekannt. Wohl aber, daß ein Öl aus Nachtschattengewächsen gewonnen wird, das beruhigend wirke. »Denn wenn dies mit Weingeist behandelt aufbewahrt wird – was auch nötig ist, damit es haltbarer ist –, kann es Extrakt der Tomate oder der Brechnuß oder des Samens des indischen Stechapfels genannt werden. Dazu können wir demnächst mehr in Fogels Abhandlung *De Turcarum Nepenthe* erfahren, wenn sie in Kürze, wie wir hoffen, erscheint.«[94]

Fogel hatte sich also offenbar intensiv mit dem »indischen Stechapfel« beschäftigt. Warum indisch? Mitte des 16. Jahrhunderts war der Stechapfel in Deutschland noch kaum bekannt. Leonhart Fuchs bildet ihn in seinem *Kräuterbuch* zwar ab, kann aber über Wirkungen noch nichts sagen.[95] Es gab hingegen Theorien, daß der Stechapfel ursprünglich aus Indien stamme; Cristobal Acosta führt denn auch in seinem Buch der Pharmazeutika *Datura stramonium* auf.[96] Caspar Bauhin allerdings war der Ansicht, daß er aus orientalischen Landen gekommen sei[97], und im *Hortus Eystettensis* von 1613 wird die Pflanze als *Datura Turcarum* bezeichnet.[98] Bauhin hatte übrigens auch die Vermutung geäußert, daß das türkische Opiat aus einer Art Stechapfelsubstanz stammen könne. Auf diesen Spuren mag Fogel gewandelt sein, als er seine Untersuchungen über den Stechapfel als Maslach vorantrieb.

Mischungen

Aber wir müssen uns daran erinnern, daß Fogels Theorie über Maslach ja offenbar nicht monokausal war. Wedel hatte Fogel dahingehend referiert, daß »das Medikament, das *Maslag* genannt wird, nicht eine einzige Substanz (*unum*)« sei. Wedel will mit dem »non unum« offenbar ausdrücken, daß das Mittel nicht homogen, sondern aus mehreren Stoffen zusammengesetzt war. Werfen wir, um diesen Punkt zu klären, einen kurzen Blick auf die spätere Forschungsgeschichte. Als Gottfried Held, ein Schüler Wedels, 1717 in einem Aufsatz die These aufstellte, daß die Herkunft der Pest mit dem Maslachkonsum der Orientalen zusammenhänge, resümierte er die Forschungslage zum Begriff *Maslach* so, daß er zwei Hypothesen ablehnte, bevor er die dritte – daß *Maslach* Opium sei – annahm.[99] Die erste der abgelehnten Hypothesen besagte, Maslach sei aus Cannabis hergestellt; die zweite, es stamme vom Stechapfel, genauer: von *Stramonium Malabaricum*, also malabarischem, indischem Stechapfel. Woher bezog Held diese Forschungsmeinung? Er nennt niemanden explizit, sagt nur, daß »gewisse Botaniker« dies meinten und daß »viele« annähmen, dies sei das Nepenthes der Helena gewesen. Diese »gewissen Botaniker« begründeten ihre These offenbar, »weil angenommen wurde, daß dessen Samen eine völlige Veränderung des Geistes (*plenariam mentis alienationem*) hervorbringe«, so daß Menschen dann unmotiviert lachten und gestikulierten.[100] Woher hatte Held diese Argumentation, die doch der linguistischen Theorie Fogels von »maslag« als ungarisches Wort für Veränderung sehr nahe kam? Kannte er die These mündlich von Wedel, der sie von Fogel hatte?

Noch etwas später hören wir Johann Friedrich Cartheuser, einen Medizinprofessor in Frankfurt an der Oder, in seinen 1749/50 erstmals erschienenen *Fundamenta materiae medicae* sagen: »Die Türken lieben ihr Maslach, das aus Opium, dem Samen des Taumellolchs, des Cannabis und des Stechapfels, und auch der Wurzel der Alraune und des Wurmfarns bestehen soll, in Pulverform, oder, unter Hinzugabe von Honig, in Latwerge [ein stark eingekochtes Mus] verarbeitet.«[101] Hier vernehmen wir erstmals ein komplexes Rezept des Maslach, ganz in dem Sinne, in dem auch Fogel angenommen haben könnte, daß Maslach eine – womöglich sogar variierende – Zusammensetzung aus mehreren Substanzen sei. Doch woher nimmt Cartheuser seine präzise Kenntnis, nachdem die Mediziner jahrhundertelang gerätselt hatten? Möglicherweise hat er einfach Johann Heinrich Harenberg ausgeschrieben, der 1733 in seinen *Vernünftigen und christlichen Gedancken über die Vampires oder blutsaugende Todten* den Satz untergebracht hatte: »Die Türcken nennen die Datura insgemein Maslak, und nehmen davon eine ziemliche Menge zu sich, ehe sie in die Schlacht ziehen, sich einen Muth oder vielmehr Verwegenheit zu machen.«[102] Harenberg äußert diesen Satz aber nicht isoliert, sondern mitten in einem Abschnitt über das sogenannte »Quäcker-Pulver«, eine Rezeptur, die zu benutzen offenbar den Quäkern nachgesagt wurde, damit diese ihre religiösen Visionen und Verzükkungen bekommen konnten. Und diese Rezeptur wird ganz ähnlich beschrieben wie bei Cartheuser das Maslach: sie sei »aus dem Saamen der Datura; der Solanorum, Mandragorae, Hyosciami, Nicotianae und papaverum, Hanf-Saamen und dem Opio zusammen gesetzet [...]«.[103] Das ist die ganze Palette von Gift- und Hexenkräutern, und da wir uns hier mitten im Denunziationsdiskurs der Orthodoxie gegen religiöse »Schwärmer« befinden, sollten wir dem angeblichen Rezept mit größter Skepsis begegnen.[104] Harenberg hatte die Effekte der Mixtur zwar nicht selber ausprobiert, aber sie doch immerhin seinem Hund zu fressen gegeben, worauf dieser »viele wunderliche Phantasien« und entstellte Gesichtszüge gehabt habe.[105] Für seine Identifizierung des Pulvers mit dem Maslach der Türken gibt Harenberg keine Referenz. Kannte er umgehende Gerüchte, die aus Fogels Schriften entnommen waren? Oder zeigt sich hier nur, daß Datura als im 18. Jahrhundert längst einschlägiges Rauschgift nach Belieben mit anderen Giften zusammen genannt wurde, um sich rein fiktiv so die Zusammensetzung der türkischen Kampfdroge vorzustellen?

Wir sind hier an einem Punkt, an dem wir Unwissenheit bekennen müssen. Wenn es um Mixturen geht, ist schwer zu bestimmen, wer genaue Rezepte kennt und wer nur Topoi aneinanderreiht. Kehren wir daher noch einmal zu Welsch zurück. Daß es gerade Welsch ist, über den der entscheidende Hinweis zu finden war, erstaunt bei Licht besehen nicht. Die Korrespondenz mit Welsch scheint in den Jahren 1674 und 1675 die intensivste und für Fogel wichtigste beim Verfassen des *De Turcarum Nepenthe* gewesen zu sein. Das wird deutlich an den zahlreichen Hinweisen auf Welsch-Briefe in den erhaltenen Notizzetteln.

Danach läßt sich rekonstruieren, daß Welsch unter anderem im Oktober 1674 schrieb,[106] am 10. Januar 1675,[107] ebenfalls am 31. Januar[108] und am 31. August dieses Jahres.[109] Das sind nur einige zufällige Daten, so daß man vermuten kann, daß alle paar Wochen ein Brief von Augsburg nach Hamburg und einer von Hamburg nach Augsburg ging.

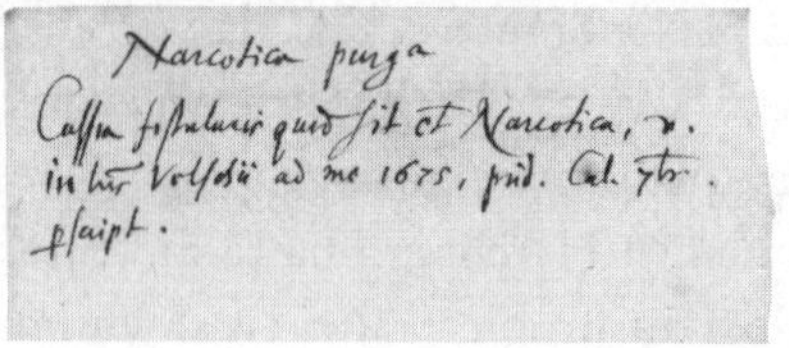

Abb. 26: Notiz Fogels mit einem Hinweis
auf einen Brief von Welsch.

Welschs Würmer

Hatte Fogel seinen Zettelkasten voller Drogen, so war der seines Freundes Welsch voller Würmer. Er sammelte in diesen Jahren wie besessen sämtliche verfügbaren Informationen über den sogenannten Medinawurm, einen parasitischen Fadenwurm, der im ganzen Nahen Osten und von Afrika bis Indien verbreitet war. Welsch ging von Avicennas entsprechendem Kapitel in dessen *Canon* der Medizin aus,[110] das er im arabischen Original edierte. 1674, zur Zeit seines Briefwechsels mit Fogel, erschien sein 600-Seiten Elaborat über dieses Thema – eine irrwitzige Achterbahnfahrt durch Quellen aus achtundzwanzig vor allem orientalischen Sprachen, mit Stationen auf sämtlichen Gebieten der humanistischen ebenso wie der botanischen, zoologischen und medizinischen Gelehrsamkeit, inklusive Fallberichten und selbst gehörten Erzählungen.[111] In den ersten Kapiteln des Buches interessiert Welsch sich, wie Fogel, für die Benennungen – und er skizziert gekonnt eine Kulturgeschichte nicht so sehr von Würmern als von Schlangen und »Drachen«, denn als solche wurden die Medinawürmer bezeichnet und auch angesehen; *dracunculus* ist die lateinische Gattungsbezeichnung. Dabei erinnert Welsch nicht zuletzt an die Passagen im Buch Numeri, Kapitel 21, zu Moses' »eherner Schlange«, wo es heißt: »Da sandte der Herr feurige Schlangen unter das Volk; die bissen das Volk, daß viele aus Israel starben.«[112] Gegen sie sollte Moses eine Schlange aus Eisen an einem Stab fertigen und sie hoch aufrichten, um die Kranken zu retten. Über diese Passagen wurde viel im Kontext der magischen Künste von Moses diskutiert, auch unter Medizinern. Welsch geht nun dem Wort *saraph* für »feurige Schlange« nach, zieht die aramäische Übersetzung im Targum Onkelos heran, prüft samaritanische und persische Versionen und kommt zum Schluß, daß die Plage aus ihrer Speise heraus zu den Israeliten gekommen war.[113] Es ginge um monströse Schlangen, *serpentes immanes*.[114] Waren es fliegende Schlangen oder, wie Samuel Bochart in seinem *Hierozoicon* vermutete, Wasserschlangen und amphibische Schlangen?[115] Nein. Es war hingegen Fortunio Liceti gewesen, der die Theorie aufgebracht hatte, Gott habe die Schlangen in den Körpern der Menschen entstehen lassen – es seien also Würmer gewesen, die die Israeliten plagten.[116] Aber was soll dann das »feurig« als Attribut der Schlangen? Entzündlich durch ihren Biß, wie beim Biß von Skorpionen? Welsch sieht auch diese Deutung aus der Perspektive seines Würmertraktats in ganz eigenem Licht. In größter Sorgfalt erwägt er nach allen Regeln der Kunst eine Unmenge von Übersetzungen, Kommentaren und Parallelstellen, bevor er sich zur eigenen Aussage durchringt. »Wer«, fragt er, »hat bei Würmern Zähne oder Beißen, und als Folge des Beißens den Tod beobachtet?«[117] Ganz so einfach scheint auch die Wurmhypothese nicht zu sein. Es müssen wohl die Wunden gewesen sein, die gebrannt haben.

Welsch verweist auf die aus der Kirche San Ambrogio in Mailand berichteten Bräuche, Mütter und Ammen seien mit ihren an Würmern erkrankten Kindern vor die Bronzeschlange in der nördlichen Seitenschiffarkade gezogen und hätten dort um Heilung gebetet.[118]

An keiner Stelle äußert er die These direkt, daß die Schlangen der Israeliten in Wirklichkeit Medinawürmer gewesen seien, die Moses als gelehrter Arzt und Wissenschaftler entfernt habe;

III. Ein Zettelkasten voller Drogen

Abb. 27: Bronzeschlange an einem Pfeiler der
Seitenschiffarkade von San Ambrogio in Mailand.

das wäre ihm zu plump gewesen. Aber seine ganze mäandernde Argumentation läßt dem mitdenkenden Leser kaum einen anderen Schluß.

Und Welsch kennt einen »übermäßig schwülstigen« (*pinguissimus*) Mythos in der islamischen Kultur, nach dem Moses die brennenden Wunden nicht so sehr durch den Anblick der ehernen Schlange kurierte, als vielmehr Schlangen selbst durch Futter erhalten hätte, wie er es in mehreren kleinen Behältnissen aus Nilpapyrus mit in die Wüste gebracht hatte.[119] Welsch redet über Schlangenheilkulte, die Idolatrie in Ägypten, eine von Selden erwähnte phönizische Inschrift und Schlangenmythen von Adam und Eva bis zu Chinas Drachen. Man hat zuweilen den Eindruck, Welsch vergesse völlig, worüber er sein Buch schreibe, wenn er in größter Andacht zum Unbedeutenden sich darüber ausläßt, was alles als »dracones« oder »serpentinae« benannt wird – von Vorrichtungen in der Kanalisationstechnik bis zu militärischen Einrichtungen.[120] Er schwelgt in Zitationen aus den *Argonautica* oder antiquarischer Literatur über die Trajanssäule und die Caracalla-Thermen, und er erinnert an Paul Salzbergers unter Kurfürst August von Sachsen erbaute Wasserkunst, in der Wasser zu Dampf erhitzt und wie von Drachen versprüht wurde.[121] Keine noch so entlegene Stelle in irgendwelcher Spezialliteratur ist vor ihm sicher. Seine Exzerptensammlung bringt ihn linkshändig von einer Trouvaille zur nächsten. Hatte Robert Burton 1621 die Melancholie bis hinein in ihre absurdesten Verästelungen verfolgt, so tut dies Welsch auf nicht viel weniger Seiten und in nicht weniger diverse Gebiete.[122] Auf Seite 89 interessiert er sich für die Bogenformen, die von Schlangen und »Drachen« dargestellt werden, und zieht dazu numismatische Befunde heran. Ein Denar des Pescennius Niger beispielsweise,[123] den Johannes Sambucus – für Welsch ein Vorbild in der Vereinigung von Medizin und gelehrtem Humanismus – für seine Sammlung erworben hatte, die dann später in die kaiserliche Bibliothek in Wien aufging, zeigt – so meint er – auf dem Revers Äskulap mit seinem Stab und einer Schlange.[124]

Abb. 28: Denar des Pescennius Niger mit Stab und Schlange.

Dazu muß man wissen, daß der Medinawurm, um ihn aus dem Körper zu entfernen, schon in der Antike Stück für Stück auf einen Stab aufgewickelt wurde. Der Hygieniker Reiner Müller hat daraus Mitte des 20. Jahrhunderts die These abgeleitet, das berühmte Symbol des Äskulapstabes sei in Wirklichkeit ein Stab, mit dem die »dracunculae«, die Medinawürmer, aufge-

Abb. 29: Manuskriptseite aus Welschs *Philomathetica*.

wickelt worden waren.[125] Nun, Welsch geht nicht so weit wie später Müller, er läßt seine Leser eher im Vorübergehen an diese Möglichkeit denken. Er trollt sich weiter zur Laokoonstatue und zu anderen Fundstücken, die dem unermüdlichen Leser und Sammler vor die Flinte gekommen sind.[126]

Nannte Fogel seine Methode der Informationsgewinnung eine Etymoskopie, so sprach Welsch ähnlich neologistisch von seiner »Philomathetica«.

Das ist ein Buchmanuskript – ebensowenig gedruckt wie Fogels Schriften und wie siebzig andere von Welschs Werken –, das heute im Nachlaß in der Bayerischen Staatsbibliothek in

München liegt.¹²⁷ Man kann den Ausdruck als »Wissensliebhabereien« übersetzen, ähnlich wie seine »Agyrtica« mit so etwas wie »Sammelsurium«.¹²⁸ Welsch benutzte dabei nicht einzelne Zettel, sondern Kladden und Notizbücher, in die er seine Gedanken in ungeordneter Form schrieb. Er mußte dann freilich Indexbände anlegen, um die Notizen in den Kladden wiederum auffindbar zu machen.¹²⁹

Fabers Tollkirschen

Welsch war mit Johann Mathäus Faber eng befreundet, mit dem er sich über seine Forschungen austauschte.¹³⁰ Die beiden kannten sich aus Augsburger Jugendjahren, denn beide waren fast gleichaltrig und hatten zusammen das Sankt-Anna-Gymnasium besucht. Faber wurde dann 1660 bis 1670 Leibmedikus von Herzog Friedrich von Württemberg-Neuenstadt in Neuenstadt am Kocher und war danach für viele Jahre Stadtarzt in Heilbronn. In Neuenstadt hatte es 1667 einen tragischen Vorfall gegeben, als dreizehn Personen sich durch den Verzehr von Tollkirschen vergifteten und in Wahn fielen. Daraufhin untersuchte Faber die Sache ganz genau und schrieb ein ausführliches Buch über das Gift der Tollkirsche und andere Nachtschattengewächse.¹³¹

Er war also Experte auch für den Stechapfel, der ein Nachtschattengewächs ist. So nimmt es nicht wunder, daß im Briefwechsel zwischen Welsch und Faber immer wieder von Fogels Maslach-Projekt die Rede ist. 1676 – Faber hatte gerade eine Rohfassung seines Tollkirschen-Buches hergestellt – gab Welsch seinem Freund Rückmeldung nach der Lektüre der vorderen Teile, in der er zahlreiche Punkte ergänzte. »Vom letzten Teil der Untersuchung konnte ich absehen, da Du alles mit solcher Akkuratheit behandelst, was die Kenntnis der Nachtschattengewächse angeht. Und ich mußte auch davon absehen, weil

Abb. 30: Titelkupfer von Fabers *Strychnomania*.

fast dasselbe Argument der edle und bedeutende Martin Fogel, städtischer Arzt in Hamburg, in seiner hochgelehrten Abhandlung über die Nepenthes oder Masullik, oder, wie man gewöhnlich sagt, das Maslach der Türken, weit auszubreiten sich vorgenommen hatte – er, der auch zugleich meine Briefe, deren mehrere ich an ihn in dieser Sache geschrieben habe, zu edieren vorhatte.« Und Welsch fügt hinzu, da Fogel ja jetzt gestorben war, daß immerhin die Hoffnung bestehe, Michael Kirsten, der Nachlaßverwalter Fogels, würde das Editionsvorhaben zu Ende führen.[132]

»Fast dasselbe Argument«: Das läßt neugierig werden. Hatte auch Faber den Stechapfel in Zusammenhang mit dem rätselhaften Maslach gebracht? In der Tat schreibt Faber in seinem Werk von der »Datura Turcorum«, auch indischer Stechapfel genannt. Und direkt danach heißt es: »Die Benennung des Solanus Maniacus oder der Brechnuß fällt, so vermutet Scaliger, mit dem Asserul der Türken zusammen. Asserul aber, das à Costa Asarath, Arabisch Axix, nennt, wird in den meisten indischen Regionen auch unter dem bekannten Namen Bangue geführt und ist die Basis der Zusammensetzung dessen, was das Maslac oder Marslac der Türken als solches ist, oder zumindest nicht viel anderes, und was zum Stimulieren der Lebhaftigkeit oder der sinnlichen Lust benutzt wird.«[133] Das war zwar nicht exakt die These Fogels – so wie wir sie rekonstruiert haben –, aber doch tatsächlich sehr ähnlich: Maslach wäre demnach ein Kompositum auf der Basis des Extraktes aus einem Nachtschattengewächs – wenn nicht mit Atropinanteilen, so doch mit Strychnin, Brucin, Colubrin und Vomicin, lauter Nervengiften, die in geringer Dosis psychotrope Wirkungen entfalten können. Stolz kann Faber berichten, daß er ein Manuskript des venezianischen Übersetzers am Hof des türkischen Sultans besitze, in dem es heiße, ein Getränk daraus würde die Stimmung aufhellen (*hilaritatem animo inducere*), wenn man allerdings zuviel zu sich nähme, träten Wahnvorstellungen auf.[134] Faber bezog seine Kenntnisse aus guten Quellen, nah am Ursprung des Umgangs mit der Droge.

Welsch seinerseits betont im Brief an Faber, daß auch er selbst gezeigt habe, daß die »Masukillika Turcarum« (das Maslach der Türken) »zum größten Teil zusammengesetzt und nicht einfach ist, so wie auch anderes aus Mohn und Opium Bereitete wie Kilanicum und Misrense Teixerae.« Er nennt Stellen aus Ibn Sīnā, aus ar-Rāzī, aber auch aus dem Reisebericht von Pietro della Valle, um die Vielfalt der Kompositdrogen im Orient zu belegen.[135]

Lektürespuren

So tief sich Faber und Welsch in die Welt der orientalischen Drogen begeben hatten, so tief steckte auch Fogel in den letzten Jahren seines Lebens in diesem Dickicht aus Substanzen und Namensäquivalenten. Er las intensiv und nüchtern die botanischen Bücher und Berichte, die ihm zur Verfügung standen. Lesespuren in seinen Büchern lassen sich noch heute finden, denn viele seiner Bücher sind entweder in Hannover oder – als Doubletten dorthin gegangen – in Göttingen erhalten. Dort läßt sich sehen, wie Fogel seine Informationen aufgenommen hat. Etwa in Thomas Smith' Werk über die Gebräuche der Türken, wo er mit Rotstift Passagen notiert hat, beispielsweise zur Ansicht vieler Krieger, als Märtyrer ins Paradies zu kommen.[136]

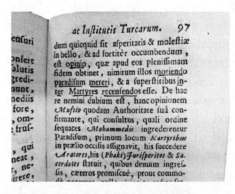

Abb. 31: Fogels Unterstreichungen in seinem Exemplar von Thomas Smith' Werk über die Gebräuche der Türken.

Oder in Edward Pocockes vielgelesener Übersetzung eines Traktats über das damals neue Getränk Kaffee, in dem Fogel sich Notizen auf dem Vorsatzblatt machte.[137] Auch in Samuel Bocharts *Hierozoicon*, einem Meilenstein der sprachwissenschaftlich informierten Naturkunde, finden sich die Spuren von Fogels Rotstift.[138]

Ein so reizvolles Thema wie das der »Nepenthes« der Türken hat natürlich auch andere Gratwanderer zwischen Altertumswissenschaft, Orientalistik und Pharmakologie angezogen. Zu Zeiten Fogels war es der Franzose Pierre Petit, der Sujets wie dieses zu schätzen wußte. Er hatte schon über die Amazonen einen halb antiquarischen, halb ethnologischen Bericht geschrieben, und über die Sibyllen und die Kannibalen hielt er es nicht anders.[139] Welsch und Fogel waren also nicht allein mit ihren Hybridforschungen zwischen Bibel und Expedition, zwischen Orient und Seziertisch. Ob sich aus der Durchsicht von Fogels annotierten Büchern allerdings näherer Aufschluß darüber gewinnen läßt, wie er linguistische Informationen zum Ungarischen, botanische zum Stechapfel und kulturelle zu türkischen Gewohnheiten kombiniert hat, und wie er versucht hat, Rezepte von komplizierten Drogenmischungen zu rekonstruieren, ist zweifelhaft.

Die osmanische Seite

Fragen wir doch einmal andersherum: Wie sieht die Geschichte des *Maslach* von der türkisch-osmanischen Seite aus? Wenn man globale Ideengeschichte als Verflechtungsgeschichte begreift, dann ist ein Phänomen immer von beiden Seiten aus zu rekonstruieren, in diesem Fall also auch von der Seite des Osmanischen Reiches her. Der zentraleuropäische Diskurs hatte sich völlig innerhalb der westlichen Gelehrtengemeinschaft abgespielt, auch wenn Reiseberichte ausgewertet wurden, man arabische Quellen las und sogar einige Wissenschaftler – wie Pococke – selbst im Osten gewesen waren. Hat denn niemand versucht, direkt mit den Osmanen Kontakt aufzunehmen und ihnen die Frage zu stellen, die einem so sehr auf den

Nägeln brannte? Nun, es war die Zeit der Türkenkriege, und die Kontakte waren äußerst begrenzt. Zudem ging es um Militärgeheimnisse.

Dennoch: Bei Faber sehen wir Spuren eines Kontaktes zu einem Dragoman aus Konstantinopel. Und auch Wolfgang Wedel suchte einen Zugang. Einige Jahre, nachdem er seine *Opiologia* abgeschlossen hatte, das Thema ihn aber nicht losließ, setzte er einen Brief an Alexandros Mavrokordatos auf, den griechischstämmigen osmanischen Politiker und Dragoman, der eine große Rolle in der Außenpolitik des Osmanischen Reiches spielte.[140] Mavrokordatos hatte in Padua Medizin studiert und war dadurch kompetent genug, um auf Fragen über Maslach zu antworten. Er antwortete 1689, Maslach sei kein arabisches, aber auch kein ungarisches Wort, sondern seiner Meinung nach türkisch, es sei denn, jemand wolle es ganz entfernt vom arabischen *silq* für ein verzehrbares Kraut ableiten, oder – wie Fogel es getan hatte – vom ungarischen *masalom*. Sowohl bei osmanischen als auch bei ungarischen Grenzsoldaten (*confiniarios*) sei es jedenfalls sehr verbreitet und bezeichne alles Mögliche, sei es zusammengesetzt, sei es einfach, in fester oder in pulverisierter Form, solange es nur den Geist belebe, den Körper verändere, schneller und erregter mache, die Stimmung aufhelle und Kraft gebe. Demnach wäre Maslach ein Sammelbegriff verschiedener Drogen, die alle anregende, aufputschende Wirkung zeitigen.[141] Am gebräuchlichsten aber, fährt Mavrokordatos fort, sei dabei *esrar* oder *bengilac*. Das gehe als Geheimrezept bei den Derwischen um, die Cannabisblätter im Schatten trockneten und zu Pulver verrieben, dies in einer Butterbüchse auf dem Ofen dürre werden ließen und abermals pulverisierten.[142]

Diese Auskunft von Mavrokordatos ist nicht so weit von dem entfernt, was Michael Sinapius, ein Arzt aus dem nördlichen Ungarn, der einen Traktat über Schmerzbekämpfung schrieb, etwas später herausbekam und 1699 veröffentlichte. Sinapius kannte einen osmanischen Geistlichen und seinen Begleiter, den er »entweder aus Ostindien oder aus Ägypten stammend« verortet. Beide hatten ihn, den Mediziner, nach Rauschgiften gefragt – vielleicht in den Jahren um 1690, als er in Harderwijk studierte und sicherlich oftmals im nahen Amsterdam an den Hafenkais entlangspazierte. Der Geistliche, den Sinapius einen »Mezenus Sacerdos Turcicus« nennt, fragte ihn nach Maslach, der Begleiter fragte ihn nach Bang oder Asseral (Asseravi).[143] Waren sie süchtig und sehnten sich nach ihrem Stoff? Für Sinapius war das jedenfalls die Gelegenheit, mehr zu erfahren. Er fand sich unversehens in der Rolle eines Dealers, doch er drehte den Spieß um und fragte zurück. Was seien denn das für Substanzen? Der Arzt sperrte seine Ohren auf.

Der Osmane verriet ihm, daß es sich bei Maslach um ein Geheimrezept (»secretum«) handle, das nur von Geistlichen an andere Geistliche weitergegeben werde.[144] Dabei ist wohl auch hier Sinapius' lateinischer Ausdruck »sacerdos« in »Derwisch« zurückzuübersetzen, was ganz mit der Auskunft von Mavrokordatos übereinstimmen würde. Das macht die Frage umso interessanter, was dabei der Zusatz »Mezenus« heißen könnte. Möglicherweise war der Mann ein Muezzin, also ein Gebetsausrufer, denn dieses osmanisch-arabische Wort wurde volkstümlich auch »meyzin« ausgesprochen, was Sinapius als »Mezenus« transkribiert haben mag. Wir müssen hier ein wenig Ethnophilologie betreiben.[145] Das Verb allerdings, aus dem das Wort abgeleitet ist, bedeutet im Allgemeinen »benachrichtigen, erfahren lassen, wissen lassen«. Der Infinitiv des Verbes bedeutet auch »Aufenthalt, Klausur« (*iqāma*) und das von derselben Wurzel abgeleitete Wort *mi'dana* bedeutet unter anderem »Einsiedelei«.[146] So ist es nicht ausgeschlossen, daß der »meyzin« ein Einsiedler, Asket – ein Sufi gewesen ist.

Sinapius' Gesprächspartner bringt auch andere Substanzen wie Hirschwurz (*cervaria*) ins Spiel, aus der Anbaufläche in Dibbin (nahe des heutigen Amman in Jordanien). Er hat offenbar ein astrologisch geprägtes Rezept vor sich, denn er beschreibt die Ernte zu einer Zeit, wenn Venus und Jupiter im Zeichen der Fische stehen.[147] Wenn aber Hirschwurz beigemischt wurde, dann sicher auch noch andere Substanzen. In Indien komponieren Yogis Cannabis mit Tabak und Betelpfeffer, aber auch Stechapfelsamen.[148] Letztere wären verantwortlich für die aufstachelnde, rasend machende Wirkung, die durch Cannabis nicht verursacht werden kann.[149]

Derwische

Die Spur ist gelegt. Die Hinweise bei Mavrokordatos und Sinapius werden auch dadurch bestätigt, daß die Beschreibungen, die Bartolomej Georgijević 1544 von Maslach als Kampfdroge gegeben hat, just aus der Beschreibung eines Derwisch-Rituals stammen, bei dem zunächst Allah angerufen wird.[150] Man hätte nun also in osmanischen Archiven nach Geheimrezepten aus Derwischorden zu suchen. Derwische waren es ja auch, die Kaffee zur Herbeiführung ihrer ekstatischen Zustände verwendet haben und dadurch, vom Jemen her, im 16. Jahrhundert die Pflanze nach Syrien und Ägypten verbreiteten, von wo sie nach Istanbul kam und dann in der ganzen Welt gebräuchlich wurde.[151] Zugleich aber hätte man nach militärischen Anweisungen zu suchen, falls es wirklich Übernahmen der Derwischmixturen durch das Militär gegeben hat.[152]

In Istanbul konnte man im 17. Jahrhundert in den Geschäften auf dem Tiryâkiler-Basar im Bezirk Süleymaniye Männer finden, die Opium und Cannabis mit anderen Bestandteilen als Sirup oder Paste zubereiteten und an Händler verkauften. Bis zu achtzig Prozent der Einwohner, so sagt man, konsumierten auf die eine oder andere Weise Opium. Selbst wenn sie sich in Moscheen und Derwischhütten befanden, nahmen sie das Opium. Der Verkauf von Berş und ähnlichen Drogen war eine feste Einnahmequelle.[153] Doch wir sehen, wie schwierig genaue Informationen über die Zusammensetzung von Maslach zu bekommen waren. Denn offenbar wurde dieses Wissen nur mündlich weitergegeben, zumal in Kreisen, in denen strengste Geheimhaltung waltete. Was das Militärische angeht, so bezweifelt Mavrokordatos, daß Maslach systematisch für die Truppen eingesetzt würde, um Märtyrer zu provozieren, die sich besinnungslos in den Kampf stürzten. Das wäre nicht im Sinne der Vorschriften des Islam.[154] Höchstens allgemein könne man sagen, daß die Osmanen sich vor Kämpfen mit Rauschmitteln aufputschten, wie andere Völker das mit Alkohol machten.[155] Es ist deutlich, daß man mit den Spekulationen über osmanische Kampfdrogen schnell ins Reich der Legendenbildung gerät. Immerhin weiß man, daß die sogenannten Assassinen aus der ismailitisch-schiitischen Sekte der Nizariten in der Zeit der Kreuzzüge eine Haschischmixtur zu sich nahmen, um leicher zu töten; daher der Name *haššāšīn* (Haschischleute).[156] Ob von dort ein Weg zu osmanischen Sufi-Orden des 16. und 17. Jahrhunderts führt? Sufi-Orden – das haben wir schon in Kapitel I und II gesehen – waren ein Hort okkulten Wissens in den muslimischen Kulturen. Astrologisch geprägte Rezepte, wie sie Sinapius' Muezzin verriet, aber auch lettristische und alchemische Anweisungen wurden dort tradiert und weiterentwickelt.[157] Die Dokumentenlage ist jedenfalls schwierig.[158] Von den alewitischen Abdāl-Derwischen, eine der Sekten der Bāṭinīya, weiß man, daß sie regelmäßig Cannabis konsumierten. Islam Baba, einer ihrer Meister, behauptete, bereits Adam habe Haschisch gegessen.[159] Oder soll man bei Orden wie der Bektaschi-Ṭarīqa fahnden, ob von dort Anweisungen zur Maslach-Herstellung an das Militär gegangen sind? Bektaschi-Derwische lebten ja vom 16. Jahrhundert an in der Nähe der Janitscharen-Garnisonen, um dort die Soldaten geistig zu leiten.[160]

Ein Fazit

Kommen wir zu einem Fazit. Es ist mir nicht darum gegangen aufzuweisen, daß Fogel mit seinen Theorien recht hatte. Seine sprachgeschichtliche Ungarn-These ist heute wohl kaum haltbar; daß er mit seiner Vermutung, der Stechapfel könne im Maslach-Rezept eine Rolle gespielt haben, nicht ganz falschlag, ist wahrscheinlich, aber schwer zu beweisen. Viel interessanter scheint mir, wie er zu seinen Thesen gekommen ist. Denn daran läßt sich ablesen, wie kluge Köpfe im 17. Jahrhundert mit einer so komplizierten Materie wie unbekannten Ingredienzien in einer außereuropäischen Kultur umgegangen sind, ja wie man sich an die Referenz eines unbekannten Namens wie »Maslach« heranpirschen konnte. Kampfdrogen sind ein Thema der *longue durée*. Man kann es mit Leichtigkeit von heutigen US-Piloten oder den Soldaten auf dem Tiananmen-Platz über die Pervitin-Verabreichungen der deutschen Wehrmacht bis weit zurück zu den altnordischen Berserker-Legenden verfolgen.[161] Auch die sprichwörtlichen Berserker, die, rasend geworden, durch die Reihe der Feinde wüteten, haben nämlich, wie Bernd Roling gezeigt hat, eine Interpretationsgeschichte, die sich mit der unseren kreuzt.[162] Auch über sie wurden im 18. Jahrhundert Theorien ersonnen, die sie mit dem Schamanismus der sibirischen und finno-ugrischen Völker und deren Drogen in Verbindung brachten, insbesondere dem schon genannten Fliegenpilz.

Ich möchte drei Aspekte nennen, die mir aus Fogels Zettelkastengeschichte als besonders bemerkenswert erscheinen. Erstens läßt sich hieraus eine Apologie der Polyhistorie formulieren.[163] Es ist die Gleichzeitigkeit von Forschungen auf unterschiedlichsten Gebieten, hier vor allem der Sprachwissenschaft und der Pharmakologie, die, wenn sie nicht nebeneinander, sondern verbunden betrieben werden, zu neuen und interessanten Hypothesen führen konnten. Dafür war das 17. Jahrhundert eine hohe Zeit. Polyhistorie ist oft als bloße Vielwisserei verunglimpft worden. Wurde sie aber erkenntnistheoretisch maßgeschneidert wie in den Diziplinneuschaffungen der Jungius-Schule oder bei Bochart und Huet, dann bekam sie eine Dynamik, die ins Unbekannte führte. Und das Unbekannte kann auch das Ferne sein, die extreme Reichweite der Bezugnahme, vielleicht auch die Überreichweite. So hat uns zweitens die Thematik über Europa hinaus geleitet und gezeigt, welche Anstrengungen man unternehmen mußte, das eigene kulturelle Feld zu verlassen: aufmerksame Lektüre von Reiseberichten; Kontaktaufnahmen über den Eisernen Vorhang zum Osmanischen Reich hinweg; Korrespondenz mit Orientalisten in ganz Europa. Es tut sich hier ein Feld für Verflechtungsgeschichte auf – ganz wörtlich übrigens, wenn man an die Mohnfelder im Osten denkt –, ein Feld, das vor allem von seiner anderen Seite, der arabisch-osmanisch-indischen, größtenteils erst noch zu bestellen ist. Ideengeschichte als Verflechtungsgeschichte fällt leichter, wenn die Ideen direkt den materiellen Dingen anhaften, den Pflanzen und Substanzen, die die Grenzen überschritten haben und am Ende als Pülverchen in einer Hamburger Bibliothek landeten. Natürlich haften Ideen, haftet Wissen nie direkt den Dingen an. Aber die Dinge fungieren als Fokalpunkte, an denen man sich abarbeitete: das Pülverchen kann chemisch untersucht werden, es kann geschluckt werden, man kann es weiterreichen und mit Kollegen darüber reden. Briefen kann es beigelegt werden, und manchmal findet der heutige Historiker noch die Brösel und Spuren dessen, was einmal im Umschlag beigefügt worden ist. Das bringt uns drittens aber zugleich hinein in das »Bleistiftgebiet« der Forschung: Um die Lebendigkeit der Auseinandersetzung und ihre Praktiken wiederzuerlangen, genügt es nicht, von fertigen gedruckten Traktaten auszugehen. Ergiebiger ist es, auf das Unfertige zu schauen, die Notizen, Zettel, Lektürespuren, die Vitrinen und Briefentwürfe. Auch deshalb habe ich mir Fogel zum Helden meiner Geschichte ausgesucht, nicht Wedel, Bartholin oder andere Mediziner. Fogel ist ein »hero in action«, selbst wenn uns das Resultat seiner Forschungen verlorengegangen ist.[164] Sei's drum: Über einen »hero in action« kann man eine Geschichte erzählen, und das Beste an einer Geschichte sind ihre Abschweifungen, denn sie eröffnen uns die Verästelungen der Materie, ihre ganze reiche Komplexität. Vielleicht sollte uns Fogel das sein: ein Held der polyhistorischen, transdisziplinären, transnationalen Verästelungen.

Kapitel IV.
Alchemie zwischen Ost und West

*Leben wir nicht längst als Überlebende
auf einem uns fremden Stern? Nach
der Zerstörung?*

Undine Gruenter[1]

Wissensverlust und Globalisierung

Wie ließe sich eine globale Verflechtungsgeschichte alchemischen Wissens schreiben? Und welche Rolle spielen Prekarität und Wissensverlust dabei? Denn nicht nur Verfolgung und Unterdrückung lassen Wissen prekär werden, sondern auch Globalität selbst. Der globale Ausgriff mit seinen Unwägbarkeiten war eine Ursache des Umstands, daß frühneuzeitliches Wissen von fernen Welten oft fragil gewesen ist. Wissen ist im Transfer zwischen Ost und West, Nord und Süd verlorengegangen, entweder ganz buchstäblich, oder es hat sich verändert und ist zugleich attraktiv und marginal geworden. Wieder wurde auch die Referenz unscharf: Worum handelt es sich eigentlich? Was ist neu, was ist alt an einer Sache? Wo steckt ihre Substanz?

Für die Alchemie sind solche Fragen in mehr als einem Sinne essentiell. Alchemie ist eine Geheimwissenschaft und als solche immer vom Licht der Entblößung bedroht. Doch geheimes Wissen reproduziert sich nur dann, wenn es verläßlich weitergegeben wird. Ich habe in einem früheren Buch diese Perspektive auf Wissensverlust – und auf die Reaktionen, wie man mit drohendem Wissensverlust umgehen konnte – dazu benutzt, um neues Licht auf die sogenannte Radikalaufklärung zu werfen, eine intellektuelle Strömung im Europa des 17. und 18. Jahrhunderts, die von allen Seiten angefeindet war und deshalb im Untergrund operieren mußte. Das hieß: keine Bücher drucken, nur Texte handschriftlich schreiben und verbreiten; keine Weitergabe des Wissens in Institutionen wie Schulen und Universitäten, sondern nur Sprechen im kleinen Zirkel von Vertrauten, möglicherweise mit Decknamen, falschen Angaben und Verschleierungen. Wenn man diese Praktiken vor diesem Hintergrund ernst nimmt, so war meine These, dann läßt sich die Geschichte der Radikalaufklärung anders schreiben als nur durch eine Examinierung der Inhalte der Schriften (was ist radikal, was ist moderat), denn man erhält eine Analyse von Habitusformen des Umgangs mit Wissensbedrohung, Formen, die quer zu sozialen Schichten und intellektuellen Vorlieben verlaufen.[2]

Aber die Untergrundforschung ist nicht das einzige Feld, auf dem es Sinn macht, nach prekären Wissensformen zu fragen, nach einem Wissensprekariat und nach Bedeutungsverlust. Die Alchemie ist ein anderes. Kollabieren die Bedingungen, unter denen alchemisches Wissen weitergegeben wird, droht ein kompletter Bedeutungsverlust, es verschwindet die ganze Wissenskultur. Selbst wenn die physische Existenz einer Kultur, sagen wir eines Indianerstammes in Nordamerika, nicht völlig vernichtet ist, kann der Verlust der alten Lebensweise, nachdem die Anpassung an europäische Lebensformen vollzogen ist, dazu führen, daß die alten Wortbedeutungen hohl und unverständlich werden. Der Philosoph und Psychoanalytiker Jonathan Lear hat das in *Radical Hope* auf beeindruckende Weise für den Fall des Stammes der Crow um 1900 gezeigt. Lear spricht von »cultural devastation«.[3] Ich erinnere auch an Alasdair MacIntyres berühmte These, wir würden heute, wenn wir von moralischen Dingen sprechen, oftmals nur noch leere Worthülsen verwenden, weil wir keine kohärente moralische Sprache, kein Weltbild, kein Begriffsschema mehr hätten, nur noch Fragmente davon, in einem Zustand der Verwahrlosung.[4] Da ist der Begriffsverlust auf einmal keine Sache von fremden, untergegangenen Kulturen mehr, sondern unserer eigener, und die untergegangene Kultur ist diejenige unserer eigenen moralphilosophischen Vergangenheit.

So steht es auch um unsere wissenschaftsgeschichtliche Vergangenheit. Der kulturelle Code der Alchemie ist größtenteils verloren. Aber in speziellen Fällen war er schon für die Zeitgenossen verloren, dann nämlich, wenn ein Geheimnis so gut gehütet war, daß außer einem kleinen Kreis niemand davon erfuhr. Das potenzierte sich in epistemischen Situationen der Verflechtung. Alchemisches Wissen, das in fernen Kontaktzonen entstanden ist, war doppelt bedroht. Davon handelt dieses Kapitel.

Exklusivität

Für Disziplinen wie die Botanik oder Pharmakologie wird Verflechtungsgeschichte auf hohem Niveau längst praktiziert. So wird etwa untersucht, wie die *Colóquios dos Simples e Drogas da India* von Garcia da Orta von 1563 zustande gekommen sind, in denen Medizinalien und Pflanzenwirkstoffe indischer Gewächse beschrieben werden. Man findet heraus, was dort an indigenem Wissen verarbeitet ist, aber auch an arabisch-persischen Theorien, die im Indien der Mogul-Kaiser in Geltung standen; man erkennt, wie übersetzt und fehlübersetzt wurde und welche transnationalen Kompetenzen der konvertierte sephardische Jude Garcia nach Goa mitbrachte.[5] Für die Alchemie gibt es solche Untersuchungen dagegen noch kaum. Das hat Gründe, die mit ihrer Prekarität zusammenhängen.

Denn alchemisches Wissen ist noch stärker als medizinisch-botanisches Wissen oft exklusiv gewesen, nämlich geheimgehalten und selbst in den Rezepturen nur angedeutet. Es geht ihm damit ähnlich wie den Opernmelodien, die nicht auf Notenblättern fixiert wurden, damit andere Orchester sie nicht stehlen und nachspielen konnten; oder Spionagewissen, das nur mündlich an den Kontaktmann weitergegeben wurde, um nicht kompromittiert werden zu können.[6] Alchemiker benutzten, wie Untergrundradikale, aber aus anderen Gründen, Decknamen, Pseudonyme, Allegorien und Anspielungen. Die Bedrohung, der sie ausgesetzt waren, war nicht so sehr, als Häretiker verhaftet zu werden, sondern ihr intellektuelles Kapital zu verspielen, mit dem sie sich Fürsten oder reichen Leuten andienen konnten.

Das ist *ein* Grund, warum die Welt der Alchemie des 16., 17. oder 18. Jahrhunderts uns heute so fremd und so schwer zu rekonstruieren ist. Wir besitzen, ganz in MacIntyres Sinn, nur hier und da Fragmente einer verstehbaren Sprache der Alchemie, zumal schon die Akteure, die in dieser untergegangenen Begriffswelt der Frühen Neuzeit gelebt haben, selbst größte Schwierigkeiten gehabt haben, aus den Andeutungen ihrer Ko-Alchemisten Sinn zu machen. Ein solches Sinnvoll-werden-Lassen funktionierte meist nur über die Praxis, das Experimentieren und versuchsweise Nachkochen der von ihnen interpretierten rätselhaften Rezepte. So geht es uns übrigens auch heute noch: gute Alchemieforscher wie William Newman oder Lawrence Principe arbeiten Rezepte im Labor nach, um die Texte verstehen zu können.[7]

Aber das ist eben nur *ein* Grund für die Prekarität der globalen Alchemie. Ein zweiter liegt in der quellenmäßigen Ungleichheit bei der Rekonstruktion globaler Begegnungen. Während die westlichen Akteure etwa in Indonesien im 17. Jahrhundert – auf diese Epoche und diese Kontaktzone wird dieses Kapitel zulaufen – Aufzeichnungen auf Papier hinterlassen haben, gedruckte Bücher, handschriftliche Briefe, die zum Teil noch in den westlichen Archiven wiederaufzufinden sind, haben die indigenen Kontaktpersonen, mit denen sie zu tun hatten – auch im Austausch über alchemische Praktiken –, zum großen Teil nichts hinterlassen: entweder waren sie nicht Teil von Schriftkulturen, so daß ihr mündliches Wissen nicht überliefert ist, falls nicht zufällig ihre Praktiken bis heute tradiert worden sind; oder sie schrieben es, etwa in Bantam auf Java, mit islamischem kulturellem Hintergrund in Carakan-Schrift auf Palmblätter, oder ayurvedische Notizen in Brahmi-Schrift auf Bengalisch ebenfalls auf Materialien, die im heißen Klima dieser Gegenden schnell verrottet sind.⁸ Es gibt solche Texte aus dem 17. Jahrhundert, aber nur wenige, und teilweise auch nur, weil sie in westliche Archive gekommen sind. Erst im späten 17. oder frühen 18. Jahrhundert landeten Zettel etwa mit Brahmi-Schrift aus Batavia in Büchern, die man in Europa druckte: beispielsweise ein Blatt, auf dem sich Sergeant Meyer von der Holländischen Ostindien-Kompanie (VOC) von einem Bengalen seinen Namen hat aufschreiben lassen.⁹

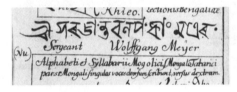

Abb. 32: »Sergeant Wolfgang Meyer« in Brahmi-Schrift.

Beides spielt eine Rolle: Existenzverlust ist das eine, Bedeutungsverlust das andere. Es gab Gegenstände, die den langen Weg von Indonesien nach Europa gemacht und hier in Archiven überdauert haben, wie eine Figur des *Wayang Kulit*, des Schattenspiel-Theaters, die von VOC-Reisenden nach Amsterdam gebracht worden ist, dort vom Deutschen David Schelhammer in sein Kuriositätenkabinett einsortiert wurde, um dann an einen Bildungsreisenden aus Jena, Johann Ernst Gerhard, verschenkt zu werden.¹⁰ In Indonesien gibt es diese empfindlichen Holz- und Pappfiguren aus dem 17. Jahrhundert nicht mehr, sie sind alle verrottet. Was auf der Reise verlorenging, war die kulturelle Bedeutung. In Indonesien stellen die Figuren des *Wayang Kulit* adelige Personen aus indischen Heldenepen dar, sie dienen im Theater für Erbauung und Unterhaltung. Johann Ernst Gerhard aber, der die Puppe mit nach Jena brachte, war Theologe, und er sah in ihr die Abbildung eines Teufels. Für ihn war das ein Beweis der gängigen Theorie, daß die nichtchristlichen Kulturen Außereuropas vom Teufel geprägt waren. Prekarität also hier durch Bedeutungsverlust.

Abb. 33 und 34: Abbildung einer indonesischen Schattenspielfigur bei Johann Ernst Gerhard/Schattenspielfigur (Yudhishthira).

Schiffbrüche

Und noch ein dritter Sinn von Prekarität globaler Alchemie läßt sich nennen, ein ganz handgreiflicher, der auch für die westlichen Reisenden und gerade für sie galt. Globales, transnationales Wissen ist in der Phase der frühen Globalisierung Teil von Risikohandeln, d.h. von Reisen, bei denen viel schiefgehen konnte: man konnte leicht krank werden und sterben, man konnte durch fremde Tiere und Völker getötet werden, man konnte Schiffbruch erleiden. Damit kommen wir ganz konkret in das Ambiente, dem wir uns zuwenden wollen: die Festung Batavia auf Java in den Jahren um 1680. Georg Eberhard Rumpf aus Hessen hatte sich 1652 als Söldner bei der VOC verdingt und war nach Südostasien verschifft worden, er lebte in Batavia und dann vor allem auf der Molukken-Insel Ambon und betätigte sich als Botaniker, als Experte für die asiatische Flora.[11] Aber er hatte es nicht leicht. Er erblindete, das machte es ihm schwerer, sein reichhaltiges Wissen aufzuzeichnen und weiterzugeben. Man sandte ihm Sekretäre, denen er diktierte, und Zeichner, damit er seine Arbeit fortsetzen konnte. Dann brannte seine Bibliothek ab. Wieder ein enormer Wissensverlust, Verlust von Papieren und Aufzeichnungen. Rumpf arbeitete unverdrossen weiter. Er gab 1692 das Manuskript und die gemalten Illustrationen seines großen Werkes *Herbarium Amboinense* Schiffsleuten mit auf den Weg in die Heimat, damit es gedruckt werden konnte. Das Schiff ging unter, es wurde von der französischen Flotte versenkt.[12]

Das ist die hautnahe Prekarität von frühneuzeitlichen europäischen Wissenschaftlern in Übersee, eine enorm gesteigerte Anfälligkeit ihres Wissens und ihrer Erkenntnisse gegenüber Bedrohungen. Aber ganz wie die Untergrund-Radikalen haben auch diese Wissenschaftler ihre Prekarität reflektiert und auf sie reagiert: Rumpf wählte die Streu-Taktik: er schickte einzelne Kapitel und Abbildungen immer wieder an unterschiedliche Empfänger in den Niederlanden, ließ sich Abschriften von seinen Texten machen und hoffte, daß wenigstens ein Teil davon seinen Weg bis zur Drucklegung finden sollte. Auch das war noch schwierig, denn die Direktoren der VOC legten jahrzehntelang ihre Hände auf die Manuskripte und hielten sie unter Verschluß, denn das botanische Wissen war exklusives Firmenwissen und Wirtschaftsgeheimnis.[13] So dauerte es bis 1741, bis die nach all den Verlusten rekonstruierten Teile des *Herbarium*

Amboinense endlich erscheinen konnten.¹⁴ Immerhin. Gegen alle Widrigkeiten.

Viele Schiffsladungen an Wissen haben es allerdings nicht geschafft, gerettet zu werden; oder nach der Ankunft die Verliese der VOC zu verlassen; oder, weil es sich um alchemische Texte handelte, überhaupt verstanden zu werden. Wie diffizil die epistemische Situation gewesen ist, soll hier exemplarisch an einem Fall aus der globalen Verflechtungsgeschichte der Alchemie gezeigt werden, der aus den Wirrnissen seiner Prekarität heraus rekonstruiert wird, gesehen, wenn möglich, von beiden Seiten, der westlichen und der östlichen, und verstanden von ihren wirklichen chemischen, mineralischen und botanischen Grundlagen her.

Batavia

Schon räumlich gesehen ist es ein winziger, mikrohistorischer Ausschnitt dieser Verflechtungsgeschichte: Batavia um 1680.¹⁵ Was ist die »Intellectual History« von Batavia in diesen Jahren? Kann man sie schreiben? Anhand der wenigen Druckschriften, Briefe, Tagebücher, die einem zur Verfügung stehen? Und welche Rolle nimmt die Alchemie in dieser Intellectual History ein?

Versuchen wir zumindest einen Aufriß dieses ambitionierten Projektes. Ambitioniert nicht zuletzt deshalb, weil der Anspruch, auch die andere Seite – oder besser: die anderen Seiten – zu berücksichtigen, dazu zwingt, Quellen in Malaiisch und Chinesisch, Sanskrit und Persisch zu benutzen. Das kann nur in Zusammenarbeit mit Experten aus der Sinologie oder Indologie geschehen und wird auch in diesem Kapitel nur ansatzweise praktiziert werden.¹⁶

Stecken wir zunächst den Rahmen des Projekts ab. Kann man eine Geistesgeschichte Batavias isoliert schreiben? Nein,

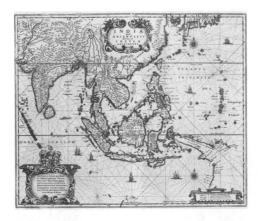

Abb. 35: Karte des indonesischen Archipels
von den Brüdern Bleau aus dem Jahr 1635.

auf keinen Fall. Batavia war der Hauptstützpunkt des gesamten ostindischen Netzwerks der VOC, und das erstreckte sich von Kapstadt über Surat an der nordindischen Küste, in Gujarat, Cochin an der Malabarküste in Südindien, Ceylon, Batavia auf Java, Sumatra, Ambon und die Molukken, Macao in China bis hin zur kleinen Insel Deschima vor Nagasaki in Japan.[17] Normalerweise legten die Flotten in Holland im Dezember und Januar ab und kamen im Juni oder Juli in Batavia an. Dort verteilten sie sich fächerförmig und segelten zu den diversen südostasiatischen Häfen. Im Winter segelte man wieder zurück und kam dann, wenn alles gutging, im Juli, also frühestens eineinhalb Jahre später, wieder in Holland an. Wenn Personen, Waren, Briefe, Informationen in Batavia zirkulierten, dann von und zu den Punkten dieses Netzwerks. Es konnte sehr viel leichter sein, von Batavia aus Neuigkeiten aus Kapstadt oder Nagasaki zu hören als von javanischen Berggegenden, die nur einige hundert Kilometer entfernt lagen. Der intellektuelle Horizont, mit dem wir es hier zu tun haben, ist daher ein sehr seltsamer: ein niederländisch-europäischer mit ganz spezifischen

Verzweigungen an einzelne Punkte in Asien, und von einem Rhythmus geprägt, der durch Monsunwinde diktiert war.

Und in Batavia selbst? Mit wem hatte man Kontakt in diesem hochbefestigten Hafenort? Sehen wir uns den Stadtplan aus dem Jahr 1681 an:[18]

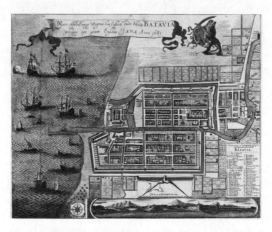

Abb. 36: Batavia im Jahr 1681.

Am Hafeneingang thront die Festung, die die militärische Präsenz absichert, der Rest der Stadt ist in rechteckigen Quartieren geordnet, von einem Zentralkanal und mehreren kleineren Kanälen durchzogen und mit einer dicken Stadtmauer befestigt. Innen gab es das Stadhuis (das Rathaus), die Häuser des Generals und des Indienrats, eine Kirche und ein Hospital, aber schaut man an den Rand der Innenstadt, noch innerhalb der Mauern, kann man die Quartiere der Bandanesen (v) und der Malabaren (w) erkennen, also der mehr oder weniger einheimischen Leute aus Banten oder Bantam, dem westlichen Java – wo Batavia liegt –, und aus Südwestindien.

Ein chinesisches Quartier ist nicht verzeichnet, doch gab es auch viele chinesische Händler in Batavia, und man weiß, daß im 18. Jahrhundert zahlreiche chinesische Häuser abgebrannt

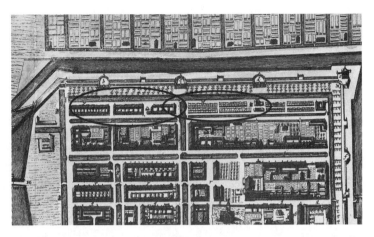

Abb. 37: Die Quartiere der Bandanesen und der Malabaren in Batavia.

sind. Die Holländer – oder sagen wir besser: Europäer, denn in der VOC hatten Söldner aus ganz Europa angeheuert – waren also nicht unter sich; selbst in der Innenstadt gab es Indonesier und Inder, wenn auch, schaut man sich den Stadtplan in Vergrößerung an, in sehr ärmlichen Unterkünften: für die Bandanesen immerhin noch kleine Häuser, für die Inder nur noch Hütten. Sie waren die niedrigen Lohnarbeiter, manchmal auch Sklaven, von denen man sich bedienen ließ. Da die Europäer meist Männer waren, stellten sie aber auch die Frauen oder Bedienten-Sexualpartner, was für ein Verständnis von Kulturkontakt und impliziten Wissenstransfers nicht zu vernachlässigen ist.

Manchmal kam es zu aufregenden Szenen. So etwa als Indonesier laut rufend eine sieben Meter lange Schlange anschleppten, wohl ein Netzpython, die sie entdeckt und getötet hatten.[19] Da war der Dschungel dann unmittelbar präsent in Batavia. Die anwesenden Ärzte und Naturkundler sezierten das Tier und fanden in ihm die Reste einer Frau, die von der Schlange geschluckt worden war. Auch an Chinesen wendete man sich, insbesondere dann, wenn man krank war. Es gebe unter ihnen in

Batavia »treffliche Medicos«, heißt es.[20] Und 1681 heilte eine einheimische Ärztin, also wohl eine Bantanesische Heilerin, einen holländischen Bergarbeiter, der auf Sumatra erkrankt und dann ins Hauptquartier gebracht worden war. Die holländischen Ärzte waren ratlos, doch die Frau schaffte es, ihn wieder gesund werden zu lassen.[21] Eine andere, eine Balinesin, lebte außerhalb der Stadtmauern, heilte aber auch mit ihrem indigenen Wissen holländische VOC-Mitarbeiter.[22]

Die Apotheke

Die Intellectual History eines Ortes schreibt man am besten von einer Gruppe von Personen aus, und wenn diese Gruppe auch noch miteinander in engem Kontakt steht, dann kann man sie als Konstellationsanalyse schreiben – vorausgesetzt, man hat genügend Quellen, um eine »dichte Beschreibung« intellektueller Querbeziehungen geben zu können. Versuchen wir es zumindest. Georg Eberhard Rumpf habe ich schon erwähnt, aber er hält sich um 1680 schon weitgehend auf Ambon auf. In Batavia ist es hingegen eine Apotheke, die unsere Aufmerksamkeit fesseln sollte. Sie lag zentral am Rand des Hafens, innerhalb der Festung. Von dort aus war es nicht weit zum Hospital, das sich am nordöstlichen Rand der Stadt befand, vis-à-vis der Festung.

Man ging in die Festung durch das sogenannte Pinangtor, benannt nach der Pinang oder Betelnußpalme, deren zerhackte Früchte die Javaner gern in Blätter wickelten, die sie mit gelöschtem Kalk bestrichen hatten, und dann kauten.[23] Das hatte eine Wirkung etwa wie Kautabak, und die Javaner versammelten sich am Tor und saßen dort am Boden. Morgens aber war der Platz voller Kaufleute, die ihn als Börse benutzten und laut die Kurse und Gebote durcheinanderriefen; außerdem hörte man hier immer die neuesten Nachrichten von den anderen ost-

Abb. 38: Festung und Hospital in Batavia.

indischen Stützpunkten.²⁴ Wenn man an Kaufleuten oder Pinangkauenden vorbei durch ein zweites Tor in den Innenbereich der Festung gekommen war, lag linker Hand die Schatzkammer, aber rechts wohnten die zwei Oberkaufleute und auch der Vorsteher der Apotheke, der zugleich Aufseher aller anderen Ärzte war. Er hatte also eine durchaus herausgehobene Stellung am Ort.

Die Apotheke war 1663 von Robert Padtbrugge eingerichtet worden, als *medicinale winkel,* Medizinladen.²⁵ 1667 wurde sie von Andreas Cleyer übernommen, einem Deutschen, der zunächst nur als Krankenpfleger im Hospital gearbeitet hatte, dann aber auch die Lateinschule geleitet hatte, denn er hatte in Marburg Medizin studiert, wenn auch ohne Abschluß, und war gebildet genug, um unterrichten zu können. Cleyer ist ein zentraler Kopf, wenn man verstehen will, was in Batavia intellektuell vor sich ging.²⁶

Er und seine Assistenten. Denn er lernte einige andere Söldner an, die ebenfalls naturwissenschaftliche Bildung mitbrachten und ihm zur Hand gehen konnten. Das war zum einen der

Schwede Herman Niklas Grim, ein Schüler von Ole Borch in Kopenhagen, der 1674/75 im Hospital in Colombo auf Ceylon stationiert gewesen war und von dort wertvolle Erfahrungen mitbrachte,[27] zum anderen der Thüringer Johann Otto Helbig (Hellwig), der 1676 in Batavia eintraf und schnell von Cleyer für seine Apotheke rekrutiert wurde, denn auch er hatte Medizin studiert.[28] Seit 1676 gab es also eine enge Zusammenarbeit von Cleyer, Grim und Helbig, vielleicht auch noch von einigen weiteren Männern, die an Naturwissenschaften interessiert waren. Im größeren Umkreis des VOC-Netzwerks sind etwa noch George Meister, Paul Hermann und Willem te Rhine zu nennen.[29]

Außerdem gab es Besuche von anderen Stützpunkten der Kompagnie, die in Batavia große Aufmerksamkeit fanden. In der ersten Hälfte des Jahres 1682 beispielsweise hielt sich der Jesuitenpater Philippe Couplet auf Batavia auf, von China kommend, wo er einer der besten Experten für chinesisches Denken, auch chinesische Medizin, geworden war. Er ließ Cleyer an seiner Übersetzung der Werke von Konfuzius teilhaben, und Cleyer fragte ihn täglich über chinesische Medizin und Pflanzenkunde aus, bevor er selbst nach Nagasaki aufbrach.[30]

Zu diesem Zeitpunkt waren Helbig und Grim schon nicht mehr da: Helbig kehrte 1679 oder 1680 nach Europa zurück; Grim wurde 1681 nach Sumatra delegiert, etwas später kehrte dann auch er nach Europa zurück. Es war eine Gesellschaft in ständigem Wandel. Wenn wir die Konstellation Cleyer-Helbig-Grim ansehen wollen, bleiben uns also nur wenige Jahre, die Jahre zwischen 1676 und 1679.

Die Apotheke

Abb. 39: Die Konfuzius-Ausgabe von 1687.

Ein alchemisches Labor

Die Apotheke war nicht zuletzt deshalb eingerichtet worden, um bei Arzeneimitteln nicht nur auf die teuren Importe aus Holland angewiesen zu sein. Von Ceylon aus hatte man begonnen, in der VOC Medizinalien aus indigenen Pflanzen herzustellen.[31] Dazu war man auf den Rat einheimischer Leute angewiesen, fing aber auch an, die Pflanzen in eigens eingerichteten Laboren chemisch zu behandeln und aus ihnen Essenzen zu destillieren. Erst auf Ceylon, dann auch auf Batavia, wo Cleyer seit 1665 chemisch experimentierte. Er ging sogar so weit, nach Dienstschluß, zu seiner eigenen »Recreation«, ein wenig transmutatorische Alchemie zu betreiben.[32] Ist das Labor erst mal da, warum sollte man nicht sein Glück versuchen? In einem Brief an Sebastian Scheffer in Frankfurt spricht Cleyer 1683 von seinen Erfahrungen: Der Umstand, »das[s] in Chemia vera [also in der Alchemie] und durch unverdrossene particularie [Einzelversuche] vile herrliche wissenschaften ausgeübt« werden können, also viel Wissen zu finden ist, habe ihn damals bewogen, mit Scheffer Kontakt aufzunehmen, »wiewol ich gar gerne gestehe, das niemalen in dem großen Werk [der Auffindung des Steins der Weisen zur Umwandlung von Metallen in Gold] biß annoch gedancken gehabt habe, mich dessen zu unterwinden, oder daran hand zu legen, und den Auctoren, die davon geschriben ihre concordantiam zu ponderiren [also zu beurteilen, wer von den Experten mit seinem Weg recht habe]. Hab mich recreationis ergo [zur Erholung] zum öffteren beflissen, und sovil vermerckt, das nemlich die metallische subjecta durch bequeme solventia zerlegt [durch Lösungsmittel aufgelöst], durch ihr approbirt fewer [Feuer] gezeitigt, und durch verbesserte sulphura so sehr können geadelt werden [...].«[33] »Sulphura« sind hier einfach die energiehaften Substanzen, die das seiner Natur nach materielle »Mercurische« im Metall komplementieren. Verbessetre Sulphura, verbesserte Metalle. Nur solche Metalle könnten in bessere verwandelt werden, fand Cleyer für sich heraus, die zuvor die »aptitudo«, die Bereitschaft bekommen hatten, sich mit einem solchen verbesserten Sulphur zu vereinigen.

Das war aber auch schon alles. Cleyer war kein spekulativer Kopf, und er hatte keine Lust, sich in Spekulationen zu verlieren, denn das würde ihn von der täglich notwendigen Praxis abhalten. Da war Grim schon ein wenig experimentierfreudiger. Er brachte seine Erfahrungen aus Ceylon zu Papier und ließ sie 1677 auf Java drucken – denn in Batavia gab es sogar eine kleine Druckerei. Er nannte sein Buch *Laboratorium chymicum*.[34] Das Werk, von dem Cleyer argwöhnte, daß Helbig es später ins Lateinische gebracht habe,[35] zeigt gut, wie man sich den Alltag in Cleyers Apotheke vorstellen muß, denn Grim beschreibt, wie man aus Elefantenzähnen und Elefantenknochen Tinkturen destillieren kann, ebenfalls aus tropischen Schlangen,[36] sogar aus Perlen, die man in Muscheln findet.[37] Nichts war sicher davor, in die Phiole gesteckt und auf den Ofen gelegt zu werden. Es war eine Pionierzeit, die wilde und unkontrollierte Wissenschaft vor Ort, die Harald Fischer-Tiné einmal die Produktion von »Pidgeon-Knowledge« genannt hat.[38] Allerdings ist im Buch keine transmutatorische Alchemie enthalten, kein Hinweis auf eine Suche nach dem Stein der Weisen.

Helbig hingegen, der andere Assistent, hegte genau diese Neigungen, die Cleyer und Grim so fremd waren. Zwar schickt auch er botanische und chemische Beobachtungen heim nach Deutschland, damit sie in den *Miscellanea curiosa* der Gesellschaft der Leopoldina gedruckt würden, darunter über natürlich entstandenes Alkali und über »indische« Mineralien,[39] aber ihn beschäftigen auch grundsätzliche Fragen. Wie viele natürliche Elemente gab es? Wie hingen die Veränderungsprozesse in der Natur miteinander zusammen? Konnte man einen Stoff finden, der die ganze Vielfalt der Natur in sich vereint und da-

Abb. 40: Grims chemische Schrift über Ceylon.

mit ein Wunderstoff wäre, mit dem sich außerordentliche Wirkungen erzielen ließen, von der Krankheitsheilung bis hin zur Herstellung von Gold?

Helbig ging mit offenen Augen durch Batavia. An einem Tag sah er im Hafen ein Schiff, das Feuer gefangen hatte.[40] Es war ein Admiralsschiff, das von Sumatra kam und bis obenhin mit Pfeffer beladen war. Helbig fragte sich, wie sich der Pfeffer entzündet haben konnte, und stellte eine Theorie auf, nach der sich Stoffe durch eine Art Gärung entzünden können. Dabei schien ihm, daß Feuer nicht wie üblich als eigenes Element zählen könne, sondern nur der Effekt von äußerlichen Einflüssen, nur eine Eigenschaft, sei. Von dort aus setzte sich ihm eine ganz eigene Form von Elementenlehre zusammen, eine eigene Variante von Physik, von der er nicht mehr lassen wollte. 1677 entwickelte er diese Überlegungen, und sie schienen ihm als ein intellektueller Durchbruch hin zu einer neuen, und wie er im Stile van Helmonts gern sagen wollte, »unerhörten« Physik.[41]

Unerhörte Physik

Schauen wir etwas genauer, wie diese Physik aussah, denn sie ist durchaus eine Form von prekärem Wissen. Nicht unbedingt, weil das Manuskript des *Introitus in veram et inauditam physicam* so wie das von Rumpf verlorengegangen wäre. Helbig druckte es vorsichtshalber bereits 1678 in Batavias eigener Druckerei, die in Wurfweite von der Apotheke entfernt lag. Zwar nur wenige Exemplare, von denen es nur noch ein einziges gibt, aber das reichte, um es zwei Jahre später in Europa nachdrucken zu lassen.[42] Nein, das Wissen ist prekär, weil wir es heute nicht mehr völlig verstehen, da Helbig in vielem nur Andeutungen macht und da wir nicht wissen, was darin an Kenntnissen der Javaner, Inder oder Chinesen eingegangen ist.

Helbig geht von einem »dickflüssigen Wasser« (*aqua viscosa*) aus, das alle irdischen Elemente in sich enthalte und damit gewissermaßen ein einziges Element sei. Etwas später nennt er es den »Welt-Schleim«.[43] Das Zentrum, sozusagen das Konzentrat dieser Urflüssigkeit, sei ein ganz besonderes Salz. Es sei ein ideales Salz, das nicht korrodiere, nicht von Säuren zersetzt werde, aber überall eindringen und alles auflösen könne. Dieses Salz sucht er, und er beschreibt es in seiner *Physica inaudita*.[44] Um die Zentralstellung auszudrücken, bedient sich Helbig einer im Paracelsismus üblichen quasi-trinitarischen Darstellungsweise von drei Prinzipien mit einem vierten als Mittelpunkt. Ähnliches sieht man im wenige Jahre zuvor publizierten *Arbor philosophorum*, der wie viele andere Werke die Kreisgestalt der Elemente mit der »Trinität« von Geist, Seele und Körper in einer Figur zu verbinden sucht. Entsprechend spricht Helbig davon, der Körper des Salzes sei in der Erde gegründet, sein Geist im Wasser, seine Seele in der Luft. Dieses Idealsalz nennt er mit einem von ihm geschaffenen Kunstausdruck »Tessa«.

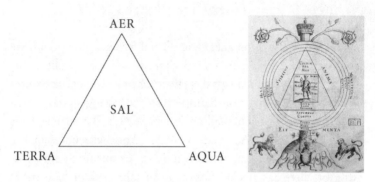

Abb. 41 und 42: Das Salz als Konzentrat von Erde, Wasser und Luft/ Paracelsisches Dreieck von Körper, Seele und Geist.

Einige Jahre später, als Helbig aus Batavia zurück war und in Heidelberg lehren durfte, um 1681 herum, hat er im Manuskript einer reiferen Fassung seines Denkgebäudes, der *Curiosa physica*, die Kreise der Elemente in eine komplexere Form von Ineinandersein gebracht, die jetzt auch Gott und das Licht enthält und somit in eine theoalchemische Schöpfungslehre eingebunden ist.[45]

Etwas ausführlicher noch hat Helbig diese Schöpfungslehre im pseudonymen *Centrum naturae concentratum* formuliert, das 1682 erschien.[46] In der *Curiosa Physica* heißt es zum Verhältnis der verschiedenen Schichten des Seins: »Gott wohnt im Lichte, das Licht im Geiste, der Geist im Salze, das Salz in der Luft, die Luft im Wasser (worinnen das allgemeine Vitriolum wohnet), das Wasser in der Erden, und die Erde ist denen andern allen eine Gebährmutter, oder gleichsam eine Werkstatt,

Abb. 43: Das Ineinander-Enthaltensein der Elemente im Kosmos.

worauf und worinnen sie arbeiten. Das Licht ist dem Geiste gleichsam ein Herr, der Geist dem Salz ein Licht, das Salz der Lufft ein Geist, die Lufft dem Wasser ein Salz, das Wasser mit seinem Vitriolo, der Erde gleichsam Herr, Licht, Geist und Salz, Lufft und Wasser zugleich.«[47] Das ist eine bewußt rätselhafte, aber auch hochtheoretische Formulierung einer Korrelativenphilosophie, wie sie in der Renaissance seit Ficino und Campanella populär geworden war: das eine »ist« jeweils im anderen, und das Äußere, das alles in sich enthält (die »Matrix«), ist gewissermaßen die Urmaterie.[48] Unter den deutschen Paracelsisten, Alchemikern und Barockphilosophen war diese Denkfigur weit verbreitet. In der *Curiosa Physica* war freilich nicht mehr das dickflüssige Wasser die Urmaterie, sondern die Erde im Sinne des »Welt-Schleims«.

In den Substanzen der Welt gibt es aber nach Helbig eine bestimmte Dynamik. Ging es im *Introitus* noch maßgeblich um Säuren und Basen, so wie sie Otto Tachenius als »hippokratische« Grundkräfte allen Werdens und Vergehens konzipiert hatte, so übersetzt Helbig diese Grunddynamik in der *Curiosa*

Physica in das Gegeneinander von »Mercurius« und »Vitriol«.⁴⁹ Mercurius meint dabei eine verdünnende, Vitriol hingegen eine verdickende Kraft.⁵⁰ Helbig möchte die Dynamik der Weltwesen in Begriffen der »Bewegung« und der »Selbstbewegung« oder auch Selbsterhaltung ausdrücken. »Mercurius erhält mit seiner stetigen Verdünnung Geist, Seele und das Leben; Vitriolum mit seiner stetigen Verdickung den Leib und die Matricem. Sobald sich nun durch den Künstler [den Alchemiker] oder eusserlichen Zufall die gehörige proportion verändert, so wird ein Wesen aus seiner vorigen Gestalt gebracht, und wenn des Mercurii zu viel ist, verdünnet, aufgeschwelt, solvirt, fermentirt, auch gar zur Fäulung und endlichen Verderben geführet. Wird aber des Vitrioli pondus vermehret, so ziehet sich ein dünnes, flüssiges, lockers poresisches und aufgeschwollenes Ding zusammen, wird dicker, feste und härter, und senckt sich und verändert zu Stein und Metall.«⁵¹

Das Feuer ist bei alledem, wie erwähnt, aus der Zahl der Elemente herausgenommen. Helbig entwickelt eine komplizierte, mit der aristotelischen Theorie der Antiperistasis arbeitende Konzeption von Erhitzung in der Materie durch die Mercurius-Vitriol-Dynamik.⁵² In seinen alchemischen Experimenten spielen Feuer und Verbrennung denn auch nur eine untergeordnete Rolle. Helbig entwickelt zudem eine eigene Theorie des Wassers, in dem das »Vitriol« aufgehoben sein soll.

Was man unter dem »spiritus mundi« oder »Luft-Geist« verstehen soll, wird vielleicht ein wenig klarer aus einem Rezept, das Christoph Helbig 1712 postum aus Papieren seines Bruders in den *Arcana majora* herausgegeben hat. Dort heißt es: »Dieser wird aus Bergmoos gemacht, indem mans in einem beschlossenen Haffen [= Gefäß] in eines Töpfers Ofen wohl dreimal ausbrennet, daraus alsdenn mit destillirtem Aqua fluviali das Saltz extrahiret, dieses darauf etliche mal solviret [aufgelöst] und wieder coaguliret [fest gemacht] werden. Dieses ist denn der philosophische Magnet, welcher, so er in ein offenes Glas gethan, und die Nacht hindurch an die freye schöne helle Luft gestellet wird, so ziehet er häuffig den Spiritum mundi an sich, welchen man aber wohl beobachten, und bey Zeiten, ehe denn die Sonne aufgehet, hinwegnehmen soll, sonsten er gänzlich avoliert [verdunstet]. Diesen Magneten vergehet die attrahirende Kraft nimmer, und kann man hierdurch den Spiritum mundi so wohl bekommen, als man verlanget.«[53] Mit »Magnet« ist dabei natürlich kein echter Magnet gemeint, sondern allein jene Kraft, die anderes – und zwar auf chemische Weise – attrahieren kann.

Welt-Schleim

Damit können wir uns schließlich Helbigs Auffassung vom »Welt-Schleim« nähern, seinem Wort für die Adamische Erde oder *prima materia*. Daß dies »Lufft, Wasser und Erde zugleich«[54] sein soll, war schon im *Introitus* deutlich geworden. Nun aber, in der *Curiosa Physica*, wird Helbig deutlicher. »Unsers Welt-Schleims Ursprung ist aus dem Menschen und der Lufft.«[55] Er sei nirgends zu kaufen, weil er nichts gelten würde, er sei überall zu finden. Der Mensch nämlich trage die »materia magnetis« überall mit sich und könne damit »vermittelst geringer Handgriffe und des Instrumentum, wenn [= wann] er will, den allgemeinen Geist der Lufft fangen und zu Saltz machen«. Die Materie werde »gefunden auf den höchsten Bergen, dann wenn der Mensch mit seinem Magnete auf dem höchsten Berge wircket, so ist seine Hand, darinnen der Magnet lieget mit dem Instrumente, worinnen das geistliche kömt, noch höher als der Berg, und als das höchste«. Diese Materie werde aus den Apotheken weggeworfen und auf den Mist geschüttet, sie werde auf öffentlichen Straßen gefunden, »und dienet denen Kindern offtmahls zu ihren spielen«, sie sei in roher Gestalt eine gute Arzenei, aber auch ein böses Gift. Sie sei *animalisch*, denn sie komme aus dem Menschen, und bringe aus sich Insekten hervor; *mineralisch*, da aus ihr und der Luft Metalle erzeugt werden können; und schließlich *vegetabilisch*, da aus ihrem »Magnet« ein Salz präpariert werden könne, das, wenn es an Pflanzenwurzeln gelangt, in großer Quantität Geist-Salz oder *spiritus universalis* hervorbringe und die Pflanzen groß und stattlich werden läßt.[56]

All das, was Helbig beschreibt, trifft – man muß es so deutlich sagen – eigentlich nur auf den menschlichen Kot zu. Allenfalls noch auf Tierkot wie Pferdeäpfel, denn Kinder spielen damit auf der Straße, und man kann damit düngen. Allerdings benötigt man ein »Instrumentum«, eine Apparatur, um auf richtige Weise aus dem Kot an der Luft ein Salz zu extrahieren. Oder ist es wie im Bergmoos-Rezept, daß erst durch Ausbrennen und mehrfaches Lösen und Koagulieren ein Salz extrahiert wird, das dann seinerseits der Luft ausgesetzt wird? Ist das Instrumentum dann doch ein Gefäß und ein Ofen?

Was würde denn dann chemisch passieren? Können wir all diese Andeutungen in eine heutige naturwissenschaftliche Sprache übersetzen? Ja, das ist möglich. Wenn man Kot, genau wie das Bergmoos, verbrennt, entsteht eine Mischung aus wasserunlöslichen Aschemineralen und löslichen Salzen, vor allem Kaliumkarbonat, die sogenannte Pottasche. Und diese ist das »viskose Wasser«, eine dickflüssige, siruppartige Substanz, die die Feuchtigkeit (für Helbig den *spiritus mundi*) aus der Luft zieht. So deutlich ist Helbig nicht. Er nimmt klare Wörter wie Pottasche nicht in den Mund.[57]

Etwas später, im Kapitel über den »Magnet«, heißt es dann: »Wenn ich des Welt-Schleims Saltz in einem Glase an einem temperirten Orte wohl zugemacht und verwahret stehen lasse, so legt sich rund um das gantze Glas von unten, oben und auf den Seiten ein mercurialisch Saltz, als Zweige, oder Weinstöcke an, und ist dieses mercurialische Saltz so gut als mein anders und gibt auch gut Queck-Metall [Quecksilber oder ähnliche flüssige metallische Substanzen].«⁵⁸ Die attrahierende Wirkung des aus Kot gewonnenen Salzes zeigt sich daran, daß es um sich herum andere Substanzen erzeugt, obwohl sich ein Glas dazwischen befindet.

Wenn Helbig dann von seiner geheimen Substanz, die er »Tessa« nennt, schreibt, so ergibt sich das aus seinen Experimenten mit Kot. Tessa sei eine »schneeweisse Erde ohne Geruch und Geschmack«, die aus dem »Welt-Schleim« ohne Feuer gemacht werde, »und darinnen der allgemeine Mercurius und Vitriolum verborgen liegt«, die also verdünnende und auch verdickende Eigenschaften hat.⁵⁹

Was ist die Tessa? Was ist diese schneeweiße Erde, ohne Geruch und Geschmack und ohne Feuer hergestellt? Das kann, so sagt die chemische Expertise – nicht aber Helbig –, das kann nur Salpeter sein.

König Salpeter

Chemisch betrachtet, geht es hier offensichtlich um das Wechselverhältnis von Pottasche und Salpeter im Sinne einer salzigen Lösung mit Kalisalpeter, bei der sich der Salpeter nach bestimmten Prozeduren kristallisierte.⁶⁰ Hat Helbig sich all dies selbst ausgedacht? Oder hat er in den Bücherschränken der Apotheke gestöbert, sofern er nicht selbst einige Bände in seinem Seesack mitgebracht hatte? Man muß zunächst einmal sagen, daß Helbigs Themen und seine Terminologie auf die paracelsistische Salz-Alchemie weist, in der er sich offenbar gut auskannte. Anhand seiner Begriffe läßt sich erkennen: Es ist die Linie, die von Heinrich Kunrath über Michael Sendivogius bis zu Johann Rudolf Glauber führt, der Helbig gefolgt ist, um sie sich anzueignen und nach seinen Erfahrungen umzuformen. Heinrich Kunrath hatte in seiner Schrift *Von hylealischen, Das ist, Pri-Materialischen Catholischen, oder Algemejnem Naturlichen*

Chaos aus dem Jahr 1597 bereits den großen schöpfungstheologischen Rahmen gesponnen, in dem der »Welt-Schleim« eine fundamentale Rolle spielt.[61]

Michael Sendivogius, der große polnische Alchemist, der ein prekäres Leben voller Gerichtsprozesse und Gefängnisaufenthalte führte, hat in seinem *Novum lumen chymicum* von 1604 als Substanz das »zentrale Nitrat«, den »unsichtbaren Niter«, das »philosophische Salpeter«, in den Mittelpunkt seiner Ansichten über das Universum gestellt.[62] Diese Substanz kam, so Sendivogius, von den Strahlen von Sonne und Mond über Regen und Feuchte in die Erde, wo es Salpeter bildete. Je nach Umgebung reifte das zentrale Salz im Boden auch zu verschiedenen Metallen. Salpeter (das heißt Salpetersäure) bildete auch die Basis eines von ihm propagierten universellen Lösungsmittels (Alkahest), das nach ihm die Stoffe wieder in ihre Urgestalt (Materia Prima) überführte. Sendivogius spricht in diesem Zusammenhang von »Luft-Salz«.[63]

Und für Johann Rudolf Glauber, der Mitte des 17. Jahrhunderts experimentierte, war Salpeter der »große Monarch« unter den Stoffen, denn aus Salpeter läßt sich auf einfache Weise beides gewinnen, sowohl Säuren als auch Basen: Mit der hochsiedenden Schwefelsäure, dem *oleum sulfuris*, kann man die leichtflüchtige und sehr aggressive Salpetersäure freisetzen.[64] Wenn man hingegen Salpeter mit Kohle schmilzt, ergibt sich Kaliumkarbonat, die verbreitetste Base in der Alchemie. Glauber hat insofern die Vorgaben aus Sendivogius systematisch weiterentwickelt.

Übrigens hat Cleyer 1682 indirekt seinen Assistenten Grim bezichtigt, im *Laboratorium chymicum* vor allem Glauber ausgeschrieben zu haben, und zwar dessen *Pharmacopoeia spargyrica, [...] wie man aus Vegetabilien, Animalien, und Mineralien, [...] Arzneyen zurichten kann*, publiziert 1654-68.[65] Er hat damit etwas Richtiges gesehen, auch wenn der Vorwurf im einzelnen etwas ungerecht sein mag. Er hat erkannt, daß sich sowohl

Grim als auch Helbig in ihren Experimenten in starkem Maße nach den Vorgaben Glaubers gerichtet haben.

Chinesische und indische Alchemie

Doch kann das alles gewesen sein? Kann man sich vorstellen, daß Cleyer, Grim und Helbig im Labor lediglich europäische Autoren und deren Praktiken als Vorbilder gehabt haben? War nicht das Besondere ihrer Lage mitten im VOC-Netzwerk zwischen diversen süd- und südostasiatischen Kulturen, mitten im Dschungel von Java, daß sie sich auch an Modellen orientieren konnten, die man in Europa nicht kannte? Haben sie nicht die indigenen Bewohner von Batavia gefragt, wie man diesen oder jenen Stoff bei ihnen bearbeitet? Manche ihrer Kollegen hatten, wie erwähnt, Javanerinnen zur Frau, die ihnen die Kenntnisse vor Ort nahebringen konnten. Galt das auch für sie? Auf der anderen Seite war das Wissen der javanischen Heilerinnen selbst prekär, denn sie benutzten nicht die üblichen Pflanzennamen, sondern spezielle, nur in ihrer Heilkunst verwendete Decknamen.[66]

Helbig selber hat 1685 dem alchemiebesessenen Herzog Christian von Sachsen-Eisenberg erzählt, er habe in Batavia seine Alchemiekenntnisse »mit Hilfe eines gewissen Inders« perfektioniert (»perfecit adiutore quodam Indo«).[67] Mit »Indo« kann damit ganz allgemein ein Süd- oder Südostasiate gemeint sein – soweit die Geschichte stimmt. Ein Blick in Helbigs Schriften zeigt allerdings, daß ein Wissenstransfer durchaus stattgefunden hat. »Die Ostindianer«, schreibt Helbig etwa im *Centrum naturae concentratum*, »machen das [Gold] geschmeidig und hochfärbig mit Kuhdreck und bringen das [Silber] zu stetsbleibender [Gold]farbe durch ein Animalisch Fett.«[68] Das Wort »Kuhdreck« läßt uns hellhörig werden. Die Indonesier operierten also auch mit »animalischen« Materien, ja sie benutzten sogar auch Kot im Zusammenhang mit Gold. Auf Sumatra gab es Goldvorkommen, und dorthin wurden stets Trupps von holländischen Bergarbeitern via Batavia geschickt.[69] So konnte Helbig von den Techniken erfahren, mit denen die Einheimischen das Gold behandelten. Doch bei nahem besehen, war das nur eine oberflächliche Behandlung, keine Transmutation.

Immerhin: Helbig erzählt in »De variis rebus Indicis«, dem Bericht, den er an die Naturforschende Akademie schickt, von natürlichen Alkali-Vorkommen im Sand nicht weit vom Meer in der Nähe der Stadt Tegnapatam, dem heutigen Cuddalore an der südostindischen Koromandelküste, etwa 20 Kilometer südlich von Puducherry und 160 Kilometer südlich von Chenna.[70] Das Wort Alkali kommt vom arabischen القلية (*al-qalya*) für »Pottasche« und »Aschensalz«, also karbonathaltiger Pflanzenasche. Aus dem Vorkommen, berichtet Helbig, habe man bis vor kurzem eine Lauge gewonnen, mit der, nachdem sie durch ungelöschten Kalk scharf gemacht worden sei, Pflanzenextrakte gemischt würden, so daß Farben zur Färbung von Kleidern entstehen.[71] Helbig hat sich also sehr genau nach solchen Stoffen erkundigt, und er hatte Informanten, die ihm davon berichten konnten. Doch haben diese Informanten auch etwas von Goldherstellung verstanden? Gab es transmutatorische Alchemie bei Indonesiern, Indern oder Chinesen? Und womöglich die Erzeugung von Substanzen aus Kot?

Beginnen wir bei den Chinesen. Im Daoismus kennt man den Begriff des *Jindan zhi dao* (金丹之道), den »Weg des Goldenen Elixiers«, bei dem ein Lebenselixir auf der Suche nach Unsterblichkeit gesucht wird.[72] Das Elixir sollte im Falle des »Waidan«, der äußeren Alchemie, aus Mineralien, Metallen oder Pflanzen hergestellt werden. Allerdings war diese Praxis langsam ausgestorben, und jetzt, zu Beginn der Qing-Zeit, gab es sie nicht mehr. Es gab allerdings noch zahllose medizinische Techniken, die die Europäer erst langsam kennenlernten. In der gängigsten Kompilation von ihnen, Li Shizhens *Bencao gangmu*, werden auch Mittel aus menschlichem Ursprung genannt.[73] Urin beispielsweise solle erhitzt und zu *qiushi*, dem »Herbststein«, reduziert werden, ähnlich wie Salz aus Meerwasser gewonnen wird. Von einem weißen Pulver, das man aus Kot gewinnen könne, steht darin allerdings nichts.

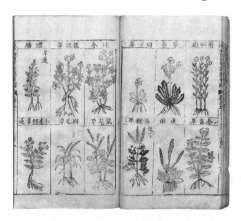

Abb. 44: Li Shizhens *Bencao gangmu*.

Die indische Alchemie gibt es sowohl in der Variante des klassischen Ayurveda, des *rasayana* (रसायन), das viel mit Quecksilber operiert, als auch in der südindischen Variante des Siddha, in der Elemente des Yoga und Tantra verarbeitet sind.[74] Kot und Urin spielen vor allem darin eine Rolle, daß die Ausscheidungen des Alchemisten, der das Elixir zu sich genommen hat, nun Metalle in Gold verwandeln können.[75] Es ist also genau umgekehrt wie bei Helbig: erst das Elixier, dann die Ausscheidung, nicht erst die Ausscheidung, dann das Elixir. Aber immerhin: Der Körper steht auch hier im Mittelpunkt.

Der Zusammenhang all dieser diversen Praktiken ist zunächst eine Frage der komplizierten innerasiatischen Verflechtungsgeschichte, wie sie derzeit in Bänden wie *Asia Inside Out* oder *Intercultural Exchange in Southeast Asia* erforscht wird.[76] Vor allem Indonesien lag im Kreuzungspunkt dieser Verflechtungen. Auch javanische und balinesische Heilpraktiken benutzen teilweise Exkremente, etwa Urin, für therapeutische Zwecke. Helbigs Kollege Grim hat sich davon anregen lassen und in seiner *Pharmacopoeia Indica* berichtet.[77] Auch Helbig mag sich durch die Indonesier ermutigt gefühlt haben, mit Exkrementen und Körperflüssigkeiten zu experimentieren.

Allerdings haben die javanischen und balinesischen Heilerinnen keine schriftlichen Rezepte benutzt. Rezepturen aber waren nicht zu unterschätzende Medien des Wissenstransfers. Man kann – wie Marta Hanson und Gianna Pomata – dafür argumentieren, daß es ein epistemisches Genre wie das Rezept gewesen ist, das es möglich machte, in diesem Bereich Wissen von einer Kultur in die andere zu übersetzen.[78] Sowohl die chinesische Medizin als auch das indische Ayurveda kennen Rezepte, und da die Alchemie, sobald sie konkret wird, auch mit Rezepten operiert, kann man sagen, daß von dort aus der epistemische Rahmen für einen Transfer bereitgestanden hätte, zumindest was das Wissen der asiatischen Hochkulturen angeht. Als Couplet 1682 in Batavia weilte, redeten Cleyer und er über das prekäre Wissen, das Couplet bei sich hatte, nämlich ein ihm vom Mit-Jesuiten Michael Boym 1656 in Siam anvertrautes Manuskript, in dem Boym chinesische Rezepte ins Lateinische übersetzt hatte. Es galt, dieses Manuskript sicher nach Europa zu bringen und dort zu publizieren.[79]

Der asiatische Moor

So hätte man es auch mit alchemischen Rezepten machen können. Doch man tat es nicht. Statt dessen entschloß sich Helbig, seine Auffassungen einem »asiatischen Mooren« in den Mund zu legen. Als Mooren galten in Batavia damals persischsprachige Händler aus den nordindischen Mogul-Gebieten, vor allem aus Gujarat.[80] Ali Puli heiße der Mann, und sein Werk sei ins

Abb. 45 und 46: »Ali Puli« in einem Manuskript des *Centrum naturae concentratum* von 1735/Johann Otto von Helbig.

Portugiesische übersetzt worden. So habe er, Helbig, es in die Hände gekommen und ins Lateinische übersetzt, als *Centrum naturae concentratum*.[81] Helbig spielt mit der alten portugiesischen Präsenz an der indischen Küste, bevor diese von den Holländern verdrängt wurde, und gibt dem Wissen damit etwas historische Patina. Das Porträt Ali Pulis auf einem erhaltenen Manuskript des Textes, das später als der Druck von 1682 zu datieren ist, ist allerdings bereits voller Ironie, denn das Profil ist an Helbigs eigenes Profil angelehnt.[82] Helbig exotisierte also, was gar nicht so exotisch war.

Immerhin: Auch die persisch-islamische Alchemie in Gujarat besitzt Motive, die entfernt denen ähneln, die wir hier suchen. Die Nuqtavis, eine Gruppierung jener »hermetischen« und in manchen ihrer Motive krypto-zoroastrischen Sufis, die – wie wir in Kapitel II gesehen haben – im 16. und 17. Jahrhundert aus dem Iran zunehmend nach Indien auswanderten, haben sich das Werden der Propheten als einzige ständige alchemische Transformation von den Elementen bis zur Spiritualität vorgestellt.[83] Wir wissen davon aus dem *Dabistān-i Mazāhib*, dem persischsprachigen Werk eines unbekannten Autors aus der Mitte des 17. Jahrhunderts, das verschiedene südasiatische Religionen und Sekten miteinander vergleicht. Dort heißt es über die Vorstellungen der Nuqtavis: »Denn eine bestimmte Kraft (*quvvatī*) konzentriert sich in den Elementen, die durch Vermischung eine mineralische Form annimmt, und ihre Potenz (*istiʿdād*) wächst, bis sie das Kleid (*ḫilʿat*) des Vegetabilischen überstreift und sie nimmt in Fähigkeit (*tavānāʾī*) und Würdigkeit (*šāyistagī*) zu, bis sie die Gestalt des Animalischen erreicht, so daß die Elemente, die die Zusammensetzung von Menschen bewirken, ein Glänzen gewinnen, aus dem ein vollkommener Mensch wird. In dieser Weise haben sich Menschen seit dem Auftauchen des menschlichen Körpers bei Adam entwickelt (*taraqī*), bis sie den Rang eines Mohammed (*rutba-yi Muḥammadī*) erreicht haben, das heißt, seine Himmelfahrt (*miʿrāǧ*). Zu dieser Zeit erhob sich Mahmud [der transfigurierte Mohammed], da er vollständiger (*akmal*) und reiner (*aṣfā*) geworden war.«[84] In einer solchen Konzeption, die die gnostische Idee des vollkommenen Menschen weiterführt, macht es auch Sinn, ein Elixier aus einem Sufi-Körper zu gewinnen.[85] Ob Helbig allerdings irgendwelchen Kontakt zu Nuqtavi-Ideen hatte, ist nicht bekannt. Es mag ihm gereicht haben, mit seinem islamischen Pseudonym ganz allgemein auf die südostasiatische Exotik seiner Alchemie anzuspielen.

Der hermetische Bund

Nachdem Helbig 1680 wieder in Deutschland war und den Nachdruck seines *Introitus* besorgte, fügte er einen offenen Brief »an die Bruderschaft der Rosenkreuzer« hinzu, also diejenige unsichtbare Gemeinschaft, um die es in den 1620er und 1630er Jahren so viel Wirbel gegeben hatte.[86] Dieser Brief stand bereits in einem Diskussionszusammenhang, der sich eben gerade aufgetan hatte. Denn just in diesem Jahr war als Anhang zu den *Miscellanea curiosa* der Naturfoschenden Akademie eine *Epistola buccinatoria* erschienen, ein »trompeterischer Brief«, den zwei Wissenschaftler aus Danzig oder einem Ort in dessen Nähe verfaßt hatten, die aber unerkannt bleiben wollten.[87] Sie hatten sich Pseudonyme gegeben und bezeichneten sich als Keimzelle eines »Hermetischen Bundes«, wie sie ihn etwas großsprecherisch und geheimnistuerisch nannten. Es waren offenbar Wissenschaftler, die sich zum Kreis der neuen, empirischen Naturwissenschaft zählten – sonst hätten sie nicht in den *Miscellanea* veröffentlicht –, auf der anderen Seite aber immer noch an der Validität »esoterischer« Überlieferung in der Art von Hermes Trismegistos festhielten. Sie hatten sicher Ole Borchs Buch *Hermetis, Ægyptiorum et Chemicorum sapientia* von 1674 gelesen, das noch einmal mit aller Macht den Wert von Alchemie und Hermetismus für die neue Wissenschaft verteidigte.[88] Es ist das Überreichweiten-Diskussionsfeld, das wir in Kapitel I kennengelernt haben. Borch – der Lehrer von Herman Niklas Grim, wie wir wissen – hatte in Kontakt mit dem Alchemisten Giuseppe Francesco Borri gestanden und war von daher von der Wirksamkeit alchemischer Prozesse überzeugt. Die beiden Danziger Autoren waren sich des Problems der prekären Weitergabe alchemischen Wissens bewußt, das vor lauter Anspielungen und Allegorisierungen leicht unverständlich wurde. Sie wollten das Problem dadurch lösen, daß sie eine einvernehmlich abgestimmte Geheimschrift vorschlugen.⁸⁹ Es müsse doch möglich sein, in einem überprüfbaren Verfahren zu klären, ob sich durch alchemische Kunst Gold herstellen lassen könne oder nicht. Wenn man diese unterschiedlichen Ansätze und Rezepte genau vergleiche, müsse man schon dadurch in diesem durch Spekulationen und Täuschungen verdunkelten Bereich vorankommen.⁹⁰ Die Autoren legten ihre eigenen Prinzipien vor und forderten die wissenschaftliche Gemeinschaft europaweit auf, innerhalb von drei Jahren Einsendungen zu machen. Wenn dann kein Konsens über die Möglichkeit von Transmutation in Gold zustande käme, wollten sie ihren hermetischen Glauben aufgeben.⁹¹

Als sich Helbig wenig später, inspiriert von der Schrift eines pseudonymen »Johannes vom Berg des Hermes«, an die Rosenkreuzer wandte,⁹² richtete er in ähnlicher Weise wie die beiden Danziger einen Appell an die alchemisch interessierte wissenschaftliche Öffentlichkeit: »Ihr Rosenkreuzer, wenn ihr existiert und so seid, wie ihr euch darstellt, dann beschwöre ich euch bei Gott und bitte mit allem Nachdruck, daß ihr meinen Freunden und mir die folgenden Fragen beantwortet, offen und freundlich!«⁹³ Und er läßt eine Reihe spezifischer Anfragen folgen, etwa: Wo findet man das beste und wo das schlechteste Wasser? Wo die beste und wo die schlechteste Luft? Solche Fragen konnte natürlich nur beantworten, wer eine globale Reichweite an Erfahrungen besaß – wie Helbig selber. Vera Keller hat zu Recht betont, daß es einen paradoxen Widerspruch in den weit nach Europa und in den Nahen Osten ausgreifenden Ansprüchen von selbsternannten »Rosenkreuzern« und Brüdern eines »Hermetischen Bundes« gab:⁹⁴ Sie gerierten sich global, waren aber meist ein lokal recht begrenzter Zirkel von Wissenschaftlern, so wie letztlich auch die Academia Naturae Curiosorum, die ihre *Miscellanea* mit dem Kupferstich einer Weltkugel schmückte, auf der genau besehen nur die kleine Region zwischen Wien und Meißen, Pressburg und Schweinfurt zu erkennen war: globaler Anspruch, lokale Realität.

Abb. 47: Die begrenzte Welt der Academia Naturae Curiosorum.

Dagegen konnte Helbig seine echte, gelebte Globalität lässig ausspielen. Und die Wissenschaftlergemeinschaft reagierte: schon in der nächsten Folge der *Epistola buccinatoria* wurde Helbig von den Männern des »Hermetischen Bundes« als eine echte Autorität in Sachen Alchemie angesprochen und um seine Meinung gebeten. Es folgte ein umfangreicher Wechsel von Pamphleten, an dem von Wien aus auch Wilhelm von Schröder sowie eine Reihe weiterer Wissenschaftler teilnahm.[95]

Für uns ist diese Kontroverse interessant, weil in ihr intensiv diskutiert wurde, was Helbigs geheimnisvolle »Tessa« sein möge. Dabei wurde durchaus auch die Vermutung geäußert, man könne Tessa als »limus universalis« (als universellen Dreck, Schlamm oder Kot) verstehen. Allerdings, so beeilte man sich zu beteuern, natürlich nicht im wörtlichen Sinne, sondern »philosophisch« verstanden – was immer das auch heißen mochte.[96]

Tessa

Helbig nannte sein weißes Pulver, das er aus dem Kot extrahierte, wie wir gehört haben, »Tessa«, mit einem bewußt fremd klingenden Ausdruck. Das ist weder ein Wort in Arabisch noch in Hindi oder Sanskrit oder in Malaiisch oder Chinesisch. Doch: Manchmal wird das persische Wort »tīzūb« ähnlich wie »Tessa« ausgesprochen.[97] Und was heißt dieses Wort auf persisch? Salpeter. Das wäre eine gute Bestätigung unserer These. Ich komme gleich noch darauf, wo Helbig dieses Wort gehört haben kann.

تيزاب

Abb. 48: »Tessa« auf persisch.

Das Exotisieren – eine Praktik, die kürzlich von Benjamin Schmidt sehr schön beschrieben worden ist[98] – ging jedenfalls weiter, als Helbig wieder in Europa war. Als sein Bruder Christoph später die *Arcana Majora* herausgab, stand dort auf dem Titelblatt zu lesen: »Aus Weltberühmter Leute / so wohl Indianischen Braminen oder Weltweisen / als auch Teutschen, Spanier / Italiäner« usw. »Manuscriptis und Correspondenzen«, also aus einer Mixtur von ostindischen und europäischen »als auch eigenen Erfahrungen« habe Helbig seine Kenntnisse gewonnen.[99] Das klang gut, das machte neugierig. Die Grundlage seines Denkens jedoch, das muß man klar sagen, war europäisch. Wenn Helbig 1677 zum Durchbruch in seinem chemischen Denken gekommen ist, dann deshalb, so können wir jetzt sagen, weil er in Cleyers Apotheke kleine Bändchen von Kunrath, Sendivogius und Glauber vorgefunden und studiert hat, so wie er wohl schon als junger Mann in Erfurt die Schriften von Basilius Valentinus kennengelernt hatte. Erst auf dieser Grundlage hatte er sich in Südostasien nach Substanzen und Informanten umsehen können, die ihm halfen, der europäisch-alchemischen Basis neue Aspekte und Erfahrungen anzufügen. So war seine hybride ostwestliche Physik entstanden. Helbig aber war Geschäftsmann genug, um diese Hybridität als völlige Exotik zu verkaufen. Er hat sein Produkt nochmals bewußt exotisiert.

Im Rahmen unserer Herangehensweise an die globale Ideengeschichte stellt sich für uns unweigerlich die Frage: Worauf referiert der Ausdruck »Tessa«? Worauf referiert er faktisch und worauf bezog er sich im Verständnis der Akteure? Das ist keinesfalls leicht zu beantworten. Sicherlich ist in »Tessa« eine lokale Überreichweite gewissermaßen eingebaut: Denn das salzalchemische Produkt mit eigentlich europäischer Grundierung hat von Helbig einen Namen bekommen, der auf unklare Weise Richtung Osten deutete. Die intentionale Referenz des Ausdrucks, wenn alchemische Adepten in Europa ihn nach 1680 verwendeten, deutete also unbestimmt nach »Ost-Indien«, mit aller subkutanen Autorität und Verführungskraft, die das mit sich brachte. Und die referentielle Lieferkette war ja tatsächlich und überprüfbar eine, die nach Batavia führte. Allerdings muß man auch sagen, daß »Tessa« eine semantische Referenz besitzt, die, wie wir nun wissen, profaner ist und einen Stoff bezeichnet, der auch in Europa vor den Augen vieler lag. Und das mit einem Informationshintergrund, der zahlreiche europäische Ingredienzien enthielt.

Warum so kompliziert?

Damit kommen wir, fast ans Ende gelangt, zu einem zentralen Paradoxon, einem Paradoxon, von dem ich nicht recht weiß, wie ich es auflösen soll. Wenn wir nun mit ziemlicher Sicherheit herausgefunden haben, daß Helbigs geheime, prekäre Substanz Tessa nichts anderes ist als Salpeter – wie ist es dann möglich gewesen, daß Helbig sie für so einzigartig, so besonders, für ein

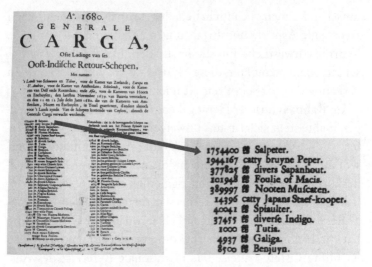

Abb. 49: Frachtliste von 1680 mit Salpeter an erster Stelle.

Allheilmittel und eine Geheimsubstanz, die man für viel Geld den Fürsten Europas verkaufen konnte – was er auch getan hat –, gehalten hat, während vor seinen Augen, draußen im Hafen von Batavia, die Schiffe voller Salpeter waren, das in Batavia ausgeladen oder auch nur weiterverschifft wurde? Ein Blick auf die Cargo-Listen der VOC-Schiffe von 1680 zeigt überdeutlich, daß Salpeter aus Indien und einigen anderen südostasiatischen Ländern, wo der Stoff auf natürliche Weise austrat und abgebaut werden konnte, neben dem Pfeffer, die bei weitem wichtigste und umfangreichste Fracht der Flotten war, weit vor Muskat und anderen Gütern.[100]

Denn Salpeter wird für die Herstellung von Schießpulver benötigt, und dafür gab es in Europa eine nie nachlassende Nachfrage.[101] Die Schiffe, die Helbig sah, waren voll von Salpeter.

Hat Helbig denn nicht erkannt, daß dieser Stoff derselbe war, den er mühsam aus Kot in seiner Festungsapotheke herstellte? In gewissem Maße muß er es gewußt haben. Denn er hat ja, wie wir hörten, seine Substanz Tessa genannt, weil es ähnlich klang wie das persische Wort für Salpeter. Helbig muß in Batavia am Hafen oder vor dem Pinangtor gehört haben, wie die indischen Händler aus Gujarat »Tessab« riefen, wenn die Schiffe umgeladen wurden. Warum nahm er nicht gleich ein wenig Stoff von ihnen?

Nein, so kann es nicht gewesen sein. Es wäre naiv, anzunehmen, Helbig hätte einen Stoff, der natürlich vorkam, für wesensgleich mit dem gehalten, den er hergestellt hatte. Denn das Entscheidende war für ihn ja die Prozedur, die Herkunft aus dem Menschen als der Mitte des Universums, dem Mikrokosmos, die Beziehungen zum Luftsalz und zum Geistsalz – all diese Aspekte der Fabrikation: darin lag das Besondere, daran konnte man ablesen, daß hier das Salz der Natur gefunden worden war, der Zentralstoff der Welt, und daß damit entdeckt worden war, daß die Schießpulverherstellung aus Salpeter nur eine ordinäre, banale Weiterverarbeitung war. In Wirklichkeit konnte man mit Salpetersubstanz heilen, und vielleicht sogar Gold produzieren. Das jedenfalls ist es, was Helbig sich einredete und wovon er später die Fürsten zu überzeugen suchte, denen er sich andiente.

Am Fürstenhof

Einer dieser Fürsten war Friedrich I. von Sachsen-Gotha-Altenburg, der all seine Hoffnungen auf die Alchemie gesetzt hatte und immer wieder Alchemisten an seinem Hof beschäftigte, die ihm Gold herstellen sollten.[102] Vom 7. März an bis zum 9. Juli 1684 war Helbig in Gotha, sieht man von einigen Reisen ab, auf die ihn der Herzog schickte oder die er mit ihm unternahm. Der Herzog war bis unter die Haarwurzeln voller Neugierde auf die exotischen Erfahrungen und Rezepturen, von denen der Batavia-Reisende erzählen konnte. Nach der Ankunft und Begrüßung ging es gleich am Samstag den

IV. ALCHEMIE ZWISCHEN OST UND WEST

Abb. 50: Das geheime Tessa-Rezept von Herzog Friedrich I.

8. März ans Reden. Vormittags mußte noch ein Aufmarsch des Regiments auf dem Schloßplatz und Vereidigung von Offizieren hinter sich gebracht werden, »hernach habe ich mitt dem Baron Helbig bey die 2 stunden discouriret. Nachmittags Vesper, hernach wieder lange mit dem baron Helbig discourirt, Und hernach mitt Ihm im breth gespiehlet.« Am Montag dann: »[...] mit dem Baron Helbig lange geredet.« Dienstag ging es gleich in aller Frühe weiter: »Fruhe 6 Uhr den Baron Helbig bey mir gehabt, der mir eines Und das andere Wichtige eröffnete [...].«[103] So geht es dann weiter, fast jeden Tag, mit einigen Unterbrechungen wochenlang. Offenbar hatte der Baron Friedrich viel zu erzählen. Der Herzog, der seine »Couriosa« über alles liebte, sog alles, was Helbig berichtete, wie ein Schwamm in sich auf. Er zahlte seinen Berater gut und bekam dafür von ihm nicht zuletzt das begehrte Rezept für die so exotisch klingende »Tessa«.

Friedrich schrieb das, was er von Helbig erfuhr, in sein *Geheimes Handbüchlein*, und da dieses *Handbüchlein* überliefert ist, sind wir in der Lage, dort die Herstellungsvorschrift nachlesen zu können.[104] Das Büchlein ist voller Rezepte, denn Helbig hat Friedrich auch über die Herstellung eines »oleum fixum« und mancher anderer Stoffe informiert. Doch gegen Ende folgt unter einem fünffachen »Nota bene!« des Herzogs die Rezeptur einer »Universaltinctur« aus dem »regnum animali«, also dem tierisch-menschlichen Stoffbereich. Das ist die Anweisung zur »Tessa«.

Die Herstellung erfolgt in neun Schritten. Zuerst muß die »bewußte Materie«, wie Friedrich den Ausgangsstoff – wohl den Kot – umschreibt, »bey ziemlicher quantität« in ein großes Gefäß mit Wasser getaucht werden, in dem er dann drei bis vier Tage verbleibt; die Brühe wird abgeschöpft und in Kolben gefüllt, mit ihr arbeitet man weiter. Der Kolben wird verschlossen, und die Flüssigkeit – wohl Kaliumkarbonat – wird zum einen abgegossen, wobei sich ein Salz, das zunächst noch eine »fette Feuchte« ist (also noch nicht ganz kristallisiert), ergibt, zum anderen destilliert, so daß am Boden des Kolbens »eine weiße Materia« zurückbleibt. Es ist also ein Salz ausgetreten – der Salpeter, der tatsächlich, wie wir gesehen haben, ein weißes geruchloses Pulver ist. Beide Salzarten, die »fette Feuchte« und das Pulver, werden sodann zusammengeführt und an der Luft getrocknet, so daß sie ein einziges weißes Pulver werden. »Und so hast die veram Tessam.«[105]

So einfach geht die Herstellung. Kein Wunder, da es sich lediglich um die Destillation des Salpeters aus der Pottasche handelt. Doch wir sehen zugleich, daß Helbig und Friedrich es dabei nicht bewenden lassen. Denn die Tessa – der Salpeter – wird daraufhin sublimiert und weiterverarbeitet. Immer wieder kommt es Helbig darauf an, im mehrfach wiederholten Prozeß das *Sal volatile* und das *Sal fixum* auseinanderzuhalten und erst nachträglich wieder zusammenzuführen. Das gibt dann schließlich etwas, das Helbig, der Salzalchemist, das »sal naturae regeneratum« nennt. Schon damit lasse sich im Prinzip Blei in Gold verwandeln. Doch um den berühmten »Philosophischen Stein«, den *Lapis philosophicum*, zu erhalten, nach dem sich alle Adepten so sehnten, müsse man den Prozeß noch weiterführen und bei der Sublimierung der Tessa das *Sal volatile* und das *Sal fixum* noch stärker trennen, bis man den »Mercurius currens« bekomme, den man dann mit Gold und mit Tessa verbinde. So wäre aus Salpeter letztlich Gold geworden – wenn das Rezept funktioniert hätte.

Das Nachleben

Wir haben gesehen, daß unsere »Intellectual History of Batavia« unversehens in eine »Intellectual History of Saltpeter« gemündet ist. Eine Geschichte, die sich mit der Wirtschafts- und Handelsgeschichte von Salpeter überkreuzt, aber keineswegs identisch mit ihr ist. Letztere ist die Manifestgeschichte, ersteres sozusagen die Geheimgeschichte oder auch Prekärgeschichte dieses Stoffes. Niemand hat in Europa dieses Rätsel gelöst, niemand hat »Tessa« auflösen können. Es haben natürlich einige Zeitgenossen versucht; wir haben die Debatte mit den Mitgliedern des »Hermetischen Bundes« erwähnt, und auch die zaghaften Versuche, in Richtung Kot zu denken – vor denen man aber zurückschreckte. Ein Leser von Helbigs Schriften[106] fragte einen sprachenkundigen Kollegen in Deutschland, der meinte, »Tessa« sei vielleicht arabisch und könne »er hat versteckt« heißen, also das Arkanum schlechthin meinen.[107] Das war aber nicht korrekt. Helbig antwortete, der Leser habe den Nagel leider nicht auf den Kopf getroffen.

Ob Helbig den Fürsten den Zusammenhang anvertraute? Für viel Geld schon, wie wir in Friedrichs *Geheimem Handbüchlein* gesehen haben, aber selbst dann nicht immer vollständig und in jeder Hinsicht. Denn für Helbig war es lebenswichtig, immer noch einen Rest von Geheimnis für sich zu bewahren.[108] Genau deshalb war sein Wissen prekär. Es ist mit ihm heil aus Batavia zurückgekommen, aber es ist mit ihm gestorben, zumindest mit seinem Tod in Vergessenheit geraten. Man kann allerdings darüber spekulieren, ob einiges – ganz vage – über seinen Bruder Christoph, der ihn überlebte und ein naturkundlicher Vielschreiber war, zumindest indirekt an die Nachwelt gelangt ist.[109] Es ist nämlich auffallend, daß just in Christoph Helbigs Thüringer Umkreis 1697, ein Jahr vor Helbigs Tod, eine Schrift mit dem Titel *Heilsame Dreck-Apotheke* erschien, von Christian Franz Paullini, die die These breit auswälzte, daß man mit Kot und Urin alle Krankheiten heilen könne.[110] Dort war von »Tessa« nicht die Rede, vielmehr waren zahlreiche Volksrezepte umgesetzt, doch die zentrale These erinnert schon stark an Helbigs Einsicht in Batavia. Vielleicht war am Ende doch ein kleiner Rest des Prekären hängengeblieben.

Kapitel V.
Leibniz' chinesische Bücher

> *Es gibt Dinge aus so früher Zeit wie von
> König Mu aus der Zhou-Dynastie [...],
> von so weit entfernt wie die Vier Meere
> und die Neun Staaten.*
>
> Ouyang Xiu[1]

Eine Konstellation

Leibniz hat chinesische Bücher besessen. Er konnte sie nicht lesen, aber er hätte es gern getan. Liebend gern. Doch außer den paar Jesuiten, die sich in China aufhielten, konnte um 1700 kaum ein Europäer Chinesisch.

Das Rätsel dieser Bücher ist bisher ungelöst. Wir wissen nämlich genausowenig wie Leibniz, was das für Bücher waren. Das Nachlaßverzeichnis im Niedersächsischen Landesarchiv Hannover sagt nur lakonisch: »Sechs zehen Tomi Chinesischer Sachen, in einem convolut zusammen gebunden, in quart.«[2] Die Leibniz-Forschung nimmt an, daß es jene »seize livres Chinois« sind, die Leibniz Anfang 1706 aus Paris bzw. indirekt aus China zugeschickt bekommen hat.[3] Aber worum handelte es sich? Waren das philosophische Werke, Literatur, Sachbücher? Waren es Bücher zeitgenössischer Autoren oder Klassiker, handelt es sich um ein Werk in 16 Teilen oder um Verschiedenes?

Ich möchte dieses Mysterium erstmals lüften, aber gehe die Frage nicht direkt an, sondern werde sie eher indirekt, nebenbei beantworten, im Zuge einer Reflexion darauf, was globale Ideengeschichte sein kann. Denn chinesische Bücher deuten ja auf einen Austausch von chinesischem Wissen mit europäischer Gedankenwelt hin, auf den Impuls Europas in Richtung China und den umgekehrten Impuls aus China nach Europa. Oder ist das zu optimistisch gedacht? Gab es überhaupt einen solchen »Eurasian Exchange«, wie der Globalisierungsforscher Geoffrey Gunn das genannt hat, in Abwandlung des berühmteren »Columbian Exchange«, der das wechselseitige Ineinanderfließen von Informationen, Waren, Tier- und Pflanzenarten, bis hin zu Bakterien zwischen Europa und Amerika nach 1492 bezeichnet?[4] Immerhin hat Leibniz die Bücher ja nicht lesen können, also konnte er von ihnen auch nicht geprägt werden.

Doch die Sache ist komplizierter. Wie wir sehen werden, ist die China-Frage eingebettet in ein dichtes Gespinst anderer Fragen, und auf einmal ist man in Ägypten, in Sibirien oder bei den alten Hebräern. Man muß – das haben wir schon gesehen – eine globale Ideengeschichte räumlich und zeitlich sehr weit ansetzen, um ein klares Bild zu bekommen. Und zugleich – auch das haben wir begriffen – muß man sehr fokussiert auf ein einzelnes Detailthema schauen, um den Faden nicht zu verlieren, der uns durch das Gespinst leitet. Pamela Crossley hat solche Fäden ganz anschaulich »context spinners« genannt, denn erst sie spinnen die Bezüge, die eine Globalgeschichte spezifisch und aussagekräftig machen.[5]

Und noch eine Kautele zu Beginn: Es hat bei solchen Verflechtungsfragen wenig Sinn, zu sehr auf einen Autor allein zu achten. Es sind, damals wie heute, immer ganze Netzwerke, oder wie ich lieber sagen möchte: Konstellationen, in denen sich die Forschung abgespielt hat. Genau das ist der Grund, warum die Leibniz-Forschung bisher das Rätsel seiner chinesischen Bücher noch nicht gelöst hat.[6] Denn die Antwort findet sich nicht in einem Leibniz-Brief, sondern im Gespräch von anderen Leibniz-Korrespondenten untereinander.

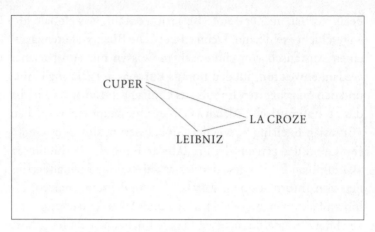

Abb. 51: Die Kernkonstellation Leibniz – Cuper – La Croze.

Die Konstellation, die ich genauer ansehen werde, ist die zwischen Leibniz, seinem Freund Gisbert Cuper, dem Bürgermeister von Deventer sowie begeisterten Gelehrten zu allen Themen der Antike, mit dem er 1702 in Kontakt kam, und Mathurin Veyssière La Croze, mit dem er sich seit 1704 austauschte.[7] La Croze war Maurinermönch gewesen und 1695 aus Paris geflohen; er lebte als Bibliothekar in Berlin und schrieb Werke zum frühen Christentum in Indien, Äthiopien und Armenien, vor allem aber war er ein hochgelehrtes Sprachengenie, das ein ganzes Dutzend von seltenen Sprachen beherrschte.[8] La Croze und Cuper wiederum standen seit 1708 in engem Briefkontakt. Seitdem kann man von einem Dreieck gelehrter Kontakte zwischen diesen Männern über griechische Inschriften, armenische Münzen, asiatische Geschichte, chinesische Spiegel und keltische Reliefs reden, bei dem Leibniz vor allem seine Interessen der Migration von Sprachen und Völkern verfolgte.

Eine Konstellation ist ein Netzwerk immer dann, wenn die wechselseitigen Kontakte sehr dicht sind und auch sehr produktiv, so daß der intellektuelle Mehrwert weit mehr als nur die Summe der gedanklichen Einzelleistungen ausmacht.[9] Wie wir sehen werden, ist das Dreieck natürlich nicht isoliert, sondern Teil von den Netzwerken, in die jeder der drei Akteure wiederum eingespannt ist. Nicht all deren Kontakte aber sind relevant, sondern nur diejenigen, die im Verlaufe der Diskussionen untereinander aktiviert werden, um Informationen zu beschaffen, oder diejenigen, von denen ein Input kommt, der neue Diskussionen im Dreieck auslöst. So kommt oftmals der Input von Nicolaas Witsen, Bürgermeister in Amsterdam, der Cuper neue Funde präsentiert, die ihn durch seine überseeischen Verbindungen erreichen.[10] Gelegentlich hat Witsen auch direkt Kontakt zu La Croze, aber im allgemeinen ist Cuper der »Gatekeeper«, der die Kontakte aus Holland an die beiden anderen weiterleitet. Das gilt auch für Cupers Verbindungsmann Adriaan Reland, Professor für orientalische Sprachen in Utrecht.[11] Ihn zieht Cuper immer heran, wenn es gilt, arabische oder andere orientalische Texte zu entziffern. Wenn er das nicht kann und ausnahmsweise auch La Croze überfragt ist, aktiviert Cuper gern seine Kontakte nach Paris, etwa zum Abbé Bignon oder zu Antoine Galland.[12] Darin trifft er sich mit Leibniz, der ja selbst vielfältige Pariskontakte pflegt und sich mit Bignon beispielsweise schon seit 1693 schreibt. Andere Kontakte aller drei verlaufen etwa zu Louis Bourguet, einem Kaufmann und Polyhistor in Venedig,[13] und zu Johann Christoph Wolf, einem Theologen, Gräzisten und Hebraisten in Hamburg.[14] Auch Otto Sperling, Jurist und Antiquar in Kopenhagen, wurde gelegentlich herangezogen.[15]

Aber ich will die Sache nicht zu kompliziert machen. Man sieht hier bereits, daß Netzwerkanalyse immer Gefahr läuft, sich in Unübersichtlichkeit zu verlieren. Das muß aber nicht sein. Kontakte haben unterschiedliches Gewicht und unter-

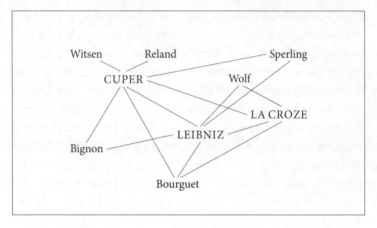

Abb. 52: Die weitere Konstellation des antiquarischen Leibniz-Kreises.

schiedliche zeitliche Dichte. Nicht alle Briefpartner sind immer relevant.[16] Konzentrieren wir uns also auf das zentrale Dreieck, die Kernkonstellation Cuper-Leibniz-La Croze, deren Anatomie wir kennenlernen wollen und bei der wir sehen werden, wie sie sich auf globale Sachverhalte bezieht.[17]

Eine Konstellation kann selbst transkulturell sein, etwa in Kontaktzonen – wie Helbigs Batavia – oder auf Expeditionen, oder sie besteht lediglich aus »armchair travellers«, also Experten, die vom heimischen Schreibtisch in Mitteleuropa aus Informationen aus weit entfernten Kulturen verarbeiten. Anders als bei einer Einzelperson geht das Ringen um die richtige Bezugnahme in einer Konstellation jedenfalls arbeitsteilig vor; es ist ein Fall von »social epistemology«: der eine schlägt eine Reichweite vor, der zweite korrigiert sie, der dritte fügt neue Informationen oder eine neue Interpretation an. So richtet sich der Bezug Stück für Stück präziser aus, nimmt Maß an seinem Gegenstand. Ob er am Ende richtigliegt, ist eine andere Frage.

Eine Felszeichnung

Beginnen wir mit einem Ausruf von La Croze: »Sie haben mir ein unvergleichliches Monument geschickt (*monument incomparable*). Je mehr ich es sehe, desto mehr bin ich von Bewunderung erfüllt!«[18] Das sagt der Berliner Gelehrte im Oktober 1711, einige Monate nachdem sein Freund Gisbert Cuper ihm eine Reihe von Zeichnungen geschickt hatte, die wie seltsame unbeholfen skizzierte Männchen aussehen. Cuper hatte La Croze schon in den Briefen zuvor angedeutet, daß Nicolaas Witsen, sein enger Freund, Erforscher von allem, was ihm über die holländischen Handelsbeziehungen von Außereuropa gebracht wurde – insbesondere aus Sibirien –, Bilder von Felszeichnungen bekommen hatte, die er selbst nicht deuten konnte. Er hielt sie aber für so kostbar, daß er sie ungern in andere Hände geben wollte, bevor er sie publiziert hatte. Cuper mußte ihn erst überzeugen, daß es von Vorteil war, andere nach ihrer Expertise zu fragen. Man hat zunächst bei Adriaan Reland in Utrecht angeklopft, doch dieser konnte mit den Bildern nicht viel anfangen.[19]

Über seine Frau war Witsen in den holländischen Russlandhandel involviert, zudem kannte er Zar Peter den Großen, seit dieser 1697 inkognito in Holland aufgetaucht war, um das Zimmern von Schiffen zu erlernen.[20] Schiffbau war eine von Witsens großen Expertisen.[21] Inzwischen war Peter der Große dabei, das eroberte Sibirien wissenschaftlich erkunden zu lassen; davon konnte Witsen profitieren. Schon 1687 hatte er eine »Kaart van Tartarije« publiziert, die erste umfassende Karte von Sibirien.[22]

1692 folgte in kleiner Auflage ein Buch über Nord- und Ostsibirien.[23] Als 1705 davon eine zweite Auflage erschien, berichtete Witsen darin von der Entdeckung von Felszeichnungen im Zentralural in Pisanskoje (Pisanets), an einem Abhang am Ufer

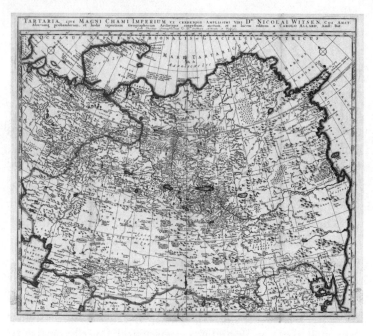

Abb. 53: Witsens Karte von Sibirien aus dem Jahr 1687.

des Flusses Irbit.[24] Er druckte ein Bild ab, das er »sibirischen Kalvarien-Berg« nannte, weil die Figuren so aussahen, als sei der Felsen von Golgatha mit den drei Kreuzen auf ihm dargestellt.[25] Die Zeichnungen hatte – auf Anordnung Peters des Großen im Jahr 1699 – Yakov Losev erstellt, aus der Stadt Verkhoturye, dem »Tor nach Sibirien«. Um 1710 kam Witsen in den Besitz weiterer Zeichnungen aus Sibirien, diesmal von Semjon Remesow angefertigt. Diese vier Zeichnungen erreichten, wohl schon in Kupfer gestochen, Cuper, und durch Cuper erst Reland und dann schließlich auch La Croze – im Sommer 1711.[26]

Eine Felszeichnung

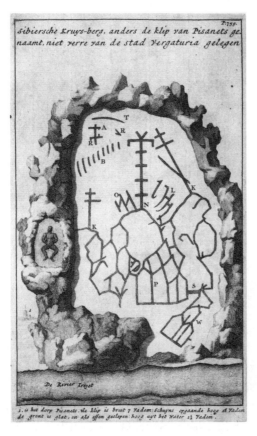

Abb. 54: Witsens Darstellung der Felsbilder als
»sibirischer Kalvarien-Berg«.

Heute datiert man die Felszeichnungen am Irbit auf das späte Neolithikum, etwa 5000-3000 vor Christus.[27] Zur Zeit Witsens aber hatte man keinen blassen Schimmer von der Datierung und sah in ihnen: christliche Symbole. Bei den 1710 neu eingetroffenen Zeichnungen sah eine Figur sogar fast genau wie das Christus-Monogramm aus. Hatten hier frühe Christen Unterschlupf gesucht und ihren Glauben auf Fels verewigt? Gab es ein Frühchristentum in Sibirien?

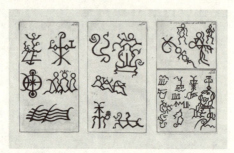

Abb. 55: Weitere Abzeichnungen der Felsbilder.

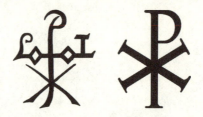

Abb. 56: Scheinbares Christus-Monogramm auf den Felsen am Irbit.

Die China-Hypothese

Noch bevor La Croze involviert wurde, hatte offenbar Reland einen anderen Mann ins Spiel gebracht. Denn Cuper schreibt am 26. April 1711 an La Croze, als er ihn wegen Witsens Zurückhaltung noch vertrösten muß: »Es gibt in Utrecht einen sehr interessierten Franzosen, der eine schöne Sammlung hat; er glaubt, daß es sich um chinesische Schriftzeichen handele, die nichts anderes als die ersten Elemente der Schrift darstellen, derer man sich in China bedient und die man zu Beginn dieser Monarchie in Gebrauch genommen hat.«[28] Cuper hatte keine Ahnung, wie der Franzose – den wir noch kennenlernen werden – auf diese Idee kam. »Könnte das nicht wahr sein? Credimus aut qui amant ipsi sibi somnia fingunt« (»Glauben wir das?

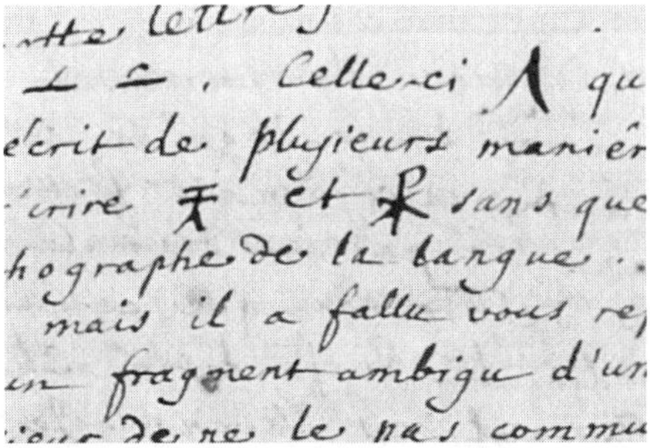

tte lettres .
Celle-ci 人 qu
écrit de plusieurs manièr
crire 天 et sans que
hographe de la langue . .
mais il a fallu vous re
un fragment ambigu d'un
de ne le pas commu

Abb. 57: La Croze an Cuper über das chinesische Zeichen für *tian*.

Oder ist es nicht so, daß diejenigen, die lieben, sich selbst Träume schaffen?«), sagt er mit Vergil, den Überzeugungsgehalt dieser Hypothese in der Schwebe lassend.[29] Aber er stellt auch schon implizit eine Schlußfolgerung auf, wenn er La Croze fragt, ob man solche Schriftzeichen wie die gefundenen auch in China antreffe. Denn dann wäre die Vermutung, in der Figur ein Christus-Monogramm zu sehen, eher geschwächt.[30] Was sollten die Chinesen mit Christus?

La Croze antwortet am 30. Juli, er könne zum Christus-Monogramm noch nicht viel sagen, bevor er die Zeichnungen gesehen habe. Doch möge es sich, falls es chinesisch sei, um das Zeichen für »Tien« (*tian*), Gott oder Himmel, handeln, das normalerweise als 天 geschrieben werde.[31]

La Croze bezog sein Wissen aus den gängigen Abhandlungen über China. Für die Jesuiten von Ricci bis Bouvet war es ausgemacht, daß Tien nicht nur den physischen, sondern auch den religiösen Himmel meine, ja sogar, daß in diesem Zeichen ein vergangenes Wissen von Gott erhalten sei, das die Chinesen später wieder verloren hätten.[32] Wir werden auf diesen Punkt noch zurückkommen.

Kurze Zeit später, wohl im August, konnte La Croze endlich selbst die Zeichnungen sehen. Karl von Wartensleben, jetzt

Graf Flodrop, ein Preuße, der nach Deventer geheiratet hatte, hatte sie überbracht.³³ Cuper und La Croze nutzten die häufigen Fahrten des Grafen zwischen Holland und Berlin zum Transport ihrer Briefe und Bücherpakete. Jetzt war La Croze sprachlos. Diese Zeichnungen eröffneten ihm völlig neue Möglichkeiten, über die Ursprünge der chinesischen Schrift nachzudenken. Es handelte sich um Figuren, die teilweise anthropomorph waren, teilweise aber auch aus Kreuzen, Kreisen und Winkeln bestanden. Über China unterhielt man sich bereits seit einigen Jahren im Kreis von Cuper, Leibniz und La Croze,³⁴ denn Witsen hatte schon zuvor Grabfunde aus Sibirien wie Metallspiegel in die Konstellation eingebracht, und die enthielten eindeutig chinesische Charaktere.³⁵ Nun aber hatte man erstmals ganz frühe Zeichenformen in Händen. Doch so weit westlich? Daß chinesische Völkergruppen bis ins westlichste Sibirien vorgedrungen sein könnten, darüber war man sich einig.³⁶

Zwei Monate brauchte La Croze, der ständig durch lästige Beschäftigungen vom Forschen abgehalten wurde, um die Felszeichnungen zu deuten. Er stöhnte unter der Last, für den Hof langweilige Festbeschreibungen ins Französische übersetzen zu müssen. Noch bevor er seinen Antwortbrief an Cuper aufsetzte, schrieb er am 16. Oktober an Leibniz. »Das sind wahre chinesische Hieroglyphen und meiner Ansicht nach eine der interessantesten Sachen, die ich jemals gesehen habe. Es findet sich dort der Name unseres Herrn Jesus Christus, und er wird Schöpfer des Himmels und der Erde genannt. Hier sind die Buchstaben in klein« – und er skizziert sie in einer Zeichnung –, »denn sie sind von der Größe, die ich hier am Rand vermerke, durch den Abstand, der zwischen diesem Haken und dem, der oben auf der Seite ist, besteht.«³⁷ La Croze wußte, daß, wenn er von Hieroglyphen sprach, Leibniz äußerst aufmerksam zuhören würde. Leibniz hatte ja ausgiebig mit jesuitischen Missionaren in China korrespondiert, er besaß ein brennendes Interesse dar-

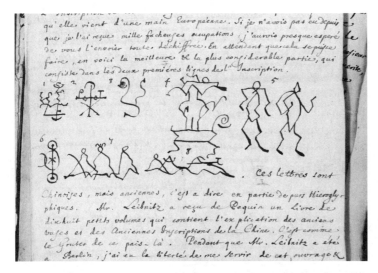

Abb. 58: La Croze an Cuper mit seiner Deutung der Inschriften.

an, ob die chinesische Schrift »hieroglyphisch« im Sinne einer Ideenschrift, einer philosophischen Schrift war, die kombinatorisch den Sinn aus ideenhaften Einzelelementen zusammensetzte.[38] Allerdings war seine China-Korrespondenz seit 1707 zum Erliegen gekommen, daher konnte Leibniz froh sein, wenn man jetzt auf diesem Weg weiterkam. »Ich meine«, sagt La Croze, »daß mir Herr Cuper mitgeteilt hat, dies wäre eine Grabinschrift, aber das kann nicht sein: Es ist sicherlich die Fassade eines christlichen Tempels. Dieses Stück erfüllt mich mit Bewunderung, und ich werde nicht rasten, bevor ich nicht alles entziffert habe.«[39]

Zehn Tage später teilte La Croze auch Cuper seine Deutung mit. Er skizzierte, wie schon für Leibniz, die Zeichen der Inschrift in der Reihenfolge, die sie seiner Meinung nach innehatten, und markierte sie mit Zahlen.

Nachdem er fast alle acht gedeutet hatte, übersetzte er den Satz, der dabei zustande kam, so: »Jesus (1) Christus, dem Sohn

Gottes (2), ist der Tempel (3) durch kaiserliches Siegel (4) anvertraut, dem Schöpfer (5) der ganzen Natur (6)«, und hypothetisch fügte er hinzu, da er bei den letzten beiden Zeichen nicht ganz sicher war: »dem Gott und Menschen«.⁴⁰

Das ist eine »Übersetzung«, die in ihrer Art noch sehr an Athanasius Kirchers scheinbare Übersetzungen ägyptischer Hieroglyphensprache erinnert – von heute aus gesehen eine absurde Aneinanderreihung von Spekulationen.⁴¹ Aber für den Historiker hochinteressant – und für Leibniz und seine Freunde sensationell.

Die Reaktionen

Wie reagierten Cuper und Leibniz? Zunächst einmal untereinander. Am 12. Dezember 1711 schreibt Cuper, bei dem La Crozes Brief vom Oktober noch nicht angekommen ist, an Leibniz: »Es gibt indessen vieles, was an mich aus dem Orient und von woandersher geschickt worden ist, was würdig ist, von Gelehrten angesehen und untersucht zu werden (*a curiosis inspiciantur, et examinentur*); ich habe sibirische Inschriften bekommen, bei denen ich überzeugt bin, daß sie von Chinesen in nur roh behandelten Stein eingeritzt worden sind, auch wenn die Schriftzeichen dieses Volkes, wie Kircher sie uns zeigt, ihnen in keiner Weise ähnlich sind.⁴² Ich habe sie beschrieben und abgebildet an unseren La Croze geschickt, aber habe von ihm seit August keine Briefe mehr bekommen, weshalb ich fürchte, daß er tot oder sicherlich krank ist.«⁴³ Leibniz antwortet ihm gleich zwei Wochen später und kann ihn beruhigen: »Unser La Croze ist beim Lösen jenes Rätsels der sibirischen Inschriften, und er scheint seiner Ansicht nach schon einige mit Hilfe chinesischer Schriftzeichen erklärt zu haben, was ingeniös ist, und ich glaube, daß es dem nicht an Wahrscheinlichkeit fehlt. Sobald er fertig ist, wird er Ihnen dies zweifellos zuschicken. Ich habe einige

Bücher aus China zugeschickt bekommen, in denen alte Schriftzeichen erklärt werden, und das Werk scheint so etwas wie der Gruter für Chinesisch zu sein. Von dort wendet La Croze bereits einiges nicht schlecht an.«[44]

Hier nun werden die chinesischen Bücher erstmals erwähnt. Leibniz war offenbar in Berlin bei La Croze gewesen und hatte ihm die Bücher gezeigt, und es war vielleicht La Croze gewesen, der sie mit denen von Gruter verglichen hatte. Wir werden darauf zurückkommen.

Schon am 14. Dezember hatte Leibniz direkt an La Croze geschrieben: »Ich glaube mit Ihnen, daß die alten chinesischen Schriftzeichen Hieroglyphen waren. Anscheinend waren das am Anfang die Bilder der Dinge, aber schließlich hat man zum Abkürzen und zum Ausweiten dieser Schrift nur einige Züge der Figuren bewahrt, und davon hat man Kombinationen gemacht, um andere Dinge auszudrücken, von denen ein guter Teil nicht gemalt wurde.«[45] Das war die damals übliche Weise, sich die Systematizität der chinesischen Schrift vorzustellen, die zwar auf einige ausgesuchte Fälle zutrifft, keineswegs aber auf die Schrift als Ganze. »Von daher«, fährt Leibniz fort, »sind nach und nach ihre gegenwärtigen Schriftzeichen entstanden. Aus der sibirischen Inschrift kann man, so scheint es, die Schlußfolgerung ziehen, daß sich die Schriftzeichen von damals unendlich von den modernen unterscheiden. Was gern glauben läßt, daß die christliche chinesische Inschrift, die von Kircher als alt publiziert worden ist, nicht echt ist.«[46] Leibniz meint die berühmte nestorianische Stele aus dem 7. Jahrhundert, die von Kircher in *China Illustrata* publiziert worden war, die aber für Leibniz' Geschmack zu moderne Schriftzeichen trug.[47]

»Zumindest ist zu sagen«, beendet Leibniz seine Einschätzung der Folgerungen aus dem sibirischen Fund, »daß eine chinesische Kolonie in Sibirien alte chinesische Schriftzeichen bewahrt hätte, als sie in China sich schon verändert hatten, was nicht unmöglich ist.«[48] Denn Leibniz hatte sehr wohl verstan-

Abb. 59: Die nestorianische Stele in Xi'an, China.

den, daß hier ein chronologisches Problem bestand: Alte chinesische Schriftzeichen kennt man aus Zeiten wie 1000 vor Christus, aber wenn hier damit christliche Inhalte ausgedrückt waren, mußte eine isolierte Chinesengruppe die alten Schriftzeichen, die in China vielleicht schon modernisiert waren, noch Jahrhunderte weiterbenutzt haben, bis ins 5., 6., 7. nachchristliche Jahrhundert.[49]

Im übrigen hatte Kircher selbst in seinen Schriften alte chinesische Charaktere der Shang- oder Zhou-Zeit abgebildet, denn er hatte von Pater Michael Boym ein Buch über die Entstehung der chinesischen Charaktere zugeschickt bekommen, mit dem er seine Hieroglyphen-Theorie untermauerte.[50]

Die Reaktionen

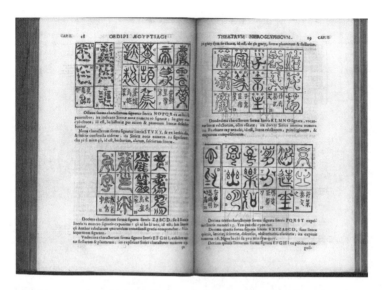

Abb. 60: Boyms Abzeichnung altchinesischer Schriftzeichen in Kirchers *Oedipus aegyptiacus*.

Cuper muß wenig später endlich La Crozes Brief vom Oktober erhalten haben, und er schreibt ihm gleich am 18. Dezember zurück. Er sei unruhig gewesen, gesteht er, er habe gefürchtet, die Inschriften-Zeichnungen seien verlorengegangen, und Witsen warte doch ungeduldig auf deren Deutung. »Eure Weisheit läßt mich staunen, und ich fühle mich verpflichtet zu sagen: te non factum sed natum esse ad duplicandas ad instar Oedipi res obscurissimas [daß Du nicht gemacht, sondern geboren bist, wie ein Oedipus die verborgensten Dinge zu erklären].«[51] Auch Cuper hatte also an Kirchers Metapher vom ägyptischen Ödipus gedacht.[52]

Cuper gab den Brief La Crozes mit der Deutung sogleich an Witsen weiter,[53] damit dieser nachforschen solle, ob es in der Nähe der Inschrift die Ruinen eines Tempels gegeben habe,[54] aber nicht nur an ihn, sondern auch an Adriaan Reland.

Reland wiederum fragte sich, ob es in seiner Umgebung ir-

Abb. 61: La Croze an Cuper über seine Deutung der Felsinschriften.

gend jemanden gebe, der sich im Chinesischen auskenne, und kam nur auf einen einzigen, Philippe Masson, einen Hugenotten, der mit seinen Cousins Samuel und Jean die Zeitschrift *Histoire critique de la république des lettres* bestückte.[55] Das war wohl der gleiche Franzose, der auch Cuper schon den Hinweis auf die mögliche chinesische Herkunft der Felszeichnungen gegeben hatte.[56] Man sieht daraus, wie eine Konstellation eine zentrifugale Tendenz hat, bis sie irgendwo an ihr Ende kommt. Masson war in der glücklichen Lage gewesen, ein Manuskript gekauft zu haben, das Justus Heurnius in den 1620er Jahren bei seinem Aufenthalt in Batavia auf Java zusammen mit Chinesen erstellt hatte: eine Wort-für-Wort Übersetzung der ersten Kapitel von Konfuzius' *Analekten*, mitsamt der chinesischen Schriftzeichen und einer phonetischen Transkription, und einem kleinen chinesisch-holländischen Wörterbuch.[57]

Abb. 62: Konfuzius in Chinesisch mit lateinischer Übersetzung von Justus Heurnius.

Masson schrieb dann im März 1713 schließlich direkt an La Croze, um mit ihm die Sache zu diskutieren.[58] Für ihn war das Hebräische der Schlüssel zum Chinesischen – für La Croze hingegen, wie wir noch sehen werden, das Koptische.[59] La Croze allerdings fand Massons Ansatz erbärmlich. Er verachtete ohnehin die neue »culture littéraire« der Zeitschriften mit ihrer halbseidenen Gelehrsamkeit, und für Massons Theorie hatte er nur Spott übrig.[60]

Am 1. März 1712 kann Cuper Leibniz sagen: »La Croze hat mir seine Erklärung der chinesischen Schriftzeichen mitgeteilt«,[61] und Leibniz antwortet ihm: Wenn La Croze mit seinem Armenisch-Lexikon fertig ist, »möchte ich, daß er sich dem Studium der chinesischen Schriftzeichen widmet«.[62] Leibniz war ungeduldig, denn er hielt das Chinesische für weit wichtiger als das Armenische. Anfang Mai teilt Cuper La Croze mit, was Reland zu seiner Deutung sage und daß ihm, Cuper, durchaus plausibel scheine, daß es frühe Christen in Ostasien gegeben habe, da Witsen ihm mitteile, die Thomaschristen in Malabar sagten, ihr Patriarch sei einstmals auch für China zuständig gewesen.[63]

Einen entscheidenden Schritt voran kommt dann die Diskussion am 28. Juni 1712.[64] Bis hierhin wäre alles noch eine amüsante kleine Geschichte, nicht mehr; doch dann zeigt sich, warum man dieses Dreieck Cuper-Leibniz-La Croze wirklich eine Konstellation nennen kann – weil sie eben ein nicht nur dichtes, sondern auch intellektuell produktives Netzwerk gewesen ist. Denn für La Croze ist das Dechiffrieren der Felsbilder der Anlaß für viel weitergehende, viel grundlegendere Überlegungen. Seit Jahren bastelte er an Deutungen für das Altägyptische herum und auch für das Chinesische. Jetzt auf einmal aber schien alles zusammenzupassen. Er schreibt an Cuper: »Zur Stunde beschäftige ich mich mit Hieroglyphen, und ich suche einen Universalschlüssel für alle Zeichen, sowohl ägyptische als auch chinesische.«[65] Das Wort »Schlüssel« hatte vor La Croze schon einmal jemand benutzt: Andreas Müller, der große Orientalist und China-Experte, von dem man nur relativ wenig weiß, weil er voller Ärger auf die Mitwelt all seine Papiere vor seinem Tod ins Feuer geworfen hat – jahrzehntelange Studien zur chinesischen Schrift und Sprache.[66]

Er hatte vollmundig dem brandenburgischen Kurfürsten eine »Clavis« angekündigt, doch sein Versprechen, sie zu liefern, niemals wahr gemacht. Seine Ideen, soweit nicht veröffentlicht, sind im Feuer untergegangen. Und jetzt war La Croze aufs neue dabei, einen solchen Schlüssel in Händen zu halten. »Ich wage Ihnen kaum zu sagen, was ich gefunden habe. Ich habe fürwahr Entdeckungen gemacht, die mich selbst staunen lassen, aber ich würde davon nichts veröffentlichen, solange mein System noch nicht ganz fertig ist. Das ist die einfachste und natürlichste Sache der Welt. Das Koptische ist dabei der Schlüssel. Wäre ich in Holland, würde ich in Leiden das, was mir aus den Büchern des Neuen Testaments fehlt, kopieren. Ich habe bereits mit eigener Hand die vier koptischen Evangelisten abgeschrieben, die Briefe des heiligen Paulus und die Psalmen. Hätte ich den Rest der Heiligen Schrift, würde meine Entzifferung der Hieroglyphen gut vorangehen. Es ist ein sehr überraschendes Paradox, daß diese Sprache der Schlüssel zu den ägyptischen Hieroglyphen sein soll, und sogar den chinesischen. Das ist die Vision, wenn Sie so wollen. Aber die Sache ist wahr. Um das zu beweisen, fehlt es mir nur an Zeit und an Büchern.«[67]

Cuper fand die These – zu Recht – so wichtig, daß er sie sogleich kopierte und mehreren anderen Briefpartnern schickte, unter anderem dem Abbé Bignon in Paris.[68] Doch warum in aller Welt das Koptische? Weil das Koptische der Schlüssel zum Altägyptischen war, zu den Hieroglyphen, und weil die chinesischen Hieroglyphen, so die Meinung nicht nur von La Croze, von den ägyptischen abgeleitet waren. Und Hieroglyphen als solche waren so etwas wie eine philosophische Begriffsprache. Das ist ja der Punkt, an dem Leibniz am meisten lag, deshalb drängte er das Sprachengenie La Croze ständig, das Armenische, Slawonische, Koptische hinter sich zu lassen und sich endlich ganz und gar dem Chinesischen zu widmen.[69]

Leibniz war allerdings im Punkt der Abkunft des Chinesischen vom Ägyptischen skeptisch. Schon 1705 hatte er an Pater Joachim Bouvet geschrieben, der ein glühender Verfechter der Ähnlichkeit von chinesischen und ägyptischen Hieroglyphen war: »Was die Hieroglyphen der Ägypter und anderer Völker angeht, so neige ich zu der Annahme, daß sie mit denen der Chinesen kaum in Zusammenhang stehen.«[70] Und jetzt schrieb er an La Croze: »Ich wäre besonders begeistert, wenn das Koptische Ihnen dazu dienen könnte, zu einem besseren Verständnis der chinesischen Schriftzeichen zu kommen. Aber wenn es nicht so wäre, da es in der Tat einigen Anlaß gibt, daran zu zweifeln, wäre es immer noch viel, wenn die koptische Sprache so philosophisch wäre, wie sie Ihnen von Anfang an schien. Denn bis jetzt wissen wir nichts davon; auch wenn die Einsetzungen der Namen manchmal durch die Ruinen der alten Sprachen hindurchscheinen, insbesondere des Hebräischen und des Teutonischen.«[71] Die Untersuchung von Eigennamen war methodisch gesehen der fruchtbarste Weg, um archaische Momente in einer Sprache zu entdecken.

Am 1. Dezember teilt La Croze Leibniz mit, daß er Cuper eine Abhandlung über sein System versprochen habe, und wenn sie fertig sei, wolle er Leibniz auch eine Abschrift geben.[72] In der Tat hat er in dieser Zeit, Ende 1712, bereits die meisten seiner Gedanken beieinander, er hat sie nur noch nicht niedergeschrieben. Und er stellt klar: »Ich werde Andreas Müller nicht nachahmen« – will heißen: Ich werde nicht allein auf meinen Ideen sitzenbleiben und sie mit ins Grab nehmen, »im Gegenteil werde ich von Beginn an es allen mitteilen, die sich die Mühe machen, es zu prüfen«.[73]

Was Cuper angeht, so war er nicht untätig geblieben und hatte Otto Sperling aus Kopenhagen in die Diskussion einbezogen. Er hatte ihm La Crozes Interpretation mitgeteilt, um seine Meinung zu hören. Sperling war skeptisch: »Die, die glauben, daß diese Buchstaben chinesisch sind – ich fürchte, daß sie falsch liegen«, schrieb er, und gab zu bedenken, daß Chinesen doch nicht von links nach rechts, sondern von oben nach unten schreiben.[74] Er selbst entwickelte eine völlig andere Deutung, nämlich eine nordische. Cuper schrieb La Croze Sperlings langen Brief am 19. Juni vollständig ab, um seine Reaktion zu erfahren.[75] Auch Leibniz berichtet er davon, am 16. August: »Und ich habe auch ergänzt, was Sperling von den sibirischen Inschriften denkt. Der nämlich weist China zurück und glaubt eher, daß es sich um nordische Schriftzeichen handelt, auch wenn er sie für unerklärbar bezeichnet, es sei denn, die Erklärung komme von den Schweden, die immer noch die Runen-Buchstaben befürworten und meinen, daß die übrigen Sterblichen alles ihnen verdanken, ganz so wie es die *Atlantica* des einen Rudbeck beweist.«[76] Trotz allen Spottes über die Schweden: in der Tat gibt es ja Orchon- und Jenissei-Runen in Sibirien, also eine alttürkische Runenschrift, wie sie Strahlenberg 1711 als schwedischer Gefangener in Sibirien entdeckt hat.[77] Völlig daneben lag Sperling nicht.

Was La Crozes neue Hypothese vom Koptischen als dem Schlüssel zum Chinesischen angeht, so gesteht Cuper Leibniz gegenüber, er verstehe nicht recht, was das Koptische helfen solle, da doch die meisten Buchstaben dieser Sprache aus dem Griechischen kämen und erst nach der Eroberung Ägyptens durch Alexander adaptiert worden seien. »Aber«, fügt er voller Bewunderung für La Croze an, »wie Sie zurecht bemerkten, bewegt sich dieser gelehrte Mann in einer Fülle von kaum bekannten Sprachen (*luxuriat in linguis reconditis*).«[78] Leibniz antwortet: »Ich glaube, daß La Croze nicht die Buchstaben der Kopten, sondern ihre Sprache mit den Schriftzeichen der Chinesen vergleichen will; während er meint, daß die chinesischen Schriftzeichen künstlich gemacht worden sind, so sieht er die Sprache selbst wie die philosophische der alten Ägypter; was, wenn er es zeigen könnte, ziemlich einzigartig wäre.« Und zu Sperlings Deutungsversuch: »Ich würde eher sagen, daß die sibirischen Inschriften chinesisch sind denn Runen.«[79]

So geht die Debatte weiter.[80] Am 11. November 1712 heißt es von La Croze, nach vier Monaten Schweigen gegenüber Cuper: »Ich möchte mein System über die Hieroglyphen bis an einen Punkt führen, an dem es verständlich werden kann, zumindest für Personen, die wie Sie Scharfsinn und Wissen haben.« Noch sei es nicht soweit. Drei Monate Zeit – die er aber nicht habe –, und er könnte alles vorlegen.[81] Ostern 1713 schaltet sich Louis Bourguet in die Diskussion ein, ein hochgelehrter hugenottischer Kaufmann in Venedig, später in Neuchatel, der schon 1707 mit

Leibniz über chinesische Schriftzeichen debattiert hatte.[82] Wohlgemerkt ist die Diskussion um die chinesischen Schriftzeichen nur eine von mehreren, die geichzeitig in der Konstellation geführt werden. Im Brief vom 28. Dezember 1711 an La Croze ist Leibniz dann bereits mit der Deutung eines Reliefs von Paris beschäftigt, das César Baudelot veröffentlicht hatte und das offenbar keltische Inschriften enthielt.[83] Auch hier wurde La Croze aktiv und deutete für Leibniz die Inschrift über Cerunnos, den gehörnten keltischen Gott.[84]

Doch das »System«, das La Croze versprochen hatte, kam nicht. Es wurde nicht aufgeschrieben – prekäres Wissen, das uns verlorengegangen ist. 1713 wurde La Croze beim Amtsantritt des Soldatenkönigs aller seiner Bezüge beraubt und war frustriert.[85] Am 28. Juni schrieb er Leibniz: »Was die chinesischen Studien angeht, so ist das eine abgeschlossene Sache. Ich bin davon verärgert. Denn ich hatte bereits einiges an Vermutungen über den Ursprung des Hieroglyphischen und recht gute Beweise für die Ähnlichkeit der alten chinesischen Schriftzeichen mit denen von Ägypten. Wenn ich nur zwei Wochen für mich haben könnte, dann würde ich das, was ich dazu gesammelt habe, in Schrift überführen.«[86] Cuper schreibt an La Croze im April 1714, und es klingt wie ein Nachruf: »Es ist ein großes Unglück für die Gelehrtenrepublik, daß Sie die Ägypter, ihre Hieroglyphen und ihre Kolonien verlassen […].«[87] Er versucht, La Croze noch einmal zu ködern, mit neuen Schriftzeichen aus Ceylon, aber vergeblich.[88]

Leibniz' Bücher

Versuchen wir, nachdem nun die Chronologie des Austausches geklärt ist, zumindest in Ansätzen zu verstehen, welches die Hypothese war, die La Croze entwickelt hat, und wie er dabei vorgegangen ist. In der Konstellationsforschung nennt man das die argumentanalytische Rekonstruktion der Inhalte, um die es in der Konstellation ging.⁸⁹ La Croze lag zunächst daran, an sehr frühe chinesische Schriftzeichen zu kommen, um einen Vergleich mit den sibirischen anstellen zu können. Als er die Abbildungen der sibirischen Inschriften bekam, hätte er fast noch das chinesische Werk heranziehen können, von dem schon die Rede war und in dem solche alten Schriftzeichen abgebildet waren. »Herr Leibniz«, berichtet er im Oktober 1711 an Cuper, »hat aus Peking ein Buch aus 18 kleinen Bänden bekommen, die Erklärungen von alten Vasen enthalten. Das ist wie der Gruter für dieses Land. Als Herr Leibniz in Berlin war, habe ich die Freiheit gehabt, mich dieses Werkes zu bedienen, und ich habe es fast einen Monat lang in meinem Kabinett verwahrt. Aber gegenwärtig, da Herr Leibniz es wieder nach Hannover mitgenommen hat, kann ich mich des Lichts nicht mehr bedienen, das dieses Buch mir gegeben hätte. Wenn ich es noch hätte, würde ich mich sehr wohl anheischig machen, die Inschrift in kurzer Zeit zu erklären.«⁹⁰ Etwas später fügt er hinzu: »Ich habe nie irgendein chinesisches Buch gesehen, in dem es [archaische Schriftzeichen] gibt außer dem von Herrn Leibniz, das gegenwärtig in Hannover ist.«⁹¹ Um welches Buch mag es sich gehandelt haben? Und hat La Croze es nun benutzt oder nicht?

Die Briefe zwischen Cuper und La Croze wurden, wie wir gesehen haben, oft vom Grafen mitgenommen, der zwischen Berlin und Holland hin- und herreiste. Grafen reisen schnell, daher kann man damit rechnen, daß La Croze den Brief Cupers vom 26. April in den ersten Maitagen 1711 bekommen hat. Hätte Cuper die Zeichnung damals bereits schicken können und wäre nicht durch Witsen aufgehalten worden, hätte er das chinesische Werk gerade noch benutzen können. Leibniz war schon fast im Aufbruch. Am 4. Mai hielt er noch eine Akademiesitzung ab, und zwischen dem 5. und dem 10. Mai ist er dann abgereist, weil er am 11. bereits in Leipzig war.⁹² La Croze hätte also gerade noch ein paar Tage einen vergleichenden Blick in das Buch werfen können. Aber er bekam die Zeichnungen erst im August. War es da zu spät? Nicht ganz. La Croze hatte sich offenbar Notizen gemacht. »In den Büchern, die Sie letztens aus Berlin mit sich genommen haben«, schreibt er im Oktoberbrief an Leibniz, »fand ich den Buchstaben *gin*, homo [also: Mensch], ausgedrückt durch die erste Figur des fünften Buchstabens der Inschrift.«[93] Er konnte also doch davon profitieren.

Aber welches Werk war es, das er benutzte?[94] Es muß dasjenige gewesen sein, das Leibniz Anfang 1706 via Paris aus Peking zugeschickt bekommen hatte, wahrscheinlich von Jesuitenmissionar Joachim Bouvet.[95] Leibniz nannte die Bände seinen »verborgenen Schatz«,[96] denn er konnte sie, wie schon erläutert, nicht lesen. Es handelt sich um 16 Bände, nicht 18 – La Croze muß sich verzählt haben –, und er fragt bei Bouvet an, »was diese Bücher enthalten«, doch bekommt nie eine Antwort.[97] Da wir aber nun La Crozes Beschreibung besitzen, das Werk sei eine Art »Gruter« für China, können wir erstmals Vermutungen anstellen. Janus Gruter hatte 1603 die Standard-Inschriftensammlung für die römische Antike publiziert, seine antiquarischen *Inscriptiones antiquae totius orbis Romani*.[98] Außerdem ist im Brief von La Croze an Cuper von »Erklärungen von alten Vasen« (also Bronze-Gefäßen) die Rede.

Es handelt sich bei Leibniz' Buch also sicherlich um ein Werk des chinesischen Antiquarianismus. Doch wann gab es in China so etwas wie Antiquarianismus, also Aufarbeitung der Relikte aus der Antike?

Der Antiquarianismus der Nördlichen Song

Die Referenz katapultiert uns wie in einem Zeittunnel auf einmal über ein halbes Jahrtausend zurück in die chinesische Vergangenheit. Und das in einem ganz materiellen Sinne, denn

Leibniz' Bände lagen ja real in seinen Händen. Auch wenn sie im 16. oder 17. Jahrhundert gedruckt sein mögen, so führt ihr Inhalt doch eindeutig weiter zurück. Ein solcher Antiquarianismus, wie er aus der Beschreibung La Crozes sichtbar wird, ist zur Zeit der nördlichen Song-Dynastie aufgekommen und hat sich dann später fortgesetzt.[99] Die Song-Zeit (960-1279)[100] war eine Zeit der kulturellen Blüte, der »Renaissance« in China, als man das Land modernisierte und versuchte, politische Einheit durch den konsequenten Rückgang auf die Weisheit der Alten zu erreichen. Diese praktische Weisheit wurde als eng zusammenhängend mit der Richtigkeit der Rituale gesehen, und um die Rituale nach altem Muster korrigieren zu können, war es nötig, die Aufschriften auf den alten Ritual-Bronzegefäßen zu entziffern. Daher der enorme Drang zum Sammeln und Bearbeiten dieser mehr als tausend Jahre alten Gegenstände.

Da gab es etwa die *Riten der Zhou* (周禮), ein Buch, das zu den »Neun Klassikern« in China gehört und wohl im dritten Jahrhundert vor unserer Zeitrechnung verfaßt ist, auch wenn es für älter gehalten wurde. Es beschreibt in großer Ausführlichkeit die Rituale – insbesondere die Rituale der Staatsführung – aus dem Königreich der Zhou-Dynastie, die sich in eine frühe (westliche) Phase in der ersten Hälfte des ersten vorchristlichen Jahrtausends und eine späte (östliche) Phase vornehmlich in der zweiten Hälfte des ersten vorchristlichen Jahrtausends untergliedert.[101] Die *Riten der Zhou* wollten verstanden, kommentiert und befolgt sein – doch wie sollte man das machen, wenn man einzelne Worte oder Bezeichnungen nicht mehr begriff?[102] So ist zum Beispiel von Libationsgefäßen für Trankopfer (*yi*) die Rede, und auch von Weinschüsseln (*zhou*). Beide waren nötig für die Staatszeremonien. Doch wie sahen diese Gefäße aus, wie verhielten sie sich zueinander, wie wurden sie verwendet? Das konnte nur ein sorgfältiges Sammeln solcher alten Bronzebehälter, ein Vergleichen und Klassifizieren erhellen.

Noch schwieriger wurde es mit den dekorativen Zeichen oder gar den alten Schriftzeichen auf den Gefäßen. Die Antiquare nahmen Bücher wie Wang Anshis *Erklärung der Schriftzeichen* (*Zi shuo* 字說) zur Hand, in dem Symbole gedeutet wurden, und versuchten, sich einen Reim auf die eingeritzten Zeichen zu machen.[103] Bedeutete etwas, das wie eine Streitaxt aussah, vielleicht, daß man Dinge verkleinern sollte, also möglicherweise weniger trinken? Ließ sich die Veränderung der Schriftzeichen seit der Zhou-Zeit rekonstruieren, ließen sich Aufschriften entziffern? Man erkannte die alte Zhou-Bronzeschrift, dann die Siegelschrift der Qin-Dynastie im späten dritten vorchristlichen Jahrhundert, bevor später die Kanzleischrift seit der Han-Zeit Standard wurde. Die in ihnen überlieferten Bedeutungen durften nicht verlorengehen.

Das waren keine unwesentlichen Aufgaben am Hof. Kaiser Huizong ging selbst voran und legte eine riesige Kollektion von Antiquitäten an, bei der ihm einzelne private Sammler wie der große Gelehrte und Historiker Ouyang Xiu, der zwei Generationen zuvor gelebt hatte, als Vorbild dienen konnten.[104] Man verzeichnete im 11. und 12. Jahrhundert die damals bekannten oder neu ausgegrabenen Bronzeritualgefäße, bildete sie zum Teil ab und transkribierte ihre Inschriften. Das hieß dann *jinshi xue*.[105] Die Song-Zeit war ganz verrückt nach solchen alten Zeugnissen. Besonders prominent war Lü Dalins archäologischer Katalog *Kaogu tu* (考古圖), in dem er über 200 Gefäße aus kaiserlichen und privaten Sammlungen abgebildet hatte, mit den Übertragungen der Inschriften in moderne chinesische Schrift. Lü Dalin war tatsächlich der chinesische Janus Gruter – nur 500 Jahre früher als Janus Gruter.

Es gab aber auch das etwas spätere *Xuanhe bogu tu* (宣和博古圖), das das *Kaogu tu* benutzte, und es gab kommentierende Erläuterungen zum *Kaogu tu* wie Zhao Jiuchengs *Kaogu tu shiwen* (考古圖釋文), ebenfalls aus der Song-Dynastie, und es gab Kataloge wie den von Wang Fu.[106] Leibniz könnte eine Ausgabe dieser oder ähnlicher Werke erhalten haben; es gab auch Manuskriptversionen.[107]

Man kann auch für die Song-Zeit – mehr als fünfhundert Jahre vor La Croze, Cuper und Leibniz – nach den intellektuellen Praktiken fragen, die dem Antiquarianismus zugrunde lagen, und man kann nach sozialer Epistemologie in Konstellationen forschen, in denen damals Gelehrte gemeinsam nach dem Sinn der alten Schriftzeichen fragten. In der Tat gab es solche gemeinsamen Anstrengungen. Zentral war das Zusammenspiel von Sammeln, Bewandertsein in den Techniken der Kalligraphie, einer genauen Kenntnis der klassischen Texte und ihrer Kommentare, aber auch der Praktiken des Abreibens von Inschriften, denn diese Kopiertechnik legte überhaupt erst den Grund für die gemeinsamen Interpretationsbemühungen.[108]

Hilde de Weerdt hat die »archivarische Mentalität« beschrieben, die in der Hofelite herrschte, insbesondere nachdem 1127 die nördliche Hälfte des Territoriums der Song-Dynastie verlorengegangen war.[109] Sammeln, Klassifizieren, Exzerpieren, das Anlegen von Notizbüchern und Verfertigen von Zeichnungen und Karten gehörten zum Handwerkszeug der Bürokraten, und ein regelrechter Informationsfluß kam zustande, wenn ihre Dokumente aufeinander bezogen wurden.

Lü Dalin veröffentlichte sein *Kaogu tu* im Jahr 1092, kurz vor Huizongs Thronbesteigung. Er war ein Schüler der Philosophen Zhang Zai und der Cheng-Brüder, zweier maßgeblicher Vordenker des Neokonfuzianismus.[110] Er klagt im Vorwort seines Katalogs über den Niedergang der Verwaltungsprinzipien und des ganzen Ritualsystems, das in der goldenen Zeit der – teilweise mythischen – Xia-, Shang- und Zhou-Vergangenheit des zweiten und ersten vorchristlichen Jahrtausends sich bis zur Qin-Dynastie deutlich verschlechtert habe.[111] Mit dieser glorreichen Vergangenheit gelte es, wieder in Kontakt zu kommen – durch die Objekte, die man sammelte. Lü konnte auf die Sammlungen mehrerer Dutzend Gelehrter zurückgreifen, ähnlich wie Cuper und seine Freunde auf die Münz- und Antiquitätenschätze vieler befreundeter Kaufleute oder Patrizier; und wie Cuper oder La Croze verständigte er sich mit seinen Kollegen über Abreibungen (in Europa: Abdrücke, Kupferstiche oder Abzeichnungen[112]).

Was den sammlungsfreudigen Kaiser anging, so war dieser nicht nur stolz auf die Objekte, die ihn umgaben, er setzte sie auch ein, um den Kontakt zu den Literati in schwierigen Zeiten zu befestigen. Wang Mingqing hat in einem Notizbuch seine Erinnerungen an die Festivitäten vermerkt, bei denen der Kaiser seine Gäste durch die Räume voller Antiquitäten führte und ihnen persönlich die Vasen, Bücher, Gemälde und Inschriften erklärte, die dort präsentiert waren.[113] Huizong strebte auch eine Musikreform an, denn das Tönen der alten Ritualglocken und Klangschalen war ein integraler Bestandteil der Wiederbelebung des goldenen Altertums. Man studierte die Zeichnungen alter Instrumente in den Katalogen, brachte sie mit Texten über Musik und mit Staatsritualen in Zusammenhang, und dann war man schließlich soweit, rekonstruierte Glocken herzustellen und die vergangene Zeit – ganz wörtlich – neu erklingen zu lassen.[114] Erklang diese tiefe Reichweite bis in die chinesische Vorvergangenheit auch bei den europäischen Wissenschaftlern, die die antiquarischen Kataloge in Leibniz' Besitz durchblätterten, um sibirische Felsinschriften zu verstehen? War das eine Überreichweite oder nur ein stumpfer Ton des Unverständnisses?

Wo sind Leibniz' Bücher?

Fragen wir zunächst und ganz simpel: Wo sind Leibniz' chinesische Bücher geblieben? Da sie im Nachlaßverzeichnis auftauchen, waren sie zum Zeitpunkt von Leibniz' Tod mit ihm in Hannover und sind dort wie alles andere auch versiegelt worden, weil Leibniz' Papiere als Staatsgeheimnis behandelt wurden. Nur: In Hannover sind sie heute nicht mehr. Und in Wolfenbüttel und Berlin, Leibniz' anderen unmittelbaren Bibliothekskontakten? Sollten die chinesischen Bücher aus irgendeinem Grund nach Berlin gekommen sein, könnten sie auch am Ende des Zweiten Weltkriegs von dort in osteuropäische Sammlungen überführt worden sein – nach Krakau oder vielleicht sogar nach St. Petersburg. Falls sie in Wolfenbüttel gelandet sind – die Bibliothek, für die Leibniz ja zuständig war –, müßten sie dort in den Katalogen verzeichnet sein.

Oder Göttingen? Wir wissen, daß es 1763/64 eine Anordnung des britischen Königs und hannoverschen Kurfürsten Georg III. gegeben hat, die in Hannover befindlichen Koran-Handschriften und orientalischen Manuskripte der Göttinger Universitätsbibliothek zu überlassen. Johann David Michaelis, Professor für orientalische Sprachen an der Universität Göttingen, hatte sie sich schon seit längerem ausgeliehen und nun darum gebeten, sie ganz seiner Lehranstalt zu überlassen. Doch hatte Michaelis auch Interesse an chinesischen Texten? Das ist nicht wahrscheinlich, und in seinem Nachlaß sind keine verzeichnet.[115]

All das sind bisher Spekulationen. Da viele Bibliothekare des 18. Jahrhunderts nichts mit chinesischen Werken anfangen konnten, können die Bücher auch verlegt worden, an durchreisende Wissenschaftler vergeben oder auf andere Weise abhanden gekommen sein. Bisher habe ich jedenfalls noch keine Bände von der Art des *Kaogu tu* in den entsprechenden Sammlungen finden können, trotz kompetenter Hilfe.[116]

La Crozes Arbeitspraxis und seine Spekulation

Was wir aber ermitteln können, ist die Weise, in der La Croze mit Leibniz' Bücherschatz umgegangen ist. Im *Kaogu tu* sind in der Tat Schriftzeichen abgebildet, die La Croze helfen konnten, denn es sind Schriftzeichen, die bis in die Shang-Zeit zurückreichen, um 1200 v. Chr.[117]

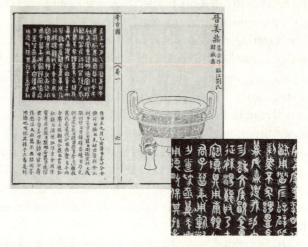

Abb. 63: Lü Dalins *Kaogo tu*.

Daneben standen ihm aus dem Bestand der Bibliothek noch andere Bücher zur Verfügung. Seit mit Andreas Müller und dann Christian Mentzel zwei Proto-Sinologen Bibliothekare gewesen waren, gab es dort eine gewisse Anzahl von chinesischen Werken und Werken über China. Graf Flodrop hatte im August 1711, als er La Croze die Zeichnungen mit den sibirischen Inschriften übergab, in der königlichen Bibliothek »ein großes und altes chinesisches Buch gesehen, in dem sich alle Schriftzeichen, so wie sie sich von Epoche zu Epoche verändert haben, finden«, und Flodrop hatte den Eindruck, daß La Croze es geschafft hatte, dieses Buch zu meistern (»*viendrez à bout de ce Livre*«).[118] Im August waren Leibniz' Bücher schon nicht mehr in Berlin, sie können es also nicht gewesen sein. Auf der anderen Seite haben wir La Crozes Aussage, er habe nie ein ähnliches Buch mit alten Schriftzeichen gesehen.[119] Vielleicht handelte es sich statt dessen, meinte La Croze gegenüber Cuper, um das chinesisch-spanische Wörterbuch des Dominikaners Francisco Díaz, das allerdings keine alten Schriftzeichen enthält – da hätte sich Flodrop getäuscht;[120] vielleicht hatte er La Crozes Notizen mit alten Zeichen daneben gesehen. Leibniz kannte dieses handgeschriebene Buch schon mindestens seit 1703; damals erwähnte er es in einem Brief an Joachim Bouvet und notierte auf einem Zettel den Titel.[121]

Abb. 64: Das chinesisch-spanische Wörterbuch von Francisco Díaz.

La Croze ging also an die Arbeit. Er sprach fließend Spanisch seit seiner Jugendzeit, daher hatte er keine Mühe, sich den Díaz neben seine Notizen aus den archäologischen Katalogen zu legen und damit zu versuchen, die dortigen Zeichen mit Bedeutung zu füllen.

Zunächst suchte er bei den Abbildungen von alten Inschriften wie etwa der Jinjiangding – falls er sie sich abgemalt hatte –, einer Bronzekessel-Inschrift aus dem 8. vorchristlichen Jahrhundert, ob es irgendwo Ähnlichkeiten mit denen der sibirischen Inschriften gab.[122] Zum Beispiel fand er dort ein Zeichen, das wie einer der aufrecht stehenden Menschenfiguren rechts auf der Inschrift aussah, wie wir gehört haben. Dann sah er auf die Transkriptionen von Lü Dalin (oder einem der entsprechenden Autoren) – soweit er sich auch diese notiert hatte – und konnte sehen, wie die Figur in der gebräuchlichen Regelschrift aussah. Schließlich mußte er nur noch im Díaz nachschlagen, was dieses moderne chinesische Zeichen bedeutete.

So ging es auch mit den anderen sibirischen Hieroglyphen, etwa der Nummer 4. »Das vierte Schriftzeichen«, sagt La Croze, »ist sehr besonders. Es ist die alte Figur, die das Siegel des Kaisers bezeichnet, und metaphorisch die Anerkennung durch den Kaiser. Sie schreibt sich heute in dieser Art: 璽, und sie liest sich *si*. Sigillum quo solus utitur imperator.«[123]

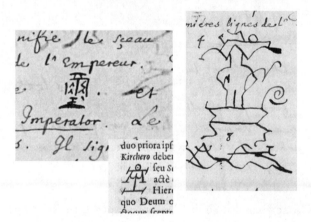

Abb. 65: La Crozes Skizze vom vierten Schriftzeichen.

Es ist wohl das gleiche Zeichen, das Kircher als Königsbuchstaben bezeichnet hatte, als Zepter mit einem Auge, und von dem er gesagt hatte, daß die Ägypter eine ganz ähnliche Hieroglyphe hätten.

La Croze war natürlich die Seiten durchgegangen, die Athanasius Kircher in seinem *Oedipus Aegyptiacus* von 1652-1654 und in *China monumentis illustrata* von 1667 den ägyptischen und auch den chinesischen »Hieroglyphen« gewidmet hatte. Trotz aller Kritik an Kircher und trotz der Antipathie gegenüber den Jesuiten waren diese Werke für ihn doch essentiell, nicht zuletzt wegen der These von der Abkunft des Chinesischen aus dem Ägyptischen. Im China-Buch versucht Kircher, die im *Oedipus* nur kurz erwähnten Charaktere aus dem von Boym geschickten Werk zu deuten und mit neueren Schriftzeichen zu identifizieren.

Doch findet sich weder dort noch im *Oedipus* eine abgebildete »Königs-Hieroglyphe« mit Zepter und Auge. Wenn man allerdings etwas genauer hinschaut, dann kann man in der Sektion »De politica Aegyptiorum« des *Oedipus* an versteckter Stelle eine Thematisierung dieser Metaphorik entdecken, jedoch ganz ohne Bild. Dort heißt es, im Kontext von Kirchers Deutung der Feindschaft zwischen Osiris und Typhon: »Der erhabene Osiris ist mit seinem Zepter, das in Form eines Auges beschaffen ist (*sceptro in formam oculi concinnato*), der architektonische Intellekt oder die Vernunft eines Königs, der praktisch mit jeder Art von Tugend ausgestattet ist, und durch dessen Güte, Gerechtigkeit, Frömmigkeit, Sorge und Religion sein Königreich mit jeglichem Glück erfüllt wird.«[124] Ob La Croze allerdings diese Stelle gegenwärtig war, ist nicht sicher. Denn als Hieroglyphe wird das Zepter hier ja gar nicht bezeichnet. Das war erst der Fall bei einem Kircher-Epigonen, nämlich dem Augsburger Theologen Gottlieb Spitzel. In dessen Werk *De re literaria Sinensium* von 1660 konnte La Croze etwas über eine Hieroglyphe mit Zepter und Auge lesen. Dabei hatte Spitzel allerdings ganz explizit gesagt, daß dies seine eigene und nicht Kirchers Rekonstruktion sei – was La Croze ignoriert hat: »Der königliche Buchstabe, nämlich das Szepter mit Auge, paßt genau zu jener Hieroglyphe der Ägypter, mit der sie Gott als Auge abgebildet und mit einem Szepter verbunden bezeichnen.«[125] Spitzel skizziert sogar en détail, wie er sich diesen Buchstaben vorstellt.

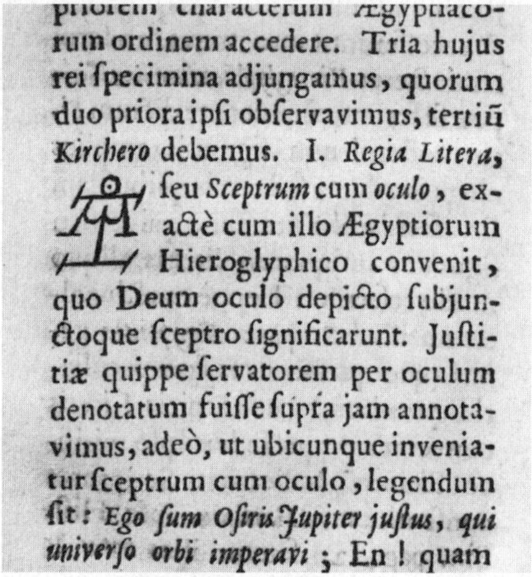

> priorem characterum Ægyptiacorum ordinem accedere. Tria hujus rei specimina adjungamus, quorum duo priora ipsi observavimus, tertiū *Kirchero* debemus. I. *Regia Litera*, seu *Sceptrum* cum *oculo*, exactè cum illo Ægyptiorum Hieroglyphico convenit, quo Deum oculo depicto subjunctoque sceptro significarunt. Justitiæ quippe servatorem per oculum denotatum fuisse supra jam annotavimus, adeò, ut ubicunque inveniatur sceptrum cum oculo, legendum sit : Ego sum Osiris Jupiter justus, qui universo orbi imperavi ; En ! quam

Abb. 66: Spitzel über die Hieroglyphe mit Zepter und Auge.

Eine etwas genauere Idee von der Art von La Crozes diesbezüglichen Überlegungen bekommen wir aber erst beim fünften Zeichen. Hier sagt er: »Das fünfte Schriftzeichen ist das leichteste von allen.

Abb. 67: La Crozes Skizze vom fünften Schriftzeichen.

Es bedeutet schöpfen, aufheben und Schöpfer, denn die chinesischen Schriftzeichen bezeichnen gleichermaßen den Namen, das Verb, das Substantiv, das Adjektiv usw. Dieses Schriftzeichen ist zusammengesetzt aus dem vom Menschen und dem vom Aufheben. Es schreibt sich heute 人, *Hoa*. Ich bin sehr zufrieden, diesen Buchstaben in seiner alten Hieroglyphik gesehen zu haben, denn ich hatte schon vermutet, daß er so aussehen würde.«[126]

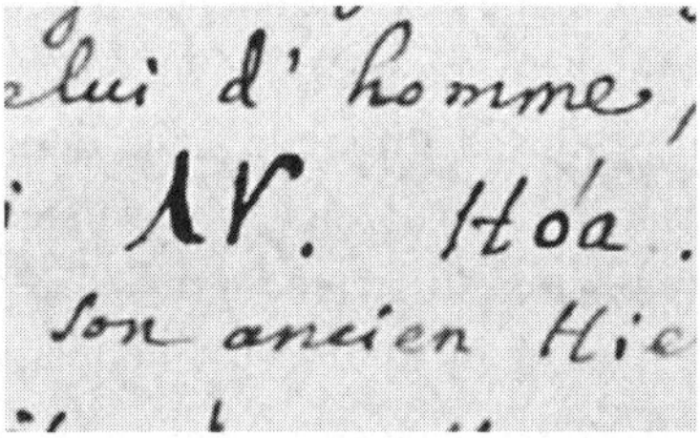

Abb. 68: La Croze an Cuper über seine Deutung der Schriftzeichen vom Menschen und vom Aufheben.

Warum hatte La Croze das schon vermutet? Er gibt die Antwort: »Da das Aussetzen von Kindern bei den alten Chinesen in Gebrauch war, wie ehedem bei den Griechen und Römern – repräsentieren sie damit eine Figur, die eine Idee von der Göttin Levana gibt.«[127] Levana war in der römischen Mythologie die Schutzgöttin der Neugeborenen, sie hat ihren Namen vom Aufheben (*levare*), denn in Rom wurde ein Neugeborenes vor die Füße des Vaters gelegt; hob er es auf, hat er es als das seine anerkannt.[128] Die chinesischen Bedeutungen »schöpfen«, »aufheben« und »Schöpfer« zeigen, so meint La Croze offensichtlich, den gleichen Zusammenhang. Daß auf der sibirischen Inschrift zweimal ein Mensch dargestellt war, der zunächst die Arme unten hat, sie dann aber erhebt, verband La Croze mit dem Elevationsritual, das er von den Römern kannte. Und das moderne chinesische Zeichen konnte man dann als Reduktion der beiden Menschenfiguren deuten, einmal Arme nach unten, einmal Arme nach oben. Bei La Croze ging es also nicht nur um mechanisches Nachschlagen im *Kaogu tu*, sondern auch um kluges Einbeziehen von vergleichendem Wissen über Institutionen und Rituale.

Aber als was hat La Croze – in der Diskussion mit Leibniz – die chinesischen Schriftzeichen wahrgenommen? »Die chinesische Sprache kann keine ursprüngliche Sprache sein«, sagt er. »Sie ist nicht einmal, streng genommen, eine lebende Sprache. Sie ist eine philosophische Sprache, erfunden, um auf leichte Weise die chinesischen Schriftzeichen zu verstehen, und auf einfache Weise deren Bedeutungen in ihren Wörterbüchern zu finden.«[129] Gerade weil sie nicht ursprünglich ist, ist sie abhängig, nämlich von den Schriftzeichen; abhängig ist nach La Croze aber auch in gewisser Weise die chinesische Schrift, und zwar von den ägyptischen Hieroglyphen. Er glaube, sagt er, »daß die ägyptische Sprache die Ursprache der menschlichen Gattung ist«.[130] Ägypter und dann Chinesen gingen mit den noch sehr philosophischen Sprachen um, die auf Kombinationen von

Ideen gegründet waren. Erst viel später kam die Innovation der Alphabetschrift. »Ich glaube nicht«, sagt La Croze, »daß es in der Welt irgendwelche Buchstaben vor Moses gegeben hat, zumindest solche, die nicht Hieroglyphen sind, und ich glaube, daß Moses sie direkt von Gott bekommen hat. Die Menschen hätten niemals gesprochen, wenn Gott nicht das Wort an unseren ersten Vater Adam gegeben hätte.«[131]

Wenn La Croze hier von Buchstaben spricht, die Gott Moses gegeben habe, so denkt er möglicherweise an jene Felsinschrift im Sinai, die – wie wir in Kapitel I gesehen haben – auch Kircher und Chézaud aufs höchste beschäftigt hat. In Gottlieb Spitzels *De re literaria Sinensium* konnte man das Zitat aus Diodor lesen, wo es heißt: »Die Figuren der Standbilder nun und die Formen der Schriftzeichen haben die Ägypter von den Äthiopiern übernommen. Die Ägypter besitzen nämlich zwei Schriften: die eine, ›demotisch‹ genannt, lernen alle; die andere wird die ›heilige‹ genannt. Bei den Ägyptern verstehen sie allein die Priester, die sie von den Vätern in den Mysterien lernen. Bei den Äthiopiern benutzen alle diese Schriftzeichen.«[132] La Croze mochte solchen Aussagen nicht mehr glauben, doch es scheint, daß er das, was Diodor vom Ge'ez sagt, auf das Koptische übertragen hat. Das Koptische als Schlüssel zu den Hieroglyphen. Eine Grundidee von La Croze war es, durch die Kenntnis von neueren Sprachen zu der von viel älteren zu kommen, die noch teilweise in ihnen aufbewahrt sind. So war er der Ansicht, daß im Armenischen noch viel Medisches enthalten ist, daß man also an die Sprache des alten Iran herankommt, von der sonst fast keine Dokumente geblieben sind.[133] Ähnlich dachte er über das Koptische: Durch ein Beherrschen des Koptischen sei es möglich, der Hieroglyphenschrift der alten Ägypter auf die Spur zu kommen. Die Hieroglyphenschrift sei wie das Chinesische, schreibt er Leibniz, »aus einem System gemacht, wo alles bedeutungsvoll ist, alles analogisch, und wo, was einzigartig, aber sehr genuin ist, die längsten Wörter sich in Buchstaben auflösen, die jeweils ihre Bedeutung haben, so daß in dieser Sprache ein einzelnes Wort das Resultat von mehreren Ideen ist«.[134]

Wie aber kommt man durch koptische Wörter auf die Grundelemente des Hieroglyphischen? Es gab nur wenige Anhaltspunkte in der Bibel und in der antiken Literatur, von denen man ausgehen konnte. Der bekannteste war der Name des Patriarchen Joseph, der in Gen 41,45 mit dem ägyptischen Wort als »Zaphnath Paaneah« angegeben ist.[135] Konnte man die Bedeutung dieses Wortes über das Koptische deuten? Kircher hatte sich darüber verbreitet und Guillaume Bonjour kürzlich eine ganze Abhandlung darüber geschrieben. La Croze hat sich intensiv mit ihr beschäftigt.[136] Im Januar 1710 hatte er bereits persönlich die handschriftliche Neufassung der *Dissertation*, die ihm Cuper geschickt hatte, abgeschrieben.[137] Im Koptischen finden sich ja tatsächlich viele Wörter von älteren Stufen des Ägyptischen wie dem Demotischen – wenn auch, wie man heute weiß, in beträchtlicher Veränderung.[138] Aber worauf will La Croze hinaus? Auf die Schrift oder auf die Sprache? Cuper gegenüber betont er, »daß die Buchstaben des koptischen Alphabets, deren Herkunft griechisch ist, in meinem System keine Rolle spielen«.[139]

Meint er damit, daß nur die Sprache, nicht die Schrift der Kopten für ihn wichtig ist? Oder liegt die Betonung des Satzes darauf, daß nur *diejenigen* Buchstaben, die aus dem Griechischen kommen, keine Rolle spielen, wohl aber die sechs Ergänzungsbuchstaben, die es im Koptischen gibt, um phonetische Eigenheiten des Ägyptischen bewahren zu können?[140] Koptisch sei altägyptisch, versichert La Croze, aber nicht, was man heute in koptischen Büchern finde: »Vielmehr finde ich ihr Alphabet in einem Autor des 4. Jahrhunderts. Wenn Gott mir das Leben erhält, werde ich eines Tages meine Beobachtungen zu diesem Thema geben. Ich habe einige schöne Sachen zum Namen Josephs. Der Père Bonjour«, fügt er etwas enttäuscht hinzu, »hat nichts gesagt, was über seine Dissertation, die in Folio gedruckt ist, hinausgeht.«[141] La Croze scheint sich also besonders für das Altkoptische zu interessieren. Er scheint davon auszugehen, daß sich die koptische Sprache zunächst durch eine andere Schrift ausgedrückt hatte, wohl eine, die näher zu den Hieroglyphen stand. Man weiß heute, daß in einigen altkoptischen Texten die Ergänzungsbuchstaben in experimenteller, dem Hieroglyphischen ähnlicher Rebus-Form geschrieben werden.[142] Hatte La Croze einen solchen Text gesehen?

Oder ging er doch mehr von den grammatischen Eigenschaften der koptischen Sprache aus? Leibniz hat La Croze so verstanden. Dazu aber benötigte La Croze den vollen Wortschatz des Koptischen – daher seine Klage über die zu geringe Textgrundlage bei seinen Berliner Beständen. Bis 1721 hat er dann ein koptisch-lateinisches Wörterbuch von fast 1000 Seiten verfaßt, nachdem er sein altslawisches und sein armenisches zu Ende gebracht hatte.[143] Doch im Vorwort des Wörterbuches greift er die Hypothese von der Derivation des Chinesischen aus dem Ägyptischen nicht mehr auf. Wir wissen nicht, ob er die These fallengelassen oder nur nicht mehr weiterverfolgt hat.[144]

Leibniz mußte sich die Frage stellen, wie sich die Hieroglyphen von La Croze zu seiner Hypothese von der dyadischen Natur der frühen chinesischen Schriftzeichen verhielten, denn er hatte sich ja im Dialog mit den Jesuiten lange mit dem *Yijing* und dessen 64 Hexagrammen beschäftigt, in denen er ein dyadisches System von Schriftzeichen erkannte.[145]

War nun aber der legendäre erste Kaiser oder Kulturgründer der Chinesen, Fu Xi, von dem manche meinten, er wäre mit dem Ägypter Hermes Trismegistos identisch – gewissermaßen eine verzerrte kulturelle Erinnerung an den Ursprung Chinas in Ägypten –, war also Fu Xi der Verfasser des *Yijing* und Schöpfer dieser dyadischen Schriftzeichen,[146] dann käme eine aus anthropomorphen Bildern wie den sibirischen Felszeich-

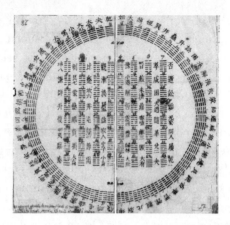

Abb. 69: Das *Yijing* mit seinen 64 Hexagrammen in der Darstellung von Joachim Bouvet.

nungen entstandene chinesische Schrift nicht mehr in Frage. Oder gab es bildliche Anfänge und später eine rationalistische Umformung der Schrift? Es stellten sich viele Fragen, und Leibniz hätte sie sicher mit La Croze beredet, wäre er nach seinem Besuch vom Frühjahr 1711, bei dem er La Croze mit seinen antiquarischen Katalogen aus China geködert hatte, nochmals in Berlin aufgetaucht. Doch dieser Besuch sollte der letzte gewesen sein.

Globale Ideengeschichte

Ziehen wir ein Fazit und fragen uns, was wir aus der Konstellationsbetrachtung gewonnen haben. Die Debatte über die sibirischen Schriftzeichen ist eine von etwa zehn bis zwanzig anderen, die gleichzeitig in dieser Konstellation jongliert wurden, in einer mitunter schwindelerregenden Abfolge von Themen: arabische Münzen, Juden in Madagaskar, keltische Reliefs, erste keilschriftliche Zeugnisse.[147] Was also haben wir gewonnen? Zunächst einmal neue Informationen, denn manche Details aus dem oft behandelten Themenfeld »Leibniz und China« ergeben sich erst aus den »Drittbriefen« zwischen La Croze und Cuper. Vor allem aber hat sich die Perspektive verschoben. Die Akteure einer Konstellation haben durchaus ihr intellektuelles Eigengewicht, und Leibniz spielt hier mit seinen Kompetenzen und Interessen nur einen Part, nur ein Instrument. Cupers Vermittlung von Witsens Material hat La Croze dazu gebracht, seine allgemeinen Überlegungen zum Hieroglyphischen bei den Chinesen und Ägyptern auf einmal ganz konkret werden zu lassen – wenn auch, wie wir heute wissen, auf der falschen Grundlage von neolithischen Zeichnungen und der falschen Einschätzung sowohl der chinesischen Schrift als auch der ägyptischen Hieroglyphen. Dennoch: La Crozes Spekulationen sind ein massiver Impuls für sich, und Leibniz war dann der Reagierende und konnte sehen, wie sich diese zu seinen Überlegungen über eine philosophische Sprache oder die Dyadik der Zeichen im *Yijing* verhalten.[148] Das Überwältigende an Leibniz ist ja, daß er in so unglaublich vielen personellen und fachlichen Konstellationen mitspielt, von der Mathematik und Philosophie über die Geologie und Ethnologie bis zur Mittelalterhistorie; das darf uns aber nicht dazu verleiten, ihn in den Konstellationen immer als zentral zu sehen oder gar die Konstellationen als solche zu vernachlässigen.

Doch ist das wirklich schon globale Ideengeschichte, was wir betrieben haben? Sicherlich nicht. Es ist zunächst nur eine Rekonstruktion der europäischen Diskussionen über China. Diese Diskussionen folgen freilich der europäischen Expansion, und zwar gleich an verschiedenen Fronten. Der Fund der Felszeichnungen bei Pisanskoje ist eine Folge der russischen Ausdehnung nach Sibirien unter Peter dem Großen. 1711, als die hier beschriebenen Diskussionen stattfinden, haben die gefangenen schwedischen Offiziere des Nordischen Krieges im sibirischen Tobolsk gerade angefangen, ethnologische Studien zu betreiben. Für Han Vermeulen ist das der Anfang der Ethnologie als Wissenschaft, vor allem, als der deutsche Pietist Daniel Gottlieb Messerschmidt zu ihnen stößt.[149] Auf der anderen Seite profitiert die Diskussion zwischen Cuper, Leibniz und La Croze von Massons Hinweis, die Zeichen könnten chinesisch sein, den dieser indirekt durch die Kontakte der Holländer mit Chinesen in Batavia geben konnte, und sie profitiert dann durch die *Kaogu-tu*-Bücher, die von den Pekinger Jesuiten aus China geschickt worden waren, Folge der missionarischen Expansion der europäisch-christlichen Kirche. Ich nenne das die gelehrte Einkreisung Asiens um 1700: von Westen, von Südosten und von Osten.[150]

Eine wirkliche globale Ideengeschichte freilich wird mehr sein, als nur die Reflexe der Expansion nachzuzeichnen. Sie geht in mindestens zwei Dimensionen darüber hinaus: zum einen kann sie eine Art Absprung praktizieren, nämlich an einem Punkt im Narrativ, das China berührt, sich selbständig machen und von dort aus in eigener Regie weiterfragen. Das wäre vor allem das *Kaogo tu* und damit der Antiquarianismus der Song-Epoche. Hier bietet sich die Möglichkeit, Europa zu vergessen und zu fragen, wie denn die Chinesen im 11. Jahrhundert die alten Schriftzeichen der Shang-Zeit im zweiten vorchristlichen Jahrtausend wahrgenommen haben, welche Interessen sie verfolgten, als sie mühevoll die Bronzegefäße auf Schriften absuchten. Was hatte diese Tätigkeit mit der Suche nach kultureller Identität zu tun, was mit der Informationspolitik der Song-Herrscher, was mit der Etablierung des Neokonfuzianismus zu dieser Zeit? Aber auch das ist noch die Ansetzung einer westlichen Kategorie (»Identität«) auf die chinesischen Verhältnisse. Wir haben gesehen, daß die Antiquare vor allem Interesse an Ritualfragen hatten. Auch dieses Interesse ist also zunächst einmal aus chinesischer Perspektive zu rekonstruieren.

Wir haben das an dieser Stelle nur anreißen und nicht vertiefen können. Die zweite globalgeschichtliche Dimension des

Themas will ich – zum Schluß – noch ein wenig beleuchten. Das wäre der Aspekt der Verflechtung, der spiegelbildlichen Bezugnahme auch von der chinesischen Seite her. Und die hat durchaus wieder mit dem Neokonfuzianismus der Song-Zeit zu tun, der auch für die Diskussionslage der frühen Qing-Zeit um 1700 noch maßgeblich war. Eine direkte Verflechtung gab es natürlich nicht bei den europäischen Akteuren, die wir betrachtet haben, sehr wohl aber im Kontaktbereich der Jesuiten in China.[151] Wenn La Croze und seine Freunde von einer protochristlichen oder zumindest monotheistischen Ausrichtung der chinesischen Kultur ausgingen, mit Hieroglyphen beispielsweise für den »Schöpfer« und womöglich auch »Gott«, gab es dann auch Chinesen, die ihre Kulturgeschichte ähnlich einschätzten?

Rekapitulieren wir zunächst noch einmal, was La Croze vor Augen stand. Da gab es zu Beginn der Kulturentwicklung bei den Nachfahren Chams, des Noah-Sohnes, in Ägypten die Entwicklung einer Sprache und einer Hieroglyphenschrift, die Ideen abbildete, zumal »große« metaphysische Ideen einer natürlichen Theologie. Mit den Wanderbewegungen der Chamiten durch Asien, so meinte er, gelangte die Hieroglyphenschrift nach China, wenn auch in verzerrter Weise; doch es gab offenbar eine gewisse Ähnlichkeit der frühen chinesischen Schriftzeichen mit den ägyptischen, zumal es sich bei den Legenden um Fu Xi um einen Nachhall des Kulturstifters Hermes Trismegistos handeln konnte. Die in Sibirien gefundenen möglicherweise christlichen Botschaften in – zugleich – scheinbar chinesischen Schriftzeichen schienen zu beweisen, daß entweder ein frühes Christentum in China – beispielsweise durch eingewanderte indische Thomas-Christen oder durch Nestorianer – sich bis in den Ural ausgebreitet hatte; das hieße dann jedoch, daß in China die archaische Schrift noch im 2., 3., 4. oder 5. Jahrhundert in Gebrauch gewesen wäre. Oder aber im Ural hatte sich eine kleine abgespaltene Kolonie von Chinesen gehalten, die zu archaischer Zeit dort eingewandert war und dann, zur

Zeit des frühen Christentums, irgendwie christianisiert worden war und ihre Botschaften jetzt in ihren alten chinesischen Zeichen ausdrückte.

Ein Chinese der Jahre um 1711, als La Croze, Cuper und Leibniz dies diskutierten, der auch mit dem Christentum in Kontakt gekommen war, war beispielsweise Zhang Xingyao in Hangzhou, 200 Kilometer südwestlich von Shanghai.[152] Er war ein »Literatus«, also ein konfuzianischer Gelehrter, der damals gerade letzte Hand an sein Werk *Tianzhujiao Rujiao tongyi kao* (天主教儒教同異考) legte, einer Untersuchung über die Ähnlichkeiten und Unterschiede zwischen der himmlischen Lehre (gemeint ist das Christentum) und der Lehre der Literati (das, was wir, den Jesuiten folgend, »Konfuzianismus« nennen). Das Buch ist nie gedruckt worden, denn es war für viele Chinesen durchaus provozierend, auch wenn es sich – oder gerade weil es sich – nahtlos in die indigenen chinesischen Vorstellungen einfügte. Ich habe weiter oben kurz die Kontroverse über das Wort »Tien« erwähnt, ob es nur Himmel im meteorologischen Sinne bedeutet oder, wie es die Jesuiten gern wollten, auch im theologischen Sinn. Es war damals eine zentrale Streitfrage, ob die frühen Literati zur Zeit von Konfuzius und früher bereits eine natürliche Theologie in diesem Sinne vertreten hatten, oder ob sie rein rational und untheologisch dachten. Matteo Ricci hatte mit einigen Literati in seiner Umgebung die erstere Auffassung entwickelt, und tatsächlich schien diese Interpretation zumindest denkbar.[153] Das Problem war nur: Die Jesuiten hatten zugleich gesagt, daß diese frühe natürliche Theologie der Chinesen später korrumpiert und verdunkelt worden sei, nicht zuletzt auch durch den Neokonfuzianismus seit der Song-Zeit. Das aber war für chinesische Literati nicht wirklich akzeptierbar, denn ihr ganzer hochkultureller Diskurs seit dem 11. Jahrhundert beruhte auf ebendieser Song-Epoche; sie hegten durchaus die Ansicht, daß der Konfuzianismus von Song-Philosophen wie den Cheng-Brüdern oder Zhu Xi – der überhaupt erst die konfuzianischen Werke in eine kanonische Ordnung gebracht hat – völlig korrekt und orthodox war. Zhang Xingyao jedenfalls hielt an ihm fest, als er sein *Tianzhujiao Rujiao tongyi kao* verfaßte.

In seinen Augen hatte es eine Verehrung von Gott im Himmel seit den ältesten Zeiten in China gegeben, also seit mindestens 2500 vor Christus. Das, was die Jesuiten gelehrt hatten, war keine westliche Erfindung, sondern ursprünglich chinesisch. So ist man auch sonst gelegentlich in China mit westlichen Lehrstücken umgegangen, etwa mit der Mathematik am Hof von Kaiser Kangxi.[154] Die guten und wahren Dinge waren alt.

Da ist sie wieder: die Überreichweite. Wir haben schon in den vorigen Kapiteln gesehen, daß eine wesentliche Eigenheit von Ideenbewegungen zu Zeiten der frühen Globalisierung die Neigung zu Überreichweiten zu sein scheint, bei denen räumliche und vor allem zeitliche Einschätzungen oft über das Ziel hinausschießen. In diesem Kapitel haben wir europäische Wissenschaftler beoachtet, die chinesische Kulturausläufer bis in den Ural hinein vermuten, die – einige von ihnen jedenfalls – eine sehr frühe kulturstiftende Vergangenheit von Kaiser Fu Xi bzw. von Hermes Trismegistos annehmen, und umgekehrt auch Chinesen, die eine Verehrung Gottes im Himmel oder die Entwicklung der Mathematik schon in ihrer goldenen Vergangenheit datieren, zu den Zeiten der Xia-, Shang- und Zhou-Dynastien. Materielle Objekte spielten dabei oft eine Rolle: von den Felszeichnungen über Bronzegefäße bis hin zu Leibniz' unlesbaren Büchern.

Von heute aus gesehen, ist das eine Welt voller Rückprojektionen und Fehldatierungen. Für den Historiker und die Historikerin interessant ist aber das verwobene Netz, das sich aus diesen Fehldatierungen ergibt. Wir haben in Kapitel I bereits erlebt, wie um 1700 – zur Zeit, als auch Zhang Xingyao lebte – muslimische Chinesen wie Liu Zhi ihrerseits eine Synthese herstellten, in der nun nicht das Christentum, sondern der Islam mit dem Neokonfuzianismus der Song-Zeit harmonisiert wurde, und daß auch hier der alte Weise Hermes Trismegistos, wenn auch in äußerst indirekter und verdeckter Weise, eine Rolle spielte. So ergibt sich immer wieder ein unerwarteter Bezug im Referenzverhalten ganz unterschiedlicher Akteure.

Diese Überreichweiten und fehlgehenden Referenzen, so haben wir in der Einleitung gesagt, sind natürliche Nebenfolgen von noch riskanten, spekulativen, weil auf zu wenigen Informationen beruhenden Ausgriffen auf fremde Kulturen. Sie kommen auf beiden Seiten vor, der europäischen wie der chinesischen, was die Verflechtung noch intrikater macht. Solche Überreichweiten konnten im Zuge einer »Referenzjagd« gemeinsam bearbeitet werden, als Hypothesen jongliert im Briefwechsel mehrerer befreundeter Wissenschaftler – verstärkt, unterstützt, kritisiert, neubewertet, revidiert, neuausgerichtet. Es war in jedem Falle ein gemeinsames Unternehmen.

DRITTER TEIL
HÄRESIE, GLOBAL

Der letzte Teil dieses Buches betreibt globale Ideengeschichte im Negativmodus. Welche Ideen, so frage ich, wurden nicht gern tradiert oder haben die jeweiligen Gesellschaften statt dessen irritiert und herausgefordert? Welche haben diejenigen, die sie zu vertreten wagten, hinter Gitter gebracht? Und umgekehrt: Welche Ideen von anderen Kulturen, auf die man stieß, wollte man nicht zulassen und hat sie verteufelt? Es geht hier also nicht um die Wanderstraßen des Mainstreams, sondern um die dornigen Pfade der Radikalität.

Der Hintergedanke, der mich dabei leitet, besteht darin, die sehr unterschiedlichen Bereiche der Forschung zur intellektuellen Abweichung, zur Heterodoxie, Dämonologie und zum Atheismus mit globalgeschichtlichen Fragestellungen zusammenzuführen. Dabei ist schnell zu erkennen, daß sich eine »Globalgeschichte der Häresie« nicht so einfach schreiben läßt. Man kann etwa einwenden: Ist nicht jede Abweichung höchst spezifisch für nur ihr eigenes Milieu? Dann würde weder ein Vergleich möglich sein noch eine Einwirkung auf eine andere Kultur. Das ist sicher grundsätzlich nicht falsch, eröffnet aber auch die interessante Frage: Lassen sich denn strukturelle Parallelen der Abweichungen erkennen? Und: Kann das Spezifische der einen Kultur vielleicht ganz anders auf die andere Kultur einwirken? Mir scheint es nötig zu sein, an einigen konkreten Beispielen zu zeigen, wie Heterodoxie und Transfer zusammengedacht werden können.

Das ist das Thema von Kapitel VI, anhand des negativen Transfers zwischen Islam und Christentum. Negativer Transfer ist nicht die Abwesenheit von Transfer, sondern der Umstand, daß die Orthodoxie der einen Seite zur Heterodoxie auf der anderen Seite werden kann und umgekehrt, wie das Dogma des nichttrinitarischen einzigen Gottes zeigt. Dabei spielen Reichweiten der Bezugnahme eine interessante Rolle. Denn es gehört zum Standardarsenal religiöser Polemik, den Konfessionsgegner durch Parallelisierung mit einem perhorreszierten »Anderen« aus Außereuropa zu diskreditieren: Du argumentierst wie die Muslime, Du verehrst Deinen Gott wie die Heiden. Wie aber, wenn diese Parallelisierungen auf einem Körnchen Wahrheit beruhten? Oder schlimmer noch: Wenn erst durch sie der affirmative Kontakt zur »bösen« Fremdreligion hergestellt wurde? Dann hat die orthodoxe Apologetik ein Eigentor geschossen und, ohne es zu wollen, eine polemisch gemeinte Überreichweite (nach Außereuropa) in eine echte Verbindung verwandelt.

Kapitel VII nimmt dieses Motiv der unintendierten Wirkungen von orthodoxer Polemik auf und trägt es auf ein anderes Gebiet. Selten wird Theologie mit Globalisierung zusammengedacht, ohne daß von Missionierung die Rede ist.[1] Doch mir geht es hier nicht um Missionierung, sondern um ein traditionelles Argument zur Stützung der Wahrheit von Religion gegen Gottesleugner: das Argument von der Übereinstimmung aller Völker. Wenn es überall auf der Erde Religion gibt, muß, so der Gedanke, eine Art rudimentärer Gotteserkenntnis dem Menschen eingeschrieben sein. Ich beobachte nun die langsame Zersetzung dieses Argumentes im Lichte der zunehmenden Reiseberichte des 17. und 18. Jahrhunderts, die kasuistischen Reaktionen der Theologen auf die Zersetzung, aber auch die globalisierenden Folgen: gerade die Unsicherheit und Umstrittenheit, ob das Argument universell gilt oder nicht, hat Forscher befeuert, noch im letzten Winkel Afrikas nachzufragen, ob Gott dort bekannt ist. Dieser Impuls nahm konkret die Form von Sprachenerkundung an, denn der Lackmustest bestand darin, ob das Vaterunser (als paradigmatische Sprachprobe) in solche »primitiven« Sprachen übersetzbar sei. Die Referenzfrage stellt sich an genau diesem Punkt: Reicht das Vokabular von »Geist« und »Himmel« bis zur Transzendenz, oder verbleibt es – eine Unterreichweite aus Sicht der Theologen – im bloß Irdischen?

Das Kapitel wird in einem Ausblick zeigen, daß die wechselseitige Befruchtung von Sprachforschung, Apologetik und Ethnologie bis ins 20. Jahrhundert Nachwirkungen gezeitigt hat. Frühe Kontroversen darüber, ob bestimmte Ideen allen Menschen zu eigen sind oder nur an einzelnen Stellen entstanden und von dort ihre Diffusion erlebt haben, stehen noch immer im Bann dieser frühen Kohabitation. Damit aber reichen die Wurzeln auch der heutigen methodischen Diskussionen über Ideengeschichte, Globalität, Transmission und Diffusion letztlich über die Grundlagendebatten um 1900 zurück in die Frühe Neuzeit.

Das letzte Kapitel dieses Buches rundet den – exemplarischen – Gang durch die Kontinente ab. War Kapitel I mit Ägypten und dem Nahen und Mittleren Osten befaßt, Kapitel II zudem mit Indien bis hin nach China, Kapitel III mit eurasischen Weiten, Kapitel IV mit Indonesien, Kapitel V mit China, Kapitel VI mit den Kulturen des Islam und Kapitel VII mit Afrika, so wenden wir uns nun Lateinamerika zu. Der Zugang, den ich suche, ist der über die Dämonologie. Kann es eine Globalgeschichte des Teufels geben? Und wie sähe sie für Lateinamerika aus, die Länder der iberischen Globalisierung? Ich deute die Dämonologie von der Referenzproblematik her als eine Verhinderung von echter Bezugnahme. Das ist ein anderes Argument als die bekanntere These von der Inkommensurabilität, die den kulturell Anderen notwendig als Anderen beläßt – oder ihn dazu verdammt. Auch hier ist die orthodox-theologische Argumentation wieder mein Ausgangspunkt, zudem die Triangulation der Bezugnahme der Spanier auf die indianische Welt mittels der Bibel als komparatives Drittes.

Ich verbinde diesen Zugang mit einem kleinen Doppelporträt: Auf der einen Seite gebe ich die Skizze einer Intellektualgeschichte von Potosí (so wie ich es in Kapitel IV mit Batavia gehalten hatte), auf der anderen Seite schaue ich auf die Ebene unterhalb des Hochlandes, die Moxos-Ebene mit ihren Eingeborenen. Welche Rolle spielt der Teufel oben, welche Rolle spielt er unten? Welche Wissensbestände werden von den europäischen Kolonialherren, welche von den Indigenen oder Mestizen in die Waagschale geworfen? Muß Triangulation in der Bezugnahme immer nur ein Mittel der Beherrschung sein, oder kann sie auch als Vehikel der Emanzipation und der Radikalität dienen?

Kapitel VI.
Häresietransfer

> »Heresy« is marked not only as the space of the not-true in religion but also as the space of the syncretistic, the difference that enables unity itself.
>
> Daniel Boyarin

> It is the ›inter‹ – the cutting edge of translation and negotiation, the in-between space – that carries the burdon of the meaning of culture.
>
> Homi Bhabha[1]

Vergleich und Verflechtung

Globalgeschichte kann vergleichend vorgehen, oder sie kann als Verflechtungsgeschichte erzählt werden. Beides ist jeweils ein ganz anderes Unternehmen. Beides hat seine Vorteile und seine Nachteile.[2] Ein transkultureller Vergleich ermöglicht ein präziseres Verständnis eines Phänomens in einer Kultur, denn wenn man dasselbe Phänomen in anderen kulturellen Kontexten daneben hält, wird deutlich, welche kausalen Beziehungen dabei essentiell im Sinne von kulturübergreifend und welche nur kulturbedingt zufällig sind. Dabei sind gerade diese kontingenten Faktoren besonders aussagekräftig für die jeweilige Gesellschaft. Eine transkulturelle Verbindungs- oder Verflechtungsgeschichte hingegen untersucht die realen Kontakte zwischen entfernten, kulturell verschiedenen Gesellschaften, wobei diese Gesellschaften nicht als geschlossene Systeme betrachtet werden und die Dynamik nicht nur als von einer, sondern als von beiden Seiten ausgehend verstanden wird. Um ein Beispiel zu nennen: Revolutionen können vergleichend in China, Frankreich und Äthiopien untersucht werden, um das Gemeinsame des Phänomens, aber auch das Spezifische in den einzelnen Ländern zu ergründen. Bestimmte Revolutionen können aber auch in ihren wechselseitigen Bezügen aufeinander untersucht werden, wie etwa diejenigen in Nordamerika, in Haiti und in Frankreich im späten 18. Jahrhundert, oder die europäischen Revolutionen in Frankreich, Deutschland und anderen Ländern in den Jahren 1848/49.[3]

Wieder fragen wir uns, welche Möglichkeiten, Schwierigkeiten und Spezifika uns erwarten, wenn wir diese Fragen in der intellektuellen Dimension stellen. Was ist ein transkultureller Vergleich, was eine Verflechtung im Reich der Ideen? Natürlich könnte man die tragenden Ideen einer Gesellschaft herauspräparieren und solchen in anderen Kulturen gegenüberstellen. Das ist zuweilen auch geschehen. Doch mag es reizvoller sein, den Spieß umzudrehen und zu fragen: Was ist denn der wunde Punkt von bestimmten Kulturen gewesen? Wann haben sie ganz besonders heftig reagiert, wenn man Dinge in Frage stellte? Bezogen auf die Frühe Neuzeit wäre das so etwas wie die Kehrseite der Diskussion über multiple »early modernities«. In dieser Diskussion geht es darum, daß einige nichteuropäische Kulturen zu bestimmten Zeiten eigene Pfade eingeschlagen haben, die in Richtung einer spezifischen Form von Modernität wiesen.[4] In China etwa gab es zur Song-Zeit (960-1279) bereits eine zentralisierte Regierung mit Bürokratie und Meritokratie, eine Art Marktwirtschaft, Fernhandel, frühe Formen von Nationalismus und Individualismus, aber auch schon philosophische – neokonfuzianische – Kritik an diesen Tendenzen, die den Wert der Gemeinschaft in Verbindung mit den kosmischen Prinzipien in den Mittelpunkt stellte.[5] In Indien gab es im 16. Jahrhundert bereits Geschichtsschreibung, religiöse Pluralisierung und andere »moderne« Charakteristiken.[6]

Aber was waren die wunden Punkte dieser intellektuellen Kulturen? Was wurde in ihnen verachtet, verfolgt und verboten? Man kennt für Europa eine ausgiebige Forschung zur Geschichte der Häresien.[7] Die mittelalterlichen Katharer und Waldenser sind bekannt, aber auch schon jene vielen Heterodoxien, die die Kirchenväter aufgelistet haben, vom Monarchianismus über den Docetismus bis zum Pelagianismus. Wie sah es in anderen Kulturen und Religionen aus? Was waren dort die Sekten, die ausgegrenzt und unterdrückt wurden? Gab es auch dort Individuen, die anders dachten als die etablierte Gemeinschaft und deshalb inhaftiert oder umgebracht wurden?

Ich möchte in diesem Kapitel zwei Projekte skizzieren, die bisher allenfalls in Ansätzen bedacht worden sind: eine global vergleichende Geschichte der Häresie und eine transkulturelle Verflechtungsgeschichte der Häresie. Das erste Projekt werde ich in wenigen Beispielen andeuten, das zweite aber anhand eines spezifischen Exempels sehr viel genauer betrachten. Mich interessieren die Möglichkeiten, die diese Projekte eröffnen, aber mindestens ebenso die konzeptionellen Schwierigkeiten, die sich bei ihnen offenbaren.[8]

Drei Kulturen, drei Häresien

Jürgen Osterhammel hat von der »Flughöhe der Adler« gesprochen, wenn es darum geht, durch Verlassen des Nahbereichs, durch Ausweiten des Blickpunktes größere Strukturen zu erkennen.[9] Stellen wir uns daher einen Adler vor, der im Jahr 1590 oder 1600 über die Erde fliegt – von Westen nach Osten – und nach unten schaut, und zwar in die Gefängnisse: Was sitzen dort für Menschen ein, warum hat man jeweils ihre Ansichten als heterodox verurteilt, was hatte man gegen sie vorzubringen?

Ich spreche von einer Globalgeschichte der Häresie, einer Komparatistik der Abweichung. Als Beispiele dienen mir: China, das Osmanische Reich und Europa. Was zählt jeweils in einer dieser Kulturen als radikal, was als untragbar?

In China sehen wir etwa den Beamten und Gelehrten Li Zhi.[10] Im Jahr 1590 hat Li Zhi ein Buch geschrieben, das er provokativ *Zum Verbrennen* genannt hat (*Fenshu* 焚書). 1599 folgte das Buch *Zum Verstecken* (*Cangshu* 藏書).[11] Was war geschehen? Li Zhi war Beamter in der Provinz Fujian im Südosten Chinas.[12] Er war mit seiner Tätigkeit unzufrieden, denn er konnte überall nur Verlogenheit und Eigennutz in der Gesellschaft erkennen, auch bei den Literatenbeamten. Daher legte er sein Amt nieder und zog sich zurück, als eine Art quasi-buddhistischer Mönch, aber in eigener Weise. Er unterzog sich der Tonsur, ließ jedoch andererseits seinen Bart stehen. Schon das (buddhistische) Scheren der Haare, das muß man wissen, ist ein Affront in China, gegen die Eltern, denn im Konfuzianismus wird gelehrt, daß der eigene Körper, die Haare, die Haut den Eltern gehören. Li Zhi aber war eigenwillig. Jeder Mensch habe sein eigenes Normsystem in sich, lehrte er, ihm müsse man folgen. Er verwarf ein idealistisches Menschenbild, zugleich jedoch auch das harmonistische Sozialmodell des Konfuzianismus. Statt dessen beharrte er auf dem Eigennutz (in Europa würde man hier an Epikur oder Hobbes denken) und räumte ein, daß er zu Konkurrenz führe, damit aber auch einer Spannung, die letztlich Neues schaffen könne. So etwas hörte man nicht gern; der Konformitätsdruck im China der späten Ming-Zeit war hoch.[13] Li Zhi wurde als Volksverhetzer ins Gefängnis geworfen und starb dort 1602 durch Selbstmord.

Und im Osmanischen Reich? Was war dort um 1600 ketzerisch? Im gleichen Jahr, als Li Zhi sich in Fujian das Messer an die Kehle setzte, wurde in Istanbul Nadājli Sarī Abdürraḥmān zum Tode verurteilt, wegen *ilḥād* (Abweichung) und *zandaqa* (Häresie). Was hatte er getan? Nadājli stammte wohl, wie

Nenad Filipovic und Shahab Ahmed vermuten, aus dem osmanisch besetzten Teil Ungarns und war Professor an der Bahrām Kethüdā Medrese in Istanbul.[14] Er wurde als »Ungläubiger« nur deshalb qualifiziert, weil er sich eher an die rationalistische, philosophische Strömung im Islam hielt, die bestimmte Aussagen im Koran als nicht wörtlich, sondern nur allegorisch gemeint annahm. So leugnete er das Jüngste Gericht und ging eher von der Ewigkeit der Welt aus (wie manche der arabischen Philosophen); Mohammeds Visionen diagnostizierte er als »berauscht« (*bu neş 'ch*). Damit wollte er wohl ausdrücken, daß sie wie bei den Sufis in der Extase zustande gekommen seien und daher von einem rationalen Standpunkt reexaminiert werden müßten.

Eigentlich gab es für diese Art der Koranexegese im Islam eine ehrenwerte Traditon und daher eine Nische in der Gesellschaft. Nadājli leugnete ja keineswegs Gott oder die göttliche Offenbarung im Koran. Seine Aussagen waren auch nicht neu. Doch in diesen Jahren hatte sich das Klima verschärft, der Spielraum für Abweichungen war geringer geworden. Was die Richter vor allem ärgerte, war der Umstand, daß er sie nicht nur akademisch erörterte, sondern öffentlich als Überzeugungen vertrat. Das war die Transgression, für die man um 1600 in Istanbul hingerichtet wurde, ähnlich wie in Westeuropa, wenn dort aus universitär eingegrenzten und lateinischsprachigen Hypothesen volkssprachliche Pamphlete gedrechselt wurden.[15]

Lassen wir den Adler noch ein letztes Mal fliegen und folgen ihm nach Rom. Im Jahr 1592 wurde der entlaufene Dominikanermönch Giordano Bruno von der venezianischen Inquisition verhaftet und 1593 nach Rom überstellt, wo er im Februar 1600 auf dem Scheiterhaufen verbrannt wurde. Uns Heutigen ist Bruno als Märtyrer des Kopernikanismus und der Auffassung vom unendlichen Universum bekannt. Die Anklagen bezogen sich aber zunächst auch auf Meinungen zur Jungfräulichkeit Marias, zur Transsubstantiation und Dreieinigkeit.[16] Das waren die Themen, die der Kirche am Herzen lagen. Erst im Laufe des Prozesses kamen auch Brunos monistische Theorien der einen Weltseele, der ewigen einen Substanz, zur Sprache, aber insgesamt verzweifelte er darüber, daß man mit ihm nicht philosophisch diskutieren wollte, sondern nur Dogmen abfragte.

Drei Kulturen, drei Häretiker. Wie kann ein allererstes, kurzes Fazit dieses noch ganz groben Vergleiches lauten? Häresie – auch philosophische Häresie – ist nicht an Meinungen an sich festzumachen, sondern an dem, was die Gesellschaft am meisten irritiert und in ihren Grundlagen bedroht. Das ist in China die Unterminierung der konfuzianischen Sozialität durch einen Individualismus, im osmanischen Islam die offensive Beanspruchung eines akademisch geduldeten Rationalismus, und in Europa eine Philosophie, die nicht bibelkonform ist und die Dogmen der Schöpfung und Erlösung untergräbt. Schwierig wird es immer dann, wenn Qualifizierungen wie »Atheist«, »Spinozist« oder »Utilitarist« transkulturell benutzt wurden. Das war natürlich der Fall, etwa wenn Pierre Bayle von der Exekution von »Spinozisten« oder »Atheisten« im Osmanischen Reich berichtete,[17] weil er bei Rycaut gelesen hatte, man habe Nadājli Sarī Abdürraḥmān als Gottlosen verurteilt, oder wenn spätere Interpretationen von Li Zhi auf europäische Vergleiche trafen. Bei solchen Verflechtungsmomenten ist eine Komparatistik der Häresien notwendig, denn nur sie kann das kritische Korrektiv an die Hand geben, um festzustellen, was denn tatsächlich gemeint war.

Die Komparatistik kann also durchaus auch den Boden bereiten für eine ausgefeiltere Analyse von Transfervorgängen und den Mißverständnissen, die dabei auftraten und vom modernen Historiker rückgängig gemacht werden müssen.

Triangulation

Wenn wir uns jetzt dem Transfer von Häresien zuwenden, so wählen wir eine Versuchsanordnung, bei der zwei Kulturen, die sich historisch und geographisch nahestehen, in ihrem wechselseitigen Austausch beobachtet werden: das christliche Europa und der muslimische Nahe Osten.[18] Gab es Wechselwirkungen von kardinalen christlichen Häresien mit dem Islam? Und von kardinalen islamischen Häresien mit dem Christentum? Wir haben gesehen, daß im Islam eine Leugnung oder auch eine zu öffentliche Rationalisierung und Naturalisierung von Prophetie der vielleicht entscheidende empfindliche Punkt gewesen ist. Und im Christentum nicht zuletzt die Leugnung der Trinität (und der Gottheit Christi), denn dies war gegenüber den Muslimen und den Juden das unterscheidende Merkmal der Christen.

Nehmen wir diesen Punkt – die Leugnung der Trinität – im Folgenden zum Zentrum unserer Betrachtung. Kann es sein, daß es dabei so etwas wie einen Transfer von Häresie vom Islam zum Christentum gegeben hat? Gleich zu Beginn dieser Überlegung sollte man sehen, daß Häresietransfer sicherlich nicht wie ein Transfer einer Waffentechnologie oder eines Virus gedacht werden kann. Denn was im Islam eine Häresie ist – so haben wir gesehen –, ist nicht unbedingt im Christentum eine Häresie. Ganz im Gegenteil: Gott als monistisch, als nicht dreieinig zu konzipieren, ist im Islam die Regel, die Orthodoxie. Daher müssen wir zweigleisig denken: Häresietransfer kann entweder die Transmission einer in beiden Kulturen problematischen Denkart sein (etwa des Materialismus oder Naturalismus[19]), oder der Transfer von einer Ansicht, die im Islam orthodox ist (wie die vom nichttrinitarischen Gott) ins Christentum, wo sie erst zur Häresie *wird*.

Es handelt sich dabei um Fälle der Art, wie sie die Theorie

des Kulturtransfers immer wieder analysiert hat: die Rekontextualisierung in der neuen Kultur kann völlig anders erfolgen als die Kontextualisierung in der Herkunftskultur.[20] Der große Unterschied zwischen materieller Transmission und Ideentransmission wird hier sichtbar. Noch stärker als die Neukontextualisierung von Objekten, die doch immerhin bestimmte Wesenszüge haben, die den Transfer unbeschadet überstehen (etwa die Feuerkraft der Schießpulverwaffe, auch wenn sie unterschiedlich eingesetzt wird und unterschiedlichen gesellschaftlichen Status erhält), kann die neue Einbettung von Ideen (wie die des strikten Monotheismus) eine geradezu entgegengesetzte Ausrichtung bekommen.

Bis hierher ist das alles Theorie. Hat es denn solche Leugner der Trinität im Christentum gegeben? Und sind sie vom Islam beeinflußt worden? Ja, es hat sie gegeben, es sind die sogenannten Antitrinitarier, deren einflußreichste Strömung ab dem späten 16. Jahrhundert als »Sozinianismus« bekannt ist, benannt nach Fausto Sozzini, einem ihrer Begründer.[21] Was aber den »Einfluß« des Islam auf diese Strömung angeht, so werden wir sehr genau unterscheiden müssen: (1) Was ist echte Prägung durch Ideen, die vom Islam ausgenommen worden ist? Oder (2) was ist nur die Wahrnehmung und Denunziation der Gegner – also der kirchlichen Orthodoxie –, die möglicherweise aus einem Mißverständnis heraus oder auch aus politischem Kalkül den Sozinianismus als »islamisch« abqualifiziert haben? Das wäre im Prinzip so etwas wie die Triangulation, auf die wir in der Einleitung hingewiesen haben. Triangulationen in der Bezugnahme liegen dann vor, wenn auf intellektuelle Phänomene mittels (vermeintlich) ähnlicher Phänomene aus anderen Kulturen als Identifizierungswissen referiert wird. So haben die Spanier in Südamerika die Inkas mittels von (vermeintlichen) Parallelen aus der römischen oder frühchristlichen Geschichte wahrgenommen. Und hier: So hat die etablierte christliche Kirche (ob nun katholisch oder protestantisch) die Sozinianer mittels von Parallelen aus dem Islam wahrgenommen. Man kann das, wenn man will, auch als Überreichweite verstehen: die orthodoxen Polemiker wiesen immer gleich auf den Islam und damit zuweilen weit hinaus über das, worauf sie eigentlich zielten: die Trinitätsleugner im eigenen Lande.

Mit diesen Kautelen ausgerüstet, nähern wir uns der Thematik aber zunächst nicht über die Triangulationsfrage, sondern über die am Anfang genannte Frage nach einer möglichen direkten Kontinuität zwischen islamischen und christlichen Häresien. Gab es eine unmittelbare Transmission von radikalem Denken von Bagdad nach Amsterdam, von Kairo nach Leipzig?

Freidenker im Islam

Das wäre eine erstaunliche Kontinuität von rund neunhundert Jahren. Denn es gab ja tatsächlich sogenannte Freidenker im Islam, gerade in der frühen Zeit vom neunten bis ins zwölfte Jahrhundert.[22] Doch erstens waren sie in ihrer eigenen Kultur schnell unterdrückt worden, so daß oft nur durch die Widerlegungen einige Fragmente ihrer Lehren überdauert haben. Und zweitens verstand man in Europa lange Zeit kein Arabisch, so daß man – selbst wenn man zufällig eine dieser Widerlegungen in die Hände bekommen hätte – die Texte nicht hätte lesen können. Nachdem es im Hochmittelalter in den Kontaktzonen Sizilien und Südspanien einige Übersetzungsaktivitäten aus dem Arabischen gegeben hatte, entstanden erst im 17. Jahrhundert die ersten Arabistik-Lehrstühle in Europa und eine frühe Form von Islamwissenschaft.[23]

Daher nimmt es nicht wunder, daß erst Mitte des 18. Jahrhunderts die allerersten Kenntnisse über die Freidenker des Islam im Westen auftauchten. Daß man auf diese lange Zeit vergessenen Philosophen überhaupt aufmerksam geworden ist, dazu bedurfte es der Erfahrung der Radikalaufklärung des »siècle des lumières«.[24] Als Johann Jakob Reiske 1748 seinen Studenten in Leipzig die klassische islamische Kultur näherbringen wollte, verwies er auf die Parallelen zum Christentum seiner eigenen Zeit. Auch im Islam habe es Aufspaltungen in verschiedene »Sekten« gegeben, Häresien, Streitigkeiten und absurde Dogmen. Und auch im Islam seien unter den Häretikern echte Religionskritiker gewesen: »So wie bei uns bestimmte Freidenker (*libere philosophati*) gewagt haben, die offene Flanke der Religion anzugreifen, so hat es auch bei den Arabern einen gewissen al-Maʿarrī, einen gewissen Ibn ar-Rāwandī gegeben, denen es gefallen hat, sich über alle Sekten lustig zu machen und sie zu zerreißen, indem sie behaupteten, es gebe keinen festen Grund außer allein in reiner Vernunft.«[25] Reiske war offenbar in seinen Forschungen auf die Nachricht von diesen Autoren gestoßen, und er verglich sie mit dem, was zu seiner Zeit »Religionsspötter« genannt wurde.[26] Transkultureller Vergleich auch hier. In traditionellen Darstellungen des Islam wie Hottingers *Historia Orientalis* von 1651 gab es zwar bereits gewisse aus al-Makin gezogene Überblicke über islamische Gruppierungen inklusive der »Zindikaei«,[27] und Jakob Friedrich Reimmann war 1729 den Möglichkeiten eines »atheismus Mohammedorum« nachgegangen,[28] doch die Namen von al-Maʿarrī und Ibn ar-Rāwandī tauchen darin nicht auf, ebensowenig wie bei Bayle.[29] Reiskes Entdeckungen kamen freilich viel zu spät, als daß sie die Entstehung der Aufklärung noch hätten beeinflussen können, und es sollte bis zum zwanzigsten Jahrhundert dauern, daß man aufgrund von Widerlegungsschriften Textfragmente ihrer religionskritischen Schriften wiedergewinnen konnte.[30] Auch war man weit davon entfernt, die bereits 1697 bei Herbelot kurz erwähnten Dahrīs – die bei ihm »Deherits« heißen[31] – und Pietro della Valles von Bayle als Proto-Spinozisten identifizierte Naturalisten aus Lar[32] mit den islamischen Freidenkern in Zusammenhang zu bringen.

Schreckgespenst Sozinianismus

Wenn wir von einem allgemeinen »Häresietransfer« vom Islam zur europäischen Radikalaufklärung sprechen wollen, dann müssen wir daher die anderen genannten Wege verfolgen. Wie sind auf indirekte Weise Ideen aus dem Islam in den europäischen Antitrinitarismus gekommen? Und was ist echte Transmission gewesen, was aber nur Unterstellung durch die Gegner der Häresie? Wie wir sehen werden, gibt es eine äußerst verwikkelte Geschichte, die fast schon seit der Entstehung des Islam im 7. Jahrhundert den Austausch zwischen Christen und Muslimen (und nicht zu vergessen: den Juden) begleitet, in der Denunziationen, Fälschungen, Fälschungsvorwürfe und wechselseitige Übernahmen an der Tagesordnung waren. Diese Verflechtung kulminiert in der Polemik um den Sozinianismus, der über das ganze 17. Jahrhundert hinweg ein Schreckgespenst aller christlichen Konfessionen war, bevor er im 18. Jahrhundert langsam in »Unitarismus« und dann im 19. Jahrhundert in liberale Theologie übergegangen ist.[33]

Der Sozinianismus war innerhalb des Christentums genau die Häresie, die der Islam als Ganzer – verstanden als antitrinitarischer Monotheismus – als gegnerische Religion außerhalb des Christentums (zusammen mit dem Judentum) gewesen ist. Das heißt umgekehrt, daß völlig orthodoxe islamische »theologische« Schriften, und vor allem islamische Polemik gegen das Christentum, in diesem Punkt eine Verwandtschaft mit einer Häresie innerhalb des Christentums besaßen. Wenn es zwischen diesen beiden – dem Islam und dem Sozinianismus – nun nicht nur eine Verwandtschaft, sondern einen wirklichen Transfer gab, dann war das, strukturell gesprochen, ein Transfer aus der Orthodoxie des Konkurrenzsystems in die Heterodoxie des eigenen Systems.[34]

Nun ist das Pikante daran, daß der Sozinianismus in vielerlei

Hinsicht ein Vorläufer der Aufklärung gewesen ist – auch der Radikalaufklärung. Denn seine rationalistische Feindschaft gegen alles »Unlogische« in der Dogmatik, seine Interpretation der Lehre Jesu – der nun nur noch als Mensch verstanden wurde – als einer Art Moralphilosophie, und seine Argumente für Toleranz weisen auf Ansichten der Aufklärung des 18. Jahrhunderts voraus. In der Tat kann man vor allem in der ersten Hälfte des 18. Jahrhunderts Kontinuitäten zwischen Sozinianern wie Andrej Wiszowaty, Samuel Przypkowsky und Samuel Crell einerseits und Frühaufklärern wie John Locke, Jean Le Clerc und Philipp van Limborch – aber auch Isaac Newton und William Whiston – andererseits ausmachen.[35] Es gab um 1700 zahlreiche Mitglieder der intellektuellen Avantgarde, die unterschiedliche Mischungen von sozinianischen, cartesianischen, spinozistischen und lockianischen Ansichten vertraten.[36]

Was bedeutet diese Problemkonstellation für den Häresietransfer? Sie bedeutet, daß in der Übergangsphase vom Sozinianismus in Aufklärung, im späten 17. und frühen 18. Jahrhundert, eine Matrix bestand, innerhalb derer islamische antichristliche Polemik wahrgenommen und rezipiert werden konnte. Auch hier wird, ganz im Sinne der Kulturtransfer-Forschung, ein Ideenkomplex aus der einen Kultur in der Referenzkultur oft völlig anders rekonstituiert, und wir werden im letzten Teil des Kapitels genauer sehen können, welche seltsamen Wege vor allem die islamische Polemik gegen Paulus im Westen gegangen ist.

Nun habe ich schon darauf hingewiesen, daß der Islam nicht allein dafür stand, echten unverfälschten Monotheismus zu repräsentieren. Auch das Judentum hatte darauf einen – weit älteren – Anspruch. Also ist zu sehen, daß der »monotheistische« Häresietransfer immer auch in bezug auf das Judentum stattfinden konnte. In der Rezeption durch die europäische Radikalaufklärung gingen oft jüdische antichristliche Schriften und islamische antichristliche Schriften zusammen und verstärkten einander.[37]

Doch die Problemkonstellation ist noch komplexer. Denn es geht nicht nur um Parallelisierung und Häresietransfer zwischen Islam und Sozinianismus – mit Einbeziehung der Rolle des Judentums –, sondern es geht im 17. Jahrhundert auch darum, zwischen diesen religiösen Strömungen eine geschichtliche Abfolge zu konstruieren oder zu rekonstruieren. Es geht also um eine Historisierung der Parallele. Wie wir sehen werden, entstehen im 17. Jahrhundert Theorien, die versuchen, eine Traditionskette Judenchristen – Islam – Sozinianer – Aufklärung zu etablieren. Die Judenchristen (Nazaräer, Ebioniten) waren diejenigen frühen Christus-Anhänger, die an Jesus als jüdischen menschlichen Messias glaubten.[38]

Diese Historisierung nun ist ihrerseits im Kontext einer ganzen Reihe anderer Historisierungen zu sehen, die im 17. Jahrhundert konstruiert werden. Manche dieser Historisierungen sind explizite Gegengeschichten, also die Versuche, gegen die offizielle Historiographie untergründige Tradierungen marginalisierter Gruppen wiederzuentdecken. Auch darin sind sie relevant für die Entstehung der Radikalaufklärung. Denn die Radikalaufklärung hat – von Gabriel Naudé bis zu Gottfried Arnold und Pierre Bayle – in solchen Gegengeschichten eines ihrer zentralen Potentiale gehabt.[39]

Wenn wir also an der Rezeption von islamischen Texten – und zumal Manuskripten – im Milieu der westeuropäischen Radikalaufklärung interessiert sind, so ist, neben den Kontinuitäten des materialistischen, skeptischen und religionskritischen Denkens, in starkem Maße auch diese Diskontinuität von interreligiösem Häresietransfer einzubeziehen. Wie anders sollte es zu erklären sein, daß islamische und jüdische Polemiker wie al-Qarāfī, Alguazir, Orobio de Castro und Elijah Montalto mit großer Faszination von Denkern wie Henry Stubbe, Noel Aubert de Versé, John Toland oder Anthony Collins gelesen und unitaristisch, deistisch oder atheistisch ausgeschlachtet worden sind?

Ich werde im folgenden versuchen, eine Linie aufzuzeigen, die von den politischen Zwängen im frühen Antitrinitarismus über die apologetisch orientierte Orientalistik des 17. Jahrhunderts zu proislamischen Tendenzen unter Radikalaufklärern um 1700 führt. Was um 1570 noch ein mehr notgedrungenes und taktisches als freiwilliges »Judaisieren« und »Islamisieren« war, ist nicht zuletzt durch Vermittlung der Orientalistik, so meine These, zu wirklichen, historisch-kritisch argumentierenden und mit Texten abgesicherten Entwürfen herangereift, die dann von radikalen Frühaufklärern als Versatzstücke in ihre Weltbilder eingepaßt wurden. Entscheidend sind dabei die Details der Historisierung in den Entwürfen. Es kam etwa darauf an, ob der frühe Islam an nestorianische, arianische oder ebionitische Ursprünge angeschlossen wurde. Jeder spezifische Anschluß konnte ganz unterschiedliche Rezipienten innerhalb der Radikalaufklärer anziehen.

Die frühen Antitrinitarier

Schon früh hatte die Polemik festgestellt, daß der Sozinianismus erstaunliche Parallelen zum Islam aufwies. Aber war dem wirklich so? Haben sich die Antitrinitarier am Islam orientiert? Diese Frage läßt sich nur schrittweise und differenziert beantworten. Schauen wir zunächst auf Michel Servet (Michael Servetus, Miguel Serveto), den Begründer der antitrinitarischen Bewegung. Sicherlich: Er kam aus Spanien, einem Land, in dem jahrhundertelang der Islam geherrscht hatte und wo immer noch Hunderttausende von Moriscos lebten.[40] Servet erwähnte in seiner Schrift *De trinitatis erroribus* von 1531 den Koran mehrfach. Nachdem 1543 Theodor Biblianders lateinische Koranausgabe aufgrund der mittelalterlichen Übersetzung von Robert of Ketton (1143) gedruckt worden war,[41] hat er das Werk offenbar auch tatsächlich gelesen, und er zitiert in seinem

Hauptwerk *Restitutio Christianismi* von 1553 auch mehrfach bestimmte Suren, z. B. Sure 3, 4 und 5.[42] Das ist ihm bereits von Calvin in seinem Genfer Prozeß vorgeworfen worden, bevor er hingerichtet wurde. Dennoch muß man sehen, daß der islamische Einfluß im Werk von Servet eher marginal ist. Er wird von jüdischen Impulsen übertroffen[43]; vor allem aber hat sich die Trinitätskritik bei Servet aus einer Kurzschließung von spätscholastisch-nominalistischer Kritik der Beweisbarkeit von Trinität und Erasmischer Bibellektüre ergeben.[44] Autoren wie Wilhelm von Ockham, Robert Holcot, Gregor von Rimini, Pierre d'Ailly und John Major, auf die Servet sich in *De trinitatis erroribus* beruft, hatten interne logische Widersprüche der Trinitätslehre aufgespürt, nur um zu sagen, daß man die Trinität glauben müsse, statt sie wissen zu können. Diese Widersprüche wurden in dem Moment brisant, in dem die humanistische Arbeit am Text des Neuen Testaments die Einsicht nahelegte, daß die frühesten Zeugnisse des Christentums noch keine Trinitätslehre enthalten.[45]

Einen größeren Schritt auf den Islam zu taten erst Servets Nachfolger, und dieser Schritt hatte vor allem politische Motive. Denn der Antitrinitarismus konnte sich, nach Servets Verbrennung, nur in Regionen entwickeln, in denen sich keine starken Nationalstaaten mit Obrigkeitsstrukturen ausbildeten oder in denen der Zugriff konfessioneller Orthodoxie durch äußeren Einfluß abgeschwächt war. Das war der Fall in Polen und Ungarn. Transsylvanien befand sich seit 1541 im Einflußbereich des Osmanischen Reiches. In dieser Situation verabschiedete der Herrscher Johann Sigismund 1568 das Edikt von Torda, das vier kirchlichen Richtungen religiöse Toleranz zugestand, darunter den Antitrinitariern.[46] Die Architekten des Edikts waren Ferenc Dávid, Johann Sigismunds Hofprediger, und Giorgio Biandrata, sein Leibarzt.[47] Beides waren maßgebliche Antitrinitarier. Vor allem Biandrata hatte Servets Lehren nach Ungarn gebracht, als er sich 1564 dort ansiedelte.[48] Dávid und Biandrata dehnten die Koranbezüge, die schon bei Servet vorhanden waren, weiter aus, und sie stellten vorsichtige Bezüge zum mohammedanischen Glauben her.[49] Wir sehen übrigens schon hier, daß sich neben dem »Islamisieren« zur gleichen Zeit und in der gleichen Region auch schon ein »Judaisieren« einstellt: Matthias Vehe (Glirius) suchte die Nähe zur jüdischen Religion.[50] Da im Osmanischen Reich Juden mehr respektiert wurden als Christen, war auch eine Konversion zum Judentum eine mögliche Option.[51]

Es war die Notwendigkeit, sich mit dem mächtigen Nachbarn gutzustellen, was die ungarischen Antitrinitarier dazu motivierte, taktisch die Nähe zum Islam hervorzuheben. Und es war die Suche nach einem Verbündeten, was vereinzelt jene Radikalprotestanten, die nicht mehr an die Trinität glauben konnten, dazu brachte, islamische Autoritäten zu kontaktieren. Weithin bekannt geworden ist der Fall des Heidelberger Theologen Adam Neuser, der 1570 einen Brief an den Sultan in Konstantinopel geschrieben hat, in dem es heißt »Ich halt auch bey mir gäntzlich darfür, daß dieser mein Abfall von den abgöttischen Christen, viel andere und hohe fürnehme Personen unter ihnen zu eurer Religion und Glauben verursachen und führen werde, sintemal allbereit etliche der Gelehrtisten und Fürtrefflichsten dißfalls mit mir halten, wie Eurer Majestät ich mündlich anzeigen will.«[52] Neuser und seine Freunde wollten den Besuch des transsylvanischen Gesandten Kaspar Beke in Speyer dazu nutzen, um ihm den Brief zu übergeben und um seine Weiterleitung an den Sultan zu bitten.[53]

Der Brief wurde abgefangen, und Neusers Versuch geriet zum großen Skandal. Neuser endete schließlich als Konvertit zum Islam in Konstantinopel, aber auch nur, weil er nirgends sonst auf seiner Flucht Sicherheit finden konnte. Im Hintergrund der hochempfindlichen Reaktion durch die Pfälzer Behörden stand natürlich die Angst vor subversiven politischen Koalitionen mit dem Osmanischen Reich.[54] Solche Koalitionen mit dem »Religi-

Abb. 70: Adam Neusers Brief an Sultan Selim II.

onsfeind«, von welcher Seite auch immer, wurden als Hochverrat aufgefaßt.⁵⁵ Es gab das Schlagwort vom »Papato-Turkismus« und, massiver, die Denunziation eines »Calvino-Turcismus«.⁵⁶ Gemeint war der Verdacht, calvinistische Herrscher könnten aus politischer Opportunität der Versuchung erliegen, sich mit Türken zu verbünden. Noch 1716 erzählte man sich die empörenden Pläne, deren man einen gewissen Marquis de Langallerie überführt zu haben glaubte: er habe zusammen mit einem Komplizen dem türkischen Aga in Den Haag versprochen, Protestanten zu sammeln, um mit ihnen unter Hilfe der türkischen Flotte den Papst in Rom zu stürzen und von Rom aus eine weltumspannende Theokratie auszurufen.⁵⁷ Wenn dieser abenteuerlichen Geschichte zu glauben ist, dann war sie sicherlich ein später Reflex des barocken Chiliasmus. Vor allem in den Erregungen des Deißigjährigen Krieges und danach nämlich hatten selbsternannte Propheten geweissagt, Rom werde mit Hilfe der Türken fallen. Abenteurer haben die Prophetien aufgegriffen und in der Art von Banditenführern umzusetzen versucht. So gab es etwa im Schlesien der 1650er Jahre einen Ex-Kommandanten, der mit einem rostigen apokalyptischen Schwert durch die Lande zog und seinen Anhängern bereits Titel wie »Bischof von Ferrara« versprach.[58]

In der Tat scheint ein Motiv für Neuser, sich dem osmanischen Sultan anzudienen, gewesen zu sein, daß er die biblische Vier-Reiche-Prophetie Daniels so auslegte, daß er im vierten und endgültigen Reich nicht mehr – wie sonst üblich – das Heilige Römische Reich, sondern das Osmanische sah.[59] Ganz ähnlich gab es auf osmanischer Seite, etwa bei al-Bisṭāmī, von dem in Kapitel I die Rede war, millenaristische Deutungen der Türkenherrschaft als letztes Reich.[60] Wir sind hier wieder bei der transkulturellen Verflechtung von Zeitrahmen.

Nun waren Neuser und seine – wenigen – Gesinnungsgenossen nicht mit calvinistischen Potentaten zu vergleichen, und auch nicht mit endzeitlichen Kriegern. Doch war das Bedrohungsmuster ein ähnliches, so daß man sich analog einem Calvino-Turcismus gleichsam auch einen Socino-Turcismus vorstellen konnte. Fausto Sozzini selbst hat sich übrigens von jeder Beziehung zum Islam distanziert, wahrscheinlich weil er nur allzu gut wußte, wie sehr ein solches Image seiner noch jungen Bewegung schadete.[61]

Der »türkische Christus« und die frühe Islamwissenschaft

Man kann sich vorstellen, daß die Bezüge zum »Feind« Islam von den Orthodoxien der christlichen Konfessionen schon frühzeitig gesehen und herausgestellt wurden.[62] In Transsylvanien hat 1568 Peter Melius Alarm geschlagen, die Antitrinitarier lehrten einen »Türkischen Christus«.⁶³ Die antisozinianische Polemik der kommenden hundertfünfzig Jahre hat den Topos dann bereitwillig aufgenommen.⁶⁴ Man kann sich auch vorstellen, daß die entstehende Arabistik im frühen 17. Jahrhundert, die oft von Theologen und mit kontroverstheologischem Auftrag praktiziert wurde, bereitwillig ihren Anteil zum Antisozinianismus beitrug. 1651 war es der Züricher, in Leiden ausgebildete Theologe Johann Heinrich Hottinger, der in seiner *Historia orientalis* – erweitert erschienen 1660 – ein maßgebliches Kapitel »De pseudo-Christianis illis, quos Arabes vocant *al-muwahhidīn* unitatem credentes« vorlegte.⁶⁵ Darin wurde die Parallele Sozinianismus-Islam erstmals in dogmatisch gegliederten Punkten auf der Basis von authentischen muslimischen Texten ausbuchstabiert. Schon vor Hottinger hatte dessen Lehrer Jacob Golius und hatten auch Johannes Hoornbeek und andere in einzelnen Abschnitten ihrer Bücher auf die Ähnlichkeiten hingewiesen, doch noch niemand war systematisch und mit islamwissenschaftlicher Grundlage auf sie eingegangen.⁶⁶

Erste Versuche hatte Hottinger bereits auf Deutsch in seinem *Christlichen unpartheyischen Wägweyser* unternommen.⁶⁷ Doch nun ging er die Sache auf der Basis von arabischen Manuskriptquellen an. Seine Befürchtungen benennt er sehr klar: »Daß die aus dem Abgrund der alten Antitrinitarier gerufenen Lehren einen Weg für den Islam innerhalb der Grenzen Europas selbst errichten.«⁶⁸ Was er vorhatte, war, »in einer aus den Prinzipien der Mohammedaner selbst gewonnenen Synthese zu beweisen, daß kaum eine Milch mehr der anderen, ein Ei mehr dem anderen gleicht als die meisten Lehren der beiden Religionen.«⁶⁹ Dazu war es nötig, daß erst der Islam und dann der Sozinianismus auf ihre »Fundamentalartikel« reduziert wurden. Dann konnte man diese essentiellen Charakterzüge vergleichen. Hottinger tat das in fünf Punkten.

(1) »Beide lehren, daß Religion auch Gemeinschaft sei, für

deren Heil es erlaubt ist, Menschen jeder beliebigen Sekte zu folgen.«[70] (2) »Von der Heiligen Schrift überliefern beide, das Alte Testament sei von den Juden verdorben worden [und] die Christliche Religion sei aus dem Alten Testament nicht zu beweisen. Vom Neuen Testament übernehmen beide nur soviel, wie es ihrer Sache dient.«[71] Auf die Korruptionsthese werden wir noch zurückkommen. (3) »Bezüglich des Wesens und der Attribute ist zu bemerken, daß die Sozinianer teils mit den Mohammedanern übereinstimmen, teils in die entgegengesetzten Irrtümer – Ansichten aus der katholischen Kirche – [...] zurückfallen, teils daß die Mohammedaner besser sind als die Sozinianer.«[72] Dieser Punkt zeigt eine interessante Nuancierung Hottingers: Die Sozinianer seien noch viel schlimmer als der Islam. Das bedeutet nicht zuletzt eine leise und vorsichtige Aufwertung des Islam durch den Orientalisten (auf Kosten der Sozinianer), ganz in dem Sinne, in dem Hottinger etwas später sagt, »daß uns dennoch oft die Mohammedaner, gegen ihre Zunftgenossen, die Sozinianer, Waffen in die Hand geben«.[73] Der Islam – der ferne Gegner – kann also zur Bekämpfung der Bedrohung in der eigenen Religion instrumentalisiert werden. Wenn beispielsweise die Sozinianer die Wunder Christi leugnen, so kann man ihnen islamische Texte entgegenstellen, die zwar betonen, daß die Wunder auf Veranlassung und mit Autorität Gottes geschehen seien, aber grundsätzlich zugestanden werden. Wie wir im Falle Theodor Hackspans sehen werden, haben auch andere Islamwissenschaftler des 17. Jahrhunderts ihre Beschäftigung damit gerechtfertigt, daß die arabischen und persischen Texte für christliche Zwecke instrumentalisiert werden könnten.[74] (4) Es sei »sicher, daß die Sozinianer die Gründe, mit denen sie gegen die Heilige Trinität anrennen, aus der Offizin der Mohammedaner entlehnt haben«.[75] (5) »Die Hauptpunkte der Erkenntnis Gottes sind bei beiden unvollständig und verstümmelt.«[76] Auch darin seien die Sozinianer schlimmer als der Islam.

Die islamischen Texte, die Hottinger für seine Analysen benutzte, waren außer dem Koran zum einen natürlich die gängigen Editionen: Pococks Abul-Faraj (Bar-Hebraeus)-Ausgaben[77] und Erpenius' Elmarcin (al-Makīn)-Ausgabe.[78] Vor allem die Fußnoten dieser Werke, die weitere arabische Literatur heranzogen, schlachtete man bis ins Letzte aus.[79] Außerdem aber stützt sich Hottinger auf eine Reihe von Manuskripten. Es waren Manuskripte, die entweder von Golius zwischen 1625 und 1629 in Syrien und Konstantinopel angeschafft worden waren, oder die Hottinger selbst erworben hatte.[80] Selbst besaß er zum Beispiel al-Baidawīs Koran-Kommentar – heute Ms. Or. 8 der Zentralbibliothek Zürich –, den er ausgiebig benutzte.[81] Weiter zitiert er Schriften al-Ghazālīs und viele andere handschriftliche Texte.[82] Weit umfangreicher als seine eigene Sammlung waren freilich die Golius-Manuskripte in Leiden; sie belaufen sich auf über 200 Exemplare und waren der Grundstock, an dem sich Unternehmungen wie die *Historia orientalis* orientierten. Ein Manuskript von ihnen wird von Hottinger so häufig wie kein anderes herangezogen: die *al-Ağwiba al-fāḫira 'an al-as'ila al-fāğira* von Aḥmad Ibn Idris as-Sinhāğī al-Qarāfī.[83] Auf Qarāfī werden wir noch ausgiebig zurückkommen. Hottinger benutzte offenbar das Manuskript Nr. Or. 173 aus der Sammlung von Golius.[84]

Antitrinitarismus als Einstiegsdroge

Nach Hottinger konnte man die Parallelisierung von Islam und Sozinianismus auf neuer, vertiefter Grundlage vornehmen, und die Polemiken der nächsten Jahrzehnte, bei Autoren wie Jurieu, Abbadie, Prideaux und vielen anderen, haben davon dankbar Gebrauch gemacht.[85] Als Mathurin Veyssière de La Croze, aus Paris geflohener Ex-Benediktiner und Bibliothekar der königlichen Bibliothek in Berlin – wir kennen ihn aus Kapitel V –,

1707 seine *Réflexions historiques et critiques sur le mahométisme et socinianisme* verfaßte, schlug er in die gleiche Kerbe, doch legte er seine Untersuchung etwas anders als gewöhnlich an. Zum einen hatte er ein klares Motiv.[86] Er machte sich Sorgen um die Stabilität junger gelehrter Leute, die durch den Sozinianismus auf Abwege gebracht würden: »Der Geist des Menschen ist dafür geschaffen, Gott zu erkennen und zu verehren, aber er muß durch Motive gefestigt werden, bei denen er ruhen kann. Solche Motive wird die sozinianische Religion niemals liefern können. Deshalb bemerken die Sozinianer, wenn sie einige Zeit in dieser Sekte verbracht haben, schnell ihren schwankenden Zustand zwischen Zweifel und Wissen. Und so wie Leute, die am Ertrinken sind, ergreifen sie die erste Sache, die sich ihnen anbietet. Einige werden zu Spinozisten, andere zu Katholiken, wieder andere konvertieren zum Judentum oder Islam, und sehr wenige von ihnen kehren zur orthodoxen Religion zurück.«[87] La Croze hatte die Fälle von Adam Neuser und Matthias Vehe (Glirius) studiert, an denen man solche psychologische Dynamik ablesen konnte;[88] dabei kannte er noch nicht einmal die anderen extremen Fälle aus dem Umkreis der Antitrinitarier der 1570er Jahre: Martin Seidel, der Deist wurde, und Christian Franken, der sogar bei einer atheistischen Überzeugung endete.[89]

Allerdings zeigt La Crozes Erwähnung des Spinozismus, daß er keineswegs nur an vergangene intellektuelle Verführungen dachte. Viel mehr lagen ihm die Gelehrten der Gegenwart am Herzen. Er selbst hatte in Paris einen Schützling gehabt, der in eine skeptische Krise geraten war und, zu unitarischen Überzeugungen gekommen, den Weg zur Konversion zum Judentum wählte – ganz im Sinne des rettenden Strohhalms, den La Croze evoziert.[90] Dem Franzosen war daher viel mehr daran gelegen, die psychologisch-intellektuelle Dynamik herauszuarbeiten und an historischen Fällen zu dokumentieren, als dogmatisch – wie Hottinger – die Parallelen durchzugehen. Das war die andere Besonderheit von La Crozes Schrift. Sie war sozusagen eine Vorstudie einer historisch dokumentierten Geschichte des Sozinianismus.[91]

Manchen orthodoxen Zeitgenossen war das bereits viel zu liberal. La Crozes Gegner in Berlin, Johann Heinrich Oelven, hat 1708 eine Rezension der *Réflexions* zirkulieren lassen, in der er die Schrift *Der turbanisierte Socinianer* nannte.[92] Darin geißelte er auf ironische Weise den Umstand, daß La Croze in einer Abhandlung über die Nestorianer die religiöse Toleranz und das ethisch hohe Niveau des Islam herausgestellt hatte. Denn durch dieses – als Kritik an der Intoleranz gegenwärtigen Christentums gemeinte – Lob des Islam wurde La Crozes im gleichen Buch veröffentlichte Parallele zwischen Sozinianismus und Islam in ein ganz anderes Licht gestellt. Auf einmal bekam – das meinte Oelven zumindest – der Vergleich auf implizite Weise etwas Positives.

Möglicherweise war es der Initiative Michel de La Roches zu verdanken – eines Freundes des Trinitäts-Skeptikers Samuel Clarke –, daß La Crozes *Réflexions* 1712 anonym mit drei anderen Schriften über den Islam (unter anderem von Reland) in englischer Übersetzung erschienen sind.[93] La Roche leitete die *Bibliothèque angloise* und die *Mémoirs of Literature*;[94] in der ersteren hatte er 1717 den Islam als wunderbar schlichte Religion gelobt und Adriaan Relands *De religione mohammedanica* von 1705 jedem Interessierten ans Herz gelegt;[95] in der zweiten hat er den Fall der Verbrennung Servets ausführlich behandelt und La Crozes Schriften äußerst zustimmend rezensiert.[96]

Eine antitrinitarische Spur durch die Geschichte

Doch damit greifen wir vor und sind schon mitten in der islamfreundlichen Frühaufklärung.[97] Zunächst einmal ist es wichtig zu sehen, daß die dogmatische Parallelisierung von Sozinianismus und Islam bei Hottinger zwar mit arabischen Manuskripten unterfüttert wurde, aber selbst keine historische Theorie war. Es ging um Vergleich, nicht um eine geschichtliche Konstruktion. Geschichtliche Konstruktionen aber wurden seit dem Beginn der Reformation ein wesentlicher Bestandteil der Destruktion des traditionellen Verständnisses des Christentums. Das galt nicht nur für die Reformatoren um Luther, Zwingli, Bullinger und Calvin, es galt auch für die antitrinitarischen Radikalprotestanten seit Servet.[98] Schon Servet skizziert die Trinität als Korruption des Urchristentums durch die Einflüsse griechischer Philosophie. Biandrata und Dávid haben dann 1568 in der anonymen Schrift *De falsa et vera unius Dei Patris Filii et Spiritus Sancti cognitione* erstmals den Islam innerhalb einer antitrinitarischen Geschichtsskizze erwähnt. Nach ihnen war die Trinitätslehre daran schuld, daß der »Osten verlorengegangen ist«, indem der Islam die Völker des Nahen Ostens überzeugt hat, während das Christentum unglaubwürdig geworden war: »Wegen der christlichen Doktrin von Gott in drei Personen und dem gleichewigen, gleichrangigen und gleichwesentlichen Sohn war der gesamte Osten verlorengegangen, wie ihre Schriften eindeutig bezeugen. Man bedenke etwa den Koran – nicht etwa um eine Glaubenswahrheit darin festzumachen, aber um, in bezug auf diese eine Angelegenheit, den Verlust des ganzen Ostens zu verstehen.«[99] Diese Worte vom Verlust des Ostens hatten natürlich im Europa der 1560er Jahre eine eminent politische Bedeutung, und Biandrata und Dávid war das sehr wohl bewußt. Biandrata versteht es sogar, provokanterweise Averroes zu zitieren, wenn er vom Verlust spricht: »Gleichfalls sind die Juden wegen dieser Lehre von Gott von den Christen abgefallen. Aber auch die Philosophen haben die Christen verspottet, weil sie mehrere Götter verehren: siehe Averroes.«[100]

Nach dem Sieg des Islam, so Biandrata, sei es erstmals Joachim von Fiore im 12. Jahrhundert gewesen, der gegen die Macht der akademischen Theologie revoltiert habe. Ihm seien später Erasmus, Juan de Valdés, Bernardino Ochino, Lelio Sozzini und andere gefolgt. Was Luther und Zwingli an Destruktion der alten Kirche begonnen hätten, hätten letztere konsequent weitergeführt.[101]

In dieser typisch reformatorischen, wenn auch speziell antitrinitarisch eingefärbten geschichtstheologischen Vorstellung spielt der Islam wohlgemerkt noch eine äußere Rolle, die Rolle eines Gegners, an den man Gebiet verloren hat, weil man Fehler machte, die er nicht gemacht hat. Doch das sollte sich ändern. Es dauerte eine Weile, denn der Sozinianismus nach Fausto Sozzini hielt sich von geschichtlichen Konstruktionen fern; er setzte allein auf Bibelauslegung. Es bedurfte eines konfessionell nicht gebundenen Antitrinitariers wie Daniel Zwicker, um zur Mitte des 17. Jahrhunderts diesen Umstand zu ändern. Zwicker gab 1657 in seiner Schrift *Irenicum irenicorum* eine sehr eigenwillige Gegengeschichte der Trinitätslehre mit Simon Magus als dem bösen Erfinder der Trinitätslehre, gefolgt von Kerinth und Pseudo-Orpheus. Dennoch, so Zwicker, hätten sich die vornizänischen Kirchenväter nicht so weit korrumpieren lassen, daß sie die Gleichheit des Vaters und des Sohnes behauptet hätten. Eine solche Lehre lasse sich weder in Clemens Romanus noch in Ignatius, Polycarp, Justin, Athenagoras, Theophil, Tatian, Irenaeus oder Tertullian finden.[102] Letzteres hatten Dávid und Biandrata mehr oder weniger behauptet,[103] doch Zwikkers Vorteil war, daß er nun auf eine historisch-kritische Untersuchung zur Entstehung der Trinitätslehre im großen Stil und auf höchstem Niveau zurückgreifen konnte, nämlich auf das *Opus de theologicis dogmatatibus*, das der Jesuit Denis Petau zwischen 1644 und 1650 in fünf Bänden herausgebracht hatte, zur Bestürzung seiner Kollegen.[104]

1661, nachdem er von Comenius kräftige Kritik hatte einstecken müssen, änderte Zwicker sein Narrativ und versuchte nun in seiner *Irenicomastix*, eine ununterbrochene nichttrinitarische Tradition vom Urchristentum bis zur Gegenwart zu skizzieren. Er hatte sich gegen den Vorwurf von Comenius zu wehren, daß die monarchianischen Systeme im vierten Jahrhundert ausgestorben seien und daß also zwischen ihnen und Servet eine Lücke von mehr als tausend Jahren klaffe. Das veranlaßte Zwicker, für »Verbündete« auch nach dem vierten Jahrhundert zu suchen, und zu diesem Zweck bezog er sich vorsichtig auf den Koran. Er zitierte Sure 12 mit ihrem Vers »Und ihre meisten glauben nicht / an Gott, ohn' auch Abgötterei zu treiben« – eine Sure, auf die auch Servet schon hingewiesen hatte.[105]

Zwicker hat damit eine Gegengeschichte des Antitrinitarismus angedeutet, die nun wirklich über den Islam lief. Sein Modell war dafür, wie wohl schon für Biandrata und Dávid, das Ideal einer geschlossenen Kette von Wahrheitszeugen seit Christus, wie es in der »linken« Reformation bei Sebastian Franck entwickelt worden war. Nicht nur die Orthodoxie kann eine – freilich »antichristliche« – Kontinuität vorweisen, sondern auch die »wahre«, spirituelle Kirche der angeblichen Häretiker.[106]

Was bei Zwicker nur angedeutet war, wurde schon wenige Jahre später weiter ausgearbeitet, in den gleichen Kreisen von in Amsterdam lebenden Emigranten aus dem östlichen Deutschland und Polen, zu denen auch Zwicker gehörte. Christoph Sand war aus Brandenburg ins holländische Exil gekommen, und er führte die patristische Arbeit seines Vaters, Christoph Sand d. Ä., weiter, während er zum Brotverdienen als Korrektor im Verlagshaus Elzevier arbeitete. Das Buch der beiden Sands erschien 1668 und trug den Titel *Nucleus historiae ecclesiasticae*.[107] Es ist eine Gegen-Kirchengeschichte von einem spezifisch arianischen Standpunkt. Sand war kein direkter Sozinianer, sondern verteidigte eine subordinatianische Trinitätslehre, ähnlich wie der späte Zwicker. Im *Nucleus* spielt der Islam bereits eine beträchtliche Rolle, auf sieben dichten Seiten, die bereits auch von Hottingers *Historia orientalis* Gebrauch machen. Sand versucht in ihnen, zahlreiche Vorwürfe gegen den Islam zu entkräften und zu zeigen, daß Mohammed sehr wohl an Christus als Sohn Gottes geglaubt habe, nur daß er diesen Sohn – wie die Arianer – für einen ganz besonders exzellenten und vollkommenen Menschen hielt.[108]

Und hier können wir erstmals studieren, wie die entstehenden antitrinitarischen Gegengeschichten – paradoxerweise – an bestimmte antiislamische Polemiken des Mittelalters und der Renaissance anschließen. Denn eine spezifische dogmatische Position (bei Sand der Arianismus) machte bestimmte Quellen attraktiv, in denen der Koran mit christlichen Einflüssen in Zusammenhang gebracht wurde. Im Fall von Sand war das eine mittelalterliche Tradition, die Mohammed als Schüler eines Arianers verstand. Das war die Tradition, die von Johannes von Damaskus ausging, der seinerseits den christlichen Mönch Bahira aus einer Mohammed-Legende als Arianer gedeutet hatte.[109]

Korruptionsgeschichten

Schon von hier aus könnte man viel über mögliche Einflüsse der historisierenden Antitrinitarier und Arianer auf die entstehende Radikalaufklärung – insbesondere in England – spekulieren. Der Arianismus besaß in den 1660er Jahren und danach eine gewisse Attraktivität in englischen Kreisen.[110] In Henry Stubbes klandestiner Schrift aus den Jahren nach 1671, *An Account of the Rise and Progress of Mahometanism* heißt es, »dass die Religion Mohammeds hauptsächlich auf den Lehren der nazarenischen Christen und der Arianer beruht«.[111] Doch es ist noch zu früh, diesen Schritt zu gehen. Zunächst müssen wir verstehen, wie sich die antitrinitarischen Genealogien auf eigentümliche Weise mit unterschiedlichen Korruptionsgeschichten verbunden haben. Es ist nicht leicht, einen Überblick über die vielen gegenläufigen Narrative zu bekommen, die von der absichtlichen Verderbnis heiliger Schriften erzählen.

Zum einen geht es um den Vorwurf der Muslime, die Juden und Christen hätten den Bibeltext verfälscht. Das ist die Lehre vom *taḥrīf*.[112] Zum zweiten geht es um den Vorwurf der Christen, der Korantext sei von Juden verfälscht worden.[113] Zum dritten steht die These im Raum, die Christen hätten den Korantext verfälscht. Hava Lazarus-Yafeh hat solche wechselseitigen Vorwürfe für das Mittelalter untersucht und ihr Buch nicht ohne Grund *Intertwined Worlds* genannt.[114] Doch die »intertwined worlds« haben sich auf eigentümliche und veränderte Weise auch in der Frühen Neuzeit fortgesetzt.

Erst wenn die Komplexität konkurrierender Korruptions-Narrative verstanden ist, kann man sehen, wie sich sowohl Orientalisten als auch Radikale jeweils mit ihren Projekten in sie einfügten und sie sich aneigneten. Der Zusammenhang mit den Genealogien liegt auf der Hand. Da sind zum Beispiel die Arabisten, die legitimieren möchten, warum sie sich mit der islamischen Kultur beschäftigen. So hat Theodor Hackspan, Professor für orientalische Sprachen in Altdorf, von seinem Lehrer Georg Calixt den Gedanken übernommen, man müsse einen frühen Konsensus in der Kirche wiederfinden, um zur wahren Lehre zu kommen. Für Hackspan hieß das: Man müsse mit Hilfe des pharisäischen Judentums und des Islam die unverfälschte abrahamitische Religion wiederherstellen, die von den Juden – wie der Koran sagt – verdorben worden war.[115] Das ist möglich, gerade weil der Koran nach Hackspan als Mixtur von jüdischen, christlichen und originären Anteilen anzusehen ist. Er sei, so Hackspan 1644, »ein Mischfutter (*farraginem*) aus vielen Dingen, die teils offenbart, teils verdorben, teils dem Offenbarten hinzugefügt sind und daher erfunden.«[116] Da er wegen dieser Natur auch authentische »abrahamitische« Anteile enthält, kann er für die große Restitutionsaufgabe herangezogen werden.

Über die christlichen und jüdischen Anteile im Koran handelt dann wenig später auch Hottinger im Kapitel »De statu

Christianorum et Judaeorum tempore orti Muhammedani« in der *Historia orientalis*.[117] Die Quellen für solche Einflüsse waren schon in der byzantinischen Islampolemik zu finden, etwa bei Ricoldus von Montecrucis und Johannes Kantakuzenos.[118] Es war aus Legenden bekannt, daß Mohammed einen jüdischen Gehilfen hatte, Abdia ben Salomon, und, wie schon gehört, einen christlichen, den Mönch Sergius, der in der Literatur Bahira genannt wurde.

Weiterhin gab es die orientalistisch gebildeten Häresie-Historiker. Einer der bedeutendsten von ihnen war Abraham Hinckelmann, der Hamburger Koran-Herausgeber.[119] Er hat versucht, die Vorgeschichte der »enthusiastischen« Häresie Jakob Böhmes im zoroastrischen Dualismus zu finden, und verfolgt diese Lehre von den Zoroaster zugeschriebenen Chaldäischen Orakeln über die Kabbala und die islamische Mystik bis nach Europa. Dabei stützt er sich auf seine eigene Sammlung von Sufi-Handschriften, kabbalistischen Werken und neuplatonischen Texten.[120] Hinckelmanns Verständnis von Korruption ist die immer neue Korruption des Christentums durch eine seit alters nebenherlaufende heidnische (»zabische«) Lehre vom Dualismus und vom verborgenen Gott. Seine Agenda: die Wiederherstellung eines genuinen Christentums.

Anders lautete die These des dem Sozinianismus nahestehenden Holländers Willem Hendrik Vorst, der in einer privaten Konversation die Ansicht äußerte, die positiven Passagen im Koran über Jesus Christus seien Einschübe, die die arabischen Christen dort hineingeschmuggelt hätten.[121] Auf diese Weise konnte man die Verflechtungen von Islam und Christentum leicht – zu leicht – loswerden; gerade Sozinianern, denen die christliche *interpretatio pia* des Koran in der Nachfolge von Cusanus ein Dorn im Auge war, weil die Tendenz bestand, den »reinen« monotheistischen Islam durch eine angebliche Verehrung des Gottessohnes aufzuweichen, mußte eine solche These willkommen erscheinen.

Ein geheimer Brief

Denn das war in der Tat das Ziel all jener Antitrinitarier, die Interesse am Islam entwickelt hatten: das Ideal eines reinen Islam als reinen Monotheismus zu verteidigen, und sei es, daß sie ihn mit Hilfe von Fälschungshypothesen wiederherstellen mußten. Der Verdacht, Textpassagen könnten spätere Interpolationen sein, hatte von Beginn an manche Antitrinitarier beschäftigt. Eine große Rolle spielte daher bei ihnen die Suche nach möglichst alten Textvarianten in den Handschriften, vor allem des Johannesprologs, in dem die unliebsame trinitarische Logos-Theologie so deutlich ausgesprochen war. Längst vor John Mills großer Variantenedition des Neuen Testaments von 1707, in der 10000 abweichende Lesarten präsentiert wurden, gab es Sammler von Textvarianten.[122] Als etwa Adam Neuser als einfacher Übersetzer in Konstantinopel sein Dasein fristete, bemühte er sich, in den Bibliotheken nach möglichst alten Handschriften des Neuen Testaments zu stöbern, von denen er Abschriften an seine Gesinnungsgenossen in Transsylvanien schickte.[123] Denn diese – das wußte er – bereiteten eine Ausgabe des Neuen Testaments vor, die die unitarische Wahrheit des Urchristentums beweisen sollte. Das neue seit Mitte des 17. Jahrhunderts war nur, daß der historisch-kritische Verdacht nun auch auf den Koran übertragen wurde.

Im Jahr 1682 dann gab es eine antitrinitarische Korruptionshypothese, die von der Vorsts inspiriert gewesen sein mag, aber eigene Wege ging – und nicht nur mündlich geäußert wurde. Sie erfolgte im Kontext einer Kontaktaufnahme mit dem Islam, die sich, gut hundert Jahre später, wie eine Wiederholung von Neusers »socino-turcistischer« Kontaktaufnahme ausnimmt. Wieder läuft ein ähnliches Muster ab: Ein Brief soll übergeben werden, an einen Diplomaten, der im Westen verhandelt und den Brief mit in die Länder des Islam bringen soll. Diesmal ist es der marokkanische Botschafter in London.

Zwei Männer nähern sich dem Botschafter.[124] Sie haben ein schmales Bündel Papiere dabei. Man hört sie auf ihn einreden, doch der nimmt mehr und mehr eine abwesende Haltung ein, als er begreift, daß es sich um eine religiöse Angelegenheit handelt. Er ist wegen politischer Dinge hier und hat keine Zeit, sich auf Religion einzulassen. Da tritt der Zeremonienmeister des englischen Köngs vor, der die Szene mit Mißtrauen verfolgt hatte. Es ist Sir Charles Cotterell, schon seit der Thronbesteigung von Charles II. 1660 dessen treuer Hofmann, ein Mann von fast siebzig Jahren, freundlich, aber bestimmt.[125] Mit einem schnellen Griff bringt er das Bündel in seine Hände. Der Protest der zwei Fremden nützt nichts.

Das, was Cotterell erbeutet hat, stellt sich als ein höchst ungewöhnliches Dokument heraus. Es besteht aus vier Teilen. Der erste ist eine auf englisch verfaßte »Dedicatory Epistle to his illustrious Excellency Ahmeth ben Ahmeth Embassador of the Mighty Emperor of Fez and Morocco, to Charles II. King of Great Britain«. Das zweite ist eine lateinische »Epistola« eines gewissen Ahmed Benandala (Ben Abdala) an den Fürsten Moritz von Nassau und an Emmanuel von Portugal, offenbar der entscheidende Text, der übergeben werden sollte. Cotterell kann sich schon durch einen flüchtigen Blick davon überzeugen, daß dies eine gelehrte theologische Schrift ist, in der es um den einen Gott geht und um Probleme der christlichen Lehre. Das dritte Stück ist ein Stellenkommentar zur »Epistola«, und das vierte eine Art allgemeines Nachwort, verfaßt von einem »Theognis Irenaeus«. Cotterell selbst ist zwar durchaus gelehrt, doch von theologischen Feinheiten versteht er nichts. Er übergibt daher das Bündel an Edmund Everard, der in diesem Jahr am Hof untergekommen ist. Everard seinerseits schickt die belastenden Papiere an Leoline Jenkins, und dieser übergibt sie dem späteren Erzbischof von Canterbury, Thomas Tennison. Tennison, ein Latitudinarier, war damals auf dem aufsteigenden Ast seiner Karriere und seit zwei Jahren Rektor von St Martin-inthe-Fields.¹²⁶ Aus Tennisons Nachlaß ist das Bündel bis heute auf uns gekommen; es liegt in der Lambeth Palace Library in London.

Was war das für eine seltsame Verschwörung, die Cotterell durch seine Umsicht aufgedeckt hatte? Tennison kritzelte – vielleicht viel später, denn die Schrift ist von zittriger Hand geschrieben – auf ein Deckblatt, das er auf die Dokumente legte: »Dies sind die Original-Papiere einer Kabale von Sozinianern in London.«¹²⁷

Abb. 71: Der Benandala-Brief.

Die »Dedicatory Epistle« verspricht, wie schon zu Neusers Zeiten, eine Verbindung von westlichen Antitrinitariern und Mohammedanern. Doch diesmal ist der Ton selbstbewußter und offensiver. Noël Aubert de Versé, der hugenottische Verfasser des Briefes, fordert von den Mohammedanern, gewisse Korrekturen im Koran zuzulassen, da er an manchen Stellen verderbt sei – etwa an der berühmten Stelle 4,156, an der es heißt, Christus sei nicht am Kreuz gestorben: »Jedoch nicht getötet haben sie ihn und nicht gekreuzigt, nur ähnlich schien er ihnen.«[128] Diese Stelle, so vermutet Aubert im lateinischen Kommentar zum Benandala-Dokument, muß eine späte Interpolation sein, die nach Mohammed eingefügt wurde.[129] Der Benandala-Brief, das wissen wir dank der Forschungen von Gerard Wiegers, ist größtenteils die abgeschwächte Übernahme einer antichristlichen Polemik des Morisco-Autors Muhammad Alguazir.[130] Aubert kommentiert, Mohammed habe keinen Grund gehabt, den Tod Jesu zu leugnen. »Ich möchte wagen zu sagen, daß der Korantext eher korrupt ist.«[131] Es sei leicht gewesen, etwas zu verfälschen, da es kurze und unzusammenhängende Stücke waren, die von Mohammed aufgeschrieben wurden. Nach seinem Tod konnten sie verändert, verdorben oder korrigiert werden. Die Juden etwa, mit denen er Umgang hatte, konnten darauf Einfluß nehmen.[132] So heißt es auch in der »Dedicatory Epistle« Auberts an den marokkanischen Botschafter: »Diese Widersprüche wurden in die verstreuten Papiere eingefügt, die nach dem Tod Mohammeds gefunden wurden und aus denen der Koran in Wahrheit zusammengesetzt war.« Und es wird versprochen: »Wir bemühen uns in unseren Unterlagen zu klären, von wem und in welcher Zeit solche Änderungen bei der Gestaltung des Korans vorgenommen wurden.«[133]

Nicht wie bei Vorst waren die Christen die Verfälscher, sondern nun die Juden. »Als einige Juden«, so Aubert, »deren Hilfe sich Mohammed, als er noch lebte, bei seinen Taten bedient hatte, sahen, daß seine Lehre von allen Völkern angenommen wurde, von seinen Landsleuten und von den Juden, und daß dadurch unter dem Namen des Islam in Wirklichkeit Christen hervorgingen, schmerzte sie das, und sie schmuggelten, damit nicht schließlich die ganze christliche Bevölkerung davon betroffen würde, diese völlig absurde Geschichte in seine Papiere ein. So machten sie Mohammed selbst zum Angeklagten des ganzen Irrtums, und lehrten und zeigten, daß ihm fälschlich geglaubt werde, und daß eine Lehre übernommen würde von einem völlig unerfahrenen Menschen und zugleich dem waghalsigsten und schamlosesten von allen.«[134] Die Juden wollten also Mohammed diskreditieren, damit sein reines – nichttrinitarisches – »Christentum« sich nicht weiterverbreitet.

Dieser Umgang mit dem Korantext kann durchaus in Erstaunen versetzen. Denn die Rede von Interpolationen im Koran ist in der neueren Islamwissenschaft selten, sie kommt nur bei einigen wenigen westlichen Gelehrten vor. Für den Koran wird die Annahme einer Athetese, eines unautorisierten Einschubs, normalerweise nicht gemacht.[135] Wie kann dann aber Aubert auf solche gewagten Thesen kommen? Hat er überhaupt Arabisch lesen können? Allem Anschein nach nicht. Weder das vom englischen Hof erbeutete Bündel von Dokumenten noch sonstige Werke Auberts weisen irgendwelche Spuren von Arabischkenntnissen auf. Immer sind es lediglich kirchengeschichtliche, insbesondere patristische Quellen, die herangezogen werden. Ja man kann noch weitergehen: Aubert scheint nicht einmal die Orientalistik seiner Zeit rezipiert zu haben. Wie kommt er dann zu historisch-kritischen Hypothesen über den Koran?

Emendation des Koran

Die Antwort hat zwei Teile. Erster Teil: Es gibt, wie teilweise schon angesprochen, eine mittelalterliche Tradition, nach der drei »listige« Juden, Wahb Ibn Munabbih, ʿAbdallāh Ibn Salām und Kaʿb al-Aḥbār, sich Mohammed angeschlossen hätten, um ihn vom christlichen Glauben, dem er sich schon zugewandt hatte, abtrünnig zu machen. In ihrem Herzen blieben sie Juden, und als Mohammed gestorben war, überredeten sie ʿAlī, den Sohn Abū-Ṭālibs, dem Mohammed seine Aufzeichnungen hinterlassen hatte, sich selbst zum Propheten zu erheben, und machten ganz nach ihren Interessen Zusätze und Änderungen im Koran. Diese Tradition stammt aus der *Risālat al-Kindī*, einer christlichen antiislamischen Schrift aus dem 10. Jahrhundert, die aus einem fiktiven Briefwechsel zwischen einem Muslim und einem Christen besteht.[136] Diese Schrift hat das Islambild des europäischen Mittelalters stark bestimmt, und ihre These findet sich in der *Cribratio Alkorani* (1461) von Nikolaus von Kues wieder, aus dem noch manche Arabisten des 17. Jahrhunderts schöpften.[137] Auch Sand hat die *Cribratio* benutzt, um positive Aussagen über Christus im Koran aufzufinden, doch das Narrativ, an das er sich anschließt, ist, wie wir gesehen haben, das »arianische« von Johannes von Damaskus, nicht das »nestorianische« der *Risālat*.

Der zweite Teil der Antwort ist komplizierter und interessanter: Aubert scheint die von Nikolaus von Kues überlieferte Tradition im Licht seiner neuesten Erfahrungen wahrgenommen zu haben. Wir haben schon bei Willem Hendrik Vorst gesehen, daß die neue kritische Philologie zu skeptischen Hypothesen inspirierte, auch wenn sie kaum sachlich begründet waren. Was Aubert angeht, so hatte er unmittelbar vor seinem England-Besuch, 1681, als er sich in Holland finanziell über Wasser halten mußte, für den Verlag Elzevier gearbeitet.[138] Dort hatte man ihm die lateinische Übersetzung des 1679 erschienenen revolutionären Werkes von Richard Simon anvertraut: *Histoire critique de vieux testament*. Die ursprüngliche in Paris erschienene Auflage war auf Protest von Bossuet hin konfisziert und eingestampft worden – doch eine handschriftliche Kopie hatte sich erhalten, und bei Elzevier war man so geschäftstüchtig gewesen, 1681 davon eine lateinische Übersetzung herstellen zu lassen und auf den Markt zu bringen.[139]

Nun ist Simons Buch von der Korruption des ursprünglichen Bibeltextes durch die masoretischen Juden die Rede, die bei ihrer Vokalisierung des ursprünglich unvokalisierten Textes Verfälschungen in ihrem Sinne verschuldet hätten.[140] Was den Pentateuch betreffe, so sei sein Verfasser nicht Moses, sondern er sei erst später zusammengestellt worden. Die Lehre war klar: auch ein »heiliger« Text kann seine Tücken haben. Und Aubert als der Übersetzer von Simon war ein guter Schüler des Meisters. Er kannte die Bestrebungen auch schon mancher Sozinianer – wie Lelio Sozzini in seinem Kommentar zum Johannesevangelium – bestimmte Textstellen für spätere, verfälschende Einschübe zu halten. Und einige Jahre später hat er selbst, in einer von Jean Le Clercs *Liberii de Sancto Amore Epistolae theologicae* stark beeinflußten Schrift, die Hypothese geäußert, in den Handschriften des Johannesprologs sei das Wort »Jesus« durch das Wort »Gott« ersetzt worden.[141] So überträgt denn Aubert – wie schon Willem Hendrik Vorst – die philologische Skepsis von der Bibel auf den Koran, verbindet sie mit der These aus der *Risālat al-Kindī* und zieht seine eigenen Schlüsse. Aubert skizziert damit – ohne Arabischkenntnisse – in Ansätzen eine »histoire critique« des Koran.

Was hat ihn aber – außer der frischen Erinnerung an Simons Werk – dazu gebracht, den Koran emendieren zu wollen? In welche Richtung sollte die Emendation gehen? Es ist – das wird aus den Dokumenten klar – die Richtung, einen reinen Islam wiederzufinden, einen Islam, der zum einen Kontakt zum Christentum und dem am Kreuz gestorbenen Christus hält und zum anderen als rationale Religion verstanden werden kann. Dieses Interesse kam aus gelehrten Überlegungen heraus und war rein theoretisch.

Möglicherweise hat Aubert, noch bevor er nach England aufbrach, in den Verlagsräumen von Elzevier mit Sand lange über die Beziehungen zwischen Arianismus und Islam diskutiert – zwischen Ende 1679 und Ende 1680, als Sand starb. Vielleicht haben sie auch über die Frage gesprochen, wie man den neuen kritischen Ansatz von Richard Simon auf dieses Problem anwenden könne.¹⁴² In Sands Buch geht es an einer Stelle um die Koransure 4, in der geleugnet wird, daß Jesus gekreuzigt worden sei. Sand spricht davon, daß diese Ansicht den Muslimen »zugeschrieben werde«, und hält andere islamische Zeugnisse dagegen, die implizieren, Christus sei am Kreuz gestorben.¹⁴³

Die Naturgeschichte des Diskurses

Erst wenn man diese komplexen Zusammenhänge von parteiischen Genealogien, Korruptionsthesen und Restitutionsplänen verstanden hat, kann man die Matrix begreifen, in der der frühneuzeitliche Häresietransfer islamischer Texte stattgefunden und zur Radikalaufklärung beigetragen hat. Um diese Rezeption wirklich nachvollziehen zu können, wird es nötig sein, das zu rekonstruieren, was ich die »Naturgeschichte des Diskurses« nennen möchte.¹⁴⁴ Eine solche Naturgeschichte zeichnet nicht nur die großen ideengeschichtlichen Linien nach, sondern verfolgt en detail jedes einzelne Manuskript durch seine Rezeptionswege in Gelehrtenbibliotheken und Sammlerhänden, jede konkrete Aneignungsweise von Texten durch Intellektuelle.

Wir sehen schnell, daß gerade im Falle der Rezeption von Ideen aus dem Islam der Diskurs von allerlei Zufälligkeiten bestimmt ist. Es kam darauf an, welches Manuskript – von Zehntausenden von möglichen – ein Golius oder ein Pococke nun gerade auf dem Bazar in Aleppo oder bei ihren Kontaktleuten in Konstantinopel erworben haben. Daß ausgerechnet ein in theologischen Belangen zweit- oder drittrangiger theologischer Autor wie al-Qarāfī (statt, sagen wir, Ibn Ḥazm or Ibn Taimīya¹⁴⁵) eine solch prominente Rolle in europäischen Freidenkerkreisen spielen sollte, demonstriert deutlich die Ironie der Geschichte, die hier vorliegt. Daß Aubert – ohne davon Kenntnis zu haben – ausgerechnet Muhammad Alguazir kommentiert, daß Hinckelmann seine Spekulationen gerade aufgrund der Texte eines Abu Abdallah Muhammad ibn Said al-Sanhagi und Ata ibn Muhammad ibn Fathallah al-Husaini anstellt,[146] all dies sind Kontingenzen, die aber durchaus ihre Auswirkungen gehabt haben.

Genauer gesagt: In allen diesen Fällen gibt es ein Auseinanderklaffen zwischen der Notwendigkeit des Einflusses und der Kontingenz der Transmission. Notwendigkeit des Einflusses meint: Die Ideen, die transportiert wurden, waren durchaus wichtige Ideen, die im Westen, sobald sie einmal bekannt waren, nicht ignoriert werden konnten. Von Kontingenz der Transmission muß man aber sprechen, weil die Kanäle und Autoren, durch die die Ideen in den Westen kamen, hochgradig zufällig waren.

Und gerade, wenn man die Naturgeschichte des Diskurses in seiner ganzen *longue durée* betrachtet, kommen all die Paradoxien der Transmission zum Vorschein, die er enthält. Es beginnt schon damit, daß die *Risālat al-Kindī*, die ja, wie wir gesehen haben, solch starke Nachwirkung noch in der europäischen Frühen Neuzeit hatte, selbst – wie Paul Kraus entdeckt hat – von Ibn ar-Rāwandīs *Kitāb az-Zumurrud* beeinflußt ist.[147] Das bedeutet, daß bereits die ganz frühe christliche Polemik gegen den Islam Argumente benutzt hat, die von Freidenkern im Islam selbst stammen. Das ist der umgekehrte Fall zur Rezeption von antichristlichen islamischen Polemiken im Sozinianismus: hier ist es die Orthodoxie des Christentums als die äußere gegnerische Religion, die mit einer Häresie innerhalb des Islam zusammengeht. Hava Lazarus-Yafeh hat darüber hinaus gezeigt, wie es gerade im Bereich der Bibelkritik ein kompliziertes Zusammenspiel von Christen, Juden und Muslimen gegeben hat.[148] Schließlich haben sowohl die jüdische als auch die islamische antichristliche Polemik der Frühen Neuzeit ihrerseits Anleihen bei Sozinianern gemacht oder sich westlich-scholastischer Logik bedient, bevor sie ihrerseits wieder von christlichen Antitrinitariern und Freidenkern rezipiert wurde.[149]

Die Rekonstruktion der Naturgeschichte dieses Diskurses wird uns aber auch dabei helfen zu sehen, welche Praktiken – etwa der Kompilation, der sekundären Übernahme, der Abänderung – bei der Transmission durch Radikale eine Rolle gespielt haben. Justin Champion hat gezeigt, wie sehr die Radikalen und Freidenker im späten 17. und frühen 18. Jahrhundert von dem abhängig waren, was sie bei den Orientalisten in Übersetzung lesen konnten.[150] Wir wollen am Beispiel der Transmission antipaulinischer Polemik hier noch genauer beobachten, wie sich die Sicht auf Genealogien und Korruptionsvorstellungen im Laufe der Transmission modifiziert hat.

Paulus der Schurke

Es gibt im Islam mehrere verschiedene Traditionen von Geschichten über den Apostel Paulus und sein Verderben des ursprünglichen Christentums. Paulus hat aus Jesus den Gottessohn gemacht, der mehr ist als ein bloßer Prophet. Er hat damit aber auch, so die islamische Ansicht, das Christentum auf Abwege von der wahren Religion gebracht. Wie wir aus den Forschungen von Samuel Stern und P. S. van Koningsveld wissen, ist die ursprünglichste Form der Geschichte, wie sie auf uns gekommen ist, im *Kitāb al-ridda wa-'l-futūḥ* enthalten, einem Werk von Saif Ibn 'Umar al-Tamīmī (gestorben 796/7).[151] Es ist die Geschichte von Paulus, der vier Schüler hatte: Jacob, Nestorius, Melcun und einen vierten, der »der Gläubige« genannt wird.[152] Die drei Namen bezeichnen die drei verschiedenen christlichen Gruppierungen in Syrien, der vierte stellt die Verbindung zum »wahren Glauben« dar, zum Islam. Einige Versionen der Geschichte weisen eine ganz ähnliche narrative Struktur auf wie die Ringparabel: Ein Vater oder König sagt jedem seiner drei Söhne oder Schüler, er vertraue ihm und nur ihm die Wahrheit an; in Wirklichkeit vertraut er jedem eine andere Wahrheit an. Nach dem Tod des Vaters oder Königs wird dann entdeckt, daß es Differenzen gibt, und Streit kommt in die Welt.[153] Das Besondere an – zumindest einigen Versionen – der antipaulinischen Geschichte ist nicht nur, daß es einen vierten Anhänger gibt, sondern auch, daß dieser Anhänger Nachfolger hat, die als Eremiten leben, von denen dreißig schließlich noch den Propheten sehen. Damit ist die Verbindung zu Mohammed hergestellt.

Ich übergehe hier die Transmission der Geschichte in der islamischen Tradition, soweit sie uns bekannt ist. Fest steht, daß sie in ihren verschiedenen Versionen in dieser Tradition durchaus geläufig war. Die Geschichte ist im 13. Jahrhundert zu al-Qarāfī gelangt, der sie in seiner apologetischen Schrift berichtet.[154] Freilich war al-Qarāfī nur eine von vielen Quellen, in denen sie potentiell enthalten war. Um aber in den Westen zu gelangen und dort wirksam zu werden, mußte sie sozusagen durch das Nadelöhr des Umstands, daß unter den von Golius in der Levante gekauften Manuskripten auch jenes war, das heute die Nummer Or. 173 trägt und die *al-Ağwiba al-fāḫira* von al-Qarāfī enthält, in der die Geschichte – in drei Varianten – zu lesen ist.

Als Johann Heinrich Hottinger aus Zürich in den Jahren um 1640 bei Jakob Golius in Leiden die arabische Sprache und Kultur studierte, kam er auch mit diesem Text in Kontakt und hat ihn intensiv für seine Studien benutzt. Vor allem über von Hottinger in der *Historia orientalis* übersetzten Zitate ist die Geschichte dann in die intellektuelle Zirkulation im Westen gelangt.[155] Wir müssen aber genau hinsehen, wie bei der Aneignung durch westliche Gelehrte die antipaulinische Geschichte ausgelegt wurde.

Henry Stubbe, der Arzt, Hobbes-Anhänger, politische Theoretiker und Orientalist – für James R. Jacob und Margaret Jacob das entscheidende Verbindungsstück zwischen den Radikalen der englischen Revolution und der entstehenden Radikalaufklärung[156] –, hat in seiner Schrift *An Account of the Rise and Progress of Mahometanism* das von Hottinger gegebene Material dankbar aufgenommen: »Ich erinnere mich an eine muslimische Geschichte von Ahmed ben Idris, daß Paulus drei Fürsten in der Religion unterrichtet und jedem von ihnen ein unterschiedliches Christentum beigebracht habe, wobei er jedem einzeln versicherte, er sei in der Wahrheit. Später, als Paulus gestorben war, habe jeder von ihnen behauptet, seine Religion wäre die wahre, von Paulus übernommen. Von daher entstand großer Streit unter ihnen.«[157] Und an anderer Stelle heißt es: »Ahmed ben Idris führt, indem er die Nestorianer als eine törichte Art von christlichen Häretikern übergeht, eine Paulus betreffende Fabel an, nach der dieser die Welt zu einer Ansicht über die Göttlichkeit Jesu verleitet und den Ursprung der Häresie des Eutychius und der Jacobiten gelegt habe. Und daß ein Arianer oder sonstwie judaisierender Christ, den er Elmunin (Al Momin) nennt oder auch ›wahrer Gläubiger‹, Paulus deswegen verflucht habe, indem er sagte: ›Wir waren die Gefährten von Jesus, wir sahen ihn, wir fielen von ihm ab, er war der Apostel Gottes, nie sagte er uns gegenteiliges.‹ Und derselbe Autor erzählt uns weiter, daß Mohammed sich mit dreißig Nachkommen dieses Elmunin oder Orthodoxen getroffen habe, die sich in einer Einsiedelei zurückgezogen hatten, und sie eigneten sich seine Lehre an und bekannten sich zum Islam.«[158] Das, so schließt Stubbe, zeige zur Genüge, daß der Islam auf den Lehren der Nazarenischen Christen und Arianer gegründet sei. Damit ist Stubbe aber unpräzise, denn die Abkömmlinge des Elmunin als Arianer zu verstehen, lag noch ganz in der Linie, die sich von Johannes von Damaskus herleitete und die auch Sand vertreten hat. Arianer und »Nazarenische Christen« sind aber durchaus etwas anderes. Präziser wurde erst La Croze.

Als La Croze, etwa dreißig Jahre nach Stubbe, die Geschichte bei Hottinger las, hatte er zunächst ein anderes Problem im

Kopf, das er mit diesem in Zusammenhang brachte. Mohammed hatte offenbar seltsame Vorstellungen vom Christentum – vor allem von der Trinität. Er dachte, die Trinität bestehe aus Gottvater, Jesus und Maria. Woher hatte er diese Idee? Ludovico Maracci, der Koranübersetzer, hatte die Vermutung geäußert, Mohammed übernehme hier Ansichten der Sekte der Collyridianer, die bei Epiphanius erwähnt werden. Diese Sekte verehrte in besonderer Weise die Heilige Jungfrau, und Mohammed, so Maracci, könnte geglaubt haben, sie hätten Maria als Göttin und dritte Person der Trinität angesehen.[159] In Deutschland hatte sich Johann Michael Lange, ein Schüler von Wagenseil in Altdorf, 1697 in seiner Abhandlung *De fabulis mahomedicis* gegen Maraccis These gewandt und den ganzen Komplex neu untersucht.[160] Nach Langes Ergebnissen ist es, so La Croze, »sehr viel wahrscheinlicher, daß Mohammed, der Kontakt zu den nestorianischen Christen hatte, die es in großer Zahl in Persien und Arabien gab, auch Zeuge ihrer Klagen über den Titel einer ›Mutter Gottes‹ geworden war, den Kyrill von Alexandrien und das Konzil von Ephesos der Heiligen Jungfrau verliehen hatten.«[161] Aber davon abgesehen – fügt La Croze eine eigene Vermutung an –, »können möglicherweise einige der Nazaräer und Ebioniten in Arabien verblieben sein, wo zu Zeiten von Epiphanius die Hochburg ihrer Sekte war. Mohammed könnte von ihnen erfahren haben, was nach der Darstellung von Origenes dort zu finden war, wo sie unsern Herrn Jesus Christus die Worte sagen lassen: ›Der Heilige Geist, meine Mutter, nahm mich bei einem der Haare meines Kopfes und brachte mich zum großen Berg Tabor.‹ All diese Dinge könnten eine Ideenverwirrung erzeugt haben, die bei einem Mann wie Mohammed nicht ungewöhnlich wäre.«[162] La Croze bringt hier also, in aller Vorsicht, über ein Fragment des Nazaräer-Evangeliums,[163] die Ebioniten als mögliche Gruppierungen im Arabien noch des 7. Jahrhunderts ins Spiel.

Diese Themen im Kontext seiner Lektüre des Buches von

Lange gingen La Croze durch den Kopf, als er Hottingers Übersetzung der al-Qarāfī-Passage las. Einmal auf die Spur der Ebioniten aufmerksam geworden, hat La Croze die Geschichte von den dreißg Anhängern des »Gläubigen« in neuem Licht gesehen. »Man kann hier wahrnehmbare Spuren von Ebionitentum sehen. Diese Häretiker haßten Paulus, den sie als Apostaten und Gesetzesübertreter ansahen. Wir haben keinen Grund daran zu zweifeln, daß es zu Zeiten Mohammeds noch welche von ihnen gab, die in aller Zurückgezogenheit lebten, um sich vor Verfolgung zu schützen. Und daher können wir, so verwickelt und verworren es klingen mag, daraus schließen, daß die dreißig Personen, von denen Ahmed spricht, die Überbleibsel der Ebioniten waren, die ohne jede Widerstände die Lehren des falschen Propheten annahmen, der Ansichten wiederbelebte, die genau wie ihre eigenen waren.«[164]

Shlomo Pines hat, als er seine umstrittene These von den judenchristlichen Quellen in ʿAbd al-Ǧabbārs *Taṯbīt* aufstellte, nicht gewußt, daß schon La Croze die Ansicht von der Präsenz von Judenchristen zumindest zur Zeit Mohammeds anhand des ihm zur Verfügung stehenden al-Qarāfī-Materials vorweggenommen hat.[165]

François du Blois hat das Thema der im Koran erwähnten *naṣārā* wieder aufgegriffen und dafür argumentiert, in ihnen nicht allgemein »Christen«, sondern spezifisch die Nazoräer, also Judenchristen zu sehen. Er erinnert wieder daran, daß die bei Epiphanius erwähnten Elchasaiten mit dem Islam einige wichtige Lehren teilen, von der Gebetsausrichtung nach Jerusalem bis zum Verständnis anderer Riten.[166] Er weist außerdem daraufhin, daß die Idee des abschließenden Propheten – des »Siegels der Propheten« – nicht erst bei Mani erscheint, sondern schon in der Täufersekte, in der er aufgewachsen ist und die nach de Blois als Elchasaitengruppe aufgefaßt werden muß. Patricia Crone hat in anderem Kontext schon 1978 bemerkt, daß die Elchasaiten eine ähnliche Kombination von Judenchristentum und Gnostizismus aufweisen wie die Athinganoi in Byzanz und die Araber zu Zeiten Mohammeds.[167]

Ob aus alledem nun zu schließen ist, daß die Christen, von denen der Koran spricht, Elchasaiten waren oder doch nur eine judaisierende Christengruppe, die später wieder ähnliche Züge angenommen hatte wie frühere echte Judenchristen im ersten, zweiten oder dritten Jahrhundert, kann hier offen bleiben. Auf jeden Fall stimmt die Lokalisierung der Judenchristen im nördlichen Mesopotamien – vor allem Nisibis – mit den Legenden überein, die in den antipaulinischen Legenden gegeben werden.

Kurze Zeit nach den *Réflexions* – und eben durch diese Schrift – ist La Croze übrigens mit einem »echten« Sozinianer bekannt geworden und hat sich mit ihm angefreundet. Es war Samuel Crell, der Enkel des berühmten Sozinianer-Theologen Johann Crell. Mit Crell tauschte er sich über die Ansichten der Sozinianer zum Islam aus. Crell wies deutlich darauf hin, daß Sozzini sich von den Nähen zum Islam distanziert hatte.[168]

Spätere Orientalisten haben La Crozes These nicht mehr wiederholt, auch wenn man sich weiterhin intensiv mit den christlichen und jüdischen Einflüssen auf den Koran beschäftigt hat.[169] Mitte des 18. Jahrhunderts etwa hat David Mill, Professor für orientalische Sprachen in Utrecht und Nachfolger von Adriaan Reland, eine Schrift *De Mohammedismo ante Mohammedem* veröffentlicht.[170] Diese Schrift ist eines der weiteren vergessenen Werke der Orientalistik des frühen und mittleren 18. Jahrhunderts. Zum einen ist sie eine Überraschung: ein echter Vorläufer von Abraham Geigers berühmter Erstlingsschrift *Was hat Mohammed aus dem Judenthume aufgenommen?*. Als der junge Geiger 1833 seine Dissertation veröffentlichte, hatte er fast keine islamwissenschaftliche Literatur zu Rate gezogen und kannte daher auch Mills Text nicht, ebensowenig wie den La Crozes und anderer.[171] Zwar ist sein Buch zu Recht dafür berühmt, daß es einen neuen Ansatz zum Vergleich von Koran und Judentum etabliert; aber man muß auch anerkennen, daß viele der Passagen und Themen, die Geiger anführt, schon bei Mill erörtert sind.[172]

Zum anderen aber ist das Buch auch eine Enttäuschung, dann nämlich, wenn man es mit den um 1700 diskutierten Thesen vergleicht. Von La Crozes, Stubbes, Auberts gewagten Thesen ist hier nichts zu finden. Bei Mill werden recht akademisch erst die paganen, dann die christlichen Wurzeln des Islam diskutiert, und schließlich, am ausführlichsten, die jüdischen. Wenn Mill über die Melkiten spricht, zitiert er nicht al-Qarāfī, wie Hottinger es getan hatte.[173] Wenn er über die christlichen Quellen spricht, die Mohammed versorgt haben, dann findet die Geschichte von Paulus und seinen vier Schülern keine Erwähnung.

John Toland und das Barnabas-Evangelium

Doch auch wenn die Orientalisten bis hin zu Pines die These der Verbindung von Ebioniten und Koran wieder vergessen hatten – bei einem Denker hat sie ihre prominente Stelle als Eckpfeiler der Gegen-Geschichtskonzeption erhalten: bei John Toland, dem englischen Deisten. Toland hat die Entdeckung des sogenannten Barnabas-Evangeliums in der Bibliothek des preußischen Konsuls in Den Haag dazu veranlaßt, die Genealogie Judenchristen–Islam–neuzeitlicher Unitarismus aufzunehmen und für erwiesen zu halten.[174] Die Fälschung aus den Jahren um 1600, die sich als authentisches Evangelium des Apostels Barnabas ausgab, in dem bereits Mohammed als der Paraklet prophezeit wird und in dem viele Regeln mit denen des Islam übereinstimmen, schien auf perfekte Weise das judenchristliche »missing link« auf dem Weg zum Islam zu sein, das noch gefehlt hatte.[175]

Dieses Pseudo-Evangelium ist im Milieu der Moriscos um 1600 zu verorten, ein Milieu, in das auch Muhammad Alguazir, die Hauptquelle des Benandala-Briefes, gehört.[176] Die Moriscos im südlichen Spanien, Nachfahren der dort seit Jahrhunderten lebenden Muslimen, standen im 16. Jahrhundert nach der Reconquista unter großem Druck, wie die Juden auch noch von der Iberischen Halbinsel vertrieben zu werden – was 1612 dann auch geschah. In den Jahrzehnten zuvor gab es eine Reihe verzweifelter Versuche, durch Geschichtsfälschung eine scheinbar legitime Verbindung zwischen Christentum und Islam herzustellen. So entstand nicht nur das Barnabas-Evangelium, sondern entstanden auch die sogenannten Bleibücher und ebenfalls ein gefälschtes Buch über »Die Wahrheit des Evangeliums«, angeblich geschrieben von der Jungfrau Maria.[177] Die Bücher aus Blei, die in den 1590er Jahren in einer Höhle in Sacromonte bei Granada gefunden wurden, geben sich als Originalzeugnisse aus der Zeit der Christianisierung Spaniens durch den Apostel Jakobus. In ihnen äußert Maria, die Mutter Jesu, prophetische Lehren und instruiert Jakobus für seine Mission in Iberien. Wie beim Barnabas-Evangelium bestehen diese Lehren aus mehr oder weniger muslimischen Elementen, und die Hochschätzung der arabischen Kultur – die die ursprüngliche Kultur in Spanien gewesen sei – ist in jeder Zeile deutlich. Es tauchen Formeln auf wie »Gott ist einer. Es gibt keinen Gott außer Gott, und Jesus ist der Geist Gottes«, die erstaunlich an die Schahāda erinnern: »Es gibt keinen Gott außer Gott, und Mohammed ist sein Prophet.«

Die Bücher waren freilich nur schwer verständlich, in fremdartigen Buchstaben und in einer seltsamen Mischung aus Latein und Arabisch verfaßt, die die schon bald mit ihnen beschäftigten Kommentatoren als »Salomonisch« bezeichneten und für eine frühe Form des Arabischen hielten. Diese Morisco-Kommentatoren, vor allem Alonso del Castillo und Miguel de Luna, werden heute zumeist für die eigentlichen Autoren der Fälschungen gehalten. Beide arbeiteten für die Inquisition und als Übersetzer aus dem Arabischen; Castillo hatte im Escorial jahrelang arabische Handschriften katalogisiert. Sie kannten sich

Abb. 72: Bleitäfelchen mit »salomonischer« Schrift aus Sacromonte.

also aus mit alten Schriften und hatten überlegt, wie sie ihre Kenntnisse in den Dienst ihres Volkes stellen konnten, so daß die katholische Kirche sich in ihre Richtung bewegte und ihnen das Leben damit leichter machte. Das ist sogar eine Weile gelungen, bis die Kirche die Schriften schließlich als unecht verwarf.

Für einen Unitarier und Deisten wie John Toland waren solche Zeugnisse wie das Barnabas-Evangelium aber genau das, was er lesen wollte. Waren zuvor die Rückverbindungen der Unitarier zum Islam und zum Frühchristentum noch dünn und spekulativ, schienen jetzt handgreifliche Zeugnisse vorhanden. Wir können dann in den Zirkeln der englischen Deisten beobachten, wie solche Fälschungen, islamische antichristliche Polemik, und auch jüdische antichristliche Polemik – besonders bei Ankauf von mehreren solcher bedeutenden Schriften aus dem Verkauf der Bibliotheca Sarasiana durch Anthony Collins[178] – darin zusammenwirken, daß ein neues, zwischen Unitarismus, Deismus und Atheismus oszillierendes Bild der Religionsgeschichte entstanden ist. Diese hier entfaltete Entwicklung vom frühen

Antitrinitarismus über die Orientalistik des 17. Jahrhunderts bis zur Rezeption islamischer Quellen im frühen Deismus macht einen Ursprung der Radikalaufklärung sichtbar – natürlich nur einen von mehreren. Es ist bemerkenswert, daß diese Entwicklung gerade an ihr Ende gekommen war, als der zweiunddreißigjährige Reiske die Heterodoxien eines al-Maʿarrī und ar-Rāwandī entdeckte.

Fazit

Häresietransfer ist offenbar keine einfache Sache. Wir haben den Leser und die Leserin durch einen ziemlich verworrenen Dschungel von wechselseitigen Zuschreibungen nicht nur zwischen Christen, Juden und Muslimen führen müssen, sondern auch noch zwischen diversen christlichen, jüdischen oder muslimischen Gruppierungen untereinander. Was sich zunächst als simple Devise anhörte – der Transfer eines Theoriestücks in einen neuen Rahmen muß auf eine bestimmte Paßfähigkeit treffen –, hat sich am konkreten Beispiel als überaus komplexe Angelegenheit herausgestellt. Wieder hat sich gezeigt, daß das Verständnis einer Ideenverflechtung oder einer Ideentransmission in der Frühen Neuzeit nicht darauf verzichten kann, zeitlich weit zurückzugehen, um die Pfade herauszuarbeiten, auf denen die Transmission beruht.

Genaugenommen sind es unterschiedliche Genealogien, die wir rekonstruieren mußten: die Genealogie antitrinitarischen Denkens von der Aufklärung zurück bis zu Michel Servet; dann die Genealogie, die diese Gruppierung seit dem 17. Jahrhundert sich selbst gegeben hat und die (als Überreichweite oder nicht) über den Islam bis zurück zum Judenchristentum im 1. Jahrhundert reicht. Auf diese Weise war ein vielfältiger Transfer bereits in die Selbsterzählung eingebaut: ein Transfer zwischen Juden und frühen Christen, Judenchristen und Mohammed,

Fazit

Mohammed und den europäischen Sozinianern. Am Ende mußten wir tief in die Geschichte der frühchristlichen Häresien eintauchen, um die Ursprünge der Legendenbildung zu verstehen.

Die Islam-Annäherung, die wir bei Stubbe, Aubert und Toland bobachten, das Resultat des Zusammenwirkens von fünf Faktoren, die zusammengenommen die Illusion einer großen Nähe von Islam und Christentum bewirkt haben: (1) eine westliche Koranwissenschaft um 1650, die auf riskante Weise im Anschluß an Nikolaus von Kues das Christliche im Koran hervorhob, (2) die Debatten über Textkorruptionen in der Bibel, die durch einen »Umweg« über den Islam zu korrigieren waren, (3) das sozinianische Interesse an einer rationalen, monotheistischen Religion und ihrer historischen Rekonstruktion, (4) die Entstehung einer historischen Auffassung der Dogmenentwicklung seit Petau, die das vortrinitarische Christentum freilegte, sowie (5) islamische Produktionen angeblicher frühchristlicher Texte, die verblüffende Parallelen zum Islam aufwiesen. Die Annäherung kam also von beiden Seiten, von der christlichen wie von der islamischen, freilich auf ganz unterschiedliche Weise und aus völlig unterschiedlichen Motiven und Situationen heraus.

Kernstück in den Transfererzählungen ist dabei zumeist irgendeine Form von Verfälschungsunterstellung: Paulus verfälscht die christliche Lehre; oder: Mohammed verfälscht den Arianismus oder Nestorianismus; oder: die Juden verfälschen den Koran; oder die Bibel; oder es sind die Christen – der Unterstellungen ist kein Ende. Bezeichnend dabei, daß als Motiv für die Verfälschungen oft Konkurrenz zwischen den Sekten oder Religionen vermutet wurde. Das war duchaus ein Reflex sowohl der spätantiken als auch der frühneuzeitlichen Pluralisierung.[179] Ebenfalls ein Reflex der Pluralisierung ist der polemische Charakter fast aller Gelehrsamkeit, die sich mit den jeweils anderen Religionen befaßte. Doch zeichnet sich zuweilen auch ein Trend von der Fremdzuschreibung zur Selbstzuschreibung ab, gleichsam als unintendierter Nebeneffekt: War die Identifizierung von Sozinianern mit Islam-Anhängern zunächst noch reine Denunziation und Projektion, haben sich spätestens in der Frühaufklärung mehr und mehr Antitrinitarier tatsächlich zu einem positiven Islambild bekannt und waren bereit, durch die Orientalistik vermittelte muslimische Texte in ihre Theorien zu integrieren.

So ist Häresietransfer also eine vielfach verflochtene Angelegenheit. Was wir hier aber vor allem festhalten wollten, war der Umklappeffekt im Prozeß des Transfers: aus Orthodoxie wird Heterodoxie, aus Heterodoxie wird Orthodoxie. Diese Effekte entstanden immer dann, wenn Theoriestücke die Kulturgrenze überschritten. Es wäre allerdings zu simpel, das haben wir gesehen, bei den Verbindungen über die Jahrhunderte hinweg immer von einer direkten Transmission und Tradition auszugehen. Besser wird der historische Verlauf beschrieben, wenn man von bestimmten Momenten der Reaktualisierung und Revitalisierung des Motivkomplexes spricht. Ein solcher Moment ist die arabische Eroberung des nahen Ostens, als im besetzten Syrien oder auch im noch verbleibenden byzantinischen Reich der Druck stärker wurde, die »jüdischen« – monotheistischen und ikonoklastischen – Elemente im Christentum hervorzuheben. Ein anderer Moment ist die Unterdrückung und dann Vertreibung der Moriscos, in der sich Versuche aufdrängten, den Islam als besseres Christentum zu präsentieren und dabei auch judenchristliche Materialien einzubeziehen. Ein dritter Moment ist der beginnende Deismus unter europäischen Intellektuellen im späten 17. Jahrhundert, der den genannten Entwicklungen inklusive von Religionskritik und neuer Naturwissenschaft Rechnung trägt. In all diesen Situationen konnte ein »Judenchristentum« oder »Mohammedanisches Christentum« neu entstehen, mit ganz eigenen Akzenten – aber in all diesen Situationen bestand auch die Motivation, auf ältere Traditionen zurückzugreifen und sie sich anzueignen.[180]

Ähnlich wie Daniel Boyarin mahnt, nicht eine »Stammbaum«-Theorie der Abspaltung zwischen Judentum und Christentum zu vertreten, sondern von »Wellen« zu sprechen, von fließenden Übergängen, so sollten wir auch in der Geistesgeschichte des 17. Jahrhunderts – wenn auch nicht in der politischen und Mentalitätsgeschichte – diese fließenden Übergänge aufmerksam registrieren.[181] In den monotheistischen »Momenten« waren es oftmals Grenzgänger – Diplomaten, Conversos, Orientalisten, Emigranten, Agenten –, die den Fluß in Gang hielten, die als hybride Kulturträger prädestiniert zum Schaffen von synkretistischen Konstruktionen waren. Wenn man der Ansicht ist, daß eine Kultur gerade an ihren Rändern besonders signifikant ist, dann stellen die Auberts, Stubbes und Tolands die Avantgarde des europäischen Geistes um 1700 dar. Und nicht ganz von ungefähr leitet sich der moderne Toleranzbegriff von diesen Zirkeln her.[182]

Kapitel VII.
Ein Vaterunser für die »Hottentotten«

Unter den geo-meteorologischen Agentien der geographischen Provinzen keimen die ethnischen Elementargedanken, um [mit wahlverwandschaftlichen Affinitäten (beim Durchwandern der dem Globus eingegrabenen Geschichtsbahnen) geschwängert] in den Differencirungen der Völkergedanken dasjenige zu entfalten, was über seinen einheitlichen Menschheitsgedanken der Logos zu künden haben wird [...].

Adolf Bastian[1]

Die Vaterunser-Sammler

In den Franckeschen Stiftungen in Halle gibt es einen Schriftenschrank. In diesem Schrank, der seit den 1720er und 1730er Jahren eingerichtet wurde, werden Schriftarten von nahöstlichen bis zu indischen, russischen und ostasiatischen Zeichen ausgestellt.[2] Sie bilden gleichsam ein Monument der babylonischen Sprachverwirrung.

Die Verschiedenheit der Schriftarten faszinierte und vermittelte einen Hauch von Exotik; zugleich befeuerte sie die Suche nach einem Zusammenhang unter den in Babel verwirrten monströsen 72 Ablegern der Ursprache. Seit der zweiten Hälfte des 17. Jahrhunderts hat es geradezu eine Art Wettkampf gegeben,

Abb. 73: Der Schriftenschrank in Halle.

immer mehr Sprachen und Schriften zu entdecken und zugänglich zu machen; die Zahl 72 ließ man dabei irgendwann fallen und realisierte, daß es viel mehr als die von der Bibel postulierten Idiome gibt. Der Wettkampf war eng an das Missionsgeschäft geknüpft: Denn wenn man fremden Völkern das Christentum nahebringen wollte, mußte man ihre Sprache verstehen und die christlichen Botschaften in sie übersetzen. Umgekehrt lieferten die Missionare den Sprachwissenschaftlern ihr Material. Daher war schon im frühen 15. Jahrhundert der ehemalige Kreuzfahrer Hans Schiltberger auf die Idee gekommen, das Vaterunser als prototypischen Text auszuwählen, an dem die unterschiedlichen Sprachen identifiziert und ihre Übersetzungen erprobt werden sollen.[3] Schiltberger setzte sich angesichts der osmanischen Eroberungen der byzantinischen Gebiete für die Wiedervereinigung von lateinischem und orthodoxem Christentum ein. Er hatte im Nahen Osten erfahren, welche Sprachenvielfalt es dort gab und wie sehr eine Union von Übersetzbarkeit abhing.[4] 1548 nahm der Züricher Orientalist Theodor Bibliander diesen Gedanken auf und sammelte das Vaterunser in 14 Sprachen, 1555 legte sein Kollege Konrad Gesner sogar 22 Sprachen vor.[5] Bei Gesner wird erstmals der neue Sinn für Globalität angesichts der geographischen Entdeckungen spürbar: er spricht explizit von den Sprachen »in toto orbe terrarum«.

Doch erst mehr als hundert Jahre später nahm das Unternehmen richtig Fahrt auf. Es war ein Greifswalder Propst, Andreas Müller, der die Sprachensuche vorantrieb, als er aus London zurückkehrte, wo er mit Brian Walton an der Polyglotten Bibel und mit Edmund Castell am Polyglotten Lexikon gearbeitet hatte.[6] Müller war ein eigenwilliger und genialischer Sprachforscher. Er hatte sich Dutzende von Sprachen angeeignet, darunter Arabisch, Chinesisch und Japanisch.[7] Dem Brandenburger Kurfürsten versprach er eine *Clavis sinica*, mit der sich schnell und leicht die chinesischen Schriftzeichen lernen ließen, und kassierte einige Jahre eine Pension dafür. Doch er stellte das Werk nie fertig, und als er verbittert ob der fehlenden Anerkennung starb, verbrannte er alle seine Aufzeichnungen und Vorarbeiten. In einem Werk über die *Alphabeta [...] diversarum linguarum* hatte er zuvor noch siebzig verschiedene Schriften verzeichnet, und 1680 hatte er unter dem Pseudonym Thomas Ludekenius fast hundert Vaterunser vereint.[8] Männer wie er sammelten die Paternoster wie aufgespießte Schmetterlinge, die nebeneinander in Reih und Glied in die Vitrine gelegt wurden.

Müllers Bemühungen wirkten wie eine Initialzündung für eine Reihe von Gelehrten, die das Verhältnis der Sprachen untereinander zu klären hofften, unter ihnen Gottfried Wilhelm Leibniz, Hiob Ludolf, Nicolaas Witsen, Gisbert Cuper, Adriaan Reland, David Wilkens, Mathurin Veyssière de La Croze, Louis Bourguet und John Chamberlayne.[9] Leibniz sandte an die Jesuiten in China, aber auch an Expeditionen nach Sibirien oder Südafrika Desiderata-Listen von Sprachfragen, die sie vor Ort klären sollten.[10] Andreas Müller versuchte er dazu zu bewegen, seine Chinesisch-Studien zu veröffentlichen und damit auch zur Entwicklung einer Begriffssprache beizutragen.[11] Hiob Ludolf arbeitete Müllers Vaterunser-Sammlung intensiv durch und schrieb sich kritische Bemerkungen an den Rand seines Exemplars.[12] Er monierte etwa, daß man, da die lateinischen Buchstaben bei verschiedenen europäischen Völkern ganz unterschiedlich ausgesprochen werden, notieren müsse, welche

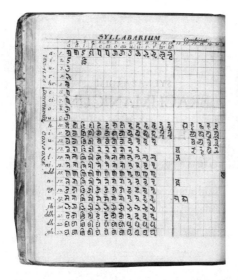

Abb. 74: Andreas Müllers Sanskrit-Alphabet.

Aussprache gemeint sei. Damit deutete er eine Aufmerksamkeit für das an, was Carlo Ginzburg »Ethnophilologie« genannt hat: Die Reflexion auf die Schwierigkeiten, die es mit sich bringt, wenn Wörter einer fremden Kultur in einer anderen Schrift und Sprache wiedergegeben werden sollen.[13] In Kapitel VIII werden wir darauf zurückkommen. Die Seiten, auf denen die diversen Vaterunser in unterschiedlichen Schriften dargestellt waren, nutzte Ludolf, um auf der gegenüberliegenden Seite eigene Beobachtungen zu notieren. So verzeichnete er neben dem Blatt, auf dem Müller das chinesische Vaterunser abgedruckt hatte, einige Informationen über die mongolische Sprache, die er von seinem Neffen Wilhelm Heinrich Ludolf erhalten hatte. Und beim malabarischen Vaterunser bemängelte er, daß die Schriftzeichen hier lediglich die der »Brahmanen« seien; auf die gegenüberliegende Seite schrieb er sich eine kleine Vokabelliste einer Sprache von der Insel Madagaskar, die er einem Schiffstagebuch von 1595 entnommen hatte.

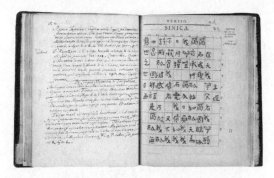

Abb. 75: Hiob Ludolfs Exemplar von Müllers Vaterunser-Sammlung mit Notizen zur mongolischen Sprache.

Abb. 76: Hiob Ludolfs Exemplar von Müllers Vaterunser-Sammlung mit Wortlisten von Madagaskar.

Chamberlayne schließlich setzte 1715 einen vorläufigen Schlußpunkt unter die intensive Debatte, als er einen Sammelband nicht nur mit etwa 150 Vaterunsern, sondern auch mit zahlreichen Spezialabhandlungen und Briefbeigaben veröffentlichte, die den Austausch der Sprachwissenschaftler untereinander dokumentierten.[14] Die Sammlung enthielt übrigens auch eine Sprache, bei der die Linguisten auf einen Schwindel hereingefallen waren: das »Formosaische«, eine Erfindung des Hochstaplers George Psalmanazaar, der von sich behauptete, ein Ureinwohner von Formosa zu sein, des heutigen Taiwan. 1704 hat er dessen angebliche Sprache beschrieben.[15]

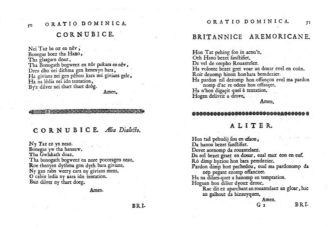

Abb. 77: Altenglische Vaterunser bei John Chamberlayne.

Der Schriftsteller Jean Paul hat sich noch 1811 im *Leben Fibels* über solche Sprachakrobaten wie Müller und Chamberlayne lustig gemacht – oder zumindest über ihre Leser. Fibel, der fiktive Erfinder des ABC-Buchs für Grundschüler, lernt als kleiner Junge autodidaktisch mit großer Faszination fremde Sprachen. Oder: Eigentlich lernt er nur deren Buchstaben, denn wirklich verstehen kann er die Sprachen nicht. »Desto reicher fiel sein reiner Genuß an den orientalischen Sprachen aus, weil deren Lettern-Formen und Selbstlauter-Untersätze sie weit über alle neueren Sprachen hoben. Indes wollte er sogar in Wörter-Gelehrsamkeit nicht zurückbleiben, sondern lernte aus einem alten guten Werke, das ich selber in meiner Jugend ohne Nutzen gelesen, in sieben Wochen das mexikanische, arabische, isländische, englische, dänische, grönländische, französische Vaterunser auswendig; dann in jeder spätern Woche wieder ein fremdes, kurz ein linguistisches Paternoster; so daß er schon vor Adelung im Mithridates ganz den nämlichen Sprachforschungs-Weg betrat. Dadurch setzte er sich instand, vor dem Essen bald

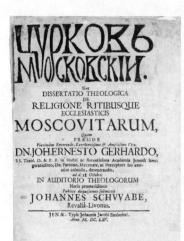

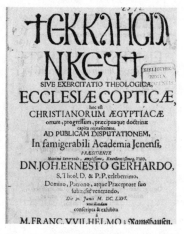

Abb. 78-80: Dissertationsschriften von Johann Ernst Gerhard mit exotischen Schrifttypen.

als Hottentott, bald als Türke, bald als Franzose seine Andacht zu verrichten.«[16]

Ich denke, daß Jean Paul in satirischer Manier etwas von dem Movens eingefangen hat, das auch wirklich gelehrte Männer bewegt hat. Es war etwas Exotisches, hatte etwas von Löwen-

oder Schmetterlingsjagd, sich die fremden Sprachen und Schriften anzueignen und – vor allem – sie zu präsentieren. Wenn wir in die Stammbücher und auf die Dissertations-Titelblätter der zweiten Hälfte des 17. Jahrhunderts schauen, dann sehen wir, wie gern sie sich mit fremden Lettern schmückten.[17]

Sprache und Religion

Das Vorwort von Chamberlaynes Sammlung, von David Wilkins geschrieben, hebt an mit dem Satz: »Unter dem Himmel lebt kein Volk – und sei es vom dichten Nebel des Heidentums blind gemacht oder in den lächerlichen Aberglauben der Religionen eingetaucht –, das nicht an die sehr große Nützlichkeit von Bitten glaubt, an seine *Gottheit* (*numen*) nämlich, auf daß sie ein unmittelbar oder künftig drohendes Übel abwende und alles Gute auf sie leite, und demütig bittend niedersinkt.«[18] Dies war gleichsam die Prämisse der Annahme, man könne überall sprachliche Äquivalente des Vaterunsers finden. Bei allen Völkern gibt es den Glauben an einen Gott. Was aber, wenn sich beim Übersetzen des Vaterunsers Schwierigkeiten auftaten? Wenn sich das Wort »Gott« nicht übersetzen ließ, weil die betreffenden Völker keinen entsprechenden Ausdruck in ihrem Sprachschatz hatten? Wir sehen Leibniz in den postum edierten *Nouveaux Essais* sich mit diesem Problem herumschlagen: »Der selige Fabricius, ein berühmter Heidelberger Theologe, hat eine Apologie des Menschengeschlechts geschrieben, um es von dem Vorwurfe des Atheismus zu reinigen. [...] Indessen will ich auf diese Untersuchung von Tatsachen mich nicht einlassen, meinetwegen mögen ganze Völker niemals an das höchste Wesen, noch an das, was die Seele ist, gedacht haben. Und ich erinnere mich, daß, als man auf meine von dem berühmten Witsen unterstützte Bitte in Holland für mich eine Übersetzung des Vaterunsers in der Sprache von Barantola [Lhasa in Tibet] anfertigen wollte, man bei der Stelle: *Dein Name werde geheiligt*, stecken blieb, weil man den Barantolern nicht begreiflich machen konnte, was ›heilig‹ bedeuten solle. Auch erinnere ich mich, daß in dem für die Hottentotten angefertigten Glaubensbekenntnis man den heiligen Geist durch die Worte der Landessprache auszudrücken gezwungen war, welche einen sanften und angenehmen Wind bezeichnen, was nicht ohne Grund war; denn unsere griechischen und lateinischen Worte *pneuma, anima, spiritus*, bezeichnen ursprünglich nur die Luft oder den Wind, den man einatmet, als einen der feinsten durch die Sinne uns bekannten Stoffe, und durch die Sinne beginnt man die Menschen nach und nach zu dem, was über die Sinne hinausgeht, zu führen.«[19]

Leibniz hatte ausgiebig mit Nicolaas Witsen – den wir aus Kapitel V kennen – und Hiob Ludolf, später auch mit La Croze über diese Dinge korrespondiert.[20] Witsen schrieb erstmals am 16. Oktober 1697, als er auf Leibniz' Bitte reagierte, ihm Vaterunser aus weit entfernten Sprachen zu schicken:[21] »Ich nehme mir die Freiheit, Ihnen eine Schrift in Hottentottensprache zu schicken, mit dem Glaubensbekenntnis und den Zehn Geboten, ebenso das Paternoster in mongolischer Sprache, das ich mit viel Mühe einem Mongolen-Sklaven abgewonnen habe, der zur Moskauischen Gesandtschaft gehört. Wenn es bei ihnen andere fremde Völker gibt, würde ich versuchen, auch deren Paternoster zu bekommen. Die usbekische Sprache ist dieselbe wie Persisch. Die der Kalmukken und Mongolen ist fast identisch. Auch wenn man keine Samojeden bei dieser Gesandtschaft findet, will ich versuchen, über Archangelsk ihr Paternoster in ihrer eigenen Sprache zu erhalten, und ich hoffe, es Ihnen in drei oder vier Monaten schicken zu können.«[22]

An die Hottentotten konnte Witsen als ein Teilhaber der Vereinigten Ostindischen Kompagnie kommen, da die Holländer Stützpunkte am Kap der Guten Hoffnung besaßen. Die sogenannten Hottentotten waren die Khoi oder Khoikoi, eine Gesamtheit von mehreren eng miteinander verwandten Völkern in Südafrika und Namibia.[23] Man bemühte sich sehr, irgendwelche Beziehungen zwischen dem, was man über ihre Kultur erfuhr, und dem wenigen, was man sonst über Afrika wußte, herzustellen. So hat Simon de La Loubère, ein Diplomat auf der Rückreise von Siam, geglaubt, die Namen Asdrubal und Bocchus bei den Hottentotten zu vernehmen, als Reflexe von antiken Herrschern und Feldherren aus Karthago und Mauretanien.[24] Auch einen Glauben an ein gutes und ein böses Prinzip, also eine Art Manichäismus, vermeinte er zu erkennen. Ganz religionslos schienen die Hottentotten für ihn also nicht zu sein, auch wenn sie alles sinnlich ausdrückten. Witsen stellte die Klick-Laute der Khoi in der Transliteration in Form von Fragezeichen dar.[25] Und er – oder sein Informant in Afrika – wies auf genau das Problem hin, an das sich Leibniz später erinnerte: statt »heilig« würden die Hottentotten das Wort »glücklich« gebrauchen, und der Heilige Geist mußte als »den gelukkige adem of windeke«, der »glückliche Atem des Windes« umschrieben werden – ein ziemlich verschrobener Ausdruck.[26]

Die »Kaffer«

Noch schwieriger wurde es bei den sogenannten Kaffern. Sie galten als notorisch »primitiv« und gottlos. Hiob Ludolf, sprachenkundiger Kammerrat am Hof von Sachsen-Gotha, hat in den 1650er Jahren von Menschen gehört, die so bezeichnet wurden. Er hatte Arabisch und Äthiopisch gelernt und war in Rom in den Kreisen der nahöstlichen Kollegien, von denen wir in Kapitel I gehört haben, mit einem Äthiopier zusammengetroffen, Abba Gorgoryos.[27] Gorgoryos stammte aus der äthiopischen Aristokratie und war Gelehrter am Hof des dortigen Kaisers Sissinios in Aksum, Dankaz und Gondar gewesen.

Wie der Kaiser selbst und Teile des Hofstaats war er zum Katholizismus konvertiert, denn die Portugiesen, die sich seit dem 16. Jahrhundert in Äthiopien aufhielten, waren von jesuitischen Missionaren begleitet, die zunehmend Einfluß gewannen; Gorgoryos arbeitete schon bald als Sekretär des neuen katholischen Patriarchen Äthiopiens, des Portugiesen Alfonso Mendez, in Fremona.[28] Doch im Land gab es starke Widerstände gegen die Bestrebungen, die koptisch-äthiopische Kirche dem Katholizismus anzugliedern. Als darüber ein Bürgerkrieg ausbrach, flüchtete Gorgoryos, setzte sich an den sudanesischen Hafen am Roten Meer ab und bestieg ein portugiesisches Schiff, das ihn nach Goa an die indische Westküste brachte, ins portugiesische Exil. Nach seiner Rückkehr nach Afrika und dann nach Jerusalem landete er schließlich in Rom, dem Zentrum des Katholizismus, wo es ein Äthiopierkolleg an der Kirche Santo Stefano dei Mori gab. Mit den anderen orientalischen Migranten im Maronitenkolleg und ähnlichen Institutionen stand man in Kontakt. In Rom traf Gorgoryos mit Ludolf zusammen, dem jungen Deutschen, der voller Wißbegier auf die äthiopischen Verhältnisse war. Ludolf lud ihn ein, in seine deutsche Heimat zu kommen, und Gorgoryos machte sich auf den beschwerlichen Weg über die Alpen. Im Jahr 1652 lebte er fast ein halbes Jahr lang mit Ludolf zusammen am Hof in Gotha. Man ging zusammen Werke wie die 1660 erschienene *Historia geral de Ethiopia a alta ou preste Joam* der Jesuiten Manoel de Almeida und Balthazar Tellez durch, um die dortigen Angaben zu überprüfen und zu verbessern.[29] Selbst das Bier behandelte man: Ludolf ließ Gorgoryos hannoversches Broyhan-Bier trinken und mit dem äthiopischen Bier vergleichen, das ohne Hopfen gebraut wurde und hell und süß ist.[30]

In diesen Monaten erarbeiteten sich Ludolf und sein äthiopischer Informant im Dialog die Grundlagen, die 1681 zu Ludolfs *Historia aethiopica* führten, die für Jahrhunderte das Standardwerk über Äthiopien wurde. Eines Tages kam die Sprache

auch auf andere Völkerschaften in Afrika. Ludolf redet von
Menschen, die »die Portugiesen gewöhnlich als Kaffern bezeichnen, mit einem von den Arabern adaptierten Wort, das
mit *kāfir*, im Plural *kāfirūn*, Ungläubige oder Gottlose benennt – all die, die den einen Gott leugnen«.[31] Interessant ist,
was Gorgoryos über diese Menschen sagt. Er bezeichnet sie
in seiner eigenen Sprache, auf Ge'ez, als ሻንቅላ (*shanqella*),
das ist so etwas wie das despektierliche und rassistische »Nigger«, mit dem Bedeutungshof »wilde Schwarze« und »schwarze Sklaven«.[32] Nach Gorgoryos' Beschreibungen fühlte sich
Ludolf an die Troglodyten erinnert, von denen er bei Plinius
gelesen hatte.[33] Es handele sich um Völker »ohne Gott, ohne
König und Gesetz« (*sine Deo, sine Rege & lege*), nomadisierend, »wild, nackt«, mit deformierten Lippen.

Auf wen bezieht sich Gorgoryos dabei? Was ist die Referenz
seines *shanqella*? Kann es sein, daß er von jenen »Kaffern«
spricht, die im Europa der Frühen Neuzeit als Inbegriff der afrikanischen »Primitivität« galten? Denn als Kaffern wurden im
allgemeinen die Xhosa bezeichnet, ein Bantu-Volk im östlichen
Südafrika.[34] Die Bantu und andere südafrikanische Völker hatten – so weiß man heute – lange innerafrikanische Migrationsbewegungen hinter sich. Die Khoi beispielsweise, zu denen
die »Hottentotten« gehörten, bewohnten zwischen 3000 und
1000 vor Christus eine Region, die bis zum heutigen Kenia
reicht. Die Bantu hingegen expandierten von Zentralafrika aus
in den Süden.[35] Konnte Gorgoryos von solchen Völkern erzählen, die mittlerweile 4000 Kilometer von Äthiopien entfernt
lebten?[36] Das eröffnet uns die Frage, wie überhaupt Wissensbeziehungen im östlichen und subsaharischen Afrika beschaffen
waren. Gelangten Informationen oder sogar Ideen vom Kap
oder den Reichen in Simbabwe über die ostafrikanische Grabenlandschaft in den Norden bis ins äthiopische Hochland?
Gab es Händler oder Migranten, die auf traditionellen Wegen –
ähnlich den asiatischen Karawanenrouten – Kulturkontakte

herstellten? Schwindelerregend große Fragen ließen sich anschließen: Könnte man, so rudimentär auch immer, eine Intellektualgeschichte einer Zivilisation wie dem Reich von Groß-Simbawe (oder Munhumutapa-Reich) schreiben, das vom 13. bis zum 15. Jahrhundert dauerte? Auch wenn nur noch Ruinen und wenige Artefakte davon übrig sind, lassen sich daraus Schlüsse über Denkformen ziehen?[37]

Abb. 81: Karte der Swahili-Küste.

Haben sich diese Denkformen mit der Swahili-Küstenkultur vermischt? Ist etwas im Norden angekommen? Natürlich sind im subsaharischen Afrika die geographischen Verhältnisse völlig anders. Der dichte Urwald in Zentralafrika macht weite Kommunikationen, abgesehen von einigen Flußverbindungen, unmöglich. Andererseits zeigen vergleichende Studien von Mythologie, daß es in der Savannenlandschaft des östlichen Afrika eine Art »Nord-Süd-Highway« an Migrationen und Transfers gab, der von Kenia bis zum nördlichen Südafrika reicht.[38] Doch hatten die Äthiopier zu diesem Korridor Zugang? Äthiopien, so zeigt die Geschichte, war fast immer in Richtung Osten orientiert: Die Kultur hatte sich im Zusammenhang mit Südarabien entwickelt und im ersten nachchristlichen Jahrtausend mit dem Reich von Axum eine Blüte erlebt.[39] Man fühlte sich auf der äthiopischen Hochebene den Flachlandbewohnern zumal im Westen und Süden weit überlegen. Viele Regionen im Süden kannte man allenfalls von vagen Gerüchten. Immerhin wußten äthiopische Gelehrte vom Königreich Kaffa (Kafa) im südwestlichen Bergland, das in seiner größten Ausbreitung bis an den ostafrikanischen Graben reichte.[40] Doch weiter ging der innerländische Kontakt kaum; nicht zuletzt fehlte den Äthiopiern das Interesse, sich mit *shanqella* im Inneren Afrikas zu beschäftigen.

Etwas anderes war das Wissen, das über das Meer transportiert wurde. Seit Jahrhunderten war die afrikanische Swahili-Küste (*sawāḥilī* heißt »Küstenbewohner«) entlang des heutigen Somalia, Kenia, Tansania und Mosambik von vielfältigen Einflüssen geprägt, im engen Kontakt nicht nur nach Arabien und Persien, sondern sogar nach Indien und Indonesien. Es gab seit über 500 Jahren eine indische Diaspora an der Küste.[41] Auch als die Portugiesen ihre Forts entlang der Küste errichteten und ins Landesinnere vordrangen, um nach Gold und Sklaven zu suchen, blieb die Küste pluralistisch; gerade im 17. Jahrhundert hat die Yaruba-Dynastie aus dem Oman die Portugiesen von vielen Siedlungen wieder vertrieben.[42] Der Islam hatte die Regionen mit seiner Schriftkultur durchsetzt, und soweit man in Äthiopien Kontakt zu den Häfen am Roten Meer und am Indischen Ozean pflegte – Sawakin, Massaua, Dschibuti, Mogadischu, Mombasa –, wurden auch Kenntnisse über die Küsten weitergegeben.[43]

Aus diesen Kontakten – nicht über das Landesinnere – stammt das Wort *Kāfir*. Was die Araber als religiöse Kategorisierung von Völkern gemeint hatten, die nicht einer der Buchreligionen anhingen, wurde von den portugiesischen Kolonialisten kurzerhand als geographischer Begriff benutzt, für alle jene Menschen, die sie für primitiv hielten und die nicht den großen Zivilisationen zuzuordnen waren. So kam es, daß sowohl an der südafrikanischen Küste die Xhosa als auch viele andere Völker entlang der ostafrikanischen Seeregionen umstandslos als Kaffer bezeichnet wurden. Erst in späteren Zeiten konzentrierte sich das Wort auf die Xhosa.

Gorgoryos stand also nicht am Ende einer Referenzkette aus dem Inneren Afrikas über die Grabenkette bis nach Äthiopien, sondern nahm Bezug über die islamisch-portugiesische Semantik und Wissenslandschaft, die sich in Äthiopien ausgebreitet hatte. Wenn er und Ludolf sich über die Äquivalenz von *shanqella* und *kāfir* unterhielten, zielten sie daher nicht spezifisch auf Südafrika. Wohin die Referenz führt, können wir dank einer Karte ablesen, die sich beide damals gemeinsam erarbeiteten. Wieder nahmen sie sich älteres Material als Ausgangspunkt, um dann durch Gorgoryos' Ortskenntnisse die Geographie Stück für Stück zu verbessern und zu erweitern. Zunächst zeichnete Gorgoryos eine Karte mit den äthiopischen Ortsbegriffen.[44]

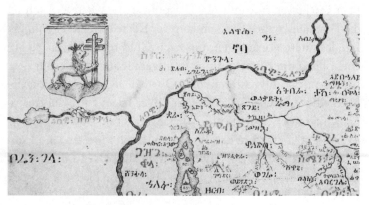

Abb. 82: Äthiopienkarte von Ludolf und Gorgoryos in Ge'ez.

Abb. 83: Äthiopienkarte von Ludolf und Gorgoryos
mit lateinischer Schrift.

Dann übertrug Ludolf die Namen in eine Karte, die als Vorzeichnung für den Druck diente, den er seiner *Historia aethiopica* beigeben wollte.[45] Auf ihr sind Gorgoryos' *shanqella*-Markierungen deutlich zu sehen (»Schankala«), und zwar nicht an der Küste, sondern umgekehrt im westlichen und südwestlichen Tiefland.[46]

Daraus läßt sich schließen: Gorgoryos' hat den portugiesisch-islamischen Mischbegriff der »Kaffer«, der auf die Küstenbewohner gemünzt war, mit dem einheimischen Schimpfwort *shanqella* identifiziert, das man für die schwarzen Völker im Inland verwendete.[47] Beiden Begriffen war so etwas wie »Wildheit« und »Rohheit« inhärent, aber auch der Beigeschmack von »Gottlosigkeit«. Ludolf fügt auf der Karte ein erklärendes »schwarze Bauern oder Nomaden« hinzu, was fast schon wie eine Beschwichtigung wirkt.[48] Die Ausdehnung dieser Kategorie geht indefinit gegen Westen, wo die Karte schon bald den westlichen Ozean vermutet.

Ähnliches läßt sich im übrigen auch für die südlichen Grenzregionen beobachten. Dort vermerkt Ludolf, informiert von Gorgoryos, die Namen »Gallae« und »Zyndjiko«.

Abb. 84: Völker am südlichen Rand Äthiopiens.

Gemeint sind die Oromo-Völker in Südäthiopien und dem heutigen nördlichen Kenia und Somalia.[49] Mit »Galla« ging wiederum für die Äthiopier ein Beigeschmack von »Wildheit« einher. Ludolf fügt noch hinzu: »Zyndjiko«. Das war möglicherweise auch ein von der islamischen Küstenkultur übernommener Begriff, der ursprünglich eine religiöse Bedeutung gehabt hatte. Ein *zindīq* (Plural *zanādiqa*) ist im Islam ein Häretiker, ein Ketzer.[50] Aus der Sicht der hochkulturellen Küstenbewohner waren Gruppen wie die Oromo seltsame Ketzer, denn sie praktizierten Magie, selbst wenn manche von ihnen Muslime oder Christen geworden waren. Es kann aber auch »Zinjero« heißen. Das wäre die amharische Verballhornung eines Ethnonyms. Sie wird aufgrund eines ähnlichen Begriffs im Amharinya als »affenähnliche Menschen« verstanden, geht aber eigentlich auf einen lokalen Begriff zurück, der etwas ganz anderes heißt.

»Ungläubige« aus Sicht des Islam oder des Christentums müssen keineswegs gleich Völker ohne jede Gottesvorstellung sein, doch wird aus der Wortgeschichte deutlich, wie sehr sich Namen und implizite Verurteilungen mischten. So muß es nicht verwundern, wenn die »Kaffer« neben den Hottentotten eine unrühmliche Karriere in europäischen Reisebeschreibungen und theologischen Werken des 17. und 18. Jahrhunderts – ja bis ins frühe 20. Jahrhundert hinein – machten. In lexikalischen Werken, die die Gottlosigkeit in der Welt kartierten, wie Jakob Friedrich Reimmanns *Historia universalis atheismi* von 1725, bekamen sie einen festen Platz.[51] Dort standen sie als problematisches Volk neben den berüchtigten Tupinamba aus Brasilien, die als Kannibalen galten, und neben kanadischen Indianervölkern.[52] Das alles waren Völker, bei denen man nicht einmal die Verehrung von irgendwelchen Idolen feststellen konnte, sondern einfach nur ein Vakuum konstatierte, was Religiosität anging.[53] Dennoch: Auch ihre Sprachen wollte man erforschen, auch ihnen lauschte man – mit größter Anstrengung – ab, wie das Vaterunser bei ihnen heißen würde, wenn sie es denn beten würden.

Reimmann, der Superintendent aus Hildesheim und Leibniz-Freund, konnte allerdings einen Bericht von Johann Georg Böving anführen, einem Missionar, der auf seinem Weg zum indischen Tranquebar in Südafrika vorbeigekommen war.[54] Böving schwächte den Atheismusvorwurf gegen die Hottentotten ab: »Doch sind gar einige gar geringe rudera und Spuhren [vom religiösen Glauben], denn sie wissen und glauben (wenigstens die moratiores [die Gesitteteren], wie ich selbst von vielen gehöret,) daß ein Gott sey der Himmel und Erden gemacht, donnern und regnen lässet, und ihnen Nahrung, Felle und dergleichen gebe, den nenen sie in ihrer Sprache *Gounja* etc.«[55] Man hört Reimmann geradezu aufatmen. Er vergleicht diese Aussage mit anderen Zeugnissen und kommt zum erleichternden Ergebnis, daß man die Hottentotten nicht als Atheisten bezeichen könne. Noch einmal gutgegangen.

Consensus gentium

Was Leibniz angeht, so war er ungewillt, sich auf die »question de fait« einzulassen, ob es atheistische Völker gebe. Der Fabricius, auf den er sich in seinen *Nouveaux Essais* bezog und der dies getan hatte, war Johann Ludwig Fabricius, der 1682 ein *Apologeticum* verfaßt hatte, in dem er deren Existenz rundweg bestritt.[56] Aber das Problem bestand einfach darin, daß jederzeit neue Ausnahmen auftauchen konnten, mit denen man sich auseinanderzusetzen hatte – ein endloses Unterfangen. Leibniz setzte deshalb darauf, das Problem allgemein, nämlich als »question de la raison« anzugehen: »Diese ganze Schwierigkeit indessen, zu abstrakten Erkenntnissen zu gelangen, spricht nicht gegen die angeborenen Erkenntnisse. Es gibt Völker, welche kein dem *Sein* entsprechendes Wort haben; zweifelt man nun, daß sie wissen, was das Sein ist, obgleich sie nicht besonders daran denken?« Entsprechend könne man rein philosophisch zeigen, daß Völker, selbst wenn man Schwierigkeiten hat, bei ihnen Worte für »heilig« oder »Gott« zu finden, immer etwas haben, das sich ihnen, mit Locke gesprochen, als »Vorstellung einer absoluten und unwiderstehlichen Macht einprägt«.[57]

Die Jesuiten waren ähnlich optimistisch. Schon als Matteo Ricci im Chinesischen ein Äquivalent zum Wort »Gott« suchte und auf *tian* kam, was eigentlich »Himmel« heißt, war er guten Mutes, daß man *tian* mit Gott übersetzen könne.[58] Die Vorstellung vom *Consensus* leitete ihn dabei. Noch kürzlich hat der jesuitische Kardinal Martini geäußert: »Man kann Gott nicht als katholisch auffassen. Gott ist jenseits der Grenzen und der Definitionen, die wir festsetzen.«[59] Dieser Satz hat in seiner transkonfessionellen und transkulturellen Weite katholische Gemüter beunruhigt, insbesondere als Papst Franziskus, Jorge Mario Bergoglio – auch er Jesuit – ihn auf seine Weise wiederholte: »Und ich glaube an Gott. Nicht an einen katholischen Gott; es gibt keinen katholischen Gott, es gibt Gott.«[60]

Doch gab es genügend Gelehrte, die auf der Tatsachenfrage des *Consensus gentium* beharrten. Die Konsenstheorie wahrer Überzeugungen stammte aus der Antike, von den Stoikern.[61] Wenn alle in einer Aussage oder Idee übereinstimmten, meinte man, müsse man von der Richtigkeit dieser Aussage oder der Realität der Idee ausgehen. Von den Kirchenvätern ist diese Beweisart als eine Form des Gottesbeweises nur allzu gern aufgenommen worden, und so ist sie in die theologischen Lehren der Neuzeit gelangt. Aber gab es nicht Ausnahmen? Sobald der Horizont dieser Lehre nicht mehr die antiken Mittelmeerkulturen waren, sondern eine globalisierte Welt mit immer mehr Informationen über immer mehr Völker, begann die Beweiskraft zu schwinden, weil der empirische Anspruch auf eine Berücksichtigung *aller* Völker für einen Konsens immer schwieriger zu erfüllen war.

Dabei läßt sich feststellen, daß es besonders Sozinianer und Remonstranten waren, die sich als offen zeigten für Ausnahmen vom *Consensus*. Das mag daran liegen, daß diese Strömungen die Vorstellung einer natürlichen Theologie ablehnten und allein auf die Offenbarung setzten. Daher waren sie empfänglich für die Reiseberichte, die von Amerika, Afrika, Indien oder Nordasien nach Europa kamen. Hinzu kamen Skeptiker wie Pierre Bayle, der in seinen *Pensées diverses* und vor allem auch in deren *Continuation* von 1704 genüßlich Reiseberichte zitierte, um den *Consensus* ad absurdum zu führen. Nicht nur gäbe es zahlreiche Ausnahmen, sondern allein schon die Prämisse des *Consensus*-Argumentes, daß das wahr wäre, was alle Völker glaubten, würde allen möglichen Formen von Magie und Aberglauben die Dignität des Wahren geben. Außerdem, so Bayle, könne man sehen, daß auch atheistische Völker friedlich untereinander und mit ihren Nachbarn leben könnten, also keine moralischen Monstren wären.[62] Auch die Hottentotten sind hier genannt, wie auch später bei Voltaire im *Dictionnaire philosophique*.[63]

Nicht nur Bayle ritt auf diesem Thema herum. Vor allem auch die Autoren clandestiner Schriften haben sich den Angriff auf den *Consensus gentium* auf die Fahnen geschrieben.[64] So heißt es etwa im *Symbolum sapientiae*, einem wohl um 1690 in Deutschland entstandenen skeptisch-atheistischen Text: »Es gibt viele Völker, viele Nationen, die nicht die Bohne eines Wissens von Gott haben, z. B. die Kaffern am Kap von Afrika. Selbst Christen meinen das und unterscheiden zwischen Wilden und Zivilisierten (*barbaras et moratas*), als lehrten sie nicht, die Kenntnis Gottes sei allen Menschen in ihr Herz eingeschrieben. So braucht der Lügner ein langes Gedächtnis.«[65]

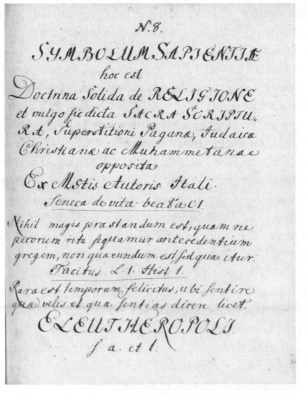

Abb. 85: Titelblatt des »Symbolum Sapientiae«.

Apologetische Kasuistik

Wie reagierte die orthodoxe Theologie auf diese Probleme? Sie hatte den *Consensus gentium* zu bewahren, mußte aber auf die Berichte von Ausnahmen irgendwie reagieren.[66] Da bot es sich an, kasuistisch zu argumentieren. Der einflußreichste unter den Theologen, der mit seinen Ausführungen Maßstäbe für die kommenden Jahrzehnte setzte, war der Niederländer Gisbert Voetius.[67] Voetius gehört zu jenen Calvinisten, die durch die Übernahmen von Einteilungen aus dem römischen Recht auch eine gewisse kasuistische Tendenz in ihre Ethik eingeführt haben, wo es um einzelne Reglementierungen ging.[68] Man spricht zuweilen sogar von einer »reformierten Kasuistik«. Das hatte schon bei Lambert Daneau im 16. Jahrhundert begonnen, der sich stark an den Digesten orientierte. Voetius, seit 1634 Professor für Theologie in Utrecht, hatte die Berücksichtigung von Einzelfällen und deren Kontexten besonders stark verinnerlicht – sicherlich auch in Reaktion auf die katholische Konkurrenz. 1643 etwa legt er in *De praecisitate* eine Abhandlung über praktische Lebensführung auf kasuistische Weise vor.[69] Und auch das Atheismusproblem geht Voetius mit einem Begriffsbesteck von feinsten Distinktionen und kasuistischen Subtilitäten an. Björn Spiekermann hat kürzlich diese Theorie genau nachgezeichnet und ihre langanhaltende Wirkung dokumentiert.[70] Die Distinktionen ermöglichen Voetius, zunächst in entwaffnender Offenheit zu sagen: »Daß es Atheisten gibt, bezweifelt niemand.« Denn nun kommt der Pferdefuß: »Aber von welcher Art deren Atheismus jeweils ist, das ist näher zu erklären.«[71]

Voetius bietet ein kompliziertes, in ramistischer Systematik vorgetragenes Schema von nur partizipativem oder eigentlichem, von direktem oder indirektem, externem oder internem, praktischem oder theoretischem Atheismus, bei dem dann noch weiter nach den Ursachen des Atheismus untergliedert wird.⁷² Äußere, in Worten vorgebrachte Gottesleugnung und innere Zustimmung von Wissen und Gewissen waren demnach etwas ganz anderes, ebenso wie praktisch gottlose Rituale und explizite Negation. Voetius zeigte die komplizierte Mechanik auf, nach der sich seiner Meinung nach Gottlosigkeit und Unmoral wechselseitig bedingten. Nun konnte man beginnen, sich mit den Befürwortern der Existenz eines Atheismus auseinanderzusetzen, indem man die Art dieses Atheismus so sehr in kleine Scheibchen schnitt, daß praktisch nichts mehr davon übrigblieb.

In der zweiten Hälfte des 17. Jahrhunderts, als der *Consensus gentium* durch die Reiseberichte sowie deren Interpretation bei Remonstranten und Baylianern unter kräftigen Beschuß geriet, wurden Voetius' Differenzierungen für viele Theologen – auch unter den Lutheranern – attraktiv. Das hört sich dann so an wie bei dem Rostocker Geistlichen Zacharias Grapius: »Einen theoretischen direkten Atheisten durch eine unbesiegbare Unkenntnis gibt es nicht in der Wirklichkeit und kann es nicht geben.«⁷³ Da ist das Voetiussche Schema exakt durchdekliniert worden, um zu sagen, daß die allerexpliziteste Form der Gottesleugnung zumindest nicht möglich sei. Das war die Rückzugsposition.

Aber das Luthertum kannte – besonders in seiner gnesiolutheranischen Variante – die Doktrin der Verdunkelung des Verstandes durch die Erbsünde, und hier ließ es sich diskutieren, ob diese nicht so weit gehen konnte, daß auch Atheisten vorkamen. Der Religionshistoriker Gebhard Theodor Meier, der, aus der theologischen Schule Helmstedts kommend, ebenfalls die Fälle südafrikanischer und amerikanischer Eingeborener diskutiert, wendet sich allerdings klar gegen solche Tendenzen. Er schreibt gegen die »hodierni probabilisti«, also die Verfechter der jesuitischen Methode eines Probabilismus von »moralischer Gewißheit«⁷⁴, wenn er sagt: »In jeder Weise verachten wir« einen Schluß mit »folgenden Propositionen: 1. Es kann eine unbesiegbare Unkenntnis Gottes für eine freilich kurze Zeit geben. 2. Es ist wahrscheinlich, daß es einen Menschen mit gutem Urteilsvermögen gibt, der unbesiegbar sein ganzes Leben lang Atheist ist. 3. Es ist wahrscheinlich, daß es einen Staat gibt, der unbesiegbar Gott nicht kennt.«[75] Für Meier ist jeder Atheismus als Unkenntnis Gottes »vincibilis«, also umkehrbar und missionierbar.

Doch Meiers Polemik zeigt deutlich, daß es eine breitgefächerte kasuistische Debatte gab, in der man in präziser juristischer Sprache (»invincibiliter«) argumentierte. Auf wen zielt die Polemik? Wirklich auf die Jesuiten? Es scheint mir durchaus möglich, daß Meier auch jene Lutheraner im Auge hat, die die Doktrin von der Verdunkelung der Gottebenbildlichkeit so auslegten, daß es etwa kurzzeitigen Atheismus im Sinne einer kasuistischen Ausnahme gab. So etwas findet sich im Kompendium von Johann Hülsemann aus dem Jahr 1667: Es sei möglich, »daß es auf Zeit bestimmte spekulative Atheisten gibt, nicht von Natur aus, sondern durch Verblendung (*excoecationem*)«.[76] Oder man behauptete, der Atheist dachte und meinte etwas ganz anderes, als was er sagte, wie Johann Quenstedt ausführt: »Viele leugnen äußerlich Gott, die aber keineswegs immun gegen innerliche Stimuli und Eindrücke sind.«[77] Man sieht, wie sehr die Distinktionen von Voetius der Kasuistik Tür und Tor geöffnet hatten, um sich vor den Reiseberichten zu schützen.

Schatten und Licht

Nicht alle lutherischen Theologen sind dem Modell gefolgt, das Voetius vorgegeben hat. Manche haben versucht, mit den Abstufungen zu argumentieren, die die Metaphorik vom Licht Gottes und dessen Ausbreitung bereithielt: Das Licht der Kenntnis des wahren Gottes kann sich mit zunehmender Ausbreitung vom Ursprung der Offenbarung bei den Hebräern abgeschwächt haben, so daß es in entfernten Weltregionen nur noch in großer Abschattierung vorhanden ist. Und doch – das will dieses Alternativmodell sagen – ist das Licht in all seiner Verzerrung auch noch im tiefsten Schatten vorhanden.[78] Dies ist eine Argumentationslinie, die nicht über natürliche Theologie argumentiert, sondern eine bestimmte Diffusionstheorie der offenbarten Religion voraussetzt. Das war empirisch anspruchsvoller, aber weckte eben auch das besondere Interesse jener, die ohnehin an der Verwandtschaft und Transmission der Religionen interessiert waren, der Vorläufer der heutigen Religionswissenschaft. Und hier schließt sich auch der Kreis zur Faszination an Sprachen und Schriften, denn jene Proto-Religionswissenschaftler waren auch diejenigen, die – geradezu zwangsläufig – an exotischen Sprachen interessiert waren.

Solche Sprachakrobaten waren auch Christian Hoffmann und Johann Ernst Gerhard in Jena. Gerhard, der Sohn des großen Theologen Johann Gerhard, hatte als junger Mann eine Bildungsreise nach Holland und Frankreich gemacht, und schon ein Blick in sein Stammbuch zeigt, welche Präsenz fremde Schriften für ihn hatten.[79]

Abb. 86-88: Stammbuch von Johann Ernst Gerhard.

Gerhard beschäftigte sich mit der »harmonia linguarum orientalium«; heute würde man sagen: Er war auf der Suche nach dem Zusammenhang der semitischen Sprachen.[80] Dafür lernte er neben dem Hebräischen unter anderem Koptisch, Äthiopisch und Arabisch. In den 1660er Jahren war er Professor in

Jena und hatte einen begabten Studenten – eigentlich schon eher Kollegen – im 34jährigen Christian Hoffmann.[81] Hoffmann war seinerseits außer am Arabischen am Chinesischen interessiert und hat 1668 an einer Dissertation *Machiavellus sine Machiavello, ex historia Sinensium productus*, mitgewirkt.[82] Im Jahr zuvor schrieb Hoffmann, mit der tatkräftigen Unterstützung von Gerhard, ein ungewöhnliches religionshistorisches Buch: *Umbra in luce, sive consensus et dissensus religionum profanarum, Judaismi, Samaritanismi, Muhammedismi, Gingis-Chanismi, atque paganismi*.[83] Das Werk kam – ganz im Sinne des Hallenser Schriftenschrankes – mit einer exotischen Schrift im Titel daher, nämlich den samaritanischen Worten *tlal benur* für »Schatten im Licht«.

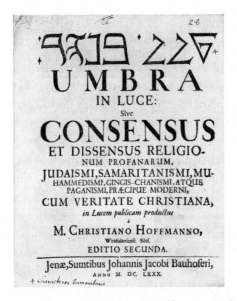

Abb. 89: Das Buch von Gerhard und Hoffmann, *Umbra in luce*

Hoffmanns Buch ist deshalb bemerkenswert, weil es einen der frühesten Versuche darstellt, alle Religionen der Welt – wie man sie aus den eher populären Kompendien von Abraham Rogerius oder Alexander Ross kannte – auf sowohl theologisch systematische als auch sprachhistorisch adäquate Weise darzustellen; oder sollte man eher sagen: abzuleiten?[84] Zum einen folgte das Werk nämlich Examinierungen fremder Religionen, die entlang der Loci christlicher Dogmatik durchgeführt wurden. Johann Heinrich Hottinger etwa hatte kürzlich, 1660, in seiner *Historia orientalis,* den Islam entsprechend traktiert.[85] Zum anderen folgte es Philologen wie Joseph Justus Scaliger, John Selden, Samuel Bochart und Gerhard Johannes Vossius, die heidnische Mythen als verzerrte, entartete Versionen der einen wahren Religion verstanden. Durch den Übergang von einer Kultur zur nächsten traten Transmissionsfehler auf, falsche Aussprachen und Buchstabierungen, so daß am Ende die Struktur der biblischen Geschichten noch halbwegs sichtbar war, auch wenn die Namen eines Moses oder Noah kaum mehr erkannt werden konnten.[86]

In diesem Rahmen versucht Hoffmann, die schroffe Gegenüberstellung von atheistischen und religiösen Kulturen in ein komplexes Ineinander von *Consensus* und *Dissensus* aufzulösen, denn die Religionen der Welt wiesen zwar viele Unterschiede zum Christentum auf, aber im Kern doch auch einige Ähnlichkeiten. Daher nicht Licht und Schatten, sondern: Schatten im Licht. »Schatten ist Privation des Lichts (*luminis*)«, sagt Hoffmann, »aber nicht in jeder Beziehung. Er ist hier das Gelöbnisgeld (*laudemium*) des Dunkels.« Hoffmann verwendet den mittelalterlichen Rechtsbegriff des »Laudemium«, einer Zahlung, die an den Lehnsherrn zu verrichten war, wenn etwas gekauft oder geerbt wurde. Eine umständliche, aber offenbar mit Bedacht gewählte Metapher, die ein mächtiges »Dunkel« oder Böses annimmt, dem Tribut zu zahlen ist. Doch Hoffmann war sich offenbar unsicher, ob er damit schon erfaßt hatte, was er ausdrücken wollte. Daher wechselt er die Metapher und versucht es mit der Astronomie. »Die Undurchdringlichkeit des dazwischenliegenden Körpers«, fährt er nämlich fort, »verweigert den gleißenden Strahlen den Durchgang, an den Seiten aber streut er dennoch ringsherum die ihn berührenden Strahlen nach außen. Von daher bildet der Schein (*candor*) in der ihm gegenüberliegenden Mitte eine entartete Tochter (*degenerem filiam*) ab.«[87] Was meint Hoffmann mit diesem erneut ungewöhnlichen Modell aus der Optik? Und wie bezieht er es auf das Laudemium?

Wieder ist das Dunkle oder Böse als ein mächtiges und substantielles Etwas gefaßt, nun nicht als Herr, sondern als massiver Himmelskörper. Es ist offensichtlich, daß Hoffmann an das Phänomen der Sonnenfinsternis denkt, bei der die Strahlen sozusagen um den dazwischenliegenden Körper herumreichen, um einen Bereich schwach zu beleuchten, den man »Penumbra« (Halbschatten) nennt. Dieser Bereich ist vom Kernschatten zu unterscheiden, in den wirklich überhaupt kein Licht hineingelangt.

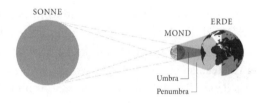

Abb. 90: Penumbra bei einer Sonnenfinsternis.

Das Laudemium ist dann eine Art Tribut zwar vorderhand an das Dunkel, verweist aber letztlich auf das Licht – genauer: Gott –, und insofern auf keine völlige Dunkelheit des kargen Atheismus, sondern ein indirektes Aufscheinen Gottes. Es ist das Penumbra. »Vor allem«, heißt es bei Hoffmann weiter, »gibt es eine große Verschiedenheit von Schatten. Die Abgrenzung des einen vom anderen ist noch unerforschter.«[88] Eine Fußnote weist dabei auf »die Bemerkungen von Doktor Weigel zu Plinius« hin, entweder ein unveröffentlichtes Manuskript oder

Abb. 91 und 92: Erhard Weigels Kartierung des Verlaufs einer Sonnenfinsternis über den Globus.

mündliche Noten während der Vorlesung von Erhard Weigel, dem Jenenser Kollegen von Hoffmann und Gerhard. Weigel war unter anderem auf Optik und Astronomie spezialisiert und hat 1654 die erste Kartierung von Sonnenfinsternissen auf der Erdkugel vorgenommen, die es je gab.[89]

Die Kreise markieren dabei den Penumbra-Schatten des Mondes, während die Achse, die die Mittelpunkte der Kreise verbindet, die »via umbrae lunae« markiert, den Weg der totalen Sonnenfinsternis.

Analog zu dieser Karte kann man Hoffmanns und Gerhards Buch als eine Art Kartierung der Penumbra der wahren Religion auf der ganzen Erde verstehen. Nicht völliger Atheismus, sondern Halb-Atheismus, die »entarteten Töchter« der jüdisch-christlichen Offenbarung werden verzeichnet, in all ihren seltsamen Schrifttypen, Sprachen und Riten. Hoffmann verfolgt dabei die langsame Degeneration der Offenbarung, angefangen bei den Samaritanern, die das Mosaische Gesetz zurückweisen und Hebräisches Erbe mit den Kulten ihrer Vorfahren in einem Synkretismus vermischen.[90] Daher die exotische samaritanische Schrift auf dem Titelblatt, als Emblem gleichsam der Verquickung von Licht und Schatten.[91]

Hoffmann verleugnet dabei nicht die problematischen, nämlich extrem lichtfernen Gegenden seiner religiösen Weltkarte. Und da sind sie wieder: die Hottentotten. Sie tauchen unter dem Lemma des »deus triunus«, des dreieinigen Gottes, als mögliche Ausnahmen der Kenntnis dieses Gottes auf. »Freilich ist die Kraft der natürlichen Urteilskraft so groß«, heißt es dort, »auch bei den barbarischsten Völkern, daß sie irgendeine höhere und zuhöchst zu verehrende Natur selbst gegen ihren Willen anerkennen.« Also doch nur Penumbra, kein völliges Dunkel. »Nachdem sie ihre Gegner besiegt haben, wenden sie ihre Augen zum Himmel. Daß der Lenker von allem nämlich dort seinen Sitz hat, geben sie damit stillschweigend zu. Wilde Tiere nennt man das Volk der Hottentotten, das am Kap der Guten Hoffnung wohnt. Und Mandelslo behauptet, daß sie weder Gott noch Teufel kennen würden. Dennoch kommen sie in der Dämmerung zusammen, nehmen sich wechselseitig an der Hand, führen Gesangestänze auf und erheben ihr Geschrei zum Himmel. [...] Um den Schöpfer Himmels und der Erde, an den zu glauben die Befragten selbst beteuerten, durch dieses Heulen zu feiern, lärmten sie laut.«[92]

Rituale

Was macht Hoffmann hier? Er unterstellt einen impliziten Glauben auch bei den angeblich atheistischen Völkern wie den Hottentotten, indem er ihre Riten als unausgesprochenen Gottesdienst deutet. Er benutzt – da er noch nicht den später von Reimmann angeführten Böving kennen konnte, der erst 1712 schrieb – den Reisebericht von Johann Jakob Saar, in dem wiederum auf andere Beobachtungen verwiesen wird, um ein Gegenzeugnis zu den sonst angeführten Berichten aufzubieten, vor allem gegen Johann Albrecht von Mandelslo, der in den 1630er Jahren nach Indien gereist war.[93]

All diese Berichte sind entstanden, weil die Schiffe der Holländischen Ostindien-Kompanie auf ihrem Weg nach Asien am Kap der Guten Hoffnung Station machen mußten. Es galt, neuen Proviant und frisches Wasser an Bord zu holen. Seit 1619 wurden auf jeder Fahrt Briefe für die nächste Flotte auf Robben Island hinterlegt.[94] Zunächst wurden sie unter einem markierten Stein deponiert, später aber bei den Einwohnern. Die Niederländer errichteten ein Haus an ihrer Ankerstelle, bald kam ein Garten dazu und es wurden Handelsverbindungen mit den Khoikoi angeknüpft, bei denen vor allem Fleisch für die Schiffe gekauft wurde. Dadurch ergab sich ein reger Austausch.[95] 1626 hat die Ostindien-Kompanie schließlich die Vorschrift erlassen, daß nur mehr am Kap der Guten Hoffnung angelandet werden durfte. Auf diese Weise entwickelte sich ab 1652 sogar eine kleine niederländische Kolonie, in die eine dauerhafte Immigration stattfand. Die Menschen, die sich dort ansiedelten, sind die späteren Buren; die Keimzelle des heutigen Kapstadt entstand.

Dies sind die Umstände, unter denen wir uns die Begegnung zwischen Europäern und Khoikoi vorstellen müssen. Männer wie Mandelslo und Saar waren einige Tage an Land gegangen und beobachteten die »Wilden«, die mit den Holländern tauschten oder, etwas weiter von der Landestelle entfernt, ihre Hütten bewohnten und ihre Tänze aufführten. Wenn Hoffmann in seinem Buch über reine Aussagen und Anschauungen hinausgeht und über Rituale spricht, um seine These vom »Penumbra«, dem nicht völlig dunklen Schatten, in der Atheismus-Diskussion zu bewähren, dann verläßt er sich auf Berichte von diesen Begegnungen.

Saar hatte über die Religion der Hottentotten geschrieben: »Man kann nicht wissen, was Ihre Religion sey: aber frühe, wann es Tag will werden, so kommen Sie zusamm, und halten einander bey den Händen, und tantzen, und schreyen auf Ihrer Sprach gegen den Himmel hinauf; daraus zu præsumiren, daß Sie doch von GOtt einige Wissenschaft haben müssen, wie Sie dann einsmahls Selbst gesagt, als man nach Ihren Glauben fragte: Sie glauben an den, der alles erschaffen habe, Himmel, Erden, Meer, und alles, was auf Erden sey.« Und in einer Fußnote merkt Saar an: »Es sagte zwar Herr von Mandelslo [...] sie wissen weder von Gott, noch dem Teufel [...]. Es saget aber doch, neben dem seel. Reisenden, auch Herport / pag. 14. also: Ihre Religion oder Gottesdienst richten Sie nach der Sonnen / und den Mond / welche Sie verehren / und anbeten.«[96] In diesem Kontext zitiert Saar den Schweizer Maler und Ostindien-Reisenden Albrecht Herport, der 1659 als Soldat der Holländischen Ostindien-Kompanie auf dem Weg nach Batavia den Süden Afrikas kennenlernen konnte – ein weiterer Passagier, der beim Anlanden der Schiffe die nähere Umgebung erkundet hatte. Herport war Zeuge eines traditionellen Stammestanzes im Klang der Trommeln gewesen: »Wann der Mond voll, oder neu, ist, so sind Sie die gantze Nacht beyeinander an dem Ufer des Meers, machen grosse Feuer, und tantzen darum mit einem grossem Geschrey, neben Ihren vielfältigen Spielen, mit Trummeln, und andern Instrumenten.«[97]

Ist diese Beschäftigung mit Saars und Herports Beschreibungen ein erster Schritt zu einer mehr ethnologischen Sensibilität im heutigen Verständnis? Hat die *Consensus-gentium*-Prämisse, daß es keinen völligen Schatten, keinen puren Atheismus geben dürfe, dazu verholfen, indigene afrikanische Rituale genauer zu studieren? Immerhin galt die Geste, die Augen zum Himmel zu erheben, schon in der Antike als Zeichen der Frömmigkeit.[98] Die heutige Ethnologie hat die Tänze der Khoikoi und San studiert und sieht in ihnen vor allem eine Extasetechnik, um Trance zu erreichen.[99] Ob die dabei nach oben gerichteten Augen wirklich auf eine Anbetung des Himmels schließen lassen, ist zweifelhaft. Dennoch ist Hoffmanns Vorgehen bemerkenswert.

Und Hoffmann sieht nicht nur auf Riten, sondern auch auf Objekte. Gerhard hat ihm seine Sammlung von Kultgegenständen gezeigt, die er zusammengetragen hat, teilweise durch Verbindungen mit der Vereinigten Ostindischen Kompagnie Hollands. Auch diese Objekte, wie ein indonesischer Kris-Griff oder eine Schattenspielfigur, werden als schwache entartete Reflexe christlicher Dogmatik interpretiert, in diesem Falle des Teufels. Wir sind in Kapitel IV kurz darauf eingegangen.

Hoffmanns und Gerhards Unternehmung, das wird deutlich, war ein subtiler Versuch, den *Consensus gentium* zu retten, ein Versuch, der aber unversehens auf ganz andere Felder führte und sie in allerlei wilde Spekulationen über die Ausbreitung von Kulturen führte, dabei oft angeleitet von den ebenso wilden Spekulationen Athanasius Kirchers.[100] Während die dogmatische Suprastruktur des Buches zeigen wollte, was sozusagen hinter den sprachwissenschaftlich gesammelten Vaterunser-Gebeten der barbarischen Völker an theologischer Substanz zu extrahieren sei, machte sie den Autoren zugleich einen Strich durch die Rechnung, wenn es ums Kartieren ging. Denn zu jedem dogmatischen Lemma mußte Hoffmann die Reise durch die Weltregionen erneut antreten. Immerhin: Wenn man will, liegt hier eine Art Proto-Ethnologie und Proto-Religionswissenschaft vor.

Gewagt war das Modell einer Vermengung von Licht und Schatten allemal. Das hat Hoffmanns Leipziger Lehrer Valentin Alberti in seinem Widmungsgedicht an den Schüler in subtiler Kritik angedeutet, in dem es heißt: »Mit der Dunkelheit verbindest Du das Licht, Christus mit dem Dämon, / Und mit Deiner Religion den unterschiedlichen Glauben.« Hoffmann laufe also Gefahr, Dinge miteinander zu verschmelzen, die man lieber getrennt halte. Wir hatten die leicht manichäische Tendenz des Buches schon erwähnt, die nicht nur Gott als das Licht und das Gute annimmt, sondern auch von einem recht substantiellen Dunkel oder Bösem spricht. Das war Alberti auch aufgefallen. Danach spielt er mit dem Namen seines Schülers. »Ein HOFMANN bist Du, dem es erlaubt ist, das Höchste und das Niedrigste miteinander in Verbindung zu bringen.« Der Verfasser sei also gleichsam *legibus absolutus*, habe Herren-

oder Narrenfreiheit, weil die Sphäre des Hofes nicht die von Stadt und Universität ist. Doch das war natürlich nur Spiel, denn Hofmann hieß ja nur so, er war aber kein *Aulicus*. Daher nimmt Alberti schmunzelnd, aber auch nur halbherzig seine Kritik zurück: »Ich irre mich: Du willst genau genommen das Verbundene umso mehr trennen.«[101]

Es blieb Voltaire vorbehalten, das Höchste und das Niedrigste wirklich zu vertauschen – und nicht nur zu vermengen –, als er das Herabschauen der Europäer auf die Hottentotten einfach umdrehte. In seiner *Philosophie de l'histoire* sagt er im Kapitel über die »Wilden«: »Vor allem muß man gestehen, daß die Einwohner von Kanada, und die Kaffern, welche es uns beliebt hat, mit dem Namen der Wilden zu belegen, unsre Wilden [in Europa] unendlich weit übertreffen. Der Hurone, der Algonquin, der Illinois, der Kaffer, der Hottentott, besitzen die Kunst, sich ihre sämtlichen Bedürfnisse selbst zu verfertigen, welches unsre Landsleute nicht verstehen. Die Völker in Amerika und Afrika sind freie Leute; unsre Wilden aber haben auch nicht einmal einen Begriff von der Freiheit.«[102] Da hilft es ihnen dann auch nicht, wenn sie ein einwandfreies Vaterunser beten können.

Urmonotheismus und Kulturkreise

Der Zusammenhang zwischen *Consensus-gentium*-Apologetik und Globalisierung, der in diesem Kapitel entfaltet wurde, ist langlebig gewesen. Was sich mit dem Buch von Hoffmann und Gerhard andeutet – frühe Religionswissenschaft der Ideen, aber auch der Objekte, frühe Ethnologie der Rituale, Kartierung von Religionen –, hat sich in voller Form erst im späten 19. und frühen 20. Jahrhundert entwickelt, in der Pionierphase der disziplinären Ethnologie und Religionswissenschaft. Erstaunlich ist, wie sehr die Impulse des *Consensus gentium* dann immer noch nachwirken: Der Wiener Ethnologe Wilhelm Schmidt etwa, einer der Proponenten der Kulturkreis-Lehre, war zugleich katholischer Priester und Missionar.[103] Sein Hauptwerk ist die monumentale, zwölfbändige Schrift *Der Ursprung der Gottesidee*, die in schlechthin allen Kulturen der Welt die Rudimente (Hoffmann würde sagen: die Penumbra) des Gottesglaubens aufspüren möchte.[104] Auch die Hottentotten und Kaffern werden natürlich examiniert, und obwohl Zeitgenossen immer noch darüber klagen, daß bei ihnen kaum so etwas wie Religion nachgewiesen werden könne, will Schmidt auch sie, wie er sagt, »nicht preisgeben«.[105] Schmidt ist ein Vertreter des sogenannten Urmonotheismus: Er nimmt an, daß jede menschliche Gesellschaft ursprünglich einen Monotheismus kennt, und daß polytheistische und andere Religionsformen spätere Korruptionen dieser Urüberzeugung sind.[106]

Das hatten schon viele der englischen Deisten geglaubt, ausgehend von ihrem Inspirator, dem Philosophen Herbert of Cherbury. Herbert ist nicht ganz zufällig ein Denker, der dem *Consensus gentium* nahesteht, denn er hat 1645 eine Lehre von den *notiones communes* entwickelt, den Grundvorstellungen, die sich bei allen Menschen finden. Die erste dieser Grundvorstellungen, so Herbert, ist die Idee eines Gottes.[107] Auch bei den Theoretikern der Entwicklungs- und Evolutionstheorie der Menschheit im 18. und 19. Jahrhundert blieb diese Theorie gängige Münze, zumal da der Jesuit Joseph-François Lafitau mit seinen *Mœurs des sauvages amériquains, comparées aux mœurs des premiers temps* von 1724 neue Maßstäbe in der vergleichenden Religionsforschung gesetzt hat.[108] Doch Schmidt verachtet die apriorischen Menschheitstheorien, die aus rein philosophischen Gründen eine bestimmte Abfolge von Religionstypen postulieren. Auch die noch neue Lehre Adolf Bastians von den »Elementargedanken« der einzelnen Völker, die aus der überall gleichartigen menschlichen Natur, aber den unterschiedlichen klimatischen Verhältnissen abzuleiten sind, lehnt er ab.[109] Sie ist ihm immer noch viel zu theoretisch. Vielmehr ist Schmidt entschiedener Empiriker und nimmt es deshalb auf sich, gleichsam induktiv den *Consensus* vom monotheistischen Gottesglauben aufzuweisen, der überall in den Riten noch der einfachsten Völker hindurchscheine. Immer noch bestätigt sich unsere Beobachtung: Die christliche Apologetik entwickelt eine Globalisierungsdynamik, indem sie sich als Religionswissenschaft auf die Vielfalt der Kulturen in Afrika, Asien, Australien und Amerika einläßt. Bei Schmidt stehen die Hottentotten und Kaffern längst nicht mehr allein da, sondern zwischen Hunderten von anderen inzwischen bekannten afrikanischen Völkern.[110]

Aber auch jenseits der Priester-Ethnologen hat die frühe Völkerkunde Gedanken weitergeführt, die wir ansatzweise bei Hoffmann und Gerhard gesehen haben. Wo dort Erhard Weigels Kartierung von Sonnenfinsternissen im Hintergrund stand und die Parallele der Kartierung von Halb-Atheismen evozierte (auch wenn die Autoren noch nicht diffusionistisch vorgingen), gibt es in der Kulturkreis-Lehre des frühen 20. Jahrhunderts wirkliche Kartierungen.[111] Schon Friedrich Ratzel hat Geographie und Humanwissenschaften zusammengeführt, und Leo Frobenius wagt in seiner immer etwas überbordenden Art gewaltige Schemata von zusammenhängenden Gebieten »solarer« oder »lunarer« Denkweise.[112]

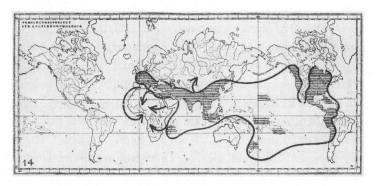

Abb. 93: Leo Frobenius über die Verbreitung von Vierer-Schemata in »solaren« Kulturkreisen.

Hatten die Vaterunser-Sammlungen der Frühen Neuzeit Stück für Stück den Boden bereitet für eine Kartierung aller Sprachen der Welt, so waren die Philologen des späten 19. Jahrhunderts dann soweit, große Sprachengruppen zu identifizieren; in ähnlicher Weise haben Anthropologen seit Ratzels Studien über afrikanische Bögen Formengruppen von Werkzeugen kartiert.[113] Frobenius benutzt zum einen Sprachverwandschaften wie die malaiische Sprachfamilie in der Südsee, zum anderen vergleichende Mythenforschung, um die Ausbreitung von Motiven feststellen zu können.

Wenn mit Wilhelm von Humboldt die Grenzen der Sprache die Grenzen der Welt (im Sinne von Denk-Welt) sind, und wenn mit André Leroi-Gourhan das Denken sich aus dem Werken mit der Hand entwickelt hat, dann haben Frobenius und Ratzel in gewisser Weise auch zusammenhängende Ideenwelten kartiert, zumindest implizit.[114] Wie weit ist es von dort zu heutigen Überlegungen von Kulturtransfers und Ideenmigrationen? Können wir von der frühen deutschen Ethnologie lernen, oder zeigt sie uns umgekehrt, was heute besser zu vermeiden ist?[115] Notwendig ist für jede Kulturgeographie zweifellos eine sehr präzise »Übertragungslehre«, wie Ratzel es genannt hat. Übertragung kultureller Eigenheiten zieht daraus entstehende Formähnlichkeiten nach sich. Allerdings wird dabei zwischen primären und sekundären Kulturschichten unterschieden (Ideen gehören zur sekundären Schicht), und vor allem ist damit zu rechnen, daß es auch Konvergenzen oder Anpassungsähnlichkeiten geben kann, wenn nämlich nicht verwandte Ursachen wegen gleichartiger Umweltbedingungen zu Ähnlichkeiten bei den Phänomenen führen.[116] Heutzutage unterscheidet man zudem zwischen sogenannten Push- und Pull-Faktoren bei einer Migration, was auch auf Ideenmigrationen bezogen werden kann: Faktoren, die über einen Kulturkreis hinaustreiben, und solche, die einen Bedarf an Ideen von außen verursachen. Man redet von »Kontaktinnovation« – ein Kompromiß zwischen Diffusionismus und Evolutionismus – und benennt die Umstände, die als fördernd oder hemmend für die Adoptionsentscheidung innerhalb einer Kultur gelten können.[117]

Ideengeographie

So stellt sich die Frage: Machen wir denn völlig anderes als die frühen Theoretiker der Kulturkreislehre, wenn wir hier über globale Transmissionswege von Ideen nachdenken? Über Ausbreitungen und Adaptionen von Gedankenformen und -motiven über kulturelle Grenzen hinweg? Sicherlich: Niemand wird heute noch Karten wie Leo Frobenius zeichnen. Michael Witzel, der den kartographischen Komparatismus von Frobenius mit heutigen Standards zusammengeführt und eine ambitionierte diffusionistische Theorie der Weltmythologien erarbeitet hat, berücksichtigt ganze Zusammenhänge von Mythologemen und setzt auf große empirische Datenmengen.[118] Läßt sich denn Vergleichbares auch mit frühneuzeitlichen Ideendiffusionen unternehmen? Dort, wo die Druckerpresse die Diffusion höchst fluide gemacht hat, in Europa, ist das schwierig und problematisch. Allenfalls Buchhistoriker verzeichnen Verbreitungen und Häufigkeiten von bestimmten Werken; eindeutige Schlüsse für die individuelle Rezeption lassen sich daraus kaum ziehen. Allerdings kann man in anderen Weltteilen, in denen zwischen 1500 und 1800 noch Handschriftenzirkulation vorherrscht, deutlicher Ideengeographie betreiben. Man wird etwa entlang von Migrations- oder Handelsrouten Diffusionen und Adaptionen von bestimmten Gedanken kartieren können, so wie man schon seit der Antike entlang der Seidenstraße die Diffusion von Religionen wie dem Manichäismus, dem Zoroastrismus, dem Buddhismus oder dem nestorianischen Christentum beobachten konnte. So versucht sich Elmar Holensteins verdienstvoller Philosophie-Atlas vorsichtig in entsprechenden Kartierungen.[119]

Anspruchsvoller sind sicherlich geographische Verzeichnungen von Adaptionen und Veränderungen von Konzepten in Kontaktzonen, so wie wir etwa in Kapitel II den »Clash of Chronologies« in den Bruchlinien zwischen muslimischer und hinduistischer Kultur verortet haben. Solche Adaptionen geschahen, das haben wir gesehen, punktuell an bestimmten Orten und lassen sich schlecht als großräumige Bewegungen kartieren. Außerdem müßte die Kartierung qualitativ etwas über die Art von Adaption aussagen, sollte sie adäquat sein. Vielleicht wird es digitale Möglichkeiten geben, hier voranzukommen, auch was unsere Kernfrage nach den Lieferketten der Bezugnahme und den Überreichweiten der Referenz angeht.

Es ist nicht verwunderlich, daß Aby Warburgs Idee einer »Ideengeographie« aus der Zeit der Kulturkreislehre und aus diesem Milieu stammt.[120] Warburgs Bonner Lehrer Karl Lamprecht, der 1891 nach Leipzig berufen wurde, war dort Kollege des Geographen Friedrich Ratzel. Beide gründeten 1898 das historisch-geographische Seminar. Lamprecht war interessiert an den materiellen Kontexten von kulturellen Entwicklungen.[121] Ratzel wiederum hat sehr spezifische Vorstellungen über die Migrationen von Kulturformen entwickelt. Da gibt es das Formkriterium, also die im Laufe der Diffusion abnehmende Ähnlichkeit von Formmerkmalen etwa bei Werkzeugen, aber auch, wie besonders Fritz Graebner betont hat, das Quantitätskriterium, das nach der Menge und räumlichen Dichte von ähnlichen Formen fragt.[122] Warburg hat sich dadurch anregen lassen, die »Wanderstraßen« der Kultur auch auf Karten zu verzeichnen.[123]

Er interessiert sich beispielsweise für die Handelsrouten zwischen Florenz und Antwerpen, auf denen Handwerker und Künstler unterwegs waren, die Motive und Darstellungsweisen mit sich transportierten.[124] Es ist die Vorstellung vom »Huckepack« der Ideen anhand ökonomischer oder militärischer Mi-

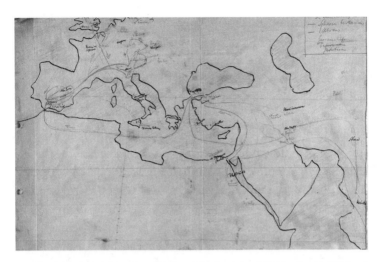

Abb. 94: Aby Warburgs Skizze der Wanderstraßen der Kultur.

grationsbewegungen, die wir in der »Einleitung« erwähnt haben.[125] Wesentlich näher an unseren Themen sind Warburgs Forschungen nach den Transmissionswegen von astrologischen Themen und Symbolen vom Nahen Osten nach Europa. Warburg spricht von »Skizzen aus den Epochen der Ideenwanderung als europäisches Ereignis«.[126] Er verfolgt die Migration der Motive von den »Dekanen« von Indien über die Astrologie Abu Ma'šars bis nach Europa.[127]

Diese Ideenwanderung erzeugt Konflikte, denn in ihr stoßen unterschiedliche »Urteilsformen« aufeinander, also kulturell unterschiedene Weisen, aus bestimmten Evidenzen zu Schlüssen zu kommen, die das Handeln leiten. Schon die Evidenzen selbst sind unterschiedliche. So sieht Warburg den Konflikt zwischen »triebhaft-religiös bildhafter« und »kontemplativ zeichenmäßig-mathematischer« Urteilsform; die erste ist die »orientalische«, die zweite die »europäisch-griechische«.[128] Solche simplen Gegensätze sind natürlich heute nicht mehr zu halten, ja sie verweisen auf gefährliche Tendenzen in der deutschen Anthropologie um 1900. Wenn also die Ideenwanderung als potentiell konflikthaftes Geschehen zwischen unterschiedlichen Evidenzkulturen noch heute thematisiert werden soll, dann sicherlich in globalisierterer und neuralerer Weise. Hilfreich sein kann dabei nicht zuletzt die Kultursemiotik Jurij Lotmans, die zwischen Zentren und Peripherien unterscheidet und von der Übersetzung zwischen verschiedenen Codes spricht.[129] In diesem Sinne ist sie von Albrecht Koschorke beschrieben worden: »Er läßt vor den Augen des Betrachters eine Art Kulturtopographie neuen Typs entstehen. Man kann auf dieser Grundlage Zonen von geringerer und größerer Sinndichte unterscheiden und der Frage nachgehen, in welcher Weise Zentren einer (tendenziell mit hegemonialem Anspruch versehenen) Hochsemantik einerseits, Räume der Dislozierung oder sogar Destabilisierung von Sinn andererseits miteinander interferieren.«[130] Damit meint Koschorke, ganz im Sinne Lotmanns, wohlgemerkt Topographie und nicht Geographie, versteht also »Räume« metaphorisch. Die Peripherie der Gesellschaft können die wandernden Künstler sein, ihr Zentrum die bürgerlichen Beamten. Dennoch geschieht der Vorgang der Code-Übersetzung auch bei räumlichen Kontakten unterschiedlicher Kulturen. Wie wir in Kapitel VI gesehen haben, hat der strikte Monotheismus aus dem Zentrum des Islam seinen Weg in die intellektuelle Peripherie der europäischen Theologen gefunden, in einem zugleich geographischen als auch topographischen Übersetzungsprozeß. In einer zeitgemäßen Ideengeographie käme es also darauf an, beiderlei Prozeßformen gleichermaßen kartierbar zu machen.

Ideengeologie

Die ethnologische Kartographie als Modell der Ideenverbreitung hat allerdings von Beginn an die Geologie als Konkurrentin an der Seite gehabt. Denn Ethnologie ist zunächst eine präsentische Wissenschaft; in die Vergangenheit hinabzusteigen, wird hingegen oft mit einem archäologischen Sich-hinein-Graben in tiefe, verschüttete Schichten verglichen. Da bieten sich Metaphern an, die Historiker und Philologen von Schichten, von Probebohrungen und von Sedimentierungen sprechen lassen. Noch für Michel Foucault war die Archäologie das Paradigma der Ideengeschichte, denn er wollte – strukturalistisch denkend – hinter die Oberflächenbewegungen zurückgehen zu den stabilen, langanhaltenden Formationen.[131] Auch schon frühere Kultur- und Ideenhistoriker haben Termini aus der Geologie bemüht, um ihr Anliegen zu verdeutlichen. Oswald Spengler betrieb Kulturmorphologie, Aby Warburg sprach von »mnemischen Wellen«, die wie seismische Schwingungen den Kulturhistoriker erreichen, der mitschwingen müsse, »so daß neue Gebiete aus der verdeckten Schicht verschollener Tatsachen herausbrechen«.[132] Denn für den Historiker und die Historikerin ist es ja entscheidend, auch Transmissionsprozesse aufzudecken, die nicht offensichtlich sind, weil sie durch spätere Prozesse und Umstände überlagert worden sind.[133]

Besonders interessant und wirkungsreich ist dabei der Begriff des »Leitfossils« gewesen. Er stammt aus der Paläontologie und bezeichnet Fossilien, anhand derer man die relative Altersbestimmung verschiedener Gesteinsschichten vornehmen kann.[134] Das Konzept kam um 1800 etwa zugleich in Deutschland, England und Frankreich auf. Der englische Vermesser William Smith hat das Prinzip der Fossilfolge erstmals 1799 erfolgreich verwendet – etwas später erstellte er eine geologische Landkarte von England und Wales aufgrund von Leitfossilien in verschiedenen Schichten. Das Wort selbst wurde um 1810 von Leopold von Buch geprägt.[135] Es hat dann Karriere in der Archäologie gemacht, in der man sogenannte Kulturprovinzen zu kennzeichnen hatte; in der Ethnologie benutzt Frobenius Mythenmotive als eine Art Leitfossil für Schichten der mythischen Überlieferung. Schließlich ist das Wort bei den Historikern und Philosophen gestrandet. Vor allem Hans Blumenberg war es, der den Begriff des Leitfossils aufgenommen und auf die Historiographie angewandt hat. In seiner *Genesis der kopernikanischen Welt* von 1975 spricht er vom Fernrohr als dem »Leitfossil der kopernikanischen Formation«, 1979 im »Ausblick auf eine Theorie der Unbegrifflichkeit« dann grundsätzlicher von Metaphern, die »Leitfossilien einer archaischen Schicht des Prozesses der theoretischen Neugierde« seien.[136]

Hoffmann und Gerhard konnten von solch subtilen Frageformen noch nichts wissen. Wenn wir bei ihnen nach ersten Anzeichen für eine Kartierung von Ideen suchen, so geht es noch nicht um untergründige Geistesströmungen – wenn es nicht gerade der Teufel ist, der die reguläre Religionsausbreitung unterminiert. Doch eine heutige globale Ideengeschichte wird nicht auf Leitfossilien und das sorgfältige Abtragen von Schichten verzichten können. Man kann begriffliche oder bildliche Leitfossilien durchaus als globale »Kontext-Spinner« betrachten, allerdings nun in einer gleichsam vertikalen, aus der Vergangenheit heraufführenden Linie.[137] Das ist auch deshalb notwendig, um Pfadabhängigkeiten und Prägungen von frühen Vorstellungen hin zu neuzeitlichen und modernen Theorien in Asien, Amerika oder Europa verstehen zu können.[138]

Ideenchemie

Ideengeographie und Ideengeologie sind noch nicht alles. Mit ihnen sind räumliche und zeitliche Dimension von Transmissionen abgedeckt. Aber was wird eigentlich übertragen? Was ist das Objekt des Transfers? Heute redet man vor allem von »Wissen«, früher von »Ideen«. Das eigentliche Problem ist damit aber noch nicht vom Tisch. Denn was sind denn die kleinsten Einheiten von »Wissen« oder von »Ideen«, also jene Einheiten, deren Übertragung von einem Kulturkreis in den anderen zu untersuchen ist? Um das zu klären, hat sich die Ideengeschichte bei der analytischen Chemie bedient, denn es ist Aufgabe dieser Unterdisziplin der Chemie, Stoffe in ihre letzten Komponenten zu zerlegen und sie dann quantitativ und qualitativ zu beschreiben.

In diesem Sinne ist Arthur O. Lovejoy vorgegangen, der amerikanische Mentor der Ideengeschichte.[139] »Man könnte sagen, daß die [Ideengeschichte] dabei zunächst ähnlich wie die analytische Chemie verfährt [...]. So bricht sie etwa bei der Behandlung der Geschichte philosophischer Theorien in die festgefügten Systeme ein und zerteilt sie für ihren eigenen Zweck in ihre Bestandteile, in das, was man ihre letzten gedanklichen Bestandteile, ihre Elementarideen nennen könnte. Das Gesamtsystem eines Philosophen oder einer philosophischen Richtung ist fast immer ein komplexes Gebilde aus heterogenen Bestandteilen, und zwar oft in einem Sinne, den der betreffende Philosoph gar nicht ahnt; ein Gebilde zudem, das wenig beständig ist, obgleich jeder Philosoph von neuem immer wieder diese betrübliche Wahrheit zu vergessen pflegt. Dies, so meine ich, muß eines der Ergebnisse einer solchen Erforschung von Elementarideen sein – daß die Originalität oder Eigenart der meisten philosophischen Systeme nicht in ihren gedanklichen Bestandteilen selbst, sondern in deren Anordnung liegt.«¹⁴⁰ Zu Lovejoys Zeit – in den 1930er Jahren – war diese Anlehnung an die analytische Chemie innovativ, denn sie brach die Starrheit der philosophischen Systeme auf und setzte einzelne Gedankenelemente überhaupt erst frei, so daß ihre Transmissionen untersucht werden konnten. Vorher konnte man fragen, wie Platons Denken in der Renaissance rezipiert worden sei, jetzt aber vermochte man viel spezieller dem nachzuforschen, welche Verlaufsbahn die Idee der Vollkommenheit oder das Motiv der Kette der Wesen durch die Kulturen genommen hatte.

In gewisser Weise haben schon Hoffmann und Gerhard in *Umbra in luce* just dies gemacht, denn sie folgen den religiösen Ansichten ferner Völker nicht als Ganzen, sondern je nach Themen: der Trinität, der Himmelsverehrung, der Teufel. Und doch waren sie durch eine Systematik gebunden, denn sie gewannen die Motive, die sie über den Globus verfolgten, aus der Dogmatik ihrer theologischen Lehrbücher. Immer noch Starrheit also. Das ist erst durch das beherzt induktive Denken überwunden worden, das sich im 19. Jahrhundert ausbreitete.

Wenn Adolf Bastian, der Begründer der Ethnologie in Deutschland, von »Elementargedanken« spricht, dann tut er es als induktiver Wissenschaftler. Er ist geradezu der Heros (oder der Don Quichote) der induktiven Methode. Er lehnt apriorische philosophische Vorgehensweisen ab und setzt ganz auf rein empirische Anhäufung von global gewonnenen Informationen. Er spricht selbst von »Gedankenstatistik« und läßt dabei an heutige Big-Data-Unternehmungen denken.¹⁴¹ Der induktive Impuls kommt von frühen »Realisten« wie Friedrich Eduard Beneke, der 1822 in Konkurrenz zu Kant und Hegel eine *Grundlegung zur Physik der Sitten* geschrieben hat, und von Johann Friedrich Herbart, der eine naturwissenschaftliche Psychologie als Grundlagenwissenschaft propagiert hat; schließlich von seinen Schülern Moritz Lazarus und Theodor Waitz, der 1859-64 eine vielbändige *Anthropologie der Naturvölker* auf dieser Grundlage schrieb: Ethnologie auf der Basis einer physikalistischen Psychologie.[142]

Dieser Ansatz funktioniert natürlich nur, wenn der »Geist«, den diese Psychologie erforscht, so etwas wie objektiver Geist ist, also (in der Art der damaligen Völkerpsychologie) auch Mythen, Kollektivvorstellungen, Sitten und Institutionen umfaßt. Heute würde man von Manifestationen kollektiver Intentionalität sprechen. Bastian spricht von »Elementargedanken« und »Völkergedanken«, das unterstreicht die kognitive Substanz, auf die er aus ist. Man darf jedoch nie vergessen: Es geht immer – anders als bei Lovejoys »Elementarideen« – auch um die materiellen Manifestationen dieses objektiven Geistes, um Werkzeuge, Waffen, Keramik oder Symbole. Die gilt es zu sammeln, solange es sie noch gibt und solange man sie noch mit den erzählten Mythen und Weltanschauungen der Völker kontextualisieren kann.

Bastians Kollege Ratzel war skeptisch, was die Kartierung geistiger Bestände und deren Transfers anging: »Viel schwerer ist es, im Reich der nicht in stoffliche Formen gehüllten Gedanken das Auf- und Abwogen der Entwicklung zu verfolgen, weil es fast als ein Ding der Unmöglichkeit bezeichnet werden muß, ein Inventar derselben mit der Genauigkeit aufzunehmen, mit welcher wir den materiellen Besitz in unseren Museumskatalogen verzeichnen. Ideen, welche nur in Worte gehüllt sind, verschmelzen wohl zeitweilig mit ihrer Umhüllung, sind aber nie unzertrennlich mit derselben verbunden, wie der in eine materielle Form geprägte Gedanke, welcher erst entflieht, wenn diese Form zerbrochen wird.«[143]

Kann man Bastians »Elementargedanken« benutzen, um Lovejoys »Elementarideen« stärker auszuweiten auf Institutionen und Objekte (»Wissensdinge«) – und damit aktueller zu machen?[144] Sicherlich hat sich eine globale Ideengeschichte solchen Überlegungen zu stellen. Wieviel Universalismus ist nötig, wieviel Diffusionismus möglich? Wie ist der Eurozentrismus der ursprünglichen Ideengeschichte zu überwinden? Wie lassen sich in Institutionen oder Dingen verkörperte »Elementargedanken« als migrierende verstehen? Lovejoy hat einmal den schönen Satz geäußert, Ideen seien »die am stärksten wandernden Dinge der Welt«, die von einem Wissensfeld »in ein Dutzend andere hinübergleiten«.[145] Es wird nun darauf ankommen, dieses »Wandern« konsequent nicht nur als interdisziplinär, sondern auch als transkulturell zu verstehen, und das keinesfalls nur abendländisch.

Zweifellos: Die heutige Theoriebildung von kulturellen Transfers, Objekt-Migrationen, Transmissionen und Adaptionen steht in einer wenig bekannten, indirekten Abhängigkeit von den Ideen des frühen 20. Jahrhunderts. Und diese wiederum fußen – wenig erkennbar – auf Entwicklungen der Frühen Neuzeit. All das muß nicht verleugnet werden; vielmehr lohnt es sich, dieses Erbe bewußtzumachen, so daß es bearbeitet werden kann und seine tragbaren, fruchtbaren Anteile von den untragbaren geschieden zu werden vermögen.

Kapitel VIII.
Der Teufel und der Jaguar

Die Tiere waren damals nicht unbedingt Tiere. Es konnte geschehen, daß sie Tiere waren, aber auch Menschen, Götter, Herren einer Spezies, Dämonen, Vorfahren. Und so waren auch die Menschen nicht unbedingt Menschen, sondern konnten auch die vorübergehende Form von etwas anderem sein.

Roberto Calasso[1]

What is it like to live in a world constituted by the enemy's point of view?

Eduardo Viveiros de Castro[2]

Teufelsoperator

Ist die Rede vom Teufel eine Bezugnahme? Eine Bezugnahme auf etwas Übersinnliches oder auch: Fiktives?[3] Nein, es scheint mir klüger, solche Rede nicht semantisch, sondern pragmatisch zu beschreiben: als eine Verhinderung von gelingender Referenz. Denn die Qualifizierung einer Person, eines Ortes oder einer Sache als teuflisch versieht sie mit einem negativen Vorzeichen und unterstellt eine Täuschungsabsicht durch den mächtigen bösen Dämon. Damit wird der Beobachter blind gegenüber dem, was wirklich vorliegt. Er (oder sie) sieht nur noch das Böse und den Betrug.

Dieser pragmatische Operator hat eine große Rolle in der Phase der frühen Globalisierung gespielt, und zwar auf der ganzen Welt.[4] Er gehört zu den basalen Elementen christlicher

Wahrnehmung von Fremdheit, vor allem fremden Religionen, aber auch fremder Mentalität. In Europa ist der Teufelsglaube intrinsisch mit den Hexenverfolgungen verknüpft, darüber hinaus mit Unterstellungen an politische Gegner (der Papst als Antichrist), aber auch der Abqualifizierung von Träumen, Sexualität, Versuchungen und abweichendem Verhalten.[5] In der Wahrnehmung außereuropäischer Kulturen aber geht seine Verwendung noch weiter. Wir haben in Kapitel IV gesehen, wie Johann Ernst Gerhard und Christian Hoffmann eine indonesische Schattenspiel-Figur kurzerhand zur asiatischen Repräsentation des Teufels erklärt haben. Dahinter steckt die Vorstellung, es gebe bei allen außereuropäischen Völkern Ideen über den Teufel, da der Teufel in ihnen allen aktiv sei. Nicht nur habe er ihre eigentlich natürliche Gotteserkenntnis verdunkelt und verzerrt. Besonders diabolisch gehe er da vor, wo er Ähnlichkeiten mit der christlichen Religion suggeriere, die aber gar nicht vorlägen.

Man kann ja im Fremden besonders die Ähnlichkeiten mit dem Eigenen suchen, das Menschheits-Verbindende, und manche Missionare haben dies auch getan. Die Akkommodations-Strategie der Jesuiten hat solche Ähnlichkeiten besonders herausgehoben. Immerhin konnte man glauben, christliche Ideen wie die von Himmel und Hölle, von einem Gottessohn oder einer schützenden Mutter Maria hätten in frühen Kulturdiffusionen ihren Weg in die Ferne gefunden, oder sie seien von Gott direkt in die Herzen der überseeischen Menschen gelegt worden.[6] Aber man konnte auch umgekehrt reagieren. Denn bei den Eroberungen fremder Kulturen, wie etwa der Spanier in Mittel- und Südamerika, schien es oft angebrachter, die Differenzen zu betonen, ja die ganzen indigenen Religionen zu verteufeln. Dann wurde die schon in der Patristik entwickelte und im Mittelalter weiterverbreitete Denkfigur von der κακοζηλία (*kakozēlía*) des Teufels und seiner *simia Dei* hervorgeholt.[7] Das bedeutete: Der Teufel äfft Gott nach, er imitiert auf heimtückische Weise Elemente der christlichen Offenbarung, um Beobachter glauben zu machen, hier handele es sich um echte und legitime Religion. Besonders wenn es um Prophetien ging, hat etwa Caspar Peucer vor den »falschen Illusionen« des Satans gewarnt;[8] Johann Michael Dilherr schreibt 1640 eine ganze Abhandlung über das Phänomen der Religionsnachäffung.[9] Er, der in Jena inmitten des Dreißigjährigen Krieges lehrt, denkt nur an die europäische und nahöstliche Antike, allenfalls an den Konfessionsgegner. Aber spanische und portugiesische Autoren besaßen da einen anderen Erfahrungshintergrund. Schon 1529 hat Martin de Castañega in seinem *Tratado de las supersticiones y hechicerías* auch die Religionen Mexikos im Blick gehabt, als er diese Denkfigur bemühte.[10] Und nicht nur Prophetien kamen dabei zur Sprache. Die Europäer hatten bei ihrer Begegnung mit den Azteken eine komplexe Religionslandschaft vorgefunden, bei der ihnen überraschenderweise viele Parallelen zum Christentum auffielen.[11] So schien es in Mexiko beim Fest des Kriegsgottes Texcatlipoca eine Art Sakrament der Kommunion zu geben, bei der dem Gott kleine Brötchen dargebracht wurden, von denen die Azteken glaubten, daß sie zum Fleisch von Texcatlipoca würden: eine Form der Transsubstantiation.[12] Und die Angehörigen der Adels- und Priesterkaste aßen dann auch vom Fleisch – aber ganz buchstäblich vom Fleisch der Menschen, die man für dieses Ritual getötet hatte. Das erschreckte die Europäer zutiefst, denn es wirkte wie eine blutige Karikatur der christlichen Opfertheologie.

Seit dieser Zeit war das Wahrnehmungsmuster der *kakozēlía* gängige Münze bei den Auseinandersetzungen in der Neuen Welt. ›Der Teufel in der Neuen Welt‹ ist ein Thema, um das nicht herumkommt, wer sich mit Ideenverflechtungen und Ideenmigrationen auf dem frühneuzeitlichen amerikanischen Kontinent beschäftigt.[13] Wann immer in Südamerika von den Europäern Phänomene beobachtet wurden, die ihnen bekannt vorkamen, wie etwa das Orakelwesen in Peru, griff das Interpretationsschema, das man sich zurechtgelegt hatte. In den Andenreligionen gab es seit langer Zeit die Vorstellung, daß bestimmte Menschen, die vom Volk dafür anerkannt waren, in der Lage seien, einen Gott durch ihren Mund sprechen zu lassen. Gerade anhand der Orakel kann man die unterschiedliche Referentialität im Sinne der Sprecherreferenz beobachten: War die Rede von einer Gottheit wie Pachakamaq, die in der Nähe von Lima in einem riesigen Heiligtum verehrt wurde, referieren die Indios auf ihre Schöpfergottheit, die Spanier auf einen Dämon oder den Teufel.[14] Wie wir später sehen werden, ist die Lage aber noch komplizierter: Pachakamaq war von den Inkas aus ihren Vorgängerzivilisationen übernommen und in das eigene Pantheon integriert worden. Daher gab es noch eine Tiefenschicht von Referentialität, bei der einige Verehrer des Gottes von den lokalen Ichma-Indios ihn als den eigentlichen, älteren ansahen, der von den Inkas lediglich zum Sohn ihres Sonnengottes gemacht worden war.[15] Aber solche Feinheiten entgingen den Spaniern. Für sie war im Tempel lediglich ein »Götzenbild«, und einige vermuteten, der Teufel erscheine den Priestern, die die Statue des Gottes umgaben, und spreche zu ihnen, während diese behaupteten, seine Orakelsprüche zu hören.[16] Andere, wie Hernando Pizarro, wollten davon nichts wissen und hielten die Priester einfach nur für Betrüger, die sich die Sprüche ausgedacht hätten. Pizarro ließ sie gefangennehmen und folterte sie in der Hoffnung, sie zu einem Geständnis zu zwingen.

In Europa trafen die Informationen der Eroberer, Missionare und Reisenden Mitte des 17. Jahrhunderts auf die entstehende Religionswissenschaft, die wir am Ende des letzten Kapitels kennengelernt haben.[17] Diese Proto-Religionswissenschaft hatte sich aus den allgemeinen Weltbeschreibungen ausdifferenziert, stand aber noch unter der Hypothek kompilierender Buntschriftstellerei, die kaum Wert auf kritische Prüfung ihrer Quellen legte.[18] Autoren wie Alexander Ross mit seiner *Pansebeia*, *or View of all the Religions in the World* von 1652 versuchten erstmals, alle Religionen der Welt in ihrer Gesamtheit zu erfassen.[19] Daß nichtmonotheistische Religion als »Idolatrie« zu beschreiben war, war für diese christlichen Autoren selbstverständlich.[20] Dennoch sollte man nicht unterschätzen, welche klassifikatorische Herausforderung darin bestand, eine enorm große Menge von Beobachtungen in globaler Dimension zu bewältigen. Manche der Schriften der 1660er und 1670er Jahre lassen sich durchaus dem Geist des »experimental century« zurechnen, auch wenn der theologische Rahmen – von heute aus gesehen – eine unbefangene Taxinomie behinderte.[21] Das Werk von Hoffmann und Gerhard, *Umbra in luce* von 1667, das wir schon kennengelernt haben, bemühte sich, Einzelbefunde in ein Raster von Kategorien zu zwängen, etwa nach Objekten der Verehrung: Planeten, Naturelemente, Tiere oder Pflanzen, wie es schon Gerhard Johannes Vossius nach patristischen Modellen vorgeführt hatte.[22] Demnach wurde die Religion in Peru nicht etwa als ein zusammenhängendes Ganzes wahrgenommen, sondern das, was an die Trinität erinnerte (wie Dreiheit von der Schöpfergottheit Wiraqucha/Viracocha, dem Sonnengott Inti und dem Donnergott Illapa[23]), in einem ganz anderen Kapitel erörtert als das, was für sie zur Elementen- oder Tierverehrung gehörte. So kommen die Autoren im Kapitel über Großtiere unter dem Stichwort »Tiger« unmittelbar von Ägypten nach Lateinamerika: »Tiger [gemeint sind Jaguare] fürchtete man in der Provinz Verapaz in Guatemala so sehr, daß man sich öffentlich vor ihnen niederwarf und sie an heiligen Orten anbetete. Denn auch hier, wie in ganz Neuspanien, sagt man, der Teufel habe sich gewöhnlich in früheren Jahrhunderten den Barbaren unter dieser tierischen Gestalt gezeigt. Von daher sei die Verehrung entstanden. Sogar zum Christentum konvertierte Indios durchbohren sie nur voller Furcht mit ihren Pfeilen. Es wird berichtet, daß sich auch die Peruaner ähnlich verhalten haben, um sich nicht irgendwelchen Schaden durch sie zuzuziehen.«²⁴ Hoffmann und Gerhard stützten sich für diese Passage auf das umfangreiche Werk von Johann Ludwig Gottfried, die *Historia antipodum oder Newe Welt*, das später durch die *Neuwe Archontologia Cosmica* ergänzt wurde.²⁵

Abb. 95: Titelkupfer der *Neuwen Archontologia Cosmica*.

Aber schon zuvor hatten sie in einer kurzen zusammenhängenden Skizze die höchsten Gottheiten der amerikanischen Zivilisationen charakterisiert.²⁶ Dabei stießen sie notwendigerweise auf die Inkonsistenzen der Inka-Mythologie, die sich aus den Inkorporationen von Gottheiten der von den Inkas eroberten

Anden-Kulturen ergaben.[27] Sie referierten nämlich die Ansicht, die »Peruaner« verehrten einen Schöpfergott, den sie Viracocha oder auch Pachakamaq nannten. Zwar fehlte ihnen, so Hoffmann und Gerhard, noch der adäquate, christliche Name für diesen Gott, aber immerhin nannten sie ihn auf Quechua »vaspu«, der Bewunderswerte. Aber die beiden Autoren entdeckten auch Widersprüche in den Aussagen der diversen Reiseberichte, die sich – wie wir heute wissen – daraus herleiten, daß für die Inka *Qun Tiksi Wiraqucha* (im Huarochirí-Manuskript *Quniraya Wiraqucha*) der Schöpfer der Zivilisation ist, aber ein anderer Gott als Pachakamaq. So korrigierten Hoffmann und Gerhard die Aussage anhand des Zeugnisses des Halb-Inka Garcilaso della Vega: »Die Spanier haben nämlich diesen [Pachacamaq] fälschlich für den Hauptgott der Peruaner gehalten, wie Garcilaso bemerkt. Für diesen Irrtum gab es nicht nur einen einzigen Anlaß. Die Peruaner haben alle Dinge, in denen ein Dämon erschien oder durch die er zu sprechen pflegte, als Heiligtümer in höchster Verehrung gehalten, auch wenn sie sie nicht angebetet haben. Sie alle nannten sie *Huacas* oder *Guacas*. *Der Name Huaca steht für alles, was heilig ist, in seiner Art hervorsticht, monströs ist oder durch Schönheit oder Abartigkeit in der Natur auffällt.* Von daher haben die Spanier, da sie auch Götzen so nannten, geglaubt, daß die Barbaren so viele Götter verehrten, wie sie Huacas benannten.«[28] In der Tat hat Garcilaso hier den Finger in die Wunde eines kulturellen Mißverständnisses gelegt: Die Spanier, die die Anden-Religionen durch die Brille »Idolatrie« wahrnehmen, besaßen keinen Sinn für die letztlich animistischen, schon längst vor den Inkas verbreiteten Kulte, bei denen Orte, Dinge und Besonderheiten fließend ineinander übergehen konnten. Wir wissen inzwischen durch die Forschungen von Claudia Brosseder, welch große Rolle die Huacas bei der umstrittenen Appropriation der Religion durch die Christen und der immer wieder versuchten Reappropriation durch die Indigenen gespielt haben.[29] Zwischen 1600 und

1700 gab es eine verstärkte Verfolgung der andinen Heiler, Wahrsager und ›Priester‹, dann aber auch wieder Geländegewinne dieser Gruppen. Wie Carlo Ginzburg gezeigt hat, hat sowohl das kulturelle Mißverständnis als auch der anschließende Aneignungskampf eine geradezu philologische Dimension, denn schon die Transliteration der Quechua-Sprache in das lateinische Alphabet erbringt Konfusionen, da die unterschiedliche Aussprache der Laute dabei nicht berücksichtigt werden kann.[30] Falls das *ca* von *Huaca* tief im Rachen wie beim Krächzen eines Raben gesprochen wird, so Garcilaso, dann bedeutet es »betrauern« und hat nichts mit Kultorten und schon gar nichts mit Götzen zu tun. Wenn die Spanier aber alles durcheinanderwarfen, war es kein Wunder, daß sie die andine Religion blindwütig verteufelten. Solche Phänomene kamen in sprachlichen Kontaktzonen, in denen zugleich asymmetrische Machtverhältnisse herrschten, nicht selten vor. Als die islamische Zivilisation in Afrika vordrang und auf die indigenen subsaharischen Sprachen wie Hausa, Fulani, Wolof oder Swahili stieß, entwickelte sich die Ajami-Schrift, ein Arabisch, zu dem bestimmte Buchstaben hinzugefügt wurden, um den fremdartigen Lauten halbwegs gerecht werden zu können.[31] Eine wirkliche Adäquatheit wurde aber auch damit nicht erreicht, und Beargwöhnungen gegenüber wilder »Idolatrie« waren damit nicht beseitigt.

Was läßt sich mit diesem Befund für eine globale Ideengeschichte als Agenda entwerfen? Zum einen sicherlich so etwas wie eine Verflechtungsgeschichte der Dämonologien. Tomás Bartoletti hat Ginzburgs »Ethnophilologie« weitergeführt und eine generelle global wie auch sprachlich sensibilisierte Aufarbeitung kolonialer Dämonologien gefordert.[32] Auch Jorge Cañizares-Esguerra betont die transkulturelle Dimension der europäischen Teufelsprojektion auf die Amerikaner als »atlantische«.[33] Kristie Flannery zeigt umgekehrt aus der Sicht von Kolonisierten die Kontinuität der Dämonologie über den »spanischen Pazifik« hinweg.[34] Bei aller Verflechtung ist aber immer zu beachten, wie sehr hier referentielle Triangulationen vorliegen, bei denen sich auf amerikanische Phänomene mittels der Modelle aus antiker oder biblischer Geschichte bezogen wird.[35] Zum anderen wäre die Dämonologie mit ihrer Referenz-Verhinderung in ihre realen Kontexte einzufügen: die Landschaft, die unterschiedlichen Eroberungen und Missionierungen, die Wirtschaftskreisläufe, die koloniale Unterdrückung und die Aufpfropfung philosophisch-theologischer Sprachen auf das koloniale System. Daher lohnt es sich, bei der Analyse des Teufelsoperators ins Detail zu gehen. Die Relation zwischen den Menschen und dem Herrn der Tiefe, zwischen Oben und Unten, verlangt nach Mikrohistorie.

Oben und Unten

Oben und Unten gilt allerdings nicht nur für den Gegensatz von Himmel und Hölle, oder von irdischer und subterraner Welt. Er kann auch ganz konkret den Unterschied von Hochland und Ebene benennen. Und dann ist keineswegs klar, ob die Hölle nicht oben liegt.

Das heutige Bolivien, um das Jahr 1700. Damals gehört die Region zum spanischen Vizekönigreich Peru. Oben, auf 4000 Meter Höhe in den Anden liegt die Stadt, die mit 150000 Einwohnern im frühen 17. Jahrhundert die größte Stadt der westlichen Hemisphäre war: Potosí.[36] Silbergräberstadt, Stadt der erschreckenden Kluft zwischen Reich und Arm, Stadt der Syphilis und des Lasters, Stadt der versklavten Indios und Schwarzafrikaner in den Minen.[37] Inzwischen eine Stadt im Niedergang. Durchaus ein Kandidat für die Hölle. Wie wäre eine globale Ideengeschichte einer solchen Stadt zu schreiben? Wie sehen dort die »Lieferketten« für Bezugnahmen aus, wenn Bezugnahmen vornehmlich als »teuflisch« ins Negative gewendet werden? Wie ist das Verhältnis zwischen Ideen und den materiellen Objekten, mit denen sie doch so oft als »fellow traveller« reisen? Haftet Gedankliches am Silber, das noch in Potosí in Barren oder »Real«-Geldstücke gepreßt wurde, um dann über Mexiko nach Manila verschifft zu werden, von wo es sich über ganz Ostasien verbreitete, damit Waren eingekauft werden konnten, die dann wiederum den Weg nach Europa fanden?[38]

Abb. 96: Eine 8-Reales-Münze aus dem Potosí des Jahres 1680.

Ich möchte meine Skizze zu diesem Thema als Dyptichon gestalten und danach fragen, was denn gleichzeitig unten in der Ebene, am Fuß der Anden, dort wo die ersten Zuflüsse des Amazonasbeckens ihr Wasser sammeln, geschah. Damit gelangt ein Moment von Vergleich in den Blick auf Lateinamerika: Ist die Moxos-Ebene dort unten auf andere Weise global? Gibt es dort, im Dschungel des Regenwalds, in den heißen, überfluteten Savannengebieten andere Praktiken der Bezugnahme? Und konkret: Ist der Teufelsoperator dort ein anderer, wird anders verteufelt?

Was sich auf jeden Fall schon vorab sagen läßt: Das Oben und Unten spiegelt auch unterschiedliche Forschungstraditionen und -ansätze in der Historiographie von Lateinamerika. Was die globale Stadt angeht, so untersucht man die Wirtschaftsbeziehungen sowohl mit dem Hinterland als auch mit den großräumigen Handelsrouten, man schaut auf Migrationsmuster, Probleme der Integration in diesen kulturellen Schmelztiegeln, auf die Institutionen, auf Verhaltensweisen der Glücksritter, Verwalter oder Sklaven.[39] In Potosí waren die spanischen Eroberer 1545 auf den sogenannten »cerro rico« gestoßen, den »reichen Berg«, an dem schon die Inkas Silber, aber auch Zink und andere Minerale abbauten. Dieser Ort enthielt das reichste Silbervorkommen auf der ganzen Erde, sogar pures Silber, das man nicht einmal aus Erzen gewinnen mußte. Sehr schnell forcierten die Kolonialisten den Abbau und eigneten sich das *mit'a*-Abgabensystem der Inkas so an, daß sie nun – als »Repartimento« – die indigene Bevölkerung für sich arbeiten ließen und mit den riesigen Silbermengen ihren Welthandel befeuerten.[40] Schon 1573 schufteten 10000 Arbeiter in den Minen; eine immer größer werdende Stadt breitete sich um den Berg aus. Zu dieser Zeit war das reine Silber aber auch schon fast verbraucht, und es wurden aufwendigere Verfahren nötig, um die Produktion hoch zu halten.[41]

Abb. 97: Potosí mit Cerro Rico im Jahr 1758.

Ganz anders die Forschung zu den Regionen »unten« im Amazonasbecken. Dort untersucht man die Jesuitenmissionen und ihre Berichte, die Kartographie der unentdeckten Gebiete sowie die Missionarslinguistik, die von den Stationen aus betrieben wurde, um in der Lage zu sein, sich den Indios verständlich zu machen und ihnen das Christentum zu predigen.[42] Oben hatte man es mit Hochzivilisation zu tun und schlug sich mit deren *kakozēlía* herum, unten mit sogenannten »Wilden«, von denen einige zweifelten, ob man sie überhaupt Menschen nennen könne. Diese Kluft zwischen der Welt in den Anden und der anderen Welt in der Amazonas-Ebene bestand nicht erst im spanischen Kolonialreich. Sie war von den Inkas ererbt, die bereits ebenfalls nur selten in die Ebene hinabstiegen und die Menschen dort als *Anti* bezeichneten, wohl eine Sammelbezeichnung für die Asháninka, die Ch'unchu, die Tsimané und andere indigene Gruppen.[43] Allerdings war die Trennung nie ganz strikt. Die Inkas hielten einen gewissen Kontakt in die Ebene, und auch die Spanier begriffen ihre Provinz Peru zunächst unbestimmt als in die Ebene ausgreifend.[44] Erst als versuchte Eroberungszüge – auf der Suche nach dem legendären »El Dorado« – in Dschungel und Sumpf verendeten, etablierte sich die Kluft mehr und mehr als definitiv.[45]

Untergrundwissen

Auf dem Marktplatz von Potosí gab es einen Buchladen. Besitzer war der Portugiese Valentín de Acosta.[46] Es gibt ein Inventar des Ladens aus dem Jahr 1614, das einen ungefähren Eindruck in die Lesegewohnheiten der Bewohner der Stadt gibt. Leser waren sicherlich vor allem unter den spanischen Kolonialisten und Kreolen zu finden, kaum werden die indigenen Andenbewohner den Laden besucht haben, und erst recht nicht die Schwarzafrikaner, die als Sklaven in den Minen schufteten, seit

Abb. 98: Garcilasos Übersetzung von Leone Ebreo.

die indigene Bevölkerung dafür nicht mehr ausreichte. Es gab zu dieser Zeit in Potosí zwanzig Rechtsanwälte, vier Prokuristen, drei Ärzte, sechs Chirurgen, zehn Friseure und drei Botaniker – nicht viel für die größte Stadt Amerikas.[47] Die Hälfte der zweihundert Titel, die Acosta vorrätig hatte, waren religiöse Bücher. Aber gelegentlich fand ein Kunde, der in den Regalen stöberte, auch philosophisch Wertvolles, etwa eine Ausgabe von Leone Ebreos *Dialoghi d'Amore*, eines der Hauptwerke der für die Renaissance so typischen platonischen Liebesphilosophie.[48] Allerdings lagen die Dialoge hier in der Übersetzung »des Indios« vor, nämlich von Garcilaso Inca de la Vega.[49] Die in Madrid gedruckte Ausgabe warb geradezu damit, daß hier ein »Eingeborener der großen Stadt Cuzco, Hauptstadt der Königreiche und Provinzen von Peru«, am Werke gewesen war.

Was für eine verflochtene Geschichte, gar nicht untypisch für diese Zeiten: hier hatte ein portugiesischer Jude, der eigentlich Juda ben Isaak Abravanel hieß, sich in Italien mit platonischer Philosophie bekannt gemacht und auf Italienisch ein Buch publiziert, das dann von einem Inka ins Spanische übersetzt, in Madrid gedruckt, nach Südamerika verschifft, dort von einem Portugiesen verkauft und vielleicht wieder von Inka-Nachfahren gelesen wurde.[50] Es handelt sich um denselben Garcilaso, den Hoffmann und Gerhard zur Korrektur spanischer Mißverständnisse herangezogen hatten: Sohn eines spanischen Conquistadors und einer Nichte des Inka-Herrschers Huayna Cápac (*Wayna Qhapaq*).

Es gab natürlich auch literarisches Leben in dieser Stadt der Minenarbeiter und Glücksritter. Gabriel del Rio, Angestellter in einer Kanzlei und Komödienautor, bestellte sich 1619 dreißig Komödien, die er unter der Verpflichtung bekam, »sie niemandem zu kopieren oder auszuhändigen, unter Androhung einer Geldstrafe von fünfzig Stücken von acht Real, wenn er dies tut«.[51] Juan Galindo de Esquivel, ein notorischer Spieler, schrieb ebenfalls Komödien, denn die Stadt hatte großen Bedarf an leichten Stoffen.[52] Wenn sich Spieler verschuldeten, wurden sie manchmal gezwungen, in Komödien zu singen und zu spielen. Galindos Frau stammte aus Lima; ihre Eltern waren aus Madrid zugezogen.[53] Dies waren die Leute, die Valentín de Acostas Laden frequentierten und aus ihm ihr Wissen bezogen. Wie waren die Lieferketten solchen Wissens ganz buchstäblich?

Acosta trieb Handel mit mexikanischen Buchverkäufern, das zeigen die Listen deutlich.[54] Die Bücher werden entweder direkt über Acapulco, den mexikanischen Pazifikhafen, per Schiff nach Peru gebracht worden sein; oder, wenn sie aus dem östlichen Mexiko stammten, so wurden sie nach Veracruz gebracht, den Atlantikhafen, in dem die hispanische Neuspanien-Flotte anlandete und ihre Waren entlud – nicht zuletzt auch Bücher aus Spanien. Die Schiffe nahmen dann ihrerseits

Edelmetalle aus Mexiko an Bord, aber auch asiatische Waren, die von Manila nach Acapulco verschifft worden waren, den Pazifikhafen, und von dort über Land bis an den Atlantik gebracht wurden. Von Veracruz konnte man ein Schiff nach Nombre de Dios im Norden Panamas nehmen, dem Zielhafen der spanischen Festlandflotte *(Tierra-Firme)*. Von dort ging es über den Isthmus auf die pazifische Seite. Dort, in Panama-Stadt, landeten die Schiffe an, die direkt von Acapulco kamen; sie segelten weiter die Pazifikküste hinab bis nach Lima, oder am besten weiter bis nach Arica, einen der Häfen, von dem aus das meiste Silber, das in Potosí gefördert worden war, auf Schiffe verladen wurde. Die Bücher konnten dann von den Esel- und Maultierkarawanen, die zurück nach Potosí hinauf zogen, mitgenommen werden.

Es war also nicht ganz leicht, in Potosí an Bücher zu kommen, stammten sie nun aus Mexiko oder direkt aus Europa. Doch die Karawanen und Flotten waren unentwegt im Einsatz, und dank des florierenden Silberhandels war es trotz der abgelegenen Lage im Hochland der Anden immer noch relativ einfach, den Bestellungen nachzukommen. Was in der Minenstadt besonders interessierte, war natürlich technisches Wissen. Acosta führte beispielsweise Georg Agricolas *De re metallica* im Sortiment, einen Klassiker der Bergbauwissenschaft.[55] Es gab zudem eine blühende Secreti-Literatur, sogenannte »libros de secretos« über Magie, Alchemie, Astrologie, Heilkunde und Wissen über die Kräfte der Natur.[56] In Italien kannte man geradezu »professori de'secreti«, die auf dieses esoterische Wissen spezialisiert waren.[57] Aber auch in Südamerika tauschte man sich voller Leidenschaft über okkulte Kräfte aus, nicht zuletzt deshalb, weil sich bei diesem Thema gelehrte europäische Esoterik und indigene magisch-religiöse Traditionen trafen.[58]

Das eigentliche Zentrum des Wissens lag dabei im Untergrund – im doppelten Sinne des Wortes. Zum einen war es geologisches Wissen, verbunden mit dem technischen Wissen über den Abbau und die Verhüttung von Silber, das den Kern der Interessen in Potosí berührte.[59] Zum anderen war die Mehrzahl der Schriften, die sich mit diesen Gegenständen beschäftigten, gar nicht gedruckt. Sie befindet sich daher unterhalb der Wahrnehmungsschwelle derer, die nur in Bibliotheken vorhandene Bücher ansehen. Denn in der kolonialspanischen Kultur war es üblich, handschriftliche Eingaben an die Behörden zu machen, mit Beschwerden, Ideen, Petitionen und Verbesserungsvorschlägen.[60] Auf diese Weise gelangte ein Wissen von einfachen Personen »nach oben«, das sich noch heute in den Archiven befindet.[61] Untergrundwissen bedeutete in Europa das verbotene, subversive Wissen, das sich gern der Metapher der Unterminierung bediente;[62] hier in Potosí war es Teil der gewöhnlichen Kommunikation zwischen Bergbauleuten und ihren Vorgesetzten.[63]

Erst wenn man sich der gewaltigen Menge dieses handschriftlichen Materials zuwendet, wird die Lebendigkeit der Ideenzirkulation in der »Villa Imperiál« wirklich sichtbar. Notwendigkeit für technische Ideen war vor allem im späten 16. und im 17. Jahrhundert gegeben, als die reinen Silbervorräte schwächer wurden und man Mittel entwickeln mußte, durch Amalgamierung das Silber aus den Erzen zu gewinnen. Dabei waren Männer wie Álvaro Alonso Barba führend, der als Priester 1644 an der Kirche Sankt Bernard in Potosí wirkte.[64] Vier Jahre zuvor war sein Buch *El arte de los metales* erschienen; darin beschrieb er das Verfahren zur Gewinnung von Gold, Silber und Kupfer durch Kochen mit Quecksilber und Salzlösung in flachen Kupferkesseln, das er schon 1609 entwickelt hatte. Das neue Verfahren war schneller als das davor eingesetzte Amalgamationsverfahren, der Patio-Prozeß, der 1554 von Bartolomé de Medina, einem Kaufmann aus Sevilla, in Pachua in Mexiko entwickelt worden war.[65] Medina hatte den Umgang mit Quecksilber von einem Deutschen, »Maestro Lorenzo«, erlernt. Beim Prozeß pulverisierte man das Silbererz, vermengte es mit Kupfervitriol, Kochsalz und Wasser zu einem Brei und setzte große

Mengen an Quecksilber hinzu. Danach stampfte man die entstandene Masse und ließ sie mehr als acht Wochen lang im Freien liegen, damit die Sonneneinstrahlung und Luft die Bildung von Silberamalgam möglich machte. Wenn man dann diese Verbindung in einem Ofen erhitzte, konnte man das Quecksilber vom reinen Silber trennen.[66]

Es gab nach Medinas Neuerung immer wieder neue Versuche, die Verhüttung, den Abbau oder die Transportmöglichkeiten effektiver zu machen – daher auch immer wieder neue Eingaben an die Behörden. So hat etwa Bartholomé Inga – ein Halb-Inka wie Garcilaso, Sohn von Jose Orozco Gamarra, einem spanischen Glücksritter in Potosí, und seiner Frau Ana Azarpay Coya, einer Enkelin des letzten Inka-Königs Atahualpa – 1604 ein Manuskript eingereicht, in dem sein Vater und er Verbesserungen bei den Maschinen vorschlugen, die zum Pulverisieren der Erze eingesetzt wurden.[67] In Potosí gab es nicht weniger als fünfundzwanzig künstliche Seen und Kanäle, um die Wassermühlen anzutreiben, die die Maschinen mit Kraft versorgten. Das Quecksilber beschaffte man aus Huancavélica, 1300 Kilometer von Potosí entfernt.[68] Bartholomé Inga zählte seine Eingabe zur Secreti-Literatur: Er nannte es »Secretos de las minas de las Indias« und hoffte auf Geld- und Gunstzuwendungen (*gracias y mercedes*) von königlicher Seite. Das »Secretos« war dabei ganz wörtlich zu verstehen, denn sein Vater und er hatten ein Chiffrierungssystem ersonnen, in dem der technische Innovationstext verschlüsselt war.[69]

Als Inga mit dem Manuskript nach Spanien übersetzte, um es dem Indienrat zu überreichen, hielt er sicherlich die ganze Schiffsfahrt über den Schlüssel für die Chiffre eng an seinem Körper verborgen.[70] War der Dechiffrierungsschlüssel nicht mehr vorhanden, war dieses Wissen ebenso prekär und verloren wie dasjenige der in Kapitel IV behandelten alchemischen Literatur. Die Bedeutung ist nicht mehr verstehbar. Das gilt auch für Bartholomé Ingas Text.

Abb. 99: Bartolomé Ingas verschlüsselte Anleitung.

Die Wissensgeschichte steht hinsichtlich des Untergrundwissens von Potosí einer großen Herausforderung gegenüber. Wie lassen sich die Netzwerke von Kaufleuten, Ingenieuren und einfachen Minenarbeitern rekonstruieren, die die Innovationsvorschläge hervorbrachten? Welche Rolle spielte dabei der Austausch von europäischer Technologie und indigenem, lokalen Wissen?[71] Gibt es Zusammenhänge zwischen den unterschiedlichen Eingaben, die zeitgleich aus einer Region wie der von Potosí und seiner Nachbarstadt La Plata (das heutige Sucre) an die Krone gerichtet wurden? Vielleicht reiste Inga ja nicht allein, und auf dem Schiff, mit dem er den Atlantik überquerte, waren noch andere Kreolen, die Manuskripte unter ihren Mänteln versteckt hielten. Wäre er in Potosí verblieben und hätte seinen

Vorschlag dort eingereicht, wäre dieser erst einmal in die Mühlen der Bürokratie geraten, wie Renée Raphael sie kürzlich beschrieben hat.[72] Denn jetzt sehen wir, warum es so viele Rechtsanwaltskanzleien, Notare und Prokuratoren in Potosí gab: Dort saßen Männer wie Juan Castellanos, Pedro Torres de Ulloa, Juan de Urquiçu oder Martin de Garnica, die wochenlang die Vorschläge prüften, Gutachten erstellten, Rücksprache mit den Offiziellen in Lima hielten und Anhörungen veranstalteten, bevor sie über die Eingabe entschieden oder sie – möglicherweise – nach oben weiterreichten.[73] Nicht, daß das Verfahren in Spanien selbst weniger aufwendig gewesen wäre. Aber Inga war doch näher am Zentrum und konnte daher vielleicht einige Stufen überspringen.

Die Mühlen der Bürokratie konnten von manchem Betroffenen durchaus auch als teuflisch angesehen werden. Der Teufel erschien ihnen dann geradezu als Untergrund-Advokat. In den Texten, auf die der mexikanische *Catálogo de textos marginados novohispanos* hinweist, gibt es etliche, in denen der Teufel mit Blut unterzeichnete Pakte verlangt und seine Opfer durch die Hölle transportiert.[74] Es gibt also »bürokratische« Aspekte in den Teufelsvorstellungen selbst, und auch sie waren mit den Spaniern nach Amerika gelangt. So auch in Potosí. Ein satirisches Gedicht von Francisco Gómez de Quevedo nennt Geheimhaltung, falsche Erscheinungen, den Teufel und Potosí in einem Atemzug.[75] Das ist kein Zufall. Der Teufel wurde gern bemüht, nicht nur bei den üblichen Verdächtigungen über *huacas* und *hechiceros* – den »Hexern« –, sondern auch bei inneren Streitigkeiten in der Stadt.[76]

Der Teufel in den Minen

Doch wollen wir uns nicht weiter mit dem bürokratischen Weg des Wissens beschäftigen, sondern mit den Vorstellungen, die das Minenhandwerk begleiteten. Denn dort, im Licht der Fakkeln in den unterirdischen Stollen, wird der Teufel eher sichtbar als in den beflissen angefertigten Schreiben an die Krone.[77]

Abb. 100: In den Minen von Potosí.

Potosí wurde in Südamerika schon bald für den Ausbund der Hölle gehalten, mit all seinen schnellebigen Vergnügungen, dem Tanz und dem Aberglauben der Schwarzen und der Indios, aber auch wegen der Silberminen, in denen jedes Jahr Hunderte starben. Die Kirche führte 1591 St. Bartholomäus als Heiligen für die Minenarbeiter ein, als europäischen Import, denn im vulkanischen Sizilien und auf den Liparischen Inseln hatte man auch schon mit diesem Heiligen den antiken Unterweltsgott ersetzt.[78] Jetzt sollte er auch in Potosí dafür sorgen, daß die »idolatrischen« Kulte der Minenarbeiter ins Christliche gewendet wurden. Aber die Indios besaßen ihre eigenen Gegenstrategien, wie sie auch sonst auf subtile Weise den aufoktroyierten christlichen Gestalten ihre eigene indigene Färbung gegeben haben.[79] Das sah in diesem Fall so aus, daß die Minenarbeiter unten in der Tiefe statt des Heiligen einen »Sohn des *Capac Ique*« (des »großen Vorfahren«) anbeteten und ihm Opfer brachten. Ihm wurde rituell Maisbier, Coca und später auch Tabak geopfert, zum Austausch für die Mineralien, die man abbaute. Der Ausdruck stammt aus der Puquina-Sprache, einer Sprache, die im 17. Jahrhundert bereits langsam am Aussterben war und von der Quechua-Sprache verdrängt wurde. In ihr wurden noch Mythen aus der Tiwanaku-Kultur transportiert, einer Zivilisation, die um den Titikakasee herum geblüht hatte, bevor die Inkas im 14./15. Jahrhundert die Andenregion unter ihre Herrschaft brachten.[80] Es handelt sich also um eine religiöse Tiefenschicht, die hier sichtbar wird. Viele alte Kulte waren von der Sonnenverehrung der Inkas nur überformt oder integriert worden und lebten auch in der Frühen Neuzeit noch fort. Dazu gehört – wie wir schon gesehen haben – die Verehrung der Schöpfergottheit Pachakamaq ebenso wie die animistischen Huaca-Kulte.[81] Die Referenz der unterirdischen Rituale der Minenarbeiter durchdrang sozusagen mehrere Schichten: die christliche der Heiligenverehrung, aber auch die der Inkas, und reichte zurück bis zu Tiwanaku-Gottheiten, die sich zwischen dem 5. und 11. Jahrhundert etabliert hatten – und ihren Vorläufern. Hier stoßen wir nun auf die Jaguar-Anbetung, die, wie wir gesehen haben, von den spanischen Eroberern als Teufelsanbetung interpretiert wurde. Thérèse Bouysse-Cassagne vermutet nämlich, daß der »große Vorfahre« niemand anderes als Wari ist, eine Sonnengottheit, die man sich in Gestalt einer Raubkatze vorstellte. In den Minen von Cajatambo jedenfalls, einer Provinz in Zentral-Peru, fürchtete man sich vor Otorongo, dem mythischen Jaguar, der in den Minen lebt und Opfer verlangt. Es war der himmlische Jäger[82] und deutet sogar noch weiter zurück, auf die Wari-Kultur in den Küstenregionen Perus im ersten Jahrtausend und die Chavin-Kultur, die vom 9. bis ins 2. vorchristliche Jahrhundert zu datieren ist.[83] Auf Textilien setzt sich die Bildlichkeit bis heute fort.[84]

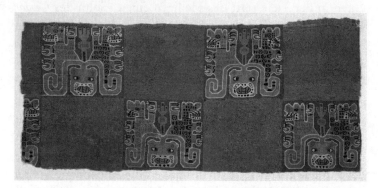

Abb. 101: Wari-Jaguar-Decke.

In Oruro, etwas nördlich von Potosí, wurde Wari als »Geist des Berges« verehrt und auch »Tio« genannt, in der indianischen Aussprache von »Dio« (Gott).[85] Von daher läßt sich vermuten, daß auch die Anbetung von »El Tio«, die man aus den Minen von Potosí seit dem 19. Jahrhundert kennt, niemanden anderes als diese Gottheit meint und dort den Kult des Otorongo ersetzt hat. Es ist gleichsam ein Gott, der zugleich auch Jaguar und Teufel ist, eine hochambivalente Figur, die sich nur aus den Übereinanderschichtungen und Umbesetzungen indigener Mythen in christlicher Zeit erklären läßt.[86] Sie hat sich die Reißzähne einer Raubkatze unter dem Deckmantel des Teufels bewahrt.

In der Moxos-Ebene

Und die Ebene? In der Frühen Neuzeit und noch weit ins 19. Jahrhundert hinein wurde der Abstieg vom Andenplateau in das Amazonasbecken als Niederstieg in die Hölle wahrgenommen.[87] Kein Wunder, daß die jesuitischen Missionare, die dort von kleinen Stationen aus die Indios zu missionieren versuchten, immer auf der Hut waren, den Widersacher Gottes zu bekämpfen.[88] Die Moxos-Ebene, auf die man kommt, wenn man von Potosí nach Norden reist und von den Anden absteigt, gehört zum Vorland des Amazonas und ist von Flüssen durchzogen, die während der Regenzeit von Dezember bis Mai über die Ufer treten und große Teile des Savannengebietes überschwemmen. Das Klima ist tropisch.[89] Das Leben in den Reduktionen – wie die Missionsstationen genannt wurden – war daher nicht gerade einfach.[90] Während im Hochland der Anden seit Jahrhunderten eine entwickelte Zivilisation herrschte, galten die Einwohner der Ebene als primitiv; sie besaßen keine Schriftkultur. »Alle diese Völker leben«, so schreibt Pater Dominicus Mayr am 31. Dezember 1718 an seinen Vorgesetzten, »bevor sie sich den anderen Scharen der Christen beigesellen, wie das Vieh in den Wäldern und in der offenen Pampa zerstreut, alle, Frauen wie Männer, völlig nackt. Sie gehorchen keiner Macht, sie werden von keinerlei Gesetzen gehalten, Religion haben sie keine, auch keine andern abergläubischen Bräuche, außer daß sie bei ihren Mählern und Trinkgelagen, die bei ihnen häufiger Brauch oder, wie ich besser schreiben sollte, größter Mißbrauch sind, dem Teufel einen Trank anzubieten pflegen, damit dieser ihnen und den Ihrigen in Zukunft keinen Schaden zufüge.«[91] Ein Volk fast wie im Naturzustand also, eigentlich religionslos, aber trotzdem dem Teufel ergeben.

Was waren das für Riten, die der Jesuit als diabolisch infiziert wahrnahm? Wir wissen, daß viele der Völker im Amazonasbekken Schamanen oder Medizinmänner unter sich hatten, die eine wichtige Funktion in ihren Gesellschaften erfüllten.[92] Die sogenannten *borracheras*, das Sich-Betrinken, spielte eine Rolle als Loyalitätszeremonie. In den Augen der Europäer hingegen bestätigten sie den niederen Status der Unzivilisierten: War der Europäer streng und nüchtern, so der Indio unkontrolliert und betrunken. Von den Schamanen nun nahmen die indigenen Stämme an, daß sie sich in einen Jaguar verwandeln konnten – daher stammte ihre Autorität. Auch hier treffen wir also auf den Jaguar. Und hier, im Amazonasbecken, gab es ja auch wirklich Jaguare; sie waren die gefährlichsten und mächtigsten Räuber dieses Ökosystems. In den Anden hingegen gab es sie ab 2700 Metern Höhe nicht mehr; dort lebten allenfalls Pumas. War die Mythologie mit früheren Zivilisationen nach oben gekommen, wo die Anden-Amazonas-Trennung keine Kluft war? Puquina hat eine gewisse Verwandtschaft mit der Awarak-Sprachenfamilie, weshalb angenommen werden kann, daß es noch vor der Tiwanaku-Kultur eine Beeinflussung der Hochebene durch kulturelle Elemente aus der Amazonas-Ebene gegeben haben mag.[93]

Missionare wie Dominicus Mayr jedenfalls betrachteten die Schamanen mit großem Mißtrauen. Wenn irgendwo der Teufel lauerte, von dem die Missionshandbücher sprachen, dann hier. So berichtet Mayr ein Jahr später, am Silvestertag 1719 an seinen Vorgesetzten: »Der ›Priester‹ oder besser höllische Vor-Trinker ist gewissermaßen Zauberer und Betrüger, am meisten der Hölle verwandt wegen des häufigen Umgangs mit dem Dämon, sowohl beim Heilen und Behandeln der Kranken und Verwundeten, als auch beim Befragen der Unterwelt nach Ratschlägen zur Verhütung von Schaden, oder besser gesagt, solchen auf wunderbare Weise von diesen Elenden abzuwenden. Derartigen Trabanten der Hölle wird überall von diesen Menschen Ehre erwiesen […].«[94] Was das Wissen dieser religiösen Spezialisten angeht – um einen neutralen Terminus der heutigen

Religionswissenschaft zu benutzen – so bedeutet die Dämonisierung der Schamanen, daß botanisches und pharmakologisches Wissen zunächst rundweg ignoriert, wenn nicht abgelehnt wurde. Erst die ökonomischen Interessen der »Kolonialbotanik« führten nach und nach dazu, dieses Wissen ernst zu nehmen und umständlich in legitimes und akademisches Wissen zu überführen.[95] Und ganz selten konnte sogar die Jaguar-Furcht ins Positive gewendet werden, dann nämlich, wenn Missionare wie Ruiz de Mendoza ihren Schützlingen weismachten, zum Christentum konvertierte Indios würden nicht mehr von den Raubkatzen gefressen.[96]

Franz Xaver Eder, der in den 1750er Jahren in der Moxos-Ebene unter den Baure missionierte, gab sehr detaillierte Beschreibungen von den dortigen Schamanen und ihrem Verhältnis zu den Jaguaren. »Die Raubkatzen, deren Angriffe sie fürchten, nennen sie *Arama* [Häuptling], so daß sie sie nicht aus Furcht, sondern eher aus Verehrung zu verschonen scheinen. Die Tiger [= Jaguare], vor denen sie am meisten Angst haben, nennen sie aber *Aramamaco*, oberster Herr, und wenn einer jemanden zerfleischt hat, wird der gesamte hinterbliebene Hausrat zusammengerafft und Nacht für Nacht vor die Tore gelegt, damit der Jaguar es, wenn er will, mit fortnimmt. Sie sagen nämlich, er habe das gesamte Erbrecht darauf, und wenn jemand es zu entwenden wagt, begeht er sozusagen Majestätsbeleidigung und kann vom *Aramamaco* zerfleischt werden. Das befolgen sie in einer so gewissenhaften Weise [*tam religiose*], daß sie, auch wenn Frau und Kinder [des Getöteten] in extremer Weise an Hunger leiden, von dem Hausrat nicht einmal einen winzigen Teil anrühren.«[97] Der Jaguar als höchster Herr, dem noch das Erbe seiner Opfer zusteht: diesen Glauben der Bevölkerung mochte Eder so nicht hinnehmen. Er hatte die Schamanen, *Motire* genannt, im Verdacht, den Jaguarkult künstlich anzuheizen, ähnlich wie Pizarro die Priester des Pachakamaq beschuldigte, Religion als Betrügerei zu betreiben. »Diese Schurken (*furciferi*) denken sich nicht selten einen furchterregenden Jaguar aus, der eine schlimme Verwüstung anrichten werde und womöglich bei ihren Festmählern und ihrem Getrinke eintreffen könnte, und bringen diese Leichtgläubigen so dazu, alles völlig dem zu unterwerfen. Die bringen dann von allen Seiten Sachen herbei und kommen in Schwadronen zu nächtlicher Stunde an der Hütte dieses alten Schelms zusammen, wo sie dann schweigend sitzen. Allein der *Motire* tritt in die Hütte ein und ruft den Jaguar-Herrscher mit Rasseln, die eigens für diesen Gebrauch gemacht sind, zum Gastmahl. Nach einiger Zeit sagt er dann denen, die voller Furcht und Schrecken draußen vor der Tür gewartet haben, er sei dagewesen, habe gefressen und die Speise sehr gelobt. Wenn sie das gehört haben, fühlen sie sich bestätigt, daß sie nichts mehr zu fürchten haben, und nach und nach legt sich ihr Schrecken.«[98]

Eder hat offensichtlich schamanistische Zusammenkünfte der Stämme beobachtet. Er konnte sich die Rituale nicht anders als bloße Täuschung erklären, als Bereicherung der Medizinmänner durch die Behauptung, sie hätten Umgang mit dem göttlichen Jaguar. Den Teufel ins Spiel zu bringen, hält sich Eder bereits zurück.

In der Glaskugel

Was sagten denn die Gelehrten zu alldem? Konnten Professoren ihr aus Europa mitgebrachtes dämonologisches Wissen auf die lokalen Kulte applizieren? Im Amazonasbecken gab es natürlich keine Universität, aber auch in Potosí und La Plata nicht. Um auf eine zu treffen, mußte man von Potosí eine Fahrstrecke von zweitausend Kilometer nordwestlich antreten, herab an die Küste nach Lima. Dort war 1569 ein Jesuitenkolleg eingerichtet worden, das auch eine Grammatikschule für Söhne wohlhabender Familien enthielt. Werfen wir einen Blick auf diese Anstalt, zu einer Zeit, als Reisende aus aller Welt dort Station machten, wie etwa Elias von Babylon, ein Mann aus dem damals osmanischen Bagdad, der 1668 nach Europa aufgebrochen war und dann mit dem Schiff nach Südamerika kam.[99] 1680 erreichte er Lima.[100]

Abb. 102: Lima im Jahr 1680.

Die Jesuiten von Lima waren gewissermaßen die intellektuellen Eroberer Perus.[101] Sie verstanden ihre Aufgabe als die Vollendung dessen, was die Conquistadores mit ihren Feuerwaffen erreicht hatten. Serge Gruzinski hat das scholastische Denken, das mit aristotelisch-thomistischen Kategorien auf das doch so anders geartete Weltbild der indigenen Bewohner losging, als eine Glaskugel bezeichnet: man nahm alles wahr und kam doch nicht an das Wesentliche heran.[102] Wir haben das schon bei Eders ethnologischen Versuchen gesehen, noch deutlicher ist es aber in den Traktaten der kolonialscholastischen Professoren.[103]

Am Jesuitenkolleg wirkte unter anderem ab 1572 José de Acosta, ein maßgeblicher Missionstheoretiker. Seine *Historia natural y moral de las Indias* von 1590 gehörte schon bald zu den Standardwerken, die über den südamerikanischen Kontinent informierten.[104] Was seine Versuche angeht, die Andenreligionen in europäische Begriffe zu fassen, so übernimmt er Ideen aus Castañegas *Tratado de las supersticiones y hechicerías*, aber auch aus den *Disquisitiones magicae* von Martin Del Rio, dem großen europäischen Lehrbuch zur Zauberei und Hexerei.[105] Diese Religionen waren auch für ihn teuflische Perversionen des Christentums. Acosta fügt den angeblichen südamerikanischen Teufelsglauben in eine Art globale Geschichtstheologie des Teufels ein, der sich in entlegene Weltgegenden habe zurückziehen müssen: »Nachdem er in vielen Teilen der Welt von der Kraft der Heiligen Schrift seiner Waffen beraubt worden war, begab er sich in abgelegene Gegenden der Welt, wo noch barbarische Sitten herrschten und wo er dann mit allen Mitteln versuchte, die falschen und lügenhaften Götzendienste am Leben zu erhalten. Da nun also die Abgötterei an den besten und vornehmsten Orten der Welt beseitigt ist, hat sich der böse Geist in weit entfernte Länder auf der anderen Seite der Erde verzogen. Diese Gegenden sind zwar nicht so edel, dafür aber weit größer als die Länder des christlichen Abendlandes.«[106] Der Teufel habe dort dann die christlichen Dogmen und Zeremonien verspottet, indem er sie in pervertierter Form eingeführt habe: »Auch wenn viele Zeremonien mit unseren übereinzustimmen scheinen, gibt es einen großen Unterschied, denn [die Indios] vermischen sie immer mit Abscheulichkeiten. Was gewöhnlich und allgemein bei ihnen ist, ist eines von drei Dingen: es ist entweder grausam oder schmutzig oder unnütz. Denn all diese Zeremonien waren entweder grausam oder gewalttätig wie das Töten von Menschen und das Vergießen von Blut, oder sie waren schmutzig und ekelhaft wie das Essen und Trinken, das sie zur Verehrung ihrer Götzenbilder taten, oder das Urinieren zu Ehren des Götzenbildes, oder sich in so niederträchtiger Art zu beschmieren und zu bemalen und hunderttausend andere üble Dinge. Zu guter Letzt waren all diese Zeremonien eitel und lächerlich, buchstäblich nutzlos, und mehr zu Kindern als zu Erwachsenen passend. Der Grund dafür ist die Natur des bösen Geistes, dessen Absicht es ist zu verletzen, Menschen zum Mord oder zur Schmutzigkeit zu verführen oder zumindest zu eitlen und unverschämten Handlungen.«[107]

Vom Apostel zum Teufel

Es hat zu Acostas globalen Geschichtstheologie des Teufels eine Alternative gegeben. Es war sozusagen die »gute«, die wohlmeinende Interpretation der Ähnlichkeiten zwischen christlichen und amerikanischen Ritualen und Vorstellungen. Da die Legende etabliert war, der Apostel Thomas habe Indien bereist und das Christentum dorthin gebracht, kam man auf den Gedanken, derselbe Apostel habe auch West-Indien, also Amerika, bereist und missioniert.[108] Und wenn nicht Thomas, dann ein anderer Apostel, nämlich Bartholomäus. Einer von ihnen müsse die Lehren und Zeremonien in die Neue Welt gebracht haben, die dann, wenn auch in depravierter Form, für so viel Erstaunen über die Ähnlichkeiten zwischen Azteken- oder Inkavorstellungen mit denen der Europäer gesorgt hatten.[109] So identifizierte der große mexikanische Gelehrte Carlos Sigüenza y Góngora im 17. Jahrhundert den Apostel Thomas mit Quetzalcóatl, einem aztekischen Gott, von dem es heißt, er sei die Küste entlanggereist und habe an sich selbst Feuer gelegt.[110] Er, Thomas-Quetzalcóatl, sei es gewesen, der den Glauben an den einen Schöpfergott verbreitet habe, die Menschenopfer bekämpfte und ein guter Herrscher in präkolumbianischen Zeiten gewesen sei. Für die Kreolen in Mexiko war das eine willkommene Aufwertung ihrer indigenen Geschichte, die nun kompatibel mit dem Christentum der Kolonialherren schien –

ganz ähnlich, wie die Bleibücher von Sacromonte, von denen in Kapitel VI die Rede war, die die Moriscos in ihrem islamischen Glauben aufwerteten, denn nach diesen (gefälschten) Zeugnissen hatte der Apostel Jakobus bereits Lehren verkündigt, die ähnlich wie die muslimischen klangen.

Für Peru ist die Variante ähnlich. Dort identifizierte man den Apostel Bartholomäus mit dem Gott Viracocha und meinte ebenfalls, der christliche Jünger sei von den Indigenen mit einem Götternamen belegt worden, doch seine Lehre lebe in den Kulten der Inkas fort.[111] Wie aber waren dann die negativen und verzerrenden Aspekte in die ursprünglich christliche präkolumbianische Religion gekommen? Hier nun gelangt der Teufel doch noch ins Spiel: Der Herr der Finsternis habe die guten Riten des Heilands in lächerliche und schmutzige verwandelt, habe grausame Zeremonien wie die Menschenopfer mit ihnen verbunden, um das Christentum herabzuwürdigen.

In dieser Alternativversion ist also eine reguläre Diffusion des Christentums mit einer nachträglichen satanischen Inversion verbunden worden; man geht nicht wie bei Acosta von einer bereits satanischen Kulturdiffusion aus. Der Unterschied besteht darin, wer den ideengeschichtlichen Transfer vornimmt: ein heiliger Apostel oder der Teufel selbst. Will man dem Teufel zwar die *kakozēlía* zugestehen, nicht aber eine weltgeschichtliche Handlungsmacht als Übertragender von religiösen Lehren, dann mußte man für die Version mit dem Apostel optieren.

Sicherlich: Mehr noch als bei den Kreolen oder den christianisierten Indigenen spielten solche Narrative in den globalisierten missionarischen Netzwerken der Frühen Neuzeit ihre Rolle, bei Jesuiten, Dominikanern oder Franziskanern. Sie vor allem benutzten die Theorien, um in der einen oder anderen Weise ihren Umgang mit den Einwohnern Amerikas zu rechtfertigen, aber auch im Blick auf ihre Machtstellung in Europa. Denn es hatte nach dem Konzil von Trient einen scharfen Konflikt in der katholischen Kirche darüber gegeben, wem welche

Kompetenzen zukamen: den Bischöfen, den Domkapiteln oder den Brüdern der Orden.[112] Die Ordensbrüder konnten mit Narrativen wie der von den Missionsreisen von Aposteln in die Neue Welt das »apostolische« Element und damit ihren eigenen Status stark machen.

Radikale Anthropologie

Die Teufelshypothese bestimmte die Wahrnehmung der indigenen Rituale von Azteken und Inkas durch die Spanier ganz und gar. Die Glaskugel war davon imprägniert – aber auch bereits durch das aristotelische Vokabular von Substanz und Akzidenz, von Form und Materie, das die europäischen Gelehrten an die Phänomene anlegten, die sich ihnen darboten. Daß das schon bei den Huacas nicht funktionierte, haben wir gesehen. Wie dicht ist diese Glaskugel gewesen? Kam die Missionarslinguistik dagegen an, wenn sie sich bemühte, indigene Sprachen zu erlernen und zu beschreiben, um die Indios besser missionieren zu können?[113] In Cuzco und Chuquisaca entstanden zu diesem Zweck Lehrstühle in indigenen Sprachen.[114] Doch natürlich imprägnierten die christlichen Sichtweisen sehr schnell auch diese Verständigungsbemühungen. Als dann sehr viel später – im 19. und 20. Jahrhundert – die westliche Religionswissenschaft sich der Religionen Südamerikas annahm, sprach man zwar nicht mehr von teuflischen Verführungen, sondern von Animismus und Naturreligion – wenn es um Huacas in den Anden oder Geisterglaube im Amazonasbecken ging –, doch hatte man mit solchen Termini die Indios schon verstanden?[115] Legte man nicht immer noch europäische Vorstellungen von Geist, von Substanz und von Identität zugrunde?

Wie schwer es selbst dann noch ist, den Effekten der Glaskugel zu entkommen, zeigt die Begriffsarbeit heutiger Anthropologen, die sich gegen ihre Vorgänger wenden, denen sie »Repräsentationalismus« vorwerfen, also ein zu großes Vertrauen darauf, sie könnten die Andersheit indigenen Denkens mit gewöhnlicher Terminologie einfangen. Erforscher von Amazonaskulturen wie Eduardo Viveiros de Castro bemühen statt dessen eine ganz andere Ontologie, um dem spezifischen Perspektivismus dieser Kulturen gerecht zu werden.[116] Das betrifft auch den ambivalenten Umgang so vieler Völker mit dem Jaguar, den schon Männer wie Mayr oder Eder beobachtet hatten – ohne ihn zu verstehen. Denn daß der Jaguar zugleich gefürchtet und verehrt wird, hat mit der Blickumkehr zu tun, bei der der Jaguar als eine Art Mensch (oder Geist) wahrgenommen wird; auch die seltsame Verwandlung der Schamanen in Jaguare hängt damit zusammen. »Gewöhnlich«, erläutert Viveiros de Castro, »unter normalen Bedingungen, sehen Menschen Menschen als Menschen und Tiere als Tiere; was Geister angeht, so ist diese üblicherweise unsichtbaren Wesen zu sehen ein sicheres Zeichen dafür, daß die ›Bedingungen‹ nicht normal sind. Tiere (Raubtiere) und Geister hingegen sehen Menschen als Tiere (als Beute), genauso wie Tiere (als Beute) Menschen als Geister oder als Tiere (Raubtiere) sehen. Ebenso sehen Tiere und Geister sich als Menschen: sie nehmen sich selbst als anthropomorphe Wesen wahr (oder werden solche), wenn sie in ihren eigenen Häusern oder Dörfern sind und ihre eigenen Gewohnheiten und Charakteristiken in der Form von Kultur erfahren – sie sehen ihre Nahrung als menschliche Nahrung (Jaguare sehen Blut als Maniok-Bier, Geier sehen die Maden im verwesenden Fleisch als gegrillte Fische etc.), sie sehen ihre körperliche Attribute (Fell, Federn, Klauen, Hörner) als Körperverzierungen oder kulturelle Instrumente, sie sehen ihr soziales System als in derselben Weise organisiert wie menschliche Institutionen [...].«[117] Diese für uns so ungewohnte Reziprozität ist es, was das Denken auch vieler Stämme in der Moxos-Ebene charakterisiert hat.[118] Es war nicht klar, ob der Jaguar als Jaguar vor einem stand oder als Mensch. Denn der Jaguar seinerseits, so empfand man es, sah wie ein Mensch, und in seinen Augen wurde man selbst zum Tier. Das ist etwas ganz anderes, als daß dort ein Dämon oder ein Teufel stand. Vielmehr bringt es die Kategorien ins Schwimmen.

Was bedeutet diese radikale Anthropologie für eine globale Ideengeschichte? Hat globale Ideengeschichte, will sie neben der realen Transmission von Vorstellungen auch die Referenzen und Projektionen rekonstruieren, die dabei jeweils im Spiel waren, nicht die Sprachen der Glaskugel zu dekonstruieren? Das ist sicherlich nötig, denn nur so erscheint hinter der Referenzverhinderung durch die Teufelshypothese und hinter den Verzerrungen durch die europäischen Kategorisierungen die Andersheit der indigenen Weltwahrnehmung. Allerdings erweist sich dann auch der Hiatus, den der transkulturelle Übergang zu überwinden hat, als gewaltig. Viveiros de Castro spricht provozierend statt von »Multikulturalismus« von »Multinaturalismus«, denn es geht aus der Sicht der Amazonas-Indios um den Übergang zwischen Spezies, nicht nur von Kulturen. Die Konsequenzen für die Ideengeschichte werden erst noch bedacht werden müssen.[119]

Die Hügel der Moxos

Was die Moxos-Ebene angeht, so gibt es von heute aus noch eine Beobachtung nachzutragen, die den Zeitgenossen des 16. und 17. Jahrhunderts nicht möglich war, aber für die Frage nach der Referenz der Beschreibungen nicht unerheblich ist. Die Einwohner der Amazonas-Ebene, so hatten wir gesagt, galten in Peru als die Primitiven, die Wilden. Doch ganz abgesehen davon, daß man indigene Völker heute nicht mehr so klassifizieren würde, ist es keineswegs immer so gewesen, daß in der Moxos-Ebene nur einfache Jäger-und-Sammler-Kulturen lebten. Heute, vom Flugzeug aus und mit den geschulten Augen von

Luftarchäologen, lassen sich Tausende von künstlichen Hügeln erkennen, die auf eine präkolumbianische Hochkultur schließen lassen, die in dieser Savannen- und Überschwemmungslandschaft Landwirtschaft betrieben hat. Dort gab es zahllose Hochfelder, Dämme und Kanäle; die Ebene gilt heute ohnehin als ein Zentrum der frühen Pflanzen-Domestikation – von Maniok, Mais, Kürbis, Erdnuß, manchen Chilisorten und manchen Bohnen.[120] Da dort die Böden wenig fruchtbar sind, mußten künstliche Techniken nachhelfen. Man datiert diese Siedlungstätigkeit zwischen 500 und 1400 n. Chr.[121]

Diese Erkenntnisse – die zu längst noch nicht abgeschlossenen Diskussionen über frühe Tiefland-Hochkulturen geführt haben – konterkarieren die frühneuzeitlichen Wahrnehmungen auf lehrreiche Weise. Das, was damals als »Natur« betrachtet wurde, war, so können wir heute sagen, zu beträchtlichen Teilen ein Spätprodukt menschlicher Gestaltung. Die Stämme, die man als »Wilde« ansah, waren in Teilen Nachkommen von Ingenieuren und Siedlern aus einer Awarak-Kultur. Was also, fragen wir, sah ein Dominicus Mayr, ein Franz Xaver Eder? Worauf referierten sie, wenn sie die Hügel sahen? Ihre Sprecher-Referenz bezog sich sicherlich auf natürliche Erhebungen, die reale Referenz aber richtete sich auf ehemalige Hochbeete, die von indigenen Siedlern angelegt worden waren. Wenn man will, kann man hier von einer Unterreichweite sprechen. Die Missionare unterschätzten völlig die Zeittiefe einer hohen agrarischen Kultur, die unter der Savannenlandschaft der Moxos verborgen lag. Falls sie überhaupt eine Zeittiefe sahen, dann die von angeblichen Amazonen, die bereits in der Antike irgendwie in die südamerikanische Flußebene gelangt seien und dort ihre Nachkommen hinterlassen hätten. Dies war der Grund, weshalb man den großen Strom »Rio de las Amazonas« genannt hatte, Fluß der Amazonen.[122] In den Jahren, kurz bevor Dominicus Mayr in der Moxos-Ebene anlangte, hatte Pierre Petit in Paris seinen gelehrten Traktat *De Amazonibus* veröffentlicht.¹²³ Dort wird untersucht, ob es Amazonen überhaupt gegeben habe, wo sie erstmals aufgetreten sind, und es wird Girolamo Cardano zitiert, der auf die spanischen Berichte aus der Zeit von Pizarro und Francisco de Orellana hinweist.¹²⁴

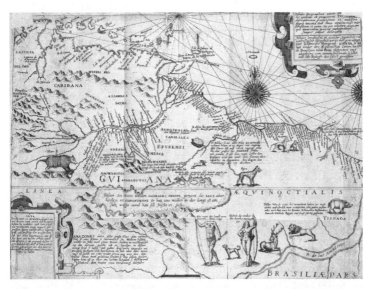

Abb. 103: Amazonaskarte von Theodor de Bry aus dem Jahr 1599.

Noch einmal: Oben und Unten

Wir haben in Kapitel II den »Clash of Chronologies« als eine inner-indische Grenze beobachtet und haben in Kapitel VII die inner-ostafrikanische Differenz zwischen Hochländern und »Kafirs« erlebt. In ähnlicher Weise sehen wir jetzt eine Differenz zwischen den Hochländern der Anden mit ihrer Inka-Zivilisation und dem Tiefland der Moxos-Ebene und fragen uns: Welche Beziehungen, welche Kontakte gab es zwischen Ost und West, zwischen Andenzivilisation und Amazonasbekken? Und da wir an Ideengeschichte interessiert sind, lautet die

Frage: Welchen möglichen Austausch an Vorstellungen und welche unüberbrückbaren Differenzen mag es da gegeben haben?

Diese Fragen auch nur zu stellen, ist schon fast vermessen. Die archäologisch-anthropologische Forschung ist gerade erst an dem Punkt angekommen, an dem sie sich mit archäogenetischen und linguistischen Instrumenten ein erstes Bild der Humanmigrationen in dieser Region machen kann.[125] Auf jeden Fall scheint es sinnvoll, zwischen den verschiedenen Zeitebenen zu unterscheiden: frühen präkolumbianischen Ansiedlungen mit ihren Sprachen und Mythologien; den Beziehungen in der frühneuzeitlichen Periode der Inka und der Bewohner der Moxos-Ebene; und dann den Beziehungen und Projektionen zur Zeit der spanischen Eroberer und europäischen Missionare. Wie wir gesehen haben, wird allein schon an der Jaguar-Verehrung die Interferenz der verschiedenen Schichten und ihr Effekt auf die jeweiligen Verbindungen von »Oben« und »Unten« deutlich.

Wir konnten in diesem Kapitel nur skizzenhaft vorführen, in welcher Relation globale Ideengeschichte zu den diversen Forschungstraditionen über die Andenkultur, die Wirtschaftsbeziehungen globaler Städte, den Kolonialismus in Peru, die Jesuitenmissionierung oder die Missionarslinguistik stehen kann – zumal wenn man heutige Archäologie und Anthropologie hinzunimmt. Was dabei deutlich geworden sein sollte, ist der Umstand, daß all diese Forschungen zusammenhängen und in ihrer Verbindung gesehen werden müssen. Weder ließ sich das Oben vom Unten trennen, noch die offiziell gedruckte von der handschriftlichen Kommunikation, noch die Sicht der Kirche von der der Eroberer oder Händler. Der Ideentransfer ging keineswegs nur von den Europäern aus, sondern ereignete sich in einer komplizierten Konstellation von kolonialer Triangulation (der Modellhaftigkeit der Bibel oder der griechisch-römischen Antike für die Neue Welt), von Übernahmen früherer

Mythologien durch die Inkas, von Übernahmen von Inka-Institutionen durch die Spanier und von Gegen-Aneignungen christlich aufgezwungener Religion durch die Indios, die sie ihren überkommenen Vorstellungen anpaßten. Neue technologische Innovationen wurden teilweise durch indigene Einwohner entwickelt, vom Quetchua ins Spanische übersetzt, dann aber wieder verschlüsselt; Beobachtungen der Missionare wanderten an die Universität in Lima und wurden mit europäischen Magie-Handbüchern abgeglichen. Man muß geradezu nach der Sprache graben, wie Allison Bigelow es ausgedrückt hat, um die Tiefenschichten dieser Aneignungen und Gegen-Aneignungen zu ergründen.[126]

Der Teufel war dabei immer in den Köpfen der Menschen, vor allem von denen, die Teile der globalen Netzwerke waren. Zwar besaßen auch die einfachen Menschen in Potosí oder anderswo die Vorstellungen, die ihnen beigebracht worden waren und die sie vielleicht mit indigenen Traditionen vermischten, aber sobald Wissensbestandteile über »teuflische« Vorkommnisse oder Phänomene in die internationale Kommunikation eingespeist wurden, gewannen sie schnell ein Eigenleben und wurden – in unterschiedlichster Weise – in die großen Ideennarrative von der *simia Dei* oder der Ausbreitung der Teufelsmacht über die Welt eingespannt. Die Referenzverfälschung oder -verhinderung wurde mit jeder Station auf diesem Weg stärker, am Ende blieb nur ein verfremdetes Bild dessen, was sich bei den Indios ereignet hatte.[127]

Diejenigen Missionare, die – wie etwa Franz Xaver Eder – den lokalen Geschehnissen nahe waren, konnten zumindest noch genaue Beschreibungen von Ritualen geben, die sie beobachteten, bevor sie das Ganze dem Teufel zuschrieben. Ähnliches hatten wir in Kapitel VII am Kap der Guten Hoffnung bemerkt, wenn Europäer mit Staunen die Extasetänze der Khoikoi beobachteten. Erst in den sekundären Verarbeitungen wurden solche Beobachtungen zumeist in die Großnarrative des Diabolischen oder des Gottlosen eingearbeitet. Da der Teufel per definitionem sein Unwesen im Verborgenen trieb, konnte man nie sicher sein, wo er auftauchte und wo er seine Hände im Spiel hatte. Das nährte eine Art von Verdachtshermeneutik, die sowohl vor Ort – bei den Betroffenen – als auch erst recht bei den gelehrten Autoren in Amerika oder Europa ihre Wirkungen zeitigte.

Von den Indios aus gesehen, konnte diese Verdachtshermeneutik auch eine aufständische, subversive Tönung annehmen: Warum sollte es nicht der Bürokrat sein, der die eigenen Verbesserungsvorschläge verschleppte, in den der Teufel sich verwandelt hatte? Waren die Behörden gerecht? Wenn sie ungerecht waren, dann waren sie vielleicht auch teuflisch. In einer Silbergräberstadt wie Potosí war das Schicksal ohnehin launisch, das Böse konnte an jeder Ecke lauern.[128] Ob Dschungel oder Mine, überall konnten Identitäten sich ändern, das Untergründige, das Wilde war dort präsent. Wenn Guamán Poma, der indigene peruanische Übersetzer und Chronist, 1615 von den »sechs Tieren, die von den Armen der Indianer in diesem Königreich gefürchtet werden«, spricht und sie auch abbildet, dann hat oben rechts »der Schreiber«, also der spanische Bürokrat, das Aussehen eines Jaguars.[129]

Die Metamorphosen des Wissens hingen immer auch davon ab, mit welcher Art von Autorität es besetzt war, für wen diese Autorität Geltung hatte und wohin das Wissen transferiert wurde. Die Information auf Münzen aus Potosí-Silber trug den Stempel der spanischen Krone und vermittelte bildlich das »Plus ultra« der Welteroberung; seine Geltung umfaßte alle spanisch kontrollierten Handelsrouten auf dem Globus, ja war sogar als Standardwährung in China oder Arabien verwendbar. Indigenes Wissen über Heilpflanzen war an die implizite Kenntnis lokaler Sammler und Autorität des Schamanen gebunden; wenn es aber an europäische Kolonialisten gelangte, wurde es zunächst einmal verteufelt, bevor dann später doch kommer-

Abb. 104: Der spanische Bürokrat als Jaguar bei Guamán Poma.

zielle Interessen diese Verteufelung neutralisierten; sprachlich wurde es ins Spanische übersetzt und dann vielleicht ins gelehrte Lateinische; dabei waren immer wieder Hürden der Transliteration zu überwinden. Wir haben Bücher von Autoren mit verflochtenen Identitäten auf ihren Handelsrouten verfolgt, bis in die Andenstadt, in der das »von einem Indio übersetzt« ganz andere Konnotationen haben mochte als in Spanien, wo das Buch gedruckt war. Wir haben das Wissen aus dem Untergrund der Minen, wo es dem Berg und dem gefürchteten unterirdischen Jaguar abgerungen war, an die Oberfläche verfolgt, an der schriftkundige Kreolen daraus Verbesserungsvorschläge ableiteten, mit denen sie sich eine kleine Pension erhofften. In den Tavernen von Potosí können sie sich alle getroffen haben, auch wenn sie vielleicht nicht miteinander sprachen: die schwarzen Sklaven, die indigenen Andenbewohner und Inka-Nachfahren, die spanischen Söldner, Händler und Rechtsanwälte, die Missionare auf der Durchreise in die Moxos-Ebene und dazwischen auch noch Abenteurer aus anderen Teilen dieser Erde.

Epilog
Mikrohistorie, Globalgeschichte und die Rekonstruktion intellektueller Praktiken

Das vorliegende Buch hat sich vorgenommen, Perspektiven für eine globale Ideengeschichte aufzuzeigen – vor allem für die frühen Phasen der Globalisierung in der Vormoderne. Dabei ging es verhältnismäßig wenig um einen »Columbian Exchange« von klassischen Ideen. So wie die amerikanische Kartoffel in Europa ansässig geworden ist, das ostasiatische Zuckerrohr in der Karibik, das eurasische Pferd bei den Indianern Nordamerikas, so könnte es doch auch – mag man etwas naiv meinen – einen Austausch von Gedanken und Konzepten gegeben haben: die aristotelischen Begriffe von *dynamis* und *energeia*, die Bodinsche Souveränität oder die cartesische subjektive Gewißheit im Austausch mit der konfuzianischen Vorstellung von *lǐ* (so etwas wie ritueller Anstand, Sittlichkeit) oder *yì* (so etwas wie Gerechtigkeit), oder mit der indisch-buddhistischen Konzeption von *prajñā* (so etwas wie alldurchdringende Weisheit). Doch diesen Austausch hat es vor dem 19. Jahrhundert kaum gegeben, und auch danach bis heute nur in einem sehr geringen Maße.[1] Dieses Buch hat statt dessen die Doppelhelix von Transmissionen einerseits und Bezugnahmen andererseits verfolgt. Denn diese doppelte Perspektive hat es möglich gemacht, die komplizierten Wege und Umwege, auf denen Ideen und Wissensbestände sich verbreitet haben, jeweils mit der Konstruktion von Bezugnahme abzugleichen, die ihnen zugeordnet ist und vom ganz unterschiedlichen Informationshintergrund an jeder Station der Transmission abhängt. Oftmals reisen Ideen von Ost nach West und West nach Ost, von Süd nach Nord und Nord nach Süd, ohne sich dabei notwendigerweise zu berühren. Ich habe dann von Multireferentialität gesprochen.

Wir haben uns insbesondere mit den kulturellen Praktiken von Transmission und Bezugnahme beschäftigt. Wie kommt ein Helbig in der Kontaktzone Batavia zu seinen neuen Vorstellungen über Alchemie, und wie benennt er sein Produkt, um das Exotische an ihm zu markieren? Wie benutzt ein Fogel seinen Zettelkasten, um weitreichende Spekulationen über die Herkunft von Drogen und ihren Bezeichnungen anzustellen? Wie rätselt ein Chézaud in Isfahan über eine angebliche Inschrift von Moses, und wie grübelt der Freundeskreis von Leibniz, La Croze und Cuper – ein Fall von sozialer Epistemologie – über »chinesische« Felszeichnungen?

Intellektuelle Globalisierung, das ist schnell klargeworden, vollzieht sich immer auch zeitlich und nicht nur räumlich. Eine Bezugnahme auf ein Phänomen aus einer fremden Kultur reist sozusagen mit Lichtgeschwindigkeit durch Epochen und über Kontinente – auch wenn die reale Transmission, die erfolgen mußte, um den »Reiz« der Referenz auszulösen, mühsam über Schiffe oder Karawanen stattzufinden hatte. Aber Bezugnahmen sind fluide. Sie schwanken nicht selten um Tausende von Jahren und Tausende von Kilometern. Sie sind wie die Tastorgane der entstehenden Moderne. Ist Hermes ein Weiser aus der Zeit Abrahams? Wenn ja, dann bedeutet das instantan größte Autorität und rekonstruierbaren Einfluß auf Pythagoras und Platon. Oder doch nicht? Schon zuckt das Tastorgan zurück und justiert sich neu im kaiserzeitlichen Hellenismus. Alles Schwindel! Hermes nur ein Schreiberling ohne Autorität, der Ideen von Platon und des frühen Christentums kopiert und zusammenmischt! Eine Felszeichnung im Ural: erstes Zeugnis frühen chinesischen Schreibens? Sofort eröffnen sich intellektuelle Spielräume von möglichen Beziehungen: es könnte eine ägyptische Kolonie in China gegeben haben, die dort die hieroglyphische Begriffssprache installiert hat. Und die von China aus Expeditionen weit in den eurasischen Westen unternommen hat, um dort mit dem Christentum zusammenzutreffen. Oder doch nicht?

Die Volatilität der frühneuzeitlichen Referenztätigkeit macht schwindelig. Der Historiker und die Historikerin müssen ihr etwas entgegensetzen, sonst verläuft sich Globalgeschichte schnell in den Tiefen von Raum und Zeit. Diese Entgegensetzung kann, so hoffe ich deutlich gemacht zu haben, nur die Fallstudie sein. Nur sie überbrückt, wie Sanjay Subrahmanyam es ausgedrückt hat, »in gewisser Weise die Kluft zwischen Mikrogeschichte und Weltgeschichte«.[2] Es benötigt ideengeschichtliche »Kontext-Spinner«, um Konturen in die Vielheit von möglichen Bezügen zu bringen. Von daher hat sich in den vergangenen Jahren schnell eine Diskussion um das Verhältnis von Mikrohistorie und Globalgeschichte ergeben, in die sich dieses Buch einfügen kann.[3] Mikrohistorie ist immer ein Korrektiv gewesen, um die Stereotypen des »Normalen« zu bezweifeln und an seiner Stelle das »außergewöhnliche Normale« zu untersuchen.[4] Man hatte geargwöhnt, Mikrohistorie operiere zu kleinteilig, um je eine globale Weite erlangen zu können. Fallstudien von globalen Lebensläufen frühneuzeitlicher Akteure haben jedoch gezeigt, daß dies sehr wohl möglich ist:[5] Die Globalgeschichte stellt die Weite der Perspektive, die Mikrohistorie reduziert die Komplexität auf einige wenige Akteure oder Materialien, die dann durch ihre globalen Bezüge verfolgt werden. Wo die Globalgeschichte zu makroskopischer Strukturanalyse tendiert, trägt die Mikrohistorie dazu bei, die »agency«, die Handlungsmöglichkeit von einzelnen Personen aus Fleisch und Blut, unter die Lupe zu nehmen. Das vorliegende Buch ergänzt diese Diskussion um die intellektuelle Dimension: auch die Informationspraktiken oder Referenzpraktiken, die wir in acht Fallstudien untersucht haben, sind zwar in ihrer Reichweite weit ausgreifend, aber nach Möglichkeit immer zurückgebunden an einzelne Akteure und konkrete Quellengrundlagen.

Die zweite neuere Debatte, an die das Buch mit seinen Ergebnissen anknüpfen kann, ist jene, die um die sogenannte Cambridge School der Ideengeschichte entbrannt ist.[6] Denn man hat gefragt, ob der ganz auf europäische Verhältnisse zugeschnittene Kontextualismus dieser Denkrichtung überhaupt in der Lage ist, sich auf globale Kontexte auszuweiten.[7] Die Ausweitung, so der Verdacht, könnte den ganzen Ansatz sprengen. Auf diese Herausforderung hat David Armitage – wie wir in der Einleitung dargestellt haben – mit seiner Einführung eines »seriellen« Kontextualismus geantwortet; eine Konzeption, der ich grundsätzlich zustimme, die ich aber um die »Doppelhelix« erweitert habe.[8] Auch John G.A. Pocock hat sich zur Herausforderung geäußert und gesteht zu, daß die Praxis der Rekonstruktion politischen Denkens oft eurozentrisch gewesen ist. Selbst wenn wir allerdings sehr fremden Kulturen gegenüberstehen und uns erst darüber verständigen müssen, was jede Kultur jeweils unter »politisch« versteht, so betont er, sei das doch immer noch ein Austausch verschiedener Kontexte.[9]

Doppelhelix, Referenz in Konstellationen, Triangulation, Ideengeographie, Referenzjagd, informationelle Lieferketten, Multireferentialität – das sind, in Schlagworten, die methodischen Perspektiven, die dieses Buch aufgezeigt hat. Unter Doppelhelix habe ich eine Kombination von Transmissions- und Gedächtnisgeschichte verstanden, bei der im Sinne eines seriellen Kontextualismus an jedem Knotenpunkt einer Transmissionskette gefragt wird, wo diese Kette verläuft und wie die Akteure die Vergangenheit konstruieren. Mit Multireferentialität war die Unterschiedlichkeit der Bezugnahmen gemeint, die bei der Kopräsenz verschiedener Kulturen an einem Ort stattfindet. Dabei liegt dem informationellen Hintergrund eine ganze Kaskade von Einzelinformationen zugrunde, die sich aus

Quellen speisen, die wiederum auf andere Quellen zurückweisen. Triangulation liegt dann vor, wenn die Bezugnahme sich virtuell zugleich auf ein anderes Objekt richtet, das das Paradigma zum Verstehen des eigentlich gemeinten Objektes abgibt. Ideengeographie visualisiert die Diffusion von Transmissionsprozessen. Eine Referenzjagd meint den Versuch der Akteure, die Objekte, auf die sie sich beziehen, konkreter zu identifizieren. Referenz in Konstellationen bedeutete im Sinne einer sozialen Epistemologie die gemeinsame Anstrengung, bei der Referenzjagd erfolgreich zu sein. All diese Begrifflichkeiten sind nicht dazu entwickelt worden, um die Forschung durch zu viel Theorie zu belasten, sondern um kulturgeschichtliche Techniken in einem Gebiet zu bewahren, das durch seine Größe und Neuheit leicht dazu tendiert, sie zu vernachlässigen.

In diesem Buch hat es unterschiedliche Skalierungen zwischen der Mikro- und der Makroebene gegeben. Wir haben nach Einzelakteuren gefragt, sind dann auf die Mesoebene der Intellectual History von Städten wie Batavia oder Potosí gesprungen, zuweilen aber auch auf die ganz große Bühne der globalen Kreisläufe. Ebenso in zeitlicher Hinsicht: die mikrohistorische Feinarbeit erstreckt sich oft auf wenige Monate oder Jahre, dann aber werden große Distanzen von Jahrhunderten zurückgelegt, um die Transmissionssprünge zu verfolgen oder auch Nachwirkungen aufzuzeigen.

Um diese Fallstudien nicht völlig isoliert voneinander zu halten, ist dieses Buch – wie schon mein *Prekäres Wissen* – wieder nach dem Muster des Episodenfilms vorgegangen. Ich verankere die Einzelgeschichten in den Jahrzehnten um 1700 und lasse den Cast dieses Buches, die personelle Besetzung der Narrative, von Zeit zu Zeit auch in Nachbarepisoden auftreten. So bildet sich, wenn es gutgeht, ein gewisses Netz von Personen, deren Konnektivität dafür einsteht, daß trotz so vieler fremder Ideenwelten dennoch Überlappungen sichtbar werden.

Welches sind nun die Perspektiven, die das Buch aufzeigt? Wie im *Prekären Wissen* ist es nicht eine einzelne Perspektive, nicht ein singulärer Zugriff, den ich eröffne, sondern es sind eine ganze Reihe von Projekten, die sich für künftige Arbeiten abzeichnen: Eine Globalgeschichte des Hermetismus und ähnlicher Denkrichtungen, eine Geschichte des »Clashes« von diversen Raum- und Zeit-Rahmen, eine Geschichte der Verzeichnungspraktiken fremden Wissens, eine durch reales Nachexperimentieren zu gewinnende Geschichte hybrider indigen-europäischer alchemischer Prozesse, eine soziale Epistemologie von Annäherungen an das Fremde in Konstellationen, eine »histoire croisée« von Häresietransfer, eine vergleichende Geschichte der Häresie, eine Geschichte von apologetischen Argumenten als Motoren der Globalisierung, und schließlich eine Globalgeschichte des Teufels und der Dämonologie. All dies sind Projekte, die hier nur exemplarisch vorgeführt wurden, aber die Zukunft noch vor sich haben.

Abschließend noch ein letzter Gedanke: Bruno Latour hat uns darauf hingewiesen, daß, um Globalisierung wirklich zu verstehen, es nicht ausreicht, einmalig auf bestimmte Fakten verwiesen zu werden. Eine Ungeheuerlichkeit wie den Klimawandel wirklich zu internalisieren und entsprechend zu handeln, ist wie bei einem Raucher, der sich wieder und wieder der Einsicht über die negativen Folgen aussetzen muß, bis er endlich reagiert.[10] Daher muß man sich die Bewußtmachung des Anthropozäns als ein Unternehmen vorstellen, das noch viele Jahre damit beschäftigt sein wird, immer neue Schleifen um den Globus zu legen, immer neue kaum gesehene Verbindungen und Konsequenzen aufzudecken, bevor man die allgemeine Lage wirklich realisiert hat. Das gilt auch retrospektiv, für die historische Dimension.[11] Auch der Globalhistoriker und die Globalhistorikerin sind angehalten, immer neue Schleifen von vergangenen Bezugnahmen um den Globus zu legen, immer neue ehemalige Verflechtungen anzuzeigen, Fallstudie um Fallstudie, bis sich ein allgemeineres Bild ergibt, das wirkliches Verständnis auslöst. Die Ideenwelt ist so groß und so reich, sie wird das Material dafür bereithalten.

Anmerkungen

Vorwort

1 Anlaß waren Patricia Crones Quellenstudien zu den sogenannten Dahris, den Materialisten im Islam. Inzwischen sind einige Arbeiten Crones aus diesem Umfeld postum erschienen: Patricia Crone, *Islam, the Ancient Near East and Varieties of Godlessness. Collected Studies*, Bd. 3, Leiden 2016.

2 Dies sei auch angesichts der Skepsis gesagt, die Jürgen Osterhammel jüngst – zu Recht – gegenüber einer modischen Überbetonung des global Verbundenen geäußert hat: »Warenökonomie und Mobilitätsfolklore«, in: *Zeitschrift für Ideengeschichte* 15/1 (2021), S. 5-13. Über die Problematik der »Verbindungen« vgl. auch Roland Wenzlhuemer, *Globalgeschichte schreiben. Eine Einführung in 6 Episoden*, Konstanz und München 2017, bes. S. 18-23. – Ich danke Philipp Hölzing für sein umsichtiges Lektorat, Christian Scherer für die Recherche zu Druckvorlagen und seine Grafiken, Isabel Heide und Nadja Möhler für Fußnoteneinrichtung und Register sowie Colinda Lindermann für ihre Korrekturen bei den arabischen und persischen Wörtern.

Einleitung:
Praktiken der Bezugnahme
im Prozeß der Globalisierung

1 Diese Einleitung benutzt große Teile meines Aufsatzes: »Elemente einer Globalen Ideengeschichte der Vormoderne«, in: *Historische Zeitschrift* 306 (2018), S. 1-30; kürzere engl. Fassung: »A Reference Theory of Globalized Ideas«, in: *Global Intellectual History* 2/1 (2017), S. 67-87. Der Text ist hier aber verändert, überarbeitet und stark erweitert. – Das Motto: Günter Eich, »Atlanten«, in: ders., *Gesammelte Maulwürfe*, Frankfurt 1972, S. 66.

2 Vgl. Simon Schaffer, Lissa Roberts, Kapil Raj, James Delbourgo (Hg.), *The Brokered World. Go-Betweens and Global Intelligence, 1770-1820*, Sagamore Beach 2009; *Global Histories of Science* (= *Isis* 101, Heft 1, 2010); Jürgen Renn (Hg.), *The Globalization of Knowledge in History*, Berlin 2012; Alain Schnapp (Hg.), *World Antiquarianism. Comparative Perspectives*, Los Angeles 2013; Sheldon Pollock, Benjamin A. Elman (Hg.), *World Philology*, Cambridge 2015; James Elkins (Hg.), *Is Art History Global?*, London 2007; Ulrich Pfisterer (Hg.), *Globale Kunstgeschichte*, Darmstadt 2015; Samuel Moyn, Andrew Sartori (Hg.), *Global Intellectual History*, New York 2013. Angeregt wurde eine »global intellectual history« maßgeblich durch Christopher Bayly. Vgl. v. a. dessen: *Recovering Liberties. Indian Thought in the Age of Liberalism and Empire*, Cambridge 2011. Weiter: Sugata Bose, Kris Manjapra (Hg.), *Cosmopolitan Thought Zones: South Asia and the Global Circulation of Ideas*, Basingstoke 2010.

3 Wolfram Drews, Jenny Rahel Oesterle (Hg.), *Transkulturelle Komparatistik. Beiträge zu einer Globalgeschichte der Vormoderne* (= *Comparativ* 18, Heft 3/4), Leipzig 2008.

4 Jürgen Osterhammel, »Globalifizierung. Denkfiguren einer neuen Welt«, in: Alexandra Kemmerer, Martin Mulsow (Hg.), *Lange Leitung* (= *Zeitschrift für Ideengeschichte* 9, Heft 1), München 2015, S. 5-16.

5 Vgl. Jürgen Osterhammel, Niels P. Petersson, *Geschichte der Globalisierung. Dimensionen, Prozesse, Epochen*, München 2003; Sebastian Conrad, *Globalgeschichte*, München 2013. Die Metapher des Weltinnenraums benutzt Peter Sloterdijk in seinem dezidiert philosophischen Globalisierungsbuch: *Im Weltinnenraum des Kapitals*, Frankfurt 2005.

6 Vgl. Urs App, *The Cult of Emptiness. The Western Discovery of Buddhist Thought and the Invention of Oriental Philosophy*, Wil 2014, S. 11-23.

7 Zur Geschichte der kritischen Philologie vgl. etwa Anthony Grafton, *Defenders of the Text. The Traditions of Scholarship in an Age of Science, 1450-1800*, Cambridge 1991; ders., *Fälscher und Kritiker. Der Betrug in der Wissenschaft*, Berlin 1991; Arnaldo Momigliano, *Ausgewählte Schriften zur Geschichte und Geschichtsschreibung*, Bd. 3: *Die moderne Geschichtsschreibung der alten Welt*, Stuttgart 2000. Natürlich gibt es auch heute noch Fehlein-

schätzungen und Überreichweiten, aber sie prägen nicht mehr die Kultur. Umgekehrt reicht die Zeit der Überreichweiten weit in die Vormoderne zurück, gerade auch die Spätantike und das Mittelalter sind voll von ihnen. Es sind pragmatische Gründe, die mich dazu bewegen, mich auf die Frühe Neuzeit zu konzentrieren.

8 Lynn Hunt, *Writing History in the Global Era*, New York 2014.
9 Lynn Hunt, *La storia culturale nell'età globale*, Pisa 2010.
10 Hunt, *Writing History* (Anm. 8), S. 18.
11 Ebd., S. 39 ff.
12 Jo Guldi, David Armitage, *The History Manifesto*, Cambridge 2014.
13 Vgl. die Rezension von Stefan Jordan in: *H-Soz-Kult*, 29.04.2016, ⟨http://www.hsozkult.de/publicationreview/id/rezbuecher-24896⟩ [Letzter Zugriff: 28.3.2022].
14 Hunt, *Writing History* (Anm. 8), S. 77.
15 Als einige Beispiele: Francesca Trivellato, *The Familiarity of Strangers: The Sephardic Diaspora, Livorno, and Cross-Cultural Trade in the Early Modern Period*, New Haven 2009; David Aslanian, *From the Indian Ocean to the Mediterranean: The Global Trade Networks of Armenian Merchants from New Julfa*, Berkeley 2011; Claude Markovits, *The Global World of Indian Merchants, 1750-1947: Traders of Sind from Bukhara to Panama*, Cambridge 2000; Graziano Krätli, Ghislaine Lydon (Hg.), *The Trans-Saharan Book Trade: Manuscript Culture, Arabic Literacy and Intellectual History in Muslim Africa*, Leiden 2011.
16 Hunt, *Writing History* (Anm. 8), S. 67 ff.
17 Ich verwende hier Ideengeschichte immer im Sinne von »Intellectual History«, nicht der älteren »History of Ideas«. In Deutschland verbietet es sich, »Intellectual History« als »Geistesgeschichte« zu übersetzen, weil damit Hegelianische und Diltheysche Konnotationen einhergehen; daher bleibt nur »Ideengeschichte«. Vgl. auch Martin Mulsow, »Neue Perspektiven der Ideengeschichte«, in: Helmut Reinalter (Hg.), *Neue Perspektiven der Ideengeschichte*, Innsbruck 2015, S. 25-36.
18 Peter Burke, »Die Kulturgeschichte intellektueller Praktiken«, in: Andreas Mahler, Martin Mulsow (Hg.), *Texte zur Theorie der Ideengeschichte*, Stuttgart 2014, S. 359-376; ders., *What is the History of Knowledge?*, Cambridge 2016.
19 Vgl. unten Kap. V; vgl. auch Martin Mulsow (Hg.), *Kriminelle –*

Freidenker – Alchemisten. Räume des Untergrunds in der Frühen Neuzeit, Köln 2014.
20 Martin Mulsow, *Prekäres Wissen. Eine andere Ideengeschichte der Frühen Neuzeit*, Berlin 2012.
21 Robert Darnton, *The Forbidden Best-Sellers of Pre-Revolutionary France*, New York 1996; Dirk Sangmeister, Martin Mulsow (Hg.), *Deutsche Pornographie in der Aufklärung*, Göttingen 2018.
22 David Armitage, »What's the Big Idea? Intellectual History and the Longue Durée«, in: *History of European Ideas* 38 (2012), S. 493-507.
23 Jonathan Israel, *Radical Enlightenment. Philosophy and the Making of Modernity 1650-1750*, Oxford 2001; ders., *Enlightenment Contested. Philosophy, Modernity, and the Emancipation of Man 1670-1752*, Oxford 2006; ders., *Democratic Enlightenment. Philosophy, Revolution, and Human Rights 1750-1790*, Oxford 2011; ders., *The Enlightenment that Failed. Ideas, Revolution, and Democratic Defeat, 1748-1830*, Oxford 2019. Zur Polemik gegen Darnton u. a. vgl. vor allem die Einleitung von *Democratic Enlightenment* sowie ders. »Radikalaufklärung: Entstehung und Bedeutung einer fundamentalen Idee«, in: ders., Martin Mulsow (Hg.), *Radikalaufklärung*, Berlin 2014, S. 234-275.
24 Martti Koskenniemi, *The Gentle Civilizer of Nations. The Rise and Fall of International Law 1870-1960*, Cambridge 2004; David Armitage, *Foundations of Modern International Thought*, Cambridge 2013; ders., Jennifer Pitts (Hg.), *The Law of Nations in Global History*, Oxford 2017. Vgl. auch das Gespräch von Alexandra Kemmerer mit Martti Koskenniemi und Anne Orford: »Wir müssen nicht immer nur auf Westfalen schauen ...«, in: *Lange Leitung* (Anm. 4), S. 31-46. Vgl. für die Jurisprudenz auch Thomas Duve, »Internationalisierung und Transnationalisierung der Rechtswissenschaft«, in: Dieter Grimm, Alexandra Kemmerer, Christoph Möllers (Hg.), *Rechtswege. Kontextsensible Rechtswissenschaft vor der transnationalen Herausforderung*, Baden-Baden 2015, S. 167-195.
25 Vgl. auch die warnenden Worte von Emma Rothschild, »Arcs of Ideas. International History and Intellectual History«, in: Gunilla Budde, Sebastian Conrad, Oliver Janz (Hg.), *Transnationale Geschichte*, Göttingen 2006, S. 217-226, die vor allem die Preisgabe sozialgeschichtlicher und ideenpolitischer Standards durch die Überdehnung der Untersuchungsfelder befürchtet.

26 Arthur O. Lovejoy, *The Great Chain of Being*, Cambridge 1936, Einleitung.
27 Osterhammel, *Globalifizierung* (Anm. 4), S. 16.
28 Vgl. Martin Mulsow, Andreas Mahler (Hg.), *Die Cambridge School der politischen Ideengeschichte*, Berlin 2010.
29 David Armitage, *What's the Big Idea?* (Anm. 22).
30 Harold Cook, *Matters of Exchange. Commerce, Medicine, and Science in the Dutch Golden Age*, New Haven 2007.
31 Jürgen Renn, Malcolm D. Hyman, »The Globalization of Knowledge in History: An Introduction«, in: Jürgen Renn (Hg.), *The Globalization of Knowledge in History*, Berlin 2012, S. 15-44. Hier S. 31-33: *Knowledge as a Fellow Traveller*. Vgl. jetzt auch Jürgen Renn, *The Evolution of Knowledge. Rethinking Science for the Anthropocene*, Princeton 2020. – Gelegentlich reisen Ideen freilich auch in Gesellschaft anderer Ideen – es gibt dann eine gemeinsame Transmission, so wie etwa im europäischen Mittelalter die Idee von den »drei Betrügern« Moses, Jesus und Mohammed mehrfach zusammen mit der von den Präadamiten (vgl. unten Kap. II) auftaucht. Thomas Gruber spricht deshalb von »Ko-Transmission«: »Les trois imposteurs ›prémodernes‹ et leur intérêt pour les modernistes. Quelques propositions«, in: *La lettre clandestine* 16 (2016), S. 35-48, hier S. 47; vgl. auch Patricia Crone, »Oral Transmission of Subversive Ideas from the Islamic World to Europe: The Case of the Three Imposters«, in: dies., *Islam, the Ancient Near East and Varieties of Godlessness. Collected Studies*, Bd. 3, Leiden 2016, S. 200-238, hier bes. S. 230-237.
32 Am Kontext von Handel und Reisenden setzt auch die an Agency orientierte globale Wissenschaftsgeschichte an, wie Simon Schaffer sie propagiert. Vgl. Schaffer, Roberts, Raj, Delbourgo (Hg.), *The Brokered World* (Anm. 2). Vgl. auch Kapil Raj, *Relocating Modern Science: Circulation and the Construction of Knowledge in South Asia and Europe, 1650-1900*, New York 2007.
33 Renn, Hyman, *The Globalization* (Anm. 31), S. 25.
34 Zur Theorie der Bedeutungsverschiebungen vgl. Glenn Pearce, Patrick Maynard (Hg.), *Conceptual Change*, Dordrecht 1973.
35 Hunt, *Writing History* (Anm. 8), Kapitel 3: »Rethinking Society and the Self«, S. 78-118.
36 Gianna Pomata, *Epistemic Genres or Styles of Thinking? Tools for the Cultural History of Knowledge*. Vortrag an der Université de Genève, 10.12.2012.

37 Vgl. vor allem Gareth Evans, *The Varieties of Reference*, Oxford 1982; dt.: *Spielarten der Bezugnahme*, Berlin 2018. Vgl. zum Stand der linguistischen Analyse auch Jürgen Pafel, *Referenz*, Heidelberg 2020.

38 Gottlob Frege, »Über Sinn und Bedeutung«, in: *Zeitschrift für Philosophie und philosophische Kritik*, Neue Folge 100 (1892), S. 25-50. Vgl. Michael Dummett, *Frege. Philosophy of Language*, London 1981.

39 Saul A. Kripke, »Speaker's Reference and Semantic Reference«, in: *Midwest Studies in Philosophy* 2 (1977), S. 255-276, bzw. in P. A. French, T. E. Uehling, H. K. Wettstein (Hg.), *Contemporary Perspectives in the Philosophy of Language*, Minneapolis 1977, S. 6-27; Keith Donellan, »Reference and Definitive Descriptions«, in: *Philosophical Review* 75 (1966), S. 281-304.

40 Robert H. Fuson (Hg.), *Das Logbuch des Christoph Kolumbus. Die authentischen Aufzeichnungen des großen Entdeckers*, Bergisch Gladbach 1989, S. 156. Zu Kolumbus' späteren Reisen vgl. Peter Martyr von Anghiera, *Acht Dekaden über die neue Welt*, übers. von Hans Klingelhöfer, 2 Bde.; Darmstadt 1972. Bei seiner ersten Reise, 1492, erreicht Kolumbus eine den Bahamas vorgelagerte Insel (von ihm San Salvador genannt; indigen: Guanahani) und glaubt, er sei in der Nähe von Japan; auf der Suche nach dem Festland erreicht er am 28. Oktober Kuba und glaubt, jetzt einen Teil Japans vor sich zu haben. Auf seiner zweiten Reise, 1493, durchsegelt er die Karibik und stößt unter anderem auf die Inseln Dominica, Guadeloupe und Puerto Rico. Noch immer glaubt er, mit Kuba asiatisches Festland vor sich zu haben. Er geht sogar so weit, seine Ansicht am 12. Juni 1494 zum offiziellen Dogma zu erheben; jedem Besatzungsmitglied wird ein Eid darauf abgenommen. Die dritte Reise (ab 1498) führt vom Orinoko-Delta aus an der Küste Südamerikas entlang, Kolumbus sucht eine Passage Richtung Indien. Die vierte Reise schließlich, 1502, wird wieder entlang der mittelamerikanischen Küste unternommen, von Honduras bis Panama. Immer glaubt er, in der Nähe Hinterindiens zu sein (also im Gebiet etwa von Vietnam, Malaysia oder Thailand), und meint, in zehn Tagen die Mündung des Ganges erreichen zu können. Vgl. auch Stefan Rinke, *Kolumbus und der Tag von Guanahani. 1492: Ein Wendepunkt der Geschichte*, Stuttgart 2013.

41 Vgl. Christian Beyer, »A Neo-Husserlian Theory Of Speaker's Reference«, in: *Erkenntnis* 54 (2001), S. 277-297; Michael Haugh, Ka-

sia Jaszczolt, »Speaker Intentions and Intentionality«, in: Keith Alan, Kasia Jaszczolt (Hg.), *The Cambridge Handbook of Pragmatics*, Cambridge 2012, S. 87-112. – Den Begriff der Intentionalität hat u. a. John Searle für die analytische Philosophie fruchtbar gemacht: *Intentionality. An Essay in the Philosophy of Mind*, Cambridge 1983.

42 Evans, *Spielarten der Bezugnahme* (Anm. 37), S. 401-446.
43 Hilary Putnam, »The Meaning of ›Meaning‹«, in: *Minnesota Studies in the Philosophy of Science* 7 (1975), S. 131-193. Man hat bei geteiltem Wissen sogar von »öffentlicher Referenz« gesprochen: J. P. Smit, »Speaker's Reference, Semantic Reference and ›Public Reference‹«, in: *Stellenbosch Papers in Linguistics* 55 (2018), S. 133-143.
44 Vgl. Henning Ritter, *Nahes und fernes Unglück. Versuch über das Mitleid*, München 2004. Aber auch Reflexionen über die zeitliche Distanz des Historikers zu seinem Gegenstand hängen von der Reichweite von Bezugnahmen ab. Vgl. John Brewer, Silvia Sebastiani, »Closeness and Distance in the Age of Enlightenment: Introduction«, in: *Modern Intellectual History* 11 (2014), S. 603-609; Carlo Ginzburg, *Holzaugen. Über Nähe und Distanz*, Berlin 1999.
45 Hans Lenk, *Schemaspiele. Über Schemainterpretationen und Interpretationskonstrukte*, Frankfurt 1995, S. 132-156; vgl. Günter Abel, *Interpretationswelten*, Frankfurt 1995, S. 300-314; anders Robert Brandom, *Expressive Vernunft. Begründung, Repräsentation und diskursive Festlegung*, Frankfurt 2000. Lenk spricht S. 148 bei kausaler Referenz, die nach Kripke von einem ursprünglichen »Taufakt« der Namensgebung bis hin zum Sprecher reicht, variierend von »einer[r] historische[n] Tradierung von Bezugnahmen, die schon Referenz- und Bedeutungsinterpretationen voraussetzen – und insbesondere eine Interpretationspraxis, die darin besteht, daß ich Berichte und Berichte über Berichte usw. ernst nehme, glaube, verstehe und direkt oder zumeist indirekt auf Überlieferungsquellen zurückführen kann«. Vgl. auch unten Anm. 65.
46 Markus Friedrich, *Der lange Arm Roms? Globale Verwaltung und Kommunikation im Jesuitenorden 1540-1773*, Frankfurt 2011; Arndt Brendecke, *Imperium und Empirie. Funktionen des Wissens in der spanischen Kolonialherrschaft*, Köln 2009.
47 Diese Netzwerke können auch Familiennetzwerke sein. Wie sehr die schottische Aufklärung in den Bahnen globaler Familiennetz-

werke zu sehen ist, hat Emma Rothschild gezeigt: *The Inner Life of Empires. An Eighteenth-Century History*, Princeton 2011. Ein Sonderfall ist religiöses Referenzverhalten, denn Bezugnahmen auf Transzendentes sind meist mit speziellen Praktiken verbunden und haben die Tendenz, »weit« auszugreifen.

48 Vgl. Rom Harré, *Varieties of Realism. A Rationale for the Natural Sciences*, Oxford 1986; Hans Lenk, *Schemaspiele* (Anm. 45), S. 136f.

49 Vgl. Peter F. Strawson, »Identifying Reference and Truth-Values«, in: ders., *Logico-Linguistic Papers*, S. 75-95; Evans, *Spielarten der Bezugnahme* (Anm. 37), S. 401ff.

50 Vgl. für die Übertragungen dieses Modells der Lieferketten auf die globale Arbeitsgeschichte Marcel van der Linden, *Workers of the World. Essays toward a Global Labor History*, Leiden 2008; auf die globale Konsumgeschichte vgl. Steven Topic, Carlos Maricha, Zephyr Frank, Gilbert M. Joseph, Emily S. Rosenberg (Hg.), *From Silver to Cocaine. Latin American Commodity Chains and the Building of the World Economy, 1500-2000*, Durham 2006. Vgl. auch Kim Siebenhüner, »Die Mobilität der Dinge. Ansätze zur Konzeptualisierung für die Frühneuzeitforschung«, in: Annette C. Cremer, Martin Mulsow (Hg.), *Objekte als Quellen der historischen Kulturwissenschaften. Stand und Perspektiven der Forschung*, Köln 2017, S. 35-46, bes. S. 37f. Zum Modell des ökologischen Fußabdrucks vgl. Mathis Wackernagel, Bert Beyers, *Footprint. Die Welt neu vermessen*, 2. Aufl. Hamburg 2016.

51 Aus der Fülle der Literatur nenne ich hier nur einige wenige Titel: Hans van Ess, *Der Konfuzianismus*, München 2003; Xinghong Yao, *An Introduction to Confucianism*, Cambridge 2000; Chunchieh Huang, *Konfuzianismus: Kontinuität und Entwicklung*, Bielefeld 2009; Eun-Jeung Lee, *Anti-Europa. Die Geschichte der Rezeption des Konfuzianismus und der konfuzianischen Gesellschaft seit der frühen Aufklärung. Eine ideengeschichtliche Untersuchung unter besonderer Berücksichtigung der deutschen Entwicklung*, Münster 2003; Michael Schuman, *Confucius – And the World he Created*, New York 2015; dt.: *Konfuzius*, München 2016.

52 Vgl. Schuman, *Konfuzius* (Anm. 51), S. 96-102; Lois Mai Chan, »The Burning of the Books in China, 213 B.C.«, in: *The Journal of Library History* 7 (1972), S. 101-108. Zu Dong vgl. Zhang Chunbo, »The Role of History in the Philosophy of Dong Zhongshu«, in: *Chinese Studies in Philosophy* 12 (1980), S. 87-103.

53 Vgl. zu Wang Bi Rudolf G. Wagner, *Language, Ontology, and Political Philosophy in China. Wang Bi's Scholarly Exploration of the Dark* (Xuanxue), Albany, NY 2003; Anne Philipp, *Wang Bi's Weg hinter die Kultur. Zum Abstraktionsgewinn im Vorfeld des Songkonfuzianismus*, Leipzig 2001.
54 In der Tang-Dynastie beispielsweise wurde der Einfluß des Konfuzianismus zugunsten von Daoismus und Buddhismus stark zurückgedrängt.
55 Vgl. Dieter Kuhn, *The Age of Confucian Rule. The Song Transformation of China*, Cambridge 2009. Zu den Song vgl. auch unten Kap. V.
56 Zu Zhu Xi und Wang Yangming vgl. Kenji Shimada, *Die neo-konfuzianische Philosophie. Die Schulrichtungen Chu Hsis und Wang Yang-mings*, 2. Aufl., Berlin 1987; Donald J. Munro, *Images of Human Nature: A Sung Portrait*, Princeton 1988; Stephen C. Angle, Justin Tiwald, *Neo-Confucianism. A Philosophical Introduction*, Cambridge 2017.
57 Vgl. etwa Wai-Ming Ng, *Imagining China in Tokugawa Japan: Legends, Classics, and Historical Terms*, Albany 2019; Mary E. Tucker, *Moral and Spiritual Cultivation in Japanese Neo-Confucianism – The Life and Thought of Kaibara Ekken 1630-1714*, Albany 1989; Olaf Graf, *Kaibara Eikiken. Ein Beitrag zur japanischen Geistesgeschichte des 17. Jahrhunderts und zur chinesischen Sung-Philosophie*, Leiden 1942; Masao Maruyama, *Studies in the Intellectual History of Tokugawa Japan*, Princeton 1975.
58 Außerdem machte sich bei einigen Denkern grundsätzlicher Protest gegen die sinozentrische Richtung als solche (*kangaku*) breit, so daß sie die Ausrichtung auf autochthone japanische Ursprünge (*kokugaku*) bevorzugten.
59 Vgl. Markus Friedrich, *Die Jesuiten. Aufstieg, Niedergang, Neubeginn*, München 2016, S. 493-495.
60 Philippe Couplet u. a. (Hg.), *Confucius Sinarum Philosophus*, Paris 1687; [ders.:] *Tabula Chronologica Monarchiae Sinicae*, Wien 1703; *Sinensis Imperii libri Classici Sex*, übers. von François Noël, Prag 1711. Zur Druckgeschichte von Couplets Konfuzius-Ausgabe in Paris vgl. Nicolas Dew, *Orientalism in Louis XIV's France*, Oxford 2009, S. 205-233. Zu Wolff vgl.: *Rede über die praktische Philosophie der Chinesen*, hg. und übers. von Michael Albrecht, Hamburg 1985.

61 Zur Konstruktion in Philosophiegeschichten vgl. Ulrich Johannes Schneider, *Die Vergangenheit des Geistes: Eine Archäologie der Philosophiegeschichte*, Frankfurt 1990.
62 Zur Expansion vgl. grundlegend Wolfgang Reinhard, *Die Unterwerfung der Welt. Globalgeschichte der europäischen Expansion 1415-2015*, München 2016.
63 Timothy Brook, *Wie China nach Europa kam. Die unerhörte Karte des Mr. Selden*, Berlin 2015, S. 79ff.
64 Hiob Ludolf, *Historia aethiopica*, Frankfurt 1681. Zu Ludolf vgl. Martin Mulsow, Asaph Ben-Tov, Jan Loop (Hg.), *Ludolf und Wansleben. Orientalistik im 17. Jahrhundert zwischen Gotha und Afrika* (erscheint demnächst). Vgl. auch Wilhelm Baum, *Die Verwandlungen des Mythos vom Reich des Priesterkönigs Johannes*, Klagenfurt 1999.
65 Paola von Wyss-Giacosa, »Through the Eyes of Idolatry. Pignoria's 1614 Argument on the *Conformità* of Ethnographic Objects from the West and East Indies with Egyptian Gods«, in: dies., Giovanni Tarantino (Hg.), *Through your eyes. Debating Religious Alterities (Sixteenth to Eighteenth Centuries)*, Leiden 2021, S. 103-144.
66 Vgl. allgemein auch Umberto Eco, *Die Geschichte der legendären Länder und Städte*, München 2013.
67 Die Veränderungen sind verschiedentlich theoretisiert worden, prominent in der Theorie des Kulturtransfers (der zunächst nur als transnationaler konzipiert war), aber auch mit dem Begriff der Transformation und speziell dem der Allelopoiese. Vgl. Hartmut Böhme, Lutz Bergemann, Martin Dönike, Albert Schirrmeister, Georg Toepfer, Marco Walter, Julia Weitbrecht (Hg.), *Transformation. Ein Konzept zur Erforschung kulturellen Wandels*, Paderborn 2011. Wichtig ist auch zu unterscheiden, ob es sich um individuelles oder kollektives Referenzverhalten handelt. Doris Gerber, *Analytische Metaphysik der Geschichte. Handlungen, Geschichten und ihre Erklärung*, Berlin 2012, benutzt den Begriff der kollektiven Intentionalität, um die sozialen Strukturen einzubeziehen. S. 297: »Gerade in der Sichtweise, die soziale Strukturen als eine permanente Bedrohung individueller Intentionalität betrachtet, offenbart sich eigentlich eine unhaltbare individualistische Auffassung, weil diese Sichtweise das Phänomen der kollektiven Intentionalität einfach leugnet oder ignoriert. Soziale Strukturen sind ein Teil unserer Geschichte, in dem sich der wesentliche Zusammenhang von

Intentionalität und Historizität ebenso zeigt wie in individuellen Handlungen.« Das gilt auch für sozial kodifizierte kollektive Formen von Bezugnahme. Vgl. Hans Bernhard Schmid, David P. Schweikard (Hg.), *Kollektive Intentionalität. Eine Debatte über die Grundlagen des Sozialen*, Frankfurt 2009.

68 Dazu Jan Assmann, *Das kulturelle Gedächtnis. Schrift, Erinnerung und politische Identität in frühen Hochkulturen*, München 1992.

69 Saul Kripke, *Name und Notwendigkeit*, Frankfurt 1981. Die anschließende Diskussion ist dokumentiert in Ursula Wolf (Hg.), *Eigennamen. Dokumentation einer Kontroverse*, Frankfurt 1985. Ich danke Hanjo Glock für Hinweise.

70 Gareth Evans, »Die kausale Theorie der Namen«, in: Ursula Wolf (Hg.), *Eigennamen*, Frankfurt 1993, S. 309-336.

71 Im zweiten Fall kommt es zu einem »reframing« (wie der Ausdruck aus der systemischen Psychologie heißt), bei dem eine Idee in einen ganz anderen Bezugsrahmen gestellt wird und daher auch ihre Bedeutung verändert. Vgl. allgemein Erving Goffman, *Rahmen-Analyse*, Frankfurt 1977.

72 Vgl. David E. Hunter, Phillip Whitten (Hg.), *Encyclopedia of Anthropology*, New York 1976, Lemmata: »Culture Area«, S. 104, »Culture Areas of the World«, S. 104-111. Vgl. auch meine Bemerkungen zum Begriff der »Kulturkreise« in Kap. VII.

73 Harald Haarmann, *Auf den Spuren der Indoeuropäer. Von den neolithischen Steppennomaden bis zu den frühen Hochkulturen*, München 2016, S. 345 f.

74 Vgl. etwa Richard Foltz, *Religions of the Silk Road. Premodern Patterns of Globalization*, 2. Aufl., New York 2010.

75 Osterhammel, Petersson, *Globalisierung* (Anm. 5), S. 32. Für Eurasien läßt sich »erkennen, daß im 13. Jahrhundert Migrations- und Zirkulationsräume von einer nie dagewesenen Ausdehnung entstanden. Die Verbreitung der Beulenpest, die von ihrem Ausgangsort in Zentralasien um 1350 die ersten großen Städte in China erreichte und innerhalb der beiden folgenden Jahrzehnte bis Portugal, Marokko und in den Jemen vordrang, war weitgehend eine Folge erleichterter Mobilität. So entstand durch Reiterkrieger und Mikroben erstmals ein eurasischer Kalamitätenzusammenhang.« Zum räumlichen Aspekt vgl. auch Conrad, *What is Global History?*, Princeton 2016, S. 115-140.

76 Osterhammel, Petersson (Hg.), *Globalisierung* (Anm. 5), S. 20ff.; Conrad, *What is Global History?* (Anm. 75), S. 90-114.
77 Calvert Watkins, *How to Kill a Dragon. Aspects of Indo-European Poetics*, Oxford 1995.
78 Christopher Beckwith, *Empires of the Silk Road. A History of Central Asia from the Bronze Age to the Present*, Princeton 2009, S. 1-28.
79 Vgl. Martin Mulsow, »Wie tief reicht die Begriffsgeschichte? Für eine Deep Intellectual History«, in: *Archiv für Begriffsgeschichte* 62 (2020), S. 237-249.
80 Zu unterscheiden ist in jedem Fall zwischen einer Theorie (oder einem Ideenkomplex) TH, den darin gemachten Referenzen auf ein intentionales Objekt IO (etwa wenn die Theorie vom Goldland Ophir handelt), dem realen Objekt O, das angezielt ist (z.B. Peru), den dort gemachten Referenzen auf ein intentionales Objekt IO, dem Autor (etwa wenn TH dort Hermes Trismegistos zugeschrieben ist), dem realen Autor A, der realen Herkunft der Theorie (sie kann direkt von A herrühren, aber auch durch H1, H2 oder H3 vermittelt sein) sowie Theorien, von denen TH übermittelt oder abgeleitet worden ist (H1), die selbst wiederum von anderen (H2, H3) genommen worden sind.
81 Vgl. Monique Dixsaut (Hg.), *Contre Platon. 1. Le Platonisme devoilé*, Paris 1993.
82 Vgl. etwa Martin West, *The East Face of Helicon. West Asiatic Elements in Greek Poetry and Myth*, Oxford 1997.
83 Joshua Katz, »The Riddle of the ›sp(h)ij-‹: The Greek Sphinx and her Indic and Indo-European Background«, in: Georges-Jean Pinault, Daniel Petit (Hg.), *La Langue poétique indo-européenne: actes du Colloque de travail de la Société des Études Indo-Européennes*, Leuven/Paris 2006, S. 157-194.
84 Vgl. etwa Heinrich Zimmer, *Abenteuer und Fahrten der Seele. Ein Schlüssel zu indogermanischen Mythen*, München 1977; Émile Benveniste, *Indoeuropäische Institutionen. Wortschatz, Geschichte, Funktionen*, Frankfurt 1993.
85 Charles Taylor, *Quellen des Selbst. Die Entstehung der neuzeitlichen Identität*, Frankfurt 1996.
86 Jan N. Bremmer, *The Rise and Fall of the Afterlife*, London 2002.
87 Peter Burke, Ronnie Po-chia Hsia (Hg.), *Cultural Translation in Early Modern Europe*, Cambridge 2009. Vgl. aber auch als Gegen-

pol Barbara Cassin (Hg.), *Vocabulaire européen des philosophies: dictionnaire des intraduisibles*, Paris 2004. Ich danke Carlo Ginzburg für den Hinweis. Die Übersetzungen mußten natürlich keineswegs nur von Europa ausgehen, sondern konnten sich ganz unabhängig davon ereignen, etwa als im Japan der Tokugawa-Zeit die chinesische Enzyklopädie *Bencao gangmu* von Li Shizhen übersetzt und glossiert wurde, so daß sich eine eigene Disziplin von *honzōgaku*, Pflanzenpharmakologie, herausbilden konnte. Vgl. Federico Marcon, *The Knowledge of Nature and the Nature of Knowledge in Early Modern Japan*, Chicago 2015, Kap. 3: »Knowledge in Translation«, S. 55-71. Für die Rahmung von Wissen als ʿilm im islamisch geprägten Osmanischen Reich vgl. Miri Shefer-Mossensohn, *Science among the Ottomans*, Austin 2015, S. 20-56.
88 George E. Marcus, »Ethnography in/of the World System: the Emergence of Multi-sited Ethnography«, in: *Annual Review of Anthropology* 24 (1995), S. 95-117.
89 Dies ist in Anlehnung an Quines Lehrstück von der Unerforschlichkeit der Referenz gesagt: Willard van Orman Quine, *Ontologische Relativität und andere Schriften*, Stuttgart 1975.
90 John G. A. Pocock, »Sprachen und ihre Implikationen: Die Wende in der Erforschung des politischen Denkens«, in: Mulsow, Mahler (Hg.), *Die Cambridge School* (Anm. 28), S. 88-126. Vgl. für den deutschen Raum jetzt Luise Schorn-Schütte, *Gottes Wort und Menschenherrschaft: Politisch-Theologische Sprachen im Europa der Frühen Neuzeit*, München 2015.
91 Man sollte aber nicht im Rückschluß meinen, Religionen gingen in Sprachen und Begriffssystemen auf. Das hieße, die ganze rituelle und praktische Dimension von Religionen zu vernachlässigen. Die Verwendung der Terminologie der »Cambridge School« kann hier also nur einen Teilaspekt der Globalisierung erfassen; für die Ausbreitung von rituellen Praktiken wie auch von Emotions- und Wertmustern sind andere Modelle erforderlich.
92 Vgl. etwa Francesca Trivellato (Hg.), *Religion and Trade. Cross-Cultural Exchanges in World History 1000-1900*, Oxford 2014. Bei der Expansion des Buddhismus ist zu beachten, daß sie oftmals indirekt verlief: Südostasiatische Herrscher, die neu ein Territorium verwalteten, suchten ex post nach einer Religion, die sie legitimieren konnten, und wählten dann etwa den Buddhismus. Vgl.

Hermann Kulke, *Kings and Cults. State Formation and Legitimation in India and Southeast Asia*, Delhi 1993. Vgl. aber auch Ann Heirman, Stephan Peter Bumbacher (Hg.), *The Spread of Buddhism*, Leiden 2007. Ich danke Max Deeg für die Hinweise.
93 Justin Jennings, *Globalizations and the Ancient World*, Cambridge 2011.
94 Vgl. Erhard Schüttpelz, »Weltliteratur in der Perspektive einer Longue Durée I: Die fünf Zeitschichten der Globalisierung«, in: Özkan Ezli u. a. (Hg.), *Wider den Kulturenzwang. Migration, Kulturalisierung und Weltliteratur*, Bielefeld 2009, S. 339-360; Markham J. Geller (Hg.), *The Ancient World in an Age of Globalization*, Berlin 2014.
95 Christopher Bayly, »›Archaic‹ and ›Modern‹ Globalization in the Eurasian and African Arena, ca. 1750-1850«, in: Anthony G. Hopkins (Hg.), *Globalization in World History*, New York 2002, S. 45-72. Vgl. auch Osterhammel, Petersson (Hg.), *Globalisierung* (Anm. 5), S. 27-35.
96 Pamela H. Smith, »Knowledge in Motion. Following Itineraries of Matter in the Early Modern World«, in: Daniel T. Rodgers, Bhavani Raman, Helmut Reimitz (Hg.), *Cultures in Motion*, Princeton 2014, S. 109-133. Vgl. als Beispiel einer Tiefengeschichte auf der Basis von Metallzirkulationen auch Jack Goody, *Metals, Culture and Capitalism. An Essay on the Origins of the Modern World*, Cambridge 2012.
97 Christopher I. Beckwith, *Warriors of the Cloisters. The Central Asian Origins of Science in the Medieval World*, Princeton 2012. Man kann in solchen Fällen natürlich auch von einem »Diebstahl« der Europäer sprechen, wenn die Europäer solche Institutionen selbstbewußt für sich reklamieren, was oft geschehen ist. Vgl. Jack Goody, *The Theft of History*, Cambridge 2007.
98 Christopher I. Beckwith, *Greek Buddha. Pyrrho's Encounter with Early Buddhism in Central Asia*, Princeton 2015. Vgl. aber auch die Kritik an den kühnen und zahlreiche traditionelle Annahmen und Chronologien umstoßenden Thesen von Beckwith von Johannes Bronkhorst, *How the Brahmins Won. From Alexander to the Guptas*, Leiden 2016, Appendix.
99 Zum islamischen Afrika vgl. Ousmane Oumar Kane, *Beyond Timbuktu. An Intellectual History of Muslim West Africa*, Cambridge 2016, der allerdings nicht direkt auf Aristoteles eingeht.

100 Serge Gruzinski, *Les quatre parties du monde. Histoire d'une mondialisation*, Paris 2004, S. 82f.
101 Charles B. Schmitt, *Aristotele and the Renaissance*, Cambridge 1983; Martin Mulsow, *Frühneuzeitliche Selbsterhaltung. Telesio und die Naturphilosophie der Renaissance*, Tübingen 1998.
102 Gruzinski, *Les quatre parties du monde* (Anm. 100), S. 387-391. Zu Aristoteles in Lateinamerika vgl. Roberto Hofmeister Pich, Alfredo Santiago Culleton (Hg.), *Scholastica colonialis – Reception and Development of Baroque Scholasticism in Latin America, 16th -18th Centuries / Scholastica colonialis – Recepción y desarollo de la escolástica barroca en América Latina, siglos 16 a 18*, Turnhout 2017. Vgl. weiter Helge Wendt (Hg.), *The Globalization of Knowledge in the Iberian Colonial World*, Berlin 2016. Vgl. auch unten Kap. VIII.
103 Sabine MacCormack, *On the Wings of Time. Rome, the Incas, Spain, and Peru*, Princeton 2007, S. 263 ff. Zu Ophir vgl. auch Giuliano Gliozzi, *Adamo e il nuovo mondo. La nascita dell'antropologia come ideologia coloniale: dalle genealogie bibliche alle teorie razziali (1500-1700)*, Florenz 1977, S. 147-174.
104 Peter Sloterdijk, *Im Weltinnenraum des Kapitals. Für eine philosophische Theorie der Globalisierung* (Anm. 7), S. 84; vgl. auch S. 108: »Die feste Liaison zwischen Subjektivität und Offensivität läßt erkennen, daß hier die Innenstabilisierung einer Täterkultur auf dem Spiel steht. Gleichwohl sind die künftigen Akteure von ihrer eigenen Offensivität und Originalität chronisch überfordert, da es ihnen nie überzeugend gelingt zu sagen, was es mit ihrem Tätertum und ihrem Vorspringen ins Unbekannte auf sich hat.«
105 Alfred Schütz, Thomas Luckmann, *Strukturen der Lebenswelt*, Konstanz 2003, S. 77. Strenggenommen ist Protention eine zeitliche Vorwegnahme, kann hier aber auch als räumlich-zeitliche Überschreitung aufgefaßt werden.
106 Natürlich ist die Motivlage für Pseudepigraphie komplexer: Es kann sich auch um die Identifikation von Autoren mit der Götter-/Weisheitsfigur handeln, in dessen Namen sie Priester sind (Thot) und in dessen Tradition ihr Sprechen steht. Vgl. Garth Fowden, *The Egyptian Hermes. A Historical Approach to the Late Pagan Mind*, Princeton 1993, und allgemein Norbert Brox (Hg.), *Pseudepigraphie in der heidnischen und jüdisch-christlichen Anti-*

ke, Darmstadt 1977. Überhaupt scheint religiöses Referenzverhalten (vgl. oben Anm. 47) besonders zu »hohen« oder überhöhten Reichweiten zu führen, da Referenzen in eine mythische Vorzeit verlängert werden.

107 Athanasius Kircher, *China illustrata*, Amsterdam 1667. Vgl. Daniel Stolzenberg, *Egyptian Oedipus: Athanasius Kircher and the Secrets of Antiquity*, Chicago 2013. Vgl. unten Kap. I; zu China auch Kap. V.

108 Vgl. Kap. I. Zu unterscheiden ist hier freilich zwischen der Bezugnahme von Autoren auf andere Autoren und ihre Texte einerseits und der Bezugnahme auf die in den Texten verhandelten Objekte (oder Personen) wie Hermes andererseits. Ich spreche von einer Kaskade, weil die Bezugnahme im zweiten Sinne (z. B. auf Hermes) nicht direkt geschieht, sondern gleichsam in einer Kaskade von Rezeptionen.

109 Kevin van Bladel, *The Arabic Hermes. From Pagan Sage to Prophet of Science*, Oxford 2009; für frühe Wirkungen auf Europa vgl. Charles Burnett, »The Legend of the Three Hermes and Abū Ma'shar's *Kitāb al-Ulūf* in the Latin Middle Ages«, in: *Journal of the Warburg and Courtauld Institutes* 44 (1976), S. 231-234.

110 Nicht immer muß diese Referenzkaskade lückenlos sein. Es gibt auch Fälle, in denen ähnliche Ideen immer wieder neu aufkommen; man kann auch sagen: neu aktualisiert werden, aus ähnlichen Problem- oder Konfliktkonstellationen. So hat der »Clash of Chronologies« (Thomas Trautman) zwischen indischer Langzeitchronologie von Millionen Jahren und dem biblischen Weltbild von 5000 oder 6000 Jahren, wie es die drei abrahamitischen Monotheismen vertreten, offenbar immer wieder – wie Kapitel II zeigen wird – zu Ideen von Menschen vor Adam geführt.

111 Hartmut Rosa, *Resonanz. Eine Soziologie der Weltbeziehung*, Berlin 2016; bei Rosa allerdings ist der Resonanzbegriff anders angesetzt und meint eher ein Gegenmodell zur Entfremdung. Von urbanen Resonanzräumen spricht Daniel Bellingradt, *Flugpublizistik und Öffentlichkeit um 1700. Dynamiken, Akteure und Strukturen im urbanen Raum des Alten Reiches*, Stuttgart 2011.

112 Frances A. Yates, *Giordano Bruno and the Hermetic Tradition*, Chicago 1964.

113 Urs App, *The Cult of Emptiness* (Anm. 6), S. 11-23. Im Rahmen der Resonanz ließe sich wohl auch fassen, was Stuart Schwartz

als »implicit understandings« bezeichnet hat: die hermeneutische Annahme, man verstehe die fremde Kultur ja schon immer, der man begegnet. Diese Annahme überspielt Fremdheit und motiviert zu Fehlleistungen in der Bezugnahme, aber sie sorgt auch für die Möglichkeit der Verständigung als solcher. Vgl. Stuart B. Schwartz (Hg.), *Implicit Understandings. Observing, Reporting, and Reflecting on the Encounters Between Europeans and Other Peoples in the Early Modern Era*, Cambridge 1994. Für Afrika und Frankreich rekonstruiert Benjamin Steiner die Begegnungsgeschichte, im Kontext staatsbildender Praktiken auf europäischer Seite: *Colberts Afrika. Eine Wissens- und Begegnungsgeschichte in Afrika im Zeitalter Ludwigs XIV.*, München 2014.

114 Sebastian Conrad, *What is Global History?* (Anm. 73), S. 162-184.
115 Bernhard Waldenfels, *Ortsverschiebungen, Zeitverschiebungen. Modi leibhaftiger Erfahrung*, Frankfurt 2009.
116 Dimitri Gutas, *Greek Thought, Arabic Culture. The Graeco-Arabic Translation Movement in Baghdad and Early 'Abbasid Society (2nd-4th / 8th-10th centuries)*, London und New York 1998.
117 Zum Islam im subsaharischen Afrika vgl. etwa Kane, *Timbuktu* (Anm. 95) oder Sidney John Hogben, Anthony Kirk-Greene, *The Emirates of Northern Nigeria. A Preliminary Survey of their Historical Traditions*, London 1966.
118 Dabei ist natürlich zu bedenken, daß die Expansion moderner theoretischer Begrifflichkeit aus Europa über die ganze Welt auch in nichteuropäischen Ländern eine implizite europäische Perspektive verursacht, die nur teilweise überwunden werden kann. Dazu Dipesh Chakrabarty, *Provincializing Europe. Postcolonial Thought and Historical Difference*, Princeton 2000.
119 Über Narrativität im Kontext der Epistemologie vgl. allgemein Albrecht Koschorke, *Wahrheit und Erfindung. Grundzüge einer allgemeinen Erzähltheorie*, Frankfurt 2012. Vgl. auch Wolf Schmid, *Elemente der Narratologie*, Berlin 2001.
120 Hayden White, *Metahistory. Die historische Einbildungskraft im 19. Jahrhundert in Europa*, Frankfurt 1991, S. 21-25.
121 Vgl. etwa Kap. IV.
122 Carlo Ginzburg, »Spurensicherung«, in: ders., *Spurensicherungen. Über verborgene Geschichte, Kunst und soziales Gedächtnis*, München 1988, S. 78-125. Ginzburg hat gegen Hayden White und postmoderne Theoretiker immer wieder klargestellt, daß

die rhetorische Komponente in der Geschichtsschreibung keineswegs gegen den präzisen »Beweis« auszuspielen ist. Vgl. etwa ders., *Die Wahrheit der Geschichte. Rhetorik und Beweis*, Berlin 2001; ders., *Il filo e le tracce. Vero falso finto*, Mailand 2006.
123 Pamela Crossley, *What is Global History?*, Cambridge 2007.
124 Vgl. Carlo Ginzburg zu Siegfried Kracauers historischer Technik, Nahaufnahmen und Panoramaaufnahmen zu verbinden: »Details, Nahaufnahmen, Mikroanalyse. Randbemerkungen zu einem Buch Siegfried Kracauers«, in: ders., *Faden und Fährten*, Berlin 2015, S. 76-88. In der französischen Debatte spricht man beim Wechsel der Skalierung innerhalb eines größeren Narrativs von »jeu d'échelles«. Vgl. Jacques Revel (Hg.), *Jeux d'échelles. La microanalyse à l'expérience*, Paris 1996.
125 Elmar Holenstein, *Philosophie-Atlas. Orte und Wege des Denkens*, Zürich 2004, S. 129. Zur Ideengeographie vgl. auch Kap. VII.
126 Zur biologischen Verflechtung vgl. Alfred W. Crosby, *The Columbian Exchange: Biological and Cultural Consequences of 1492*, Westport 1973; Charles C. Mann, *1493. Uncovering the New World Columbus Created*, New York 2011.
127 Vgl. Antoinette Becker, C. Mehr, H. H. Nanu, Gerson Reuter, D. Stegmüller (Hg.), *Gene, Meme und Gehirne. Geist und Gesellschaft als Natur. Eine Debatte*, Frankfurt 2003.
128 Sanjay Subrahmanyam, »Sixteenth-Century Millenarianism from the Tagus to the Ganges«, in: ders., *Explorations in Connected History. From the Tagus to the Ganges*, Oxford 2005, S. 102-137; Stephen P. Blake, *Time in Early Modern Islam: Calendar, Ceremony, and Chronology in the Safavid, Mughal and Ottoman Empires*, Cambridge 2013.
129 Catherine Jami, *The Emperor's New Mathematics. Western Learning and Imperial Authority During the Kangxi Reign (1662-1722)*, Oxford 2012. Vgl. für die frühere Zeit Ronnie Po-chia Hsia, *A Jesuit in the Forbidden City: Matteo Ricci (1552-1610)*, Oxford 2010, ein Buch, das ebenfalls Quellen von beiden Seiten benutzt.
130 George Saliba, *Islamic Science and the Making of the European Renaissance*, Cambridge 2007.
131 Avner Ben-Zaken, *Cross-Cultural Scientific Exchanges in the Eastern Mediterranean, 1560-1660*, Baltimore 2010; vgl. aber die Kritik von Max Lejbowicz und Sonja Brentjes in: *Aestimatio* 10 (2013), S. 1-24.

132 Vgl. Sebastian Conrad, »Enlightenment in Global History: A Historiographical Critique«, in: *American Historical Review* 117 (2012), S. 999-1027. Eine kürzere Fassung davon auf Deutsch in: Sebastian Conrad, Jürgen Osterhammel (Hg.), *Wege zur modernen Welt 1750-1870 (Geschichte der Welt)*, München 2016. Vgl. für solche begrifflichen Verschiebungen auch den Sammelband von Carol Gluck und Anna Lowenhaupt Tsing (Hg.), *Words in Motion. Toward a Global Lexicon*, Durham 2009. Für eine transnationale Geschichte Asiens vgl. das auf drei Bände geplante Pionierwerk von Eric Tagliacozzo, Helen F. Siu, Peter C. Perdue (Hg.), *Asia Inside Out*, Cambridge 2015. Bisher Bd. 1: *Changing Times*; Bd. 2: *Connected Places*.

133 Vgl. das wichtige Buch von Heike Kämpf, *Die Exzentrizität des Verstehens. Zur Debatte um die Verstehbarkeit des Fremden zwischen Hermeneutik und Ethnologie*, Berlin 2003. Vgl. auch Rolf Elberfeld, *Philosophieren in einer globalisierten Welt. Wege zu einer transformativen Phänomenologie*, Freiburg und München 2017. Zu den »Unübersetzbarkeiten« philosophischer Terminologien vgl. das wichtige Lexikonwerk von Barbara Cassin (Hg.), *Vocabulaire européen des philosophies* (Anm. 83).

134 Serge Gruzinski, *Quelle heure est-il là-bas? Amérique et islam à l'orée des temps modernes*, Paris 2008; vgl. auch ders., *Drache und Federschlange. Europas Griff nach Amerika und China 1519/20*, Frankfurt 2014.

135 Wolfram Drews, Jenny Rahel Oesterle (Hg.), *Transkulturelle Komparatistik* (Anm. 3). Vgl. auch Wolfram Drews, Christian Scholl (Hg.),*Transkulturelle Verflechtungsprozesse in der Vormoderne*, Berlin/Boston 2016.

136 Freilich gibt es bei den wechselseitigen Wahrnehmungen Abstufungen von Authentizität: Es kann sich um direkte Erfahrungen handeln, um bloßes Hörensagen, um mehrfach vermittelte unsichere Berichte. Guiseppe Marcocci zeigt, daß selbst Fälschungen in dieser »globalen Renaissance« mit ihren vielen sich überkreuzenden Geschichten eine Rolle gespielt haben. Vgl. Giuseppe Marcocci, *Indios, cinesi, falsari. Le storie del mondo nel Rinascimento*, Bari 2016, S. 32: »[...] nella prima metà del Seicento, quei tentativi furono alimentati dal flusso continuo di notizie e materiali che provenivano dalle più diverse località. Grazie ad essi, quelle storie del mondo ebbero un'autentica proiezione globale, o quanto me-

no uno sfondo planetario: affrontarono la complessa sfida di provare a tenere tutto insieme, o comunque di rendere conto di uno straordinario allargamento degli orizzonti e delle ricadute che aveva sulla percezione che l'Europa aveva di sé.«

137 Anna Akasoy, Charles Burnett, Ronit Yoeli-Tlalim (Hg.), *Islam and Tibet. Interactions along the Musk Routes*, Aldershot 2011.

138 Vgl. auch unten Kap. II. Jonardon Ganeri, *The Lost Age of Reason. Philosophy in Early Modern India 1450-1700*, Oxford 2011; Sheldon Pollock (Hg.), *Forms of Knowledge in Early Modern Asia. Explorations in the Intellectual History of India and Tibet, 1500-1800*, Durham 2011; Urs App, »How Amida got into the Upanishads. An Orientalist's Nightmare«, in: Christian Wittern, Lishan Shi (Hg.), *Essays on East Asian Religion and Culture*, Kyoto 2007, S. 11-33; Audrey Truschke, *Culture of Encounters. Sanskrit at the Mughal Court*, New York 2016. Für die etwas frühere Epoche vgl. S. Frederick Starr, *Lost Enlightenment. Central Asia's Golden Age from the Arab Conquest to Tamerlane*, Princeton 2013.

139 Ähnlich für eine transkulturelle Kunstgeschichte des Mittelmeerraumes Gerhard Wolf, »Alexandria aus Athen zurückerobern? Perspektiven einer mediterranen Kunstgeschichte mit einem Seitenblick auf das mittelalterliche Sizilien«, in: Margit Mersch, Ulrike Ritzerfeld (Hg.), *Lateinisch-griechisch-arabische Begegnungen*, Berlin 2009, S. 39-62.

140 Hunt, *Writing History* (Anm. 8), S. 130-151.

141 Das hat allerdings schon John Brewer vor langer Zeit gemacht, wenn auch nicht in globaler Perspektive, *The Pleasures of the Imagination. English Culture in the Eighteenth Century*, New York 1997; ders., Roy Porter (Hg.), *Consumption and the World of Goods*, London 1994.

142 Vgl. Claudia Wedepohl, »Ideengeographie. Ein Versuch zu Aby Warburgs Wanderstraßen der Kultur«, in: Helga Mitterbauer, Katharina Scherke (Hg.), *Entgrenzte Räume. Kulturelle Transfers um 1900 und in der Gegenwart*, Wien 2005, S. 227-254. Vgl. auch die Internationale Research Group »Bilderfahrzeuge« am Warburg Institute London.

143 Vgl. Serge Gruzinski, *La guerre des images de Christophe Colomb à Blade Runner (1492-2019)*, Paris 1990; ders., *La Pensée métisse*, Paris 1999. Im Falle Indiens vgl. für eine Ausweitung der Ideengeschichte ins Imaginäre David Shulman, *More than Real. A His-*

tory of the Imagination in South India, Cambridge 2012. Das Thema der bildlichen Transmission und Verflechtung des Imaginären ist so komplex, daß es hier nur am Ende angerissen, nicht aber behandelt werden kann.

144 Vgl. etwa John-Paul Ghobrial, »The Secret Life of Elias of Babylon and the Uses of Global Microhistory«, in: *Past and Present* 222 (2014), S. 51-93. Vgl. auch das Nachwort dieses Buches.

145 Einen guten und lebendigen Eindruck von den globalen Verhältnissen in dieser Zeit gibt das Buch von John E. Willis, *1688. Die Welt am Vorabend des globalen Zeitalters*, Bergisch Gladbach 2002.

146 Dieses Buch versteht globale Ideengeschichte also nicht als Beschreibung der Zirkulation von bestimmten Ideen (wie denen des Liberalismus) über den ganzen Erdball, und auch nicht als Rekonstruktion von Ideenbewegungen in verschiedenen Erdteilen per se. Beide Ansätze sind auch möglich und sogar »noch globaler«. Aber sie können keine mikrohistorisch fundierte Überführung europäischer Wissens- und Ideengeschichte in eine globale Perspektive leisten.

147 Paul Hazard, *La crise de la conscience européenne, 1680-1715*, Paris 1935. Vgl. auch Martin Mulsow, *Radikale Frühaufklärung in Deutschland 1680-1720*, 2 Bde., Göttingen 2018.

Erster Teil
Zeitrahmen, transkulturell

1 Anna Lowenhaupt Tsing, *Der Pilz am Ende der Welt. Über das Leben in den Ruinen des Kapitalismus*, Berlin 2018.
2 Vgl. etwa Jürgen Osterhammel, *Die Verwandlung der Welt. Eine Geschichte des 19. Jahrhunderts*, München 2009, S. 84-128.
3 Jack Goody, *The Theft of History*, Cambridge 2006.
4 Tzvetan Todorov, *Die Eroberung Amerikas. Das Problem des Anderen*, Frankfurt 1985. Vgl. aber Sanjay Subrahmanyam, *Courtly Encounters. Translating Courtliness and Violence in Early Modern Eurasia*, Cambridge 2012, S. 4-6; Daniel Carey, »Questioning Incommensurability in Early Modern Cultural Exchange«, in: *Common Knowledge* 6, Nr. 3 (1997), S. 32-50.

Kapitel I
Mumien auf dem Boot nach Europa

1 Oscar Wilde, »The Sphinx«, in: ders., *The Complete Illustrated Plays and Poems of Oscar Wilde*, London 2000, S. 826-839. Zu Wilde und dem Orient vgl. Tully Atkinson, »The Sphinx: Wilde's Decadent Poem and its Place in Fin-de-Siècle Letters«, in: *The Wildean* 23 (2003), S. 44-54; Joseph A. Boone, *The Homoerotics of Orientalism*, New York 2014.

2 Vgl. Lucien Braun, *Geschichte der Philosophiegeschichte*, Darmstadt 1990; Mario Longo, »The General Histories of Philosophy in Germany«, in: Gregorio Piaia, Giovanni Santinello (Hg.), *Models of the History of Philosophy*, Bd. II: *From the Cartesian Age to Brucker*, Dordrecht 2011, S. 301-578 (S. 301-386 hat Longo zusammen mit Francesco Bottin verfaßt); Helmut Zedelmaier, *Der Anfang der Geschichte. Zur Ursprungsdebatte im 18. Jahrhundert*, Hamburg 2003.

3 Isaac Casaubon, *De rebus sacris et ecclesiasticis exercitationes XVI*, London 1614. Vgl. Martin Mulsow (Hg.), *Das Ende des Hermetismus. Historische Kritik und neue Naturphilosophie in der Spätrenaissance. Dokumentation und Analyse der Debatte um die Datierung der hermetischen Schriften von Genebrard bis Casaubon (1567-1614)*, Tübingen 2002.

4 Zu Kircher vgl. unten Anm. 31.

5 Zu diesem differenzierten und langandauernden Prozeß vgl. Martin Mulsow, »Das schnelle und das langsame Ende des Hermetismus«, in: ders. (Hg.), *Das Ende des Hermetismus* (Anm. 3), S. 305-310.

6 Ralph Cudworth, *The True Intellectual System of the Universe*, Cambridge 1678. Vgl. Jan Assmann, *Moses der Ägypter. Geschichte einer Gedächtnisspur*, München 1998, S. 118-130; Florian Ebeling, *Das Geheimnis des Hermes Trismegistos. Geschichte des Hermetismus*, München 2005, S. 128-130.

7 Im Fall der »Tabula Smaragdina«, einer »technisch«-alchemischen hermetischen Schrift, die nicht zum (philosophischen) Corpus Hermeticum gehört, ist Kircher sogar mit der historischen Kritik einig: Er hält sie für nicht authentisch. Vgl. Ebeling, *Das Geheimnis* (Anm. 6), S. 132 f. Zu Hermes als Kompositgestalt vgl. auch Richard Pietschmann, *Hermes Trismegistos nach ägyptischen, grie-*

chischen und orientalischen Überlieferungen, Leipzig 1875, S. 51-54.
8 Vgl. Martin Mulsow, »Mnemohistory and the Reconstruction of Real Transmission: A Double Helix?«, in: *Aegyptiaca. Journal of the History of Reception of Ancient Egypt* 4 (2019), S. 1-14.
9 Auf diese Weise ist auch der Hermetismus immer wieder von Jan Assmann auf fruchtbare Weise thematisiert worden, wenn auch meistens nur im Zusammenhang mit der Gedächtnisgeschichte von Moses. Vgl. Assmann, *Moses der Ägypter*; ders., »Vorwort«, in: Ebeling, *Das Geheimnis des Hermes Trismegistos* (Anm. 6), S. 7-15.
10 Zu Ficinos Bild von Hermes vgl. neuerdings Maurizio Campanelli, »Marsilio Ficino's portrait of Hermes Trismegistus and its Afterlife«, in: *Intellectual History Review* 29 (2019), S. 53-71.
11 Vgl. zum Folgenden Martina Janßen, »Pseudepigraphie«, in *WiBiLex. Das wissenschaftliche Bibellexikon im Internet*, erstellt 2011, ⟨https://www.bibelwissenschaft.de/wibilex/das-bibellexikon/lexikon/sachwort/anzeigen/details/pseudepigraphie/ch/99063e74de964ee033c8d92c36772a0b/#h4⟩ [Letzter Zugriff: 28.3.2022]; dies., *Unter falschem Namen. Eine kritische Forschungsbilanz frühchristlicher Pseudepigraphie*, Frankfurt 2003. Vgl. weiter Wolfgang Speyer, *Die literarische Fälschung im heidnischen und christlichen Altertum. Ein Versuch ihrer Deutung*, München 1971; ders., *Frühes Christentum im antiken Strahlungsfeld. Ausgewählte Aufsätze I*, Tübingen 1989.
12 Vgl. auch Fotis Jannidis, Gerhard Lauer, Matias Martinez, Simone Winko, »Rede über den Autor an die Gebildeten unter seinen Verächtern. Historische Modelle und systematische Perspektiven«, in: dies. (Hg.), *Rückkehr des Autors. Zur Erneuerung eines umstrittenen Begriffs*, Tübingen 1999, S. 3-35.
13 Thomas Mann, *Joseph und seine Brüder, I. Text und Kommentar. Große Kommentierte Frankfurter Ausgabe*, Band 7.1 und 7.2. Hg. von Jan Assmann, Dieter Borchmeyer, Stephan Stachorski, Frankfurt 2018, S. 1. Dazu Jan Assmann, *Thomas Mann und Ägypten. Mythos und Monotheismus in den Josephsromanen*, München 2006.
14 Für die Probleme, wie dann eigentlich von Referenz die Rede sein kann, vgl. Saul Kripke, *Referenz und Existenz. Die John-Locke-Vorlesungen*, Stuttgart 2014.
15 Dabei kann die Corpusbildung auch einen anti-okkultistischen,

philosophisch-puristischen Geist der Redakteure widerspiegeln. Zum Okkultismus in Byzanz vgl. Paul Magdalino, Maria Mavroudi (Hg.), *The Occult Sciences in Byzantium*, Genf 2006.

16 Heute: Bibliotheca Medicea Laurenziana Florenz, Codex Laurentianus LXXI 33 (A). Eine Einzelschrift wie der *Asclepius* war durch eine lateinische Übersetzung schon dem europäischen Mittelalter bekannt. Zur Vorgeschichte vgl. Monika Neugebauer-Wölk, *Kosmologische Religiosität am Ursprung der Neuzeit 1400-1450*, Paderborn 2019.

17 Hermetis Trismegisti Poimandres sive Liber de potestate et sapientia Dei [...], Treviso 1463. Vgl. Cesare Vasoli, »Der Mythos der ›Prisci Theologi‹ als ›Ideologie‹ der ›Renovatio‹«, in: Mulsow (Hg.), *Das Ende des Hermetismus* (Anm. 3), S. 17-60.

18 Vgl. die klassische Studie von Frances A. Yates, *Giordano Bruno and the Hermetic Tradition*, Chicago 1964.

19 Vgl. allgemein Walter Ullmann, *Die Natur- und Geheimwissenschaften im Islam*, Leiden 1972.

20 Die »hermetische« Ausrichtung des Paracelsismus geschieht vor allem bei Adam Bodenstein Karlstadt. Vgl. allgemein Rolf Christian Zimmermann, *Das Weltbild des jungen Goethe. Studien zur hermetischen Tradition des deutschen 18. Jahrhunderts*, 2 Bände, München 1969-1979; Eugenio Garin, *Ermetismo del Rinascimento*, Rom 1988; Gilles Quispel (Hg.), *Die hermetische Gnosis im Lauf der Jahrhunderte*, Birnbach 2000; Anne-Charlott Trepp, Hartmut Lehmann (Hg.), *Antike Weisheit und kulturelle Praxis. Hermetismus in der Frühen Neuzeit*, Göttingen 2001; Didier Kahn, *Alchimie et Paracelsisme en France à la fin de la Renaissance (1567-1625)*, Genf 2007; Peter-André Alt, Volkhard Wels (Hg.), *Konzepte des Hermetismus in der Literatur der Frühen Neuzeit*, Göttingen 2010; Wilhelm Kühlmann, Joachim Telle (Hg.), *Corpus Paracelsisticum. Dokumente frühneuzeitlicher Naturphilosophie in Deutschland. Teil I: Der Frühparacelsismus. 3 in 4 Bänden*, Berlin 2001-2013. Dort auch zu Karlstadt.

21 Vgl. problematische Versuche, das Wesentliche von »hermetischem« oder »esoterischem« Denken zu bestimmen wie Antoine Faivre, *Esoterik im Überblick. Geheime Geschichte des abendländischen Denkens*, Freiburg 2001. Zur Kritik an diesem Ansatz vgl. Kocku von Stuckrad, *Was ist Esoterik? Kleine Geschichte des geheimen Wissens*, München 2004, und Wouter Hanegraaff, *Esote-*

ricism and the Academy. Rejected Knowledge in Western Culture, Cambridge 2012.

22 Vgl. für die Übertragungen dieses Modells auf die globale Arbeitsgeschichte Marcel van der Linden, *Workers of the World. Essays toward a Global Labor History*, Leiden 2008; auf die globale Konsumgeschichte vgl. Steven Topic, Carlos Maricha, Zephyr Frank, Gilbert M. Joseph, Emily S. Rosenberg (Hg.), *From Silver to Cocaine. Latin American Commodity Chains and the Building of the World Economy, 1500-2000*, Durham 2006. Vgl. auch Kim Siebenhüner, »Die Mobilität der Dinge. Ansätze zur Konzeptualisierung für die Frühneuzeitforschung«, in: Annette C. Cremer, Martin Mulsow (Hg.), *Objekte als Quellen der historischen Kulturwissenschaften. Stand und Perspektiven der Forschung*, Köln 2017, S. 35-46, bes. S. 37f. Zum Modell des ökologischen Fußabdrucks vgl. Mathis Wackernagel, Bert Beyers, *Footprint. Die Welt neu vermessen*, 2. Aufl., Hamburg 2016.

23 Produkt hier auch im Sinne eines »Ortes«, eines Topos, der für eine spezifische Kultur steht. Vgl. Pierre Nora (Hg.), *Les Lieux de mémoire*, Paris 1986ff., und, davon angeregt, Christan Jacob (Hg.), *Les Lieux de Savoir*, 2 Bde., Paris 2007 und 2011.

24 Zu dieser Episode vgl. Katja Reetz, *Andreas Gryphius: Mumiae Wratislavienses. Kritische Edition, kommentierte Übersetzung und Werkstudie mit ausführlicher wissensgeschichtlicher Einleitung*, Berlin 2019.

25 Lorenzo Pignoria, *Vetustissimae Tabulae Aeneae Sacris Aeqyptiorum Simulacris coelatae accurata Explicatio*, Venedig 1605.

26 »M[agistri] Andreae Gryphii Philosophi et Poetae Musis Consecrat[um] Lugduni Batavor[um] MDCX [und hier fehlen weitere Ziffern durch weggeschnittenen Rand]«. Eigenes Exemplar des Verfassers. Vgl. Martin Mulsow, »Gryphius und die Ägyptologie. Zum Handexemplar des Dichters von Lorenzo Pignorias ›Mensa Isaica‹«, in: Oliver Bach, Astrid Dröse (Hg.), *Andreas Gryphius (1616-1664). Zwischen Tradition und Aufbruch*, Berlin 2020, S. 162-188.

27 Vgl. zu Gryphius' Leidener Zeit Stefan Kiedron, »Das Treffen in Leiden. Andreas Gryphius und Christian Hoffmann von Hoffmannswaldau als Studenten in Holland«, in: Martin Bircher, Guillaume van Gemert (Hg.), *Brückenschläge. Eine barocke Festgabe für Ferdinand van Inghen*, Amsterdam 1995 (= Chloe Bd. 23),

S. 55-88. Zu Gryphius' dichterischem Schaffen vgl. Eberhard Mannack, *Andreas Gryphius*, Stuttgart 1986, sowie Nicola Kaminski, *Andreas Gryphius*, Stuttgart 1998.

28 Andreas Gryphius, *Mumiae Wratislavienses*, Breslau 1662, S. 3: »Visum tamen hoc scripto, ea paucis tangere quae Servatoris nostri funus ac sepulcrales ornatus attinent ac praeludare prolixiori operi, quod illius cruci atque sepulcro destinamus.«

29 Athanasius Kircher, *Oedipus aegyptiacus*, Bd. III, Rom 1654, Syntagma XIII, S. 387-434: De Mumiis, earumque conditoris, et hieroglyphicorum, quibus inscribuntur, significatione.

30 Gryphius, *Mumiae Wratislavienses* (Anm. 28), S. 7: »Prodiit tandem Viri ingenio atque infanda rerum scientia celeberrimi Athanasii Kircheri S.J. Sacerdotis, Oedipus Aegyptiacus. Cujus tamen operis copiam, et quae Romam abhinc biennio lues exhausit, et quae Patriae iisdem fere mensibus infesta, domicilio vigesimum ultra lapidem, ad suburbana Nobilissimi Schoenbornii me emovit, ad medium circiter Novembrem anni nuper elapsi, nobis invidit. Ut primum abstrusissimae sapientiae volumen genio temporum nostrorum gratulatus, quantum tum publice impedito licuit, inspexi: fateor, innumera fuisse, quae avidam talium mentem incredibili voluptate recrearent.«

31 Vgl. die instruktive »Einleitung« von Wilhelm Schmidt-Biggemann im Nachdruck von Kircher, *Oedipus aegyptiacus*, Bd. 1, Hildesheim 2013, S. 9-129. Zur renaissanceplatonischen Philosophie Kirchers vgl. Thomas Leinkauf, *Mundus combinatus. Studien zur Struktur der barocken Universalwissenschaft am Beispiel Athanasius Kirchers SJ (1602-1680)*, Berlin 1993. Zu Kirchers Ägyptologie vgl. Daniel Stolzenberg, *Egyptian Oedipus: Athanasius Kircher and the Secrets of Antiquity*, Chicago 2013.

32 *Oedipus aegyptiacus* (Anm. 29), Bd. III, Syntagma XIII, S. 387-392.

33 Zu Nardi vgl. Joachim Sliwa, »Giovanni Nardi (c. 1580-c. 1655) and his Studies on Ancient Egypt«, in: *Études et Travaux* 21 (2007), S. 151-160.

34 Zu Sachs von Löwenheim vgl. ADB Bd. 30, Leipzig 1890, S. 142f.

35 Zur Academia vgl. Georg Uschmann, *Deutsche Akademie der Naturforscher Leopoldina 1652-1977*, Halle 1977; Benno Parthier, Dietrich von Engelhardt (Hg.), *350 Jahre Leopoldina – Anspruch und Wirklichkeit*, Halle 2002; Marion Mücke, Thomas Schnalke,

Briefnetz Leopoldina. Die Korrespondenz der deutschen Akademie der Naturforscher um 1750, Berlin 2009, bes. S. 9-38 zur frühen Zeit; zur Akademie und Ostasien vgl. Rolf Winau, »Christian Mentzel, die Leopoldina und der ferne Osten«, in: *Medizinhistorisches Journal* 11 (1976), S. 72-91.

36 Sachs begann den Briefwechsel, nachdem er auf einer Italienreise Kircher kennengelernt hatte. Vgl. John Edward Fletcher, *A Study of the Life and Works of Athanasius Kircher, ›Germanus incredibilis‹*, Leiden 2011, S. 276.

37 Vgl. etwa Harold Cook, *Matters of Exchange: Commerce, Medicine, and Science in the Dutch Golden Age*, New Haven 2007; Hugh Cagle, *Assembling the Tropics: Science and Medicine in Portugal's Empire, 1450-1700*, Cambridge 2019.

38 Es ist schwer, diesen Pedro Iazardo (oder Lazardo) zu identifizieren. Er scheint keinem der religiösen Orden anzugehören. Möglicherweise handelt es sich um einen Kaufmann.

39 Kircher an Sachs von Löwenheim, Anfang 1672: »Appulerunt praeterlapso mense Romam, tres Indiarum, in negotiis religionis, Procuratores; Unus Japoniae, alter N. tertius Sinarum: omnes naturalium Indicarum rerum multitudine et varietate instructissimi. Prior ille, Petrus Iazardus, Chinam, Tunchim, Siam, Camboim, totumque Mogorum Imperium perlustravit, item Africam meridionalem et Brasiliam. Dici vix potest, quanta inaudita et in triplici naturae regno stupenda detexerit experimenta, quae luci publicae committet. Habet tertius N. tria magnae curiositatis opera, Sinico-Latina, inauditis Europae argumentis confecta, quae Amstelodami praelo commitentur.« In: Johann Daniel Major, *Memoria Sachsiana*, Leipzig 1675, S. 39f. Major gibt an, er habe den Brief von Heinrich Vollgnad bekommen, einem Breslauer Medizinerkollegen von Sachs. Sachs war am 7.1.1672 gestorben und konnte den Brief nicht mehr empfangen. Vgl. auch die Briefe von Sachs an Kircher aus dem Jahr 1671 in: Archivio della Pontificia Università Gregoriana: MS 560, fol. 155r-158r und MS 565, fol. 319r-320r.

40 Vgl. unten Kapitel IV.

41 Vgl. unten Kapitel III.

42 Bernard Heyberger, *Les chrétiens du Proche-Orient au temps de la réforme catholique. (Syrie, Liban, Palestine, XVIIe–XVIIIe siècles)*, Paris 1994; ders. (Hg.), *Orientalisme, science et controverse: Abraham Ecchellensis (1605-1664)*, Turnhout 2010.

43 Vgl. Stolzenberg, *Egyptian Oedipus* (Anm. 31), S. 106-108.
44 Zur Verschiffung von Mumien nach Marseille zu Peiresc vgl. Peter N. Miller, *Peiresc's Mediterranean World*, Cambridge 2015, S. 348f.; Sidney Aufrère, *La Momie et la tempête. Nicolas-Claude Fabri de Peiresc et la »Curiosité égyptienne« en Provence au début du XVIIème siècle*, Avignon 1990.
45 *Hierosolymitana peregrinatio Illustrissimi Domini Nicolai Christophori Radzivill*, Brunsberg 1601. Vgl. Reetz: *Mumiae* (Anm. 24), S. 28f.
46 Vgl. zum Kontext auch Karl H. Dannenfeldt, »Egyptian Mumia. The Sixteenth Century Experience and Debate«, in: *The Sixteeth Century Journal* 16 (1985), S. 163-180.
47 Gryphius, *Mumiae Wratislavienses* (Anm. 28), »Notae«, S. 93ff. Vgl. Reetz, *Mumiae* (Anm. 24), S. 49. Vgl. auch Hania Siebenpfeiffer, »›Magré la mort, je vis encore‹ – Mumien und Gespenster als Manifestationen des Unheimlichen im 17. Jahrhundert«, in: Moritz Baßler u. a. (Hg.), *Gespenster: Erscheinungen, Medien, Theorien*, Würzburg 2005, S. 105-126, hier S. 114. Vgl. weiter Jean B. Neveux, »Andreas Gryphius et les momies«, in: *Etudes Germaniques* 19 (1964), S. 451-462; Joachim Sliwa, »Andreas Gryphius und die Breslauer Mumien. Ein Beitrag zur Kulturgeschichte Schlesiens im 17. Jahrhundert«, in: *Wolfenbütteler Barock-Nachrichten* 30 (2003), S. 3-15.
48 Gryphius, *Mumiae Wratislavienses* (Anm. 28), S. 118f.: »Nec enim vero absonum, dari mortales prae aliis, ejusmodi terriculamentis mage obnoxios. Qua de re, (si Deus ac fata) pleniore dissertatione lectori me satis facturum spero.« Ich benutze hier und im Folgenden die Übersetzung von Katja Reetz.
49 Gryphius, *Dramen*, hg. von Eberhard Mannack, Frankfurt 1991, S. 115.
50 *Mumiae Wratislavienses* (Anm. 28), S. 116: »At quam haec vana seculo nostro credulitas. Ec quot vexere maria impune coniuratas in coelum manus, quot impiatos quovis plagitio parricidas! Quot denique eorum, quibus DEUS, jus, fas, avernus; nauci, ludibrio, nihili. Quid agmina loquar piratarum, qui alieno vivunt sudore, luxuriant sanguine! Inspice denique turmas eorum, quos remis lex mancipavit atque praetor; censebimus ne morum integros ac vitae, quos ne flagitiorum quidem poenae, flagitiis absterrent. Haut ignota loquor, iis saltem qui navium ejuscemodi vectura paucos dies usi.«

51 Der Aberglaube sei deshalb entstanden, weil »die Seeleute menschliche Leichname schon seit langem zurückweisen, und zwar aus der Notwendigkeit heraus. Wer nämlich würde unter Seekrankheit als Gefangener des Meeres, unter Nässe und Gestank der Schiffsjauche überdies die abscheulichen Gerüche eines Körpers ertragen, der sich in seine Elemente auflöst?« Es sind ganz pragmatische und handfeste Gründe, die der Schlesier anführt. »Hinzu kam mit der Zeit der Aberglaube, dass man das dem Meer übergibt, was dem Wohl der Passagiere dient. Wer hat nicht gesehen, dass die Leichname von Fürsten und reicheren Leuten tagtäglich hierhin und dorthin zu Wasser transportiert werden?« So geschah es, meint Gryphius, daß man »dem Leichnam anlastete, was der Luft, die vom Sturm der tobenden Winde und Wirbel aufgewühlt wurde, zugeschrieben werden muss«. Ebd., S. 116-118: »Unde denique nobis tot ubique locorum mummiae, si aditum emptoribus earundem mercium maria non pandunt. Vana itaque haec Religio antiqua tamen, et nisi me omnia fallunt inde enata, quod cadaver humanum jam olim recusarunt Nautae, et quidem adacti necessitate. Quis etenim ferat inter nausceam marini carceris, inter ulignem foetoremque sententiarum insuper adominandos odores, corporis in sua se primordia solventis? Accessit dein temporum diurnitate superstitio creditumque aequori id dari: quod salubritati vectorum. Principum sane et opulentiorum funera, in dies huc illuc mari delata, quis non vidit. Ridendum vero jure ceseam, qui credit alio putore fatiscere artus atque membra hominis olim lautioris, ac remigis de scalmo; vel mendicabuli de trivio. Quotusquisque vero eorum qui maria sulcant; tempestates nunquam habuit adversas? Hinc facile factum, cadaveri ut imputarent, quod ascribendum aeri, fuentium ventorum turbinumque procella commoto.« Konkret auf Radziwills Geschichte bezogen fährt Gryphius fort (ich zitiere hier nur die Übersetzung): »Wer möchte trotzdem an dem festhalten, was der berühmte Radziwill behauptet, dass die bösen Geister der Mumien erschienen seien und den Priester heftig geplagt hätten? Was, wenn (was denkbar ist für allzu verstimmte Schutzgeister) es geschehen ist, um diesen Aberglauben zu bestätigen? Was, wenn ein Diener Radziwills, beim ersten Anblick der Leichname in Ägypten von einem unbehaglichen Entsetzen ergriffen und im Glauben, dass er wegen der heimlich fortgeschafften Leichname dem Unglück ausgesetzt sei, Sühne suchend, es dem Priester unter

der Beichte offenbarte? Sei es, dass der Verstand dieses Mannes, der, soweit aus der Erzählung hervorgeht, eher brav als weitsichtig war, durch den Eindruck, den tiefe Sorgen hinterlassen hatten, gequält wurde, sei es, dass jener ewige Feind unseres Menschengeschlechts ihn genarrt hat.« *Mumiae Wratislavienses* (Anm. 33), S. 118.

52 Zu Bodin allgemein vgl. Ann Blair, *The Theater of Nature: Jean Bodin and Renaissance Science*, Princeton 1997; Marie-Dominique Couzinet, *Jean Bodin*, Paris 2001; Claudia Opitz-Belakhal, *Das Universum des Jean Bodin. Staatsbildung, Macht und Geschlecht im 16. Jahrhundert*, Frankfurt 2006.

53 So Ralph Häfner, »Spuren des Hermetismus in Jean Bodins *Colloquium heptaplomeres*«, in: Peter-André Alt, Volkhard Wels (Hg.), *Konzepte des Hermetismus in der Literatur der Frühen Neuzeit*, Berlin 2010, S. 133-148. Vgl. auch Noel Malcolm, »Jean Bodin and the Authorship of the Colloquium Heptaplomeres«, in: *Journal of the Warburg and Courtauld Institutes* LXIX (2006), S. 95-150, hier S. 114.

54 Jean Bodin, *Colloquium heptaplomeres de rerum sublimium arcanis abditis. E codicibus manuscriptis Bibliothecae academicae gissensis* [...], hg. von Ludwig Noack, Schwerin 1857, Ndr. Hildesheim 1970, S. 4-10; Häfner, »Spuren des Hermetismus« (Anm. 53), S. 135. Vgl. auch ders., »Die Geisterlehre Jean Bodins und der literarische Stil des *Colloquium heptaplomeres*«, in: ders. (Hg.), *Bodinus polymeres. Neue Studien zu Jean Bodins Spätwerk*, Wiesbaden 1999, S. 179-196. Zur Rezeption des *Colloquium* in der Aufklärung vgl. Winfried Schröder, »Jean Bodins ›Colloquium Heptaplomeres‹ in der deutschen Aufklärung«, in: Günter Gawlick, Friedrich Niewöhner (Hg.), *Jean Bodins »Colloquium Heptaplomeres«*, Wiesbaden 1996, S. 121-137.

55 Bodin, *Colloquium heptaplomeres* (Anm. 54), S. 5.

56 Diodorus Siculus, *Hist.* I 27.4.; hg. von C.H. Oldfather (Loeb Classical Library), Bd. I, Cambridge 1933, S. 86/88.

57 Garth Fowden, *The Egyptian Hermes. A Historical Approach to the Late Pagan Mind*, Princeton 1993, S. 49.

58 Vgl. Joachim Friedrich Quack, »Ich bin Isis, die Herrin beider Länder. Versuch zum demotischen Hintergrund der memphitischen Isisaretalogie«, in: Sibylle Meyer (Hg.), *Egypt – Temple of the Whole World / Ägypten – Tempel der gesamten Welt. Studies in Ho-*

nour of Jan Assmann, Leiden 2003, S. 319-366. Dort auch eine Darstellung der bisherigen Forschung.

59 Fowden, *Egyptian Hermes* (Anm. 57), S. 50-52.
60 Ebd., S. 51.
61 Zu Imouthes (Imhotep) vgl. Dietrich Wildung, *Amenhotep, Imhotep – Gottwerdung im alten Ägypten*, München 1977.
62 Sidney H. Aufrère, *Thot Hermès l'Égyptien. De l'infiniment grand à l'infiniment petit*, Paris 2007; Christian H. Bull, *The Tradition of Hermes Trismegistus: The Egyptian Priestly Figure as a Teacher of Hellenized Wisdom*, Leiden 2018. Vgl. auch Richard Jasnow, Karl-Theodor Zauzich, *The Ancient Egyptian Book of Thoth: A Demotic Discourse on Knowledge and Pendant to the Classical Hermetica*, 2 Bde., Wiesbaden 2005. Dazu: Joachim Friedrich Quack, »Ein ägyptischer Dialog über die Schreibkunst und das arkane Wissen«, in: *Archiv für Religionsgeschichte* 9 (2007), S. 259-294. Zum Forschungsstand auch Estaban Law, *Das Corpus Hermeticum. Wirkungsgeschichte: Transzendenz, Immanenz, Ethik. Das Corpus hermeticum im Rahmen der abendländischen Tradition*, Stuttgart 2018.
63 Richard Jasnow, Karl-Theodor Zauzich, *Conversations in the House of Life: A New Translation of the Book of Thoth*, Wiesbaden 2014.
64 Zur europäischen Mnemotechnik vgl. Frances A. Yates, *The Art Of Memory*, London 1966; Jörg-Jochen Berns, Wolfgang Neuber (Hg.), *Seelenmaschinen: Gattungstraditionen, Funktionen und Leistungsgrenzen der Mnemotechniken vom späten Mittelalter bis zum Beginn der Moderne*, Wien 2000.
65 Bodin, *Colloquium heptaplomeres* (Anm. 54), S. 281: Coronaeus: »Cum igitur sacrosanctae trinitatis mysteria tot scripturae locis perspicua sint, adhibeamus etiam ad philosophos erudiendos philosophorum antiquissima decreta.« Friedrich: »Certe Proclus Academicus, tametsi libros duodeviginti adversus Christianos scripsit, nihilominus tamen tria principia fatetur: bonum, mentem et animam. [...] Trismegistus tamen ut antiquitate, sic perspicuitate caeteros superavit: Deus, inquit, qui est intellectus, vita, lux, androgyne genuit verbum, qui alius est intellectus, fabricator omnium rerum, et cum verbo spiritum, Deum igneum.«
66 Dies ist eine astronomische Zahl, nämlich die Zahl der Tage von 100 Sonnenjahren. Man sieht, daß Jamblich hier bei seiner Quelle

Pseudo-Manetho auf pseudepigraphischen spätantiken astrologischen oder astralmagischen Theorien fußt. Vgl. (Ps.-) Manethon, *Apotelesmata*, hg. von Hermann Köchly, Leipzig 1858.
67 Bei Jamblich, *De myst. Aegypt.* VIII,1 findet sich die Zahl 20 000, die Jamblich aus Seleukos berichtet; dort auch die Zahl 36 525, die er aus Manethon übernimmt. Vielleicht zitiert Bodin hier falsch aus der Erinnerung. Der Herausgeber Noack schreibt 11 000 und gibt in einer Fußnote an, daß andere Manuskripte auch 110 000 haben. Ich entscheide mich hier für die höhere Zahl, weil Bodins auf Steigerung zielende Satzkonstruktion »qui minus fabulantur [...] Jamblichus vero [...]« sonst keinen Sinn macht. Seleukos ist möglicherweise ein Gnostiker gewesen. Vgl. Fowden, *The Egyptian Hermes* (Anm. 57), S. 136 und 173.
68 Bodin, *Colloquium heptaplomeres* (Anm. 54), S. 281 f.: Toralba: »Sed quisquis tandem fuerit Trismegistus ille, quem et Isidis magistrum et Aegyptium scriptorem omnium post Mosen antiquissimum esse Isidis statuae inscripto et ratio temporis cogit confiteri. Qui vero libri Trismegisti nomine circumferuntur, non nisi graece exstitisse, cum latine redderentur, planum est, et auctorem ex junioribus Academicis plura Platonis decreta descripsisse. Nam qui minus fabulantur, libros ei tribuunt 36 525, Jamblichus vero 110 000, et quae ex illis libris excerpta fuere a Jamblicho, Plotino, Proclo, Cyrillo, modis omnibus dissimilia leguntur ab iis, quae in Pimandro et Poëmate scripta legimus. Quae autem ad trinitatis argumentum allata sunt a Friderico, ad verbum descripta videntur, non tam a Trismegisto, quam ex epistola Platonis ad Hermiam et Dionysium [...].«
69 Zu den Debatten schon vor Casaubon vgl. Mulsow (Hg.), *Das Ende des Hermetismus* (Anm. 3).
70 Gilbert Genebrard, *Chronographiae libri IV*, Paris 1567; 2. Aufl., Paris 1580.
71 »Hoc et Socratici fecerunt et Platonici, sicut contemtivi rerum temporalium, ut de Plotino scribit Mercurius Trismegistus et Macrobius super somnium Scipionis.« Zitiert nach Frederick Purnell Jr., »A Contribution to Renaissance Anti-Hermeticism: The Angelucci-Persio Exchange«, in: Martin Mulsow (Hg.), *Das Ende des Hermetismus* (Anm. 3), S. 127-160, hier S. 138. Die Passage stammt übrigens gar nicht von Thomas selbst, sondern von Bartolomeo Fiadoni.

72 Zur Eigenständigkeit Bodins in seinen – auch naturphilosophischen – Beobachtungen vgl. Ann Blair, *The Theater of Nature* (Anm. 52). Vgl. weiter Cesare Vasoli, *Armonia e giustizia. Studi sulle idee filosofiche di Jean Bodin*, Florenz 2008.

73 Anthony Grafton, »Protestant versus Prophet: Isaac Casaubon on Hermes Trismegistus«, in: *Journal of the Warburg and Courtauld Institutes* 46 (1983), S. 78-93.

74 Petrus Apianus und Bartholomeus Amantius, *Inscriptiones sacrosanctae vetustatis*, Ingolstadt 1534, S. CXXXVI: »Placuit huc ponere ob rei commoditatem, quae a nonnullis traduntur scriptoribus. Osiridis videlicet & Isidis deorum sepulchra in Nysa Arabiae sita esse, & illhic utrique dictatam columnam sacris sculptam literis in qua Isidis columna haec scripta est.« Es folgt der Text der Inschrift. Zur Epigraphik im 16. Jahrhundert vgl. Ernst Meyer, *Einführung in die Lateinische Epigraphik*, Darmstadt 1973; Margaret Daly Davis (Hg.), *Archäologie der Antike. Aus den Beständen der Herzog-August-Bibliothek 1500-1700*, Wiesbaden 1994, S. 82-96. Zu Apianus vgl. Karl Röttel (Hg.), *Peter Apian. Astronomie, Kosmographie und Mathematik am Beginn der Neuzeit. Mit Ausstellungskatalog.*, 2. Aufl., Eichstätt 1997.

75 Vgl. Mulsow (Hg.), *Das Ende des Hermetismus* (Anm. 3).

76 Anthony Grafton, »Rhetoric, Philology and Egyptomania in the 1570's: J.J. Scaliger's Invective against M. Guilandinus' Papyrus«, in: *Journal of the Warburg and Courtauld Institutes* 42 (1979), S. 167-194.

77 Karl H. Dannenfeldt, »Egyptian Mumia: The Sixteenth-Century Experience and Debate«, in: *The Sixteenth Century Journal* 16 (1985), S. 163-180.

78 Nancy Siraisi, »Hermes among the Physicians«, in: Mulsow (Hg.), *Das Ende des Hermetismus* (Anm. 3), S. 189-212; dies., *History, Medicine, and the Traditions of Renaissance Learning*, Ann Arbor 2007, S. 233-246.

79 Vgl. auch Aufrère, *La Momie et la tempête* (Anm. 44).

80 Frederick Purnell Jr., »Francesco Patrizi and the Critics of Hermes Trismegistus«, in: *Journal of Medieval and Renaissance Studies* 6:2 (1976), S. 155-178; ders., »A Contribution« (Anm. 15); Martin Mulsow, »Reaktionärer Hermetismus vor 1600? Zum Kontext der venezianischen Debatte über die Datierung von Hermes Trismegistos«, in: ders. (Hg.), *Das Ende des Hermetismus* (Anm. 3), S. 161-

185; ders., »›Philosophia italica‹ als reduzierte prisca-sapientia-Ideologie. Antonio Persios und Francesco Patrizis Rekonstruktionen der Elementenlehre«, in: ders. (Hg.), *Das Ende des Hermetismus* (Anm. 3), S. 253-280. Der Text von Angelucci ist ediert in *Das Ende des Hermetismus* (Anm. 3), S. 351-366.

81 Alpino, *De medicina Aegyptiorum libri IV*, Venedig 1591, hier zitiert nach der Ausgabe Paris 1646, fol. 5v: »[...] ut ex Aegyptiis historiarum peritis audivi, a barbara priscorum Aegypto imperantium tyrannide tempore enim quo Mamaluchi illiusce regionis obtinebant imperium, omnia ea loca medicis doctissimis florebant, qui dogmatice summaque cum ratione medicinam faciebant [...]«. Zitiert nach Siraisi, »Hermes« (Anm. 78), S. 198. Zur islamischen (und auch ägyptischen) Medizin vgl. Peter E. Pormann, Emilie Savage-Smith, *Medieval Islamic Medicine*, Washington D. C. 2007.

82 Alpino, *Histoire naturelle de l'Egypte*, hg. und übers. von R. de Fenoyl, Kairo 1979, S. 225 f.: »Les anciens, en effet, connurrent bien la médicine dogmatique, et beaucoup d'entre eux écriverent [...] son sujet beaucoup de choses, et fort belles, qui sont toutes contenues dans un livre très utile et très dinstingué, appelé *Sife*, composé par un Egyptien et écrit dans cette langue. Lorsque l'empereur des Turcs soumettait l'Egypte, il trouva ce livre caché parmi les objets les plus précieux [...]. Mais je n'ai jamais pu en obtenir des Egyptiens un exemplaire. Les Egyptiens ont aussi un livre appelé *Ebnagel ducam*, dans laquel sont décits tous les remèdes simples et composées propres à supprimer les maladies. Ce livre est très familier à tous et j'ai pu, non sans peine, en obtenir un exemplaire. Parmi les anciens ils ont tous les médicines arabes: Avicenne, Albumazare, Rasis, Averroès, Ambibetar. Les anciens Egyptiens eurent donc autrefois une médicine très perfectionnée; et cela est normal, car, non loin de l'Egypte, ils avaient Cyrène, ou l'on sait que la vraie médicine dogmatique fut autrefois brillante; et certains pensent qu'Hippocrate reçut d'eux autant que des habitants de Crotone les plus importants principes de la médicine.« Zitiert nach Siraisi, »Hermes« (Anm. 23), S. 198. Mit *Ebnagel ducam* ist wahrscheinlich gemeint: *Minhāǧ ad-dukkān*, ein Werk von Abū 'l-Munā al-Kūhīn al-'Aṭṭār aus dem 13. Jahrhundert. Vgl. dazu Leigh Chipman, *The World of Pharmacy and Pharmacists in Mamlūk Cairo*, Leiden 2009. Mit *Sife* (Šifā', »Heilung«) können mehrere Bücher gemeint sein: vgl. Walter Ullmann, *Medizin im Islam*, Leiden 1970,

S. 369. Ich danke Peter E. Portmann für die Identifizierungen der Titel.
83 Vgl. allgemein Florian Ebeling, *Das Geheimnis des Hermes Trismegistos* (Anm. 6).
84 Kevin van Bladel, *The Arabic Hermes. From Pagan Sage to Prophet of Science*, Oxford 2009.
85 Ebd., S. 43.
86 Ebd., S. 48-57.
87 Erich Gruen, *Heritage and Hellenism. The Reinvention of Jewish Tradition*, Berkeley 1998, Kap. 5, S. 137-188.
88 Vgl. Arthur J. Droge, *Homer or Moses? Early Christian Interpretations of the History of Culture*, Tübingen 1989; Moses Hadas, *Hellenistische Kultur*, Wien 1981; Arnaldo Momigliano, *Hochkulturen im Hellenismus. Die Begegnung der Griechen mit Kelten, Römern, Juden und Persern*, München 1979.
89 Van Bladel, *The Arabic Hermes* (Anm. 84), S. 57. Meine Übersetzung.
90 Vgl. etwa – veraltet – Daniil Chwolson, *Die Ssabier und der Ssabismus*, 2 Bde., St. Petersburg 1856.
91 Van Bladel, *The Arabic Hermes* (Anm. 84), Kap. 3, S. 64-118. Vorläufer von diesem Typ von Verehrung sind möglicherweise die Manichäer gewesen.
92 Ebd., Kap. 5, S. 164-233.
93 Ebd., S. 122-132. Vgl. auch van Bladel, »The Arabic History of Science of Abū Sahl ibn Nawbaḫt (fl. ca 770-809) and its Middle Persian Sources«, in: Felicitas Opwis, David Reisman (Hg.), *Islamic Philosophy, Science, Culture, and Religion. Studies in Honor of Dimitri Gutas*, Leiden 2012, S. 41-62. Zum babylonischen Hermes vgl. auch Pietschmann, *Hermes Trismegistos* (Anm. 7), S. 52f.
94 Vgl. David Pingree, *The ›Thousands‹ of Abū Ma'shar*, London 1968; ders., *From Astral Omens to Astrology: From Babylon to Bīkāner*, Rom 1997.
95 Van Bladel, *The Arabic Hermes* (Anm. 84), S. 125-127.
96 Zu Hermes/Idris/Henoch als entrückt/aufgestiegen in die Himmelssphäre, um dort die Wahrheiten der Astronomie/Astrologie zu schauen, vgl. van Bladel, *The Arabic Hermes* (Anm. 84), Kap. V.1, S. 164-184. Zur Hekhalot/Merkavah-Mystik vgl. Peter Schäfer, *The Origins of Jewish Mysticism*, Tübingen 2009, S. 318-329. Dort analysiert Schäfer Henochs Transformation in Metatron – den Stellvertreter Gottes – in 3 Henoch (von ihm datiert auf ca.

700-900 n. Chr.). Dies ist genau die Zeit, in der die Henoch-Literatur im Islam als Idris-Literatur rezipiert wurde. Diese wiederum war mit der Legende von einem Himmelsaufstieg von Hermes verbunden, die wahrscheinlich unter den Harraniern kursierte. Zur Diskussion der möglichen Genese dieser Verbindungen vgl. van Bladel, *The Arabic Hermes* (Anm. 84), bes. S. 172 ff. Für die Verbindungen zwischen Judentum und frühem Islam im Bezug auf die Henoch-Literatur in dieser Phase vgl. auch Philip S. Alexander, »Jewish Tradition in Early Islam: the Case of Enoch/Idris«, in: Gerald R. Hawting u.a. (Hg.), *Studies in Islamic and Middle Eastern Texts and Traditions in Memory of Norman Calder*, Oxford 2000, S. 11-29.

97 Für eine begrenzte Wirkung schon im europäischen Mittelalter vgl. Charles Burnett, »The Legend of the Three Hermes and Abū Ma'shar's *Kitāb al-Ulūf* in the Latin Middle Ages«, in: *Journal of the Warburg and Courtauld Institutes* 44 (1976), S. 231-234.

98 *Pymander Mercurii Trismegisti cum commento Fratris Hannibalis Rosseli Calabri*, Krakau 1585. Dort gibt es in der unpaginierten Vorrede an den Leser von Buch IV eine Hermesbiographie: »Quinque fuisse Mercurios, antiquitas docet. Primo quidem coelo patre, die matre natum. Secundo vero Valentis, et Pheronidis filium. Tertium Iove tertio natum, et Maia. Quartum, Nilo patre, quem Aegyptii nefas habent nominare, qui dicitur Argum interfecisse, et ob eam causam Aegypto praefuisse, legesque atque literas Aegyptiis tradidisse.« Zu Rosselli vgl. Maria Muccillo, »Der ›scholastische‹ Hermetismus des Annibale Rosselli und die Trinitätslehre«, in: Mulsow (Hg.), *Das Ende des Hermetismus* (Anm. 3), S. 61-101.

99 *Pymander Mercurii Trismegisti* (Anm. 98), ebd.: »Fuit autem ille Theut, rex, sacerdos, et sapiens maximus.«

100 Rosselli zitiert Augustinus, *De civitate Dei* 7,14 nach Varro, aber auch Cicero, *De nat. deor.* III 56.

101 Agrippa von Nettesheim, *Oratio habita Papiae in praelectione Hermetis Trismegisti De potestate et sapientia Dei*, o.O. 1515; auch in: ders., *Opera*, Bd. II, Lyon 1550, S. 1089-1101. Zu Lazarelli vgl. Wouter Hanegraaff, R.M. Bouthoorn, *Lodovico Lazzarelli (1447-1500): The Hermetic Writings and Related Documents*, Tempe 2005.

102 Zu Abraham Ibn Ezra vgl. Dov Schwarz, *Studies on Astral Magic in Medieval Jewish Thought*, Leiden 2004.

103 Zu Kircher vgl. außer der in Anm. 31 genannten Literatur Paula Findlen (Hg.), *Athanasius Kircher: The Last Man Who Knew Everything*, London 2004.
104 Vgl. Wilhelm Schmidt-Biggemann, »Hermes Trismegistos, Isis und Osiris in Athanasius Kirchers ›Oedipus Aegyptiacus‹«, in: *Archiv für Religionsgeschichte* 3 (2001), S. 67-88, bes. S. 71-75.
105 Kircher, *Oedipus Aegyptiacus* (Anm. 29), Bd. 1, S. 67: »Et Adris ipse Hebrais Hanuch, Aegyptiis Osiris et Hermes, et ipse primus fuit ante diluvium, qui Astrologiam et Geometriam professus est, et primus fuit, qui de istiusmodi scientiis disseruit, et qui eas ex potentia deduxit in actum; librum quoque scripsit, in quo signavit doctrinam eorum.«
106 Ebd., S. 103.
107 Ebd., S. 86.
108 Ebd., S. 105.
109 Zu ihm vgl. Leon Nemoy, »The Treatise on the Egyptian Pyramids (*Tuhfat al-kirām fī khabar al-ahrām*) by Jalāl al-Dīn al-Suyūtī«, in: *Isis* 30 (1939), S. 17-37.
110 Kircher, *Oedipus* (Anm. 29), Bd. I, S. 66: »Ita igitur Ahmed ben Ioseph Eltiphasi apud Gelaldinum [=as-Suyūtī] libro de appellationibus Nili«. S. 67: »Similia recitat alius quidam Historicus nomine Kaab Elachabar in historia Saracenorum his verbis […].« [in margine: »apud Gelaldinum«]. Hier wird also sogar indirekt – aus Ġirgis al-Makīn und seiner von Thomas Erpenius 1625 ins Lateinische übersetzten koptischen Weltchronik *al-Maǧmū' al-mābarak* – Ka'b al-Aḥbār, ein jüdischer Konvertit zum Islam im 7. Jahrhundert, zitiert. Zu ihm vgl. Israel Wolfensohn, *Ka'b al-Aḥbār und seine Stellung im Ḥadīṯ und in der islamischen Legendenliteratur*, Gelnhausen 1933; Bernard Chapira, »Legendes bibliques attributes à Ka'b al-Ahbâr«, in: *Revue des etudes juives* 69 (1919), S. 86-107, und 70 (1920), S. 37-43. Zu al-Suyūtī vgl. Eric Geoffroy, »Al-Suyūtī«, in: Peri Bearman (Hg.), *Encyclopaedia of Islam*, 2. Aufl., Leiden 1997; Okasha El-Daly, *Egyptology: The Missing Millennium. Ancient Egypt in Medieval Arabic Literature*, Walnut Creek, CA 2009. Zu at-Tifāšī vgl. Armin Schopen, Karl W. Strauß, *Aḥmad ibn Yūsuf at-Tīfāšīs »Buch der königlichen Steine«: Eine Mineralienkunde für die arabischen Herrscher des 7./13. Jahrhunderts*, Wiesbaden 2014.
111 Den Begriff der Rezeptionsrezeption übernehme ich von Enno

Rudolph. Er meint damit den Umstand, daß die Rezeption antiker Autoren und Texte oft nicht direkt erfolgt, sondern über Vermittlungsstufen: z. B. wird Platon oft vermittelt über die Neuplatoniker rezipiert – und damit in bestimmter vorgeprägter Weise gelesen.
112 Vgl. Martin Mulsow, »Antiquarianism and Idolatry. The ›Historia‹ of Religions in the Seventeenth Century«, in: Gianna Pomata, Nancy G. Siraisi (Hg.), *Historia. Empiricism and Erudition in Early Modern Europe*, Cambridge 2005, S. 181-210, hier S. 197 ff.
113 Pseudo-Magriti, *Picatrix – Das Ziel des Weisen*, übers. aus dem Arabischen von Hellmut Ritter und Martin Plessner, London 1962. Zur Entstehungsgeschichte vgl. Hellmut Ritter, »Picatrix. Ein arabisches Handbuch hellenistischer Magie«, in: Fritz Saxl (Hg.), *Vorträge der Bibliothek Warburg, Vorträge 1921-1922*, Berlin 1923, S. 94-124; auch Reimund Leicht, *Astrologumena Judaica. Untersuchungen zur astrologischen Literatur der Juden*, Tübingen 2006, S. 316-323 mit weiterer Literatur. Gelegentlich kommt es dabei sogar zu »sekundären Pseudepigraphien« wie der nachträglichen Zuschreibung der Chaldäischen Orakel an Zoroaster durch Plethon. Vgl. Michael Stausberg, *Faszination Zarathustra. Zoroaster und die Europäische Religionsgeschichte der Frühen Neuzeit*, Berlin 1998, S. 57 ff. Vgl. auch, um einen Eindruck von der Komplexität der Materie zu gewinnen, Udo Reinhold Jeck, *Platonica Orientalia. Aufdeckung einer philosophischen Tradition*, Frankfurt 2004.
114 Bodin, *Colloquium heptaplomeres* (Anm. 54), S. 282: Friedrich: »Quid tum? Neque enim in trinitate quicquam tempore prius aut posterius, sed tantum ordine relationis, nec minus est creator filius quam pater, aut spiritus sanctus quam uterque.«
115 Yates, *Giordano Bruno* (Anm. 18).
116 Rosselli, »Pymander« (Anm. 98). Vgl. Muccillo, »Der ›scholastische‹ Hermetismus« (Anm. 98). Vgl. zur antisozinianischen Funktionalisierung solcher Überlegungen Martin Mulsow, »Bisterfelds ›Cabala‹. Zur Bedeutung des Antisozinianismus für die Spätrenaissancephilosophie«, in: ders. (Hg.), *Spätrenaissance-Philosophie in Deutschland 1570-1650. Entwürfe zwischen Humanismus und Konfessionalisierung, okkulten Traditionen und Schulmetaphysik*, Tübingen 2009, S. 13-41.
117 Dipesh Chakrabarty, *Provincializing Europe. Postcolonial Thought and Historical Difference*, Princeton 2000.

118 Voraussetzung für die Kontrastierung, wie ich sie hier vornehme, ist eine strenge Unterscheidung von Gedächtnisgeschichte im Sinne der Innenperspektive (des für wahr Gehaltenen) der Akteure und realer Rezeptionsgeschichte. Wenn diese Typen zu sehr vermischt werden, ist die Kontrastierung nicht mehr möglich.

119 Zu dieser Position Roms vgl. Markus Friedrich, *Der lange Arm Roms? Globale Verwaltung und Kommunikation im Jesuitenorden 1540-1773*, Frankfurt 2011.

120 Stolzenberg, *Egyptian Oedipus* (Anm. 31), bes. S. 104-128. Vgl. auch Tina Assmussen, *Scientia Kircheriana. Die Fabrikation von Wissen bei Athanasius Kircher*, Affalterbach 2016.

121 Vgl. Peter G. Bietenholz, *Pietro della Valle 1586-1652: Studien zur Geschichte der Orientkenntnis und des Orientbildes im Abendlande*, Basel-Stuttgart 1962.

122 Zu Germanus vgl. Bertrand Zimolong, *Dominicus Germanus de Silesia OFM, ein biogr. Versuch*, Breslau 1928; ders., »Neues zum Leben und den Werken des Paters Dominicus Germanus de Silesia«, in: *Franziskanische Studien* 21 (1934), S. 151-170. Nach seinem Romaufenthalt lehrte Germanus in Bethlehem, 1645 ging er als Missionspräfekt nach Samarkand. 1652 kehrte er dann von der Tatarenmission zurück und lebte im Escorial, in dessen Bibliothek auch seine ungedruckten Werke aufbewahrt werden.

123 Zu Obicini vgl. Arnold Van Lantschoot, *Un précurseur d'Athanase Kircher: Thomas Obicini et la Scala Vat. copte 71*, Louvain 1948.

124 Vgl. ausführlich dazu Paul Maiberger, *Topographische und historische Untersuchungen zum Sinaiproblem: Worauf beruht die Identifizierung des Ǧabal Mūsā mit dem Sinai?*, Göttingen 1984.

125 Vgl. schon für die frühe Zeit etwa Ulderigo Vincentini, »Francesco Zorzi e la Palestina«, in: *Venezie francescane* 19 (1952), S. 174-176; Andreas Klußmann, *In Gottes Namen fahren wir. Die spätmittelalterlichen Pilgerberichte von Felix Fabri, Bernhard von Breydenbach und Konrad Grünemberg im Vergleich*, Saarbrücken 2012.

126 Athanasius Kircher, *Prodromus Coptus sive aegyptiacus: [...] in quo cum linguæ Coptae, sive Ægyptiacæ, quondam Pharaonicæ, origo, ætas [...] exhibentur*, Rom 1636, S. 201-219.

127 Ebd., S. 207: »Deus virginem concipere faciet, et ipsa pariet filium.«

128 Kircher versäumt das nicht zu vermerken: ebd., S. 208 f.: »eam non approbarunt tantum, sed et ex eius interpretatione tam apposite facta, summam voluptatem haurire visi sunt«.
129 Vgl. Maiberger, *Topographische und historische Untersuchungen* (Anm. 124); M. C. A. MacDonald, »Literacy in an Oral Environment«, in: Piotr Bienkowski u. a. (Hg.), *Writing and Ancient Near Eastern Society. Papers in Honour of Alan R. Millard*, New York, London 2005, S. 49-118, bes. S. 93 ff.
130 Die mögliche Deutung als Kufisch verdanke ich Manfred Krebernik.
131 Vgl. das Inventar von Georgius de Sepibus in Kircher, *Musaeum celeberrimum*, Amsterdam 1678; Reprint mit einer ausführlichen Einleitung von Tina Assmussen, Lucas Burkart, Hole Rößler als Bd. 11 der Ausgabe von *Kirchers Hauptwerken*, Hildesheim 2019. Zur Sammlung vgl. Assmussen, *Scientia* (Anm. 120); dies., Lucas Burkart, Hole Rößler, *Theatrum Kircherianum. Wissenskulturen und Bücherwelten im 17. Jahrhundert*, Wiesbaden 2013.
132 Zu Chézaud vgl. die unten in Anm. 145 und 150 angegebene Literatur. Vgl. auch Chézauds fünfzehn Briefe an Kircher aus den Jahren zwischen 1638 und 1654 im Archivio della Pontificia Università Gregoriana: MS 567 und 568.
133 Kircher veröffentlicht diese in: *Oedipus aegyptiacus* (Anm. 29), Bd. II/1, S. 118 f., nachdem er zuvor die Deutung aus dem *Prodromus Coptus* nochmals abgedruckt hatte.
134 Vgl. Chézaud an Kircher, abgedruckt in *Oedipus aegyptiacus* (Anm. 29), Bd. II/1, S. 118: »Ut ad Prodromum revertar, cum in eo omnia bene, et sapienter, multa docte, et perite, tum illud maxime mihi miraculo fuit, quod tam antiquam, tamque novam, non ad acumen minus, quam ad veritatem apposite explicat inscriptionem. Enimvero cui non arrideat? Illam in grandi charta exaratam, eiusque interpretationem e Prodromo desumptam, Arabico sermone et scripsi, et pinxi; quae veluti tabella cubiculo meo ornamento est, non sine ingredientium et legentium applausa, et emolumento.« (»Um auf den *Prodromus* zurückzukommen, in dem alles gut und weise, vieles gelehrt und erfahren ist, in dem mir aber dasjenige besonders wunderbar schien, was die so alte und zugleich so neue Inschrift erklärt – nicht einfach nur als intellektuelle Herausforderung, sondern auch hinsichtlich ihrer Wahrheit. Wer muß dem keinen Beifall zollen? Ich habe sie auf einem großen

Karton abgezeichnet, mit ihrer Übersetzung aus dem Prodromus, in arabischer Sprache aufgeschrieben. Wie ein Bildchen ziert sie mein Wohnzimmer, nicht ohne Zustimmung und Wirkung auf diejenigen, die zu mir kommen und es sehen.«)

135 Vgl. zur kabbalistischen Gematrie und zur arabischen Zahlenspekulation Karen Gloy u. a., »Art. ›Zahl/Zahlenspekulation/Zahlensymbolik‹«, in: *Theologische Realenzyklopädie* Bd. 36, Berlin 2004, S. 447-478; Franz Dornseiff, *Das Alphabet in Mystik und Magie*, 2. Aufl., Leipzig 1925.

136 Chézaud an Kircher, abgedruckt in *Oedipus aegyptiacus* (Anm. 29), Bd. II/1, S. 118: »[...] quod sic ludendo conieci. Suppono primo nominis Tetragrammati literas pro notis huiusmodi assumptas apud Hebraeos non fuisse, adeoque neque illos characteres, qui eius hic nominis compendium conficiunt. Suppono secundo, quod appositio seu insertio circuli unius ad literam, illam faciat geminam; duorum, trinam; atque ita deinceps; mihi enim, sicut et V. Rev. non videtur haec circulorum insertio mysterio vacare; quod tamen vix ad SS. Trinitatem, et Incarnationem quis referat, quando praesertim quatuor inseruntur.« (»Das vermute ich aus folgendem Rechenspiel: Ich nehme zunächst einmal an, daß die Buchstaben des Gottesnamens im Tetragrammaton bei den Hebräern nicht für diese Art Berechnungen genommen worden sind, und daher auch nicht jene Schriftzeichen, die die Abkürzung dieses Namens ausmachen. Zweitens nehme ich an, daß die Setzung eines einzigen Kreises neben oder auf den Buchstaben ihn im Zahlwert verdoppelt; von zweien ihn verdreifacht, und so weiter. Mir scheint nämlich, wie Ihnen, verehrter Pater, auch, diese Setzung von Kreisen nicht des Mysteriums zu entbehren; daß man sich dennoch kaum auf die Heilige Trinität und die Inkarnation beziehen kann, wenn besonders vier eingesetzt werden.«)

137 Ebd., S. 119: »Illud difficultatem faciebat nonnullam, quod cum duo circuli inserantur literae מ, tergeminandus esset eius numerus; verum dici potest, quod alius geminationi literae inseruit, ut notavit R.V., alius geminationi numeri. Quod autem in ultimo vocabulo unus circulus geminandum innuat duarum literarum numerum, videri potest non absonum; cum unus, et idem ductus formationi quoque duarum literarum inserviat.« (»Es machte mir einige Schwierigkeiten, daß der Buchstabe Mem mit zwei Kreisen versehen ist; dann wäre diese Zahl zu verdreifachen. In der Tat kann

gesagt werden, daß der eine der Verdoppelung des Buchstabens dient, wie Sie, verehrter Pater, bemerkt haben, der andere aber der Verdoppelung der Zahl. Daß aber bei dem letzten Wort ein einziger Kreis nahelegt, die Zahl zweier Buchstaben zu verdoppeln, kann nicht unsinnig scheinen; weil ein und derselbe Duktus der Erzeugung auch von zwei Buchstaben dienlich ist.«)

138 Ebd., S. 118: »Ita que initia summa iuxta hanc regulam, sic numerum 1509 eruebam, ac si Moyses, quem vel id scripsisse, vel scribi curasse recte opinatur V. R. etiam temporis apponere voluerit circumstantiam; quasi diceret, anno abhinc supra millesimum nono et quingentismo Deus faciet ut Virgo concipiat, et pariat filium. Unde tempus scriptionis illius incideret in annum proxime sequentem egressum filiorum Israel ex Aegypto, quo ferme tempore Beseleel, et alii in fabricam tabernaculi etc. intenti erant, antequam anno 2. mense 2. vigesima die mensis profecti sunt de deserto Sinai, ut habetur Num. 10.« Vgl. Num 10,11-12.

139 Der Text fährt fort S. 119: »Praeterea forte non erraverit, qui lapidem illum Altare tunc fuisse dixerit, cum Moysi Deus hoc mandatum Exod. 20. dederit [...].« (»Außerdem wird vielleicht nicht irren, wer sagt, daß der Stein [auf dem die Inschrift zu sehen ist] der Altar gewesen ist, damals als Gott dem Moses dies aufgetragen hat, nach Exodus 20.«) Vgl. Ex. 20,24-26: »Einen Altar von Erde mache mir, auf dem Du dein Brandopfer und Dankopfer, deine Schafe und Rinder, opferst.«

140 Vgl. Simon Mills, *A Commerce of Knowledge: Trade, Religion, and Scholarship between England and the Ottoman Empire, 1600-1760*, Oxford 2020, S. 41; Khaled El-Rouayheb, *Intellectual History in the Seventeenth Century: Scholarly Currents in the Ottoman Empire and the Maghreb*, Cambridge 2015, S. 265-267.

141 Kircher, *Oedipus aegyptiacus* (Anm. 29), Bd. II,/1, S. 361-400.

142 Kircher nach Abulhessan, *Oedipus aegyptiacus* (Anm. 29), Bd. II/1, S. 367. Eine Tafel mit den Buchstabenbedeutungen findet sich auf S. 365-367.

143 Ebd., S. 363 f. Kircher führt als seine Quellen auf: »Amamus Abulhessan Aben Abdalla Elhassadi: Historia Saracena; De divinis nominibus / Aben Joseph Altokphi: Narrationes visionum / Abrahim Estath Babylonius: Liber Arcanorum / Aben Rahmon: Liber computationis [*'Abd al-Raḥmān II?*] / Halymorchus: Liber divinae invocationis / Aben Amer Osman: Liber de vita eremitarum

Saracenorum / [unbekannter Autor aus Fez, in nubischen Buchstaben] Hesban elrammel bzw. Computus arenae /Anonymus: Liber sigillorum / Hasmon Aben Buri: Magia Turcarum.«

144 Ebd., S. 378: »Litterae mysticae, quae ipsi nomina et figuras naturales vocant, nihil aliud sunt, quam divinorum nominum in dictas figuras, ad mysteria celanda, transformatio.« Übers. zit. nach Schmidt-Biggemann, »Einleitung« (Anm. 31), S. 87.

145 Vgl. Christian Windler, »Katholische Mission und Diasporareligiosität. Christen europäischer Herkunft im Safawidenreich«, in: Henning P. Jürgens, Thomas Weller (Hg.), *Religion und Mobilität. Zum Verhältnis von raumbezogener Mobilität und religiöser Identitätsbildung im frühneuzeitlichen Europa*, Göttingen 2010, S. 184-212; ders., *Missionare in Persien. Kulturelle Diversität und Normenkonkurrenz im globalen Katholizismus (17.-18. Jahrhundert)*, Köln 2018; Bruno Zimmel, »Vorgeschichte und Gründung der Jesuitenmission in Isfahan (1642-1657)«, in: *Zeitschrift für Missionswissenschaft und Religionswissenschaft* 53 (1969), S. 1-26; Rudi Matthee, »Jesuits in Safavid Persia«, in: *Encyclopaedia Iranica*, XIV, Fas. 6, pp. 634-638 (2008); ders., »Poverty and Perseverance: The Jesuit Mission of Isfahan and Shamakhi in Late Safavid Iran«, in: *Al-Qantara* 36 (2015), S. 463-501; John Flannery, *The Mission of the Portuguese Augustinians to Persia and Beyond (1602-1747)*, Leiden 2013. Zur privaten Seite: Kathryn Babayan, *The City As Anthology: Eroticism and Urbanity in Early Modern Isfahan*, Stanford 2021; dies., Afsaneh Najmabadi (Hg.), *Islamicate Sexualities: Translations Across Temporal Geographies of Desire*, Cambridge 2008.

146 Vgl. Houman M. Sarshar (Hg.), *The Jews of Iran. The History, Religion, and Culture of a Community in the Islamic World*, London 2014; Geoffrey Herman (Hg.), *Jews, Christians and Zoroastrians: Religious Dynamics in a Sasanian Context*, Piscataway 2014; David Yeroushalmi, *The Jews of Iran: Chapters in Their History and Cultural Heritage*, Costa Mesa, CA 2016.

147 Jean Chardin, *Voyages en Perse et aux Indes orientales*, London 1686. Vgl. Kathryn Babayan, *Mystics, Monarchs, and Messiahs. Cultural Landscapes of Early Modern Iran*, Cambridge 2002, S. 444.

148 Babayan, *Mystics* (Anm. 147), S. 439-448.

149 Windler, *Missionare in Persien* (Anm. 145), S. 238-240.

150 Vgl. Francis Richard, »Le père Aimé Chézaud controversiste et ses manuscrits persans«, in: *Nāma-ye Bahārestān* 6-7, No. 1-2, Ser. No. 11-12, 2005-6 (April 2007), S. 7-18.
151 Henry Corbin, *Histoire de la philosophie islamique*, Paris 2002, S. 462-466.
152 P. Próspero del Spiritu Santo O.C.D. an P. Simone di Gesù Maria, 23.9.1623; zit. nach Windler, *Missionare in Persien* (Anm. 145), S. 233.
153 Ebd., S. 238.
154 Vgl. Windler, *Missionare in Persien* (Anm. 145), S. 174, 225 und 245.
155 Vgl. Magdalino, Mavroudi (Hg.), *The Occult Sciences in Byzantium* (Anm. 15); Matthew Melvin-Koushki, Noah Gardiner (Hg.), »Islamicate Occultism«, in: *Arabica* 64/3-4, S. 287-693; Nader el-Bizri, Eva Orthmann (Hg.), *The Occult Sciences in Pre-Modern Islamic Cultures*, Beirut 2018. Vgl. auch die Reflexionen von Liana Saif, »What is Islamic Esotericism?«, in: *Correspondences* 7/1 (2019), S. 1-59.
156 Einen ersten Eindruck gibt Ullmann, *Die Natur- und Geheimwissenschaften im Islam* (Anm. 19).
157 Vgl. A.E. Affifi, »The Influence of Hermetic Literature on Moslem Thought«, in: *Bulletin of the School of Oriental and African Studies* 13 (1951), S. 840-855; Seyyed Hossein Nasr, »Hermes and Hermetic Writings in the Islamic World«, in: ders., *Islamic Studies. Essays on Law and Society, the Sciences and Philosophy and Sufism*, Beirut 1967, S. 63-89; van Bladel, *The Arabic Hermes* (Anm. 84).
158 Zu letzterem vgl. Ursula Weisser, *Das ›Buch der Schöpfung‹ von Pseudo-Apollonius von Tyana*, Berlin 1980. Zur Nähe von Seth und Hermes vgl. schon Pietschmann, *Hermes Trismegistos* (Anm. 7), S. 48f.
159 Tamara Green, *The City of the Moon God. The Religious Traditions of Harran*, Leiden 1992.
160 Zitiert nach Nasr, »Hermes and Hermetic Writings« (Anm. 157), S. 69. Zu Mullā Ṣadrā vgl. Sajjad Rizvi, *Mulla Sadra Shirazi: His Life, Works and Sources for Safavid Philosophy*, Oxford 2007.
161 Vgl. allgemein Matthew Melvin-Koushki, »Introduction: De-Orienting the Study of Islamicate Occultism«, in: *Arabica* 64 (2017), S. 287-295.
162 Vgl. Maribel Fierro, »Bāṭinism in Al-Andalus. Maslama b. Qāsim

al-Qurṭubī (died 353/964), Author of the ›Rutbat al- Ḥakīm‹ and the ›Ghāyat al-Ḥakīm (Picatrix)‹«, in: *Studia Islamica* 84 (1996), S. 87-112.

163 Hermes wird zitiert von so unterschiedlichen Autoren wie dem christlichen Arzt Ḥunain Ibn Isḥāq (gest. 873), dem neuplatonischen Philosophen Ibn Miskawaih (gest. 1030), dem Philologen Ibn Duraid (gest. 933), dem Philosophen Abū Sulaimān al-Manṭiqī (10. Jh.), dem Mathematiker und Philosophen al-Mubaššir (11. Jh.), dem Ismaili al-Šahrastānī (gest. 1153) und dem Gelehrten Ibn al-Qifṭī (gest. 1248).

164 Vgl. auch die mögliche direkte Linie, die von der Hermes-Stadt Panopolis über Zosimos zu al-Miṣrī im 9. Jahrhundert verläuft, einem der Väter des Mystizismus und Sufismus. Zu ihm vgl. Michael Ebstein, »Ḏū l-Nūn al-Miṣrī and Early Islamic Mysticism«, in: *Arabica* 61 (2014), S. 559-612.

165 Vgl. Noah Gardiner, »Stars and Saints. The Esotericist Astrology of the Sufi-Occultist Aḥmad al-Būnī«, in: *Magic, Ritual, and Witchcraft* 12 (2017), S. 39-65. Zu Ibn Arabi vgl. Willam C. Chittick, *The Sufi Path of Knowledge: Ibn al-'Arabî's Metaphysics of Imagination*, Albany 1989. Über magische Quadrate bei Ibn Sina vgl. Seyyed Hossein Nasr, *Islamic Cosmological Doctrines*, London 1978, S. 211 f.

166 Vgl. etwa Mehdi Amin Razavi, *Suhrawardi and the School of Illumination*, New York 1997; Henry Corbin, »*En Islam Iranien*«, Bd. 2: *Sohravardi et les platoniciens de Perse*, Paris 1971.

167 So interpretiert Wouter Hanegraaff in seinem demnächst erscheinenden Buch das *Corpus Hermeticum*, nämlich als spiritualistisches Exerzitium auf der Suche nach einem veränderten Bewußtseinszustand. Vgl. auch ders., »How Hermetic was Renaissance Hermetism?«, in: *Aries* 15 (2015), S. 179-209.

168 John Darwin, *After Tamerlane. The Global History of Empire Since 1405*, London 2008; Tilman Nagel, *Timur der Eroberer und die islamische Welt im späten Mittelalter*, München 1993.

169 İlker Evrim Binbaş, *Intellectual Networks in Timurid Iran*, Cambridge 2016.

170 Vorbereitet wurde diese Veränderung durch die Ġulūw-Tradition im Schiitentum. Vgl. allgemein Michel M. Mazzaoui, *The Origins of the Ṣafawids: Šī'ism, Ṣūfism, and the Ġulāt*, Wiesbaden 1972.

171 Shahzad Bashir, *Fazlallah Astrabadi and the Hurufis*, Oxford 2006.
172 Vgl. Babayan, *Mystics* (Anm. 147), S. 57-117. Eine globale Ideengeschichte, die bis ins 20. Jahrhundert reicht, hätte zu erzählen, wie die islamische Sufi-Tradition später wiederum in den Westen getragen wurde. Vgl. dazu Jamal Malik, John Hinnells (Hg.), *Sufism in the West*, London 2006. Vgl. für die transkulturelle Geschichte des Sufismus auch Jamal Malik, Saeed Zarrabi-Zadeh (Hg.), *Sufism East and West. Mystical Islam and Cross-Cultural Exchange in the Modern World*, Leiden 2019.
173 Vgl. Bashir, *Fazlallah Astrabadi* (Anm. 171), S. 64-76.
174 Vgl. zu dieser Entwicklung auch Liana Saif, »From Ġāyat al-ḥakīm to Šams al-maʿārif wa laṭāʾif al-ʿawārif: Ways of Knowing and Paths of Power«, in: *Arabica* 64 (2017), S. 297-345.
175 Zur Klangdimension des Koran vgl. auch Navid Kermani, *Gott ist schön. Das ästhetische Erleben des Koran*, München 1999, S. 171-232.
176 Matthew Melvin-Koushki, *The Quest for a Universal Science: The Occult Philosophy of Ṣāʾin al-Dīn Turka Iṣfahānī (1369-1432) and Intellectual Millenarianism in Early Timurid Iran*, Dissertation Yale University 2012.
177 Vgl. allgemein Wilhelm Schmidt-Biggemann, *Topica universalis. Eine Modellgeschichte humanistischer und barocker Wissenschaft*, Hamburg 1983; ders., *Geschichte der christlichen Kabbala*, 4 Bde. Stuttgart 2012-2014.
178 Zu Yazdi und dem gesamten Netzwerk vgl. Binbaş, *Intellectual Networks* (Anm. 169); zu Bisṭāmī vgl. Noah Gardiner, *The Occultist Encyclopedism af ʿAbd al-Raḥmān al-Bisṭāmī*, online publiziert vom The Middle East Documentation Center (MEDOC) (2017).
179 Bisṭāmī, »Liste okkulter Schriften«, in: *Šams al-āfāq fī ʿilm al-ḥurūf wa-aʾl-awfāq*. Zit. nach Gardiner, *The Occultist* (Anm. 178), S. 37. Zu einem »Buch des Adam« vgl. auch Eva Orthmann, »Lettrism and Magic in an Early Mughal Text. Muhammad Ghawth's *Kitāb al-Jawāhir al Khams*«, in: Nadar El-Bizri u.a. (Hg.), *The Occult Sciences in Pre-Modern Islamic Cultures* (Anm. 147), S. 223-247, bes. 237-239.
180 Vgl. zur philosophischen Entwicklung etwa Reza Pourjavady, *Philosophy in Early Safavid Iran: Najm al-Dīn al-Nayrūzī and*

His Writings, Leiden 2011; Sabine Schmidtke, *Theologie, Philosophie und Mystik im zwölferschiitischen Islam des 9./15. Jahrhunderts. Die Gedankenwelt des Ibn Abi Gumhur al-Ahsa'i*, Leiden 2000; Henry Corbin, *Histoire de la philosophie islamique* (Anm. 151), S. 462-476. Vgl. auch allgemein die Anthologie von Seyyed Hossein Nasr (Hg.), *An Anthology of Philosophy in Persia*, 5 Bde., Oxford 1999-2014, bes. Bd. 4 und 5.

181 Bibliothèque nationale Paris, Ms. Supplément persan 13, fol. 250r. Vgl. auch Richard, »Le Père Aimé Chézaud« (Anm. 150), S. 16f. Ich bin Shahzad Bashir zu großem Dank dafür verpflichtet, daß er mir Teile des Textes aus dem Persischen übersetzt hat.

182 Vgl. Ex 28,15-30. Dazu Othmar Keel, »Die Brusttasche des Hohenpriesters als Element priesterschriftlicher Theologie«, in: Frank-Lothar Hossfeld, Ludger Schwienhorst-Schönberger (Hg.), *Das Manna fällt auch heute noch. Beiträge zur Geschichte und Theologie des Ersten Testaments*, Freiburg 2004, S. 379-391.

183 Vgl. Apk. 12,1.

184 Vgl. zu solchen jüdischen Traditionen Reimund Leicht, *Astrologumena Judaica. Untersuchungen zur Geschichte der astrologischen Literatur der Juden*, Tübingen 2006.

185 »De Cabala Saracena« in: Kircher, *Oedipus aegyptiacus* (Anm. 29), Bd. II,/1, S. 377.

186 Auch der Lullismus, der in Europa ab dem 15. Jahrhundert so erfolgreich war, hat sich ja von solchen Schemata von Gottesnamen inspirieren lassen. Vgl. etwa Bernd Manuel Weischer, »Raimundus Lullus und die islamische Mystik«, in: André Mercier (Hg.), *Islam und Abendland. Geschichte und Gegenwart*, Frankfurt 1976, S. 131-157.

187 Zur Multinormativität vgl. Thomas Duve, »Entanglements in Legal History. Introductory Remarks«, sowie ders., »European Legal History – Concepts, Methods, Challenges«, in: ders. (Hg.), *Entanglements in Legal History: Conceptual Approaches, Global Perspectives on Legal History*, Max Planck Institute for European Legal History Open Access Publication, Frankfurt 2014, S. 3-25 und S. 29-66; ders., »Was ist ›Multinormativität‹? – Einführende Bemerkungen«, in: *Rechtsgeschichte – Legal History* Rg 25 (2017), S. 88-101.

188 Das Konzept der Normenkonkurrenz stellt Christian Windler in

diesem Sinne den Mittelpunkt seiner Rekonstruktion, *Missionare in Persien* (Anm. 145). Zu diesem Konzept vgl. Anne Karsten, Hillard von Thiessen (Hg.), *Normenkonkurrenz in historischer Perspektive*, Berlin 2015.

189 Vgl. Schmidt-Biggemann, *Geschichte der christlichen Kabbala* (Anm. 177), Bd. 1, S. 49ff.

190 Vgl. etwa Sebastian Neumeister, Conrad Wiedemann (Hg.), *Res publica literaria. Die Institutionen der Gelehrsamkeit in der frühen Neuzeit*, 2 Bde., Wiesbaden 1987; Maarten Ultee, »The Republic of Letters: Learned Correspondance, 1680-1720«, in: *The Seventeenth Century* 2 (1987), S. 95-112; Hans Bots, Françoise Waquet (Hg.), *Commercium litterarium. La communication dans la république des lettres 1600-1750*, Amsterdam, Maarssen 1994; Peter Burke, *Kultureller Austausch*, Frankfurt 2000; Winfried Schulze, »Das Europabild der Gelehrten des 16./17. Jahrhunderts«, in: Hubertus Busche (Hg.), *Departure for Modern Europe: A Handbook of Early Modern Philosophy* (1400-1700), Hamburg 2011, S. 804-822; Laurence Brockliss, *Calvet's Web: Enlightenment and the Republic of Letters in Eighteenth-Century France*, Oxford 2002; Mordechai Feingold, *Jesuit Science and the Republic of Letters*, Cambridge 2003; April G. Shelford, *Transforming the Republic of Letters. Pierre-Daniel Huet and European Intellectual Life 1650-1720*, Princeton 2007.

191 Der Band von Paula Findlen (Hg.), *Empires of Knowledge. Scientific Networks in the Early Modern World*, Abingdon, New York 2019, betrachtet weiträumige Wissensnetzwerke als Verflechtungen, aber immer noch von westlichen Wissenschaftlern aus gesehen. Etwas stärker »dezentriert« ist Lázló Kontler, Antonella Romano, Silvia Sebastini, Borbála Zsuzsanna Török (Hg.), *Negotiating Knowledge in Early Modern Empires. A Decentered View*, New York 2014.

192 Vgl. Mushin J. Al-Musawi, *The Medieval Islamic Republic of Letters: Arabic Knowledge Construction*, Notre Dame 2015.

193 Vgl. etwa Ralph Kauz, *Politik und Handel zwischen Ming und Timuriden. China, Iran und Zentralasien im Spätmittelalter*, Wiesbaden 2005; Hans Robert Roemer, *Persien auf dem Weg in die Neuzeit. Iranische Geschichte von 1350-1750*, Darmstadt 1989.

194 Vgl. Francis Robinson, »Ottomans-Safavids-Mughals: Shared Knowledge and Connective Systems«, in: *Journal of Islamic Stu-*

dies 8 (1997), S. 151-184; Hani Khafipour (Hg.), *The Empires of the Near East and India. Source Studies of the Safavid, Ottoman and Mughal Literate Communities*, New York 2019.
195 El-Rouayheb, *Intellectual History* (Anm. 140), S. 13-128.
196 Ebd., S. 131-231.
197 Vgl. Sanjay Subrahmanyam, »Beyond the Usual Suspects: On Intellectual Networks in the Early Modern World«, in: *Global Intellectual History* 2/1 (2017), S. 30-48.
198 Ebd. – Zu Indien und seiner persisch geprägten Kultur vgl. Sheldon Pollock (Hg.), *Forms of Knowledge in Early Modern Asia: Explorations in the Intellectual History of India and Tibet, 1500-1800*, Durham und London 2011; Audrey Truschke: *Culture of Encounters: Sanskrit at the Mughal Court*, New York: Columbia University Press 2016.
199 Orthmann, »Lettrism and Magic in an Early Mughal Text« (Anm. 179).
200 Vgl. Supriya Gandhi, *The Emperor Who Never Was: Dara Shukoh in Mughal India*, Cambridge 2020.
201 *Relation de la mission des pères de la Compagnie de Jesus establie dans le Royaume de Perse*, Paris 1659, S. 81.
202 Eigentlich »das Buch für das Volk der Han« (also für China). Vgl. Jonathan N. Lipman, *Familiar Strangers: A History of Muslims in Northwest China*, Seattle 1997; ders. (Hg.), *Islamic Thought in China: Sino-Muslim Intellectual Evolution from the 17th to the 21st Century*, Edinburgh 2017; Zvi Ben-Dor Benite, *The Dao of Mohammed. A Culture History of Muslims in Late Imperial China*, Cambridge 2005; Kristian Petersen, *Interpreting Islam in China: Pilgrimage, Scripture, and Language in the Han Kitab*, Oxford 2017.
203 Vgl. Benjamin A. Elman, *Civil Examinations and Meritocracy in Late Imperial China*, Cambridge 2013; vgl. auch Ori Sela, *China's Philological Turn: Scholars, Textualism, and the Dao in the Eighteenth Century*, New York 2018.
204 Vgl. auch die »Einleitung«. Zu Wang Bi vgl. Rudolf G. Wagner, *Language, Ontology, and Political Philosophy in China. Wang Bi's Scholarly Exploration of the Dark (Xuanxue)*, Albany, NY 2003. Zu Zhu Xi und Wang Yangming vgl. Kenji Shimada, *Die neo-konfuzianische Philosophie. Die Schulrichtungen Chu Hsis und Wang Yang-mings*. 2. Aufl., Berlin 1987; Donald J. Munro, *Images of Human Nature: A Sung Portrait*, Princeton 1988;

Stephen C. Angle, Justin Tiwald: *Neo-Confucianism. A Philosophical Introduction*, Cambridge 2017.
205 Vgl. Sachiko Murata, William C. Chittick, Tu Weiming (Hg.), *The Sage Learning of Liu Zhi: Islamic Thought in Confucian Times*, Cambridge 2009.
206 Vgl. Sima Orsini-Sadjed, *Āziz Nasafī, un penseur éminent dans l'Iran du XIIIe siècle*, Lille 2004; Jamal J. Elias, »The Sufi Lords of Bahrabad: Sa'd al-Din and Sadr al-Din Hamuwayi«, in: *Iranian Studies* 27 (1994), S. 53-75.
207 Vgl. Affifi, »The Influence of Hermetic Literature« (Anm. 157), S. 850f.
208 Murata, Chittick, Weiming (Hg.), *The Sage Learning of Liu Zhi* (Anm. 205), S. 220f. Vgl. den Text Liu Zhis auf S. 22-224 und den Kommentar der Herausgeber auf S. 224-227.
209 Vgl. Stephen C. Angle, Justin Tiwald, *Neo-Confucianism. A Philosophical Introduction* (Anm. 204).
210 Zur westlichen Esoterik vgl. außer der in Anm. 21 zitierten Literatur auch Wouter Hanegraaff, »The Study of Western Esotericism. New Approaches to Christian and Secular Culture«, in: Peter Antes u. a. (Hg.), *New Approaches to the Study of Religion: Regional, Critical, and Historical Approaches*, Bd. 1, Berlin 2004, S. 489-520. Zur Magie vgl. Bernd Christian Otto, »Historicising ›Western learned magic‹: Preliminary Remarks«, in: *Aries* 16 (2016), S. 161-240.
211 Zur Theosophie in Asien hier nur wenige Angaben: Maria Moritz, *Globalizing »Sacred Knowledge«: South Asians and the Theosophical Society, 1879-1930*, Diss. Bremen 2012; Gauri Viswanathan, *Outside the Fold: Conversion, Modernity, and Belief*, Princeton 1998; Mark Sedgwick, *Against the Modern World: Traditionalism and the Secret Intellectual History of the Twentieth Century*, Oxford 2004; Sugata Bose, Kris Manjapra (Hg.), *Cosmopolitan Thought Zones: South Asia and the Global Circulation of Ideas*, Basingstoke 2010; David Kopf, *British Orientalism and the Bengal Renaissance: The Dynamics of Indian Modernization 1773-1835*, Berkeley 1969; Frank J. Karpiel, »Theosophy, Culture, and Politics in Honolulu, 1890-1920«, in: *The Hawaiian Journal of History* 30 (1996), S. 169-194; Kumari Jayawardena, *The White Woman's Other Burden: Western Women and South Asia during British Colonial Rule*, New York 1995; Joscelyn God-

Kapitel II
Menschen vor Adam

1 Johann Conrad Dannhauer, *Praeadamita Utis, sive fabula primorum hominum ante Adamum conditorum*, Straßburg 1656, S. 574. Vgl. unten Anm. 44.
2 Samuel Huntington, *The Clash of Civilizations and the Remaking of World Order*, New York 1996. – Dem Thema dieses Kapitels bin ich erstmals auf der Konferenz »Islamic Freethinking and Western Radicalism« nachgegangen, die ich zusammen mit Patricia Crone und Jonathan Israel 2008 am Institute for Advanced Study in Princeton organisiert hatte; vertiefen konnte ich es in einer Reihe von Workshops, die ich im Frühjahr 2011 zusammen mit Patricia Crone ebenfalls in Princeton abgehalten habe. Dort ging es um »The Transmission of Subversive Ideas from the Islamic World to Europe, c. 1200-1650«, und ich konnte intensiv mit Kevin van Bladel zusammenarbeiten. Eine kurze deutsche Fassung ist publiziert worden: »Vor Adam. Ideengeschichte jenseits der Eurozentrik«, in: *Zeitschrift für Ideengeschichte* 1/2015, S. 47-66. Das Thema habe ich später zusammen mit Thomas Gruber weiterverfolgt, in einer Tagung, die wir zusammen in der Villa I Tatti in Florenz, dem Anwesen der Harvard University, am 15./16.4.2019 abgehalten haben: »Men Before Adam? Cyclical History, Clashes of Chronology, and Radical Heterodoxy in Judaism, Christianity, Islam«. Dieser Tagung soll demnächst noch eine zweite folgen.
3 Joseph Justus Scaliger, *Opus de emendatione temporum*, Paris 1683. Vgl. Anthony Grafton, *Joseph Scaliger. A Study in the History of Classical Scholarship*, 2 Bde., Oxford 1983, 1993.
4 Vgl. James Barr, »Chronology«, in: Bruce M. Metzger u. a. (Hg.), *The Oxford Guide to Ideas and Issues of the Bible*, Oxford 2001. Zum größeren Kontext vgl. Philip C. Almond, *Adam and Eve in Seventeenth-Century Thought*, Cambridge 1999; Stephen Greenblatt, *Die Geschichte von Adam und Eva: Der mächtigste Mythos der Menschheit*, München 2018. Vgl. Stephen P. Blake, *Time in Ear-*

ly Modern Islam: Calendar, Ceremony, and Chronology in the Safavid, Mughal and Ottoman Empires, Cambridge 2013.
5 Thomas Trautman, *The Clash of Chronologies. Ancient India in the Modern World*, New Delhi 2009.
6 Richard H. Popkin, *Isaac La Peyrère (1596-1676). His Life, Work and Influence*, Leiden 1987. Die These vom Marranentum ist inzwischen recht umstritten; klare Belege gibt es nicht. Zu La Peyrère vgl. weiter Dino Pastine, »Le origini del poligenismo e Isaac La Peyrère«, in: *Miscellanea Seicento* 1 (1971), S. 7-234; Jean-Paul Oddos, *Isaac La Peyrère (1596-1676) – un intellectuel sur les routes du monde*, Paris 2012 (ursprünglich eine Dissertation von 1974); Elisabeth Quennehen, »L'auteur des Préadamites, Isaac Lapeyrère. Essai biographique«, in: Patricia Harry u. a. (Hg.), *Autour de Cyrano de Bergerac. Dissidents, excentriques et marginaux de l'Âge classique. Offert à Madeleine Alcover*, Paris 2006, S. 349-373; dies., »Lapeyrère, la Chine et la chronologie biblique«, in: *La Lettre clandestine* 9 (2000), S. 243-255; dies., »Lapeyrère et Calvin: libre pensée et Réforme«, in: Antony McKenna, Pierre-F. Moreau (Hg.), *Libertinage et philosophie au XVIIe siècle*, Saint-Étienne 1996, S. 69-74; Andreas Pietsch, *Isaac La Peyrère. Bibelkritik, Philosemitismus und Patronage in der Gelehrtenrepublik des 17. Jahrhunderts*, Berlin 2012; Dirk van Miert, Henk Nellen, »Media en tolerantie in de Republiek der Letteren. De discussie over Isaac de La Peyrère (ca. 1596-1676) en zijn Prae-Adamitae«, in: *De Zeventiende Eeuw* 30 (2014), S. 3-19; Herbert Jaumann, »Einleitung«, in: Isaac La Peyrère, *Praeadamitae – Systema theologicum (1655)*. Übersetzt und mit einer Einleitung herausgegeben von Herbert Jaumann und Reimund B. Sdzuj unter Mitarbeit von Franziska Borkert, 2 Bde., Stuttgart 2019, Bd. 1, S. VII-LXXXVIII.
7 Vgl. Karl A. Nowotny, »Wandlungen der Typologie in der Frührenaissance (ante legem – sub lege – sub gratia)«, in: Paul Wilpert (Hg.), *Lex und Sacramentum im Mittelalter*, Berlin 1969, S. 143-156. Vgl. auch Pietsch, »La Peyrère« (Anm. 6), S. 88, zur Verwendung dieser Dreiteilung bei La Mothe le Vayer.
8 [Isaac La Peyrère:] *Praeadamitae, sive exercitatio super versibus duodecimo: decimotertio et decimoquarto capitis quinti Epistolae D. Pauli ad Romanos: quibus inducuntur primi homines ante Adamum conditi*, s. l. 1655; ders.: *Systema theologicum ex praeadamito-*

rum hypothesi, s.l. 1655. Neuausgabe mit deutscher Übersetzung: *Praeadamitae – Systema theologicum (1655)* (Anm. 6).
9 Zum Prozeß der Marginalisierung allgemein vgl. Arno Seifert, »Von der heiligen zur philosophischen Geschichte. Die Rationalisierung der universalhistorischen Erkenntnis im Zeitalter der Aufklärung«, in: *Archiv für Kulturgeschichte* 68 (1986), S. 81-118.
10 Besonders: *Systema theologicum* (Anm. 8), lib. IV.
11 Vgl. allgemein zur Problematik einer Verwischung der Grenzen zwischen den zwei Typen von Historie Martin Mulsow, Asaph Ben-Tov (Hg.), *Knowledge und Profanation. Transgressing the Boundaries of Religion in Premodern Scholarship*, Leiden 2019.
12 Vgl. Sergio Zoli, »L'oriente in Francia nell'età di Mazzarino. La teoria preadamitica di Isaac de la Peyrère e il libertinismo del Seicento«, in: *Studi Filosofici* 10 (1987), S. 65-84.
13 Jaumann, »Einleitung« (Anm. 6), S. LXV-LXVII.
14 La Peyrère, *Systema theologicum* (Anm. 8), lib. V, cap. IV (ed. Jaumann/Sdzuj [Anm. 6] Bd. II, S. 722): »Non potest concipi alieni delicti imputatio; nisi quadam iuris fictione. Imputatum est peccatum Adami omnibus hominibus, ratione mere spiritali, non propagatione naturali. Confundant naturam et reatum Theologi, quae separatim considerari debuerunt in peccato originali. Natura prior est reatu. Reatus non corrupit naturam: imo econtra, natura corrupta effectit reatum. Quod probatur exemplo Adami ipsius, quando peccavit.« Zur Typologie vgl. Leonhard Goppelt, *Typos. Die typologische Deutung des Alten Testaments im Neuen*, Gütersloh 1939; Reprint Darmstadt 1990.
15 Vgl. etwa Kurt Seelmann, *Theologie und Jurisprudenz an der Schwelle zur Moderne. Die Geburt des neuzeitlichen Naturrechts in der iberischen Spätscholastik*, Baden-Baden 1997. Was Seelmann für die spanische und portugiesische Spätscholastik aufzeigt, gilt genauso für die sozinianischen Argumentationen.
16 Zur Traduktionstheorie vgl. Markus Friedrich, »Das Verhältnis von Leib und Seele als theologisch-philosophisches Grenzproblem vor Descartes. Lutherische Einwände gegen eine dualistische Anthropologie«, in: Martin Mulsow (Hg.), *Spätrenaissance-Philosophie in Deutschland 1570-1650*, Tübingen 2009, S. 211-249.
17 *Systema theologicum* (Anm. 8); ed. Jaumann/Sdzuj (Anm. 6) S. 722/24 (lat.) bzw. S. 723/25 (dt.): »Universa generis humani natura, in Adamo tanquam in capite extitit. Atque adeo omnes nos, non

quidem vere et proprie; non enim vere et proprie per id tempus exsistebamus; sed potentia tantum et virtute; vel quadam quoque Iuris fictione, per Adamicae praevaricationes actum, Dei legem perfregimus, et testamentum ejus, ut loquitur Scriptura, dissipavimus.«

18 Hugo Grotius, *Defensio fidei catholicae adversus Faustum Socinum*, hg. von Edwin Rabbie, Assen 1990. – *Paulys Realencylopädie der classischen Altertumswissenschaft*, Bd. I,1 (1893), Sp. 138: »Acceptilatio. *Acceptum ferre* heisst ›quittieren‹ (Hor. Ep. II 1, 324). Bei den Juristen bedeutet A. die Quittung in einer der beiden durch Rechtssatz näher bestimmten Formen. Die eine, eine mündliche Quittung, lautete: *Quod ego tibi promisi acceptum habes? habeo*, Gaius III 169. Sie galt nur bei solchen Schulden, welche durch *stipulatio* [mündlichen Vertrag] begründet waren, deren regelmässiger Form *spondesne spondeo* sie sich anpasste, nach dem Grundsatze: *Prout quidque contractum est, ita et solvi debet*. Dig. XLVII 3, 80. Hatte der bezeugte Schuldempfang nicht statt gefunden, so galt sie dennoch als *imaginaria solutio* (Gaius III 171) und wirkte dann als Erlassvertrag. Deshalb stellte Aquilius Gallus ein Formular auf, die nach ihm benannte *stipulatio Aquiliana*, in welchem alle Schulden eines Verpflichteten in eine einzige Stipulationsschuld verwandelt wurden, um dann auf ein Mal durch A. getilgt zu werden. Die andere förmliche A. war eine Eintragung in das Schuldbuch (*tabulae accepti et expensi*), welche ein Empfangsbekenntnis darstellte. Ihr entsprach ein *acceptum referre*, d.i. eine Eintragung in das Schuldbuch des Gebers.« Zur Diskussion der Acceptilatio-These zwischen Sozzini, Grotius, Lubbertus und Vorstius vgl. Johannes Magliano-Tromp, »Acceptilatio. Grotius on Satisfaction«, in: *Grotiana* 38 (2017), S. 1-27. Vgl. auch Jan Rohls, »Der Fall Vorstius«, in: Friedrich Vollhardt (Hg.), *Religiöser Nonkonformismus und frühneuzeitliche Gelehrtenkultur*, Berlin 2014, S. 179-198; Florian Mühlegger, *Hugo Grotius. Ein christlicher Humanist in politischer Verantwortung*, Berlin 2007. Grotius kontert Sozzinis Rekonstruktion der Satisfaktion mit den juristischen Modellen des Schadensersatzes und der Lockerung der Strafe.

19 Francesco Turretini, *De satisfactio Christi disputationes*, Utrecht 1701, S. 266: »Porro cum legis aliquam relaxionum urgemus, non admittimus *acceptilationem* Socinianam, nam acceptilatio solutio

est imaginaria tantum et fictio juris, qua acceptum fertur quod quis solvere tenebatur, perinde ac si vera intervenisset solutio, at nos veram solutionem a Christo esse datam antea probavimus.«

20 Guillaume Du Buc (Bucanus) etwa, calvinistischer Theologe in Lausanne und Saumur, hat 1602 in seinen in Bern erschienenen *Institutiones theologicae*, Locus XXXI, S. 313, gefragt: »An-non iustificatio sic erit tantum Ens quoddam imaginarium, seu fictio iuris?« Er lehnt das natürlich ab und präsentiert statt dessen eine Theorie von der »relatio« zwischen Gott und Menschen bei der Zurechnung. Zu den Debatten um Rechtfertigung und Genugtuung vgl. John V. Fesko, *Beyond Calvin: Union with Christ and Justification in Early Modern Reformed Theology (1517-1700)*, Göttingen 2012.

21 *Systema theologicum* (Anm. 8), ed. Jaumann/Sdzuj (Anm. 6), S. 166: »Non ergo is sum qui putem, imputationem peccati Adamici labefactavisse naturam hominum: neque rursus illis assentior, qui nihil concedunt imputationibus. Suum sibi locum relinquo naturalibus, et mysticis. Naturalia naturaliter accipienda existimo: mystica mystice intelligenda censeo.« Eine genauere Argumentation wird in *Systema theologicum*, V, cap. IV ff. ausgeführt.

22 Albertus Magnus, *De generatione et corruptione*, lib. I, tr. I., c. 22; ed. Colon Tom. V/2, S. 129: »Si autem quis dicat, quod voluntate Dei cessabit aliquando generatio, sicut aliquando non fuerit et post hoc coepit, dico quod nihil ad me Dei miraculis, cum ego de naturalibus disseram.« Siger von Brabant: *De anima intellectiva*, cap. III, ed. Bernardo Bazan, Louvain 1972, S. 83 f.: »Sed nihil ad nos nunc Dei miraculis, cum de naturalibus naturaliter disseramus.« Zu Pomponazzis Benutzung dieses Diktums in seinen Vorlesungen vgl. Franco Graiff, »I prodigi e l'atrologia nei commenti di Pietro Pomponazzi al De coelo, alla Meteora, e la De generatione«, in: *Medioevo* 2 (1976), S. 331-361. Vgl. zum allgemeinen Kontext der Doktrin von der doppelten Wahrheit Anneliese Maier, »Das Prinzip der doppelten Wahrheit«, in: dies., *Metaphysische Hintergründe der spätscholastischen Naturphilosophie. Studien zur Naturphilosophie der Spätscholastik IV*, Rom 1955, S. 1-44; Alain de Libera, *Raison et foi. Archéologie d'une crise d'Albert le Grand à Jean-Paul II*, Paris 2003; Sergio Landucci, *La doppia verità. Conflitti di ragione e fede tra Medioevo e prima modernità*, Mailand 2006; Luca Bianchi, *Pour une histoire de la »double verité«*, Paris 2008.

23 [François de La Mothe Le Vayer], *Quatre dialogues faits à l'imitation des anciens par Orasius Tubero*, Frankfurt 1506 [Paris ca. 1632]. Ich verwende die Edition: *Dialogues faits à l'imitation des anciens*, Paris 1988, S. 14: »Je serois plus en peine de vous justifier en termes de Religion quelques moralitez purement Physiques, si je ne m'estois déjà fait entendre à vous que je n'ay rien écrit qu'en Philosophe ancien et Payen in puris naturalibus; et si vous ne connoissiez assez la submission de mon esprit aux choses divines, lesquelles je laisse par respect traitter à ceux qui ont droict de toucher l'Arche, et s'approcher du Sanctuaire.« Vgl. Martin Mulsow, *Prekäres Wissen. Eine andere Ideengeschichte der Frühen Neuzeit*, Berlin 2012, S. 59-61. Zur Fiktion »in puris naturalibus« vgl. auch Henri de Lubac, *Surnaturel. Études historiques*, Paris 1946; Neuausgabe Paris 1991. Jaumann, »Einleitung« (Anm. 6), S. LXXVIf., betont die Klärung des Verhältnisses von La Peyrère und Le Vayer als Forschungsdesiderat.
24 Vgl. in diesem Sinne auch Pietsch, *Isaac La Peyrère* (Anm. 6), der ihn als eine Art übersteigerten, indifferentistischen und unkonventionellen Calvinisten, als »libertin spirituel«, interpretiert.
25 Vgl. Jaumann, »Einleitung« (Anm. 6), S. 27.
26 [Isaac de La Peyrère] *Du rappel des Juifs*, s.l. 1643. Dazu ausführlich Pietsch, *La Peyrère* (Anm. 6), bes. S. 107-140.
27 Vgl. [La Peyrère], *Du rappel des Juifs* (Anm. 26), S. 53 f.
28 Zu den zeitgenössischen Vorstellungen über eine Universalmonarchie, die ja z.B. auch Campanella umtrieb, vgl. Franz Bosbach, *Monarchia Universalis. Ein politischer Leitbegriff der Frühen Neuzeit*, Göttingen 1988.
29 Vgl. Richard H. Popkin, »The Pre-Adamite Theory in the Renaissance«, in: Edward P. Mahoney (Hg.), *Philosophy and Humanism: Renaissance Essays in Honor of Paul Oskar Kristeller*, New York 1976, S. 50-69.
30 Vgl. Giuliano Gliozzi, *Adamo e il nuovo mondo: La nascita dell' antropologia come ideologia coloniale dalle genealogie bibliche*, Florenz 1977. Vgl. zu den späteren Verbindungen von Präadamitentheorie und Rassenvorstellungen auch David N. Livingstone, *Adam's Ancestors. Race, Religion, and the Politics of Human Origins*, Baltimore 2008.
31 Vgl. Alain Schnapp, »The Pre-Adamites: An abortive Attempt to Invent Prehistory in the Seventeenth-Century«, in: Christopher

Ligota, Jean-Louis Quantin (Hg.), *History of Scholarship. A Selection of Papers from the Seminar on the History of Scholarship Held Annually at the Warburg Institute*, Oxford 2006, S. 399-412.

32 Vgl. unten Anm. 156. Zu den chronologischen Debatten vgl. immer noch Paolo Rossi, *I segni del tempo: Storia della terra e storia delle nazioni da Hooke a Vico*, Mailand 1979.

33 Claude Saumaise, *De annis climactericis et antiqua astrologia diatribae*, Leiden 1648.

34 Pietsch, *La Peyrère* (Anm. 6). Zu La Peyrère und der Radikalaufklärung vgl. Erik Jorink, »›Horrible and Blasphemous‹: Isaac La Peyrère, Isaac Vossius, And The Emergence Of Radical Biblical Criticism In The Dutch Republic«, in: Scott Mandelbrote, Jitse van der Meer (Hg.), *Nature and Scripture in the Abrahamic Religions: Up to 1700*, 2 Bde., Leiden 2008, S. 439-460; Jonathan Israel, *Radical Enlightenment. Philosophy and the Making of Modernity 1650-1750*, Oxford 2001, passim.

35 Vgl. William Poole, »Seventeenth-Century Preadamism, and an Anonymous English Preadamist«, in: *The Seventeeth Century* 19 (2004), S. 1-35.

36 Eintrag vom 22.2.1661, in: H. L. Brugmans, *Le séjour de Christian Huygens à Paris et ses relations avec les milieux scientifiques français*, Paris 1935, S. 154. Zit. nach Pietsch, *La Peyrère* (Anm. 6), S. 46f.

37 Vgl. Bernard Picart, *Cérémonies et coutumes religieuses de tous les peuples du monde*, Bd. IV, Amsterdam 1728, S. 213, nach einer Graphik von François Morellon la Cave.

38 Johann Heinrich Ursinus, *Novus Prometheus sive Praeadamitarum plastes ad Causasum relegatus et religatus, schediasma*, Frankfurt 1656. Zu Ursinus vgl. Helmut Zedelmaier, »Der Ursprung der Schrift als Problem der frühen Neuzeit. Die These schriftloser Überlieferung bei Johann Heinrich Ursinus (1608-1667)«, in: Ralph Häfner (Hg.), *Philologie und Erkenntnis. Beiträge zu Begriff und Problem frühneuzeitlicher ›Philologie‹*, Tübingen 2001, S. 207-223; Ralph Häfner, »Jacob Thomasius und die Geschichte der Häresien«, in: Friedrich Vollhardt (Hg.), *Christian Thomasius (1655-1728)*, Tübingen 1997, S. 141-164, hier S. 150-152.

39 Johann Heinrich Ursinus, *De Zoroastre Bactriano, Hermete Trismegisto, Sanchoniathone Phoenicio, Eorumq(ue) scriptis, & aliis, contra Mosaicae Scripturae antiquitatem*, Nürnberg 1661.

40 Erst ebd., S. 130-135 gehen ein wenig auf die Babylonier und ihre Astrologie ein.
41 Ebd., S. 73: »Stulta Promethei hypothesis«.
42 Ebd., S. 72: »Denique quanto facilius animo est comprehendere Patrem Coelestem illo rerum principio liberis suis invigilantem? Angelos latera omnia munientes? Feras, etiam crudelissimas, Dominis suis obsequentes? Quam Praeadamitas fingere, Satellites Adami, et contra vim ferarum commilitones, *feris omnibus* jam tum, ut doces ipse, feriores, quos ille non magis optasset familiares et domesticos, quam Dracones Volantes, quam Lernaeas Excretas?« Ursinus spielt an auf den Satz von Seneca in *Ep. morales* 107,7: »Et fera nobis aliquo loco occurret et homo perniciosior feris omnibus.«
43 Ebd., S. 73 f.: »Fingamus per omnia terrarum culta, ubi quicquam creatum, quod in hominum usum esset, millies millena millia horum disseminata, *ne terris deessent manus, cultum poscentibus*.« Ursinus bezieht sich hier auf La Peyrère, *Systema theologicum* III,1, ed. Jaumann/Sdzuj (Anm. 6), S. 388. Er fährt fort: »Nunc positis calculis, colligamus, in quam infinitam summam, non dico seculis, sed annis tantum non adeo multis, se propagarit ista multitudo? Jam res eo redit, ut *non terris manus defuerint, sed manibus terrae*. Quo tu mihi ista collocabis myrmecia? Credo, Praeadamitae tui *ver sacrum* voverunt, vel colonias duxerunt, aut in *Luciani terram Lunarem*, aut in alium aliquem, extra hunc nostrum, *Democriti Mundum*.« Ursinus bemüht das »ver sacrum« im alten römischen Recht, als ganze Generationen fortgeschickt wurden, als Schwur, um in Krisenzeiten zu überleben; und er spielt auf Lukians fiktive Mondreisen und die epikureische Vielzahl der Welten bei Demokrit an. »Quod huic malo remedium praevidit tuus ille Creator Praeadamitarum? Eximium, quod et *Marcionis Deum* decebat!« Markion hatte für das Alte Testament einen bösen, zornigen Gott angenommen, einen Demiurgen. »Creavit homines *materiae vitae, cum corruptione animi et corporis*. Scilicet, ut pro aequitate et bonitate sua prius corrumperet et strangulet. Artem hanc ab ipso didicit Tiberius, cujus saevo jussu, *Quia more tradito nefas esset Virgines strangulari*.« Das spielt an auf Suetons Vita des Tiberius, 61, wo berichtet wird, daß die Scharfrichter die jungen Frauen erst schändeten, bevor sie sie strangulierten, um – zynischerweise – dem alten Recht Genüge zu tun.

44 Johann Conrad Dannhauer, *Praeadamita Utis, sive fabula primorum hominum ante Adamum conditorum*, Straßburg 1656; Theophil Spizel, *Infelix literatus*, Augsburg 1680, S. 826-831. Gregor Kanngießer (Gregorius Stannarius) in Marburg veröffentlichte *Fasciculus disputationum theologicarum Marburgi habitarum*, Kassel 1665, mit einer typischen Generalattacke »contra libertinos prae-Adamitas Nestorium orthodoxum et independentes«.
45 Dannhauer, *Praeadamita Utis* (Anm. 44). Dannhauer läßt S. 16 ff. sogar den Präadamiten als »Repräsentanten seiner Art« selbst zu Wort kommen.
46 Ebd., S. 574: »Siste viator gradum et hic haere! Quaeris quis hic tumulatus jaceat? UTIS. Quo patre? Phantaso. Qua matre? Moria. Ubi natus? In cerebro non ut Minerva Jovis, sed ut Morpheus somni. Qua nutrice? Vanitate. Quantus tempore? Aeviternus opinione, sed revera vix quinque lustra egressus. Quid rerum gessit in mundo? Risit, suggilavit, errores abortiit, cucurbitas pinxit, ventos venatus est. Quid sustinuit? Mire miras fictiones, imputationes, retroactiones. / Si Vos Ossilegae, aliquando hic intervenetis NIHIL, ne miremini, quia hic sepultus est / PRAEADAMITA UTIS.«
47 Zu Wagenseil vgl. Peter Blastenbrei, *Johann Christoph Wagenseil und seine Stellung zum Judentum*, Erlangen 2004.
48 Johann Christoph Wagenseil, *Pera librorum juvenilium*, Altdorf 1695, S. 789; abgedruckt in der La-Peyrère-Edition von Jaumann und Sdzuj, Bd. 2, S. 943-945, hier S. 944: »Aliquando occurrebat mihi adventanti laetus, quod novum et solidum argumentum, pro tuendo populo illo sibi reperisse videbatur, olim non animadversum: cum Esaiae XLIV.7. legatur: *Quis similis mei? Vocet et annunciet, et ordinem exponat mihi. Es quo constitui mihi populum antiquum.* Hic *populum antiquum*, ille suos Praeadamitas interpretabatur, quod a reliquis mundi nationibus sejungatur. Enim vero, si, inquiebam ego, in isto Esaiae loco tibi quicquam praesidii, longe magis te juvabit alter apud Jeremiam cap. V,15. *Ecce ego adducam super vos gentem de longinquo domus Israel, ait Dominus, gentem robustam, gentem antiquam, gentem cujus ignorabis linguam, nec intelliges, quid loquatur.* Sed, addebam, si cum cura Prophetas inspiciamus, constabit ex toto sermonis contextu, Esaiae Judaeos, Jereminae Chaldaeos in mente fuisse, quarum gentium cunabula diserte sacris literis prodita sunt. Pro eo quod Vetus Latinus Interpres *antiquum* reddidit, in Hebraeo fronte vox עולם quae *aeternita-*

tem saepe significat, occurrit.« Die Anekdote zeigt, daß La Peyrère in seinen Bibelstudien immer von der Vulgata ausging und gewisse Schwierigkeiten hatte, wie der Hebraist Wagenseil immer gleich auch den hebräischen Text zu vergleichen. Zu La Peyrères philologischen Defiziten vgl. Anthony Grafton, »Isaac La Peyrère and the Old Testament«, in: ders., *Defenders of the Text. The Traditions of Scholarship in an Age of Science, 1450-1800*, Cambridge 1991, S. 204-213.

49 Friedrich Niewöhner, *Veritas sive Varietas. Lessings Toleranzparabel und das Buch von den drei Betrügern*, Heidelberg 1988. Das Buch ist heute nicht mehr letztgültiger Forschungsstand, aber es führt auf wunderbare Weise vor, wie verschlungen die Transmissionswege gewesen sind. Vgl. auch Patricia Crone, »Oral Transmission of Subversive Ideas from the Islamic World to Europe: The Case of the Three Imposters«, in: dies., *Islam, the Ancient Near East and Varieties of Godlessness. Collected Studies*, Bd. 3, Leiden 2016, S. 200-238.

50 Vgl. Gian Carlo Roscioni, *Sulle tracce dell'esploratore turco*, Mailand 1992.

51 *L'espion Turc ou L'Espion dans les cours des princes chrétiens ou Lettres & mémoires d'un envoyé secret de la Porte dans les cours de l'Europe, où l'on voit les découvertes qu'il a faites dans toutes les cours où il s'est trouvé avec une dissertation curieuse de leurs forces, politiques et religieuses* (appelé ordinairement L'Espion turc), édition établie et annotée par Françoise Jackson, avec les gravures de l'époque, Paris 2009.

52 Ich benutze hier die englische Ausgabe: *Letters writ by a Turkish Spy*, 26. Auflage, London 1770, Bd. III, S. 228f.: »The visions of thy Progenitor, the Lieutenant to the Sent of God, are extant in the Arabick Tongue. In them it is written: ›My soul on a sudden, became as though it had Wings; a Spirit enter'd me, and a subtle Wind lifted me up to the Top of Mount Uriel, where I beheld Marvellous Things. I looked behind me, and saw the Ages that were past; and loe, they were without Number, or Beginning. I beheld the Four Seasons of the Year, ever returning at their accustomed Time, and the Sun forsook not his Course, for a Thousand Thousand Generations. I counted a Million of Ages, and yet there appeared not an Hour, wherein Darkness had possessed the Abyss of Matter, or wherein the endless Firmament was not illuminated

by the Moon and Stars. Whilst I considered these Things, a Liquor was given to me to drink by an Unknown Hand, it was the Colour of Amber; When I had tasted it, I felt a marvellous Force in my Body, and my Eyes were more piercing than an eagles. Another Wind, more powerful than the former, blew cut of a Cloud, and carried me up to a High Place, far above the tallest Mountains; There I trod in the [...] Air, as on a Pavement of Marble. I was ravish'd at these Things; and the Exaltation of my State, made me forget my Morality. I beheld the Earth at a vast Distance under my Feet, as one That did not belong to it; it look'd like a shining Globe, not much unlike the Moon, but far bigger. All the Living Generations, which had successively Inhabited the Earth from its Nativity, pass'd by me; and they appeared in various Forms. First came a Race of Centaurs, then of Satyrs, next of Angels, and last of Men. While I marvelled at these Things, a Voice reach'd my Ears, as from behind me saying, These are the Four Ages of the World, and the Four Species of Beings, to whom I gave the posession of the Earth; but, for the Impiety of the Three Former, I have exterminated them. And, when Men shall have completed the Measure of their Sins, I will cause the Trumpet to sound, and all Things shall retire into the Cave of Silence and Darkness.‹«

53 Ebd., S. 232: »He relates strange things of certain Books, which are only in the hands of the Brachmans. [...] These books contain a History of the World, which, they say, is above thirty millions of years old. They divide the term of its duration into four Ages; three of which, they say, are already past, and a good part of the fourth.«

54 Al-Bīrūnī, *The Chronology of Ancient Nations: An English Version of the Arabic Text of the Athâr-ul-Bâkiya of Albîrûnî, or ›Vestiges of the Past‹, Collected and Reduced [...] by the Author in A. H. 390 – 1, A. D. 1000*, hg. von C. Eduard Sachau, London 1879.

55 Bernier, *Lettre à Monsieur Chapelain, envoyée de Chiras en Perse de 4 octobre 1667*, angehängt an ders., *Suite des Mémoires [...] sur l'empire du Grand Mogol*, Paris 1671, S. 120-123 (eigene Paginierung). Ich danke Noel Malcolm für den Hinweis. Vgl. die neue Ausgabe von Frédéric Tinguely (Hg.), *Un libertin dans l'Inde moghole: Les voyages de François Bernier (1656-1669)*, Paris 2008. Zu Bernier im Kontext vgl. auch Sanjay Subrahmanyam, *Europe's India. Words, People, Empires 1500-1800*, Cambridge 2017.

56 Vgl. Saiyid Athar Abbas Rizvi, *Shāh Walī-Allāh and his times:*

a study of eighteenth century Islām, politics, and society in India, Canberra 1980, S. 67.

57 Parashuram Krishna Gode, »Bernier and Kavīndrācārya Sarasvatī at the Mughal Court«, in: *Annals of S. V. Oriental Institute (Tirupati)* (1940), S. 1-16. Für Hinweise danke ich Antje Flüchter.

58 Zu Dara Shikoh (oder Shukoh) vgl. Jonardon Ganeri, *The Lost Age of Reason. Philosophy in Early Modern India 1450-1700*, Oxford 2014, S. 22-30; Supriya Gandhi, *The Emperor who never was: Dara Shukoh in Mughal India*, Cambridge 2020.

59 Vgl. auch Sheldon Pollock, »The Languages of Science in India«, in: ders. (Hg.), *Forms of Knowledge in Early Modern Asia*, Durham 2011, S. 19-48, hier S. 27f. Zu den Manuskripten vgl. Dominik Wujastyk, »Indian Manuscripts«, in: Jörg Quenzer, Jan-Ulrich Sobisch (Hg.), *Manuscript Cultures. Mapping the Field*, Berlin 2014.

60 Tinguely (Hg.), *Un libertin dans l'Inde moghole* (Anm. 55), S. 324.

61 Paul Rycaut, *The Present State of the Ottoman Empire*, London 1665. Vgl. Noel Malcolm, *Useful Enemies. Islam and The Ottoman Empire in Western Political Thought, 1450-1750*, Oxford 2019, S. 244f. und passim.

62 Vgl. Salvatore Rotta, »Gian Paolo Marana«, in: ders., *La letteratura ligure. La repubblica aristocratica (1528-1797)*, Bd. II, Genua 1992, S. 153-187, hier S. 162ff.

63 Henri Osment, *Missions archéologiques françaises en Orient aux XVIIe et XVIIIe siècles*, 2 Bde., Paris 1902, Bd. 1, S. 175-201. Vgl. auch Cornel Zwierlein, *Imperial Unknowns. The French and the British in the Mediterranean, 1650-1750*, Cambridge 2016.

64 Vgl. Luis González-Reimann, *The Mahābhārata and the Yugas: India's Greatest Epic Poem and the Hindu System of the World Ages*, New York 2002; ders., »Cosmic Cycles, Cosmology, and Cosmography«, in: Knut A. Jacobsen u. a. (Hg.), *Brill's Encyclopedia of Hinduism*, Bd. 1, Leiden 2009, S. 411-428.

65 Trautman, *The Clash of Chronologies*.

66 Dazu Markham J. Geller, *Medicine, Magic, and Astrology in the Ancient Near East*, Berlin 2014; David Pingree, »Astronomy and Astrology in India and Iran«, in: *Isis* 54 (1963), S. 229-246. Zum Stand der Diskussion vgl. Kim Plofker, *Mathematics in India, 500 BCE – 1800 CE*, Princeton 2009, S. 40ff. Für die Spätantike vgl. Frantz Grenet, »The Circulation of Astrological Lore and its Political Use Between the Roman East, Sasanian Iran, Central

Asia, India, and the Turks«, in: Nicola di Cosmo, Michael Maas (Hg.), *Empires and Exchanges in Eurasian Late Antiquity*. Rome, China, Iran, and the Steppe, ca. 250-750, Cambridge 2018, S. 235-252.
67 Al-Muṭahhar Ibn-Ṭāhir al-Maqdisī, *al-Bad' wa't-tārīḫ*. Diese Enzyklopädie aus dem 10. Jahrhundert wurde unter dem Titel: *Le Livre de la Création et de l'Histoire d'Abou-Zeïd Ahmed ben Sahl el-Balkhi, publié et traduit d'après le Manuscrit de Constantinople par M. Cl. Huart*, in 6 Bänden 1899-1916 in Paris herausgegeben. Ab Bd. 3 änderte Clément Huart die Autorzuschreibung richtigerweise in »Motahhar ben Tahir el-Maqdisi«. Diese frühe Ausgabe enthält eine französische Übersetzung. Die hier behandelte Passage befindet sich in Bd. 2, nämlich in Kap. IX, S. 134-138.
68 Ich danke Patricia Crone für den Hinweis. Al-Biruni, *Ātār al-bāqiya ʿan al-qurūn al-ḫāliyah / Chronologie orientalischer Völker*, hg. von Eduard Sachau, Leipzig 1878 (arabischer Text); engl. Übersetzung dieser Edition: *The Chronology of Ancient Nations* (Anm. 54). Vgl. dort S. 196f.: »If now, this be the time which Jâmásp and Zarâdusht [Zoroaster] meant, they are right as far chronology is concerned. For this happened, at the end of Aera Alexandri 1242, i.e. 1500 years after Zarâdusht. They are wrong, however, as regards the restoration of the empire to the Magians. Likewise Abû-Abdallâh Al'âdì [der Name kann korrupt sein; ist al-Qasrī gemeint?] has been mistaken, a man who is stupidly partial to Magism and who hopes for an age in which Alḳâ'im is to appear. For he has composed a book on the cycles and conjunctions, in which he says that the 18th conjunction since the birth of Muḥammad coincides with the 10th millennium, which is presided over by Saturn and Sagittarius. Now he maintains that then a man will come forward who will restore the rule of Magism; he will occupy the whole world, will do away with the rule of the Arabs and others, he will unite all mankind in one religion and under one rule; he will do away with all evil, and will rule during 7½ conjunctions.« Vgl. zum Kontext Patricia Crone, *The Nativist Prophets of Early Islamic Iran. Rural Revolt and Local Zoroastrianism*, Cambridge 2012.
69 Vgl. allgemein S. Frederick Starr, *Lost Enlightenment. Central Asia's Golden Age from the Arab Conquest to Tamerlane*, Princeton 2013.
70 Al-Maqdisī, *al-Bad' wa't-tārīḫ* (Anm. 67), Bd. 2, S. 136.

71 Vgl. dazu auch John Walbridge, *The Wisdom of the Mystic East. Suhrawardī and Platonic Orientalism*, New York 2001, S. 66-69. Man vgl. auch andere Transfers von Buddha-Geschichten in den Westen, wie den Märtyrertext »Barlaam und Josaphat«, der aus dem Sanskrit über eine manichäische Pahlavi-Übersetzung und das arabische *Kitāb Bilawhar wa-Yudasaf* aus dem 8. Jahrhundert zu den orientalischen Christen wanderte, von denen es eine christliche Bedeutung bekam. Vgl. auch Patricia Crone, »Buddhism as Ancient Iranian Paganism«, in: dies., *The Iranian Reception of Islam: The Non-Traditionalist Strands. Collected Studies*, Bd. 2, Leiden 2016, S. 212-232.

72 Vgl. Philip Yampolsky, »The Origin of the Twenty-Eight Lunar Mansions«, in: *Osiris* 9 (1950), S. 62-83.

73 Kevin van Bladel verweist auf das *Kitāb Aḫbār az-zamān*. Zu dem Buch vgl. die frz. Übersetzung: *L'abrégé des Merveilles, traduit de l'Arabe par le bon Carra de Vaux*, Paris 1898; vgl. auch Okasha El-Daly, *Egyptology: The Missing Millennium. Ancient Egypt in Medieval Arabic Writings*, Walnut Creek, CA 2005.

74 Vgl. John Block Friedman, *The Monstrous Races in Medieval Art and Thought*, Albany 2000.

75 Vgl. Krystof Pomian, »Astrology as a Naturalistic Theology of History«, in: Paola Zambelli (Hg.), *Luther, Stars and the End of Time*, Berlin 1984, S. 29-43. Weiter John D. North, »Astrology and the Fortunes of Churches«, in: *Centaurus* 24 (1980), S. 181-211; E. S. Kennedy, »The World-Year-Concept in Islamic Astrology«, in: ders. u. a. (Hg.), *Studies in the Islamic Exact Sciences*, Beirut 1983, S. 351-371; Germana Ernst, »From the Watery Trigon to the Fiery Trigon. Celestial Signs, Prophecies and History«, in: Zambelli (Hg.), *Luther, Stars and the End of Time*, Berlin 1984, S. 265-280; Laura Ackerman Smoller, *History, Prophecy, and the Stars: The Christian Astrology of Pierre d'Ailly, 1350-1420*, Princeton 1994.

76 Vgl. Eugenio Garin, *Astrologie in der Renaissance*, Frankfurt 1997, S. 41; Abraham Ibn Ezra, »De revolutionibus«, in: *Abrahe Avenaris Iudei Astrologi peritissimi in re iudiciali opera: ab excellentissimo philosopho Petro de Abano post accuratam castigationem in Latinum traducta*, Venedig 1507.

77 Vgl. Graziella Federici Vescovini, *Astrologia e scienza. La crisi dell' aristotelismo sul cadere del Trecento e Biagio Pelacani da Parma*,

Florenz 1979, S. 385-388; Erminio Troilo, »L'oroscopo delle religioni: Pietro d'Abano e Pietro Pomponazzi«, in: ders., *Figure e dottrine di pensatori*, Bd. 1, Neapel 1937, S. 137-169.
78 Vgl. dazu Daniel Heller-Roazen, *Echolalien*, Frankfurt 2008, S. 22-25. Vgl. auch Jacob Neusner, *Confronting Creation: How Judaism Reads Genesis: An Anthology of Genesis Rabbah*, Columbia, S.C. 1991.
79 Raimund Leicht hat auf dem in Anm. 2 genannten Workshop in Princeton eine Reihe von Superkommentaren zu den Bibelkommentaren Abraham Ibn Esras präsentiert, in denen von einer Vielzahl von Welten die Rede ist, von 18 000 Jahren und versunkenen Kulturen. Das waren spanische Autoren des 14. Jahrhunderts wie Joseph ben Eliezer Bonfils, die mit der Astrologie und auch der arabischen Kultur vertraut waren.
80 Moses Maimonides, *Führer der Unschlüssigen*, übers. von Adolf Weiss, Hamburg 1972, Buch III, Kap. 29 (= Bd. II, S. 183); Jehuda Halevi, *Al-Chazarî*, übers. von Hartwig Hirschfeld, Breslau 1885, Buch I, § 61, S. 19.
81 Daniil Chwolson, *Die Ssabier und der Ssabismus*, St. Petersburg 1856.
82 Jaakko Hämeen-Anttila, *The Last Pagans of Iraq. Ibn Wahshiyya and his Nabatean Agriculture*, Leiden 2006.
83 Einschlägig sind hier natürlich die – nicht unumstrittenen – Werke von Henry Corbin. Vgl. etwa, *Cyclical Time and Ismaili Gnosis*, London 1983, bes. S. 76-84 zur »Adamologie«. Weiter ders., *Spiritual Body and Celestial Earth: From Mazdean Iran to Shi'ite Iran*, Princeton 1977; sowie dessen Hauptwerk, *En Islam Iranien: Aspects spirituels et philosophiques*, 4 Bde., Paris 1971-1973.
84 Ibn Bābūya, *Kitāb at-Tawḥīd*, hg. von al-Ḥusaynī al-Ṭihrānī, Téhéran 1978, S. 277. Zit. nach Daniel De Smet, »Le mythe des préadamites en islam chiite«, in: *Intellectual History of the Islamicate World* 6 (2018), S. 252-280, hier S. 253 f. Zu Ibn Bābūya vgl. auch Moojan Momen, *An Introduction to Shi'i Islam: The History and Doctrines of Twelver Shi'ism*, New Haven 1985, S. 313 f.
85 Qāḍī Sa'īd Qummī, *Ta'liqāt bar Uṭūlūğiyya*, zitiert bei Christian Jambet, »Ésotérisme et néoplatonisme. dans l'exégèse du verset de la lumière (Coran 24,35) par Qāḍī Sa'īd Qummī«, in: Mohammad Ali Amir-Moezzi u. a. (Hg.), *L'ésotérisme shi'ite, ses racines et ses prolongements*, Brepols 2016, S. 573-600, hier S. 577. Zu

Qummī vgl. auch Henry Corbin, *Histoire de la philosophie islamique*, Paris 1986, S. 473-476.
86 Vgl. auch Josef van Ess, *Frühe muʿtazilitische Häresiographie. Zwei Werke des Nâschiʾ al-Akbar (gest. 293 H.)*, Beirut 1971, § 58.
87 Vgl. zum ismaʾilischen Denken allgemein Farhad Daftary, *Medieval Ismaʾili History and Thought*, Cambridge 1996.
88 Zu zoroastrischen Revolten vgl. Patricia Crone, *The Nativist Prophets of Early Islamic Iran: Rural Revolt and Local Zoroastrianism* (Anm. 68). Zur Religionspolitik der Sassaniden vgl. Parvaneh Pourshariati, *Decline and Fall of the Sassanian Empire. The Sassanian-Parthian Confederacy and the Arab Conquest of Iran*, London 2017, bes. S. 319-396.
89 Vgl. Jesse S. Palsetia, *The Parsis of India*, Leiden 2001.
90 Vgl. Jivanji Jamshedji Modi, »A Parsee High Priest (Dastur Azar Kaiwan, 1529-1614 AD) with his Zoroastrian Disciples in Patna in the 16th and 17th Centuries AC«, in: *The Journal of the K.R. Cama Oriental Institute* 16 (1930), S. 1-85; Henry Corbin, »Azar (Adar) Kayvan«, in: *Encyclopaedia Iranica*, hg. von Ehisan Yarshater, London 1983, S. 183-187.
91 Vgl. John Walbridge, *The Wisdom* (Anm. 71). Vgl. auch Mehdi Amin Razavi, *Suhrawardi and the School of Illumination*, Richmond 1997.
92 Walbridge, *The Wisdom of the Mystic East* (Anm. 71), S. 85.
93 Vgl. zum Folgenden Mohamad Tavakoli-Targhi, *Refashioning Iran. Orientalism, Occidentalism and Historiography*, Oxford 2001, bes. S. 77-95.
94 Zu Gayōmart vgl. *Bundahišn*, XV, 1-9: »Über die Beschaffenheit des Menschen heißt es in der Offenbarung, daß Gajomard, als er im Sterben lag, Samen von sich gab; dieser Samen wurde von der Bewegung des Sonnenlichts vollständig geläutert […] und in vierzig Jahren sowie den fünfzehn Jahren ihrer fünfzehn Blätter wuchsen in Gestalt einer Rivaspflanze [Rhabarber] mit einem Stiel Matro und Matrojao [Maschja und Maschjanag] aus der Erde in der Weise, daß ihre Arme hinten und auf ihren Schultern ruhten, und einer mit dem anderen verwachsen, waren sie miteinander verbunden und sich beide gleich […]. Und beide änderten ihre Gestalt von einer Pflanze in die eines Menschen, und der spirituelle Atem ging in sie ein, der die Seele ist; […] Ahura Mazda sprach: ›[…] Ihr seid Menschen, ihr seid die Vorfahren der ganzen Welt, und

ANMERKUNGEN ZU S. 162-164   549

ihr seid von mir geschaffen in vollkommener Frömmigkeit; erfüllt voll Frömmigkeit die Pflicht des Gesetzes, [...] sprecht gute Worte, tut gute Taten und verehrt keine Dämonen[...].‹ Aber später fuhr Feindseligkeit in ihr Denken, und ihr Denken war völlig verderbt, und sie verkündeten, daß der böse Geist das Wasser und die Erde, die Pflanzen und die Tiere geschaffen.« Vgl. auch Mansour Shaki, »GAYŌMART«, in: *Encyclopædia Iranica*, Bd. X, Fasc. 3, S. 345-47; online edition, 2000; Gero Windengren, »Primordial Man and Prostitute: A Zervanite Motif in the Sasanian Avesta«, in R. J. Zwi Werblowsky (Hg.), *Studies in Mysticism and Religion, Presented to Gerschom G. Scholem*, Jerusalem 1967, S. 337-352.

95 Vgl. Tavakoli-Targhi, *Refashioning Iran* (Anm. 93), S. 88: »These *dasatiri* cosmic ages were followed by the eras of Gilsha'yan, founded by Gilshah (the Earth-King) or Kayumars. As recounted in most Arabic and Persian classical and medieval historical texts, the Gilsha'yan era was divided into the periods of Pishdadiyan, Kayaniyan, Ashkaniyan, and Sasaniyan. The sovereignty of Gilsha'yan that began with Kayumars was brought to an end with the death of Yazdigird (d. 31/651 or 652). According to *dabistan*, this period was equal to 6024 years and five months. It is significant to note that this number was calculated by adding the »Greek Christian« (Antiochian era) reckoning of 5,992 years from the »Creation of Adam« to the Hijrah of Muhammad, as cited by Tabari, to the 31 years from the Hijrah of Muhammad to the Muslim conquest of Iran, with an additional 17 months to account for the fraction of years. This calculation was based on the *dasatiri* assumption that Adam was the alias for Kayumars.«

96 *Dabistan, or School of Manners*, übers. von David Shea und Anthony Troyer, Paris 1843, S. 14.

97 Tavakoli-Targhi, *Refashioning Iran* (Anm. 93), S. 89.

98 Vgl. Robert C. Zaehner, *Zurvan. A Zoroastrian Dilemma*, Oxford 1955.

99 Vgl. Tavakoli-Targhi, *Refashioning Iran* (Anm. 93), S. 93.

100 Vgl. Bernd Roling, *Odins Imperium. Der Rudbeckianismus als Paradigma an den skandinavischen Universitäten (1680-1860)*, Leiden 2020.

101 Vgl. aber etwa Michael Cooperson, »Early Abbasid Antiquarianism: Al Ma'mūn and the Pyramid of Cheops«, in: Alain Schnapp

(Hg.), *World Antiquarianism. Comparative Perspectives*, Los Angeles 2013, S. 201-211.
102 Vgl. Michael Cook, »Why Incline to the Left in Prayer? Sectarianism, Dialectic, and Archaeology in Imāmī Shīʿism«, in: ders., Najam Haider, Intisar Rabb und Asma Sayeed (Hg.), *Law and Tradition in Classical Islamic Thought. Studies in Honor of Professor Hossein Modarressi*, New York 2013, S. 99-124. Zur Achbariyya vgl. Robert Gleave, *Scripturalist Islam: The History and Doctrines of the Akhbārī Shīʿī School*, Leiden 2007.
103 In einigen Fällen ist diese These sogar nicht einmal von der Hand zu weisen, weil die Überformung der persischen Kultur im muslimisch eroberten Iran des 7. und 8. Jahrhunderts natürlich auch durch Überbauung von Tempeln durch Moscheen realisiert wurde, ebenso wie bei der Christianisierung Europas heidnische Stätten durch Kirchen überbaut wurden. Zum frühen islamischen Persien vgl. Abd al-Husain Zarrinkub, »The Arab Conquest of Iran and its Aftermath«, in: *The Cambridge History of Iran*, Bd. 4, Cambridge 1975, S. 1-57; Michael G. Morony, *Iraq after the Muslim Conquest*, Princeton 1984.
104 Vgl. Carl W. Ernst, Bruce B. Lawrence, *Sufi Martyrs of Love: The Chishti Order in South Asia and Beyond*, New York 2002.
105 Sanjay Subrahmanyam führt eine Passage bei Firishta an, dem persischen Historiker in Indien, der die Geschichte des alten Indien bis zum Jahr 1607 beschrieb und der sich empört: »Die Hindus sagen, daß seit der Zeit von Adam mehr als 100000 Jahre vergangen wären. Das ist völlig falsch, und es ist eine Tatsache, daß das Land Hind wie andere Länder im bewohnten Viertel der Welt durch die Nachkommen von Adam besiedelt worden ist [...].« Subrahmanyam, »Intertwined histories: *Crónica* and Tārīkh in the sixteenth-century Indian Ocean World«, in: *History and Theory* 49 (2010), S. 118-145, hier S. 144.
106 Vgl. A. Azfar Moin, »The Millennial and Saintly Sovereignty of Emperor Shah Jahan According to a Court Sufi«, in: Hani Khafipour (Hg.), *The Empires of the Near East and India. Source Studies of the Safavid, Ottoman, and Mughal Literate Communities*, New York 2019, S. 205-217.
107 Muzzafar Alam, »Strategy and Imagination in a Mughal Sufi Story of Creation«, in: *Indian Economic and Social History Review* 49 (2012), S. 151-195.

108 Abū al-Fazl, *Muqaddamah*, S. 19, zitiert nach Audrey Truschke, *Culture of Encounters. Sanskrit at the Mughal Court*, New York 2016, S. 130.
109 Vgl. zu den Dschinn Amira El-Zein, *Islam, Arabs, and the Intelligent World of the Jinn*, Ann Arbor 2009.
110 Abd al-Rahman Chishti, *Mir'āt al-maḫlūqāt*, British Library, London Ms. (India Office Library Or. 1883). Zit. nach Alam, »Strategy and Imagination« (Anm. 107), S. 156f.
111 Vgl. außer Popkin, »La Peyrère« (Anm. 6), Pastine, »Le origine« (Anm. 6).
112 Vgl. die »Einleitung« in Bd. II von: Abu Ma'shar, *On Historical Astrology. The Book of Religions and Dynasties (On the Great Conjunctions)*, hg. und übers. von Keji Yamamoto und Charles Burnett, 2 Bde., Leiden 2000.
113 Ernest Renan, *Averroes et l'Averroisme. Essai historique*, Paris 1858.
114 Zu Pietro vgl. Eugenia Paschetto, *Pietro d'Abano. Medico e filosofo*, Florenz 1984; Luigi Olivieri, *Pietro d'Abano e il pensiero neolatino. Filosofia, scienza e ricerca dell'Aristotele greco tra i secoli XIII e XIV*, Padua 1988.
115 Vgl. Martin Mulsow, »Der vollkommene Mensch. Zur Prähistorie des Posthumanen«, in: *Deutsche Zeitschrift für Philosophie* 5/2003, S. 739-760; ders., »Das Vollkommene als Faszinosum des Sozialimaginären«, in: Aleida Assmann, Jan Assmann (Hg.), *Das Vollkommene*, München: Fink 2010, S. 185-200. Vgl. auch Reynold A. Nicholson, *Studies in Islamic Mysticism*, Cambridge 1921; John T. Little, »Al-Insan al-Kamil: the perfect man according to Ibn al-'Arabi«, in: *Muslim World* 77 (1987), S. 43-54.
116 Bei Bonaventura gibt es die Einteilung der Sitten in der Moralphilosophie in consuetudinalis, intellectualis und iustitialis, je nachdem, ob sie sich auf das Verhalten, das Denken oder den politischen Bereich beziehen. *Sancti Bonaventurae Opera omnia*, 10 Bde, Quaracchi 1882-1902, Bd. 5: *Collationes in Hexaexeron* 3.2. Möglicherweise hat Pietro das »Iustitiale« in diesem Sinn mit dem »Iudicarischen« der Geschichtsastrologie identifiziert.
117 Pietro d'Abano, *Conciliator controversiarum, quae inter philosophos et medicos versantur*, Venedig 1565, Differentia XVIII, fol. 28G: »Est et alia iustitialis complexio latitudine participans aliquantula, dicenda quidem angustior valde rarissime inventa: ne-

que enim duo ipsam habentes, nedum plures possunt in uno tempore existere [...].«
118 Zu den Formlatituden vgl. Anneliese Maier, »Die Mathematik der Formlatituden«, in: dies., *An der Grenze von Scholastik und Naturwissenschaft*, Rom 1952, S. 257-284.
119 Pietro d'Abano, *Conciliator* (Anm. 117), fol. 28G: »[...] cum ad id videatur maxima coniunctio, puta Saturni, et Iovis in principio Arietis cum aliis, et aspectus omnis supercoelestium operari natura iubente divina [...].«
120 Ebd.: »[...] ceu quando quis insurgit eadem consignante prophetia legem imponens novam sapientes dogmatizans, et homines. Est enim hic medius inter angelos, et sapientes, nedum homines secundum Isaac, Amaraam, Avi. et Algazelem.«
121 Ebd.: »Et talem fuisse dixerunt quidam Moysen, et Machbei mendaces, Christum Mariae filium.«
122 Normalerweise wäre zwischen Moses und Christus der Name Mohammed zu erwarten; der Text kann hier korrupt und der Name Mohammed ersetzt worden sein. Das Zitat könnte aber auch aus einer rabbinischen Quelle stammen, denn unter den Rabbinern gab es eine Tradition, die den Makkabäern sehr ablehnend gegenüberstand, weil sie ihnen – trotz ihres Widerstandes – Anpassung an den Hellenismus vorwarfen; der Text, auf den sich Pietro hier stützt, könnte also eine rabbinische Überschreibung eines historisch-astrologischen Traktats sein, in dem Moses, die Makkabäer (als Begründer einer Theokratie, wie Moses) und Christus als Propheten und religiöse Gesetzgeber erwähnt werden. Man könnte an den Umstand denken, daß Pietro Abraham Ibn Esras astrologische Schriften ins Lateinische übersetzt hat (vgl. Anm. 76), die wiederum auf arabischen Schriften aufbauen. Vgl. Abraham ibn Ezra, *The Beginning of Wisdom*, übers. von Rafael Levy und Francisco Cantera, Paris 1939; zu Ibn Esra vgl. Shlomo Sela, *Abraham Ibn Ezra and the Rise of Medieval Hebrew Science*, Leiden 2001; oder man kann an Ali ibn Abīr-Rijāls Astrologie denken, die 1254 vom Juden Jehuda Mosche ins Altkastilische und von dort ins Lateinische übersetzt wurde. Vgl. allgemein zur jüdischen Astrologie im Mittelalter Dov Schwartz, *Studies on Astral Magic in Medieval Jewish Thought*, Leiden 2005.
123 Vgl. Lynn Thorndike, *A History of Magic and Experimental Science*, Bd. 2, New York 1923, S. 877f.

124 Vgl. Colette Sirat, *A History of Jewish Philosophy in the Middle Ages*, Cambridge 1985, S. 57-68.
125 Nach Sirat, *History of Jewish Philosophy* (Anm. 124), S. 64.
126 Al-Ghazali, *Maqāṣid al-falâsifa o intenciones de los filósofos*, übers. ins Spanische von Alonso M. Juan Flors, Barcelona 1963.
127 Vgl. allgemein auch Rémi Brague, *La Loi de Dieu*, Paris 2005.
128 Raymond Klibansky, Erwin Panofsky, Fritz Saxl, *Saturn und Melancholie. Studien zur Geschichte der Naturphilosophie und Medizin, der Religion und der Kunst*, Frankfurt 1990.
129 Zu Cecco vgl. Marco Albertazzi (Hg.), *Studi stabiliani: raccolta di interventi editi su Cecco d'Ascoli*, Trient 2002; Anna Maria Partini, Vincenzo Nestler, *Cecco d'Ascoli. Un poeta occultista medievale*, Rom 1979.
130 Lynn Thorndike, *History of Magic and Experimental Science* (Anm. 123), Bd. II, S. 960. Vgl. Cecco, Kommentar zur Sphaera des Sacrobosco, Ms. BN Paris 7337, S. 39.
131 Vgl. allgemein Owen Davies, *Grimoires. A History of Magic Books*, Oxford 2009.
132 Freundliche Mitteilung von Kevin van Bladel.
133 David Pingree, *The Astrological History of Masha'allah*, Cambridge 1971, S. 74. Vgl. Henry Corbin, »Le temps cyclique dans le Mazdéisme et dans l'Ismaélisme«, in: *Eranos-Jahrbuch* 20 (1951), S. 149-217, bes. S. 155f.
134 Vgl. Zan-Akash, *Iranian or Greater Bundahishn. Transliteration and Translation in English by Behramgore Tehmuras Anklesaria*, Bombay 1956; Zeke J.V. Kassock, *The Greater Iranian Bundahishn: A Pahlavi Student's 2013 Guide*, Fredricksburg 2013; David N. MacKenzie, »Zoroastrian Astrology in the Bundahišn«, in: *Bulletin of the School of Oriental and African Studies* 27 (1964), S. 511-529.
135 Vgl. Graziella Federici Vescovini, »*Arti*« *e filosofia nel secolo XIV: studi sulla tradizione aristotelica e i* »*moderni*«, Florenz 1983; dies., *Astrologia e scienza* (Anm. 77).
136 Vgl. allgemein Norman Cohn, *Das Ringen um das Tausendjährige Reich. Revolutionärer Messianismus im Mittelalter und sein Fortleben in den modernen totalitären Bewegungen*, Bern 1961; Marjorie Reeves, *Joachim of Fiore & the Prophetic Future. A Medieval Study in Historical Thinking*, Stroud 1999.
137 *Annales ecclesiastici ab anno MCXCVIII. Ubi desinit Cardinalis*

Baronius, auctore Odorico Raynaldo congregationis oratorii presbytero, Bd. 10, Lucca 1753, S. 192 f.: »Insignis etiam haeresiarcha hoc anno in vincula est conjectus, qui omnes Christianos salutem adepturos confinxerat, mundi machinam sua sponte dissolutum iri, alium etiam ab isto orbem conditum aliudque humanum genus efformatum, Christum syderum vi passum, in hostia divinitatem ejus tantum versari, Moysem et Mahometem cum Christo conferebat, luxuriam furtumque noxas lethales esse negabat, tum legem Christianam novae promulgatione abolitum iri: in Judicium vero vocatus damnavit impietatem: sed ne in posterum aliis tam pestiferum virus aspergeret, in carcerem condi a Pio jussus est. *'Ad futuram rei memoriam. / Cum sicut accepimus dilecti filii Bernardus de Bosco capellanus noster, ac palatii apostolici causaum auditor, dudum per feliciis recordationis Callistum Papam III. Praedecessorum nostrum ad nonnullas Lombardiae partes pro extirpatione haeresum illic pullulantium destinatus, et Jacobus de Brixia ordinis fratrum Praedicatorum, et sacrae theologiae professor, in dictis partibus pravitatis haereticae inquisitor, Zaninum de Solcia tunc canonicum Pergamensem et utriusque iuris doctorem, qui ausu sacrilege contra sanctorum partum dogmata mundum naturaliter consume et finiri debere, humiditatem terrae et aeris calore solis consumente, ita ut elementa accendantur, et omnes Christianos salvandos esse; Deum quoque alium mundum ab isto creasse, et in ejus tempore multos alios viros et mulieres extitisse, et per consequens Adam primum hominum non fuisse, item Jesum Christum non pro redemptione ob amorem humani generis, sed stellarum necessitate passum, et mortuum esse; item Jesum Christum, Moysem, et Mahometem mundum pro suarum libito voluntatum rexisse: nec non eumdem dominum nostrum Jesum illegitimum, et in hostia consecrate non quoad humanitatem, sed divinitatem dumtaxat existere, et extra matrimonium luxuriam non esse peccatum, nisi legum positivarum prohibitione, easque propterea minus bene disposuisse, et sola prohibitione ecclesiastica se fraenari, quominus Epicuri opinionem, ut veram sectaretur; praeterea rem auferre alienam non esse peccatum mortale etiam domino invito; et legem denique Christianam per successionem alterius legis finem habituram, quemadmodum lex Moysi per legem Christi terminate fuit; affirmare et temere polluto ore asserere praesumebat. Praeterea ad ipsorum auditoris, et inquisitoris praesentiam evocatum, ac le-*

gitime et judicialiter examinatum, postquam praedictis pernicosissimis erroribus sponte renuntiaverat, et omnem haeresim damnatam in minibus ejusdem Bernardi abjuraverat contra eum defi- [193a] *nitivam, per quam eumdem Zaninum omnibus et singulis beneficiis ecclesiasticis, quae obtinebat, nec non doctoralibus insignias et honore privaverat, ac perpetuis carceribus mancipandum fore decreverat et declaraverat; nonnullis aliis poenitentiis, prout delicti atrocitas, et institute canonica exigebant, sententiam promulgavit.* – His compertis Pontifex ad serpens malum reprimendum haec decernit: Mandamus quatenus idem Zaninus ex nunc in arcto monasterio, quod duxerimus declarandum, ad agendum poenitentiam pro commissis usque ad nostrum et sedis Apostolicae beneplacitum includatur; in aliis vero sententiam antedictam ex justis causis reservamus in posterum moderandam. *Datum Mantuae anno, etc. MCCCCLIX. XVIII. Kal. Decembris pontificatus nostri anno II.*«

138 Zu Zanino vgl. Lucio Biasiori, »Empietà e bestemmie anche alle orecchie dei saraceni infedeli: la condanna di Zanino da Solza tra rafforzamento ecclesiastico e progetti di crociata (1459)«, in: ders., Daniele Conti (Hg.), *Prima di Lutero. Nonconformismi religiosi nel Quattrocento italiano* (= *Rivista storica italiana* 129/3, 2017), S. 863-886. Auf der Tagung über Präadamiten, die Thomas Gruber und ich veranstaltet haben (Anm. 2), hat Biasiori seine Theorie der Bedeutung von Diodor für Zanino präsentiert.

139 Corinna Forberg, »Imported Chronology: The Use of Indian Images of Kings and Gods in European Paintings and Book Art (1650-1740)«, in: *The Medieval History Journal* 17 (2014), S. 107-144. Für die Präsenz indischer Bildlichkeit in Europa vgl. auch Paola von Wyss-Giacosa, *Religionsbilder der frühen Aufklärung. Bernard Picarts Tafeln für die »Cérémonies et Coutumes religieuses de tous les Peuples du Monde«*, Bern 2006.

140 Abb. aus Forberg, »Chronology« (Anm. 139), S. 130 und 131.

141 Zit. nach Forberg, »Chronology« (Anm. 139), S. 133.

142 Pauline Lunsingh Scheurleer, »Het Witsenalbum: Zeventiendeeeuwse Indiase portretten op bestelling«, in: *Bulletin van het Rijksmuseum* 44 (1996), S. 167-270.

143 Vgl. allgemein Francis Haskell, *Die Geschichte und ihre Bilder. Die Kunst und die Deutung der Vergangenheit*, München 1993.

144 Zu Menasse und La Peyrère vgl. Richard H. Popkin, »Menasseh

Ben Israel and Isaac La Peyrère«, in: *Studia Rosenthaliana* 8 (1974), S. 59-63. Zu Richard Simon und La Peyrère vgl. Fausto Parente, »Isaac de la Peyrère e Richard Simon«, in: Domenico Ferraro u. a. (Hg), *La geografia dei saperi*, Florenz 2000, S. 161-182.

145 Zu Saumaise vgl. D. J. H. ter Horst, *Isaac Vossius en Salmasius. Een episode uit de 17de-eeuwsche geleerdengeschiedenis*, Den Haag 1938.

146 *Systema theologicum* (Anm. 8), S. 474/475: »Summae certe dementiae esset, asserere gentiles ullam unquam Dei veri cognitionem assequutos, praeter illam, quae per visibilia creationis, in medio posita, obviam esse potuit.«

147 Saumaise, *De annis climacteriis* (Anm. 33), Praefatio, unpaginiert, Bogen A5: »In ea scientiae ex observatione siderum factae quanta vanitas sit et inconstantia ex auctorum dissensione ostendimus [...] Ibi etiam Arabum errores in vertendis Graecis explicamus, et in interpretandis Arabum scriptis Astrologicis Barbarorum Latinorum hallucinationes.« Ich benutze die Übersetzung von Michael Weichenhan. Zur antiken Astrologie vgl. immer noch Franz Boll, *Sphaera. Neue griechische Texte und Untersuchungen zur Geschichte der Sternbilder*, Leipzig 1903.

148 *Systema theologicum* (Anm. 8), S. 494: »Atque ut paucis absolvam, secundum varias illas hypotheses, assignatae suae, cuique planetae, theoriae; innumerabilibus, tum observationibus, tum experimentis, deprehensae quaeque non nisi longissimo aevo, acquiri et confirmari potuere.«

149 Ebd., S. 496 f.: »Verum enimvero, quamvis necesse sit, permulta, illaque innumera pene fuisse tempora, quae in Sphaerica et Astronomica contemplatione impenderint primi illarum indagatores: parva et exigui momenti putanda sunt, praeut illa non dubio fuere, quibus siderum affectiones et conditiones indagatae et collectae; quibusque stellarum vires, tum in ciendis aeris mutationibus, tum in moderandis hominum fortunis, plurimum valuisse demonstratae sunt; vel certe demonstratae creditae sunt.«

150 Ebd., S. 440: »Perpetuam commotionem illam qua Mundus volveretur, tempus volubile itidem, generavisse censebant. Tempus, inquam, quod lapsum esset ab immenso aevo, et in aevum laberetur immensum. Temporis porro illius partes constituerunt, momenta, horas, dies, menses, annos, secula, seculorum secula; tum denique componi ex illis seculum seculorum; sive Aevum il-

lud, quod extenditur a seculis in secula; quodque a principio rerum ortum est, et fine earundem desinet.«

151 Ebd.: »Chaldaeos, ait ille, adeo liberales et largos fuisse, in computandis Regum suorum temporibus, ut non per annos ea numerarent, sed per diversas summas ex multis annis constantes.« Zur Chronologie der Babylonier vgl. John M. Steele (Hg.), *Calendars and Years: Astronomy and Time in the Ancient Near East*, Oxford 2007.

152 Ebd., S. 440/442: »Solenne itidem fuit Mexicanis et Peruanis, tales annorum strues congessisse, in digerendo aetatis Mundi computo: aetatemque illam per Soles numeravisse. Sol autem unus, referente Gomara, octingentis et sexaginta constabat annis.« Vgl. Francisco Lopez de Gómara, *Hispania victrix: Historia general de las Indias*, Saragossa 1552.

153 Vgl. Hamid Dabashi, »'The philosopher/vizier: Khwāja Naṣīr al-Dīn al Ṭūsī and the Isma'ilis«, in: Farhad Daftary (Hg.), *Medieval Isma'ili History and Thought* (Anm. 87), S. 231-245.

154 Zu Martini vgl. Franco Demarchi, Riccardo Scartezzini (Hg.), *Martino Martini – a Humanist and Scientist in XVIIth century China*, Trient 1996; David E. Mungello, *The Forgotten Christians of Hangzhou*, Honolulu 1994; Antonella Romano, *Impressions de Chine. L'Europe et l'englobement du monde (XVIe-XVIIe siècle)*, Paris 2016, S. 192-210 und passim.

155 Vgl. Jacob Golius, »De regno Catayo additamentum«, in: Martino Martini, *Novus Atlas Sinensis*, Amsterdam 1655, S. VI (eigene Paginierung).

156 Martino Martini, *Sinicae Historiae Decas Prima*, München 1658, S. 12f.: »Unde parebit, annis ante vulgarem Christi epocham ter mille admodum extitisse Fohium [der erste Kaiser]; id quod e Sinicis historiis mihi promtum, ostendere. At enim fides penes illas esto; ego in re tanti momenti arbiter nolim, qui cum his Chronologorum nostrorum opinionem pugnare sciam, lapsum a Noetica eluvie tempus haud paullo arctiori spatio definientium. Tametsi nec Sinensium videtur usquequaque repudianda sententia. Favent ei ex Europa Chronologi non omnino nulli, favent septuaginta interpres, Samosatenus, alii; nec Romanum Martyrologium aut computatio Graecorum longe dissentiunt.«

157 Émile Benveniste, *Le vocabulaire des institutions indo-européennes*, 2 Bde., Paris 1969.

158 Vgl. Thorndike, *History of Magic* (Anm. 123), Bd. II, New York 1923, S. 960.
159 Franz Cumont, *Die orientalischen Religionen im römischen Heidentum*, Leipzig 1910.
160 Aby Warburg, *Der Bilderatlas Mnemosyne*, hg. von Martin Warnke, 4. Aufl., Berlin 2012, S. 5.
161 Ebd., S. 4. Vgl. zu Warburg Georges Didi-Huberman: *Das Nachleben der Bilder: Kunstgeschichte und Phantomzeit nach Aby Warburg*, Berlin 2010; Ernst H. Gombrich, *Aby Warburg*, Neuausgabe, Hamburg 2006; Silvia Ferretti, *Cassirer, Panofsky, and Warburg: Symbol, Art, and History*, New Haven 1989.
162 Vgl. E. J. Michael Witzel, *The Origins of the World's Mythologies*, Oxford 2012, bes. S. 168 und 364. Witzel spricht von »Laurasian mythology« und meint damit eine Ausbreitung von gemeinsamen Gesamt-Mythen-Narrativen über Eurasien und Nordamerika.

Zweiter Teil
Fremde Natur und Sprache

1 Bernard S. Cohn, *Colonialism and its Forms of Knowledge. The British in India*, Princeton 1996. Vgl. auch Christopher Bayly, *Empire and Information: Intelligence Gathering and Social Communication in India, 1780-1870*, Cambridge 1997.
2 Vgl. die wichtigen Reflexionen über Fremdheit und Verstehen von Heike Kämpf, *Die Exzentrizität des Verstehens. Zur Debatte um die Verstehbarkeit des Fremden zwischen Hermeneutik und Ethnologie*, Berlin 2003. Vgl. auch Rolf Elberfeld, *Philosophieren in einer globalisierten Welt. Wege zu einer transformativen Phänomenologie*, Freiburg 2017.
3 Vgl. August Ludwig von Schlözer, »Neu-Deutschland oder Hanauisch-Indien und D. Becher. Ein actenmäßiger Bericht von dem ehemaligen Reiche des Grafen von Hanau in Süd-Amerika, 1669«, in: ders., *Briefwechsel meist historischen und politischen Inhalts*, Teil 2 (Heft 7-12), Göttingen 1777, S. 237-260.
4 Zur Kritik an Saids Orientalismus-Begriff in Bezug auf Deutschland vgl. etwa Suzanne Marchand, *German Orientalism in the Age of Empire. Religion, Race, and Scholarship*, Cambridge 2009, S. XIII-XX.

5 Um nur einige Beispiele zu nennen: Sugata Bose, Kris Manjapra (Hg.), *Cosmopolitan Thought Zones: South Asia and the Global Circulation of Ideas*, Basingstoke 2010; Kapil Raj, *Relocating Modern Science: Circulation and the Construction of Knowledge in South Asia and Europe, 1650-1900*, New York 2007; Gisèle Sapiro u. a. (Hg.), *Ideas on the Move in the Social Sciences and Humanities: The International Circulation of Paradigms and Theorists*, New York 2020; Maria Comboni u. a. (Hg.), *Translating America: The Circulation of Narratives, Commodities, and Ideas between Italy, Europe, and the United States*, Frankfurt 2011; Carla Nappi, *Translating Early Modern China: Illegible Cities*, Oxford 2021; Peter Burke, Ronnie Po-Chia Hsia (Hg.), *Cultural Translation in Early Modern Europe*, Cambridge 2009.

Kapitel III
Ein Zettelkasten voller Drogen

1 Gottfried Wilhelm Leibniz, *Essais de Théodicée sur la bonté de Dieu, la liberté de l'homme, et l'origine du mal / Die Theodizee. Von der Güte Gottes, der Freiheit des Menschen und dem Ursprung des Übels*, hg. und übers. v. Herbert Herring, Frankfurt a. M. ²1986 (Philosophische Schriften 2), Bd. 1, S. 288/289. Ich danke Andreas Bähr für den Hinweis auf die Stelle. Vgl. Andreas Bähr: »[...] vor denen nur furchtsame sich zu fürchten haben«. Gottfried Wilhelm Leibniz und die »Türkengefahr«, in: Friedrich Beiderbeck, Irene Dingel, Wenchao Li (Hg.), *Umwelt und Weltgestaltung. Leibniz' politisches Denken in seiner Zeit*, Göttingen 2015, S. 379-412. – Mein Dank geht bei diesem Kapitel in erster Linie an Carola Piepenbring-Thomas, durch die ich auf das vorliegende Thema gekommen bin und die mir eine Vielzahl von Hinweisen und Hilfestellungen gegeben hat. Danke auch an Anja Fleck von der G.W. Leibniz Bibliothek Hannover für zügige und unbürokratische Anfertigung von Reproduktionen und Zsuzsa Barbarics-Hermanik für Korrekturen. Weiter habe ich vielen anderen zu danken, die ich an den entsprechenden Stellen in den Fußnoten erwähne. Eine erste Version des Kapitels habe ich 2014 als Dankesrede für die Verleihung des Anna-Krüger-Preises am Wissenschaftskolleg zu Berlin vorgetragen.

2 Georg Wolfgang Wedel, *Opiologia ad mentem academiae naturae curiosorum*, Jena 1674; eine weitere Auflage erschien 1682. Eine Monographie zu Wedel fehlt. Vgl. aber Martin Mulsow, »Universitäre Münzsammlungen privater Professoren: Das Beispiel Wolfgang Wedel in Jena«, in: Johannes Wienand u. a. (Hg.), *Geschichte, Gegenwart und Zukunft der universitären Münzsammlungen im deutschsprachigen Raum* (Druck in Vorbereitung). Zur Geschichte der Erforschung des Opiums vgl. Margit Kreutel, *Die Opiumsucht*, Stuttgart 1988.

3 Zu Fogel (1634-1675) vgl. Hans Kangro, »Martin Fogel aus Hamburg als Gelehrter des 17. Jahrhunderts«, in: *Ural-Altaische Jahrbücher* 41 (1969), S. 14-31; Maria Marten, Carola Piepenbring-Thomas, *Fogels Ordnungen. Aus der Werkstatt des Hamburger Mediziners Martin Fogel (1634-1675)*, Frankfurt 2015. Zu Jungius vgl. Hans Kangro, *Joachim Jungius' Experimente und Gedanken zur Begründung der Chemie als Wissenschaft. Ein Beitrag zur Geistesgeschichte des 17. Jahrhunderts*, Wiesbaden 1968; Christoph Meinel, *In physicis futurum saeculum respicio: Joachim Jungius und die Naturwissenschaftliche Revolution des 17. Jahrhunderts*, Göttingen 1984.

4 Christian Petersen, *Geschichte der Hamburgischen Stadtbibliothek*, Hamburg 1838, S. 30f. Schlegel hatte seine Naturaliensammlung dem Johanneum vermacht.

5 Zu dieser Episode vgl. Wedel, *Opiologia* (Anm. 2), S. 169: »Misit [Olearius] idem Maslach, seu modo dictum pulverem ad nos, qui ut ovum ovo similis est ipsi illi, quem Hamburgi in Bibliotheca publica, benevolentia saepe laudati D. D. Fogelii, Constantinopoli ad D. Schlegelium missum videmus.«

6 Vgl. C. Finckh, »Über die wichtigsten orientalischen Opiumsorten«, in: *Archiv der Pharmacie 179* (1867), S. 59-67; Kreutel, *Opiumsucht* (Anm. 2).

7 Vgl. ebd. S. 134-137; vgl. auch Lester S. King, *The Road to Medical Enlightenment 1650-1695*, London-New York 1970, S. 113-138. Zum Laudanum vgl. Barbara Hodgson, *In the Arms of Morpheus: The Tragic History of Laudanum, Morphine, and Patent Medicines*, New York 2001.

8 Zu den Informationsflüssen zwischen dem Osmanischen Reich und Europa in dieser Zeit vgl. John-Paul Ghobrial, *The Whispers of Cities. Information Flows in Istanbul, London and Paris in the*

Age of William Trumbull, Oxford 2013; Anna Contadini, Claire Norton (Hg.), *The Renaissance and the Ottoman World*, Farnham 2013.

9 Schams Anwari-Alhosseyni, »Über Haschisch und Opium im Iran«, in: Gisela Völger (Hg.), *Rausch und Realität. Drogen im Kulturvergleich*, Köln 1981, S. 482-487, mit iranischer Literatur in der Bibliographie S. 833.

10 Franz Babinger, »Schejch Bedr ed-diti, der Sohn des Richters von Simaw«, in: *Der Islam* 11 (1921), S. 1-174, hier S. 94, zitiert eine Passage aus Bartholomaeus Georgieviz, *De Turcarum moribus epitome*, Lyon 1567, S. 23: »Exigentes eleemosynam tam a Christianis, quam a Turcis Alahici [= Allah itschün] petentes, quod significat, propter Deum. Hi devorata herba Maslach vocata, in rabiem aguntur, adeo ut per pectus totum in transversum vulnus ducant, itidem per brachium vel nullo dolore dissimulato, et fungum arborum incensum capiti, pectori, manui superpositum non removent, donec in cineres resolvatur.« Babinger kommentiert zu Maslach: »heute noch in Ägypten Bezeichnung für den Hanftrank«. Und er fährt fort: »Vgl. dazu die ganz ähnlichen Schilderungen des G. A. Menavino über die ›herba spolverizata chiamata Asseravi (= esrär, die türkische Bezeichnung für diese Opiumart)‹.« Weiter: »Bei den ›Hanfessern‹, den schi'itischen Assassinen spielte das nämliche Berauschungsmittel bekanntlich eine gewaltige Rolle. Vgl. über den Opiumgenuß bei den Türken im 16. Jahrhundert Johann Wier, *De praestigiis Daemonum*, Basel 1556. 2. Aufl.« Vgl. auch Julius Caesar Scaliger, *Exotericarum exercitationum liber XV, De subtilitate, ad Hieronymum Cardanum*, Paris 1557, exerc. CLIV.; weiter den Brief des Leibarztes von Ogier Ghiselin de Busbecq, dem kaiserlichen Botschafter an der Hohen Pforte, Guglielmus Quacelbenus (Coturnossius; Willem Quackelbeen) an den Botaniker Matthioli, in: Pier Angelo Matthioli, *Epistolarum medicinalium libri quinque*, Prag 1561, 1. Brief von Buch III. Zu diesem Austausch vgl. auch Kurt Rüegg, *Beiträge zur Geschichte der offiziellen Drogen Crocus, Acorus Calamus und Colchicum*, Basel 1936; Zweder von Martels (Hg.), *Travel Fact and Travel Fiction. Studies on Fiction, Literary Tradition, Scholarly Discovery and Observation in Travel Writing*, Leiden 1994, Introduction S. XV.

11 Der Fürst von Montecuccoli, Sieger in der Schlacht bei Mogersdorf, spricht von den »mit Opium gemischten Getränken (Mas-

lach), womit sie die Geister zur Wuth anreizen«: *Ausgewählte Schriften des Raimund Fürsten Montecuccoli*, hg. von Alois Veltzé, Bd. 2, Wien 1899, S. 491.

12 Vgl. das Zitat von Georgieviz in Anm. 10.

13 Wedel, *Opiologia* (Anm. 2), S. 160. Mit diesem Wort beginnt Wedel seinen Schlußabschnitt, der diesem speziellen Problem gewidmet ist: »An opium sit maslach Turcarum«.

14 Miri Shefer-Mossensohn, *Ottoman Medicine. Healing and Medical Institutions 1500-1700*, Albany 2009, S. 39; Franz Rosenthal, *The Herb: Hashish versus Medieval Muslim Society*, Leiden 1971, S. 19 und 33; Selma Tibi, *The Medicinal Use of Opium in Ninth-Century Baghdad*, Leiden 2006, S. 171-173. Zur osmanischen Medizin vgl. auch Nükhet Varlik, *Plague and Empire in the Early Modern Mediterranean World: The Ottoman Experience, 1347-1600*, Cambridge 2015.

15 Kangro, »Fogel« (Anm. 3), S. 29.

16 *Odyssee*, übers. Voss, IV, S. 220f.

17 Eine Auflistung solcher verlorenen Dinge gibt Guido Pancirolli, *Rerum Memorabilium sive Deperditarum Pars Prior*, Frankfurt 1629; sein Paduaner Kollege Prospero Alpino ging alten ägyptischen Rezepten nach, indem er die zeitgenössische Medizin in Ägypten untersuchte, *De Medicina Aegyptiorum libri quatuor*, Venedig 1591.

18 Pietro La Sena [Lasena; Le Sene], *Homeri Nepenthes sive de abolendo luctu liber*, Lyon 1624.

19 Es sind 72 Briefe an Schelhammer überliefert: Berlin Slg. Darmstaedter 3a 1680: Wedel, Georg Wolfgang, Blatt 3-127; 9 Briefe an Ludolf 1673-94: UB Frankfurt Ms. Ff. H. Ludolf I Nr. 736-74; einige Briefe an Leibniz 1699-1714: Leibniz-Bibl. Hannover, LBr. 984, 3 Briefe an Johann Dolaeus: LMB Kassel: 4° Ms. hist. litt. 1; 3 Briefe an Ernst Salomo Cyprian: FG Gotha Chart. A 422 und 424.

20 Diese Zettel wurden ausführlich untersucht von Marten, Piepenbring-Thomas, »Fogels Ordnungen« (Anm. 3).

21 Die eigentlichen Zettel zu Maslach fehlen; ich nehme an, daß Fogel sie vernichtet hat, sobald er seine Abhandlung geschrieben hatte. Vgl. unten Anm. 89. Dennoch blieben noch auffällig viele Zettel zum größeren Umkreis des Themas übrig.

22 Wahrscheinlich, so vermuten Marten und Piepenbring-Thomas

(Anm. 3), sind die Manuskripte nach Fogels Tod bei seinen Kollegen wie Michael Kirsten und Johann Vaget geblieben, die sich um die Veröffentlichung kümmern sollten, aber dann verschollen. Bei Vaget brannte 1691 das Haus, und alle Jungius-Manuskripte, die dort lagerten, gingen verloren. Vielleicht waren auch die Schriften Fogels dabei. Eine Auflistung der nachgelassenen Manuskripte Fogels findet sich bei Daniel Georg Morhof, *Polyhistor*, Lübeck 1708, lib.I, cap. VII, S. 66 f.

23 Zum Begriff der Paper Technology vgl. Staffan Müller-Wille, »Linnaean Paper Tools«, in: Helen A. Curry, Nicolas Jardine, James Secor, Emma C. Spary (Hg.), *Worlds of Natural History*, Cambridge 2018, S. 205-220; Volker Hess, Andrew Mendelsohn, »Paper Technology und Wissensgeschichte«, in: *NTM. Zeitschrift für Geschichte der Wissenschaften, Technik und Medizin* 21 (2013), S. 61-92.

24 Fogel an Oldenburg, 13. 8. 1672, in: Henry Oldenburg, *Correspondence*, Bd. IX., Madison 1973, Nr. 2048, S. 208 f.: »Quia Lyncaeorum Historia hac aestate non potuit praelo subjici, Commentariolum meum de Turcarum Maslaga fere perfeci. Sunt vobiscum plures viri Turcicae, Arabicae, Persicae linguae periti, quidam etiam ex his diu apud Turcas vixerunt. Quod si igitur, Vir clarissime, tibi molestum non est, fac, quaeso, ut prima occasione sciam, quid Vir doctissimus Pocockius, tuus amicus, quid Ricautius de hoc medicamento cognoverit, quid item alii Viri docti apud Turcas versati, mihi non noti, de eodem compererint. Multa non vulgaria jam de eo congessi. Vellem tamen libellum meum vestratium testimoniis augere.«

25 Zu Pococke vgl. Gerald J. Toomer, *Eastern Wisdom and Learning. The Study of Arabic in Seventeenth-Century England*, Oxford 1996, S. 116-167; zu Rycault vgl. Sonia P. Anderson, *An English Consul in Turkey: Paul Rycaut at Smyrna, 1667-1678*, Oxford 1989.

26 Oldenburg an Fogel, 10. 9. 1672, in: Henry Oldenburg, *Correspondence*, Bd. IX (Anm. 24), Nr. 2061, S. 239: »[...] addit [Pocockius] quamvis olim ipse fuerit inter eos in Turcia, qui frequenter utuntur Opio, Berch et Benge, eorumque nomine recordetur, rea tamen ipsas memoria sua excidisse post lapsum tot annorum.«

27 Fogel an Oldenburg, 4. 7. 1673, in: Henry Oldenburg, *Correspondence*, Bd. X, London 1975, Nr. 2268, S. 75 f.: »Ut verum fatear, nondum omnem scrupulum mihi super Geographi Nubiensis loco

exemit. Non enim video, quam similitudidem Cardamomum cum Cannabae habeat, sive figuram, sive vires spectes.« Muhammad Al-Idrisi, *De Geographia Universali: Kitāb Nuzhat al-mushtāq fīdhikr al-amṣār wa-al-aqṭār wa-al-buldān wa-al-juzur wa-al-madā' in wa-al-āfāq*, Rom 1592.

28 Vgl. die Reaktion von Fogel an Oldenburg, 17.11.1673, in: Henry Oldenburg, *Correspondence*, Bd. X (Anm. 27), Nr. 2388, S. 361.

29 Pococke, »Randbemerkung in arabischer Schrift am Brief von Fogel an Pococke«, März 1673, faksimiliert in Kangro, »Fogel« (Anm. 3), Anhang: »Ihm/ihr gegenüber ist ein großer Berg und an seinen Seiten/Hängen wächst das Kardamom. Von dort wird es in alle anderen Gegenden der Erde getragen. Die Pflanze des Kardamom ist in den Dingen ähnlich der Pflanze des Shahdanj (Hashish). Sie hat kleine Taschen, in denen ihr Samen ist.« Ich danke Sonja Brentjes für die Transkription und Übersetzung der Passage.

30 Vgl. aus der rasch wachsenden Literatur: Harold Cook, *Matters of Exchange. Commerce, Medicine, and Science in the Dutch Golden Age*, New Haven 2007; Londa Schiebinger, Claudia Swann (Hg.), *Colonial Botany. Science, Commerce and Politica in the Early Modern World*, Philadelphia 2004; Kapil Raj, *Relocating Modern Science: Circulation and the Construction of Knowledge in South Asia and Europe, 1650-1900*, London 2007; Daniela Bleichmar, *Visible Empire: Botanical Expeditions and Visual Culture in the Hispanic Enlightenment*, Chicago 2012; Peter Boomgaard (Hg.), *Empire and Science in the Making: Dutch Colonial Scholarship in Comparative Global Perspective 1760-1830*, London 2013; Antonio Barrera-Osorio, *Experiencing Nature: The Spanish American Empire and the Early Scientific Revolution*, Austin 2006; Hugh Cagle, *Assembling the Tropics. Science and Medicine in Portugal's Empire, 1450-1700*, Cambridge 2018; Pamela H. Smith (Hg.), *Entangled Itineraries. Material, Practices, and Knowledges across Eurasia*, Pittsburgh 2019.

31 Garcia da Orta, *Colóquios dos Simples, e Drogas he Cousas Mediçinais da India*, Goa 1563. Zu da Orta vgl. Palmira Fontes da Costa (Hg.), *Medicine, Trade and Empire: Garcia de Orta's Colloquies on the Simples and Drugs of India (1563) in Context*, Aldershot 2015; Sonja Brentjes, »Issues of Best Historiographical Practice: Garcia da Orta's Colóquios dos simples e drogas e cousas medicinais da

India (Goa, 1563) and their Conflicting Interpretation«, in: Helge Wendt (Hg.), *The Globalization of Knowledge in the Iberian Colonial World*, Berlin 2016, S. 95-138.
32 Cristobal Acosta, *Tractado de Drogas, y medicinas de las Indias orientales*, Burgos 1578. Vgl. dort Kap. LXI.
33 Vgl. das Exemplar in der LB Hannover: M-A 3. Auch bei Christian Daum in Zwickau, von dem er wußte, daß er eine bedeutende Bibliothek besaß, erkundigte sich Fogel nach seltenen Büchern, in denen er Informationen über östliche Narkotika zu finden hoffte: der *Peregrinatio Hierosoymitana* des Iodocus von Meggen, Franciscus Billerbegs Buch *De praesenti Turcici Imperii statv, et gubernatoribus praecipuis, & de bello Persico* von 1582, und einer Schrift Ruprecht Linsen von Dorndorfs. Vgl. Richard M. Beck, »Christian Daums Beziehungen zu den gelehrten Kreisen Schleswig-Holsteins während der zweiten Hälfte des XVII. Jahrhunderts«, in: *Zeitschrift der Gesellschaft für Schleswig-Holsteinische Geschichte* (1896), S. 145-208, hier S. 207f.
34 Fogel an Carlo Roberto Dati am 2. April 1673, BN Florenz Cl. VIII. 1218, faksimiliert in Kangro, »Fogel« (Anm. 3), Anhang: »io ho furnito un Trattato de Turcarum Nepenthe, volgarmente detto Maslag etc. Cordandomi d'avere letto nelle sue sottilissime postille alla vita d'Apelle, che il Sr. Erbelot Gentilhuomo Francese, oltra ogni credere eminente nell' erudizione orientale, come io ancora cognosco delle prove, che V. S. ebbe vi apposta, ho voluto informarmi appesso di lei, se quel Sr. mi sappra dire qualche cosa singolare di quei medicamenti, che pigliano I Turchi per star allegro, e per dimenticar ogni melanconia. Principalmente vorrei sapere, qual medicamento sia حاشيش (ḥašīš; Haschisch; eigentlich müßte es ḥašīš heißen) e la sua preparazione, ed il suo uso; qual bevanda sia lor Boza, qual frutto Donnsanech, che cosa sia Beng, overo Bengus, Bengelic, Bersch, Bernavi & Asserar.« Zu Herbelot vgl. Nicholas Dew, *Orientalism in Louis XIV's France*, Oxford 2009, S. 41-80.
35 Fogel an Seaman, 14.11.1672, faksimiliert in Kangro, »Fogel« (Anm. 3), Anhang. Vgl. auch Fogel an Johannes Scheffer, 14. Mai 1673, Bib. Univ. Uppsala, faksimiliert in Kangro, »Fogel« (Anm. 3), Anhang: »Spero tamen me mox commentarium meum de Turcarum Nepenthe absoluturum.« Fogel an Georg Graevius am 29. März 1674, KB Kopenhagen, Thott 1261 4°, faksimiliert in

Kangro, »Jungius« (Anm. 3), Anhang: »Quantum mihi a meis Occupationibus Medicis conceditur temporis, in proficiendo meo de Turcarum Nepenthe, Commentario colloco. Cujus etiam exemplar, ubi prodierit, tibi permitto.«

36 Zu Welsch (1624-1677) vgl. *ADB* 41 (1896), S. 681; zu den veröffentlichten und unveröffentlichten Werken: Franz Anton Veith, *Bibliotheca Augustana*, Bd. 9, Augsburg 1792, S. 110-180; Vera Keller, *Knowledge and the Public Interest, 1575-1725*, Cambridge 2015, S. 283-303; dies., »The Ottomanization of the History of Knowledge: The historia literaria Turcarum of Georg Hieronymus Welsch (1624-1677)«, in: *Lias* 46 (2019), S. 201-231.

37 Fogel an Oldenburg, 19. 5. 1674, in: Henry Oldenburg, *Correspondence*, Bd. XI, London 1977, Nr. 2496, S. 14: »Doctissimus Velschius, Patricius Augustanus, triginta trium foliorum Epistolam nuper ad me perscripsit, quae Narcoticorum Orientalibus familiarum materiam non minus copiose quam scite illustrat. Quapropter eam meo Commentario adjicere constitui, ipso etiam consentiente.« Diese Briefabhandlung taucht auch im Verzeichnis von Welschs nachgelassenen Schriften auf, die Theodor Jansonius van Almeloveen: Bibliotheca promissa et latens. Huic subjunguntur Georgii Hieronymi Velschii De Scriptis suis ineditis Epistolæ, Gouda 1692, S. 157, gegeben hat: »Nobil. Excell. V. Petro Kirstenio, Poliatro Hamburgiensi. *Masullika & Nepenthe Turcarum.*« In dieser Angabe scheint ein Fehler enthalten zu sein. Es handelt sich hier offenbar um die überarbeitete Endfassung von Welschs 33seitiger Abhandlung, die er nicht mehr an Fogel schicken konnte, weil der schon gestorben war, und statt dessen an Michael Kirsten schickte, der dessen Nachlaß übernommen hatte (ehe er 1678 selbst starb). Nicht Peter Kirsten, sondern Michael Kirsten war also der Adressat, und das »Masullika« ist Welschs anders vokalisierte Version von »Maslach«. Auch diese Endfassung ist verschollen, möglicherweise beim Brand in Johann Vagets Haus (vgl. Anm. 21).

38 Die Häufigkeit der Korrespondenz läßt sich an Erwähnungen in Fogels Zettelkasten ersehen.

39 Vgl. Nicholas Hardy, *Criticism and Confession: The Bible in the Seventeenth-Century Republic of Letters*, Oxford 2017, S. 362-371.

40 (1630-1694) vgl. Sven Osterkamp, »The Japanese studies of Andre-

as Müller (1630-1694)«, in: *Kyoto University Linguistic Research* 29 (2010), S. 77-151; Lothar Noack, »Der Berliner Propst, Orientalist und Sinologe Andreas Müller (1630-1694)«, in: *Nachrichten der Gesellschaft für Natur- und Völkerkunde Ostasiens* 157/158 (1995), S. 1-39.

41 Müller an Fogel, 7. 10. 1675, LB Hannover, LBr 666, fol. 3-4: »De opio malvio aqua mihi haeret. Videtur a loco nomen habere, veluti altera illa species, quam Teixera Mecery vocat. Aegyptiam enim procul dubio intelligit. Et sunt quidem locorum nomina, quae voci Malue vicina sint; sed quorsum referendum sit opium Malvium definire nequeo, qui Historiam opii non satis perspectam habeo. Ovetii versio hic non extat.«

42 Vgl. Alpino, *De Medicina Aegyptiorum* (Anm. 17), S. 121. Danach fährt Müller fort, indem er über China redet: »Iudicia de Invento Sinico avide legi. Sunt illa ipsa, quae alii fierunt, et ex eodem errore. Scilicet scripturam et linguam, lectionem et locutionem, non distinguunt. Neque ipsi P. Kirchero hoc satis inculcare potui; cum tamen res manifesta sit. Me vero promissi adeo non pudet, ut maiora promittere ausim, siquis ausit praemium promittere, cuius certe ante rem confectam ne minimam partem capere vellem. Adeo ut in utrumque eventum indemnis sit, qui ausit promissorum fidem a me requirere. Neque vellum hactenus rogavi. Quod si vellem, de Serenissimi Electoris nostri voluntate, etiam in hos belli strepitus, nihil dubitarem. Tantummodo doleo, quod ipse clare hac ratione destitutus parum in legendo proficiam. Soleo enim inventum hoc cum inventis aliis comparare, ubi quis fundamentum illorum tenet, absque machina vero frustra est. P. Kircherus contendit, artificium hoc Polygraphiae suae deberi, vultque exemplo commonstrare, quomodo hoc illa Sinice reddenda sint. (Etsi hactenus de reddendis nihil, detegendis et intelligendis Omnia promisi), sed egregie ludit. Ponit enim exempli loco textum e Confuchio, cuius versionem nuper rogabam, et versioni Intorcettae Sinicos characteres adpingit.« Zu Drogen in China vgl. Frank Dikötter, Lars Laarmann, Zhou Xun, *Narcotic Culture: A History of Drugs in China*, Chicago 2004. Müller erwähnte die Korrespondenz mit Fogel auf dem Titelblatt seiner *Historia Sinensis* von 1679. Dieses Titelblatt gelangte post mortuum in Fogels Zettelsammlung (evtl. durch Leibniz). Vgl. auch Müllers Beiḍāwī-Edition über China, *Abdallae Beidavaei Historia Sinensis Persice e gemino Manuscripto edita, Latine*

quoque reddita ab Andrea Mullero Greiffenhagio, Jena 1689. Fogel besaß ein Exemplar von Müllers Nasafī-Ausgabe aus dem Jahr 1665.

43 Zum indischen Opium vgl. Kreutel, *Opiumsucht* (Anm. 2), S. 76-84.

44 Wedel, *Opiologia* (Anm. 2), S. 162.

45 Vgl. die Briefe Wedels an Hiob Ludolf, UB Frankfurt, Ms. Ff. H. Ludolf I Nr. 736-748, Blatt 1366-1386, sowie *Opiologia* (Anm. 2), S. 162; ebd. zu Wedels Kontakten mit Johannes Frischmuth und ungenannten Juden.

46 Wedel, *Opiologia* (Anm. 2), S. 161: »Fogelius, cujus opus De Turcarum Nepenthe propediem expectamus, in quo, uti & coram et ante biennium & per litteras nobiscum humanissime communicavit, primo Testimoniis fide dignis ostendit, non unum esse medicamentum, quod Maslag dicatur, deinde singulorum Euphrosynorum Turcis usitatorum historiam subjungit. Tum conatur in operationum causas inquirere, & denique vocis Maslag originem a se excogitatam asserit.«

47 Leonhard Thurneysser, *Historia und Beschreibung Influentischer / Elementischer und Natürlicher Wirckungen / Aller fremden und Heimischen Erdgewechssen*, Berlin 1578, S. 116f, 120f. Die lateinische Fassung: *Historia sive descriptio plantarum*, Berlin 1584, lib. I, cap. XXIX, S. 116. Zu Thurneysser vgl. Yves Schumacher, *Leonhard Thurneysser: Arzt – Abenteurer – Alchemist*, Zürich 2011.

48 Johann Oberndorffer, *Apologia chymico-medica practica adversus illiberales calumnias*, [Amberg] 1610, S. 67-71 (»Nepenthes«); dort bes. S. 71.

49 Wedel, *Opiologia* (Anm. 2), berichtet S. 161-166 in seinem Kapitel »An Opium sit Maslach Turcarum« über die verschiedenen frühneuzeitlichen Versuche, Maslach auf die Spur zu kommen.

50 Vgl. Georg Wolfgang Wedel, *Physiologia medica*, 2. Aufl. Jena 1704. Vgl. Gerhard Klier, *Die drei Geister des Menschen. Die sogenannte Spirituslehre in der Physiologie der Frühen Neuzeit*, Stuttgart 2002, S. 139-143.

51 Ebd., S. 34.

52 Vgl. *Zedlers Lexikon*, Bd. 35, Sp. 332: »Schmerzstillender Schwefel«. Zu Opium und Sulphur narcoticum vgl. Johann Rudolf Glauber, *Opera chymica*, Frankfurt 1658, S. 72.

53 Wedel, *Opiologia* (Anm. 2), S. 42ff.

54 Ebd., S. 162: »[...] Ungaricam esse persuadere posset, quod, cum necesse sit inde nomina derivare & accersere, unde res ipsae ducunt originem, illis priores, Turcica lingua licet non habeat id ex se, non pauca tamen habet Ungarica, unde vir celebris, quem praelaudatem Dn. D. Fogelium esse credimus, cujus pace etiam haec recensere liceat, ad eundem Dn. D. Mullerum, Maslag derivate a Masolom seu Masalom, altero, immuto, q. d. alterativum, scilicet medicamentum, quia totum hominem immutat; ceu illa analogia in aliis etiam Hungaricis pateat, ut ab orvoslom, medeor, fit orvossa, medicamentum, tanuloc disco, tanussa doctrina &c. Sed licet ex analogia Massag dicendum esse videatur, non obstat tamen, quin, donec meliora luci exponantur, hanc prae aliis eligere queamus radicem, praecipue cum diversimode Mazlach, Maslac, Matslag &c. scriptum extet, &c, nisi id typothetae vitio factum fuit, apud Hoechsteterum, forsan & alios, decad. 3. obs. 1.p. 197. Massac orientalium dicatur. Et testate nobis sunt Ungari illam derivationem linguae ipsorum non esse alienam.« Philipp Höchstetter hatte in seinen *Rarae Observationes medicinales*, die 1624 in Augsburg erschienen waren, allerdings geschrieben: »[...] quod et maslac orientalium et bella donna Italorum edocent, quae pro ut praeparantur aut adsumuntur agunt.«

55 Vgl. Cristina Wis-Murena, »La Versione di Hannover delle De Finnicae Linguae indole observationes di Martin Fogel«, in: *Annali del Seminario di studi dell'Europa Orientale, Sezione Linguistico-Filologica* 1 (1982-1983), S. 157-220; Sylvain Auroux (Hg.), *Geschichte der Sprachwissenschaften*, Berlin 2001, S. 1150-1152.

56 Vgl. Heinrich Winkler, *Uralaltaische Sprachen und Völker*, Berlin 1884; ders., *Das Uralaltaische und seine Gruppen*, Berlin 1885. Zuerst entwickelt hat die Hypothese, die heute nicht mehr vertreten wird, Matthias Alexander Castrén (1813-1852). Zum heutigen Stand der Forschung vgl. Harald Haarmann, *Weltgeschichte der Sprachen. Von der Frühzeit des Menschen bis zur Gegenwart*, München 2006, S. 241-253 (Die uralische Sprachverwandtschaft) und S. 268-277 (Die altaische Sprachverwandtschaft). Die Ungarn wurden übrigens nicht nur auf der Wanderung nach Europa turkisiert, sondern auch in der jüngeren Vergangenheit mehrfach: ein Teil der Bolgar-Türken wanderte ebenfalls bis auf den Balkan, wo sie dann slawisiert wurden. Zur Zeit der Völkerwanderung 300-600 n. Chr., als die Magyaren »turkisiert« wurden, wurde

der eurasische Raum überhaupt von Turkvölkern dominiert, von den Attila-Hunnen über die Awaren bis zu Petschenegen und Kumanen.
57 *Catalogus Bibliothecae [...] Martini Fogelii [...]*, Hamburg 1678, Ende.
58 GWLB Hannover, Ms. IV 574b, Bl. 66. Nach Auskunft von Sonja Brentjes weist die arabische Schrift auf den Blättern auf Christen aus dem Orient als Schreiber, da einem Europäer auch nach mehrjähriger Praxis eine solch flüssige Schreibweise kaum zuzutrauen sei. Ist dies richtig, dann müßte Fogel bei seinen Notizen in Hamburg mit einem Migranten aus dem Orient zusammengearbeitet haben.
59 Jacob Nagy de Harsany, *Colloquia familiaria turcico-latina*, Cölln in Brandenburg 1672. Zu diesem Buch vgl. auch György Hazai, *Das Osmanisch-Türkische im XVII. Jahrhundert: Untersuchungen an den Transkriptionstexten von Jakab Nagy de Harsány*, Berlin 2015.
60 GWLB Hannover, Ms. IV 574b, Bl. 65r, wo aus der Vorrede von William Seaman, *Grammatica linguae Turcicae: in quinque partes distributa*, Oxford 1670, exzerpiert ist (vgl. Anm. 35), sowie 69r, wo Melchidesek Thevenot, *Iter a Gaza ad montem Sinaï ex Brittembachio* (1659-1661) und andere Texte bzw. Karten erwähnt sind.
61 GWLB Hannover, Ms. IV 574b, Bl. 70r: »Turcae privativam significationem efferunt voculam, non ut Graeci, Latini et Germani praeposita, sed postposita suo positivo. [...] Hungari item per lan et la in fine positivi privationes indicant.«
62 Ebd.: »Declinant Turcae aequae ac Hunni.« Vgl. Béla Szent-Iványi, *Der ungarische Sprachbau*, Hamburg ³1995; Tamás Forgács, *Ungarische Grammatik*, Wien 2002; Brigitte Moser-Weithmann, *Türkische Grammatik*, Hamburg 2001.
63 Vgl. Anm. 54.
64 Vgl. Eckhard Keßler, Ian Maclean (Hg.), *Res und Verba in der Renaissance*, Wiesbaden 2002; Uwe Kordes, *Wolfgang Ratke (Ratichius 1571-1635): Gesellschaft, Religiosität und Gelehrsamkeit im 17. Jahrhundert*, Heidelberg 1999.
65 Dazu Kangro, »Martin Fogel« (Anm. 3), S. 28-30.
66 Vgl. Christoph Meinel, »Enzyklopädie der Welt und Verzettelung des Wissens: Aporien der Empirie bei Joachim Jungius«, in:

Franz M. Eybl u.a. (Hg.), *Enzyklopädien der Frühen Neuzeit*, Tübingen 1995, S. 160-187.
67 Zu den gängigen etymologisierenden »harmonia linguarum«-Versuchen vgl. Paolo Rossi, *I segni del tempo. Storia della terra e storia delle nazioni da Hooke a Vico*, Mailand 1979; Arno Borst, *Der Turmbau zu Babel. Geschichte der Meinungen über Ursprung und Vielfalt der Sprachen und Völker*, Stuttgart 1957-1961; Umberto Eco, *Die Suche nach der vollkommenen Sprache*, München 1994. Zu Johann Ernst Gerhard in diesem Zusammenhang vgl. Asaph Ben-Tov, *Johann Ernst Gerhard (1621-1668): The Life and Work of a Seventeenth-Century Orientalist*, Leiden 2021.
68 Wedel, *Opiologia* (Anm. 3), S. 160: »Quis non inaudit Turcas ad praelia se armantes, quos Hungari etiam non raro imitantur, praebibere Maslach, ut forti animo praesentibusve viribus sese opponent hostilibus armis?«
69 Vgl. Guy G. Stroumsa, »Noah's Sons and the Religious Conquest of the Earth: Samuel Bochart and his Followers«, in: Martin Mulsow, Jan Assmann (Hg.), *Sintflut und Gedächtnis*, München 2006, S. 307-320; Zur Shalev, *Sacred Words and Worlds: Geography, Religion, and Scholarship, 1550-1700*, Leiden 2011.
70 Pierre-Daniel Huet, *Histoire du commerce et de la navigation des anciens*, Paris 1716.
71 Zu Huet vgl. Elena Rapetti, *Pierre-Daniel Huet. Erudizione, filosofia, apologetica*, Mailand 1999; April Shelford, *Transforming the Republic of Letters. Pierre-Daniel Huet and European Intellectual Life 1650-1720*, Rochester 2007; Martin Mulsow, »The Seventeenth Century Confronts the Gods: Bishop Huet, Moses, and the Dangers of Comparison«, in: Martin Mulsow, Asaph Ben-Tov (Hg.), *Knowledge and Profanation. Transgressing the Boundaries of Religion in Premodern Scholarship*, Leiden 2019, S. 159-196.
72 Vgl. Jacob Soll, *The Information Master. Jean-Baptiste Colbert's Secret State Intelligence System*, Ann Arbor 2009.
73 Pierre-Daniel Huet, *Traité de l'origine des romans*, Paris 1670.
74 Andreas Tietze, »Eine griechisch-türkische Etymologie und ihr kulturhistorischer Hintergrund«, in: *Zeitschrift für Balkanologie* 33 (1997), S. 98-100.
75 Zur arabischen Pharmakologie vgl. Manfred Ullmann, *Die Natur- und Geheimwissenschaften im Islam*, Leiden 1972; ders.: *Die Medizin im Islam*, Leiden 1970, S. 257-320.

76 Allerdings weist mich Nenad Filipovic darauf hin, daß es bei meiner Deutung ein Problem gibt, die Ursprünge des interkalaren R in *bers* zu erklären, wenn es von *pesithea* stammt. Man müßte dann annehmen, dass die frühere Form *belsh* war und dann durch Rhotazismus zu *bersh* wurde.

77 Samuel Bochart, *Hierozoicon sive, bipertitum opus De animalibus Sacræ Scripturæ*, London 1663.

78 Zu Fogels auffälligem Interesse an sozinianischen Schriften und somit an einer Strömung, die viele christliche Dogmen kritisch sah (vgl. zu ihr unten Kapitel VI), vgl. Mertens, Piepenbring-Thomas, *Fogels Ordnungen* (Anm. 3), S. 63.

79 Lóránt G. Czigány, »The Use of Hallucinogens and the Shamanistic Tradition of the Finno-Ugrian People«, in: *Slavonic and East European Review* 58 (1980), S. 212-217.

80 R. Gordon Wasson, *Soma. Divine Mushroom of Immortality*, New York 1968.

81 Carlo Ginzburg, *Hexensabbat. Entzifferung einer nächtlichen Geschichte*, Berlin 1990.

82 Jan Bremmer, *The Rise and Fall of the Afterlife*, London 2001, S. 27-40.

83 Wedel, *Opiologia* (Anm. 2), S. 170: »Sed tum de compositione ipsa, tum de usu & abusu pluribus disseret D. D. Fogelius, quo Lectoris cupidi desiderium differemus, non aliter ac Socrates apud Xenophontem l. de admin. Domest. Pag. 651. Si quis, ait, ignis vela quae petendae ad me veniat causa, atque illis quidem carerem, alio tamen ducerem, unde petere posset.«

84 Vgl. Christoph Meinel, *Die Bibliothek des Joachim Jungius. Ein Beitrag zur Historia litteraria der Frühen Neuzeit*, Göttingen 1992. Zum Verzetteln vgl. auch Ann Blair, *Too Much to Know. Managing Scholarly Information Before the Modern Age*, New Haven 2011; Helmut Zedelmaier, *Bibliotheca universalis und Bibliotheca selecta. Das Problem der Ordnung des gelehrten Wissens in der frühen Neuzeit*, Köln 1992; ders.: *Werkstätten des Wissens zwischen Renaissance und Aufklärung*, Tübingen 2015.

85 Gianna Pomata, »Sharing Cases. The Observationes in Early Modern Medicine«, in: *Early Science and Medicine* 15 (2010), S. 193-236; Lorraine Daston, Elizabeth Lunbeck (Hg.), *Histories of Scientific Observation*, Chicago 2011. Vgl. zur Hamburger Kultur von Jungius auch Martin Mulsow, »Entwicklung einer Tatsachenkul-

tur. Die Hamburger Gelehrten und ihre Praktiken 1650-1750«, in: Johann Anselm Steiger, Sandra Richter (Hg.), *Hamburg. Eine Metropolregion zwischen Früher Neuzeit und Aufklärung*, Berlin 2012, S. 45-63.

86 Vgl. zu solchen Techniken bei Carl Linné Staffan Müller-Wille, »Vom Sexualsystem zur Karteikarte. Carl von Linnés Papiertechnologien«, in: Thomas Bäumler u. a. (Hg.), *Nicht Fisch – nicht Fleisch. Ordnungssysteme und ihre Störfälle*, Zürich 2011, S. 33-50; ders., Sara Scharf, »Indexing Nature. Carl Linnaeus and His Fact Gathering Strategies«, in: *Svenska Linnesällskapets Årsskrift* (2011), S. 31-60.

87 *Philosophical Transcations of the Royal Society in London* 3/37, 13.7.1668, S. 717-722: The remainder of the observations made in the formerly mention'd voyage to Jamaica, publisht Numb. 36.

88 [Thomas Bartholin, Hg.], *Acta medica et philosophica Hafniensia*, Kopenhagen 1671 ff. Die bedeutende Zeitschrift war das erste medizinische Journal Skandinaviens. Zu Bartholin vgl. Robert V. Hill, »The contributions of the Bartholin family to the study and practice of clinical anatomy«, in: *Clinical Anatomy* 20 (2007), S. 113-115.

89 Fogel könnte sie entweder, nachdem er seine Schrift fertiggestellt hatte, weggeworfen haben, oder aber dieses Konvolut gehört zu den (großen) Teilen des Zettelkastens, der nicht nach Hannover gekommen und deshalb verloren ist.

90 Vgl. *A magyar nyelv történeti-etimológiai szótára* [Historisch-etymologisches Wörterbuch der ungarischen Sprache], Budapest 1970, Bd. 2, S. 658 f. Danach ist seit dem 17. Jahrhundert die Bedeutung »Stechapfel« bezeugt; das »csattanó« (knallend) ist ein botanischer Zusatz. Das Wort »Maszlag« kommt aber auch schon im 16. Jahrhundert im allgemeinen für »Gift« vor. Im Jahr 1788 gibt es ein Zeugnis, das »berauschendes, wütend machendes Getränk« bedeutet. Ich danke Gábor Gángó für die Hinweise.

91 Zur sich langsam entwickelnden botanischen Terminologie und den dabei auftretenden Problemen vgl. Florike Egmond, »Names of Naturalia in the Early Modern Period. Between the Vernacular and Latin, Identification and Classification«, in: Harold J. Cook, Sven Dupré (Hg.), *Translating Knowledge in the Early Modern Low Countries*, Münster 2012, S. 131-162; allgemein Brian Ogil-

vie, *The Science of Describing. Natural History in Renaissance Europe*, Chicago 2006.

92 Vgl. Péri Benedek, »Beng, eszrár, maszlag: a cannabis és a cannabis tar-talmú drogok az anatóliai törökségnél.Terminológiai áttekintés«, in: *Keletkutatás* (2012), S. 47-66; Suzanne Kakuk, *Recherches sur l'histoire de la langue osmanlie des XVie et XViie siècles. Les elements osmanlis dela langue hongroise*, Budapest 1973, S. 268-269. Auch in den slawischen Sprachen des Balkans hat sich das Wort – sekundär – niedergeschlagen. Jelena Mrgic schreibt mir (2.6.2014):»Slavic/Serb/Croatian ›maslak‹, known also as ›tatula‹ and biology name of the plant is Datura (Arabic ›tatorah‹), f. Solanacea, types: Datura metel, Datura stramonium, English: thornapple, German Stechapfel, Tollkraut, French: herbe aux sorciers, pomme de diable.«

93 Zur *Datura stramonium* vgl. Ulrike Lindequist, »Datura«, in: *Hagers Handbuch der Pharmazeutischen Praxis*, Berlin ⁵1992, Bd. 4 (Drogen A-D), S. 1138-1154; Ulrike Preissel, Hans-Georg Preissel, *Engelstrompeten, Brugmansia und Datura*, Stuttgart 1997. Zur Herkunft: »Stechapfel wurde aus Ägypten und Abessynien zu uns gebracht, und durch die Zigeuner, die den Saamen dieses Gewächses als Brech- und Purgiermittel überall mit sich führen, so weit verbreitet.« Moritz Balthasar Borkhausen, *Botanisches Wörterbuch*, Gießen 1797, Bd. 2, S. 117.

94 Georg Hieronymus Welsch, *Hecatostea I observationum physicomedicarum*, Augsburg 1675, S. 126: »Non disquiremus an Chylocolla recte vocari queat? sed succum tamen densatum fluxibus non inutilem etiam haemoptoicis profuisse novimus, & poma cruda a pueris incautis sine noxa devorata vidimus, ita ut nec propterea solito magis dormiturirent, tantum aberat, ut gravius laederentur. Quod si cum spir. vini praeparatum, quod fere necessarium, ut durabilior sit, reponeretur, Extract. Lycopersicum aut Strychnocarpi Orientalis, aut Rob Solani Indici pomiferi dici posset, de quo plura aliquando ex Nobilissimi Fogelij Commentario de Nepenthe Turcarum addiscere poterimus, cum in lucem prodierit, brevi, ut speramus.«

95 Leonhart Fuchs, *New Kreüterbuch*, Basel 1543.

96 Cristobal Acosta, *Tractado de Drogas* (Anm. 32), S. 85-92.

97 Caspar Bauhin, *Pinax theatri botanici*, Basel 1623, S. 168.

98 Basilius Besler, *Hortvs Eystettensis, Sive Diligens Et Accvrata*

Omnivm Plantarvm, Florvm, Stirpivm, Ex Variis Orbis Terrae Partibvs, Singvlari Stvdio Collectarvm Qvae In Celeberrimis Viridariis Arcem Episcopalem Ibidem Cingentibvs, Hoc Tempore Conspicivntvr Delineatio Et Ad Vivvm Repraesentati, Eichstätt 1613, Class. autumn. Ord. 2, fol. 12, Nr. 1.

99 Zu Held (1670-1724), der 1695 in Jena promoviert wurde und Wedel als seinen Lehrer und Freund bezeichnet, vgl. Christian Gottlieb Jöcher, *Allgemeines Gelehrten-Lexikon*, Leipzig 1750ff., Bd. II, Sp. 1462.

100 Gottfried Held, »Pestis vera origo ex Ventribus Turcorum a MASLACH frequenter comesto, cum subjuncta funestissimi hujus Morbi aliquali idea et curatione«, in: *Academiae Caesareo-Leopoldinae naturae curiosorum ephemerides, sive observationum medico-physicarum, Centuria VII et VIII*, Nürnberg 1719, Obs. LXIII, S. 131-141, hier S. 134: »Nec (2.) Stramonium Malabaricum, Turcis Datura sive Tatula, Persis Tatovreh, in Canara Datiro et Daturo, Lusitanis Datura et Dutroa, Arab. Marana, Unmeta caya Malab. Solanum pomo spinoso rotundo, longo flore C. B. P. n. IV. Ex solanis pomifer. Pag. 168 [diese Angabe bezieht sich auf das oben erwähnte Werk von Caspar Bauhin]. Stramonia seu Datura, pomo spinoso rotundo, longo flore, Hermann. In Hort. Lugd. Bat [= Paul Hermann: Horti Academici Lugduno-Batavi Catalogus, Leiden 1687] Melospinus Venetis, Maslach Botanicis quibusdam, dictum: quia assumptum ejus semen plenariam mentis alienationem producit, ut homo fatuo similis perpetuo rideat, et varias gesticulations ludicras faciat, unde etiam a Lusitanis Burladora h. e. faceta vocatur; actorum item ne in minimo recordatur, sed se tantum dormivisse credit, quae mentis alienatio per 24. horas durat, nisi aqua frigida vel lac mox post assumptionem ori ingeratur, aut pedes eadem aqua frigida laventur, hoc enim modo ante statutum id tempus expergificitur et ad se redit.«

101 Johann Friedrich Cartheuser, *Fundamenta materiae medicae*, Venedig 1755, S. 183: »Turcae sum Maslach amant, quod ex opio seminibus lolii, cannabis ac daturae, nec non radice mandragorae ac filicis, in pulverem, aut melle addito, in electuarium redactis, constare dicitur.«

102 Johann Christoph Harenberg, *Vernünftige und christliche Gedancken über die Vampires oder blutsaugende Todten*, Wolfenbüttel 1733, S. 102.

103 Ebd., S. 98.
104 Vgl. auch Johann Philipp Sawart (resp.), Peter Zorn (praes.), *Dissertatio historico-theologica de philtris enthusiasticis anglico-batavis: h.e. von dem Englisch-Holländischen Quaker-Pulver*, Rostock 1707.
105 Harenberg, *Vernünftige und christliche Gedancken* (Anm. 102), S. 101.
106 GWLB Hannover, Ms. XLII 1923, Ypsilon 58, Bl. 8r.
107 GWLB Hannover, Ms. XLII 1923, Digamma 40, Bl. 7r.
108 GWLB Hannover, Ms. XLII 1923, Phi 166, Bl. 13r (die Abb.).
109 GWLB Hannover, Ms. XLII 1923, Ypsilon 59, Bl. 10. Der Brief vom 31.8.1675 scheint besonders umfangreich gewesen zu sein, denn viele Notizzettel Fogels verweisen auf dieses Briefdatum.
110 *Liber canonis Avicenne revisus et ab omni errore mendaque purgatus summaque cum diligentia impressus*, Venedig 1507, lib. IV, fen. III., tract. II., cap. XXI. Vgl. Nancy Siraisi, *Avicenna in Renaissance Italy. The Canon and Medical Teaching in Italian Universities After 1500*, Princeton 1987.
111 Georg Hieronymus Welsch, *Exercitatio de vena medinensi ad mentem Ebnsinae, sive De dracunculis veterum specimen exhibens novæ versionis ex Arabico: cum commentario uberiori, cui accedit altera, De vermiculis capillaribus infantium*, Augsburg 1674.
112 Num 21,6.
113 Welsch, *Exercitatio de vena medinensi* (Anm. 111), S. 57ff.
114 Ebd., S. 59.
115 Ebd., S. 63; Bochart, *Hierozoicon* (Anm. 77), Lib. III, cap. XIII; vgl. auch Ernst Friedrich Carl Rosenmüller, *Scholia in Pentateuchum*, Leipzig 1828, S. 646; Georg Benedict Winer, *Biblisches Realwörterbuch*, Leipzig 1833, S. 412-415.
116 Fortunio Liceti, *De spontaneo viventium ortu libri quatuor*, Vicenza 1628.
117 Welsch, *Exercitatio de vena medinensi* (Anm. 111), S. 65.
118 Ebd., S. 67; vgl. Ursula Diehl, *Die Darstellung der ehernen Schlange von ihren Anfängen bis zum Ende des Mittelalters*, Diss. München 1956, S. 71f.
119 Ebd., S. 68: »Fabula illa pinguissima Muhamedanorum, qui Moysem non tam adspectu aenei serpentis vulnera presterum curasse, quam serpentes ipsos ibidem pastura sustulisse ajunt, ut quas in

loculis ex papyro Nilotica confectis plurimas secum in desertum deportarit.«
120 Zur frühneuzeitlichen Diskussion über Drachen vgl. Bernd Roling, *Drachen und Sirenen*. *Die Rationalisierung und Abwicklung der Mythologie an den europäischen Universitäten*, Leiden 2010.
121 Welsch, *Exercitatio de vena medinensi* (Anm. 111), S. 83.
122 Robert Burton, *The Anatomy of Melancholy*, Oxford 1628.
123 Vgl. auch Mulsow, *Wedel* (Anm. 2)
124 Zu Sambucus vgl. Hans Gerstinger (Hg.), *Die Briefe des Johannes Sambucus (Zsamboky) 1554-1584*, Graz 1968.
125 Reiner Müller, *Medizinische Mikrobiologie. Parasiten, Bakterien, Immunität*, München ⁴1950, S. 67.
126 Welsch, *Exercitatio de vena medinensi* (Anm. 111), S. 91 ff.
127 Welschs Teilnachlaß in der BSB München: Clm 24121 – 24124. 25077 – 25082. Daneben außerdem Staats- und Stadtbibliothek Augsburg, 8 Cod Aug 24-30, 8 Cod 159; Badische Landesbibliothek Karlsruhe, 7 Bde., Nachlaß Welsch.
128 Georg Hieronymus Welsch, *Philomathetica / Agyrtica*, BSB München, Clm 24122 (Abb.).
129 Über diese Techniken informiert Blair, *Too Much to Know* (Anm. 84).
130 Vgl. den Briefwechsel zwischen Faber und Welsch in der Trew-Briefsammlung in der UB Erlangen-Nürnberg; zu Faber fehlt eine Monographie. Vgl. auch den Briefwechsel Fabers mit Charles Patin (Teile sind gedruckt in Johann Georg Schelhorn, *Amoenitates literariae, quibus variae observationes, scripta item quaedam anecdota et rariora opuscula exhibentur*, Bd. 10, Frankfurt / Leipzig 1729; die Originale liegen in der Trew-Briefsammlung in der UB Erlangen-Nürnberg). Andere wichtige Briefwechsel mit Salomon Reisel, Frank von Franckenau, Lucas Schrökh, ebenfalls in der Trew-Sammlung. Zu Fabers Kontakten mit Reisel vgl. Rolf Bröer, *Salomon Reisel (1625-1701). Barocke Naturforschung eines Leibarztes im Banne der mechanistischen Philosophie*, Halle 1996.
131 Johann Matthäus Faber, *Strychnomania – Explicans Strychni manici antiquorum, vel Solani furiosi recentiorum, historiae monumentum, indolis nocumentum, Antidoti documentum. Quam, occasione stragis, qua crebritate, qua celeritate, qua gravitate mirabiliter noxifera, in Ducali Würtemberg. sede, quae est Neostadii*

ad Cocharum, obortae, Anno 1667 prid. Kal. Septembris Styl. Jul., Augsburg 1677. Zur Tollkirsche vgl. Horst Wirth, *Die Tollkirsche und andere medizinisch angewandte Nachtschattengewächse*, Wittenberg 1965.

132 Welsch an Faber, 15.9.1676, nach S. 107 als Anhang von Faber, *Strychnomania* (Anm. 131), unpaginiert, Bogen O3: »Ulteriori certe disquisitione abstinere poteram, cum tanta accuratione omnia pertractaris, quae ad Solanorum notitiam pertinebant, et dubio procul etiam debebam, cum idem fere argumentum Vir Nobilissimus et Amplissimus Martinus Fogelius, Poliatrus Hamburgensis commentario suo doctissimo de Nepenthe sive Masullikis, ut vulgo vocare solent, Maslach Turcarum, fusius exponendum sibi sumpserit, quique simul meas epistolas, quas de eadem re ad ipsum plures dederam, edere constituerat. Sed dum id Nobilissimum et Excelentissimum Kirstenium ab illius beato obitu, veterem amicum TUUM, et nunc etiam meum, exsecuturum spes est, nonnulla adducere et explicare connabor, quorum TU nullam mentionem fecisse visus es, et quorum tamen historias investigare non ab re arbitrari queas.« Faber machte es genau so, wie auch Fogel es vorhatte: Er druckte Welschs überaus gelehrten Brief – und noch einen weiteren – als Anhang zu seinem Buch. Zu Kirsten und Welschs Briefen an Fogel vgl. auch oben Anm. 37.

133 Faber, *Strychnomania* (Anm. 131), S. 29: »20. Exotica ejus species est Stramonium Indorum, quaod Daturam, Datulam, Dutrij, Dutroe, Turcae atque Indi appellitant, quae Nux est Metella Chr. à Costa, quique ejus usum in Constantinopoli totaque Turcia frequentem celebrat. 21. Solani Maniaci vel Strychni nomen competere Turcarum Asserul conjicit Scaliger. Asserul autem, quod à Costa dicitur Asarath, Arab. Axix, plerisque Indorum quoque regionibus sub noto nomine Bangue intelligitur, estque basis compositionis cujusdam, quae aut ipsum Turcarum est Maslac seu Marslac, vel parum differens, et ad animositatem venereosque stimulos adhibetur.«

134 Ebd.: »Nobilissimus Bapt. Sylvagius Genuens. Reipubl. Venet. apud Turcar. Imper. Interpres hoc potionis genus (quae ex ejus Msc. habemus) hilaritatem animo inducere, in excessu vero haustum somnem phantasmatibus ridiculis gratum conciliare.«

135 Welsch an Faber, 15.9.1676, nach S. 107 als Anhang von Faber, *Strychnomania* (Anm. 131), unpaginiert, Bogen P: »Baccharis Jo-

sephi Archaeolog. III Bensòn Aegyptium, de quo ad Fogelium nostrum, quemadmodum de Tabaco sive Nicotiana Javana aut Japonica ad Illustrem Soc. Nat. curios. egi, antherica plane sive filamentosa, a qua vix differt suaveolens eg. Rhaeleghij, et eq. Moraij, in actis Soc. Regiae Angl. Henric. Oldenburgij, et Senegarium in Africa O. Dapperi, nisi pleraque ad Masullika Turcarum pertineant, quae maximam partem composita, non simplicia ostendi: sicut et alia ex papavere et Opio parata, ut Kilanicum et Misrense Teixerae, quod littorale s. paralium Ebn-Sinae Cainrinum videtur, folio hirsuto miniato Rasaei, papaver Persicum, ex quo potio *Cocner* Petri à Valle, et *Tuderi* aphrodisiasticum cum Rasaei: quae omnia non proprie homini letalia sunt, nisi immoderatus usus sit, quemadmodum et Cannabis, de qua ad Fogelium amico dissensu plurima scripsi, olim fortasse proferenda.« Auch an anderen Stellen des Briefes geht Welsch auf Fogel ein, im Zusammenhang mit Cannabis, Malinzanis und Bernati.

136 Thomas Smith, *Epistola de moribus ac institutis Turcarum, cui annectitur brevis Constantinopoleos notitia*, Oxford 1674. Exemplar der GWLB Hannover.

137 [Dāwud Ibn ʿUmar al-Anṭākī] *The Nature of the Drink Kauhi, Or, Coffee and the Berry of which it is Made*, übers. von Edward Pococke, Oxford 1659. Exemplar der GWLB Hannover. Vgl. Alexander Mirkovic, *From Courtly Curiosity to Revolutionary Refreshment. Turkish Coffee and English Politics in the Seventeenth century*, Diss. University of South Florida 2005.

138 Bochart, *Hierozoicon* (Anm. 77), Exemplar der GWLB Hannover.

139 Pierre Petit, *Homeri nepenthes sive de Helenae medicamento, luctum, animique omnem aegritudinem abolente, et aliis quibusdam eadem facultate praeditis, dissertatio*, Utrecht 1689. Zu Petit vgl. Martin Mulsow, *Prekäres Wissen. Eine andere Ideengeschichte der Frühen Neuzeit*, Berlin 2012, S. 353-355. Vgl. Auch Johann Conrad Barchhusen, *De medicinae origine et progressu dissertationes*, Utrecht 1723, Dissertatio 27: *De nepenthe*, S. 592-614; vgl. dort für den Bezug auf Petit, bes. S. 602 und 607.

140 Zu Mavrokordatos vgl. Dimitris Livanios, »Pride, prudence, and the fear of God. The loyalties of Alexander and Nicholas Mavrocordatos (1664-1730)«, in: *Dialogos. Hellenic Studies Review* 7 (2000), S. 1-22.

141 Georg Wolfgang Wedel, *Exercitationes medico-philologicae sa-*

crae et profanae, Decas quinta, Jena 1691, praefatio, unpaginiert. Der Brief ist vom 25.11.1689. Fünfte Seite: »Et quod de Maslach sentio, Turcicum vocabulum est, non Arabicum, nisi quis remotissime a vocabulo *silc,* quod quamcunque comestibilem herbam significat, secundum Arabicae Grammaticae regulam flexionis nominum localium, temporalium et instrumentalium, nomen *maslach* derivari velit. Neque etiam Ungaricum esse potest, nisi quis Maslag nomen esse a masalom verbo, id est altero, deducat. Fateor enim apud Confinarios tum Turcas tum Ungaros usitatissimum esse hoc vocabulum, quando aliquid αλλοιωτικον, seu compositum, seu simplex, seu compactum, seu in pulvere, dummodo spiritus accendat, corpus immutet, alacritate quoquo pacto animum afficiat, et spurium seu gaudium seu vigorem addat utentibus, significare volunt. Inter eos autem cum *esrar* seu *bengilic* maxime in usu sit, in specie *Maslach* ab illis appellatur, quoniam usus generici nominis illi speciei κατ' εξοχην applicatur, in qua frequentissime usurpatur. Nec mirum esset, si vocabulum vulgare Turcicum cum dictione Ungarica coincideret, et in ambiguo versaretur, utra natio ab altera mutuata sit illud, praesertim in quibus legitima derivatio lateret: sane talia pleraque in Turcica vulgari lingua reperiuntur, quaedam cum Graecis, Italicis, Polonis et Ungaricis vulgatis dictionibus conveniunt; sub lite tamen est, ad quamnam ex illis pertineant.«

142 Ebd. dritte Seite: »Secretum est et arcanum, ut vox *Sir* [= Geheimnis] significat, Dervissiorum, quod genus est Machomedanorum, qui per humanae vitae contemptum, et per sactitatis hypocrisim vitae quaerunt delectamenta, atque istud ad exhilarandam animam ita componunt: Accipiunt folia annabis erraticae, siccant in umbra, conterunt in pulverem, immitunt ollae, in qua butyrum fuerit asservatum, apponunt furno panis quosque torrefieri incipiat, extrahunt, iterum in pulverem redigunt, proinde utuntur ea mensura, quam porrigit cuspis cultri, esumque ejus iterat quisque pro consuetudine.«

143 Ebd., S. 97: »[...] ecco video me accedentem Mezenum quendam Sacerdotem Turcicum, cum alio aliquo ex India Orientali aut Aegypto oriundo. Hic posterior me interrogabat an non noverim Bangues sive Asseral, prior autem quaerebat pariter ex me an non noverim Maslac apud Turcas parelium inituros usitatum.«

144 Michael Sinapius, *Tractatus de remedio doloris,* Amsterdam 1699,

S. 100: »Ex hac itaque planta conficitur Turcarum Maslach (cujus praeparatio apud ipsos vulgaris haud est, sed arcana, et Solis Sacerdotibus Mezenis in secretis habita, quam ab omnibus aliis etiam domesticis, singulari studio absconditam tenent) h. m.«
145 Vgl. dazu auch unten Kap. VII und VIII.
146 Ich danke Natalia Bachour für den Hinweis. Vgl. James Redhouse, *An English and Turkish Dictionary*, London 1880, s. v. Muezzin. Neuauflage: *Türkçe/Osmanlıca-İngilizce Redhouse sözlüğü. Turkish/Ottoman-English Redhouse dictionary*, bearbeitet von Bahadır Alkım u. a., Istanbul ^{20}2014.
147 Sinapius, *Tractatus de remedio doloris* (Anm. 144), S. 100f: »Colligunt singulis annis, in fine mensis Augusti, vel initio Septembris, [Venus] praesertim vel [Jupiter] signum [pisces] current, semen, quod magna cura asservatum, et saepius aeri expositum, eventilant, ne noxam aliquam aut mucorem contrahat. Redeunte porro praeparationis solenni duodecennali tempore, collectum et hactenus curiose custoditum semen omne tundunt, et expressum servant. Deinde [sol] medietatem ferme leonis emenso, magnam quantitatem istius plantae recentis cum tota substantia et floribus convehunt. Ex radice contuse exprimunt succum; folia, caulem, et flores aqua fluminis Jordani coquunt, et ubi refrixit, supernatantem mucilaginem caute auferunt. Ex seminis oleoexpresso ex succo radicis, et mucilagine huius plantae deinceps famosum illud Maslach concinnant.« Zu astrologischen Rezepten im Islam vgl. Manfred Ullmann, *Die Natur- und Geheimwissenschaften im Islam*, Leiden 1972.
148 Robert Hahn, »Unique Datura Use in Nepal. Swami's Holy Plant«, in: *Psychotropicon*, ⟨http://psychotropicon.info/en/einzigartiger-datura-gebrauch-in-nepal/⟩ [Letzter Zugriff: 28. 3. 2022].
149 Vgl. Engelbert Kaempfer, *Amoenitatum exoticarum politico-physico-medicarum fasciculi V*, Lemgo 1712; *Pharmacopia persica, ex ideomate Persico in Latinum conversa*, Paris 1681. Vgl. Andreas-Holger Maehle, »Pharmacological Experimentation with Opium in the Eighteenth Century«, in: Roy Porter, Mikulas Teich (Hg.), *Drugs and Narcotics in History*, Cambridge 1995, S. 52-76.
150 Georgieviz, *De Turcarum moribus epitome* (Anm. 10). Zu Georgijević vgl. Nurdan Melik Aksulu, *Bartholomäus Georgievićs Türkenschrift »De Turcarum ritu et caeremoniis« (1544) und ihre beiden deutschen Übersetzungen von 1545. Ein Beitrag zur Ge-*

schichte des Türkenbildes in Europa, Stuttgart 2006. Vgl. auch Andrei Oişteanu, *Rauschgift in der rumänischen Literatur. Geschichte, Religion und Literatur,* Berlin 2013, S. 120ff. zu Cantemir über Derwische um 1700.

151 Vgl. Ralph S. Hattox, *Coffee and Coffeehouses. The Origins of a Social Beverage in the Medieval Near East,* Seattle 1985; Jonathan Morris, *Coffee – a Global History,* London 2019.

152 Zu den Janitscharen vgl. Godfrey Goodwin, *The Janissaries,* London 1997; Nahoum Weissmann, *Les Janissaires – Etude de l'organisation militaire des Ottomans,* Paris 1964; David Nicolle, *The Janissaries,* Oxford 1995; Umut Deniz Kırca, *»The Furious Dogs of Hell«: Rebellion, Janissaries and Religion in Sultanic Legitimisation in the Ottoman Empire,* Diss. Istanbul 2010.

153 Vgl. auch Abdulkadir Erkal, *Osmanlı'da afyon ve esrar kullanımı* (⟨https://www.gazeteduvar.com.tr/forum/2018/05/25/osmanli da-afyon-ve-esrar-kullanimi⟩ [Letzter Zugriff: 28.3.2022]). Vgl. auch Hatice Aynur, Jan Schmidt, »A Debate between Opium, Berş Hashish, Boza, Wine and Coffee. The Use and Perception of Pleasurable Substances among Ottomans«, in: *Journal of Turkish Studies* 31 (2007), S. 51-117; Marinos Sariyannis, »Law and Morality in Ottoman Society. The Case of Narcotic Substances«, in: Elias Kolovos u.a. (Hg.), *The Ottoman Empire, the Balkans, the Greek Lands,* Istanbul 2007, S. 307-322.

154 Mavrokordatos an Wedel, 25.11.1689, in: Wedel, *Exercitationes* (Anm. 141), unpaginiert, sechste Seite: »Pro responso illud te velim habere, cum in pugnis, ac certaminibus mortis tanquam martyrii appetendae atque oppetendae legem Machomedes tulerit, illud ante omnia vetuit, ne permittant, ut esu aut potu quopiam mens perturbetur; alioquin martyrii merito privabit. Falso igitur Bellonius et alii rerum Turciarum scriptores tradidere, universam regionem opio spoliari, quando Ottomanorum Imperator bellum gesturus proficiscatur.« Zum türkischen Militär vgl. Virginia H. Aksan, *Ottoman Wars, 1700-1870. An Empire Besieged,* London 2014.

155 Ebd., siebte Seite: »[…] quo fit, ut sicuti aliae gentes vino aut cremato plerumque ante praelia utuntur, ita plerique Turcarum etiam ante certamina talibus narcoticis sese praemuniant.«

156 Vgl. Bernard Lewis, *Die Assassinen. Zur Tradition des religiösen Mordes im radikalen Islam,* Frankfurt 2001.

157 Zur Alchemie in Sufi-Orden vgl. Tuna Artun, *Hearts of Gold and Silver. Production of Alchemical Knowledge in the Early Modern Ottoman World*, Diss. Princeton University 2013.

158 Virginia Aksan teilt mir mit (29. 8. 2020): »There is very little available at least about its usage, Sufi or otherwise. A good number of the Sufi organizations used performance enhancing stimuli so they may well have been the model/suppliers.« Duygu Yildirim teilt mir mit (5. 8. 2020): »I have realized how difficult it is to identify medicinal substances – or drugs – in cross-cultural contexts of the early modern world. Often times, for example, Europeans did not really get what Ottomans were really using for their own compound drugs, so they used instead ›substitutes‹ which they assumed almost similar.«

159 Erkal, *Osmanlı'da afyon ve esrar kullanımı* (Anm. 152). Zu den Abdals vgl. Patrick Franke, *Begegnung mit Khidr. Quellenstudien zum Imaginären im traditionellen Islam*, Beirut/Stuttgart 2000, S. 201-203.

160 Vgl. John Kingsley Birge, *The Bektashi Order of Dervishes*, London 1937; Harry T. Norris, *Islam in the Balkans. Religion and Society Between Europe and the Arab World*, London 1993; Irène Mélikoff, *Hadji Bektach. Un mythe et ses avatars. Genèse et évolution du soufisme populaire en Turquie*, Leiden 1998; Yaşar Nuri Öztürk, *The Eye of the Heart. An Introduction to Sufism and the Tariqats of Anatolia and the Balkans*, Istanbul 1988.

161 Norman Ohler, *Der totale Rausch. Drogen im Dritten Reich*, Köln 2015.

162 Bernd Roling, »Northern Anger. Early Modern Debates on Berserkers«, in: Karl A. E. Enenkel, Anita Traninger (Hg.), *Discourses of Anger in the Early Modern Period*, Leiden 2015, S. 217-237.

163 Vgl. dazu Peter Burke, *The Polymath. A Cultural History from Leonardo da Vinci to Susan Sontag*, New Haven 2020.

164 Vgl. allgemein André Holenstein u. a. (Hg.), *Scholars in Action. The Practice of Knowledge and the Figure of the Savant in the 18th Century*, 2 Bde., Leiden 2013.

Kapitel IV
Alchemie zwischen Ost und West

1 Undine Gruenter, *Der Autor als Souffleur. Journal 1986-1992*, Frankfurt 1995, S. 67. – Eine frühere, kürzere englische Version dieses Kapitels erschien als: »Global Encounters – Precarious Knowledge. Traces of Alchemical Practice in Indonesian Batavia«, in: Renate Duerr (Hg.), *Threatened Knowledge. Practices of Knowing and Ignoring from the Middle Ages to the Twentieth Century*, London 2022, S. 121-151.
2 Martin Mulsow, *Prekäres Wissen. Eine andere Ideengeschichte der Frühen Neuzeit*, Berlin 2012.
3 Jonathan Lear, *Radical Hope. Ethics in the Face of Cultural Devastation*, Cambridge 2006; dt.: *Radikale Hoffnung: Ethik im Angesicht kultureller Zerstörung*, Berlin 2020.
4 Alasdair MacIntyre, *After Virtue. A Study in Moral Theory*, London 1981.
5 Vgl. z. B. Sonja Brentjes, »Issues of Best Historiographical Practice: Garcia da Orta's Colóquios dos simples e drogas e cousas medicinais da India (Goa, 1563) and their conflicting interpretation«, in: Helge Wendt (Hg.), *The Globalization of Knowledge in the Iberian Colonial World*, Berlin 2016, S. 95-138. Zu diesem Themenkomplex vgl. auch oben Kap. III.
6 Vgl. etwa Lawrence M. Principe, *The Secrets of Alchemy*, Chicago 2012.
7 Vgl. etwa William R. Newman, Lawrence M. Principe, *Alchemy Tried in the Fire. Starkey, Boyle, and the Fate of Helmontian Chymistry*, Chicago 2002.
8 Masatoshi Iguchi, *Java Essay. The History and Culture of a Southern Country*, Kibworth 2015; Marmo Soemarmo, »Javanese Script«, in: *Ohio Working Papers in Linguistics and Language Teaching* 14 (1995), S. 69-103.
9 Vgl. Martin Mulsow, *Fremdprägung. Münzwissen in Zeiten der Globalisierung*, erscheint Berlin 2022.
10 Martin Mulsow, »Global Intellectual History and the Dynamics of Religion«, in: Christoph Bochinger, Jörg Rüpke (Hg.), *Dynamics of Religion*, Berlin 2016, S. 251-272. Johann Ernst Gerhard (praes.), Christian Hoffmann (resp.), *Umbra in luce, sive consensus et dissensus religionum profanarum, Judaismi, Samaritanismi, Muham-*

medismi, Gingis-Chanismi, atque paganismi, Jena 1667, S. 75. Vgl. auch unten Kap. VII.

11 Pieter Baas, Jan Frits Veldkamp, »Dutch Pre-Colonial Botany and Rumphius' Ambonese Herbal«, in: *Allertonoa* 13 (2013), S. 9-19; Elmer D. Merill, *An Interpretation of Rumphius' Herbarium Amboinense,* Manila 1917; Susanne Friedrich, »The Importance of Being a Good Servant. Georg Everhard Rumphius, the Dutch East India Company and Knowledge in the Late Seventeenth Century«, in: *Early Modern Low Countries* 3/2 (2019) (= Special Issue: *Knowledge Production in Natural History,* hg. von Maria-Theresia Leuker-Pelties), S. 183-207.

12 Für andere Fälle vgl. Anne Mariss, *Johann Reinhold Forster and the Making of Natural History on Cook's Second Voyage. 1772-1775,* New York 2019; Sarah Easterby-Smith, *Cultivating Commerce. Cultures of Botany in Britain and France. 1760-1815,* Cambridge 2019.

13 Normalerweise ist die Geheimhaltung von Wissen mehr mit Spanien assoziiert, aber auch die Holländischen Kompanien achteten auf die Exklusivität von Wissen.

14 Georg Eberhard Rumpf, *Herbarium Amboinense,* 12 Bde., hg. von Johannes Burmannus, Amsterdam, Den Haag und Utrecht 1741-1755. Vgl. Bert van de Roemer, *De geschikte natuur. Theorieën over natuur en kunst in de verzameling van zeldzaamheden van Simon Schijnvoet,* Diss. Amsterdam 2005.

15 Zu Batavia vgl. etwa Jean Gelman Taylor, *The Social World of Batavia. European and Eurasian in Dutch Asia,* Madison/Wisconsin 1983; Hendrik E. Niemeijer, *Batavia. Een koloniale samenleving in de 17de eeuw,* Amsterdam 2005; Leonard Blussé, *Strange Company. Chinese Settlers, Mestizo Women and the Dutch in VOC Batavia,* Dordrecht 1988.

16 Ich danke vor allem Gianna Pomata und Anthony Reid.

17 Über die VOC und ihr Netzwerk vgl. Femme S. Gaastra, *De geschiedenis van de VOC,* Haarlem u. a. 1982; Robert Parthesius, *Dutch Ships in Tropical Waters. The Development of the Dutch East India Company (VOC) Shipping Network in Asia 1595-1660,* Amsterdam 2010; Arndt Brendecke u. a. (Hg.), *Transformations of Knowledge in Dutch Expansion,* Berlin/Boston 2015; Kerry Ward, *Networks of Empire. Forced Migration in the Dutch East India Company,* Cambridge 2008.

18 Jacob van Meurs, »Stadtplan von Batavia«, in: Arnoldus Montanus (Hg.), *Gedenkwaerdige gesantschappen der Oost-Indische maatschappy in 't Vereenigde Nederland*, Amsterdam 1669, nach S. 30. Eine gute Beschreibung Batavias findet sich in Johann Jacob Ebert, *Beschreibung und Geschichte der Hauptstadt in dem Holländischen Ostindien Batavia nebst geographischen, politischen und physikalischen Nachrichten von der Insel Java*, aus dem Holländischen übersetzt, Leipzig 1785.

19 Christoph Schweitzer, *Journal- und Tage-Buch seiner sechs-jährigen ost-indianischen Reise*, Tübingen 1688, S. 28 f.: »Den zwanzigsten [August 1676] brachten 12 Javanen ein Schlang, deren Länge 26 Holtzschuhe war, tot vor des Generals Haus, die der General [=Generalgouverneur], als er sie gesehen, seinem Doctori, Namens Kleyern zu bringen befohlen, welcher durch Joh. Otto Helwig, Med. Doct. aus Sachsen gebürtig, und als auch ein Soldat mit mir in Indien geschiffet, anjetzo aber vor einen Apotheker-Gesellen serviert, die Schlang öffnen und wieder ausfüllen ließ.«

20 Wolfgang Michel, »Ein Ostindianisches Sendschreiben – Andreas Cleyers Brief an Sebastian Scheffer vom 20. Dezember 1683«, in: *Dokufutsu Bungaku Kenkyu*, Nr. 41 (Fukoka, August 1991), S. 15-98, hier S. 30.

21 Michel, *Ein Ostindianisches Sendschreiben* (Anm. 20), S. 64.

22 Jap Tjang Beng, *Über indonesische Volksheilkunde an Hand der Pharmacopoeia Indica des Hermann Nikolaus Grim(m) (1684)*, Frankfurt 1965, S. 40.

23 Dawn F. Rooney, *Betel chewing traditions in South-East Asia*, Kuala Lumpur 1993.

24 Ebert, *Beschreibung und Geschichte der Hauptstadt* (Anm. 18), Bd. 1, S. 260 f.

25 Harold Cook, *Matters of Exchange. Commerce, Medicine, and Science in the Dutch Golden Age*, New Haven 2007, S. 306.

26 Zu Cleyer vgl. Eva Kraft, *Andreas Cleyer. Tagebuch des Kontors zu Nagasaki auf der Insel Deshima 20. Oktober 1682-5. November 1683*, Bonn 1985; Michel, *Ostindianisches Sendschreiben* (Anm. 20). Vgl. allgemein Dirk Schoute, *De geneeskunde in den dienst der Oost-indische Compagnie in Nederlandsch-Indië*, Amsterdam 1929. Über deutsche Reisende nach Südostasien vgl. auch Waruno Mahdi, *Malay Words and Malay Things. Lexical Souvenirs from an Exotic Archipelago in German Publications before 1700*, Wies-

baden 2007. Ein interessanter Reisebereicht ist neben dem von Schweitzer auch der von Walter Schulzen (Wouter Schouten), *Ost-Indische Reyse, worin erzehlt wird viel Gedenckwürdiges, und ungemeine seltzame Sachen, bluhtige See- und Feld-schlachten, wieder die Portugiesen und Makasser, Belägerungen, Bestürmungen, und Eroberungen vieler fürnehmen Städte und Schlösser; wie auch eine eigendliche Beschreibung der fürnehmsten Ost-Indischen Landschaften; zugleich eine ausführliche Erzehlung, was sich in der gefährlichen Zurückreise nach Holland, zwischen den Ost-Indischen Retour-Schiffen, und den Engelländern, im Jahr 1665 in der Stadt Bergen in Norwegen, wie auch in der Nord-See, merckenswürdiges zugetragen hat,* Amsterdam 1676.

27 Zu Grim vgl. Beng, *Über indonesische Volksheilkunde* (Anm. 2); Schoute, *Geneeskunde* (Anm. 26).

28 Zu Helbig (Hellwig) vgl. Vera Keller, »The Centre of Nature. Baron Otto von Hellwig between a Global Network and a Universal Republic«, in: *Early Science and Medicine* 17 (2012), S. 570-588; Martin Mulsow, »Alchemische Substanzen als fremde Dinge«, in: Birgit Neumann (Hg.), *Präsenz und Evidenz fremder Dinge im Europa des 18. Jahrhunderts*, Göttingen 2015, S. 43-72; Jürgen Strein, *Wissenstransfer und Popularkultur in der Frühaufklärung. Leben und Werk des Arztschriftstellers Christoph von Hellwig (1663-1721)*, Berlin 2017, passim. – Helbig reiste mit demselben Schiff wie Christoph Schweitzer aus Württemberg, der später seinen Reisebericht publizierte: *Journal- und Tagebuch seiner sechsjährigen Ost-Indianischen Reise* (Anm. 19).

29 Vgl. Michel, *Ostindianisches Sendschreiben* (Anm. 20), S. 63 ff.

30 Eva Kraft, *Andreas Cleyer* (Anm. 26); zu Couplet vgl. Urs App, *The Birth of Orientalism*, Philadelphia 2010, S. 146-159; Nicholas Dew, *Orientalism in Louis XIV's France*, Oxford 2009, S. 205-233.

31 Cook, *Matters of Exchange* (Anm. 25), S. 304-338. Vgl. auch Donald F. Lach, Edwin J. van Kley (Hg.), *Asia in the Making of Europe*, Bd. III: *A Century of Advance*, Chicago 1993, S. 945-997.

32 Michel, *Ostindianisches Sendschreiben* (Anm. 20), S. 78.

33 Cleyer an Scheffer, in: Michel, *Ostindianisches Sendschreiben* (Anm. 20), S. 78.

34 Niklas Herman Grim, *Laboratorium chymicum, Gehouden op het voortreffelycke Eylandt Ceylon*, Batavia 1677.

35 Michel, *Ostindianisches Sendschreiben* (Anm. 20), S. 84.
36 Grim, *Laboratorium chymicum* (Anm. 34), S. 23.
37 Ebd., S. 34ff.
38 Harald Fischer-Tiné, *Pidgin-Knowledge. Wissen und Kolonialismus*, Zürich 2013. Fischer-Tiné versteht darunter Forschung vor Ort mit begrenzten Standards, die typisch für europäisches Verhalten in den Kolonien oder in exotischen Ländern war – eine Art von hybridem Wissen zwischen Europa und den Kolonien.
39 Otto von Helbig, »De variis rebus Indicis; puta, de Leone, Tigridibus, de rara quadam Africae ave; de Gammaris terrestribus; de Scorpionibus non venenatis; de Lacertis non venenatis; de Simiis, Lacertis ac Felibus volantibus; de Vaccis marinis; de menstruo Sanguinis fluxu in Bestiis; de Hominibus caudatis; de Ave Manucodiata, seu Paradisiaca, Indis et Australi-Orientalibus Burung Aru dicta; de Ambra grisea; de Alcali nativo; de Testudinum generatione; de Gallinis Javanensibus, & Mineris Indicis«, in: *Miscellanea curiosa sive ephemeridum medico-physicarum Germanicarum Academiae Caesareo-Leopoldinae Naturae Curiosorum*, Decuria I, Annus IX/X (1678,1679), Observatio 194, S. 453-464.
40 Otto von Helbig, *Introitus in veram atque inauditam physicam*, Batavia 1678; Heidelberg 1680; Hamburg 1680. Ich benutze die Hamburger Ausgabe. Dort S. 23: »Praeternaturalis per fermentationem motus exempla, cum quotidie in foeno, frumento, herbis, aliisque rebus accident, triste quoddam nobis praeterito anno hoc ex maris portu exhibitum. Praetoria navis ab Insula Sumatra piper vehens reversa, ab aromatis seipsum per fermentationem accendentis flamma penitus peribat.«
41 Vgl. Johann Baptist van Helmont, *Ortus medicinae, id est Initia physicae inaudita*, Amsterdam 1648.
42 Helbig, *Introitus in veram atque inauditam physicam* (Anm. 40).
43 Vgl. Anm. 58 und 59.
44 Helbig, *Introitus* (Anm. 40), S. 45f: »Elementi ex principiis primogenitus, aut centrum, est Sal; cujus corpus, ut ita loquar, magis in Terra, Spiritus magis in Aqua, et Anima magis in Aere reperitur. In mille Sal transmutari potest formas, prout Naturae motus observantur gradus.«
45 Johann Otto von Helbig, *Curiosa Physica oder Lehre von den unterschiedlichen Natur-Geheimnissen, welche unter etliche Capitel gesetzet, und auf der anderen Seite, befindlich sind; In etwas ver-*

mehrt, Sonderhausen 1700. Ich zitiere aus dieser Edition. Vgl. aber auch die spätere Ausgabe: *Curiosa physica, oder gründliche Lehre von unterschiedlichen Natur-Geheimnissen: sonderlich das philosophische Meisterstück oder so genandten Lapid[em] Philos[ophorum] betreffend, gleichsam als sein letztes Testament. Zum Andernmal heraus gegeben und mit unterschiedlichen curiösen Stücken vermehret von L. C. Hellwig*, Frankfurt/Leipzig/Mühlhausen 1714. – Das abgebildete Schema ist meine eigene geometrische Rekonstruktion von Helbigs Theorie.

46 [Helbig], *Centrum naturae concentratum, oder, Ein Tractat von dem wiedergebohrnen Saltz: insgemein und eigendlich genandt der Weisen Stein, in Arabischen geschrieben von Ali Puli, einem asiatischen Mohren, darnach in Portugiesische Sprache durch H. L. V. A. H. und ins Hochteutsche versetzt und heraus gegeben von Johann Otto Helbig Rittern, Churfürstl. Pfälzischen Rath, Leib-Medico, und bey der Heidelbergischen Universität Professore Publico*, Heidelberg 1682.

47 Helbig, *Curiosa physica* (Anm. 45), Vorwort.

48 Vgl. z. B. Tommaso Campanella, *Philosophia universalis seu metaphysica*, Paris 1637. Vgl. Stephan Otto, *Das Wissen des Ähnlichen. Foucault und die Renaissance*, Frankfurt/Bern 1992.

49 Otto Tachenius, *Hippocrates Chimicus. Qui novissimi viperini salis antiquissima fundamenta ostendit*, Venedig 1666. Zu ihm vgl. Heinz-Herbert Take, *Otto Tachenius (1610-1680). Wegbereiter der Chemie zwischen Herford und Venedig*, Bielefeld 2002; Mulsow, *Prekäres Wissen* (Anm. 2), S. 265-274.

50 Helbig, *Curiosa physica* (Anm. 45), S. 30.

51 Ebd., S. 31 f.

52 Ebd., S. 71 ff. Antiperistasis meint das Stärkerwerden einer Eigenschaft, wenn sie von der konträren Eigenschaft umgeben ist, wie etwa Brunnenwasser bei Kälte im Winter (angeblich) wärmer werden soll, oder wie Hagel, der sich in Sommergewittern (angeblich) bildet, weil die umgebende Hitze so stark ist. Vgl. Martin Mulsow, *Frühneuzeitliche Selbsterhaltung. Telesio und die Naturphilosophie der Renaissance*, Tübingen 1998, S. 47-103.

53 Johann Otto von Helbig, *Arcana majora, oder curiose und nützliche Beschreibung vieler wahrhaften physicalischen, medicinischen, chymischen, alchymischen, chyrurgischen und oeconomischen Geheimnisse*, Frankfurt/Leipzig 1712, S. 52 f.

54 Helbig, *Curiosa physica* (Anm. 45), S. 30.
55 Ebd., S. 32.
56 Ebd., S. 32-34.
57 Für Beratung bei der folgenden chemischen Rekonstruktion danke ich in erster Linie Rainer Werthmann. Thomas Moenius und Jürgen Strein hingegen schlagen neuerdings aufgrund von Briefen Helbigs, die sie edieren, den Speichel als Grundsubstanz von Tessa vor. Auf diese Hypothese kann ich hier nicht mehr eingehen.
58 Helbig, *Curiosa physica* (Anm. 45), S. 37.
59 Ebd., S. 42f.: »daß es nicht anders heisse / als die schneeweisse Erde / ohne Geruch und Geschmack / welcher aus dem Welt-Schleim ohne Feuer gemacht worden / und darinnen der allgemeine Mercurius und Vitriolum verborgen lieget [...].«
60 Zu dieser Reaktion vgl. Christian Lebrecht Rösling, *Ueber Pottaschen- und Salpeter-Siedery. Zwey Abhandlungen, worin man theils verbesserte, theils ganz neue Anlagen findet, und Anleitung zur Berechnung der Anlagskosten und des Ertrags erhält*, Erlangen 1806; Alan R. Williams, »The Production of Saltpetre in the Middle Ages«, in: *Ambix* 22/2 (1975), S. 125-133.
61 Heinrich Kunrath, *Von hylealischen, Das ist, Pri-Materialischen Catholischen, oder Algemejnem Naturlichen Chaos*, Magdeburg 1597. Zu Kunrath vgl. Peter Forshaw, »Subliming Spirits: Physical-Chemistry and Theo-Alchemy in the Works of Heinrich Khunrath (1560-1605)«, in: Stanton J. Linden (Hg.), «*Mystical Metal of Gold*». *Essays on Alchemy and Renaissance Culture*, New York 2007, S. 255-275. Zur Salz-Alchemie vgl. Joachim Telle, »Die Dichtungen im Dritten Anfang der mineralischen Dinge von Johann Harprecht unter besonderer Berücksichtigung eines Lehrgedichtes Vom Salz«, in: ders., *Alchemie und Poesie. Deutsche Alchemikerdichtungen des 15. bis 17. Jahrhunderts*, Berlin 2013, S. 931-987. Zu Jakob Böhmes »Sal niter« vgl. Lawrence M. Principe, Andrew Weeks, »Jacob Boehme's Divine Substance Salitter. Its Nature, Origin, and Relationship to Seventeenth Century Scientific Theories«, in: *British Journal of the History of Science* 22 (1989), S. 52-61.
62 Cosmopolitanus [=Michael Sendivogius], *Novum lumen chymicum*, Prag 1604. Zu Sendivogius vgl. Zbigniew Szydlo, *Water which does not wet hands. The alchemy of Michael Sendivogius*, London/Warschau 1994.

63 Johann Joachim Becher, *Chymischer Glücks-Haffen*, Frankfurt 1682, S. 161: »Die Luft ist der alten Philosophen ihre Materie; diese Luft ist das Wasser unseres Thaues, aus welchem ausgezogen wird der Salpeter der Philosophen, durch welches Saltz alle Sachen wachsen und erhalten werden; und ist unser Magnet, welchen ich zuvor Stahl genennt.«

64 Johann Rudolf Glauber, *Von den dreyen Anfangen der Metallen, alß Schwefel, Mercurio und Salz der Weisen*, Amsterdam 1666; ders., *Opera chymica. Bücher und Schrifften, so viel deren von ihme bißhero an Tag gegeben worden; jetzo vom neuen übersehen und vermehret*, 2 Bde., 1658-1659. Zu Glauber vgl. Helmut Gebelein, Rainer Werthmann, *Johann Rudolph Glauber*, Kitzingen 2011.

65 Michel, *Ostindianisches Sendschreiben* (Anm. 20), S. 61.

66 Beng, *Über indonesische Volksheilkunde* (Anm. 22).

67 Helbig erzählte 1685 Christian von Sachsen-Eisenberg von seinen Erfahrungen – dabei ganz offensichtlich auch Dinge, die dieser gern hören wollte; er stellte für ihn Gold aus Blei her, das sich im Nachhinein nur als kurzzeitige oberflächliche »Vergoldung« herausstellte. Vgl. Christian Juncker, *Commentarius de Vita, scriptisque ac meritis illustr. viri Jobi Ludolfi*, Leipzig 1710, S. 144f. (Hiob Ludolf hatte diese Geschichte aus dem Munde des Herzogs gehört): »Narravit Principi Helwichius omnem occasionem artis a se tractatae, cuius summa haec est. Missus erat ille puer ad Iesuitas Erfurtenses, studiorum gratia annum circiter MDCLXIV, quo tempore cum Urbs Erfurtum ab Electore Moguntino, Ioh. Philippo, per vim belli occuparetur, accidit, ut milites quidam, qui muniendo operibus monti Petrino aderant, dum fornicem subterraneum moliuntur, librum invenirent complicatum; quem cum ipse, forte eo delatus, videret, suo aere redemit. Inspecto autem libro deprehendit contineri in illo scripta pleraque Basilii Valentini, ab iis, quae typis impresa sunt, plane diversa, et aliud praeterea additamentum eiusdem, nondum expositum publicae luci.« Helbig schließt sich hier an die Legende von der Auffindung der angeblichen Schriften des Basilius Valentinus auf dem Erfurter Petersberg an, die wahrscheinlich durch Johann Thölde, den eigentlichen Autor, in die Welt gesetzt worden ist. (Vgl. Hans-Henning Walter (Hg.), *Johann Thölde. Alchemist, Salinist, Schriftsteller und Bergbeamter*, Freiberg 2011.) Der Text fährt nun fort: »Felicissimo casu

inventum hunc thesaurum cum sibi poscerent dari Iesuitae, Helwichius, nescio quid mali suspicatus, clam aufugit Erfurto, lectoque primum et intellecto postea libro rem quidem saepius, at frustra tentat; donec, desperatis fere rebus suis, navi Batavia devectus in Indiam, artem perfecit adiutore quodam Indo.« Was das Basilius-Valentinus-Manusript angeht, so teilt mir Gerhard Görmar mit, daß es das gleiche sein könnte, das auch Johann Hiskia Cardilucius in Händen gehabt hat. 1680 erschien Cardilucius' Schrift *Magnalia medico-chymica continuate*. Cardilucius äußerte sich darin ähnlich wie Helbig zu dem Manuskript. Er bezieht sich auf Basilius Valentinus' *Letztes Testament* (von 1645/1651) und sagte, er habe ein vermehrtes Manuskript davon gesehen. Er veröffentlichte einen Text zum 5. Buch (vollständig aus der *Haligraphia* von Thölde übernommen) und im Anschluss einen Ergänzungstext zum 3. Kapitel. Im Jahr 1710 wurde unter dem Titel *Antrum naturae et artis reclusum* eine anonyme Ausgabe ohne Nennung von Cardilucius gedruckt. Die Vorrede wurde verändert und ein »Missiv« (Sendschreiben) von einem gewissen Polycarpus Chrysostomus eingefügt. Hinter diesem Pseudonym verbirgt sich wahrscheinlich Johann Otto Helbig. Er war zwar schon 1698 gestorben, doch kann sein Bruder seinen Text dort plaziert haben, oder Helbig hatte vor seinem Tod Kontakt zu Cardilucius (der wiederum neuerdings mit Johann Fortitudo Harprecht alias Filius Sendivogi identifiziert wird; vgl. Charlotte Wahl, »Zum Leibniz-Korrespondenten Johann Hiskia Cardilucius-alias Johann Fortitudo Hartprecht«, in: *Studia Leibnitiana* 49 (2017), S. 111-116). Das kann insofern relevant sein, als Harprecht bei Ole Borch in Kopenhagen war und auch eine Salz-Alchemie betrieb. Vgl. Telle, *Die Dichtungen* (Anm. 61).

68 [Helbig], *Centrum naturae concentratum* (Anm. 46), S. 23: »Die Ostindianer machen das [Gold] geschmeidig und hochfärbig mit Kuhdreck und bringen das [Silber] zu stetsbleibender [Gold]farbe durch ein Animalisch Fett.«

69 Elias Hesse, *Gold-Bergwerke in Sumatra, 1680-1683. Neu Herausgegeben nach der zu Leipzig im Verlag von Michael Günther (1690) gedruckten verbesserten Ausgabe des im Jahre 1687 zum Ersten Mal Erschienenen Textes*, Den Haag 1931.

70 Die Holländer hatten dort eine Festungsanlage, bis sie 1691 in den Besitz der Britischen East India Company überging. Helbig, »De

variis rebus Indicis«, in: *Miscellanea curiosa medico-physica, Annus nonus et decimus* (Anm. 39), S. 460: »In regno Coromandel, prope Urbem Tegnapatanam, non procul a mari in terra arenosa quotidie mane terra quaedam naturali abundans Alcali ab Incolis colligitur. Haec terra recens adhuc dat lixivium, quo per calcem vivam acurato, colores ex vegetabilium succis desumptos, et bonitate incomparabiles miscent, ac versicoloria illa lintea pingendo praeparant. Si vero suo generationis loco relinquitur alcali praedictum, sponte in nitrum se transmutat. Nocte, collectores inquiunt, haec flavo-cinerea terra a communi ejicitur.« Vgl. auch Alan R. Woolley, *Alkaline Rocks and Carbonatites of the World*, 4 Bde., London 1987.

71 Helbig spricht ebd., S. 464, auch von Eisen (*Minera martialis-solaris*), das man im Sand des Strandes der Molukkeninsel Ternate finde; in den Sümpfen von Papua seien sogar noch größere Vorkommen: »In Insula Ternata mare arenam ejicit nigram Martiali-Solarem, quae a Magnete attrahitur. Minera illa Almanrothensis, seu Hassiaca, in Insularum Papues paludibus copiosissime reperitur.«

72 Vgl. Joseph Needham, *Science and Civilization in China*, Bd. 5 (*Chemistry and Chemical Technology*), Cambridge 1994; Fabrizio Pregadio, *Great Clarity. Daoism and Alchemy in Early Medieval China*, Stanford 2005.

73 Li Shizhen, *Bencao Gangmu. Compendium of Materia Medica*, Beijing 2003 (6 Bde.) Vgl. Bernard E. Read, *Chinese Medical Plants from the Pen Ts'ao Kang Mu*, Shanghai 1936; Paul U. Unschuld, *Medicine in China. A History of Pharmaceutics*, Berkeley 1986. Ich danke Gelinde Wislsperger und Rainer Nögel für ihre Hinweise.

74 David Gordon White, *The Alchemical Body. Siddha Tradition in Medieval India*, Chicago 1996.

75 Gjan Meulenbeld, *A History of Indian Medical Literature*, Bd. II, A, Groningen 2000, S. 680: »The urine and faeces of the successful alchemist (sadhaka) turn soil and stones into gold and his drops of sweat convert the eight metals into gold.«

76 Eric Tagliacozzo u. a. (Hg.), *Asia Inside Out*, Cambridge, bisher 3 Bde.: *Changing Times*, 2015; *Connected Places*, 2015; *Itinerant People*, 2019. Tara Alberts u. a. (Hg.), *Intercultural Exchange in Southeast Asia*, London 2013.

77 Beng, *Über indonesische Volksheilkunde* (Anm. 22), S. 87 ff.

78 Marta Hanson, Gianna Pomata, »Medicinal Formulas and Experimental Knowledge in the Seventeenth-Century Epistemic Exchange between China and Europe«, in: *Isis* 108 (2017), S. 1-25.
79 Michel, *Ein ostindianisches Sendschreiben* (Anm. 20); Oana Baboi, »Healing the Jesuit Body. Sharing Medical Knowledge in 17th Century China«, in: Amélia Polónia u. a. (Hg.), *Connecting Worlds. Production and Circulation of Knowledge in the First Global Age*, Cambridge 2018, S. 248-268.
80 Vgl. etwa Kuzhippalli S. Mathews, *Portuguese and the Sultanate of Gujarat*, Delhi 1986; Jack Goody, *The East in the West*, Cambridge 1996, S. 90.
81 [Helbig], *Centrum naturae concentratum* (Anm. 46); vgl. die Angaben im Titel des Buches: »In Arabischen geschrieben Von Ali Puli, Einem Asiatischen Mohren. Darnach in Portugisische Sprache Durch H. L. V. A. H. Und ins Hochteutsche versetzt und herausgegeben Von Johann Otto Helbig.«
82 Burghard de Groot: Abbildung von »Ali Puli«, in einem Manuskript des *Centrum naturae concentratum* von 1735, J. R. Ritman Library Amsterdam. Helbigs Porträt ist gedruckt als Frontispiz zu seinen *Arcana Majora* (Anm. 53).
83 Vgl. zu dieser Sekte Karim Najafi Barzegar, »The Nuqtavi Movement and the Question of Its Exodus during the Safavid Period (Sixteenth Century AD). A Historical Survey«, in: *Indian Historical Review* 40 (2013), S. 41-66. Wichtig unter den Nuqtavis war z. B. der Millenarist Sharfi Amuli. Vgl. Stephen P. Blake, *Time in Early Modern Islam. Calendar, Ceremony, and Chronology in the Safavid, Mughal, and Ottoman Empires*, Cambridge 2013, S. 157. Vgl. auch Abbas Amanat, »Nuqtavi Messianic Agnostics of Iran and the Shaping of the Doctrine of ›Universal Conciliation‹ (sulh-i kull) in Mughal India«, in: Orkhan Mir-Kasimov (Hg.), *Unity in Diversity. Mysticism, Messianism and the Construction of Religious Authority in Islam*, Leiden 2014, S. 367-392. Zur Ausdehnung der »persischen« Welt in Südasien vgl. Abbas Amanat, Assef Ashraf (Hg.), *The Persianate World. Rethinking a Shared Sphere*, Leiden 2019. – Vgl. auch oben Kap. I und II.
84 Zitiert aus dem *Dabistān-i Maẕāhib* von Ṣādiq Kiyā, »Nuctaviyan yā Pasikhāniyān«, in: *Iran Kudeh* 13 (1941), S. 1-132, hier S. 19. Vgl. Kathryn Babayan, *Mystics, Monarchs, and Messiahs*, Cambridge 2002, S. 62.

85 Vgl. Martin Mulsow, »Der vollkommene Mensch. Zur Prähistorie des Posthumanen«, in: *Deutsche Zeitschrift für Philosophie* 5 (2003), S. 739-760.
86 Helbig, *Epistola intimorum jussu Amicorum ad Fraternitatem Rosae Crucis exarata* (datiert auf den 19.11.1680), mit der Paginierung S. 82-87 zuweilen angehängt an: *Introitus* (Anm. 40), aber auch (in einem Sammelband der Stadtbibliothek Lyon, den ich benutze) an: *Unversehenes Praecipitatum dess ost-indischen Mercurii: oder aller irrgehenden Philosophen, und des Goldmachenden-Steins begierigen Alchymisten plötzlicher Tod*, s. l. 1681. Vgl. Keller, *The Centre of Nature. Baron Otto von Hellwig* (Anm. 28). Zu den Rosenkreuzern vgl. Roland Edighoffer, *Die Rosenkreuzer*, München 1995; Carlos Gilly, »Die Rosenkreuzer als europäisches Phänomen im 17. Jahrhundert und die verschlungenen Pfade der Forschung«, in: *Rosenkreuz als europäisches Phänomen im 17. Jahrhundert*, Stuttgart 2002. Etwas veraltet ist Frances A. Yates, *Aufklärung im Zeichen des Rosenkreuzes*, Stuttgart 1975.
87 O. A., »Epistola buccinatoria, qua inaudita conjuratio adeptorum in chemia philosophorum, ab iisdem condita, & prodita, universis per Europam curiosis fideliter indicatur, & dicatur. Huic accedit polygraphia hermetica, sive steganographia universalis«, [Breslau/Brieg] 1680. Erschienen als eigenständiger Anhang zu: *Miscellanea curiosa, sive ephemeridum medico-physicarum Germanicarum academiae naturae curiosorum*, Annus 9 und 10 (Jahrgänge 1678-79).
88 Ole Borch (Olaus Borrichius), *Hermetis, Ægyptiorum, et Chemicorum sapientia ab Hermanni Conringii animadversionibus Vindicata*, Kopenhagen 1674. Zu Borch vgl. Børge Riis Larsen, *Ole Borch (1626-1690). En dansk renæssancekemiker*, Fredensborg 2006. Vgl. *Epistola buccinatoria* (Anm. 87), S. 4f.: »Praestiterunt id sane fideliter in ipsa etiam, qua de nunc agimus, Chemia; cujus arcana singularia, et exactissimos eorundem tractandorum Processus, tot, tamque luculentis, in Chaldaea primum et Aegypto, tradidere monumentis, ut ea, si non a vulgo (quod sane consultissimum erat) a viris certe ingeniosis, et in Magno hoc Mundi volumine, Dei opera scrutantibus, plene capi, et in opus absque periculis erranti, deduci potuerint.«
89 *Epistola buccinatoria* (Anm. 87), S. 6: »Hac vero ratione quid aliud a vobis, o invidia capita! actum est, nisi ut Virginem illam Porphy-

rogenitam, VERITATEM, inquam, et SAPIENTIAM, a supremo Numine omnium cultui, et amoribus expositam, iniquo et infami raptu privatae vestrae lubidini addiceretis, *regiam* ejus adeundae *viam*, tot fraudibus ac technis occupando, ejusque vestigia confundendo, ut a nobis, nostrique similibus, eodemque vobiscum jure gaudentibus, nec minori flagrantibus amore Sapientiae, nullatenus inveniri, vel certe, nonnisi improbo aliquot aetatum labore, valeat.« Zur Kryptographie in dieser Zeit vgl. Anne-Simone Rous und Martin Mulsow: *Geheime Post. Kryptologie und Steganographie der diplomatischen Korrespondenz europäischer Höfe während der Frühen Neuzeit*, Berlin 2015.

90 Ebd., S. 9: »[...] missa conquisitorum undique Authorum invicem collatione, quos Hermetica mysteria majori candore tradidisse judicavimus: denique facessere jussis Manu-scriptis Processibus, quorum ingens farrago privatos inter parietes invenitur, et eorum discrimen inter genuinos (puta quoad materiam, et huic convenientem operandi modum) ac spurios et sophisticos, agnoscere nobis difficile non est [...].«

91 Vgl. ebd. S. 10.

92 Joannis de Monte Hermetis, *Explicatio centri in trigono centri per somnium, das ist: Erläuterung dess hermetischen güldenen Fluss*, Ulm 1680.

93 *Epistola intimorum jussu Amicorum* (Anm. 86), S. 83: »Vos Fratres Rosae Crucis, si estis in mundo, et tales, quales haberi vultis, per Deum objuro et oro vivum, ut amicis meis, mihique ad sequentes quaestiones candide et amice respondere libeatis.«

94 Keller, *The Centre of Nature* (Anm. 28).

95 Chrysantus Leonagnus, Cosmus Saturnatus, *Magnum Interest Totius Reip. Hermeticae, Sive Epistola II. Buccinatoria Ad Clarissimos Viros, Joan. Otton. Helbigium, M. D. Joan. de Monte Hermetis anonymum, ac caeteros magnates Hermeticos, data a Duumviris Hermeticis Federatis: qua respondetur XII quaestionibus Helbigianis, interpellatur Hermes a Monte, cum toto Senatu Hermetico, ut mature despiciant, qui Reipublicae Hermeticae intersit*, Danzig 1681; *Tubicinium Convivale Hermeticum sive epistola III. buccinatoria; qua duumviri hermetici federati curiosos omnes ad sui federis societatem in eaque ad epulas hermeticas ac sophici lapidis Bellaria [...]*, Danzig 1682. Dann von Helbig, *Judicium de Duumviris Hermeticis Foederatis, et horum Epistola buccinatoria secunda*

Amico, tale petenti per Epistolam responsoriam communicatum, debitoque in bonum publicum amore nunc editum, Amsterdam 1683. Als Antwort: *Federatorum Hermeticorum Amica Responsio ad nuperam Epistolam Anonymi Adepti Scientiae, & Artis Hermeticae*, Danzig 1684. [Wilhelm von Schröder], *Nothwendiger Unterricht vom Goldmachen denen Buccinatoribus oder so sich selbst nennenden Foederatis Hermeticis auf ihre drey Episteln zur freundlichen Nachricht*, Leipzig 1684. Schließlich: S. A. von L., *Chrysopoeiae magister a schola sua minervali donatus*, Grüneburg 1685. Zu vergleichen ist auch Helbigs Korrespondenz aus dieser Zeit, die im Staatsarchiv Gotha aufbewahrt wird: E XI Nr. 73 d. Vgl. Oliver Humberg, *Der alchemistische Nachlaß Friedrichs I. von Sachsen-Gotha-Altenburg*, Elberfeld 2005, S. 18.

96 Vgl. etwa die *Federatorum Hermeticorum Amica Responsio ad nuperam Epistolam Anonymi* (Anm. 95), S. 5f: »Primum igitur dissimulare possemus ea omnia, quae in Epistola Tua pag. 18 nervose producis contra id, quod a nobis Materia veterum Hermeticorum appellata fuerit LIMUS UNIVERSALIS, et aliquot Authorum testimoniis ornata; quandoquidem res ipsa loquitur, vocem illam LIMUS, non vulgari, ac proprio, sed Philosophico sensu capiendum esse. Quis enim credat, Materiam Hermeticam, inter prima habitam Arcana, et quam nemo Sophorum proprio unquam nomine appellavit, a nobis eo loco nominatam, et evulgatam esse?«

97 Ich danke Yahya Kouroshi für diese Information. Vgl. auch die Auskunft von Reza Kouhkan, dem ich herzlich danke: »›Tessa‹ peut être ›teezaab, آب + تیز‹. Et si cela est vrai; et si vous voulez toujours penser à une origine persane, il faut réfléchir sur différentes questions: parmi eux, celle de la possibilité étymologique. Je crois, étymologiquement parlant, c'est possible. Toutefois, je pense plutôt à une transmission orale qu'écrite, ce qui implique cette supposition que Johann Otto von Hellwig y avait des rencontres directes avec des alchimistes persanophones. Dans plusieurs provinces de l'Iran, on prononce ›teezaab, تیزآب‹, même aujourd'hui, comme ›tez+ aw→tezaw‹. Et notre alchimiste allemand aurait compris ce mot comme *tessaw* ou tout court, comme *tessa*.«

98 Benjamin Schmidt, *Inventing Exoticism. Geography, Globalism, and Europe's Early Modern World*, Philadelphia 2015.

99 Helbig, *Arcana majora* (Anm. 53), Titelseite: »aus weltberühmter Männer Manuscriptis und Correspondentzen / auch eigener Erfah-

rung / mit Fleiß colligiret / auch mit unterschiedenen schönen raren Experimenten / Observationen und Animadversionen vermehret«.

100 »Generale Carga, oste ladinge van ses Oost-Indische Retour-Schepen Ao. 1680«. Abb. aus Gaastra, *De geschiedenis van de VOC* (Anm. 17), S. 131. Zu den Kargos auf Schiffen von und nach Batavia im 18. Jahrhundert vgl. Johann Spinter Stavorinus, *Reise nach dem Vorgebürge der guten Hoffnung, Java und Bengalen in den Jahren 1768 bis 1771*, Berlin 1796, S. 152. Zum Handel allgemein vgl. Maxine Berg (Hg.), *Goods from the East. 1600-1800. Trading Eurasia*, Basingstoke 2015.

101 David Cressy, *Saltpeter. The Mother of Gunpowder*, Oxford 2013; Alan Williams, *The production of saltpeter in the Middle Ages* (Anm. 59); Tonio Andrade, *The Gunpowder Age. China, Military Innovation, and the Rise of the West in World History*, Princeton 2016; Kenneth Chase, *Firearms. A Global History to 1700*, Cambridge 2003.

102 Die folgenden Passagen bedienen sich zum Teil aus meinem Aufsatz: »Informalität am Rande des Hofes. Anwesenheitskommunikation unter Gothaer Gelehrten um 1700«, in: *Daphnis. Zeitschrift für Mittlere Deutsche Literatur und Kultur der Frühen Neuzeit* 42/2 (2013), S. 595-616. Zur Alchemie in Gotha vgl. weiter Martin Mulsow, »Philalethes in Deutschland. Alchemische Experimente am Gothaer Hof 1679-1683«, in: Stefan Laube, Petra Feuerstein-Herz (Hg.), *Goldenes Wissen. Die Alchemie – Substanzen, Synthesen, Symbolik*, Wolfenbüttel 2014, S. 139-154.

103 Friedrich I. von Sachsen-Gotha-Altenburg, *Tagebücher von 1667-1677*, hg. von Roswitha Jacobsen, Juliane Brandsch (Hg.), 3 Bde., Weimar 1998-2003; hier Bd. 2, S. 309f.

104 ThStA Gotha, Geheimes Archiv E XI Nr. 99: *Geheimes Handbüchlein* [1684-1685]; vgl. Humberg, *Der alchemistische Nachlaß* (Anm. 95), S. 38.

105 *Geheimes Handbüchlein* (Anm. 104), fol. 45v-47v: »Tincturae universae praeparationis descriptio. Ex Regno animali secundum principii Helbigii. 1. Pp. Die bewußte Materiam und tauche sie in einen großen Recipienten bey ziemblicher quantität, lass es bey 3 oder 4 tagen stehen, gieße nachmahls das lautere davon in ein oder 2 besonders darzu bestimmter Kolben, als du vermeinest der materia [zu]viehl zu haben, das residuum oder Dicke thu

weg. 2. Thue einen Helm auf den Kolben und ziehe die Feuchtigkeit [Kaliumkarbonat?] infirmo [schwach] ab, so wird ein [sal] oder anfangs eine fette Feuchte herübergehen, welche auch zu behalten, dann muß im gleichen firmo [kräftig] das mittlere [Wasser] auch abgedistiliret werden. Und im Grunde wird gleicher gestalt eine weiße Materia zurückbleiben. 3. Nun nimb diese beyde salia oder die erste fette Feuchte und das sal fundi [das Salz, das sich am Boden abgesetzt hat] zusammem, so wird's mitteinander und endlich an der Lufft zu einem truckne dieser weißen pulver werden. Und so hast die veram Tessam. 4. Man lasse die Tessa sublimiren in arena [Sand oder Schaufläche]. So kombt abermahls hervor das sal volatile, gantz schön weiß, und von keinerley Menstruo zerlößlich, und das sal fixum bleibet in fundo, welche beyde wider apart zu behalten, dann gieße 5. Auff das Sal fixum das vorige abgedestillirte Wasser, setze es in arenam [Sand oder Schaufläche], und lasse es vier Stunden gelinde digeriren, dann solls filtriret und sein sal inspissiret [ausgetrocknet] werden. 6. Hierauff wird dieses Sal fixum mitt dem vorigen Sal volatile wieder vermischet werden, damit die sich zusammen ergenzen und zu einem pulver werden. 7. Nach dem sublimirt man es nochmahls separirt, die beyden salia hinter(?) einander. 8. Das Sal fixum solviret man in aqua pluviale nostra, läßt es coaguliren, und dann wird es mitt dem separirten Sal volatile zusammen gesetzet. 9. Alle dieses thun mitt sublimiren, separiren, solviren und repungiren 3 bis 4 mal, so hastu die sal naturae regeneratum. Und kann mann, wenn es NB NB zur Kälte durch öftere wiederholte Arbeit gebracht, und schon darmitt tragiren i. q. 47 [Blei] in purirtem Gold. Will aber den Lapidem Philosophicum amentem haben, so muss man 1. die Tessam sublimiren, damit man das Sal volatile aparte habe; auch die darbey sich befindende humidität apart, und das sal fixum auch apart behalten 2. die salia wie bekannt gereiniget, dann die propria humiditas zugemischet, tag und nach digerirt 3. Und endlich mitt guthem [Feuer] die destillation verrenstet werde. So ist der [Mercurius] currens fertig. NB die praeparation in diesem werck beym salis volatilis 2 theil, Humiditatis mediae, sivae biguionis, 2 theil, salis fixi, ½ theil. NB NB NB 1. Nun folgt die praeparatio des lapidis ex [mercurio] et [auro] 1. Praeparatio [auris] communi, ut nostrum fiat Pp. [aurum] commune, in foliis, Adde tan tandem Tassa, aut quod melius videt, salis volatilis. agite in menstruo ad dissolutionem, vide Phisic. Helbigi p. 34.35. 2. Coniunctio [mercurii] cum [auro]. Praeparatio des [auri] ut [mercurius] nach Philalethem afert in pondere et modo biß auff das rothe Elixir, hernach mit [aurum] fermentiret, und als lapidem gearbeitet. FINIS. Deo sit Laus et Gloria Amen.« In der angesprochenen Passage von Helbigs *Physica inaudita* (Anm. 40) heißt es S. 34f.: »Sal, Naturae primogenitus, Magnetis custodiae subductus, purificatus, et alii subjecto applicatus, per motus calorem excitatur, et fit iterum agens, videlicet transmutatae aquae (e. g. metalla, mineralia, quae aqua motu transformata sunt, solvit) partem ignobiliorem, crudam, et crassam, claustrum Salis sibi similis, aperit, ingreditur atque juvat, ut granum illud essentiae perfectum majorem in reliquum habeat autoritatem. V. g. Aurum operante Sale hoc, ut Menstruo, radicaliter solutum, per hujus et propriae essentiae suae (quae idem sal est) virtutem, motu caloris externi excitatam, nobiliatur, tantoque exaltatur gradu, ut, communi in terra cruda maturatione superata, semen edat, quod minoribus et minus maturis metallis insertum, ea illuminatione ad auri vulgaris excellentiam provehit. Et hoc sale universale est Menstruum, aqua Naturae centraliter coagulata, Vitriolum Microcosmi, Mercurius Philosophorum, quem tam multa hominum milla propter foecunditatem anxie quaesiverunt.«

106 *Vis aliena tessae, sive epistolium responsorium hermetice commentans et explicans eadem in scripto Helbigiano. Introitus in veram et inaud. physicam contenta verba*, s.l. 1680. Helbigs Antwort: *J. O. Helbigii Epistola ad praecedentis libelli, qui intitulatus est, Vis Aliena Tessae, Autorem, Dn. W.F.I. Con. B.* Beide kleinen Schriften sind wiederabgedruckt in Matthias Scheffer, *D. Joh. Othonis Helbigii Introitus in veram et inauditam physicam defensus*, Frankfurt 1680, S. 49-65 und S. 66-79, sowie in der Heidelberger Ausgabe von Helbigs *Introitus* von 1680. Der anonyme Verfasser gibt sich am Ende als Autor des Werkes *Candida Phoenix philosophica oder Beschreibung der materiae lapidis und des mercurii philosophorum, durch die Gleich- und Geheimnuß des Regenwaßers*, Frankfurt 1680, zu erkennen. Die Identität dieses Autors ist freilich noch nicht geklärt.

107 *Vis aliena tessae*, in: Scheffer, *D. Joh. Othonis Helbigii Introitus* (Anm. 106), S. 56f.: »Pro primo, P.H.G.D.M.O. vir doctus et multarum linguarum praesertim orientalium peritia insignis,

mea ex parte rogatus, vocabulum TESSA! Arabice significare *occultavit*, respondit: Et sane nec quicquam aliud significare poterit, quam summum Arcanum, sive illud principium Philosophicum, de quo jam supra: quod etiam mas, Sol, Oleum &c. vocatur.«
108 Vgl. allgemein Alisha Rankin (Hg.), *Secrets and Knowledge in Medicine and Science. 1500-1800*, London 2011.
109 Zu Christoph Helbig vgl. Strein, *Wissenstransfer* (Anm. 28).
110 Christian Franz Paullini, *Heilsame Dreck-Apotheke. Wie nemlich mit Koth und Urin Fast alle/ja auch die schwerste/gifftige Kranckheiten/und bezauberte Schaden/vom Haupt biß zun Füssen inn- und äusserlich glücklich curirt worden*, Frankfurt 1696. Zu Paullini vgl. Anne-Christin Lux, »Die Dreckapotheke des Christian Franz Paullini«, in: Rainer Alsheimer, Roland Weibezahn (Hg.), *Körperlichkeit und Kultur 2004 – Interdisziplinäre Medikalkulturforschung*, Bremen 2005, S. 41-66.

Kapitel V
Leibniz' chinesische Bücher

1 Ouyang Xiu, »Jigu lu mu xu«, in: Li Yi'an (Hg.), *Ouyang Xiu quanji*, Bd. 2, S. 600; nach Sena, *Bronze and Stone* (unten Anm. 99), S. 31. Die Passage stammt von einem Vorwort Ouyangs zu einem Inventar seiner Sammlung von alten Objekten und Inschriften. – Für Korrekturen in diesem Kapitel danke ich Iwo Amelung.
2 Niedersächsisches Landesarchiv Hannover (früher: HStA Hannover), Hann. 93, Nr. 182 (Altsignatur: Hann. 93, 6, Nr. 5, Bd. 7), Bl. 37-78. Bei den Zitaten ist die Blattangabe in Klammern angefügt. Die Numerierung ist nicht durchgängig, sondern setzt in den einzelnen Räumen jeweils neu ein. Das Inventar ist in der Anlage am 28. November 1716 angelegt worden (einzelne Einträge sind später). Drei Sinica-Betreffe finden sich dort: »33) Ein Sinesisch Buch von Sinesischen Caracteren und figuren. in quart.« (45r) »152) 28 Stück Arabisch- und Türckische Bücher. Jn dem letzten großen Folianten liegt ein Chinesisch und Malabarisch manuscript, das letzter[e] ist auff Palm Blättern.« (73v) »1) Sechs zehen Tomi Chinesischer Sachen, in einem convolut zusammen gebunden. in quart.« (75r) Ich danke Stephan Waldhoff für die Information. Natürlich sind auch der erste und zweite der drei Einträge

von Interesse, aber wie wir noch sehen werden, hat vor allem das Konvolut des dritten Eintrags eine Rolle gespielt.
3 Vgl. den Brief von Leibniz an Jean de Fontaney SJ vom 19.2.1706, in: *Leibniz. Der Briefwechsel mit den Jesuiten in China (1689-1714)*, hg. von Rita Widmaier, Textherstellung und Übersetzung von Malte-Ludolf Babin, Hamburg 2006, S. 520-523; Leibniz an Joachim Bouvet SJ, Juni (?) 1706, in: ebd., S. 528-537, bes. S. 528. Vgl. dazu Wenchao Li, »Leibniz und das europäische Interesse an chinesischer Sprache und Schrift«, in: ders. (Hg.), *Einheit der Vernunft und Vielfalt der Sprachen. Beiträge zu Leibniz' Sprachforschung und Zeichentheorie*, Stuttgart 2014, S. 219-245, bes. S. 245 f. Zu Leibniz' Kontaktaufnahme mit den Jesuiten vgl. Michael C. Carhart, *Leibniz Discovers Asia. Social Networking in the Republic of Letters*, Baltimore 2019.
4 Geoffrey Gunn, *First Globalization. The Eurasian Exchange, 1500-1800*, Lanham 2003. Alfred W. Crosby Jr., *The Columbian Exchange. Biological and Cultural Consequences of 1492*, Westport 1972. Vgl. auch Charles C. Mann, *1493. Uncovering the New World Columbus Created*, New York 2011.
5 Pamela Crossley, *What is Global History?*, Cambridge 2007, S. 4.
6 In jüngster Zeit hat die Leibniz-Forschung dieses Problem erkannt und eine Reihe kluger Beobachtungen in dieser Hinsicht erarbeitet. Vgl. Nora Gädeke, »Einführung – ›und werden sich eine Menge von gelehrten Geheimnissen unter seinen Sachen finden‹. Zur Frühzeit der Leibniz-Rezeption und ihrer Quellenbasis«, in: dies., Wenchao Li (Hg.), *Leibniz in Latenz. Überlieferungsbildung als Rezeption (1716-1740)*, Stuttgart 2017, S. 9-31; dies., »Edition im Netzwerk – Christian Kortholts Godefridi Guil. Leibnitii Epistolae ad diversos und die Sammlung seines Vaters Sebastian Kortholt«, in: ebd., S. 135-162; Carhart, *Leibniz Discovers Asia* (Anm. 3); Stephan Waldhoff, »Leibniz' Korrespondenz im Kontext seiner Arbeit am Opus historicum. Überlegungen zu ihrer netzwerkanalytischen Erforschung«, in: Enrico Pasini u. a. (Hg.), *Subnetzwerke in Leibniz' Korrespondenz* (im Erscheinen).
7 Zu Cuper vgl. Bianca Chen, »Digging for Antiquities with Diplomats. Gisbert Cuper (1644-1716) and his Social Capital«, in: *Republic of Letters* 1 (2008), Nr. 1 (online); Harold Cook, *Assessing the Truth. Correspondence and Information at the End of*

the Golden Age, Leiden 2013; Martin Mulsow, *Fremdprägung. Münzwissen in Zeiten der Globalisierung*, erscheint Berlin 2023.
8 Martin Mulsow, *Die drei Ringe. Toleranz und clandestine Gelehrsamkeit bei Mathurin Veyssière La Croze (1661-1739)*, Tübingen 2001. Zu La Crozes Sprachforschung vgl. Malte-Ludolf Babin, »Armenisch, Albanisch, Hokkien. Zum sprachwissenschaftlichen Teil von Leibniz' Korrespondenz mit Mathurin Veyssière de la Croze (1704-1716)«, in: Wenchao Li (Hg.), *Einheit der Vernunft und Vielfalt der Sprachen. Beiträge zu Leibniz' Sprachforschung und Zeichentheorie*, Stuttgart 2014, S. 207-218.
9 Vgl. Dieter Henrich, *Konstellationen. Probleme und Debatten am Ursprung der idealistischen Philosophie (1789-1795)*, Stuttgart 1991; Martin Mulsow, »Zum Methodenprofil der Konstellationsforschung«, in: ders., Marcelo Stamm (Hg.), *Konstellationsforschung*, Frankfurt 2005, S. 74-97.
10 Zu Witsen vgl. Marion Peters, *De wijze Koopman. Het wereldwijde onderzoek van Nicolaes Witsen (1641-1717)*, Amsterdam 2010; Bruno Naarden u. a. (Hg.), *The Fascination with Inner Eurasian Languages in the 17th Century. The Amsterdam Mayor Nicolaas Witsen and his Collection of ›Tartarian‹ Vocabularies and Scripts*, Amsterdam 2018. Vgl. allgemein auch Siegfried Huigen u. a. (Hg.), *The Dutch Trading Companies as Knowledge Networks*, Leiden 2010.
11 Zu Reland vgl. Alastair Hamilton, »Adrianus Reland (1676-1718). Outstanding Orientalist«, in: *Zes keer zestig. 360 jaar universitaire geschiedenis in zes biografieën*, Utrecht 1996, S. 22-31. Vgl. jetzt auch das großangelegte Werk von Tobias Winnerling, *Das Entschwinden der Erinnerung. Vergessen-Werden im akademischen Metier zwischen 18. und 20. Jahrhundert*, Göttingen 2021.
12 Zu Jean-Paul Bignon vgl. Jack A. Clarke, »Abbe Jean-Paul Bignon ›Moderator of the Academies‹ and Royal Librarian«, in: *French Historical Studies* 8 (1973), S. 213-235. Zu Galland vgl. Mohamed Abdel-Halim, *Antoine Galland. Sa vie et son œuvre*, Paris 1964; Nicholas Dew, *Orientalism in Louis XIV's France*, Oxford 2009, passim; Alexander Bevilaqua, *The Republic of Arabic Letters. Islam and the Enlightenment*, Cambridge 2018, S. 23-29 und passim.
13 Ursula Goldenbaum, »Eine frühe Rezeption von Leibniz' Dynamik oder Was wir von der Korrespondenz zwischen Louis Bour-

guet und Jacob Hermann lernen können«, in: Gädeke (Hg.), *Leibniz in Latenz* (Anm. 6), S. 223-253.

14 Martin Mulsow, »Johann Christoph Wolf (1683-1739) und die Geschichte der verbotenen Bücher in Hamburg«, in: Johann Anselm Steiger (Hg.), *500 Jahre Theologie in Hamburg. Hamburg als Zentrum christlicher Theologie und Kultur zwischen Tradition und Zukunft*, Berlin 2005, S. 81-112; ders., *Prekäres Wissen. Eine andere Ideengeschichte der Frühen Neuzeit*, Berlin 2012, S. 367-398.

15 Zu Otto Sperling (d. J.) vgl. Elisabet Göransson, »Letters, Learning and Learned Ladies. An Analysis of Otto Sperling, Jr's (1634-1715) Correspondence with Scandinavian Women«, in: Toon van Houdt u. a. (Hg.), *Self-Presentation and Social Identification*, Leuven 2002, S. 199-226; Anne Kromann und Joergen Steen Jensen, »Der dänische Gelehrte Otto Sperling (1634-1715) als Numismatiker und die Numismatik in Kopenhagen in der zweiten Hälfte des 17. Jahrhunderts«, in: Peter Berghaus (Hg.), *Numismatische Literatur 1500-1864*, Wiesbaden 1995, S. 71-82; Mulsow, *Fremdprägung* (Anm. 7).

16 Zur Korrespondenzanalyse über Netzwerke vgl. etwa Martin Stuber u. a. (Hg.), *Hallers Netz. Ein europäischer Gelehrtenbriefwechsel zur Zeit der Aufklärung*, Basel 2005.

17 Für die Jahre 1707/8 hat dies auch schon mein Doktorand Robert Heindl vorgeführt: »Antiquarianismus in einer Konstellation um Leibniz, Cuper und La Croze«, in: Wenchao Li (Hg.), *»Für unser Glück und das Glück anderer«. Vorträge des X. Internationalen Leibniz-Kongresses*, Hildesheim 2016, Bd. V, S. 491-508; ders., *Antiquarisches Wissen im Werden. Eine Konstellation um Leibniz im frühen 18. Jahrhundert*, Diss. Erfurt 2018.

18 La Croze an Cuper, 26.10.1711, Kgl. Bibl. Den Haag, 72 H 19, fol. 15r: »Vous m'avez envoié un monument incomparable. Plus je le vois & plus je suis rempli d'admiration.«

19 Cuper an La Croze, undatiert (Frühjahr/Sommer 1711?), in: Gisbert Cuper, *Lettres de critique, d'histoire, de littérature etc. écrites á divers savans de l' Europe*, Amsterdam 1755 (Erstdruck 1742), S. 130: »L'on a envoyé à Mr. Witzen des Caracteres, trouvez au milieu de la Tatarie, et taillez dans des Rochers. Mr. Réland les a vûs; mais il ne les peut déchiffrer; j'ai prié cet illustre Magistrat de me les vouloir faire tenir, et ils seront incontinent à votre service; j'èspere que vous nous les expliquerez, puisque vous entendez ces matiéres;

il y a peut-être de telles écritures parmi les manuscrits de la Bibliothèque du Roi à Berlin; et je me souviens d'avoir lu dans un des Journaux, que vous publierez un Dictionnaire Arménien Espagnol, qui y est fort loüe.«

20 Vgl. Robert K. Massie, *Peter der Große. Sein Leben und seine Zeit*, Königstein 1982.
21 Vgl. Nicolaas Witsen, *Aeloude en Hedendaegsche Scheeps-bouw en Bestier*, Amsterdam 1671.
22 *Kaart van Tartarije*, Amsterdam 1687. Vgl. Bruno Naarden, *Nicolaas Witsen en Tartarye* (Online-Publikation im Rahmen einer digitalen Edition von Witsens Sibirienbuch: ⟨https://pure.knaw.nl/portal/en/publications/witsens-noord-en-oost-tartarye⟩ [Letzter Zugriff: 22.3.2022].
23 Nicolaas Witsen, *Noord en Oost Tartarye, ofte bondig ontwerp van eenige dier landen en volken, welke voormaels bekent zijn geweest. Beneffens verscheide de tot noch toe onbekende, en meest nooit voorheer [ó.] beschreve Tartersche en nabuurige gewesten, landstreeken, steden, rivieren, en plaetzen, in de noorder en oosterlykste gedeelten van Asia en Europa [...]*, Amsterdam 1692; 2. Aufl. 1705.
24 Vgl. В. Н. Чернецов [Valerij N. Chernetsov], *Наскальные'изображения Урала*, Bd. 1, Moskau 1964; Bd. 2, Moskau 1971; allgemein ders., *Prehistory of Western Siberia*, Montreal 1975; Д.К. Дубровский / В.Ю. Грачев, *Уральские писаницы в мировом наскальном искусстве*, Jekaterinburg 2011. Die Felsbilder werden heute auf etwa 5000-3000 v. Chr. datiert. Chernetsov schlägt aufgrund von Ähnlichkeiten zwischen den Petroglyphen und verschiedenen traditionellen Bildern der Mansen, einem finno-ugrischen Volk nordöstlich des Urals, vor, daß zumindest die späteren Petroglyphen mit den Vorfahren der Mansen in Verbindung gebracht werden sollten. Die Felsbilder, meint er, hätten eine Art Kalenderfunktion gehabt, die auf den Jahreszeiten basiert – aufgrund der Ausrichtung, in der sie aufgestellt wurden, des Vorhandenseins von Symbolen, die den Himmel und die Sonne darstellen, und spezifischer Parallelen zu den jahreszeitlichen Riten der ugrischen Einwohner entlang des Ob.
25 Witsen, *Noord en Oost Tartarye* (Anm. 23), nahe W759. Vgl. Naarden, *Nicolaas Witsen* (Anm. 22); S. 49-52.
26 Johan F. Gebhard, *Het leven van Mr. Nicolaes Cornelisz. Witsen*,

Utrecht 1881, Bd. II, S. 349f., 354, 359 und 369. Vgl. Bruno Naarden, »Witsen's Studies of Inner Eurasia«, in: Huigen u. a. (Hg.), *Dutch Trading Companies as Knowledge-Networks* (Anm. 10), S. 211-240. Die Originale der Bilder befinden sich in der Witsen-Cuper-Korrespondenz in der Universitätsbibliothek Amsterdam, Cat.nr. Bf. 55 c 1-4.

27 Vgl. Д.К. Дубровский / В.Ю. Грачев, *Уральские писаницы* (Anm. 24). Vgl. auch Miroslav Kšica, »Felsbilder in der Sowjetunion II: Der europäische Teil der UdSSR einschließlich Kaukasus und Ural«, in: *Anthropologie* 10 (1972), S. 67-76. Zur sibirischen Kultur im Spätneolithikum und in der Bronzezeit vgl. auch Hermann Parzinger, *Die Kinder des Prometheus. Eine Geschichte der Menschheit vor der Erfindung der Schrift*, München 2014, S. 403-424.

28 Cuper an La Croze, 26. 4. 1711, in: Cuper, *Lettres* (Anm. 19), S. 94: »Il y a à Utrecht un François fort curieux, et qui a un beau cabinet, il croit que ce sont des Caracteres Chinois, qui ne signifient autre chose que les prémiers élémens de l'écriture, dont on se sert dans la Chine, qu'on y avoit mis en usage dans le commencement de cette Monarchie.«

29 Vergil, *Ekloge* 8,108. Im Original heißt der Wortlaut »Credimus? An qui amant, ipsi sibi somnia fingunt?«

30 Cuper an La Croze, 26. 4. 1711, in: Cuper, *Lettres* (Anm. 19), S. 94, »Est-ce qu'il ne pourroit pas être vrait, Credimus aut qui amant ipsi sibi somnia fingunt? […] Pour revenir aux Caracteres Siberiens, je vous pries de vouloir me mander, si l'on en trouve de tels parmi ceux des Chinois; car si cela étoit ainsi, la conjecture que je tire de ce Monogramme seroit bien foible.«

31 La Croze an Cuper, 30. 7. 1711, Kgl. Bibl. Den Haag, 72 H 19, fol. 13b: »Je croirois plustot que c'est la lettre chinoise Tien qui signifie Dieu, ou le Ciel, et qui s'ecrit ordinairement ainsi天.«

32 Vgl. David E. Mungello, *The Great Encounter of China and the West. 1500-1800*, Lanham 2009, S. 28-32; Yu Liu, »Adapting Catholicism to Confucianism. Matteo Ricci's Tianzhu Shiyi«, in: *The European Legacy* 19 (2014), S. 43-59.

33 Entweder ist der Brief Cupers nicht erhalten, oder die Zeichnungen kamen direkt von Witsen.

34 Vgl. etwa Cuper an La Croze, 4. 12. 1708, über einen chinesischen Spiegel, in: Cuper, *Lettres* (Anm. 19), S. 18-21; vgl. auch Heindl, *Antiquarisches Wissen* (Anm. 17).

35 Vgl. Willemijn van Noord, Thijs Weststeijn, »The Global Trajectory of Nicolaas Witsen's Chinese Mirror«, in: *The Rijksmuseum Bulletin* 63/4 (2015), S. 324-361.
36 Zu Chinesen in Westsibirien ist archäologisch heute nichts bekannt. Nur weiter östlich finden sich chinesische Artefakte, etwa bei den skythischen Arschan-Kurganen in Tuwa, wo man Bronzegefäße der Westlichen Zhou-Dynastie findet, oder bei späten Skythen des 4./3. Jh. im Altai-Gebirge. Vgl. Hermann Parzinger, *Die frühen Völker Eurasiens. Vom Neolithikum bis zum Mittelalter*, München 2006; Eva-Maria Stolberg (Hg.), *Sibirische Völker. Transkulturelle Beziehungen und Identitäten in Nordasien*, Münster 2007. Immerhin aber ist die grundsätzliche Vorstellung einer Ost-West-Migration von eurasischen Völkern und deren Wissen während der Bronzezeit nicht falsch. Gerade in den letzten Jahrzehnten blüht die Forschung zur frühen eurasischen Verflechtung auf. Vgl. nur Jack Goody, *The Eurasian Miracle*, Cambridge 2010; für die Zeit ab ca. 400 n. Chr. vgl. Pamela H. Smith (Hg.), *Entangled Intineraries. Materials, Practices, and Knowledges across Eurasia*, Pittsburgh 2019.
37 La Croze an Leibniz, 16.10.1711. Ich benutze dankbar die vom Leibniz-Archiv ins Netz gestellten, noch nicht endgültig edierten und autorisierten Transkriptionen: hier *Transkriptionen 1711*, Nr. 214: »Ce sont de vrais Hieroglyphiques Chinois, et à mon sens une des plus curieuses chose que j'aie jamais vuës. Le Nom de N. S. Jesus Christ s'y trouve, et il y est appellé Createur du Ciel et de la Terre. Voici les lettres reduites en petit; car elles sont de la grandeur que je marque ici à la marge, par la distance qui est entre ce crochet et celui qui est au haut de la page.«
38 Vgl. Franklin Perkins, *Leibniz and China. A Commerce of Light*, Cambridge 2007. Zur Debatte um die chinesischen Schriftzeichen vgl. David Porter, *Ideographia. The Chinese Cipher in Early Modern Europe*, Stanford 2001.
39 La Croze an Leibniz, 16.10.1711, in: *Transkriptionen 1711* (Anm. 37), Nr. 214: »Je crois que Mr. Cuper m'a mandé que c'étoit une Inscription sepulcrale, cela ne peut pas étre: C'est assurement le frontispice d'un temple Chrêtien. Cette piece m'rempli d'admiration, et je n'aurai point de repos que je ne l'aie toute dechiffrée.«
40 La Croze an Cuper, 26.10.1711, Kgl. Bibl. Den Haag, 72 H 19, fol.

15c: »Jesu Christo Dei Filio Templum Sigillo Regio munitum Creatori Totius naturae (dub. Deo hominique).« Später korrigiert Cuper die Reihenfolge der Figuren.
41 Athanasius Kircher, *Oedipus Aegyptiacus*, 3 Bde., Rom 1652-54. Vgl. Daniel Stolzenberg, *Egyptian Oedipus. Athanasius Kircher and the Secrets of Antiquity*, Chicago 2013. Zu Kircher und China vgl. auch Baleslaw Szczesniak, »Athanasius Kircher's China Illustrata«, in: *Osiris* 10 (1952), S. 385-411.
42 Vgl. Anm. 52 zu Kirchers Abbildungen früher chinesischer Schriftzeichen.
43 Cuper an Leibniz, 12. 12. 1711, in: *Transkriptionen 1711* (Anm. 37), Nr. 250: »Sunt caeteroquin multa ad me missa ex Oriente et aliunde, quae digna sunt, ut a curiosis inspiciantur, et examinentur; accepique Inscriptiones Siberias, quas a Chinensibus saxis horridi illius tractus insculptas fuisse persuasus sum, quamquam gentis illius characteres, quos nobis exhibet Kircherus, nullo modo iisdem similes sint. Misi illos pictos et exscriptos ad LaCrosium nostrum, sed nullas literas ab eo jam inde ab Augusto mense accipio, unde vereor, ut sit mortuus vel certe aegrotus.«
44 Leibniz an Cuper, 30. 12. 1711, in: *Transkriptionen 1711* (Anm. 37), Nr 275: »Crosius noster totus est in solvendo aenigmate illo inscriptionis Siberiensis, et nonnulla jam ope Sinensium characterum explicuisse sibi videtur, quae ingeniosa esse, nec probabilitate carere censeo. Ubi absolverit, haud dubie a Te mittet. Habeo ego missos mihi ex Sina libros, in quibus antiqui quidam Characteres Sinensium explicantur, ut Gruteri Sinensis simile aliquid habere opus videatur. Inde nonnulla Crosius jam non male adhibet.«
45 Leibniz an La Croze, 14. 12. 1711, in: *Transkriptionen 1711* (Anm. 37), Nr. 73: »Je crois avec vous, que les anciens caracteres Chinois etoient Hieroglyphes. Apparement c'estoient au commencement les peintures des choses, mais enfin pour abreger, et pour étendre cette écriture, ils en ont conservé seulement quelques traits des figures, et ils en ont fait des combinaisons pour exprimer les autres choses, dont une bonne partie ne sauroit étre peinte.«
46 Ebd.: »D'où sont venus insensiblement leur presens caracteres. De l'inscription Siberienne il semble, qu'on peut tirer cette consequence, que les caracteres d'alors differoient infinement des modernes. Ce qui feroit croire aisement, que l'inscription Chinoise Chrestienne publiée par le P. Kircher comme ancienne, est supposée.«

47 Athanasius Kircher, *China monumentis qua sacris quà profanis, nec non variis naturæ et artis spectaculis [...] illustrata,* Amsterdam 1667, nach S. 12. Vgl. dazu Timothy Billings, »Jesuit Fish in Chinese Nets. Athanasius Kircher and the Translation of the Nestorian Tablet«, in: *Representations* 87 (2004), S. 1-42; Michael Keevak, *The Story of a Stele: China's Nestorian Monument and its Reception in the West. 1625-1916,* Hong Kong 2008.
48 Leibniz an La Croze, 14.12.1711, in: *Transkriptionen 1711* (Anm. 37), Nr. 73: »A moins de dire qu'une colonie Chinoise dans la Siberie avoit conservé les anciens caracteres Chinois, lors qu'ils étoient déjà changés dans la Chine, ce qui n'est pas possible.«
49 Tatsächlich gibt es ja heute bekannte Zeugnisse von Christen entlang der Seidenstraße, etwa nestorianische sogdische Christen, die Kreuzzeichen hinterlassen haben – auch christliche Felsinschriften. Im Prinzip wäre vorstellbar, daß solche Christen nach Norden in Richtung Ural gewandert wären und dort eine archaische chinesische Kolonie, die sich noch der alten Schriftzeichen bediente, christianisiert hätte. Zu sogdischen Christen vgl. Hans-Joachim Klimkeit, »Beispiele christlicher Kunst an der Seidenstraße«, in: Theo Sundermeier, Volker Küster (Hg.), *Die Bilder und das Wort. Zum Verstehen christlicher Kunst in Afrika und Asien,* Göttingen 1999, S. 49-66.
50 Kircher, *China* (Anm. 47), S. 228-232; ders., *Oedipus Aegyptiacus* (Anm. 41), Bd. III, S. 17-20. Boleslaw Szczesniak, »The Beginnings of Chinese Lexicography in Europe with Particular Reference to the Work of Michael Boym (1612-1659)«, in: *Journal of the American Oriental Society* 67 (1947), S. 160-165. Zu Kircher vgl. Arne Klawitter, »Christologische Schrifthalluzinationen. Athanasius Kircher als Exeget ägyptischer Hieroglyphen und chinesischer Schriftzeichen«, in: *Daphnis* 43 (2015), S. 392-413.
51 Cuper an La Croze, 18.12.1711, in: Cuper, *Lettres* (Anm. 19), S. 104-107.
52 Ebd., S. 105: »[...] votre sagacité m'étonne, et je me trouve obligé de dire, *te non factum sed natum esse ad explicandas ad instar Oedipi res obscurissimas.*«
53 Vgl. Cuper an La Croze, 1.5.1712, in: Cuper, *Lettres* (Anm. 19), S. 107: »Je l'ai [die »remarques très curieuses«] communiqué à illustre Mr. Witzen, qui vous en est avec moi extrêmement obligé [...].«
54 Cuper an La Croze, 18.12.1711, in: Cuper, *Lettres* (Anm. 19),

S. 105: »J'envoyerai votre Lettre à Mr. Witzen, et je le prierai de vouloir s'informer, si l'on ne trouve pas proche de cette Inscription les ruïnes d'un temple ou d'un édifice, puisqu'elle en fait mention; et ce ceroit une grande confirmation de votre explication.«

55 Vgl. Reland an Cuper, zitiert in Cuper an La Croze, 1.5.1712, in: Cuper, *Lettres* (Anm. 19), S. 108: »C. Crosium explicuisse Caracteres in Siberia repertos gaudeo. Ego in Sinicis versatum hominem in patria nostra nullum novi praeter Gallum quendam, Masson nomine, qui in pago non longe hinc, Capelle dicto, aliquot annos exegit, praepositus studiis Nobilis juvenis Belgae, qui illic habitat. Communicavi cum eo, omnia mea Sinica Msta., quae a Martino Martinii et Golio profecta sunt, et saepe illum hortatus sum, ut specimen aliquod Sinicum ederet; quod promisit, sed ultra promissa nihil hactenus ab eo extorquere potui.«

56 Zu Masson vgl. Wenchao Li, »Leibniz, der Chronologie-Streit und die Juden in China«, in: Daniel Cook u. a. (Hg.), *Leibniz und das Judentum*, Stuttgart 2008, S. 183-208.

57 Koos Kuiper, »The Earliest Monument of Dutch Sinological Studies«, in: *Quaerendo* 35 (2005), S. 109-139. Vgl. auch Trude Dijkstra, Thijs Weststeijn, »Constructing Confucius in the Low Countries«, in: *De Zeventiende Eeuw. Cultuur in de Nederlanden in interdisciplinair perspectief* 32 (2017), S. 137-164. Masson hatte die Texte aus dem Nachlaß von Jacob Golius erworben, dem berühmten Arabisten, der sich zunehmend auch für das Chinesische interessiert hatte. Auch Reland selbst hatte einiges aus Golius' Nachlaß übernommen und sich dadurch in seinen Chinesisch-Studien anregen lassen. Zu Golius und China vgl. auch Kap. II.

58 Masson an La Croze, März 1713, *Thesaurus epistolicus Lacrozianus*, hg. von Johann Ludwig Uhl, Leipzig 1742, S. 256f.

59 Vgl. Philippe Masson, »Dissertation critique où l'on tache de faire voir, par quelques exemples l'utilité qu'on peut rétirer de la langue chinoise pour l'intelligence de divers passages difficiles de l'ancien Testament«, in: *Histoire critique de la république des lettres* 2 (1713), S. 96-153; ders., »Dissertation critique su la langue chinoise, où l'on fait voir les divers rapports de cette langue avec l'hebraique«, in: ebd. 3 (1713), S. 29-106 und 4 (1713), S. 85-93.

60 Vgl. Li, »Leibniz, der Chronologie-Streit« (Anm. 56). Zur »culture littéraire« vgl. Anne Goldgar, *Impolite Learning. Conduct and Civility in the Republic of Letters*, New Haven 1995.

61 Cuper an Leibniz, 1.3.1712, in: *Transkriptionen 1712* (Anm. 37), Nr. 76: »La-Crosius mecum communicavit explicationem suam characterum Sinensium, et verisimilia mihi vir egregie doctus effari videtur, Christique monogramma in iis diu ante observaveram, significaveram mihi videri illud interseri.«

62 Leibniz an La Croze, 8.4.1712, in: *Transkriptionen 1712* (Anm. 37), Nr 111: »Absoluto hoc laboro vellem ut se daret studio Characterum Sinicorum, nam praeter caeteram eruditionem in linguis animo comprehendendis, et studio illustrandis inprimis valet.«

63 Cuper an La Croze, 1.5.1712, in: Cuper, *Lettres* (Anm. 19), S. 107f. Vgl. oben Anm. 42. Cuper beklagt sich darüber, daß die Buchstaben zur Bezeichnung der Skizzen nicht in der richtigen Reihenfolge stehen.

64 Vgl. schon zwei Tage vorher den Brief von La Croze an Leibniz vom 26. Juni 1712, in: *Transkriptionen 1712* (Anm. 37), Nr. 184: »Je vous dirai seulement, Monsieur, que je suis comme persuadé que cette langue est la clef des Hieroglyphiques, et que semblable en cela au Chinois c'est une langue philosophique, fait par système où tout signifie, tout est analogique, et où, ce qui est singulier, mais tres veritable, les mots les plus longs se resolvent en lettres qui ont chacune leur signification de sorte qu'une parole simple est en cette langue le resultat de plusiers idées. Cela n'a pas tout-à-fait été inconnu aux anciens, et depuis que j'ai fait la decouverte j'ai trouvé des autoritez pour cela.«

65 La Croze an Cuper, 28.6.1712, Kgl. Bibl. Den Haag, 72 H 19, fol. 18b: »À l'heure qui'il est j'en suis aux Hieroglyphiques, et je cherche une clef universelle de tous les caracteres tant Egyptiens que Chinois.«

66 Zu Müller (1630-1694) vgl. Sven Osterkamp, »The Japanese Studies of Andreas Müller (1630-1694)«, in: *Kyoto University Linguistic Research* 29 (2010), S. 77-151; Lothar Noack, »Der Berliner Propst, Orientalist und Sinologe Andreas Müller (1630-1694)«, in: *Nachrichten der Gesellschaft für Natur- und Völkerkunde Ostasiens* 157/158 (1995), S. 1-39.

67 La Croze an Cuper, 28.6.1712, Kgl. Bibl. Den Haag, 72 H 19, fol. 18b: »Je n'oserois vous dire que j'ai trouvé. J'ai en verité fait des decouvertes dont je m'etonne moi-même, mais je n'en publierai rien que mon Système ne soit tout fait. C'est la chose la plus simple du monde et la plus naturelle. Le Cophte en est la clef. Si j'avois été en

Hollande j'aurois tâché de copier à Leide cet qui me manque des Livres du Nouveau Testament. J'ai deja décrit de ma main les 4. Evangelistes Cophtes, les Epistres de St. Paul et les Psaumes. Si j'avois le reste de l'écriture Sainte, j'avancerois bien ma decouverte des Hieroglyphiques. C'est un paradoxe bien surprenant que cette langue soit la clef des Hieroglyphiques Egyptiens et même des Chinois. Cela sont la vision, si vous voulez. Cependant la chose est vraie. Pour la prouver il ne me manque que du temps et des livres.«

68 Cuper an Bignon, 16.7.1712, in: Cuper, *Lettres* (Anm. 19), S. 290.
69 Vgl. Babin, *Armenisch, Albanisch, Hokkien* (Anm. 8).
70 Leibniz an Bouvet, 18.8.1705, in: *Leibniz. Der Briefwechsel mit den Jesuiten in China* (Anm. 3), S. 490: »Pour ce qui est des Hieroglyphes des Egyptiens et autres peuples, j'ay du panchant à croire qu'ils n'ont gueres de connexion avec ceux des Chinois.«
71 Leibniz an La Croze, 6.7.1712, in: *Transkriptionen 1712* (Anm. 37), Nr. 196: »J'en serois ravi particulierement, si le Cophte vour pouvait servir de degré pour mieux arriver à la connoissance des caracteres Chinois. Mais quand cela ne seroit point comme en effect il y a quelque lieu d'en douter; ce seroit tousjours beaucoup si la langue Cophte était aussi philosophique qu'elle vous paroist du premier abord; car jusque'ici nous n'en connoissons point de telles; quoyque les raisons des impositions des noms paroissent quelques fois à travers des ruines des anciennes langues, particulierement de l'Hebreu et du Teutonique.«
72 La Croze an Leibniz, 1.12.1712, in: *Transkriptionen 1712* (Anm. 37), Nr. 340: »Je ne desespere point de vous rendre un jour probable mon système sur le Cophte. J'ai promis à Mr. Cuper une dissertation sur ce sujet; lorsqu'elle sera prête j'aurai l'honneur de vous en envoier une copie.«
73 Ebd.: »Je n'imiterai point André Muller: au contraire je communiquerai d'abord tout à ceux qui voudront se donner la peine de l'examiner.«
74 Sperling an Cuper, in: Cuper an La Croze, 19.6.1712, in: Cuper, *Lettres* (Anm. 19), S. 110: »Qui Sinicas has literas esse credunt, vereor ut nos fallant, nosti enim scriptionem Sinensium, quam sit diversa plane à nostra, quum una litera aut vox neque ad sinistram neque ad dextram progrediatur, sed una sub alia à summo ad imum descendat paginae, quem ordinem in transmissis reperire mihi non licuit.«

75 Cuper an La Croze, 19.6.1712, in: Cuper, *Lettres* (Anm. 19), S. 110f.
76 Cuper an Leibniz, 16.8.12, in: *Transkriptionen 1712* (Anm. 37), Nr. 231: »[...] subministravique etiam, quid Sperlingius sentiat de Inscriptionibus Siberiensibus. Is enim Chinam rejicit, putatque potius esse characteres Septentrionales, quanquam illos inexplicabiles statuat, nisi id fiat a Suecis, qui continuo literas Runicas advocant, et contendunt, reliquos mortales omnia illis debere, uti vel unius Rudbeckii Atlantica ostendit [...].« Zu Rudbeck vgl. Gunnar Eriksson, *Rudbeck 1630-1702. Liv, lärdom, dröm i barockens Sverige*, Stockholm 2002; Bernd Roling, *Odins Imperium. Der Rudbeckianismus als Wissenschaftsparadigma an den schwedischen Universitäten*, 2 Bde., Leiden 2020; ders., Bernhard Schirg, Stefan Bauhaus (Hg.), *Apotheosis of the North. The Swedish Appropriation of Classical Antiquity around the Baltic Sea and Beyond (1650-1800)*, Berlin 2017; Bernd Roling, Bernhard Schirg (Hg.), *Boreas Rising. Antiquarianism and National Narratives in 17th- and 18th-Century Scandinavia*, Berlin 2019.
77 Vgl. Wolfgang-Ekkehard Scharlipp, *Die frühen Türken in Zentralasien. Eine Einführung in ihre Geschichte und Kultur*, Darmstadt 1992.
78 Cuper an Leibniz, 16.8.12, in: *Transkriptionen 1712* (Anm. 37), Nr. 231: »Sed, uti recte animadvertis, luxuriat vir ille doctus in linguis reconditis.«
79 Leibniz an Cuper, 9.9.1712, in: *Transkriptionen 1712* (Anm. 37), Nr. 259: »Crosium non characteres Cophtorum, sed linguam, cum characteribus Sinensium comparare arbitror; dum putat uti Sinensium characteres arte sunt efficti, ita linguam ipsam veterum Aegyptiorum philosophicam videri: quod si ostendi posset, singulare admodum foret. Inscriptiones Siberienses esse Sinensis malim quam Runicas [...].«
80 Im Brief von Cuper an Leibniz vom 20.9.1712 ist vom Thema nicht die Rede, aber am 20.10.1712, in: *Transkriptionen 1712* (Anm. 37), Nr. 299, heißt es: »Ego non possum judicare de Inscriptionibus Siberiensibus, tibi et Crosio credere volo; quamquam me suspensum aliquo modo teneat, quod characteres illi non descendant a summo ad imum, quod an aliter olim fecerint, vellem equidem cognoscere.« (»Ich kann nichts über die sibirischen Inschriften urteilen, ich will Ihnen und La Croze glauben. Auch wenn es

mich in anderer Hinsicht im Ungewissen läßt, daß diese Schriftzeichen nicht von oben nach unten verlaufen; ich würde gern wissen, ob das früher anders war.« Cuper weist darauf hin, daß nach Diodor die Einwohner von Taprobana (Sri Lanka) früher auch die Gewohnheit hatten, von oben nach unten zu schreiben. Solche Regeln könnten sich also ändern.
81 La Croze an Cuper, 11.11.1712, Kgl. Bibl. Den Haag, 72 H 19, fol. 22a: »C'est que je voudrois conduire mon Système sur les Hieroglyphes jusqu'à un point où il pût être intelligible, au moins aux personnes qui comme vous, ont de la penetration et de savoir. Car quoique la chose me paroisse assez claire, je ne suis pas encore assez avancé pour la pouvoir faire sentir aux autres. [...] Cependant je vous demande quartier pour trois mois, au bout desquels je me flatte que je vous donnerai des preuves bonnes et suffisantes, pour vous persuader que mon Paradoxe a pour lui quelque chose de plus que de la probabilité.«
82 Vgl. den Brief von Cuper an La Croze, Ostern 1713, in: Cuper, *Lettres* (Anm. 19), S. 132, über Bourguets Ansicht. Vgl. den Brief von Bourguet an Leibniz und Jablonski zur Weiterleitung an Bouvet, 6.3.1707, in: *Leibniz. Briefwechsel mit den Jesuiten* (Anm. 3), S. 538-575, sowie Leibniz' Reaktion darauf S. 577-589.
83 Vgl. Stéphane van Damme, »Digging Authority. Archaeological Controversies and the Recognition of the Metropolitan past in Early Eighteenth-Century Paris«, in: Paddy Bullard, Alexis Tadié (Hg.), *Ancients and Moderns in Early Modern Europe. Comparative Perspectives,* Oxford 2016, S. 55-69; ders., »›The World is too large‹. Philosophical Mobility and Urban Space in Seventeenth- and Eighteenth-Century Paris«, in: *French Historical Studies* 29 (2006), S. 379-405; ders., *Paris, Capitale philosophique. De la Fronde à la Revolution,* Paris 2005; Lisa Regazzoni, *Geschichtsdinge. Gallische Vergangenheit und französische Geschichtsforschung im 18. und frühen 19. Jahrhundert,* Berlin 2020.
84 La Croze an Leibniz, 4.2.1712, in: *Transkriptionen 1712* (Anm. 37), Nr. 46. Vgl. dann Gottfried Wilhelm Leibniz, *Collectanea etymologica,* Bd. 1, Hannover 1717, Ausfaltblatt zu S. 73 mit keltischen Götterabbildungen.
85 Vgl. La Croze an Leibniz, 28.6.1713, in: *Transkriptionen 1713* (Anm. 37), Nr. 184. Zum König vgl. Frank Göse, *Friedrich Wilhelm I. Die vielen Gesichter des Soldatenkönigs,* Darmstadt 2020.

86 Ebd.: »Pour ce qui est des etudes Chinoises; c'est une affaire faite. J'en suis fâché; car j'avois déjà bien des conjectures sur l'origine des hieroglyphiques, et des preuves assez bonnes de la ressemblance des anciennes lettres Chinoises avec celles de l'Egypte. Si je pouvois seulement avoir quinze jours à moi, je mettrois par écrit ce que j'ai recueilli là-dessus.«
87 Cuper an La Croze, 10. 4. 1714, in: Cuper, *Lettres* (Anm. 19), S. 145: »C'est un grand malheur pour la République des Lettres, que vous quittiez les Egyptiens, leurs Hieroglyphes et leur Colonies, comme aussi la primauté pour parler ainsi, de la Langue de ce Peuple.«
88 Zuvor, am 14. Januar 1714, hatte La Croze noch einmal ein wenig von seinen geheimen Gedanken preisgegeben. Er glaube, »daß die ägyptische Sprache die Ursprache der menschlichen Gattung ist« (»que la langue Egyptienne est la langue originale du genre humain«). Um das beweisen zu können, so La Croze, benötige er aber unbedingt den ganzen koptischen Pentateuch. Was die Wörter aus Ceylon angeht, so gibt er Cuper eine kleine Liste von solchen, die aus dem Ägyptischen stammen könnten. Da La Croze in Berlin stellungslos ist, versucht Cuper, für ihn in Holland eine Professur zu organisieren. Aber La Croze winkt ab: »Ich bin nicht geeignet, in der Öffentlichkeit zu sprechen, und außerdem bevorzuge ich ein seßhaftes und unabhängiges Leben vor allen anderen Dingen« (»Je ne suis point propre à parler en public, et ailleurs je prefere une vie sedentaire et independente à tout autre chose«). Vgl. La Croze an Cuper, 14. 1. 1714, Kgl. Bibl. Den Haag, 72 H 19 (1714-1716), fol. 1a und 1b.
89 Henrich, *Konstellationen* (Anm. 9).
90 La Croze an Cuper, 26. 10. 1711, Kgl. Bibl. Den Haag, 72 H 19 (1710-1713), fol. 15a/b: »Mr. Leibnitz a reçu de Pequin un Livre de dixhuit petits volumes qui contient l'explication des anciens vases et des anciennes inscriptions de la Chine. C'est comme le Gruter de ce pais-là. Pendant que Mr. Leibnitz a été a Berlin, j'ai eu la liberté de me servir de cette ouvrage et je l'ai gardé dans mon cabinet pres d'un mois. Mais à present Mr. Leibnitz l'aient remporté à Hanovre, je ne puis plus me servir des lumières que ce livre m'auroit fournies. Si je l'avois encore, je me ferois bien fort d'expliquer en peu de temps toute l'inscription.«
91 La Croze an Cuper, 28. 6. 1712, Kgl. Bibl. Den Haag, 72 H 19

(1710-1713), fol. 18b: »Il n'y a aucune caractére ancien, et je n'ai jamais vû aucun livre Chinois où il y en eut que celui de Mr. Leibnitz, qui est presentement à Hanovre.«
92 Kurt Müller, Gisela Krönert, *Leben und Werk von G. W. Leibniz. Eine Chronik*, Frankfurt 1969, S. 224.
93 La Croze an Leibniz, 16.10.1711, in: *Transkriptionen 1711* (Anm. 37), Nr. 214: »Dans les livres que vous apportâtes dernierement avec vous à Berlin, je trouvai la lettre gìn homo, exprimée par la premiére figure de la cinquiéme lettre de l'Inscription.«
94 Das fragte sich auch Cuper: Cuper an La Croze, 18.12.1712, in: Cuper, *Lettres* (Anm. 19), S. 105: »Vous parlez, Monsieur, de dix-huit petits volumes, qui contiennent l'explication des anciens vases, et des anciennes Inscriptions de la Chine, et me semble, que vous les attribuez à Mr. Leibnitz. Mr. Le Comte de Flodrof m'a dit en même temps, qu'il envoyoit les Inscriptions, dont je vous ai fait part, qu'il y avoit dans la Bibliotheque du Roi un grand et ancien Livre Chinois, où tous leur Caracteres, changez de temps en temps se trouvent, et il croyoit que vous, Monsieur, viendriez à bout de ce Livre. Mandez moi, je vous en prie, si celui dont vous parlez, ne seroit pas le même.«
95 Leibniz hatte am 12.12.1697 an Bouvet geschrieben: »Ich glaube, von P. Grimaldi gehört zu haben, daß es in China Lexika gibt, wo Abbildungen verschiedener Sachen den Schriftzeichen beigegeben sind. Wie auch immer – ich bin sicher, daß mit Hilfe Ihrer Patres wir nach Möglichkeit exakte chinesische Wörterbücher bekommen werden, ja daß schon einige der besten mitsamt einer Art Grammatik [nach Europa] gebracht worden sind. Wir werden dann sehen, wie wohlbegründet die Hoffnung des verstorbenen Herrn Müller war, eines sehr bewanderten Orientalisten, der uns einen Schlüssel zu den chinesischen Schriftzeichen versprochen hatte.« Ich zitiere die deutsche Übersetzung in: *Leibniz. Der Briefwechsel mit den Jesuiten in China* (Anm. 3), S. 139.
96 So Leibniz an Des Bosses, 4.8.1710, in: *Leibniz. Briefe über China (1694-1716). Die Korrespondenz mit Barthélemy des Bosses S. J. und anderen Mitgliedern des Ordens*, hg. und kommentiert von Rita Widmaier und Malte-Ludolf Babin, Hamburg 2017, Nr. 46, S. 184f.; vgl. dort auch die »Einleitung« von Rita Widmaier, S. LXXIIIf.
97 Li, *Leibniz und das Europäische Interesse an chinesischer Sprache*

und Schrift (Anm. 3), hier S. 245 f. Ich danke Wenchao Li für seine Hinweise.

98 Janus Gruter (zusammen mit Joseph Scaliger und Marcus Welser*)*, *Inscriptiones antiquae totius orbis Romani, in corpus absolutißimum redactae*, Heidelberg 1602; viele weitere Auflagen. Zu Gruter (1560-1627) vgl. Gottfried Smend, *Jan Gruter. Sein Leben und Wirken. Ein Niederländer auf deutschen Hochschulen, letzter Bibliothekar der alten Palatina zu Heidelberg*, Bonn 1939; zum Kontext vgl. William Stenhouse, *Reading Inscriptions and Writing Ancient History. Historical Scholarship in the Late Renaissance*, London 2005.

99 Vgl. Ya-Hwei Hsu, »Antiquaries and Politics. Antiquarian Culture of the Northern Song, 960-1127«, in: Alain Schnapp (Hg.), *World Antiquarianism. Comparative Perspectives*, Los Angeles 2013, S. 230-248; Yunchiahn C. Sena, *Bronze and Stone. The Cult of Antiquity in Song Dynasty China*, Seattle 2019; Tao Wang, »Rivals and Friends. Scholar-Collectors and their Circles«, in: ders. (Hg.), *Mirroring China's Past. Emperors, Scholars, and their Bronzes*, New Haven 2018, S. 187-197.

100 Zur Song-Periode vgl. vor allem Dieter Kuhn, *The Age of Confucian Rule. The Song Transformation of China*, Cambridge 2009.

101 Vgl. Benjamin Elman, Martin Kern (Hg.), *Statecraft and Classical Learning. The Rituals of Zhou in East Asian History*, Leiden 2010.

102 Vgl. Patricia Ebrey, *Accumulating Culture. The Art and Antiquities of Emperor Huizong*, Seattle 2008, S. 176-180.

103 Vgl. H.R. Williamson, *Wang An Shih. A Chinese Statesman and Educationalist of the Sung Dynasty*, 2 Bde., London 1935-1937; Jonathan Pease, *His Stubbornship Prime Minister Wang Anshi (1021-1086), Reformer and Poet*, Leiden 2021.

104 Zu Huizongs Kollektion vgl. Ebrey, *Accumulating Culture* (Anm. 104). Zur Persönlichkeit des Kaisers vgl. dies., *Emperor Huizong*, Cambridge 2014. Zu Ouyang Xiu vgl. Sena, *Bronze and Stone* (Anm. 99), S. 29-64.

105 Peter N. Miller, François Louis, »Introduction«, in: dies. (Hg.), *Antiquarianism and Intellectual Life in Europe and China. 1500-1800*, Ann Arbor 2012, S. 1-24, bes. S. 5-12; Zuozhen Liu, *The Case for Repatriating China's Cultural Objects*, Singapur 2016, S. 147 ff.

106 Ich danke Dagmar Schäfer für Hinweise. Das *Kaogu tu* wurde oft

in etwa 20 Heften publiziert, aber auch in weniger (vgl. Anm. 116); Leibniz kann natürlich auch eine unvollständige Ausgabe dieses oder eines anderen Kataloges besessen haben. Vgl. Robert Poor, »Notes on the Sung Dynasty Archeological Catalogs«, in: *Archives of the Chinese Art Society of America* 19 (1965), S. 33-44 (mit einer Liste der späteren Editionen des *Kaogu tu*); Robert E. Harrist Jr., »The Artist as Antiquarian. Li Gonglin and his Study of Early Chinese Art«, in: *Artibus Asiae* 55 (1995), S. 237-280. Für spätere Benutzungen dieser Literatur in der Ming- und Qing-Zeit vgl. Benjamin Elman, *From Philosophy to Philology. Intellectual and Social Aspects of Change in Late Imperial China*, Cambridge 1984; Bruce Rusk, »Artifacts of Authentication. People Making Texts Making Things in Ming-Qing China«, in: Miller/Louis (Hg.), *Antiquarianism and Intellectual Life in Europe and China* (Anm. 105), S. 180-204; Wu Hung (Hg.), *Reinventing the Past. Archaism and Antiquarianism in Chinese Art and Visual Culture*, Chicago 2010.

107 Eine Manuskriptversion gibt es etwa in der Bibliothèque nationale in Paris.

108 Vgl. Kenneth Starr, *Black Tigers. A Grammar of Chinese Rubbings*, Seattle 2008; Sena, *Bronze and Stone* (Anm. 99), S. 37-53.

109 Hilde de Weerdt, *Information, Territory, and Networks. The Crisis and Maintenance of Empire in Song China*, Cambridge 2015.

110 Vgl. Ira E. Kasoff, *The Thought of Chang Tsai (1020-1070)*, Cambridge 1984; Yong Huang, *Why be Moral? Learning from the Neo-Confucian Cheng Brothers*, Albany 2014. Zur Philosophie vgl. auch Stephen G. Angle, Justin Tiwald, *Neo-Confucianism. A Philosophical Introduction*, Cambridge 2017.

111 Sena, *Bronze and Stone* (Anm. 99), S. 7.

112 Vgl. Martin Mulsow, »Hausenblasen. Kopierpraktiken und die Herstellung numismatischen Wissens um 1700«, in: Annette Cremer, Martin Mulsow (Hg.), *Objekte als Quellen der historischen Kulturwissenschaften*, Köln 2017, S. 261-344.

113 Wang Mingqing, *Huizhu lu*, hg. von Zhonghua Shuju, 4.276-281. Zit. nach: de Weerdt, *Information* (Anm. 99), S. 385 f.

114 Vgl. Ebrey, *Accumulating Culture* (Anm. 102), S. 159-166. Vgl. auch Joseph S. C. Lang, »Huizong's Dashengyue, a Musical Performance of Emperorship and Officaldom«, in: Patricia Buckley Ebrey, Maggie Bickford (Hg.), *Emperor Huizong and Late*

Northern Song China. The Politics of Culture and the Culture of Politics, Cambridge 2006, S. 395-452.

115 Allerdings gibt es ein undatiertes kleines Verzeichnis (wohl aus dem 19. Jahrhundert) von chinesischen Werken in der Göttinger Bibliothek, in dem bei ein oder zwei Eintragungen es sich um das Buch handeln könnte, aber das ist extrem vage und außerdem ohne jede Signatur.

116 Ich danke Stephan Waldhoff, Wenchao Li, Johannes Mangei, Helmut Rohlfing, Nora Gädeke, Malte Babin, Martina Siebert und Martin Kern. Die Angabe von 16 Bänden, so wird mir von Frau Siebert gesagt, würde jedenfalls gut zum *Kaogu* tu passen, dessen verbreitete Version aus 10 (*Kaogu tu*) + 5 (Fortsetzung zum *Kaogu tu*, i.e. *Xu Kaogu tu*) + 1 (*Kaogu tu Shiwen*) = 16 *juan* besteht, oft auch »Bände« genannt, bzw. jedes *juan* wird gern zu einem Band/Heft gebunden. In dieser Form (10+5+1) wurde der Titel z.B. auch in der kaiserlichen Sammlung *Siku quanshu* aufgenommen, d.i. Ende des 18. Jahrhunderts, basierend aber wohl auf einer Ausgabe der Wanli-Ära, d.i. 1572-1620.

117 Vgl. Robert L. Thorp, *China in the Early Bronze Age. Shang Civilization*, Philadelphia 2005.

118 Cuper an La Croze, 18.12.1712, in: Cuper, *Lettres* (Anm. 19), S. 105. Vgl. das Zitat in Anm. 94.

119 Vgl. Anm. 91.

120 La Croze an Cuper, 27.6.1712: »Le livre dont parle Monsieur le Comte Flodroff est sans doute celui de Francois Diaz dont j'ai donné un extrait dans les mémoires de la Societé.« Vgl. Mathurin Veyssière de La Croze, »De libris Sinensibus Bibliothecae Regiae Berolinensis«, in: *Miscellanea Berolinensia* 1 (1710), S. 84-88. Vgl. Otto Zwartjes, »El Vocabulario de letra china de Francisco Díaz (ca. 1643) y la lexicografía hispano-asiática«, in: *Boletín Hispánico Helvético* 23 (2014), S. 57-100.

121 Leibniz an Bouvet, 18.5.1730, in: *Leibniz. Der Briefwechsel mit den Jesuiten in China* (Anm. 3), S. 432/433; vgl. dazu auch Anm. 60 auf S. 740.

122 Abb.: Tripod des Jiang-Klans aus Jin (*Jin jiang ding* 晉姜鼎). *Siku quanshu*-Edition des *Xuanhe bogu tu*, juan 2, fol. 6. Aus: Ebrey, *Accumulating Culture* (Anm. 102), S. 154. Rechts die Abbildung des Gefäßes, links oben die Abreibung der Inschrift, links unten die Transkription der Inschrift in neueres Chinesisch.

123 La Croze an Cuper, 26.10.1711, Kgl. Bibl. Den Haag, 72 H 19 (1710-1713), fol. 15b: »Le 4. Caractere est fort particulier. C'est la figure ancienne qui signifie le sçeau Imperial, et metaphoriquement l'approbation de l'Empereur. Il se fait aujourd'hui de cette maniere 壐 et se lit sì. Sigillum quo solus utitur imperator.«
124 Kircher, *Oedipus Aegyptiacus* (Anm. 41), Bd. I, S. 129: »Osiris sceptro in formam oculi concinnato sublimis, Architectonicus Regis cuiuspiam omni virtutem genere instructissimi intellectus, sive ratio est, cuius bonitate, iustitia, pietate, sollicitudine et religione, regnum omni felicitate compleatur.«
125 Theophil (Gottlieb) Spizel (Spitzel), *De re literaria Sinensium commentarius*, Leiden 1660, S. 76: »Tria hujus rei specimina adjungamus, quorum duo prima ipsi observavimus, tertium Kirchero debemus. I. Regia litera, seu Sceptrum cum oculo, exacte cum illo Aegyptiorum Hieroglyphico convenit, quo Deum oculo depicto subjunctoque sceptro significarunt. Justitiae quippe servatorem per oculum denotatum fuisse supra jam annotavimus, adeo, ut ubicunque inveniatur sceptrum cum oculo, legendum sit: Ego sum Osiris Jupiter, qui universo orbi imperavi.« La Croze spricht allerdings von Siegel, nicht von Zepter.
126 La Croze an Cuper, 26.10.1711, Kgl. Bibl. Den Haag, 72 H 19 (1710-1713), fol. 15b: »Le cinquième Caractere est le plus aisé de tous. Il signifie creer, élever, et createur, car les caracteres chinois signifient également le nom, le verbe, le substantif, l'adjectif etc. Ce caractere est composé de celui de l'homme, et celui d'élever. Il s'écrit aujourd'hui ainsi: ΛV, Hóa. Je suis tres content d'avoir vû cette lettre dans son ancien Hieroglyphique, car j'avois déja conjecturé qu'elle seroit etre telle.« Das Zeichen Λ ähnelt tatsächlich dem chinesischen Charakter für Mensch, 人.
127 Ebd. fol. 15b/c: »Comme l'exposition des enfans est en usage chez les anciens Chinois, comme elle l'etoit autrefois parmi les Grecs et les Romains, ils representent là une figure qui donne une idée de la Deesse Levana.«
128 Vgl. Heike Kunz, »Levana«, in: *Der Neue Pauly* 7 (1999), Sp. 111.
129 La Croze an Cuper, 14.1.1714, Kgl. Bibl. Den Haag, 72 H 19 (1714-1716), fol. 1c: »La langue chinoise ne peut pas étre une langue originale; c'est ne pas le même a proprement parler une langue vivante. C'est une langue philosophique inventé pour en-

tendre facilement les caracteres chinois, et pour en trouver aisément les significations dans leur Dictionaires.«

130 Ebd., fol. 1a: »Je commençois à croire sur des raisons, qui me paroissent encore probables, que la langue Egyptienne est la langue originale du genre humain.«

131 La Croze an Cuper, 17.3.1716, Kgl. Bibl. Den Haag, 72 H 19 (1714-1716), fol. 19b: »Je ne crois point qu'il y ait eu aucunes lettres au monde, à moins que ce ne soit des Hieroglyphiques, avant Moyse, et je crois que Moyse les reçut immediatement de Dieu. Les hommes n'auroient jamais parlé si Dieu n'avoit donné la parole à nôtre premier Pere Adam.« Kinder, die in der Einsamkeit aufgezogen würden, würden nämlich niemals sprechen lernen. Und es gebe Völker, die bestimmte Buchstaben nicht kennen und auch dann nicht aussprechen können, wenn sie andere Völker kennenlernen, die diese Buchstaben benutzen. So könnten die Chinesen niemals lernen, B oder D oder andere Buchstaben auszusprechen. Gegen Lukrez und andere Epikureer, die meinten, Sprache sei aus Zufall entstanden, sei zu betonen: Gott, der sein Volk nach Ägypten geführt hat, habe Moses die Buchstaben gegeben.

132 Spitzel, *De re literaria Sinensium* (Anm. 125), S. 62f. Diodorus Siculus, *Bibliotheca Historica* III 3-4. Ich zitiere die Übersetzung von Jan Assmann in: Aleida Assmann, ders. (Hg.), *Hieroglyphen* (*Archäologie der literarischen Kommunikation* VIII), München 2003, S. 33.

133 Vgl. die »Praefatio« von La Crozes *Lexicon Armenicum*; das Manuskript befindet sich in der UB Leiden. Eine Abschrift gibt es unter den Briefen von La Croze an Cuper, Königliche Bibliothek Den Haag, KW 72 H 19, Nr. 25-27. Vgl. J. J. S. Weitenberg, »Studies in Early Armenian Lexicography. The Armenian-Latin Dictionary by M. Veyssière De La Croze«, in: *Revue des études Arméniennes* 19 (1985), S. 373-429; Christiane Berkvens-Stevelinck, »Une aventure mouvementée. Les dictionnaires slave, copte et egyptienne de Mathurin Veyssière de La Croze«, in: *Lias* 11 (1984), S. 137-145. Nachwirkungen hatte diese Auffassung bis zu Herder: *Die Vorwelt*, hg. von Johann von Müller, in: *Herder. Werke. Zur Philosophie und Geschichte*, Bd. 1, Wien 1813.

134 La Croze an Leibniz, 26.6.1712, in: *Transkriptionen 1712* (Anm. 37), Nr. 184: »Je vous dirai seulement, Monsieur, que je

suis comme persuadé que cette langue [das Koptische] est la clef des Hieroglyphiques, et que semblable en cela au Chinois c'est une langue Philosophique, faite par système où tout signifie, tout est analogique, et où, ce qui est singulier, mais tres veritable, les mots les plus longs se resolvent en lettres qui ont chacune leur signification de sorte qu'une parole simple est en cette langue le resultat de plusieurs idées.« La Crozes Schüler Theophil Siegfried Bayer hat versucht, aus dieser Grundüberzeugung seines Lehrers heraus ein systematisches Verständnis des Chinesischen zu erlangen: *Musaeum sinicum in quo Sinicae Linguae et Litteraturae ratio explicatur*, 2 Bde., St. Petersburg 1730. Vgl. dazu Knud Lundbaek, *T. S. Bayer (1694-1738). Pioneer Sinologist*, Odder 1986; Mulsow, *Fremdprägung* (Anm. 7), Kap. VI.

135 Vgl. Alastair Hamilton, *The Copts and the West 1439-1822. The European Discovery of the Egyptian Church*, Oxford 2006, S. 225-228.

136 Vgl. zu Bonjour: Hamilton, *The Copts* (Anm. 135), S. 229-232; auch Ugo Baldini, »Guillaume Bonjour (1670-1714). Chronologist, linguist and ›casual‹ scientist«, in: Luis Saravia (Hg.), *Europe and China. Science and Arts in the 17th and 18th Centuries*, Singapur 2013, S. 241-294; Sydney Aufrère, Nathalie Bosson, »Le Père Guillaume Bonjour (1670-1714). Un orientaliste méconnu porté dur l'étude du copte et le déchiffrement de l'égyptien«, in: *Orientalia* 67 (1998), S. 497-506.

137 La Croze an Cuper, 28.1.1710, Kgl. Bibl. Den Haag, 72 H 19 (1710-1713), fol. 40. Cuper war 1707 mit Bonjour zusammengetroffen, als dieser ihn drei Tage in Deventer besucht hatte. Vgl. Hamilton, *The Copts* (Anm. 135), S. 230.

138 Es gibt mehrere etymologische Wörterbücher des Koptischen, welche die Verbindungen herstellen, z. B. Werner Vycichl, *Dictionnaire étymologique de la langue copte*, Löwen 1983, oder zur gesamten Sprachgeschichte Antonio Loprieno, *Ancient Egyptian*, Cambridge 1995. Ich danke Manfred Krebernik für die Hinweise.

139 La Croze an Cuper, 11.11.1712, Kgl. Bibl. Den Haag, 72 H 19 (1710-1713), Nr. 20: »En attendant ve vous prie de croire que les lettres de l'Alphabet Cophte dont l'origine est Greques, n'entrent pour rien dans mon systeme.« Er geht also nicht den Weg von Kircher, der auch das Koptische als Schlüssel für das Hiero-

glyphische herangezogen hatte – aber die Buchstaben, die Thot erfunden habe, nach Tierschemata interpretiert.
140 Zu den Ergänzungsbuchstaben vgl. Jan Quaegebeur, »De la préhistoire de l'écriture copte«, in: *Orientalia lovaniensia analecta* 13 (1982), S. 125-136.
141 La Croze an Cuper, 28. 1. 1710, Königliche Bibliothek Den Haag, KW 72 H 19, Nr. 40: »Bien plus je trouve leur alphabet dans un auteur du 4.me siècle. Si Dieu me conserve la vie, je donnerai un jour mes observations sur cet sujet. J'ai d'autres bonnes choses sur le nom Joseph [...]. Le P. Bonjour n'a rien dit qui vaille là dessus dans la dissertation qui est imprimée in folio.«
142 Ludwig Morenz, *Bild-Buchstaben und symbolische Zeichen. Die Herausbildung der Schrift in der hohen Kultur Ägyptens*, Freiburg 2004, S. 276f. Vgl. auch ders., *Die Genese der Alphabetschrift. Ein Markstein ägyptisch-kanaanäischer Kulturkontakte*, Würzburg 2011.
143 Vgl. Jozef M. A. Janssen, »Over het koptische woordenboek van Veyssière de La Croze«, in: *Orientalica Neerlandica*, Leiden 1948, S. 71-72. Champollion benutzte dieses Lexikon bei seinen Versuchen der Entzifferung der Hieroglyphen.
144 Johann Georg Wachter, der in diesen Jahren die Berliner Bibliothek frequentierte und viel Kontakt mit La Croze hatte, hat dessen Spekulationen über das Koptische auf eigene Weise weitergeführt. Vgl. Martin Mulsow, »Das koptische Gedächtnis der Buchstaben. Johann Georg Wachter über den Ursprung der Alphabetschrift«, in: *Aegyptiaca. Journal of the History of Reception of Ancient Egypt* 3 (2018) (*Mnemohistory and Cultural Memory – Essays in Honour of Jan Assmann*), S. 131-147. Vgl. außerdem die Arbeit von La Crozes Schüler Paul Ernst Jablonski, *Pantheon Aegyptiorvm, sive de Diis eorvm Commentarivs, cum Prolegomenis de Religione et Theologia Aegyptiorvm*, 3 Bde., Frankfurt (Oder) 1750-1753.
145 Vgl. etwa Leibniz' Anmerkungen zum Brief von Bourguet an Jablonski und Bouvet, Dezember 1707, in: *Leibniz. Der Briefwechsel mit den Jesuiten in China* (Anm. 3), S. 576f. Allgemein vgl. Hans J. Zacher, *Die Hauptschriften zur Dyadik von G.W. Leibniz. Ein Beitrag zur Geschichte des binären Zahlensystems*, Frankfurt 1973.
146 Zu Fu Xi vgl. Sandra Giddens, Owen Giddens, *Chinese Mytholo-*

gy, New York 2006. Für manche Japaner der Tokugawa-Zeit hingegen war Fu Xi eine japanische Shinto-Gottheit. Vgl. Wai-Ming Ng, *Imagining China in Tokugawa Japan. Legends, Classics, and Historical Terms*, Albany 2019, S. 110-115. Vgl. dort S. 110 das Zitat von Hirata Atsutane: »Die drei und die fünf beziehen sich auf die drei Herrscher und die fünf Kaiser. Sie sind nicht in diesem Land [China] geboren, sondern waren in Wirklichkeit Gottheiten meines eigenen Landes [Japan]. Nachdem sie die Dummheit der Leute in China gesehen haben, gingen sie über das Meer, um sich zu zivilisieren.« Atsutane (1776-1843) gehört zu einer Generation von Edo-Intellektuellen, die zwar Konfuzianer waren und die chinesischen Klassiker lasen, aber sich zugleich von China absetzten. Zu diesem Zweck deuteten sie mythische Figuren der chinesischen Vergangenheit um, vor allem solche, die wie Fu Xi mit dem *Yijing* zusammengebracht wurden, das sie außerordentlich schätzten. In gewisser Weise erzeugten auch sie also – von Japan aus – eine Überreichweite.

147 Zur Diskussion in diesem Kreis über arabische Münzen vgl. Mulsow, »Hausenblasen« (Anm. 112); zur Diskussion über Keilschriftzeichen vgl. ders., *Fremdprägung* (Anm. 7).

148 Zu Leibniz' Sprach- und Zeichentheorie vgl. Hans Poser, *Leibniz' Philosophie. Über die Einheit von Metaphysik und Wissenschaft*, Hamburg 2016.

149 Han F. Vermeulen, *Before Boas. The Genesis of Enthnography and Ethnology in the German Enlightenment*, Lincoln/London 2015.

150 Vgl. dazu näher Mulsow, *Fremdprägung* (Anm. 7).

151 Vgl. beispielhaft die Untersuchung von Joachim Kurtz, *The Discovery of Chinese Logic*, Leiden 2011, bes. S. 21-88.

152 Zu ihm vgl. David E. Mungello, *The Forgotten Christians of Hangzhou*, Honolulu 1994, bes. Kap. 3. Weiter Liu Jingjing, »Should Christianity Supplement Confucianism and Replace Buddhism? A Case Study of Zhang Xingyao«, in: Kate Rose (Hg.), *China From Where We Stand. Readings in Comparative Sinology*, Newcastle 2016, S. 182-192.

153 Vgl. Ronnie-Po Hsia Chia, *A Jesuit in the Forbidden City. Matteo Ricci. 1552-1610*, Oxford 2010; Thierry Meynard, *The Jesuit Reading of Confucius. The First Complete Translation of the Lunyu (1687) Published in the West*, Leiden 2015. Zum Christentum

in China vgl. auch Dominic Sachsenmeier, *Global Entanglements of a Man who Never Travelled. A Seventeenth-Century Chinese Christian and His Conflicted Worlds*, New York 2018; zu *tien* dort S. 86-93.
154 Catherine Jami, *The Emperor's New Mathematics. Western Learning and Imperial Authority During the Kangxi Reign (1662-1722)*, Oxford 2012, S. 86-90.

Dritter Teil
Häresie, global

1 Die Literatur zur Missionierung ist umfangreich. Vgl. etwa Neil J. Ormerod, Shane Clifton (Hg.), *Globalization and the Mission of the Church*, London 2010; Wolfgang Reinhard u. a. (Hg.), *Individualisierung durch christliche Mission?*, Wiesbaden 2014; David W. Scott, *Mission as Globalization. Methodists in Southeast Asia at the Turn of the Twentieth Century*, Lexington 2016; Luke Clossey, *Salvation and Globalization in the Early Jesuit Missions*, Cambridge 2008; Ulrich van der Heyden, Andreas Feldtkeller (Hg.), *Missionsgeschichte als Geschichte der Globalisierung von Wissen. Transkulturelle Wissensaneignung und -vermittlung durch christliche Missionare in Afrika und Asien im 17., 18. und 19. Jahrhundert*, Stuttgart 2012; Markus Friedrich, Alexander Schunka (Hg.), *Reporting Christian Missions in the Eighteenth Century. Communication, Culture of Knowledge and Regular Publication in a Cross-Confessional Perspective*, Wiesbaden 2017. Bernhard Maier, *Die Bekehrung der Welt. Eine Geschicht der christlichen Mission in der Neuzeit*, München 2021.

Kapitel VI
Häresietransfer

1 Daniel Boyarin, *Border Lines. The Partition of Judaeo-Christianity*, Philadelphia 2004, S. 16; Homi Bhabha, *The Location of Culture*, London 1994, S. 38 f.; dt.: *Die Verortung der Kultur*, Tübingen 2000.
2 Vgl. etwa Margit Pernau, *Transnationale Geschichte*, Göttingen 2011, S. 30-84; Wolfram Drews, Jenny Rahel Oesterle (Hg.), *Trans-*

kulturelle Komparatistik. Beiträge zu einer Globalgeschichte der Vormoderne, Leipzig 2008 (= Comparativ Bd. 18, 3-4); Michael Werner, Benedicte Zimmermann, »Vergleich, Transfer, Verflechtung. Der Ansatz der Histoire croisée und die Herausforderung des Transnationalen«, in: *Geschichte und Gesellschaft* 28 (2002), S. 607-636; Agnes Arndt u. a. (Hg.), *Vergleichen, verflechten, verwirren? Europäische Geschichtsschreibung zwischen Theorie und Praxis*, Göttingen 2011.

3 Vgl. etwa David Armitage, Sanjay Subrahmanyam (Hg.), *The Age of Revolutions in Global Context, c. 1760-1840*, New York 2010; Horst Stuke, Wilfried Forstmann (Hg.), *Die europäischen Revolutionen von 1848*, Königstein 1979; Mike Rapport, *1848. Revolution in Europa*, Stuttgart 2011; Houri Berberian, *Roving Revolutionaries. Armenians and the Connected Revolutions in the Russian, Iranian, and Ottoman Worlds*, Oakland 2919.

4 Vgl. Sebastian Conrad, *Globalgeschichte. Eine Einführung*, München 2013, S. 174-192. Die Diskussion ist ein Ableger der allgemeinen Debatte zu den »Multiple Modernities«. Vgl. v. a. Shmuel N. Eisenstadt, *Comparative Civilizations and Multiple Modernities*, 2 Bde., Leiden 2003.

5 Vgl. vor allem Wang Huis noch nicht übersetzte vierbändige Geschichte des Aufstiegs des Chinesischen Denkens von 2004. Vgl. dazu etwa Ban Wang, »Discovering Enlightenment in Chinese History. The Rise of Modern Chinese Thought by Wang Hui«, in: *Boundary* 2/34 (2007), S. 217-238; Zhang Yongle, »The Future of the Past. On Wang Hui's Rise of Modern Chinese Thought«, in: *New Left Review* 62 (2010), S. 47-83; Viren Murthy, »Modernity against Modernity. Wang Hui's Critical History of Chinese Thought«, in: *Modern Intellectual History* 3 (2006), S. 137-165.

6 Vgl. Sanjay Subrahmanyam, »Hearing Voices. Vignettes of Early Modernity in South Asia, 1400-1750«, in: *Daedalus* 127 (1998), S. 75-104; Muzaffar Alam, Sanjay Subrahmanyam, *Writing the Mughal World. Studies on Culture and Politics*, New York 2012.

7 Ich nenne nur einige Überblicks- und Sammelwerke: Christoph Auffarth, *Die Ketzer. Katharer, Waldenser und andere religiöse Bewegungen*, München 2005; Irene Pieper u. a. (Hg.), *Häresien*, München 2003; Malcolm Lambert, *Medieval Heresy. Popular Movements from the Gregorian Reform to the Reformation*, Oxford ³2002; Ian Hunter u. a. (Hg.), *Heresy in Transition. Transform-*

ing Ideas of Heresy in Medieval and Early Modern Europe, Aldershot 2005. Zur Historiographie vgl. John Christian Laursen (Hg.), *Histories of Heresy in Early Modern Europe. For, Against, and Beyond Persecution and Toleration*, New York 2002.

8 Vgl. als eine der wenigen Studien, die vergleichend vorgehen, John B. Henderson, *The Construction of Orthodoxy and Heresy. Neo-Confucian, Islamic, Jewish, and Early Christian Patterns*, Albany 1998.

9 Jürgen Osterhammel, *Die Flughöhe der Adler. Historische Essays zur globalen Gegenwart*, München 2017.

10 Vgl. Jin Jiang, »Heresy and Persecution in Late Ming Society. Reinterpreting the Case of Li Zhi«, in: *Late Imperial China* 22 (2001), S. 1-34; Ray Huang, *1587. Ein Jahr wie jedes andere. Der Niedergang der Ming*, Frankfurt 1986, S. 319-370.

11 Li Zhi, *A Book To Burn And A Book To Keep (Hidden). Selected Writings*, hg. von Rivi Handler-Spitz, Pauline C. Lee und Haun Saussy, New York 2016; Phillip Grimberg, *Dem Feuer geweiht. Das Lishi Fenshu des Li Zhi (1527-1602). Übersetzung, Analyse, Kommentar*, Marburg 2014.

12 Vgl. zu Li Zhis Biographie auch Jean François Billeter, *Li Zhi, philosophe maudit*, Genf 1979; L. Carrington Goodrich, Chanying Fang (Hg.), *Dictionary of Ming Biography 1368-1644*, 2 Bde., New York 1976, Bd. 2, S. 807-818.

13 Zu dieser Zeit vgl. Huang, *1587. Ein Jahr wie jedes andere* (Anm. 10).

14 Nenad Filipovic, Shabab Ahmed, *Two Seventeenth-Century Ottoman Heretics* (Papier von der in Anm. 24 genannten Princetoner Konferenz von 2008, noch unveröffentlicht). Ihre Interpretation gebe ich hier wieder. Vgl. jetzt auch Marinos Sariyannis, »The Limits of Going Global: The Case of ›Ottoman Enlightenment(s)‹«, in: *History Compass* 18 (2020), ⟨https://compass.onlinelibrary.wiley.com/doi/10.1111/hic.12623⟩ [Letzter Zugriff 24.2.2022].

15 Vgl. zur Verschärfung des Klimas im Osmanischen Reich auch Guy Burak, »Faith, Law and Empire in the Ottoman ›Age of Confessionalization‹ (Fifteenth–Seventeenth Centuries). The Case of ›Renewal of Faith‹«, in: *Mediterranean Historical Review* 28 (2013) (Online-Publikation); Nir Shafir, »How to Read Heresy in the Ottoman World«, in: Tijana Krstić, Derin Terzioğlu (Hg.), *Historicizing Sunni Islam in the Ottoman Empire, c. 1450-c. 1750*, Leiden 2021, S. 196-231.

16 In der Venezianischen Anklage von 1592 sind die folgenden Punkte genannt: »1. avere opinioni contrarie alla fede cattolica, 2. avere opinioni eretiche sulla Trinità, la divinità e l'incarnazione di Cristo, 3. avere opinioni eretiche su Cristo, 4. avere opinioni eretiche sull'eucaristia e la messa, 5. credere nell'esistenza e nell'eternità di più mondi, 6. credere nella metempsicosi, 7. praticare la divinazione e la magia, 8. non credere nella verginità di Maria, 9. essere lussurioso und 10. vivere al modo degli eretici protestanti.« Zum Fall Bruno vgl. Luigi Firpo, *Il processo di Giordano Bruno*, Rom 1993; Paul Richard Blum, *Giordano Bruno*, München 1999; Francesco Beretta, »Giordano Bruno e'inquisizione romana. Considerazioni sul processo«, in: *Bruniana & Campanelliana* 7 (2001), S. 15-49; Michael White, *The Pope and the Heretic. The True Story of Giordano Bruno, the Man who Dared to Defy the Roman Inquisition*, New York 2002. Vgl. auch den Fall Galilei: Pietro Redondi, *Galilei der Ketzer*, München 1989.

17 Vgl. allgemein Jonathan Israel, »Rethinking Islam. Philosophy and the ›Other‹«, in: ders., *Enlightenment Contested. Philosophy, Modernity, and the Emancipation of Man 1670-1752*, Oxford 2006, S. 615-639. Paul Rycaut, *The Present state of the Ottoman empire. Containing the Maxims of the Turkish politie, the most material Points of the Mahomet religion, [...] their military discipline [...]; Illustrated with divers Pieces of Sculpture representing the variety of Habits amongst the Turks*, London 1668, S. 246: »One of this Sect called Mahomet Effendi, a rich man, Educated in the knowledge of the Eastern Learning, I remember, was in my time executed for impudently proclaiming his blasphemies against the being of a Deity; making it in his ordinary discourse, an argument against the being of a God, for that either there was none at all, or else not so wise as the Doctors preached he was, in suffering him to live who was the greatest enemy and scorner of a Divine Essence that ever came into the World. And it is observable that this man might notwithstanding his accusation, have saved his life would he but have confessed his error and promised for the future an assent to the principles of a better but he persisted still in his blasphemies saying that though there were no reward yet the love of truth obliged him to dye a Martyr. I must confess until now I never could believe that there was a formal Atheism in the World concluding that the principle of the being of a God was demonstrable by the Light of Na-

ture but it is evident now how far some men have extinguished this light and lamp in their Souls.« Vgl. auch Pierre Bayle, *Pensées diverses sur la comète de 1680*, Rotterdam 1683; dt: *Verschiedene Gedanken über einen Kometen*, Leipzig 1975, § 182, S. 393f: »Man kann zu diesem Exempel des Vanini noch ein anderes von einem gewissen Mahomet Effendi hinzusetzen, der vor kurzem in Konstantinopel hingerichtet worden ist, weil er gegen das Dasein Gottes öffentlich gelehrt hatte. Er konnte sein Leben retten, er durfte nur seinen Irrtum bekennen und versprechen, denselben inskünftig fahrenzulassen. Allein, er ging von seinen Gotteslästerungen nicht ab, sondern sagte: Ob er gleich keine Belohnung zu erwarten hätte, so verbände ihn doch die Liebe zur Wahrheit, den Märtyrertod auszustehen, um dieselbe zu behaupten. Ein Mensch, der also redet, muß notwendig einen Begriff von Ehrbarkeit haben, und treibt er seine Hartnäckigkeit so hoch, daß er für die Gottesleugnung stirbt, so muß er eine so unsinnige Begierde, ein Märtyrer derselben zu werden, besitzen, daß er sich ebendiesen Martern aussetzen würde, wenn er gleich nicht ein Atheist wäre.«

18 Wobei die Charakterisierungen »Europa« und »Naher Osten« natürlich nur ganz grob verstanden sind. Immerhin war im Mittelalter auch Südspanien und in der Frühen Neuzeit große Teile des Balkans islamisch, während es im Nahen Osten immer auch Christen gegeben hat. Zur globalen Welt des Mittelalter vgl. Michael Borgolte, *Die Welten des Mittelalters. Globalgeschichte eines Jahrtausends*, München 2022.

19 Was ich in diesem Kapitel nicht untersuchen kann, sind mögliche untergründige Kontinuitäten häretischer Gedanken in astrologischen, alchemischen oder medizinischen Schriften seit dem Mittelalter. Vgl. aber oben Kapitel II.

20 Zur Problematik des Kulturtransfers hat sich eine sehr detaillierte analytische Terminologie etabliert. Vgl. dazu Michel Espagne, Michael Werner (Hg.), *Transferts. Les Relations interculturelles dans l'espace franco-allemand (XVIIIe et XIXe siècle)*, Paris 1988.

21 Zu Fausto Sozzini und dem Sozinianismus ist jetzt grundlegend Kestutis Daugirdas, *Die Anfänge des Sozinianismus. Genese und Eindringen des historisch-ethischen Religionsmodells in den universitären Diskurs der Evangelischen in Europa*, Göttingen 2016. Vgl. als ältere Gesamtdarstellung Otto Fock, *Der Socinianismus nach seiner Stellung in der Gesamtentwicklung des christlichen*

Geistes, nach seinem historischen Verlauf und nach seinem Lehrbegriff dargestellt, Kiel 1847. Vgl. weiter Sascha Salatowsky, *Die Philosophie der Sozinianer. Transformationen zwischen Renaissance-Aristotelismus und Frühaufklärung*, Stuttgart 2015.

22 Die Forschung über diese Radikalen ist erst seit den 1990er Jahren aufgeblüht. Vgl. Sarah Stroumsa, *Freethinkers in Medieval Islam. Ibn Al-Rāwandī, Abū Bakr Al-Rāzī, and Their Impact on Islamic Thought*, Leiden 1999; Dominique Urvoy, *Les penseurs libres dans l'Islam classique*, Paris 1996. Zu al-Maʿarri vgl. Muhammad Abū al-fadl Badran: »›... denn die Vernunft ist ein Prophet‹. Zweifel bei Abū l-Alā al-Maʾarri«, in: Friedrich Niewöhner, Olaf Pluta (Hg.), *Atheismus im Mittelalter und in der Renaissance*, Wiesbaden 1999, 61-84; Zu Ibn ar-Rāwandī vgl. auch Josef van Ess, *Theologie und Gesellschaft im 2. und 3. Jahrhundert Hidschra. Eine Geschichte des religiösen Denkens im frühen Islam*, Bd. IV, Berlin 1997, S. 295-349; Patricia Crone, *Islam, the Ancient Near East and Varieties of Godlessness* (Collected Studies in Three Volumes, Bd. 3), Leiden 2006.

23 Vgl. Gerald Toomer, *Eastern Wisedom and Learning. The Study of Arabic in Seventeenth-Century England*, Oxford 1996; Alastair Hamilton u. a. (Hg.), *The Teaching and Learning of Arabic in Early Modern Europe*, Leiden 2017; Alastair Hamilton, *The Arcadian Library. Western Appreciation of Arab and Islamic Civilization*, Oxford 2011; Alexander Bevilacqua, *The Republic of Arabic Letters. Islam and the European Enlightenment*, Cambridge 2018.

24 Dem folgenden Teil habe ich in verschiedenen Papieren vorgearbeitet. 2008 habe ich über das Thema bei der Konferenz »Islamic Freethinking and Western Radicalism. Possible Ways of Transmission« am Institute for Advanced Study in Princeton vorgetragen (21.-24. April), die von Patricia Crone, Jonathan Israel und mir organisiert worden ist. In diesem Jahr erschien auch mein Text: »Islam und Sozinianismus. Eine Parallelwahrnehmung der Frühen Neuzeit«, in: Dietrich Klein u. a. (Hg.), *Wahrnehmung des Islam zwischen Reformation und Aufklärung*, München 2008, S. 27-40. Der Princetoner Vortrag wurde publiziert als: »Socinianism, Islam and the Radical Uses of Arabic Scholarship«, in: *Al-Qantara* 31 (2010), S. 549-586, eine kürzere und sich unterscheidende Variante davon als: »Socinianism, Islam, and the Origins of Radical Enlightenment«, in: Luisa Simonutti (Hg.), *Religious Obedience and Po-*

litical Resistance in the Early Modern World / Obedienza religiosa e resistenza politica nella prima età moderna. Jewish, Christian and Islamic Philosophers Addressing the Bible. Filosofi ebrei, cristiani e islamici di fronte alla Bibbia, Amsterdam 2014 (aber 2015 erschienen), S. 435-457; der hier gedruckte Text ist aber eine wiederum überarbeitete und veränderte Fassung.

25 Johann Jacob Reiske, »Oratio Studium Arabicae Linguae Commendans dicta Quum is munus Professoris Arabicae Linguae Publ. Extr. in Academia Lipsiensi. MDCCXLVIII«, in: ders., *Conjecturae in Jobum et Proverbia Salomonis cum eiusdem orationes de studio Arabicae Linguae*, Leipzig 1779, S. 219-292, hier S. 233: »Ut apud nos libere philosophati quidam religionis nudum latus petere ausus sunt; sic etiam apud Arabes non unus fuit Abuola, non unus Ibn er Rawandi, qui in ridendis et lacerandis sectis omnibus sibi placuit, statuens, nihil usquam, praeterquam in sola sana ratione, sani esse.« Vgl. Jan Loop, »Kontroverse Bemühungen um den Orient. Johann Jacob Reiske und die deutsche Orientalistik seiner Zeit«, in: Hans-Georg Ebert, Thoralf Hanstein (Hg.), *Johann Jacob Reiske – Leben und Wirkung. Ein Leipziger Byzantinist und Begründer der Orientalistik im 18. Jahrhundert*, Leipzig 2005, S. 45-85, bes. S. 78. – Zu diesen Denkern vgl. Stroumsa, *Freethinkers* (Anm. 22); Urvoy, *Les penseurs libres* (Anm. 22); Von Ess, *Theologie und Gesellschaft* (Anm. 22),

26 Zur Terminologie im Deutschland der Zeit vgl. Else Liepe, *Der Freigeist in der deutschen Literatur des 18. Jahrhunderts*, Kiel 1930; Martin Mulsow, *Freigeister im Gottsched-Kreis. Wolffianismus, studentische Aktivitäten und Religionskritik in Leipzig 1740-1745*, Göttingen 2007, sowie jetzt vor allem Björn Spiekermann, *Der Gottlose. Geschichte eines Feindbilds in der Frühen Neuzeit*, Frankfurt 2020.

27 Johann Heinrich Hottinger, *Historia orientalis, quae ex variis orientalium monumentis collecta, agit [...]*, Zürich 1651. Zu Hottinger vgl. Jan Loop, »Johann Heinrich Hottinger (1620-1667) and the Historia Orientalis«, in: *Church History and religious culture* 88/2 (2008), S. 169-203.

28 Jakob Friedrich Reimmann, *Historia universalis atheismi*, Hildesheim 1725, S. 528-541. Zu Reimmann vgl. auch Kap. VII.

29 Zu Bayle vgl. Israel, *Rethinking Islam* (Anm. 17).

30 Vgl. vor allem Paul Kraus, »Beiträge zur islamischen Ketzerge-

schichte. Das Kitāb az-Zumurrud des Ibn ar-Rāwandī [1933/34]«, in: ders., *Alchemie, Ketzerei, Apokryphen im frühen Islam. Gesammelte Aufsätze*, Wiesbaden 1994, S. 109-190. Kraus hat den von Nyberg gefundenen und 1925 edierten Text, der in einer Handschrift von Hayyāt enthalten ist, analysiert. Vgl. aber auch schon von Alfred von Kremer, »Ein Freidenker des Islam«, in: *Zeitschrift der deutschen Morgenländischen Gesellschaft* 29 (1875), S. 304-312, zu Ma'arri.

31 Barthélemy Herbelot, *Bibliothèque orientale*, Paris 1697, S. 303a, Art. »Dunia« (le monde): »Il y a aussi parmi les Musulmans des Docteurs qui ont été soupçonnez d'être du sentiment de ces philosophes que les Arabes appellent Deherioun, Deherites, c'est-à-dire, qui croyent que le monde soit éternel. Les Docteurs sont Averroes, Avicenne, Alfarabius, & autres qui ont fait une profession particuliere du suivre la Philosophie d'Aristote. Ha – Poëte Persien, Philosophe, et Theologien mystique dit sur le sujet de l'éternité du monde: Parlons de nous réjoüir, et n'enttrons point dans ce mystere: car nul homme n'a pû jusqu'à present déchifrer par sa philosophie cette enigme.« 311b: Art. »Elahioun« (le divins): »Les Musulmans intendent par ce mot la seconde secte des Philosophes qui a admis un premier moteur de toutes choses, et une substance spirituelle détaché de toutes sorte de matiere; en quoy ella a en plus de lumieres que la premiere, composée de ceux, qu'ils appellent Deherioun et Thabâioun, c'est-à-dire, Mondains, et Naturels, ou si vous voulez Mondanistes, et Naturalistes, à cause qu'ils n'admettoient point de principes hors du monde materiel, et de la nature.« Vgl. Reimmann, *Historia universalis atheismi* (Anm. 28) mit seinen kritischen Bemerkungen: 534f.: »Non confundendum est haec Secta Dararioum cum alia dicta Deheritarum vel Beheritarum, quae mundum docuit esse aeternum. Attingit eam Herbelotius in Bibliotheca orientali p. 303. Sed extremis tantum digitis nec satis lucide exponit qua in re a Secta Thabaioun, a qua eam p. 311. diversam fuisse indicat, fuerit distincta. Hoc ait, e duabus hisce Sectis natam esse tertiam Mundanistarum & Naturalistarum, quae praeter mundum materialem & naturalem aliud non agnoverit principium, atque in hac haeresi fuisse Alfarabium & Avicennam.«

32 Die Spur der spätantiken Mediziner-Naturalisten bis hin zum Naturalismus im Islam hat Patricia Crone intensiv verfolgt. Vgl. dies., »Post-Colonialism in Tenth-Century Islam«, in: *Der Islam* 83

(2006), S. 2-38; dies., »The Dahrīs According to al-Jāḥiẓ«, in: dies., *Islam, the Ancient Near East* (Anm. 22), S. 96-117; dies., *Ungodly Cosmologies*, in: dies., *Islam, the Ancient Near East* (Anm. 22), S. 118-150. Israel, *Rethinking Islam* (Anm. 17), S. 635; Pierre Bayle, *Écrits sur Spinoza*, hg. von Francoise Charles-Daubert und Pierre-Francois Moreau, Paris 1983, S. 114.

33 Vgl. allgemein Earl Morse Wilbur, *A History of Unitarianism. Socinianism and its Antecedents*, Boston 1945; ders., *A History of Unitarianism in Transsylvania, England, and America*, Cambridge 1952; Fock, *Der Socinianismus* (Anm. 21); Daugirdas, *Die Anfänge* (Anm. 21).

34 Zur Terminologie der Kulturtransfer-Forschung vgl. Espagne/Werner, *Transferts* (Anm. 20); Wolfgang Schmale (Hg.), *Kulturtransfer. Kulturelle Praxis im 16. Jahrhundert*, Innsbruck 2003.

35 Vgl. Paul Wrzecionko (Hg.), *Reformation und Frühaufklärung in Polen. Studien über den Sozinianismus und seinen Einfluß auf das westeuropäische Denken im 17. Jahrhundert*, Göttingen 1977; Martin Mulsow, Jan Rohls (Hg.), *Socinianism and Arminianism. Antitrinitarians, Calvinists and Cultural Exchange in Seventeenth-Century Europe*, Leiden 2005.

36 Zu diesen Mischformen und Übergängen vgl. Emanuela Scribano, *Da Descartes a Spinoza. Percorsi della teologia razionale nel Seicento*, Mailand 1988; Wiep van Bunge, *From Stevin to Spinoza*, Leiden 2001; Martin Mulsow, »The ›New Socinians‹. Intertextuality and Cultural Exchange in Late Socinianism«, in: ders., Jan Rohls (Hg.), *Socinianism and Arminianism* (Anm. 35), S. 49-78; ders., *Moderne aus dem Untergrund. Radikale Frühaufklärung in Deutschland 1680-1720*, Hamburg 2002, Kap. III; Israel, *Enlightenment Contested*, S. 115-134.

37 Beides ist bisher kaum im Zusammenhang studiert worden. Zur Wirkung jüdischer antichristlicher Polemik vgl. z. B. Yosef Kaplan, *From Christianity to Judaism. The Story of Isaac Orobio de Castro*, Oxford 1989; Richard H. Popkin, »Jewish Anti-Christian Arguments as a Source of Irreligion from the Seventeenth to the Early Nineteenth Century«, in: Michael Hunter, David Wootton (Hg.), *Atheism from the Reformation to the Enlightenment*, Oxford 1992, S. 159-181; Silvia Berti, »At the Roots of Unbelief«, in: *Journal of the History of Ideas* 56 (1995), S. 555-575; Mulsow, *Moderne aus dem Untergrund* (Anm. 36), Kap. II.

38 Vgl. Justin Champion, *The Pillars of Priestcraft Shaken. The Church of England and Its Enemies 1660-1730*, Cambridge 1992, S. 99-132.
39 Vgl. Lorenzo Bianchi, *Tradizione libertina e critica storica. Da Naudé a Bayle*, Mailand 1988; Martin Mulsow, »The Trinity as Heresy. Socinian Counter-Histories of Simon Magus, Orpheus, and Cerinthus«, in: John Christian Laursen (Hg.), *Histories of Heresy in early Modern Europe. For, Against, and Beyond Persecution and Tolerantion*, New York 2002, S. 161-170.
40 Zu den Moriscos vgl. Leonard P. Harvey, *Muslims in Spain 1500 to 1614*, Chicago 2005. Der polnisch-sozinianische Reformationshistoriker Lubiniecki behauptet sogar eine Reise Servets nach Afrika: »Ut ingenium excoleret, in Africam quoque transfretaverat. Is apis instar cuncta sibi profutura unique colligens, et ex ipsis Alcorani – tribulis mellis materiam exigebat.« *Historia reformationis Poloniae*, Amsterdam 1685, S. 96; zit. bei Mathurin Veyssière de La Croze, »Critical Reflections upon Socinianism and Mahometanism«, in: *Four Treatises Concerning the Doctrine, Discipline and Worship of the Mahometans*, London 1712, S. 212 (eine englische Übersetzung von: *Reflexions historiques et critiques sur le mahometisme & sur le socinianisme*, in: La Croze, *Dissertations historiques sur divers sujets*, Rotterdam 1707, die ich hier benutze).
41 *Machumetis Saracenorum principis eiusque successorum vitae, ac doctrina, ipsesque Alcoran*, Basel 1543. Vgl. Hartmut Bobzin, *Der Koran im Zeitalter der Reformation*, Stuttgart 1995.
42 Vgl. Peter Hughes, »Servetus and the Quran«, in: *Journal of Unitarian Universalist History* 30 (2005), S. 55-70.
43 Vgl. die »Einleitung« des Herausgebers in: Miguel Servet, *Obras completas*, Bd. V: *Restitución del Christianismo, 1. Edición*, introducción y notas de Ángel Alcalá, Zaragoza 2006, Introducción, LXXXVIII-XCVII.
44 Roland H. Bainton, *Hunted Heretic. The Life and Death of Michael Servetus. 1511-1553*, Boston 1960, S. 21-40.
45 Erasmus' Eliminierung des Comma Johanneum (1. Johannesbrief, 7) war hier ein Signal gewesen, auch wenn Servet diese Eliminierung nicht aufnahm, sondern die Stelle nichttrinitarisch interpretierte. Vgl. Wilhelm Schmidt-Biggemann, *Apokalypse und Philologie. Wissensgeschichten und Weltentwürfe der Frühen Neuzeit*, Göttingen 2007, S. 79ff.

46 Susan Ritchie, »The Pasha of Buda and the Edict of Torda. The Islamic Ottoman Influence on the Development of Religious Toleration in Reformation Transsylvania«, in: *Journal of Unitarian Universalist History* 30 (2005), S. 36-54; Peter F. Sugar, *Southeastern Europe Under Ottoman Rule. 1354-1804*, Seattle 1983; für die spätere Zeit: Graeme Murdock, *Calvinism on the Frontier. 1600-1660*, Oxford 2000.

47 Vgl. Antal Pirnat, *Die Ideologie der Siebenbürger Antitrinitarier in den 1570er Jahren*, Budapest 1961.

48 Zu Biandrata vgl. Delio Cantimori, *Italienische Häretiker der Spätrenaissance*, Basel 1949, bes. S. 203-216 und S. 300-311; Earl Morse Wilbur, *A History of Unitarianism. Socinianism and its Antecedents*, Boston 1945, S. 223ff.; Sergio Carletto, *La trinità e l'anticristo. Giorgio Biandrata tra eresia e diplomazia*, Dronero 2001.

49 Peter Hughes, »In the Footsteps of Servetus. Biandrata, Dávid, and the Quran«, in: *Journal of Unitarian Universalist History* 31 (2006/7), S. 57-63.

50 Vgl. Pirnat, *Die Ideologie der Siebenbürger Antitrinitarier* (Anm. 47), S. 127-134; *Bibliotheca Dissidentium*, Bd. XI: *The Heidelberg Antitrinitarians: Johann Sylvan, Adam Neuser, Matthias Vehe, Jacob Suter, Johann Hasler*, hg. von Christopher J. Burchill, Baden-Baden 1989. Vgl. auch Raoul Motika, »Adam Neuser – ein Heidelberger Theologe im Osmanischen Reich«, in: Sabine Prätor u. a. (Hg.), *Frauen, Bilder und Gelehrte*, Istanbul 2002, S. 523-538; Martin Mulsow, »Fluchträume und Konversionsräume zwischen Heidelberg und Konstantinopel. Der Fall Adam Neuser«, in: ders. (Hg.), *Kriminelle – Freidenker – Alchemisten. Räume des Untergrunds in der Frühen Neuzeit*, Köln 2014, S. 33-60; ders., »Adam Neusers Brief an Sultan Selim II. und seine geplante Rechtfertigungsschrift. Eine Rekonstruktion anhand neuer Manuskriptfunde«, in: Friedrich Vollhardt (Hg.), *Religiöser Nonkonformismus und frühneuzeitliche Gelehrtenkultur*, Berlin 2014, S. 293-318.

51 Solche Konversionen sind berichtet für Simon Pecs und seine Anhänger. Vgl. Robert Dan, *Az erdélyi szombatosok és Péchi Simon*, Budapest 1987; Martin Mulsow, Richard R. Popkin, »Introduction«, in: dies. (Hg.), *Secret Conversions to Judaism in early Modern Europe*, Leiden 2004, S. 3.

52 Vgl. *Bibliotheca Dissidentium*, Bd. XI (Anm. 50). Ich zitiere den Brief hier nach der deutschen Übersetzung in: Jakob Beyrlin, »An-

tiquitates Palatinae«, in: Ludwig Christian Mieg (Hg.), *Monumenta pietatis et literaria virorum in re publica et literaria illustrium selecta*, Frankfurt 1701, dort: S. 337-344, bes. S. 337. Es scheint, daß Neuser den Brief nicht wirklich dem Gesandten übergeben konnte, sondern daß er bei einer Durchsuchung seiner Wohnung gefunden wurde. Vgl. Pirnat, *Die Ideologie der Siebenbürger Antitrinitarier* (Anm. 47), S. 117-134, bes. S. 118.

53 Die in Gotha aufgefundene lateinische Version des Briefes von Neusers Hand, wahrscheinlich eine Rekonstruktion des Textes, die er selbst wenige Jahre später vorgenommen hat: FB Gotha, Chart. A 407, fol. 351r-351v: Brief an Sultan Selim II, mit zahlreichen Marginalien z.T. in Geheimschrift, Fassung B; 352r-352v Brief an Sultan Selim II, Fassung A (kürzer), mit zusätzlichen Notizen auf fol. 352v unten. Vgl. dazu meine beiden in Anm. 50 genannten Aufsätze.

54 Vgl. Curt Horn, *Der Kampf zwischen Calvinismus und Zwinglianismus in Heidelberg und der Process gegen den Antitrinitarier Johann Sylvan*, Heidelberg 1913 (auch in: *Neue Heidelberger Jahrbücher* 17 (1913), S. 219-310).

55 Vgl. Winfried Schulze, *Reich und Türkengefahr im späten 16. Jahrhundert*, München 1984.

56 Vgl. M.E.H.N. Mout, »Calvinoturcismus und Chiliasmus im 17. Jahrhundert«, in: *Pietismus und Neuzeit* 14 (1988), S. 72-84.

57 *La Guerre d'Espagne, de Bavière, et de Flandre, ou Memoires du Marquis d****. *Contenant ce qui s'est passé de plus sécret et de plus particulier depuis le commencement de cette Guerre, jusq'à la fin de Campagne 1706*, ›Cologne‹ 1707. Vgl. Olaf Simons, *Marteaus Europa, oder: Der Roman, bevor er Literatur wurde*, Amsterdam 2001, S. 621 f.; ders., »Ein General als religiöser Projektierer. Der Fall Langallerie«, in: Mulsow (Hg.), *Kriminelle – Freidenker – Atheisten* (Anm. 50), S. 235-264.

58 Martin Mulsow, »Who was the author of the ›Clavis apocalyptica‹ of 1651? Millenarianism and Prophecy between Silesian Mysticism and the Hartlib Circle«, in: J.Ch. Laursen, R.H. Popkin (Hg.), *Millenarianism and Messianism in Early Modern European Culture: Continental Millenarian. Protestants, Catholics, Heretics*, Dordrecht 2001, S. 57-75.

59 Vgl. Mulsow, »Adam Neusers Brief« (Anm. 50), S. 294 f. Zur Vier-Reiche-Prophetie vgl. Adalbert Klempt, *Die Säkularisierung der*

Universalhistorischen Auffassung. Zum Wandel des Geschichtsdenkens im 16. und 17. Jahrhundert, Göttingen 1960.
60 Cornel Fleischer, »Ancient Wisdom and New Sciences. Prophecies at the Ottoman Court in the Fifteenth and Early Sixteenth Centuries«, in: Massumeh Farhad, Serpil Bağci (Hg.), *Falnama. The Book of Omens*, Washington DC 2009, S. 231-243 und S. 329-330 (Fußnoten).
61 Zu Sozzini vgl. Cantimori, *Häretiker* (Anm. 48). Vgl. auch den in Anm. 168 zitierten Brief von Crell an La Croze.
62 Zum Islam als Feindbild auch in ikonographischer Hinsicht vgl. Eckhard Leuschner, Thomas Wünsch (Hg.), *Das Bild des Feindes. Konstruktion von Antagonismen und Kulturtransfer im Zeitalter der Türkenkriege*, Berlin 2013. Zu den intellektuell produktiven Dimensionen des Feindbildes »Islam« vgl. das meisterhafte Buch von Noel Malcolm, *Useful Enemies. Islam and The Ottoman Empire in Western Political Thought 1450-1750*, Oxford 2019.
63 Biandrata und David haben gegen diese Anschuldigung einen Traktat verfaßt: *Demonstratio falsitatis doctrinae Petri Melii, et reliquorum Sophistarum per Antitheses una cum refutatione Antitheseon veri et Turcici Christi*, Weißenburg 1568. Vgl. Hughes, *In the Footsteps of Servetus* (Anm. 49), S. 58.
64 Vgl. etwa Wim Janse, »Reformed Antisocinianism in Northern Germany: Ludwig Crocius' Antisocinianismus contractus of 1639«, in: *Perichoresis* 3 (2005), S. 1-14; Hans-Werner Gensichen, *Die Wittenberger antisozinianische Polemik*, Göttingen 1942; Johann Amos Comenius, *Antisozinianische Schriften*, Frankfurt 2007, »Einleitung«.
65 Hottinger, *Historia orientalis* (Anm. 27); ich benutze die erweiterte Ausgabe, Zürich 1660. Zu Hottinger vgl. außer Loop, *Hottinger* (Anm. 27), auch Johann Fück, *Die arabischen Studien in Europa bis auf den Anfang des 20. Jahrhunderts*, Leipzig 1955; Alastair Hamilton, »Seventeenth Century-Studies on Islam«, in: *Archiv für Religionsgeschichte* 3 (2001), S. 169-182. Hottingers Arabischkenntnisse wurden von einem Native Speaker recht negativ bewertet: Abrahamus Eccehellensis, *Eutychius patriarcha alexandrinus vindicatus*, Rom 1661, S. 378-446.
66 Hottinger, *Historia* (Anm. 27), S. 362ff. Vgl. Johannes Hoornbeek, *Summa controversiarum religionis cum infidelibus, hæreticis, schismaticis*, Utrecht 1653; ders., *Socinianismi confutati*, Bd. I-III,

Utrecht 1650-1664; Johannes Maccovius, *Theologia polemica posthuma*, Franeker 1646.
67 Johann Heinrich Hottinger, *Christlicher unpartheyischer Wägweyser*, 3 Bde., Zürich 1647-49, z. B. Bd. II, S. 23.
68 Hottinger, *Historia* (Anm. 27), S. 361f: »ne ab orco illa veterum Anti-Trinitariorum revocata dogmata viam Muhammedismo, in ipsis etiam Europae pomoeriis, struerent«.
69 Ebd., S. 363: »[...] si ex ipsis Muhammedanorum principiis instituta synthesi demonstraremus, vix lac lacti, aut ovum ovo esse similius, quam sunt pleraque utriusque Religionis dogmata [...].«
70 Ebd., S. 364: »Religionem etiam Communem esse, per quam salutem liceat cujuscunque sectae hominibus consequi, utrique docent.«
71 Ebd., S. 364-366: »De scriptura utrique tradunt: Vetus testamentum a Judaeis corruptum. [...] Religionem Christanam ex Vet. Test. non esse probandam. [...] Novo testameno utrique tantum defrerunt, quantum causae eorum expedit.«
72 Ebd., S. 368: »Circa Essentiam et attributa notandum, Socianos vel cum Mohammedanis consentire, vel oppositis erroribus, a media Catholicae Ecclesiae sententia, iisdem passibus recedere, vel hos illis esse saniores.«
73 Ebd., S. 383: »[...] ut tamen saepe Muhammedani, contra Socinianos tribules, arma nobis suppeditent.«
74 Dietrich Klein, »Muslimischer Antitrinitarismus im lutherischen Rostock. Zacharias Grapius der Jüngere und die Epistola theologica des Ahmed ibn Abdallāh«, in: ders. u. a. (Hg.), *Wahrnehmung des Islam* (Anm. 24), S. 41-60.
75 Hottinger, *Historia* (Anm. 27), S. 384: »[...] rationes quibus S. S. Trinitatem arietant utrinque, Socinianos ex Muhammedanis officina mutuasse certum est.«
76 Ebd., S. 386: »Capita cognitionis Dei utrinque manca et mutila sunt, perfectius tamen iterum a Muhammedanis, quam Socinianis traduntur.«
77 Bar Hebraeus, *Historia compendiosa dynastiarum Authore Gregorio abul-Pharajo Malatensi medico [...], accuratissime describens arabice edita et latine versa ab Edvardo Pocockio*, Oxford 1663; *Specimen Historiae Arabum*, Oxford 1650.
78 *Historia Saracenica qua res gestae Muslimorum inde a Muhammede Arabe usque ad initium Atabacasi [...] explicantur*, Leiden 1625.

79 In diesem Sinne zitiert Hottinger aus zweiter Hand aus Abu Hanifa (S. 367), Abulchasan (S. 368), Scharistanius (S. 369).
80 Zu erforschen ist noch die Präsenz von Orientalia in Hottingers gewaltigem Nachlaß, der heute in der Zentralbibliothek Zürich aufbewahrt wird. Zum Nachlaß allgemein vgl. Fritz Büsser, »Johann Heinrich Hottinger und der ›Thesaurus Hottingerianus‹«, in: *Zwingliana* 22 (1995), S. 85-108. Zu Golius' Akquisitionen im Orient vgl. Gerald J. Toomer, *Eastern Wisdome and Learning. The Study of Arabic in Seventeenth-Century England*, Oxford 1996, S. 48ff.
81 Hottinger, *Historia* (Anm. 27), S. 371. Ich danke Tobias Nünlist (Zentralbibliothek Zürich) für die Information. Vgl. dessen Katalog: *Arabische, türkische und persische Handschriften (Katalog der Handschriften der Zentralbibliothek Zürich 4)*, Wiesbaden 2008.
82 Ebd., S. 373f.
83 Zu al-Qarāfī (1228-1285), einem malikistischen Juristen, von Ursprung her Berber, der im Ayyubidischen und Mamlukischen Ägypten lebte, vgl. Sherman A. Jackson, *Islamic Law and the State. The Constitutional Jurisprudence of Shihāb al-Dīn al-Qarāfī*, Leiden 1996. Zu seinen naturwissenschaftlichen Interessen vgl. Aydin M. Sayili, »Al Qarāfī and His Explanation of the Rainbow«, in: *Isis* 32 (1940), S. 16-26. Zu al-Qarāfīs theologischer Polemik gegen das Christentum vgl. Ali Bouamama, *La littérature polémique musulmane contre le christianisme depuis ses origines jusqu'au XIIIe siècle*, Algier 1988, S. 112-118 und S. 170-179.
84 Vgl. Jan Just Witkam, *Inventory of the Oriental Manuscripts in the Library of the University of Leiden. Bd. I: Manuscripts Or. 1- Or. 1000. Acquisitions in the Period between 1609 and 1665. Mainly the Collections of Jacobos Golius (1629), Josephus Justus Scaliger (1609) and Part of the Collection of Levinus Warner*, Leiden 2007, S. 74: Or. 173. Das Manuskript umfaßt 143 Blätter und ist auf 707 AH datiert. Es stammt aus der Sammlung von Golius. In der Züricher Zentralbibliothek, in die Hottingers Manuskripte übergegangen sind, findet sich hingegen kein al-Qarāfī-Exemplar. Ich danke Dr. Tobias Nünlist für die Auskunft.
85 Eine Übersicht über die Polemiken steht noch aus. Sie müßte von zeitgenössischen Werken ausgehen. Zu den hugenottischen Autoren vgl. Erich Haase, *Einführung in die Literatur des Refuge*, Berlin 1959.
86 Der Text erschien in La Crozes anonym publizierten *Dissertations*

historiques sur divers sujets (Anm. 40). Zu La Croze vgl. Martin Mulsow, *Die drei Ringe. Toleranz und clandestine Gelehrsamkeit bei Mathurin Veyssière La Croze*, Tübingen 2001.

87 *Réflexions*; ich benutze wieder die englische Übersetzung: *Historical and Critical Reflections upon Mahometanism and Socinianism* (Anm. 40). Dort S. 198.

88 La Croze, *Réflexions; Historical and Critical Reflections* (Anm. 40), S. 213-228.

89 Vgl. Winfried Schröder, »Religionsphilosophie im 16. Jahrhundert? Martin Seidel und seine Schrift ›Origo et fundamenta religionis Christianae‹«, in: Martin Mulsow (Hg.), *Spätrenaissance-Philosophie in Deutschland 1570-1650. Entwürfe zwischen Humanismus und Konfessionalisierung, okkulten Traditionen und Schulmetaphysik*, Tübingen 2008, S. 150-161; József Simon, *Die Religionsphilosophie Christian Franckens (1552-1610?). Atheismus und radikale Reformation im Frühneuzeitlichen Ostmitteleuropa*, Wiesbaden 2008. Gut zu La Crozes Befürchtung passen eine Reihe von cartesianischen und spinozistischen Radikalen des späten 17. Jahrhunderts. Vgl. Scribano, *Da Descartes a Spinoza* (Anm. 36). Zum Fall Friedrich Wilhelm Stosch vgl. Martin Mulsow, *Radikale Frühaufklärung in Deutschland 1680-1720*, Bd. 2, Göttingen 2018, S. 252-311.

90 Vgl. Martin Mulsow, »Cartesianism, Skepticism and Conversion to Judaism. The Case of Aaron d'Antan«, in: ders., Richard Popkin (Hg.), *Secret Conversions to Judaism in Early Modern Europe*, Leiden 2004, S. 123-182.

91 Vgl. die Fußnote von La Croze auf S. 233 der englischen Ausgabe über eine geplante »Histoire du Socinianisme conduite jusqu'à nôtre tems«.

92 [Christoph Heinrich Oelven], *Der von seiner Königl. Majestät in Preußen Allergnädigst priviligierten Wöchentlichen Curieusen Natur-, Kunst-, Staats-, und Sitten-Praesenten*, Monat April 1708, S. 100ff. Vgl. Mulsow, *Die drei Ringe* (Anm. 86), S. 72-78; ders., »Views of the Berlin Refuge: Scholarly Projects, Literary Interests, Marginal Fields«, in: Sandra Pott u. a. (Hg.), *The Berlin Refuge 1680-1780. Learning and Science in European Context*, Leiden 2003, S. 25-46.

93 *Four Treatises Concerning the Doctrine, Discipline and Worship of the Mahometans*, London 1712.

94 Vgl. Margaret D. Thomas, »Michel de la Roche, a Huguenot Critic of Calvin«, in: *Studies on Voltaire and the Eighteenth Century* 238 (1985), S. 97-195.
95 *Bibliothèque angloise* I,2 (1717), Artikel 10, S. 360.
96 *Memoires of Literature* 5 (1712) und ff.
97 Vgl. Israel, *Rethinking Islam* (Anm. 17); Ahmad Gunny, *Images of Islam in Eighteenth-Century Writings*, London 1996.
98 Vgl. allgemein George H. Williams, *The Radical Reformation*, London 1952; spezifischer Martin Mulsow, »Trinity as a Heresy. Socinian Counter-Histories of Simon Magus, Orpheus and Cerinthus« (Anm. 39).
99 *De falsa et vera unius Dei Patris Filii et Spiritus Sancti cognitione*, Weißenburg 1568, S. 37; zitiert und ins Deutsche übersetzt nach Hughes, *In the Footsteps* (Anm. 49), S. 59.
100 »Iudai pariter ob hanc de Deo doctrinam a Christianis defecerunt. Sed et Philosophi Christianos subsannant, quod plures colant Deos: vide Averroim.« Zitiert nach Cantimori, *Häretiker* (Anm. 48), S. 304.
101 Vgl. Cantimori, *Häretiker* (Anm. 48), S. 304f.
102 Daniel Zwicker, *Irenicum irenicorum*, Amsterdam 1658, S. 14-58. Vgl. Peter G. Bietenholz, *Daniel Zwicker 1612-1678. Peace, Tolerance and God the One and Only*, Florenz 1992, S. 63f.
103 *De falsa et vera*, ed. Pirnat, Utrecht 1988, S. 186-193. Ähnliches auch bei Jacobus Palaeologus. Vgl. Bietenholz, *Zwicker* (Anm. 102), S. 65f.
104 Denis Petau, *Opus de theologicis dogmatibus*, Paris 1644-1650; vgl. Michael Hofmann, *Theologie, Dogma und Dogmenentwicklung im theologischen Werk Denis Petaus*, Bern 1976. Zum größeren Kontext vgl. Walter Glawe, *Die Hellenisierung des Christentums in der Geschichte der Theologie von Luther bis auf die Gegenwart*, Berlin 1912; Mulsow, *Moderne aus dem Untergrund* (Anm. 36), S. 261-307.
105 Koran 12,106; Peter G. Bietenholz, *Zwicker* (Anm. 102), S. 96. Zur Servet-Stelle vgl. Hughes, *Footsteps* (Anm. 49), S. 60.
106 Sebastian Franck, *Chronika, Zeitbuch und Geschichtbibel*, Straßburg 1531.
107 Christoph Sand [d.J.], *Nucleus historiae ecclesiasticae*, [Amsterdam] 1668. Der *Nucleus* ist zu großen Teilen ein Werk von Christoph Sand d.Ä., das vom Sohn Christoph Sand d.J. vollendet

wurde. Zu den Sands, vor allem zum Sohn, fehlt eine Monographie.
108 Sand, *Nucleus* (Anm. 107), S. 347-353; hier S. 347: »[Anno 630] Eodem tempore exorta est religio Mohammedanorum auctore Muhammede Homerita ex Arabia Felice, quem nonnulli dicunt in Sarracenorum religionem cessisse. Ille asserebat se esse servum Dei missum ad praedicandam Dei unitatem contra eos, qui credebant tres deos. Magistri Muhammedis fuere Berra seu Baira quidam dictus, religione Jacobita, Joannes de Antiochia Arianus, et Sergius Monachus Italicus, quorum hic ob Arianam sectam Byzantio in Arabiam transfugerat; quanquam aliqui id propter haeresin Nestorianam accidisse referunt.«
109 Vgl. John V. Tolan, *Saracenes. Islam in the Medieval European Imagination*, New York 2002. Zur Bahira-Legende vgl. Barbara Roggema, *The Legend of Sergius Bahīrā*, Leiden 2008.
110 Zum Arianismus in England vgl. Maurice Wiles, *The Archetypal Heresy. Arianism through the Centuries*, Oxford 1996; Philip Dixon, *›Nice and Hot Disputes‹. The Doctrine of the Trinity in the Seventeenth Century*, London 2003.
111 [Henry Stubbe], *An Account of the Rise and Progress of Mahometism, with the Life of Mahomet*, ed. Hafiz Mahmud Khan Shairani, London 1911, S. 146.
112 Vgl. Koran 2:75; 7:175. Dazu Hava Lazarus-Yafeh, *Intertwined Worlds. Medieval Islam and Bible Criticism*, Princeton 1992, S. 19-35 und 77-79; Robert Caspar, J. M. Gaudel, »Textes de la tradition musulmane concernant le tahrîf (falsification) des Écritures«, in: *Islamochristiana* 6 (1980), S. 61-104.
113 William Adler, »The Jews as Falsifiers: Charges of Tendentious Emendations in Anti-Jewish Christian Polemics«, in: *Translations of Scripture – Jewish Quarterly Review suppl.* (1990), S. 1-27.
114 Lazarus-Yafeh, *Intertwined Worlds* (Anm. 112).
115 Ich verdanke diese These der Arbeit von Dietrich Klein, »Inventing Islam for Support of Christian Truth. Theodor Hackspan's Arabic Studies in Altdorf 1642-1646«, in: *History of Universities* 25 (2010), S. 26-55. Zu Calixt vgl. Peter Engel, *Die eine Wahrheit in der gespaltenen Christenheit. Untersuchungen zur Theologie Georg Calixts*, Göttingen 1976.
116 Theodor Hackspan, *De scriptorum Judaicorum in Theologia usu: in: Lipmann von Mühlhausen: Yom Tov, Liber Nizachon,*

ed. *Hackspan*, Nürnberg 1644, S. 486: »Is itaque sciat, Alkoranum esse farraginem, multarum rerum, quae partim revelatae, partim depravatae, partim revelatis superadditae sunt, adeoque confictae.«

117 Hottinger, *Historia orientalis* (Anm. 27), S. 320-361.

118 Vgl. Adel Théodore Khoury, *Polémique byzantine contre l'Islam*, Leiden 1972.

119 Abraham Hinckelmann, *Al-Coranus, sive lex islamitica Muhamedis*, Hamburg 1694. Vgl. Helmut Braun, »Der Hamburger Koran von 1694*«, in: *Libris et litteris (Festschrift H. Tiemann)*, Hamburg 1959, S. 149-166.

120 Abraham Hinckelmann, *Detectio fundamenti Böhmiani*, Hamburg 1693. Vgl. Martin Mulsow, »Den ›Heydnischen Saurteig‹ mit dem ›Israelischen Süßteig‹ vermengt: Kabbala, Hellenisierungsthese und Pietismusstreit bei Abraham Hinckelmann und Johann Peter Späth«, in: *Scientia Poetica* 11 (2007), S. 1-50.

121 Christoph Arnold an Sebastian Snell, in: *Triginta epistolae philologicae et historicae de Flavii Josephi testimonio quod Jesu Christo tribuit*, Nürnberg 1661, Epist. 15: »Cl. Vorstius Josephi locum cum Muhammedicis de Christo Jesu Filiae Mariae aliquot Testimoniis in compendium historicum a Levino Warnerio duce Golio fideliter collectis editisque comparans, constanter asserit ea omnia in eodem habenda esse pretio, quo nempe Josephi locus, id est, esse suppositia. Causam desideranti, hoc ulterius respondi dedit; tot Christianos in Arabia, Persia, & in Indiis facili negotio talia inserere, & sic nos perinde ac infideles eadem arte ludere istos omnino posse.« Vorst, der Sohn von Conrad Vorst, trat später als Verfasser der anonymen Schrift *Bilibra veritatis*, s. l. 1700, in Erscheinung.

122 John Mill (Hg.), *Novum testamentum Graecum, cum lectionibus variantibus MSS*, Oxford 1707. Zu den Varianten-Editionen allgemein vgl. Bart D. Ehrmann, *Misquoting Jesus. The Story Behind Who Changed the Bible and Why*, New York 2005.

123 Vgl. Pirnat, *Die Ideologie der Siebenbürger* (Anm. 47), S. 126.

124 Über diese Episode informiert Nabil Matar, *Britain and Barbary 1589-1689*, Gainesville 2005; ders., »The Toleration of Muslims in Renaissance England: Practice and Theory«, in: John Christian Laursen (Hg.), *Religious Tolerance. The »Variety of Rites« from Cyrus to Defoe*, New York 1994, S. 127-146; Martin Mulsow, »Exil, Kulturkontakt und Ideenmigration in der Frühen Neuzeit«,

in: Herbert Jaumann (Hg.), *Diskurse der Frühen Neuzeit*, Berlin 2010, S. 441-464.
125 Zu Cotterell (1615-1701), Hofmann und Übersetzer, vgl. *Oxford Dictionary of National Biography* 13 (2001), S. 582-584. Zum Charakter Cotterells vgl. die dort zitierte Charakterisierung durch Gregorio Leti.
126 Vgl. Martin I.J. Griffin Jr., *Latitudinarianism in the Seventeenth-Century Church of England*, Leiden 1992.
127 Lambeth Palace Library, London, *Ms. 673*, Deckblatt.
128 Zu Aubert vgl. Paul J. Morman, *Noël Aubert de Versé. A Study in the Concept of Toleration*, Lewinston 1987; Mulsow, »The ›New Socinians‹« (Anm. 36).
129 *Ms. 673* (Anm. 127): »enim maxima ea parte schedae erant, quae et adhuc hodie male sibi cohaerent, quaeque variis occasionibus et temporibus ab ipso Mahomete brevi et conciso admodum sermone conscriptae fuerant, quaeque demum illius consanguinei post ipsius mortem pro libitu depravare, immutare, corrigere potuerunt; quam in rem facili conspirare et consentire poterant; quippe qui in una eademque urbe manebant, et apud quos solos multa nondum aliis cognita, nondum edita Mahometis scripta; reposita erant imo ferunt.«
130 Gerard A. Wiegers, »The Andalusi Heritage in the Maghrib. The Polemical Work of Muhammad Alguazir (fl. 1610)«, in: Otto Zwartjes u.a. (Hg.), *Poetry, Politic and Polemics* (= *Orientations* 4), Amsterdam 1996, S. 107-132. Zu den Morisco-Polemiken allgemein vgl. Louis Cardaillac, *Morisques et Chrétiens. Un affrontement polémique (1492-1640)*, Paris 1977.
131 *Ms. 673* (Anm. 127): »meliori jure corruptum Alcoranum dicere ausim.«
132 Normalerweise wird die Redaktion des Koran nach Mohammeds Tod Zaid ben Thabit zugeschrieben, der auf Befehl Omars oder Abu Bakrs handelte.
133 »Dedicatory Epistle«, *Ms. 673* (Anm. 127), fol. 2f.
134 *Ms. 673* (Anm. 127): »Judaeos aliquot quorum opera in suis rebus gerendis utebatur vivus Mahometes, cum viderent, dolerentque ipsius doctrinam ab universis recipi populis, a suis etiam popularibus et Judaeis, et isto pacto sub Mahumedano nomine vere Christianos evadere, veriti ne tandem tota gens Christiana efficeretur, absurdissimam hanc fabulam in ejus schedas intrusisse, ut tanti er-

roris reum Mahometem ipsum facientes, docerent, ostenderentque temere illi credi, ejusque disciplinam recipi, utpote hominis vel imperitissimi vel omnium audacissimi et impudentissimi.« Der Text fährt fort: »Profecto corruptum hac in causa Alchoranum videri debere omnibus et sapientibus Mahumedanis merito asseruerim, cum ipse Mahometes sese Christi disciplinam annunciare re doceat, nullo ullibi exceptione ab ipso facta, cum clamat multoties se Evangelio credere, nullibi corruptum esse accusans. Id tamen procul dubio fecisset si ei constitisset Jesum minime mortuum fuisse, et si ei corruptus fuisse a Christianis scriptura. Innumeris in locis idololatriam, superstitionem, polytheismum Christianis exprobrat, alium vero hac de re silet.«

135 Vgl. Michael Cook, *The Koran. A Very Short Introduction*, Oxford 2000; Rudi Paret, *Mohammed und der Koran*, Stuttgart 1957; Richard Bell, *Introduction to the Quran*, Edinburgh 1958, S. 43f., sowie Angelika Neuwirth, *Der Koran als Text der Spätantike*, Berlin 2010.

136 William Muir, *The Apology of al-Kindi, written at the Court of al Ma'mūun (ca. A.H. 215, A.D. 830), in Defense of Christianity against Islam*, London 1882; vgl. Tolan, *Saracenes* (Anm. 109), S. 60-64.

137 Über das Buch des Cusanus siehe Bobzin, *Der Koran* (Anm. 41); Jasper Hopkins, *A Miscellany on Nicholas of Cusa*, Minneapolis 1994.

138 Vgl. Morman, *Aubert de Versé* (Anm. 128).

139 Richard Simon, *Historia critica veteris testamenti juxta exemplar impressum Parisiis*, s.l. 1681. Vgl. Sascha Müller, *Richard Simon (1638-1712). Exeget, Theologe, Philosoph und Historiker. Eine Biographie*, Würzburg 2005.

140 Vgl. Lutz Danneberg, »Ezechiel Spanheim's Dispute with Richard Simon. On the Biblical Philology at the End of the 17th Century«, in: Sandra Pott, Martin Mulsow, Lutz Danneberg (Hg.), *The Berlin Refuge. Learning and Science in European Context*, Leiden 2003, S. 49-88.

141 [Jean Le Clerc], *Liberii de Sancto Amore Epistolae theologicae in quibus varii scholasticorum errores castigantur*, Irenopoli [Saumur] 1679. [Noel Aubert de Versé], *Le Tombeau du Socinianisme*, Frankfurt 1687. Vgl. Mulsow, »The ›New Socinians‹« (Anm. 36), S. 67-74.

142 Vgl. die Stellungnahme zu Sand in Auberts Benandala-Kommentar, *Ms. 673* (Anm. 127), ad. paginam 12.
143 Sand, *Nucleus* (Anm. 107), S. 359f.
144 Ich übernehme den Ausdruck vom Sammelband von: Michael Silverstein, Greg Urban (Hg.), *The Natural Histories of Discourse*, Chicago 1996. Allerdings benutze ich den Ausdruck nicht im Sinne der Herausgeber, die damit die Reflexion auf die Vertextung und Verkontextung von Kultur meinen, als Vorgänge, die selbst wieder einen kulturellen Rahmen besitzen.
145 Zu Ibn Ḥazm vgl. Samuel-Martin Behloul, *Ibn Hazms Evangelienkritik. Eine methodische Untersuchung*, Leiden 2002; Abdelilah Ljamai, *Ibn Hazm et la polemique islamo-chrétienne dans l'histoire de l'Islam*, Leiden 2002. Zu Ibn Taimīya vgl. Yossef Rapoport, Shahab Ahmed (Hg.), *Ibn Taymiyya and His Times*, Karachi/New York 2010.
146 Vgl. Mulsow, *Den »Heydnischen Saurteig« mit den »Israelitischen Süßteig« vermengt* (Anm. 120), S. 16ff.
147 Paul Kraus, »Beiträge zur islamischen Ketzergeschichte. Das Kitāb az-Zumurrud des Ibn ar-Rāwandī«, wiederabgedruckt in: ders., *Alchemie, Ketzerei, Aprokryphen im frühen Islam. Gesammelte Aufsätze*, Hildesheim 1994, S. 146-152.
148 Vgl. Lazarus-Yafeh, *Intertwined Worlds* (Anm. 112).
149 Vgl. Wiegers, *The Andalusi Heritage* (Anm. 130). Zu jüdischen Texten vgl. Yosef Kaplan, *From Christianity to Judaism* (Anm. 37).
150 Justin Champion, »›I remember a Mahometan story of Ahmed ben Edris‹. Freethinking uses of Islam from Stubbe to Toland«, in: *Al-Qantara* 31 (2010), S. 443-480. Vgl. allgemein Gabriel Said Reynolds, *A Muslim Theologian in the Sectarian Milieu. Abd al-Jabbār and the Critique of Christian Origins*, Leiden 2004.
151 Saif Ibn ʿUmar al-Tamīmī, *Kitāb ar-ridda wa-'l-futūḥ*, hg. von Q. al-Samarrai, Leiden 1995, S. 132 ff.
152 Vgl. al-Qarāfī, *Al-ajwibat al-fākhirah ʿan al-asʾilat al-fājirah*, hg. von B.Z. ʿAwa, Kairo 1987, S. 316 ff. Es ist ursprünglich eine syrische Geschichte aus dem fünften Jh. oder später, die in das Toledoth Jeshu eingefügt wurde, die jüdische antichristliche Polemik: Paul, Peter und Nestor zerstreiten sich; vgl. Samuel M. Stern, »Abd al-Jabbar's Account of how Christ's Religion was Falsified by the Adaption of Roman Customs«, in: *Journal of Theological Studies, new series*, 19 (1968), S. 128-185; Peter J. Tomson, Doris

Lambers-Petry (Hg.), *The Image of the Judeo-Christians in Ancient Jewish and Christian Literature*, Tübingen 2003.

153 Zur Ringparabel vgl. Friedrich Niewöhner, *Veritas sive Varietas. Lessings Toleranzparabel und das Buch von den drei Betrügern*, Heidelberg 1988; Achim Aurnhammer u. a. (Hg.), *Die drei Ringe. Entstehung, Wandel und Wirkung der Ringparabel in der europäischen Literatur und Kultur*, Berlin 2016.

154 Zu al-Qarāfī vgl. Diego R. Sarrió Cucarella, *Muslim-Christian Polemics Across the Mediterranean. The Splendid Replies of Shihāb al-Dīn al-Qarāfī (d. 684/1285)*, Leiden 2015.

155 Vgl. Hottinger, *Historia orientalis* (Anm. 27), bereits vor seiner Parallelisierung von Islam und Sozinianismus im Kapitel »De statu christianorum et judaeorum«, S. 345-354; al-Makin wird zum Vergleich herangezogen.

156 James R. Jacob, *Henry Stubbe and Radical Protestantism and the early Enlightenment*, Cambridge 1983; Margaret C. Jacob, *The Radical Enlightenment. Pantheists, Freemasons and Republicans*, London 1981. Vgl. auch Champion, *The Pillars* (Anm. 38).

157 Stubbe, *An Account* (Anm. 111), S. 56: »I remember a Mahometan story of Ahmed ben Idris, that Paul instructed three Princes in religion, and taught each of them a different Christianity: assuring each of them singly that he was in the truth, and that afterwards when Paul was dead, each of them pretended his religion to be the true religion derived from Paul, whence arose great feuds amongst them.«; vgl. auch Champion, ›I remember‹ (Anm. 150).

158 Stubbe, *An Account* (Anm. 111), S. 146: »Ahmed ben Edris, passing over the Nestorians as a foolish sort of Christian Hereticks, brings in a fable concerning Paul, as if he had deluded the World into an opinion of the Deity of Isa, and given a beginning to the Heresy of Eutychius and the Jacobites. And that an Arrian or else a Judaising Christian whom he calls an Elmunin (Al Momin), or true believer, did anathematise Paul thereupon, saying, We were the companions of Isa; we saw him; we are descended from him; he was the servant and Apostle of God; he never told us otherwise. And the same Author further tells us that Mahomet met with thirty of the descendants of this Elmunin or orthodox person, who were retired into an Hermitage, and that they owned his Doctrine and profess'd Moslemism.« Vgl. al-Qarāfī bei Hottinger, *Historia orientalis* (Anm. 27), S. 352-34. Zum »Judaisieren«

von Arius vgl. Rudolf Lorenz, *Arius judaizans? Untersuchungen zur dogmengeschichtlichen Einordnung des Arius*, Göttingen 1980.

159 Ludovico Marracci, *Prodromus ad refutationem Alcorani*, Rom 1691; zu Marracci vgl. Maurice Borrmans, »Ludovico Marracci et sa traduction latine du Coran«, in: *Islamochristiana* 28 (2002), S. 73-86; Alfonso Nallino, »Le fonti arabe manoscritte dell'opera di Ludovico Marracci sul Corano«, in: *Marracci. Raccolta di scritti editi e inediti*, Bd. II, hg. von Maria Nallino, Rom 1940, S. 90-134.

160 Johann Michael Lange, *De fabulis mahomedicis*, Nürnberg 1697.

161 La Croze, *Reflections* (Anm. 40, S. 174f.: It is »much more probable that Mahomet, who had Commerce with the Nestorian Christians, who were very numerous both in Persia and Arabia, had also been witness to their Complaints concerning the Title of the Mother of God, which Cyril of Alexandria, and the Council of Ephesus had decreed to the Blessed Virgin [...]«).

162 Ebd.: »Besides, there might have remain'd till then some of the Nazarens and Ebionites in Arabia, where the Strength of their Party was in the time of Epiphanius. Mahomet might have learn'd of them what was to be found, according to Origen's Account, where they make our Lord Jesus Christ say these words: ›The Holy Spirit, my Mother, took me up by one of the Hairs of my Head, and transported me to the great Mountain Tabor.‹ All these things might have produc'd a Confusion of Ideas, which is not improbable in such a man as Mahomet.«

163 Vgl. zur Frage des von den Ebioniten benutzten Evangeliums Hans-Joachim Schoeps, *Das Judenchristentum*, Bern 1964.

164 La Croze, *Reflections* (Anm. 40), S. 206: »One may see here sensible Traces of Ebionism. Those Hereticks hated St. Paul, whom they treated as an Apostate and Transgressor of the Law. We have no reason to doubt, but in Mahomet's time there were some who liv'd in Retirement, to save themselves from Persecution. And therefore however embroil'd and perplex'd this Narration be, we may conclude that the thirty Persons, whom Ahmed speaks of, were the remains of the Ebionites, who, without any difficulty, embrac'd the Doctrines of the false Prophet, who reviv'd Opinions perfectly like their own.«

165 Shlomo Pines, *The Jewish Christians of the Early Centuries of Christianity According to a New Source* [1966], Reprint in: *The*

Collected Works of Shlomo Pines, Bd. IV, Jerusalem 1996, S. 211-284. In diesem Band sind auch die nachfolgenden Studien von Pines zu diesem Thema abgedruckt. Vgl. auch Reynolds, *A Muslim Theologian in the Sectarian Milieu* (Anm. 150).

166 François du Blois, »Elchasai – Manes – Muhammad. Manichäismus und Islam im religionshistorischen Vergleich«, in: *Der Islam* 81 (2004), S. 31-48.

167 Patricia Crone, »Islam, Judeo-Christianity, and Byzantine Iconoclasm«, in: *Jerusalem Studies in Arabic and Islam* (1980), S. 59-94, bes. S. 79 (Anm. 112).

168 Zu Crell vgl. Mulsow, *Moderne aus dem Untergrund* (Anm. 36); ders., »Samuel Crell – An Intellectual Profile«, in: Lech Szczucki (Hg.), *Faustus Socinus and his Heritage,* Krakau 2005, S. 477-494. Vgl. den Brief von Crell an La Croze (ohne Datumsangabe), in: *Thesaurus epistolicus Lacrozianus,* hg. von Johann Ludwig Uhl, 3 Bde., Leipzig 1742-46, Bd. I, S. 110-112: »MAHOMETIS doctrinam non ego tantum, uerum etiam qui SOCINVM stricte sequebantur, semper sunt detestati et abominati. Nec uideo, quomodo ii, qui Christum non prophetam solummodo aliis excellentiorem, sed dominum coeli et terrae, Deo Patri, quantum fieri potest, coniunctum, imperiique eius reapse participem, credunt, magis quam alii Christiani Mahometismo obnoxii fieri possint. Fateor, illa Vnitariorum monstra, quae Christum inuocandum esse inficiantur, aut tantum pro propheta fere in regno demum millenario regnaturo habent, facilius eo insaniae delabi posse.«

169 Vgl. schon vor La Crozes Abhandlung Erik Fahlen, *Historiola Alkorani et fraudum Mohammedis,* Uppsala 1699. Vgl. dazu Bernd Roling, »Humphrey Prideaux, Eric Fahlenius, Adrian Reland, Jacob Ehrharth und die Ehre des Propheten. Koranpolemik im Barock«, in: Klein (Hg.), *Wahrnehmung des Islam* (Anm. 24), S. 61-76.

170 David Mill, »De Mahommedismo ante Mohamedam«, in: Blasio Ugolino (Hg.), *Thesaurus antiquitatum sacrarum [...] in quibus veterum Hebraeorum mores [...] illustrantur,* Venedig 1744-1769, Bd. 23, Venedig 1760, S. 1091-1155.

171 Vgl. die »Einleitung« in der Neuausgabe: Abraham Geiger, *Was hat Mohammed aus dem Judenthume aufgenommen?,* hg. Friedrich Niewöhner, Berlin 2004. Zu Geiger vgl. Susannah Heschel, *Abraham Geiger and the Jewish Jesus,* Chicago 1998; Ken Kol-

tum-Fromm, *Abraham Geiger's Liberal Judaism. Personal Meaning and Religious Authority*, Bloomington 2006.
172 Vgl. insb. Mill, *De Mahommedismo ante Mohamedam* (Anm. 170), S. 1109.
173 Ebd.
174 Vgl. Justin Champions Edition: *John Toland. Nazarenus or, Jewish, Gentile and Mahomaten Christianity*, Oxford 1999.
175 *Das Barnabas-Evangelium*, Kandern 1994. Vgl. Gerard Wiegers, »Muhammad as the Messiah: A Comparison of the Polemical Works of Juan Alonso with the Gospel of Barnabas«, in: *Bibliotheca Orientalis* 52 (3/4) 1995, S. 245-291; Harvey, *Muslims in Spain 1500 to 1614* (Anm. 40), S. 287-290.
176 Gerard Wiegers schwächt die Beziehung Barnabas-Evangelium-Moriscos insofern ab, als er den Morisco-Autor nur für einen Übersetzer und Bearbeiter des italienischen Originals hält, das von einem europäischen Konvertiten zum Islam in Istanbul verfaßt worden sei, der in Kontakt zu Moriscos in Tunis, Spanien und Marokko stand. Wiegers, *Muhammad as the Messiah* (Anm. 174).
177 Vgl. A. Katie Harris, *From Muslim to Christian Granada: Inventing a City's Past in Early Modern Spain*, Baltimore 2007; Mercedes García-Arenal, Fernando Rodríguez Mediano, *Un Oriente español. Los moriscos y el Sacramonte en tiempos de Contrareforma*, Madrid 2010; Manuel Barrios Aguilera, *La invención de los libros plúmbeos. Fraude, historia y mito*, Granada 2011. Die Texte in spanischer Übersetzung: Miguel José Hagerty (Hg.), *Los Libros Plúmbeos del Sacromonte,* Albolote 2007.
178 Popkin, *Jewish-Anti-Christian Arguments* (Anm. 37); Berti, *At the Roots of Unbelief* (Anm. 37), S. 571 ff.
179 Zur Pluralisierung in der Spätantike vgl. etwa Garth Fowden, *Before and after Muhammad. The First Millennium Refocused*, Princeton 2014; Glen Bowersock, *Die Wiege des Islam. Mohammed, der Koran und die antiken Kulturen*, München 2019. In der Frühen Neuzeit: Martin Mulsow, »Pluralisierung«, in: Annette Völker-Rasor (Hg.), *Oldenbourg Geschichte Lehrbuch. Frühe Neuzeit*, München 2000, S. 303-307.
180 Michel de Certeau hat von Taktiken gesprochen, wenn es darum geht, daß machtlose Außenseiter Einfluß auf die Gesamtkultur nehmen. Es ist vom heutigen Standpunkt aus instruktiv zu sehen,

welche Taktiken welcher Situationen bei den von uns erzählten Geschichten ineinandergreifen, ohne daß die Protagonisten die Zusammenhänge voll durchschauen. So trifft Auberts Annäherungstaktik von 1682 auf eine Abschwächungstaktik von 1611, die aus politischen Gründen aus einem Islam-Christentum-Gegensatz einen Islam-Katholizismus-Gegensatz machte. Tolands deistische Konstruktion eines »Mohammedanischen Christentums« trifft, indem sie das Barnabas-Evangelium benutzt, auf eine Unterwanderungstaktik von Moriscos, die Christen überzeugen sollte, ihre muslimischen Mitbewohner als religiöse Verwandte zu sehen. Um die Hybridität der Lage noch deutlicher zu machen, braucht man nur zu sehen, daß manche Morisco-Texte selbst wieder christliche Quellen wie die Kritik von Protestanten am Papsttum benutzten, ebenso wie manche jüdischen antichristlichen Polemiken sozinianische Schriften verwendeten.
181 Boyarin, *Border Lines* (Anm. 1).
182 Vgl. John Marshall, *John Locke, Toleration, and Early Enlightenment Culture*, Cambridge 2006.

Kapitel VII
Ein Vaterunser für die »Hottentotten«

1 Adolf Bastian, *Ethnische Elementargedanken in der Lehre vom Menschen*, Bd. 1, Berlin 1895, S. XV.
2 Heike Link, Thomas Müller-Bahlke (Hg.), *Zeichen und Wunder. Geheimnisse des Schriftenschrankes in der Kunst- und Naturalienkammer der Franckeschen Stiftungen*, Halle 2003. – Eine frühere und kürzere Fassung dieses Kapitels erschien in englischer Sprache als: »An ›our Father‹ for the Hottentotts: Religion, Language, and The Consensus Gentium«, in: Carlo Ginzburg (Hg.), *A Historical Approach to Casuistry. Norms and Exceptions in a Comparative Perspective*, London 2018, S. 239-261. Ich danke Carlo Ginzburg für die Einladung nach Florenz.
3 Arno Borst, *Der Turmbau von Babel. Geschichte der Meinungen über Ursprung und Vielfalt der Sprachen und Völker*, Stuttgart 1957-1963, S. 1025 f.
4 Schon im 13. Jahrhundert hieß es, der Mensch solle 72 Vaterunser beten: ebd., S. 817.

5 Theodor Bibliander, *De ratione communi omnium linguarum et litterarum commentarius*, Zürich 1548; Konrad Gesner, *Mithridates. De differentiis linguarum tum veterum tum quae hodie apud diversas nationes in toto orbe terrarum in usu sunt*, Zürich 1555. Vgl. Arno Borst: *Der Turmbau* (Anm. 2), S. 1058f.
6 Zur polyglotten Bibel vgl. Peter N. Miller, »The ›Antiquarianization‹ of Biblical Scholarship and the London Polyglot Bible (1653-67)«, in: *Journal of the History of Ideas* 62 (2001), S. 463-482.
7 Vgl. Lothar Noack, »Der Berliner Propst, Orientalist und Sinologe Andreas Müller (1630-1694). Ein bio-bibliographischer Versuch«, in: *Nachrichten der Gesellschaft für Natur- und Völkerkunde Ostasiens* 157-158 (1995), S. 119-158; Sven Osterkamp, »The Japanese Studies of Andreas Müller (1630-1694)«, in: *Kyoto University Linguistic Research* 29 (2010), S. 77-151; Eva Kraft, »Frühe chinesische Studien in Berlin«, in: *Medizinhistorisches Journal* 11 (1976), S. 92-128.
8 Thomas Ludekenius, *Oratio orationum i.e. orationis dominicae versions fere 100 praeter authenticam*, Berlin 1680. Vgl. auch Müller, *Alphabeta ac Notae Diversarum Linguarum*, Berlin 1703.
9 Vgl. Sigrid von der Schulenburg, *Leibniz als Sprachforscher*, Frankfurt 1973, S. 26-33.
10 Vgl. besonders AA I,11, Nr. 125 (S. 170-177): Desiderata circa linguas quorundam populorum. Zum Genre der Desiderata-Listen vgl. Vera Keller, *Knowledge and the Public Interest*, Cambridge 2015; Justin Stagl, *Eine Geschichte der Neugier. Die Kunst des Reisens 1550-1800*, Wien 2002.
11 Leibniz, AA I,2, S. 491f.
12 British Library, Marsden Collection B6/8: *S. S. orationis dominicae versiones praeter authenticam ferè centum eaq. longé emendatiùs quàm antehàc et è probatissimis auctoribus potius quàm prioribus collectionibus, iamq. singulae enuinis linguae suae characteribus Thomas Luedecke*, Berlin 1680. Durchschossenes Exemplar aus dem Besitz von Hiob Ludolf. Vorsatzblatt: »1) Cum literae Latinae ambiguae sunt, nec inter Europaeos eundem valorem habeant, docere debuisset, secundum quam pronunciationem lectiones quas peregrinarum linguarum tradit, sint efferendae. Contigere nempe potest, ut eadem lectio, quae tantum diversimode sit scripta. 2) In nonnullis linguis ipsa vocabula male distinxit ut quae conjugenda vel disjugenda sint, intelligere haud facile possis; scilicet ea

ipsa autor non intellexit. 3) In peregrinis maximeque ignotis linguis versio interlinearis fuisset addenda, quo sciretur, quod unaquaque vox significet, quaeque eius praefixa vel affixa sint. 4) Cum epicrisi aliqua peregrinae linguae dubiae edendae esserit, nam pag. 29 dedit nobis Copticam quasi antiquam ex Grammaye [Jean-Baptiste Grammaye]. Quae et, vel qualis lingua hac sit, incertum plane mihi est et dubium. Ut et Abessinorum in Camara prope Gram. pag. 30. Qualis haec est lingua? 5) Etiam dissertatio de Linguis Mundi in genere addenda fuisset, ut refelleruntur nonnullorum stultitia, qui ingentem linguarum numerum fingunt: Veluti Hieronymus Megiserus, qui Thesaurum Polyglottum edidit, et inter Linguas Africae Barnagassiorum et Barcenesium linguas proposuit quarum specimen velim videre. Deinde Plinius scribit Lib. VI. c. 5. CCC nationes dissimilium linguarum in urbem Colchorum Dioscuriadem descendisse. Postea a Romanis CXXX interpretibus negotia ibi gesta, quae plane incredibilia sunt, et grande mendum subest, quod correxi in Commentat. Hist. Aethiop. 6) Secundum partes Orbis terrarum disponendae, et Europae primo loco tribuendae fuisset, fictae autem enumero linguarum eliminandae, ut varii dialecti linguae Graecae ridicule combinatae: Oratio philosophica triplex: pp. 7) Estrangelo literis syriacis ita dictis conscripsit Orationem Dominicam, ut et Hebraicam charactere Samaritano, quae tamem non differunt lingua sed charactere tantum, quae aliter disponenda fuissent, ita ut diceretur: Haec vel illa natio duplici utitur charactere, quem hic docebimus, et sic sub una principali lingua et charactere alios proponere potuisset. 8) Caute factum, quod Orationes Dominicas non numeraverit, sic evitavit objectionem, quod diversas linguas dixerit, quae revera diversae non essent; dicit enim versiones, an autem excusari possit, quod dicat ferme centum dubito, quarta nempe parte minus sunt. 9) Potuisset tamen, exercitii gratia diversas addere versiones sed principali subordinare, atque sic tuto numerare potuisset linguas, imo etiam scripturas varias subjungere; ut in Orientalibus varias litterarum picturas, quae usui futurae fuissent in legendis Manuscriptis. 10) p. 30. Habetur Melindana, quae est pure Arabica, prout ipse Mullerus agnoscit, et tamen non correxit; etiam immediate Arabicae vulgari subjungi potuisse. 11) Ita Francica, Allemanica, Germanica antiqua, aliter debuissent describi, nempe dialectum mutatam fuisse cum tempore, aliter etiam olim scriptam. 12) De Pronunciatione tot linguarum etiam aliquid addendum fuisset. Hoc promittit in Addit. post Ind. 13) Quaecunque linguae tantum provinciali pronunciatione differunt, ne in ullo aliquo libro impresso reperiuntur, nec suum proprium Regem aut Herum habent, eae non merentur referri ex gr. Geldrica, quae non differt a Belgica nisi plebis pronunciatione, et ita de aliis.« Ich danke Toon van Haal, der mich auf das Handexemplar aufmerksam gemacht hat.

13 Carlo Ginzburg, »Ethnophilology. Two Case Studies«, in: Martin Mulsow (Hg.), *New Perspectives on Global Intellectual History* (= *Global Intellectual History* 2 [2017]), S. 1-15.

14 John Chamberlayne (Hg.), *Oratio Dominica in diversas omnium fere gentium linguas versa et propriis cujusque linguae characteribus expressa. Una cum dissertationibus nonnullis*, Amsterdam 1715.

15 Chamberlayne, *Oratio* (Anm. 14), S. 20; vgl. Michael Keevak, *The Pretended Asian: George Psalmanazar's Eighteenth-Century Formosan Hoax*, Detroit 2004.

16 Jean Paul, *Sämtliche Werke*, Frankfurt 1996, Abt. I, Bd. 6, S. 398. (Leben Fibels). Vgl. Johann Christoph Adelung, *Mithridates, oder allgemeine Sprachenkunde*, Bd. 1, Berlin 1806.

17 Vgl. Martin Mulsow, »Die silberne Rippe der orientalischen Schrift. Johann Ernst Gerhards Stammbuch und seine Reise durch die Niederlande im Jahr 1650«, in: Jan Loop, Jill Kraye (Hg.), *Scholarship between Europe and the Levant. Essays in Honour of Alastair Hamilton*, Leiden 2020, S. 128-148.

18 David Wilkins, »Praefatio« (nicht paginiert), in: Chamberlayne (Hg.), *Oratio* (Anm. 11): »Nulla sub Coelo vivit Gens vel spissa paganismi caligine occoecata, vel ludicris religionum superstitionibus immersa, quae non maximam precum utilitatem credens, ad *Numen* suum, ut malum imminens vel futurum averruncet, et quaevis bona in se derivet, supplex devolvatur.«

19 Gottfried Wilhelm Leibniz, *Nouveaux Essais* I,3 § 8: »Feu Mr. Fabricius, Theologien celebre de Heidelberg, a fait une Apologie du genre humain, pour le purger de l'imputation de l'Atheisme. C'estoit un auteur de beaucoup d'exactitude et fort au dessus de bien de prejugés; cependant je ne pretends point entrer dans cette discussion des faits. Je veux que des peuples entiers n'ayent jamais pensé à la substance supreme ny à ce que c'est que l'ame. Et je me souviens, que lorsqu'on voulut à ma prière, favorisée par illustre Mr. Witsen, m'obtenir en Hollande une version de l'Oraison Do-

minicale dans la langue de Barantola, on fut arresté à cet endroit: ton nom soit sanctifié, parce qu'on ne pouvoit point faire entendre aux Barantolois ce que vouloit dire saint. Je me souviens aussi que dans le crédo, fait pour les Hotentots, on fut obligé d'exprimer le Saint Esprit par des mots du pays qui signifient un vent doux et agréable. Ce qui n'estoit pas sans raison, car nos mots Grecs et Latins πνεῦμα, anima, spiritus, ne signifient originairement que l'air ou vent qu'on respire, comme une les plus subtiles choses qui nous soit connue par les sens: et on commence par les sens pour mener peu à peu les hommes à ce qui est au dessus des sens.«

20 John T. Waterman (Hg.), *Leibniz and Ludolf on Things Linguistic, Excerpts from Their Correspondence, 1688-1703*, Berkeley 1979.
21 Marion Peters, *De wijze koopman. Het werelwijde onderzoek van Nicolaes Witsen (1641-1717), burgermeester en VOC-bewindhebber van Amsterdam*, Amsterdam 2010, bes. S. 260ff; Gerald Groenewald, »To Leibniz, from Dorha. A Khoi prayer in the Republic of Letters«, in: *Itinerario* 28/1 (2004), S. 29-48; Bruno Naarden u. a. (Hg.), *The fascination with Inner Eurasian languages in the 17th century. The Amsterdam mayor Nicolaas Witsen and his collection of ›Tartarian‹ vocabularies and scripts*, Amsterdam 2018.
22 Auszüge aus den Briefen von Witsen an Leibniz sind abgedruckt in Leibniz, *Collectanea etymologica*, Hannover 1717, Bd. 1, S. 361-369; hier: S. 361: »[...] je prens la liberté de vous envoyer un Ecrit en Langue Hottentote avec le Credo et Decem Praecepta, de même que le Pater Noster en Langue Mogale, le quel j'ay tiré avec beaucoup de peine d'un Mogal Esclave, qui est avec l'Ambassade de Moscovie. S'il y a d'autres Nations Estrangeres parmi eux, je tâcheray d'aprendre aussi leur Pater Noster. La Langue Usbecke est la même avec le Persan. Celle de Kalmukke et Mogale est presque la même Langue. Quoi-que l'on ne trouve point de Samojedes parmi cette Ambassade, je tacheray de faire venir d'Archangel leur Pater Noster en leur propre langue, et j'espere de vous l'envoyer dans trois ou quatre mois.«
23 Ich benutze den oft abwertend verwendeten Namen »Hottentotten« hier als zeitgenössischen Quellenterminus des 17. Jahrhunderts. Vgl. François-Xavier Fauvelle-Aymar, *L'invention du Hottentot. Histoire du regard occidental sur les Khoisan (XVe-XIXe siècle)*, Paris 2002, S. 228-238; zu den Khoikoi vgl. Richard El-

phick, *Kraal and Castle. Khoikhoi and the Founding of White South Africa*, New Haven 1977; David Johnsen, *Imagining the Cape Colony. History, Literature, and the South African Nation*, Edinburgh 2012; Thomas Nutz, »Varietäten des Menschengeschlechts«. *Die Wissenschaften vom Menschen in der Zeit der Aufklärung*, Köln 2009, S. 303-308; Robert Launay, »Writes of Passage. The Cape of Good Hope in Late Seventeenth-Century Narratives of Travel to Asia«, in: Maghan Keita (Hg.), *Re-Conceptualizing Africa. The Construction of African Historical Identity*, Leiden 2002, S. 89-106. Für spätere deutsche Kolonialansichten vgl. George Steinmetz, *The Devil's Handwriting. Precoloniality and the German Colonial State in Qingdao, Samoa, and Southwest Africa*, Chicago 2007.
24 Simon de la Loubère, *Description du Royaume de Siam*, Bd. 2, Paris 1691, S. 141f. Vgl. auch Michael Smithies, *A Siamese embassy lost in Africa 1686*, Bangkok 1999.
25 *Collectanea etymologica* (Anm. 18), S. 375f.: »Het Onse Vader in Hottentots«: »Cita bô, t? homme ingá t'siha, t? sa di kamink ouna, hem kouqueent see, dani hinqua t'sa inhee K? chou ki, quiquo t? homm' ingá, maa cita heci cita kóua sequa bree, k? hom cita, cita hiahinghee quiquo cita k? hom, cita dóua kôuna, tire cita k? choá t? authummá – k'hamta cita hi aquei hee k? dou auna, – t? aats kouqueetta, hique t? aats diaha, hique occisa ha, nauwi.« Darunter wird kommentiert: »Staat te letten, dat de Hottentotten voor't vvoord heylig, gelukkig (quasi beatum) gebruyken, en voor' Koningryke, 't geen by haar onbekend is, heerschappye, en verders sodanig als by ieder vvoord, by hen niet gebruykelyk, geannoteert staat.«
26 Ebd., S. 382 (»Symbolum Apostolicum in Lingua Hottentotica«).
27 Zu Gorgoryos vgl. Wolbert Smidt, »Ludolf und seine äthiopischen Lehrer in Europa (I): Der Gelehrte Abba Gorgoryos als Mitbegründer der Äthiopistik als wissenschaftliche Ethnographie«, in: Martin Mulsow, Asaph Ben-Tov, Jan Loop (Hg.), *Ludolf und Wanzleben. Orientalistik, Politik und Geschichte zwischen Gotha und Afrika 1650-1700*, erscheint Leiden 2023; vgl. auch ders., »Abba Gorgoryos – ein integrer und ernsthafter Mann. Der Besuch eines äthiopischen Gelehrten in Thüringen 1652«, in: Kerstin Volker-Saad, Anna Greve (Hg.), *Äthiopien und Deutschland. Sehnsucht nach der Ferne*, Berlin 2006, S. 48-57.

28 Zu den Portugiesen in Äthiopien vgl. Pedro Mota Curto, *História dos Portugueses na Etiópia (1490-1640)*, Porto 2008; vgl. auch allgemein A.J.R. Russell-Wood, *The Portuguese Empire, 1415-1808. A World on the Move*, Baltimore 1998.

29 Manoel de Almeida, Balthazar Tellez, *Historia geral de Ethiopia a alta ou preste Ioam e do que nella obraram os Padres da Companhia de Iesus. Composta na mesma Ethiopia, pelo Padre Manoel d'Almeyda, Natural de Vizeu, Provincial, e Visitador, que foy na India. Abreviada com nova releycam, e methodo, pelo Padre Balthezar Tellez, Natural de Lisboa, Provincial da Provincia Lusitana: ambos da mesma Companhia*, Coimbra 1660.

30 Hiob Ludolf, *Historia aethiopica*, Frankfurt 1681, Lib. IV, cap. 4, Abschnitt 19 (bzw. 17: die Zählung springt hier von 16 auf 20): »Zythum rectius dixeris, quam cerevisiam, quia sine lupulo coquitur. Propterea non durat. Alba est et dulcis: Saxonicae, quam Breyhan appellant, similis; cerevisia vero nostra paulo amarior Gregorio videbantur.«

31 Ludolf, *Historia aethiopica* (Anm. 30), Lib. I, cap. 14, Absatz 51ff. (unpaginiert): »Lusitani id genus hominum Cafros vocare solent, vocabulo ab Arabibus mutuato, qui Cafir, in plurali Cafiruna infideles seu incredulous vocant omnes eos, qui unum Deum negant.«

32 Ebd.: »Adhaec dantur barbari populi plurimi, sine Deo, sine Rege & lege, in arenosis atque desertis locis palantes: moribus linguisque diversi: nullas certas sedes, nisi quas nox cogit, habentes: feri: nudi, sima quoque nare et turgidis labris deformes: agriophagi: imo pamphagi; dracones enim, elephantos et quidquid occurrit, mandunt, sordissimi ac vilissimi mortalium: ሸንቀላ: Gregorius vocavit; eosque mihi, ut Plinius Troglodytas, descripsit. Nam specus excavant, quae illis domus sunt, victus serpentum carnes, stridorque non vox.« Zum Begriff vgl. Wolbert Smidt, »Šanqǝlla«, in: Siegbert Uhlig (Hg.), *Encyclopaedia Aethiopica* 4 (2010), S. 525-527.

33 Vgl. Plinius, *Hist. Nat.* 2.75; 6.34. Plinius und auch Strabon scheinen mit diesem Begriff (»Höhlenbewohner«) auf Küstenbewohner und Inlandeinwohner in der Gegend des Roten Meeres anzuspielen. Vgl. Strabon, *Geogr.* XVII/1.2. Ludolf fügt in seinem gewichtigen Zusatzband: *Ad suam Historiam aethiopicam commentarius*, Frankfurt 1691, S. 199 eine Passage hinzu, die weiter auf den Punkt eingeht: »De Shankalis Aethiopipus Nomadibus, quod Troglodytae veterum esse videantur. Troglodytae (q.d. Lochkriecher) Grae-

co vocalulo sic dicti fuerunt quidam populi agrestes in Africa, quod in specus et cava rupium ingrederetur, ibique terarum more cubarent [...].« Einige Zeilen weiter unten äußert sich Ludolf auch zu den Hottentotten.
34 Dominique Lanni, *Fureur et barbarie. Récits de voyageurs chez les Cafres et les Hottentots (1665-1705)*, Paris 2003; Albert Kropf, *Das Volk der Xosa-Kaffern im östlichen Südafrika und seine Geschichte, Eigenart, Verfassung und Religion*, Berlin 1889.
35 Jared Diamond, *Guns, Germs and Steel. The Fates of Human Societies*, New York 1997, S. 376-401; Christopher Ehret, Merrick Posnansky (Hg.), *The Archeological and Linguistic Reconstruction of African History*, Berkeley 1982.
36 Zum Verhältnis der Äthiopier zu den Völkern weiter im Süden und Südwesten sowie ihre Informationskanäle vgl. Richard Pankhurst, *The Ethiopian Borderlands. Essays in Regional History from Ancient Times to the End of the 18th Century*, Trenton 1997. Vgl. auch meine Überlegungen in Martin Mulsow, »Global Intellectual History and the Dynamics of Religion«, in: Christoph Bochinger, Jörg Rüpke (Hg.), *Dynamics of Religion*, Berlin 2016, S. 251-272.
37 Vgl. etwa Shadreck Chirikure, Innocent Pikirayi, »Inside and Outside the Dry Stone Walls: Revisiting the Material Culture of Great Zimbabwe«, in: *Antiquity* 82 (2008), S. 976-993; Graham Connah, *African Civilizations. Precolonial Cities and States in Tropical Africa*, Cambridge 1987, S. 183-213; Peter S. Garlake, *Structure and Meaning in the Prehistoric Art of Zimbabwe*, Bloomington 1987; Siegbert Hummel, *Simbabwe. Das noch ungelöste archäologische Rätsel des afrikanischen Kontinents. Neue ethnologische, kulturgeschichtliche und linguistische Vermutungen*, Ulm 1999; François-Xavier Fauvelle, *Das goldene Rhinozeros. Afrika im Mittelalter*, München 2017, S. 145-170.
38 Vgl. E. J. Michael Witzel, *The Origins of the World's Mythologies*, Oxford 2012, S. 316.
39 Vgl. Glen Bowersock, *The Throne of Adulis. Red Sea Wars on the Eve of Islam*, Oxford 2013; Francis Breyer, *Das Königreich Aksum. Geschichte und Archäologie Abessiniens in der Spätantike*, Mainz 2012; Stuart C. Munro-Hay, *Aksum. An African Civilisation of Late Antiquity*, Edinburgh 1991.
40 Vgl. Friedrich J. Bieber, *Kaffa. Ein altkuschitisches Volkstum in Inner-Afrika. Nachrichten über Land und Volk, Brauch und Sitte der*

Kaffitscho oder Gonga und das Kaiserreich Kaffa, 2 Bde., Münster 1920-1923; Bekele Woldemariam, *The History of the Kingdom of Kaffa, The Birthplace of Coffee, 1390-1935*, Addis Abeba 2010.
41 Vgl. John Middleton, *World of Swahili. An African Mercantile Civilization*, New Haven 1994; John M. Mugane, *The Story of Swahili*, Athens/Ohio 2015.
42 Vgl. Dionisius A. Gagius, *Seafaring in the Arabian Gulf and Oman*, London 2009; René J. Barendse, *The Arabian Seas. The Indian Ocean World of the Seventeenth Century*, New York 2002.
43 Vgl. allgemein auch Adam Jones, *Afrika bis 1850. Fischer Neue Weltgeschichte*, Frankfurt 2016.
44 UB Frankfurt, Ms. Ff Ludolf II 32, Fasc. E No. 3. Ich verdanke die Kenntnis dieser und der folgenden Karte Jan Loop. Wolbert Smidt, Jan Loop und ich haben vor, über die Karten eine gemeinsame Studie zu veröffentlichen.
45 UB Frankfurt, Ms. Ff Ludolf II 32, Fasc. E No. 2; vgl. die gedruckte Karte in *Historia aethiopica* (Anm. 30), unpaginiert, vor dem Prooemium. Zusätzlich wurden separate Versionen der Karte verkauft, zuweilen auch handkoloriert. Vgl. etwa das Exemplar in der FB Gotha.
46 Vgl. zu den Völkern der Grenzregionen Dena Freeman, Alula Pankhurst (Hg.), *Peripheral People: The Excluded Minorities of Ethiopia*, London 2003; Pankhurst, *The Ethiopian Borderlands* (Anm. 36).
47 Ludolf war sich dieser Spannung völlig bewußt. In seinem *Commentarius* (Anm. 33), S. 200, fügt er einen Exkurs mit dem Titel »Additio de vocabulo *Paganus*, quatenus accipitur pro Ethnico« an: »Hoc loco excurrere parumper libet ad Etymologiam vocabuli *Paganus*, quod proprie *hominem ex pago* seu *rusticum* significat.«
48 »Nigrae agrestes sives nomades«.
49 Vgl. Smidt, *Ludolf und seine äthiopischen Lehrer in Europa* (Anm. 27); zu den Oromo vgl. Eike Haberland, *Galla Süd-Äthiopiens*, Stuttgart 1963.
50 Vgl. François de Blois, »Zindik«, in: P. Bearman u. a. (Hg.), *Encyclopaedia of Islam*, Leiden ²2012; Camilla Adang u. a. (Hg.), *Accusations of Unbelief in Islam. A Diachronic Perspective on Takfīr*, Leiden 2016; Patricia Crone, *Islam, the Ancient Near East and Varieties of Godlessness. Collected Studies*, Bd. 3, Leiden 2016. Die Erklärung über »Zinjero« verdanke ich Wolbert Smidt.

51 Jakob Friedrich Reimmann, *Historia universalis atheismi*, Hildesheim 1725. Zu Reimmann vgl. Martin Mulsow, Helmut Zedelmaier (Hg.), *Skepsis, Providenz, Polyhistorie. Jakob Friedrich Reimmann (1668-1743)*, Tübingen 1998.
52 Alan Charles Kors, *Atheism in France*. Bd. I: *The Orthodox Sources of Disbelief*, Princeton 1990, S. 135-177.
53 Vgl. etwa Jean Mocquet, *Voyages en Afrique, Asie, Indes Orientales et Occidentales*, Paris 1617, S. 133.
54 *Herrn Joh. Georg Bövings, Königlichen dänischen Missionarii zu Tranquebar in Ost-Indien, Curieuse Beschreibung und Nachricht von den Hottentotten*, s. l. 1712. Zu ihm vgl. Heike Liebau, *Cultural Encounters in India. The Local Co-Workers of the Tranquebar Mission, 18th-19th Century*, Neu-Delhi 2013, S. 78, 83 und 312.
55 Reimmann, *Historia universalis atheismi* (Anm. 51), S. 59f.
56 Johann Ludwig Fabricius, *Apologeticum pro genere humano contra caluminiam atheismi*, Heidelberg 1682.
57 Leibniz, *Nouveaux Essais* (Anm. 15), I,3 § 8: »Cependant toute cette difficulté qu'on trouve à parvenir aux connaissances abstraites ne fait rien contre les connaissances innées. Il y a des peuples qui n'ont aucun mot qui réponde à celui d'Etre; est-ce qu'on doute qu'ils ne savent pas ce que c'est que d'être, quoiqu'ils n'y pensent guère à part? Au reste je trouve si beau et si à mon gré ce que j'ai lu chez notre excellent auteur sur l'idée de Dieu que je ne saurais m'empêcher de le rapporter, le voici: *Les hommes ne sauraient guère éviter d'avoir quelque espèce d'idée des choses dont ceux avec qui ils conversent ont souvent occasion de les entretenir sous certains noms, et si c'est une chose qui emporte avec elle l'idée d'excellence, de grandeur, ou de quelque qualité extraordinaire qui intéresse par quelque endroit et qui s'imprime dans l'esprit sous l'idée d'une puissance absolue et irrésistible qu'on ne puisse s'empêcher de craindre* [...].« Vgl. John Locke, *An Essay Concerning Humane Understanding*, London 1690, I, ch. 3, § 9: »But had all mankind, every where, a notion of a God (whereof yet history tells us the contrary) it would not from thence follow, that the idea of him was innate. For though no nation were to be found without a name, and some few dark notions of him: yet that would not prove them to be natural impressions on the mind, any more than the names of fire, or the sun, heat, or number, do prove the ideas they stand for to be

innate: because the names of those things, and the ideas of them, are so universally received and known amongst mankind. Nor, on the contrary, is the want of such a name, or the absence of such a notion out of men's minds, any argument against the being of a God; any more than it would be a proof that there was no loadstone in the world, because a great part of mankind had neither a notion of any such thing, nor a name for it; or be any show of argument to prove, that there are no distinct and various species of angels, or intelligent beings above us, because we have no ideas of such distinct species, or names for them: for men being furnished with words, by the common language of their own countries, can scarce avoid having some kind of ideas of those things, whose names, those they converse with, have occasion frequently to mention to them. And if they carry with it the notion of excellency, greatness, or something extraordinary: if apprehension and concernment accompany it; if the fear of absolute and irresistible power set it on upon the mind, the idea is likely to sink the deeper, and spread the farther; especially if it be such an idea as is agreeable to the common light of reason, and naturally deducible from every part of our knowledge, as that of a God is. For the visible marks of extraordinary wisdom and power appear so plainly in all the works of the creation, that a rational creature, who will but seriously reflect on them, cannot miss the discovery of a deity. And the influence that the discovery of such a being must necessarily have on the minds of all, that have but once heard of it, is so great, and carries such a weight of thought and communication with it, that it seems stranger to me, that a whole nation of men should be any where found so brutish, as to want the notion of a God; than that they should be without any notion of numbers, or fire.«

58 Vgl. David E. Mungello, *The Great Encounter of China and the West, 1500-1800*, Lanham 2009, S. 28-32; Urs App, *The Birth of Orientalism*, Philadelphia 2010, S. 19-22.

59 Carlo Maria Martini, Georg Sporschill, *Conversazioni notturni a Gerusalemme. Sul rischio della fede*, Mailand 2008: »Non puoi rendere Dio cattolico. Dio è al di là die limiti e delle definizioni che noi stabiliamo.«

60 Inteview von Eugenio Scalfari mit Papst Franziskus, italienische Ausgabe des *Osservatore Romano*, 2.10.2013: »E io credo in Dio.

Non in un Dio cattolico, non esiste un Dio cattolico, esiste Dio.« Das Interview wurde von Scalfari nicht aufgezeichnet, sondern aus dem Gedächtnis wiedergegeben. Ich danke Carlo Ginzburg für den Hinweis auf die Affäre dieses Interviews.
61 Etwa Cicero, *Tuscul. disp.* I, 16, 36; Seneca, *Ep.* 117, 6; dann auch in der Patristik Minucius Felix, *Octav.* 8, 1. Vgl. Christoph Schwöbel, »Konsens«, in: *Religion in Geschichte und Gegenwart* 4 (2001), S. 1610-1613; Klaus Oehler, »Der consensus omnium als Kriterium der Wahrheit in der antiken Philosophie und Patristik. Eine Studie zur Geschichte des Begriffs der Allgemeinen Meinung«, in: *Antike und Abendland* 10 (1961), S. 103-129; Thomas Kelly, »Reflections on the ›common consent‹ argument for the existence of God«, in: Kelly James Clark, Raymond van Arragon (Hg.), *Evidence and Religious Belief*, Oxford 2011, S. 135-156; Linda Zagzebski, »Epistemic Self-Trust and the Consensus Gentium argument«, in: ebd., S. 22-36.
62 Pierre Bayle, *Continuation des pensées diverses, écrites à un docteur de Sorbonne, à l'occasion de la comete*, Rotterdam 1704, § 85; ders., *Œuvres diverses*, Den Haag 1727-1731, Bd. III, S. 312.
63 Voltaire, *Dictionnaire philosophique portatif*, »Londres« [Genf] 1764, s. v. »athee«.
64 Winfried Schröder, *Ursprünge des Atheismus. Untersuchungen zur Metaphysik- und Religionskritik des 17. und 18. Jahrhunderts*, Stuttgart 1998, S. 203-208.
65 *Cymbalum mundi sive Symbolum Sapientiae*, hg. von Guido Canziani, Winfried Schröder, Francesco Socas, Edizione critica, Mailand 2000, S. 237f. Zum Symbolum vgl. auch Martin Mulsow, *Radikale Frühaufklärung in Deutschland 1680-1720*, 2 Bde., Göttingen 2018, Bd. 1, S. 287-293, und Bd. 2, S. 208-227.
66 Vgl. Hans-Martin Barth, *Atheismus und Orthodoxie. Analysen und Modelle christlicher Apologetik im 17. Jahrhundert*, Göttingen 1971, S. 172-197.
67 Vgl. Andreas J. Beck, *Gisebertus Voetius (1589-1676). Sein Theologieverständnis und seine Gotteslehre*, Göttingen 2007.
68 Vgl. Christoph Strohm, *Ethik im frühen Calvinismus. Humanistische Einflüsse, philosophische, juristische und theologische Argumentationen sowie mentalitätsgeschichtliche Aspekte am Beispiel des Calvin-Schülers Lambertus Danaeus*, Berlin 1996, S. 346; M. W. F. Stone, »Aristotelian Moral Philosophy in Reformed ›Casuistry‹«,

in: Jill Kraye, M.W.F. Stone (Hg.), *Humanism and Early Modern Philosophy*, London 2000, S. 59-90.
69 Gisbert Voetius, *De praecisitate ad illustrationem quaest. catechet. XCIV. CXIII. CXV*, Amsterdam 1643.
70 Vgl. ausführlich Björn Spiekermann, *Der Gottlose. Geschichte eines Feindbilds in der Frühen Neuzeit*, Frankfurt 2020, S. 156-165. Vgl. dazu Martin Mulsow, »Atheisten sind unverzichtbar«, in: *Frankfurter Allgemeine Zeitung* vom 11.12.2020, S. 10.
71 Voetius, »De atheismo«, in: *Selectae disputationes I*, Utrecht 1648, S. 141: »Esse Atheos nemo dubitat. Sed quae sit Atheisimi illius ratio, propius explicandum est [...].«
72 Ebd., S. 142.
73 Zacharias Grapius, *Theologia recens controversa*, Rostock 1710, S. 28: »Atheus theoreticus directus per ignorantiam invincibilem talis nec actu datur, nec dari potest.«
74 Zum Probabilismus vgl. Rudolf Schüßler, *Moral im Zweifel*, Bd. II: *Die Herausforderung des Probabilismus*, Bielefeld 2006; Sven Knebel, *Wille, Würfel und Wahrscheinlichkeit. Das System der moralischen Notwendigkeit in der Jesuitenscholastik 1550-1700*, Hamburg 2000.
75 Gebhard Theodor Meier, *Historia religionum Christianae, Iudaicae Gentilis et Muhammedanae*, Helmstedt 1697, S. 18: »Omni enim modo detestamur hodiernorum probilistarum, sequentes propositiones 1. Potest dari invincibilis ignorantia Dei quoad aliquod tempus saltem breve, 2. Probabile est, posse dari hominem bono judicio praeditum, qui invinciliter tota vita atheus sit, 3. Probabile est, posse dari rempublicam quae invinciliter ignoret Deum.«
76 Johann Hülsemann, *Extensio breviarii theologici*, Heilbronn 1667, S. 20: »dari ad tempus quosdam speculative atheos, non per naturam, sed per excoecationem«.
77 Johann Quenstedt, *Theologia didactico-polemica*, Wittenberg 1691, I, Col. 259b: »Multi externe negant Deum, qui tamen internis stimulis et testimoniis non omnino immunes sunt.«
78 Eine Metaphorik, die schon bei Augustinus zu finden ist.
79 Vgl. Mulsow, *Die silberne Rippe der orientalischen Schrift* (Anm. 17). Zu Gerhard vgl. umfassend auch Asaph Ben-Tov, *Johann Ernst Gerhard (1621-1668). The Life and Work of a Seventeenth-Century Orientalist*, Leiden 2021.
80 Johann Ernst Gerhard, *Harmonia linguarum orientalium, scil.*

Chaldaicae, Syriacae, Arabicae, Aethiopicae cum Ebraica, Jena 1647.
81 Zu Christian Hoffmann (1634-74) vgl. Franz Heiduk, *Die Dichter der galanten Lyrik. Studien zur Neukirchschen Sammlung*, Bern 1971, S. 190-192; Colmar Grünhagen, »Cristian Hoffmann«, in: *Zeitschrift des Vereins für Geschichte und Altertum Schlesiens* 5 (1863), S. 168-171.
82 Christian Hoffmann (praes.), Johannes Henricus Neumannus (resp. et auct.), *Machiavellus sine Machiavello, ex historia Sinensium productus*, Jena 1668.
83 Johann Ernst Gerhard (praes.), Christian Hoffmann (resp. et auctor), *Umbra in luce, sive consensus et dissensus religionum profanarum, Judaismi, Samaritanismi, Muhammedismi, Gingis-Chanismi, atque paganismi*, Jena 1667.
84 Abraham Rogerius, *De Open-Deure tot het verborgen Heydendom ofte Waerachtigh vertoogh van het leven ende zeden, mitsgaders de Religie ende Gotsdienst der Bramines op de Cust Chormandel ende der landen daar ontrent*, Leiden 1651; dt.: *Offne Thür zu dem verborgenen Heydenthum. Oder Warhaftige Vorweisung deß Lebens und der Sitten samt der Religion und dem Gottesdienst der Bramines, auf der Cust Chormandel, und denen herumligenden Ländern*, Nürnberg 1663; Alexander Ross, Πανσεβεια: *or, A view of all the religions in the world: with the severall church-governments, from the creation, to these times. Also, a discovery of all known heresies*, London 1655; dt.: *Der Welt unterschiedlicher, Gottesdienst, oder Beschreibung aller Religionen und Ketzereyen in Asia, Africa, America und Europa, von Anbegin der Welt, biß auf diese gegenwertige Zeit*, Heidelberg [ca. 1665]; *Der gantzen Welt Religionen oder Beschreibung aller Gottes- und Götzendienste, wie auch Ketzereyen, in Asia, Africa, America und Europa, von Anfang der Welt biß auff diese gegenwertige Zeit*: Durchgehents mit schönen Kupfferstücken verzieret, Amsterdam 1667.
85 Johann Heinrich Hottinger, *Historia orientalis*, 2. vermehrte Auflage, Zürich 1660; dazu: Jan Loop, *Johann Heinrich Hottinger (1620-1667) and Seventeenth-Century Oriental Studies*, Oxford 2013.
86 Vgl. zu diesen Autoren Guy G. Stroumsa, *A New Science. The Discovery of Religion in the Age of Reason*, Cambridge 2010; Ralph Häfner, *Götter im Exil. Frühneuzeitliches Dichtungsverständnis*

im Spannungsfeld christlicher Apologetik und philologischer Kritik, Tübingen 2003. Etwas später erschien das Meisterwerk dieser Interpretationsrichtung: Pierre-Daniel Huet, *Demonstratio evangelica*, Paris 1679. Vgl. dazu Martin Mulsow, »The Seventeeth Century Confronts the Gods: Bishop Huet, Moses and the Dangers of Comparison«, in: Martin Mulsow, Asaph Ben-Tov (Hg.), *Knowledge and Profanation*, Leiden 2019, S. 159-196.

87 *Umbra in luce* (Anm. 83), fol. B3r: »Umbra privatio est Luminis; sed non omnimoda. Tenebrarum hoc Laudemium. Corporis interpositi opacitas nitentibus radiis transitum pernegat, ad latera tamen circumcirca tangentes disjicit. Inde in medio sibi opposite degenerem filiam candor effigiat.«

88 Ebd.: »Magna insuper umbrarum varietas. Terminus alius alio imperceptior.«

89 Erhard Weigel, *Geoscopiae selenitarum disputatio secunda de eclipsibus*, Jena 1654.

90 Die Samaritaner, eine abweichende Form der jüdischen Religion nördlich von Juda, galten manchen als erste Abweichung von der wahren Religion, weil es in 2 Könige 17,24 von Samaria heißt, statt der deportierten Nordreichbewohner seien dort Menschen aus Babel angesiedelt worden, und deshalb seien in der neuen Mischbevölkerung dann Idolatrie und Synkretismus aufgekommen.

91 *Umbra in luce* (Anm. 83): Antifixa, § 7. Allerdings ist das Buch nicht wirklich historisch oder entwicklungsgeschichtlich angelegt, sondern eher systematisch.

92 Ebd. *De Deo triuno*, § 4: »Sane tanta vis est naturalis iudicatorii, apud Barbarissimos etiam, ut superiorem aliquam naturam, maximeque venerabilem vel invite agnoscant. Adversis pressi oculos ad coelam attollebant. Moderatorem sc. Omnium ibi sedem fixisse, taciti subinnuebant. Bestias dicas Nationem Hottendot, / quae Caput Bonae Spei occupat. Neque DEUM neque Diabolum nosse, Mandelslo asserit. Sub diluculum tamen conveniunt, minibus se invicem apprehendunt, choreas agitant, sonoque meleagridum gocitantium aemulo clamorem oelo tollunt. Caussam ceremoniae vel Davus conjecerit. Creatorem Coeli et Terrae, in quem se credere ipsi interrogati confitentur, ululate isto celebrare forte satagunt.«

93 Johann Jakob Saar, *Ost-Indianische Funfzehen-Jährige Kriegs-Dienste [...]*, Nürnberg 1672, S. 157f.: »Diese Heyden werden gennenet Hottendot, fast Unmenschen / von Statur nicht groß / sehr

dürr und mager / führen ein unannehmliche Sprach / wie wann Sie gluckten / als die Indianische Hahnen; sonst nackend / ausser daß um Ihren Leib ein Mäntelein von groben Schaaf-Fell tragen / und ein Trumm von Peltz davon / die Natur zu verhüllen. Wann man ans Land kommt / kommen Sie gelauffen / und schreyen Brocqua auf Ihre Sprach; das ist / Brod / und so Sie das erlangen / so tretten Sie mit den Füssen drauf / heben Ihre Schaaf-Fell auf / Sich besehen zu lassen / wie Sie conditioniret sind / als denen in Ihrer Kindheit der linke Testiculus ausgenommen wird. Ihr Zieraht ist / daß Sie Ihre blosse Leiber mit allerley Fett schmieren; daher Sie dann gewaltig übel riechen / und das Gedärme von den Schaafen brauchen Sie / Ihre Füsse mit umzuwinden / und wann Sie ein Schaaf schlachten / so nehmen Sie einen Theil des Gedärms / reinigen es von innligenden Unflat gar ein weniges / weil Sie es nur durch die Finger ziehen; denn legen Sie es aufs Feuer / und wann es eine kleine Weile darauf gelegen / nehmen Sie es wieder ab / und verzehrens / mit einem rechten Grauen zuzusehen.« Vgl. Adam Olearius, *Offt begehrte Beschreibung Der Newen Orientalischen Reise / So durch Gelegenheit einer Holsteinischen Legation an den König in Persien geschehen: Worinnen Derer Orter und Länder / durch welche die Reise gangen / als fürnemblich Rußland / Tartarien und Persien / sampt ihrer Einwohner Natur / Leben und Wesen fleissig beschrieben / und mit vielen Kupfferstücken / so nach dem Leben gestellet / gezieret / Durch M. Adamum Olearium, Ascanium Saxonem, Fürstl: Schleßwig-Holsteinischen Hoff-mathemat. Item Ein Schreiben des WolEdeln [et]c. Johann Albrecht Von Mandelslo: worinnen dessen OstIndianische Reise über den Oceanum enthalten; Zusampt eines kurtzen Berichts von jetzigem Zustand des eussersten Orientalischen KönigReiches Tzina*, Schleswig 1647. Zu dieserart Reiseberichten vgl. das wichtige Buch von Michael Harbsmeier, *Wilde Völkerkunde*, Frankfurt 1994.

94 Ich danke Susanne Friedrich für die folgenden Informationen. Zu Robben Islands, etwa 12 Kilometer von Kapstadt entfernt, vgl. David Fleminger, *Robben Island. World Heritage Sites of South Africa Travel Guides*, St. Albans 2007.

95 Vgl. Alette Fleischer, »(Ex)changing Knowledge And Nature At The Cape Of Good Hope, Circa 1652-1700«, in: Siegfried Huigen, Jan L. de Jong, Elmer Kolfin (Hg.), *The Dutch Trading Companies as Knowledge Networks*, Leiden 2010, S. 241-265.

96 Saar, *Ost-Indianische Funfzehen-Jährige Kriegs-Dienste* (Anm. 93), S. 157f. Vgl.: *Eine kurtze Ost-Indianische Reiß-Beschreibung/ Darinnen Vieler Ost-Indianischen Insulen und Landschafften Gelegenheit/der Einwohneren Sitten und Gottes-Dienst/allerley Früchten und wilden Thieren beschaffenheit/sampt etlichen nachdencklichen Belägerungen und Schlachten zwischen der Holländischen Ost-Indianischen Compagney einer seits/vnd etlicher Ost-Indianischen Königen und Portugesischen Kriegs-Völckeren ander seits beschehen/sonderlich der Chinesischen Belägerung und Eroberung der Insul Formosa/angemerckt und in etlichen Kupfferstucken verzeichnet zu finden/Beschrieben und in einer Neun-Jährigen Reiß verrichtet/Von Albrecht Herport/Burgern der Statt Bern/und der Mahlerey-Kunst Lieb-haberen*, Bern 1669.

97 Saar, *Ost-Indianische Funfzehen-Jährige Kriegs-Dienste* (Anm. 93), S. 157f. Saar fährt fort: »Obbemelter Dapper gehet auch dahin. Es scheinet / schreibt Er / l. c. p. m. 627. daß Sie einigen Aberglauben an den aufgehenden neuen Mond haben. Dann wann dieser zu erst gesehen wird / kommen Sie gemeiniglich Hauffen-weiß zugelauffen / und bringen die gantze Nacht mit grossen Gejauchze / mit Tantzen / Springen / und Singen / zu / dabey Sie auch in die Hände klopfen / und etliche Wort hermurmeln. Bey dieser Freude haben Sie gemeiniglich einen Topf mit einem Fell steif überzogen / fast auf dieselbe Weise / wie die so genannten Rummel-Töpfe bey den Faßnacht-Spielen in Holland. Darauf schlagen Sie mit der Hand ohn Unterlaß. Neben diesen Spiel-Zeug haben Sie noch ein anderes / als ein Bogen gestaltet / mit einer Seite / und einer gespaltenen Feder-Spuhle / an dem einem Ende. Darauf blasen Sie / und es gibt einen Klang ohne Streichstock oder Fiderbogen / wiewohl Er nicht stark ist / ob Sie schon Ihren Athem starck genug ausblasen / und wieder einholen. Ja / man sihet auch zuweilen / daß die Frauen / und Kinder / vor aufgerichteten Steinen / niderknyen / und Sich neigen.« Vgl. Olfert Dapper, *Naukeurige beschrijvinge der Afrikaensche Gewesten van Egypten, Barbaryen, Lybien, Biledulgerid. Den tweeden druk van veel fouten verbetert; und: Naukeurige beschrijvinge der Afrikaensche Eylanden*, Amsterdam 1668.

98 Vgl. etwa Ovid, *Metamorphosen I*, 84-86: »Während vornübergeneigt die übrigen Tiere die Erde besahen / Gab er den Menschen erhabenes Antlitz und den Himmel zu schauen / befahl er ihm, und aufrecht und zu den Sternen zu erheben den Blick.«

99 Vgl. etwa Richard B. Lee, *The !Kung San: Men, Women, and Work in a Foraging Society*, New York 1979; David Lewis-Williams, *Believing and Seeing: Symbolic Meanings in Southern San Rock Paintings*, London 1981; ders., *San Spirituality. Roots, Expressions and Social Consequences*, Oxford 2004.

100 Athanasius Kircher, *Oedipus aegyptiacus*, Rom 1652-54. Vgl. allgemein auch Frank Manuel, *The Eighteenth Century Confronts the Gods*, Cambridge 1959.

101 *Umbra in luce* (Anm. 83), A2r und v: »Cum tenebris lucem, Christum cum Daemone iungis / Cumque tua variam Relligione fidem. / AULICUS es, cui summa licet confundere et ima. / Erro: Vis propius juncta secare magis.«

102 Voltaire, *Essai sur les mœurs et l'esprit des nations*, hg. Von René Pomeau, Paris 1963, S. 23: »Il faut convenir surtout que les peuples du Canada et les Cafres, qu'il nous a plu d'appeler sauvages, sont infiniment supérieurs aux nôtres. Le Huron, l'Algonquin, l'Illinois, le Cafre, le Hottentot, ont l'art de fabriquer eux-mêmes tout ce dont ils ont besoin, et cet art manque à nos rustres. Les peuplades d'Amérique et d'Afrique sont libres, et nos sauvages n'ont pas même d'idée de la liberté.« Vgl. Carlo Ginzburg, »Verfremdung. Vorgeschichte eines literarischen Verfahrens«, in ders., *Holzaugen. Über Nähe und Distanz*, Berlin 1999, S. 25.

103 Vgl. Fritz Bornemann, *P. Wilhem Schmidt S. V. D. 1868-1954*, Rom 1982; Ernest Brandewie, *When Giants Walked the Earth. The Life and Times of Wilhelm Schmidt SVD*, Fribourg 1990; ders., *Wilhelm Schmidt and the Origin of the Idea of God*, Lanham, Maryland 1983.

104 Wilhelm Schmidt, *Der Ursprung der Gottesidee. Eine historisch-kritische und positive Studie*, 12 Bde., Münster 1912-1955.

105 Ebd. Bd. 1, S. 134. Zu den Hottentotten und Kaffern dort S. 133-139.

106 Zum Urmonotheismus vgl. Bernhard Lang, »Urmonotheismus«, in: Hubert Cancik u.a. (Hg.), *Handbuch religionswissenschaftlicher Grundbegriffe*, Stuttgart 2001, Bd. 5, S. 280-283.

107 Herbert of Cherbury, *De veritate, prout distinguitur a revelatione, a verisimili, a possibili, et a falso*, Paris 1624; ders., *De religione gentilium, errorumque apud eos causis*, Amsterdam 1663. Zu Herbert und den religionsphilosophischen Überzeugungen der Deisten vgl. Justin Champion, *The Pillars of Priestcraft Shaken*.

The Church of England and its Enemies, 1660-1730, Cambridge 1992.

108 Vgl. Martin Mulsow, »Josephe-F. Lafitau und die Entdeckung der Religions- und Kulturvergleiche«, in: Maria Effinger, Ulrich Pfisterer, Cornelia Logemann (Hg.), *Götterbilder und Götzendiener in der Frühen Neuzeit*, Heidelberg 2012, S. 37-48.

109 Adolf Bastian, *Der Völkergedanke im Aufbau einer Wissenschaft vom Menschen*, Berlin 1881; ders., *Die Welt in ihren Spiegelungen unter dem Wandel des Völkergedankens*, Berlin 1887; ders., *Ethnische Elementargedanken in der Lehre vom Menschen*, Berlin 1895. Vgl. Wilhelm Schmidt, Wilhelm Koppers, *Völker und Kulturen. Gesellschaft und Wirtschaft der Völker*, Regensburg 1924, S. 30f.

110 Viel ausführlicher werden sie noch in Bd. VIII und IX von *Der Ursprung der Gottesidee* (Anm. 104) abgehandelt.

111 Zum weiteren Kontext vgl. Werner Petermann, *Die Geschichte der Ethnologie*, Wuppertal 2004, S. 579-642. Vgl. auch H. Glenn Penny, Matti Bunzl (Hg.), *Worldly Provincialism: German Anthropology in the Age of Empire*, Ann Arbor 2010.

112 Leo Frobenius, *Vom Kulturreich des Festlandes*, Berlin 1923, S. 83. Frobenius hat viele seiner Karten erstmals in August Petermanns Zeitschrift *Geographische Mitteilungen* publiziert. Zu Frobenius vgl. Hans-Jürgen Heinrichs, *Die fremde Welt, das bin ich. Leo Frobenius. Ethnologe, Forschungsreisender, Abenteurer*, Wuppertal 1998; Jean-Louis Georget, Hélène Ivanoff, Richard Kuba (Hg.), *Kulturkreise: Leo Frobenius und seine Zeitgenossen*, Frankfurt 2016. – Zu Ratzels Zusammenführung vgl. ders., *Anthropo-Geographie. Die geographische Verbreitung des Menschen*, Stuttgart 1882. Auch der späte Adolf Bastian hat ethnologisches Material in Karten umgesetzt: *Die wechselnden Phasen im geschichtlichen Sehkreis. Kartographisch skizziert mit einleitendem Text*, 4 Bde., Berlin 1900.

113 Friedrich Ratzel, *Die afrikanischen Bögen, ihre Verbreitung und Verwandtschaften; nebst einem Anhang: Über die Bögen Neu-Guineas, der Veddah und der Negritos; eine anthropogeographische Studie*, Leipzig 1893.

114 Vgl. Wilhelm von Humboldt, *Schriften zur Sprache*, hg. von Michael Böhler, Stuttgart 1973. Zu ihm vgl. Jürgen Trabant, *Wilhelm von Humboldt (1767-1835): Menschen, Sprachen, Politik*, Würz-

burg 2020; ders., *Weltansichten: Wilhelm von Humboldts Sprachprojekt*, München 2012; André Leroi-Gourhan, *Hand und Wort. Die Evolution von Technik, Sprache und Kunst*, Frankfurt 1987. – Vgl. auch Carlotta Santini, *Can Humanity be Mapped? Adolf Bastian, Friedrich Ratzel and the Cartography of Culture* (2018), ⟨https://histanthro.org/notes/can-humanity-be-mapped/⟩ [Letzter Zugriff: 28. 3. 2022].

115 Vgl. in diesem Sinne auch H. Glenn Penny, »Transnational History in Historical Perspective: Bastian's Museum Project«, in: Manuela Fischer, Peter Bolz, Susan Kamel (Hg.), *Adolf Bastian and His Universal Archive of Humanity. The Origins of German Anthropology*, Hildesheim 2007, S. 50-54, hier S. 50: »I immediately recognized that Bastian had been engaged in trying to understand (fairly successfully it seems) many of the same sets of problems enticing transnational and global scholars today: the flows of peoples and cultures across broad geographies, large population transfers at different historical moments, the malleable and porous character of borders, the intersection and mixing of different cultures, and especially those ›in between places‹ where the greatest cultural mixing occurs.« Vgl. weiter Klaus-Peter Köpping, *Adolf Bastian and the Psychic Unity of Mankind. The Foundations of Anthropology in Nineteenth Century Germany*, St. Lucia 1983.

116 Vgl. Julius Eisenstädter, *Elementargedanke und Übertragungstheorie in der Völkerkunde*, Stuttgart 1912.

117 Everett M. Rogers, *Diffusion of Innovations*, 5. Aufl., New York 2003. Vgl. auch die Überlegungen von Jürgen Renn, *The Evolution of Knowledge*, Princeton 2020.

118 E. J. Michael Witzel, *The Origins of the World's Mythologies* (Anm. 38). Zur Kritik an Witzel vgl. Bruce Lincoln, *Apples and Oranges. Explorations In, On, and With Comparison*, Chicago 2018, S. 54-70.

119 Elmar Holenstein, *Philosophie-Atlas. Orte und Wege des Denkens*, Zürich 2004.

120 Vgl. Claudia Wedepohl, »Ideengeographie. Ein Versuch zu Aby Warburgs ›Wanderstraßen der Kultur‹«, in: Helga Mitterbauer, Katharina Scherke (Hg.), *Ent-grenzte Räume. Kulturelle Transfers um 1900 und in der Gegenwart*, Wien 2005, S. 227-254. Vgl. auch Ernst Gombrich, *Aby Warburg. Eine intellektuelle Biographie*, Frankfurt 1984, S. 377-379, der eher Anregungen durch

Adolf Bastian vermutet. Zu Bastians Konzeption von »geographischen Provinzen« vgl. Annemarie Fiedermutz-Laun, *Der kulturhistorische Gedanke bei Adolf Bastian*, Wiesbaden 1970, S. 148-255.
121 Vgl. Peter N. Miller, *History and its Objects. Antiquarianism and Material Culture since 1500*, Ithaca 2017, S. 41-54.
122 Fritz Graebner, *Methode der Ethnologie*, Heidelberg 1911. Ich danke Stefan Dietrich für den Hinweis auf Graebner.
123 Vgl. Wedepohl, »Ideengeographie« (Anm. 120), S. 233, zum möglichen Einfluß von Ratzel auf Warburg. Die Abb. ebd.
124 Aby Warburg, »Flandrische Kunst und florentinische Frührenaissance. Studien I«, in: *Jahrbuch der Königlich Preußischen Kunstsammlungen* 23 (1902), S. 247-266.
125 Vgl. Jürgen Renn, Malcolm D. Hyman: »The Globalization of Knowledge in History: An Introduction«, in: Jürgen Renn (Hg.), *The Globalization of Knowledge in History*, Berlin 2012, S. 15-44.
126 Zit. nach Wedepohl: »Ideengeographie« (Anm. 120), Anm. 75.
127 Dekane sind die 36 Abschnitte von jeweils 10°, die durch die Unterteilung der 12 Zeichen des Zodiakalkreises in jeweils drei Abschnitte entstehen. Vgl. Franz Boll, *Sphaera: neue griechische Texte und Untersuchungen zur Geschichte der Sternbilder*, Leipzig 1903. Vgl. auch Dieter Blume, *Regenten des Himmels. Astrologische Bilder in Mittelalter und Renaissance*, Berlin 2000.
128 Aby Warburg, *Bildersammlung zur Geschichte von Sternglaube und Sternkunde im Hamburger Planetarium*, hg. von Uwe Fleckner u. a., Hamburg 1993, S. 38.
129 Jurij M. Lotman, *Die Innenwelt des Denkens: Eine semiotische Theorie der Kultur*, Berlin 2010.
130 Albrecht Koschorke, *Wahrheit und Erfindung. Grundzüge einer allgemeinen Erzähltheorie*, Frankfurt 2012, S. 122.
131 Michel Foucault, *Archäologie des Wissens*, Frankfurt 1973. Vgl. etwa S. 9: »An die Stelle der linearen Abfolgen, die bis dahin den Untersuchungsgegenstand gebildet haben, ist ein Spiel von in die Tiefe gehenden Loshakungen getreten [...]. Hinter der erschütternden Geschichte der Regierungen, Kriege und Hungersnöte zeichnen sich für das Auge fast unbewegliche Geschichten ab [...].« Foucault denkt dabei ganz offensichtlich an die Geschichte der »longue durée«, so wie die Fernand Braudel in seiner Untersuchung des Mittelmeerraums eingeführt hat.

132 Oswald Spengler, *Der Untergang des Abendlandes. Umrisse einer Morphologie der Weltgeschichte*, Bd. 1, Wien 1919; Aby Warburg, *Burckhardt-Übungen, Notizbuch*, 1927, zitiert nach Ernst Gombrich, *Aby Warburg. Eine intellektuelle Biographie*, Frankfurt 1984, S. 344 f. Zur Metaphorik von Energie und Wellen vgl. Thomas Hensel, *Wie aus der Kunstgeschichte eine Bildwissenschaft wurde. Aby Warburgs Graphien*, Berlin 2011, S. 82-84.

133 Zur Ideen- und Begriffsgeschichte allgemein vgl. Ernst Müller, Falko Schmieder, *Begriffsgeschichte und historische Semantik*, Berlin 2016.

134 Die Methode wird Biostratigraphie genannt. Die relevanten Merkmale dieser Fossilien-Art (so der entsprechende Wikipedia-Artikel) dürfen nur kurze Zeit existiert haben, um eine möglichst präzise Datierung zu ermöglichen, die Art sollte in möglichst unterschiedlichen Lebensräumen existiert haben und damit in möglichst vielen unterschiedlichen Gesteinfazies zu finden sein. Weiterhin müssen die Fossilien geographisch weit verbreitet sein, so daß auch weit entfernte Schichten miteinander verglichen werden können, sie müssen leicht und eindeutig bestimmbar sein und in hoher Anzahl vorkommen. Beispiele sind Trilobiten für Kambrium bis Silur oder Ammoniten für das Mesozoikum, besonders für Trias und Jura.

135 Zu Smith und von Buch, aber auch zu Charles Lyell und Friedrich von Schlotheim vgl. Otfried Wagenbreth, *Geschichte der Geologie in Deutschland*, Stuttgart 1999, S. 54-62. Vgl. auch Hanns-Werner Heister (Hg.), *Schichten, Geschichte, System: geologische Metaphern und Denkformen in den Kunstwissenschaften*, Berlin 2016.

136 Hans Blumenberg, *Genesis der kopernikanischen Welt*, Frankfurt 1975, Bd. 3, S. 717; ders., »Ausblick auf eine Theorie der Unbegrifflichkeit«, in: ders., *Schiffbruch mit Zuschauer*, Frankfurt 1979, S. 77. Primär ist für Blumenberg dabei der lebensweltliche Motivationskontext der Wissenschaft, primär ist auch immer die heutige Zeit. Man könnte von einer Art »Aktualismus« als Prinzip sprechen. Von dort aus gelte es zurückzugehen zu früheren Motivationskontexten für Wissen, zu denen wir motivational keinen direkten Zugang mehr daben, die wir aber anhand der Metaphorik, die in früheren Zeiten für das Wissenwollen gebraucht wurde, rekonstruieren können.

137 »Kontext-Spinner« sind für Pamela Crossley Aspekte, um Globalgeschichte aus der Perspektive einer bestimmten Ware, eines bestimmten Materials oder Naturphänomens sequenzieren zu können. Vgl. dies., *What is Global History?*, Cambridge 2008. Vgl. auch Roland Wenzlhuemer, *Globalgeschichte schreiben. Eine Einführung in 6 Episoden*, München 2017, S. 15.
138 Vgl. Martin Mulsow, »Wie tief reicht die Begriffsgeschichte? Für eine Deep Intellectual History«, in: *Archiv für Begriffsgeschichte* 62 (2020), S. 237-249. Zur Idee von Pfadabhängigkeiten im Prozeß der Modernisierung vgl. Shmuel N. Eisenstadt, *Comparative Civilizations and Multiple Modernities*, 2 Bde., Leiden 2003.
139 Zur Geschichte der Ideengeschichte vgl. Lutz Geldsetzer, »Ideengeschichte«, in: *Historisches Wörterbuch der Philosophie*, Bd. 4, Basel 1976, Sp. 135-137.
140 Arthur O. Lovejoy, *Die große Kette der Wesen. Geschichte eines Gedankens*, Frankfurt 1985, S. 11f.
141 Marcus Twelmann, »Gedankenstatistik: Proto-digitale Wissenschaften vom ›objektiven Geist‹ und ihre Archivverfahren«, in: Daniela Gretz, Nicolas Pethes (Hg.), *Archiv/Fiktionen: Verfahren des Archivierens in Literatur und Kultur des langen 19. Jahrhunderts*, Freiburg 2016, S. 409-431.
142 Friedrich Eduard Beneke, *Grundlegung zur Physik der Sitten*, Berlin 1922; Johann Friedrich Herbart, *Psychologie als Wissenschaft, neu gegründet auf Erfahrung, Metaphysik und Mathematik*, 2 Bde., Königsberg 1824/25; Moritz Lazarus, Heymann Steinthal, »Einleitende Bemerkungen zur Völkerpsychologie und Sprachwissenschaft«, in: *Zeitschrift für Völkerpsychologie und Sprachwissenschaft* 1 (1860), S. 1-73; Theodor Waitz, *Anthropologie der Naturvölker*, Leipzig 1859-64.
143 Friedrich Ratzel, *Anthropogeographie*, 2. Aufl., Stuttgart 1912, S. 468.
144 Lovejoy schwebten bei seiner »history of ideas« zunächst eher Grundideen wie die von Wilhelm Windelband oder Heinz Heimsoeth thematisierten vor. Vgl. Heinz Heimsoeth, *Die sechs großen Themen der abendländischen Metaphysik*, Berlin 1922. Heimsoeth hat zudem Wilhelm Windelbands *Lehrbuch der Geschichte der Philosophie* von 1892 fortgeführt. Zum Einfluß von Windelband auf Lovejoy vgl. Daniel J. Wilson, *Arthur O. Lovejoy and the Quest for Intelligibility*, Chapel Hill 1980, S. 230; Warren

Breckman, »Konzept und Geschichte des Journal of the History of Ideas«, in: *Zeitschrift für Ideengeschichte* 1 (2007), S. 106-109. Darüber hinaus hat Lovejoy allerdings auch sehr viel weitere Konzepte als Objekte seiner Wissenschaft angeführt: Motive, Stile, Vorurteile, Postulate, Metaphern, Denkgewohnheiten, das »Pathos« – also die emotionale Aufladung – von Denkmotiven oder sakralisierte Gedanken. Vgl. Lovejoy, *Die Kette der Wesen* (Anm. 140), S. 15 f.

145 Arthur O. Lovejoy, »Reflections on the History of Ideas«, in: *Journal of the History of Ideas* 1 (1940), S. 4.

Kapitel VIII
Der Teufel und der Jaguar

1 Roberto Calasso, *Der himmlische Jäger*, Berlin 2020, S. 9. – Für Hinweise und Ratschläge danke ich in erster Linie Adrian Masters, der mich auf zahlreiche Fährten gesetzt hat. Weiter danke ich herzlich Luis Miguel Glave Testino, Claudia Brosseder, Kris Lane und Fabian Fechner.
2 Eduardo Viveiros de Castro, *The Relative Native. Essays on Indigenous Conceptual Worlds*, Chicago 2015, S. 186.
3 Vgl. Markus Gabriel, *Fiktionen*, Berlin 2020.
4 Zum Teufel und dem Dämonischen als Denkform vgl. Stuart Clark, *Thinking with Demons. The Idea of Witchcraft in Early Modern Europe*, Oxford 1977.
5 Vgl. nur Gustav Roskoff, *Geschichte des Teufels. Eine kulturhistorische Satanologie von den Anfängen bis ins 18. Jahrhundert*, Nördlingen 1987; Gerald Messadié, *Teufel, Satan, Luzifer. Universalgeschichte des Bösen*, München 1999; Kurt Flasch, *Der Teufel und seine Engel. Die neue Biographie*, München 2015; Jan Löhdefink, *Zeiten des Teufels. Teufelsvorstellungen und Geschichtszeit in frühreformatorischen Flugschriften (1520-1526)*, Tübingen 2016.
6 Vgl. die Passagen in der »Einleitung«, wo es um den ersten Kontakt der Jesuiten mit Zen-Buddhisten in Japan geht.
7 Vgl. Asaph Ben-Tov, »Kakozelia – Faulty Imitation Between Rhetoric and Theology«, erscheint demnächst; vgl. auch Anthony Ossa-Richardson, *The Devil's Tabernacle. The Pagan Oracles in Early Modern Thought*, Princeton 2013.

8 Caspar Peucer, *Commentarius de praecipuis divinationum generibus*, Wittenberg 1580, S. 122ᵛ:« Non inscior fuisse mulieres aliquas eiusmodi, ut proditum est, & qua ui pleraeque fuderint oracula, cum ex furibundis gestibus plenis foedißimarum deformitatum, quos usurpasse memorantur, tum ex ipsis miraculis, quibus annexuerentur semper aliqua pertinentia ad confirmationem idolatriae Ethnicae, cuius iudicare promptum est. Insibilante ea & instillante Diabolo peprerunt, qui odio Dei, ut creationem rerum fucatis imitari praestigijs, sic prophetiarum & doctrinae sanctae publicationem κακοζηλία obscurare studuit.« Vgl. auch Georg Möbius, *Dissertatio Philologico-Theologica prima de Sacrificiorum Origine, & Materia, deque eorundem ob Cacozeliam ethnicorum in toto orbe propagatione ubi etiam in specie de αντρωποθυσια, sive immolatione hominum nonnulla proponuntur [...]*, Leipzig 1655; vgl. Ben-Tov, *Kakozelia* (Anm. 7).

9 Michael Dilherr, *Dei Simia Diabolus, sive de Cacozelia gentilium, sacris ipsorum plurimis demonstrata*, Jena 1640.

10 Martin de Castañega, *Tratado de las supersticiones y hechicerías*, Logroño 1529, S. 7 zur simia Dei.

11 Vgl. Andrés I. Prieto, *Missionary Scientists. Jesuit Science in Spanish South America, 1570-1810*, Nashville 2011, S. 70ff.

12 Vgl. Guilhem Olivier, *Mockeries and Metamorphoses of an Aztec God – Tezcatlipoca, Lord of the Smoking Mirror*, Louisville, Colorado 2003.

13 Die wichtigste Arbeit scheint mir Fernando Cervantes, *The Devil in the New World. The Impact of Diabolism in New Spain*, New Haven 1994, zu sein. Vgl. aber auch Jorge Cañizares-Esguerra, »The Devil in the New World«, in: ders., Erik R. Seeman (Hg.), *The Atlantic in Global History 1500-2000*, London 2017, S. 22-40; Guy Rozar, *América, imperio del demonio. Cuentos y recuentos*, Mexiko 1995; Adriano Prosperi, »›Otras Indias‹: missionari della Controriforma tra contadini e selvaggi«, in: *Scienze, credenze occulte, livelli di cultura: Convegno internazionale di studi (Firenze, 26-30 giugno 1980)*, Florenz 1982, S. 205-234.

14 Sabine MacCormack, *Religion in the Andes. Vision and Imagination in Early Colonial Peru*, Princeton 1991, S. 56f.; Denise Pozzi-Escot u. a. (Hg.), *Pachacamac: El oráculo en el horizonte marino del sol poniente*, Lima 2017.

15 Diese Tiefendimension hatte auch einen politischen Aspekt, wie

MacCormack, *Religion* (Anm. 14), S. 59, deutlich macht: »Oracular shrines both great and small abounded in the Andes; their principal role was to legitimate political power by establishing and then articulating consensus. In the course of doing this, the oracular deities also predicted the future. Because such predictions were capable of generating either support or dissent at times of political uncertainty, they were taken most seriously and were carefully remembered. The Inca intervention on the cult site of Pachacamac had resulted in a negotiated settlement that was still remembered two generations later. Pachacamac himself, speaking through his priests, had conceded that the presence of the divine Sun of the Incas on his cult site ›could not be avoided‹ and therefore granted permission for the construction of the Sun's pyramid next to his own. Thereafter, Pachacamac and the Sun coexisted on the site, thus giving cultic and religious expression to the political role of the Incas in the region.«

16 Vgl. [Miguel de Estete], *Noticia del Peru (1535?). Colección de libros y documentos referentes a la historia del Perú*, 2. Ser. Bd. 8, Lima 1924, S. 38f.

17 Vgl. auch Martin Mulsow, »Die Thematisierung paganer Religionen in der Frühen Neuzeit«, in: Christoph Bultmann u.a (Hg.), *Religionen in Nachbarschaft*, Münster 2012, S. 109-123; ders., »Josephe-F. Lafitau und die Entdeckung der Religions- und Kulturvergleiche«, in: Maria Effinger, Ulrich Pfisterer, Cornelia Logemann (Hg.), *Götterbilder und Götzendiener in der Frühen Neuzeit*, Heidelberg 2012, S. 37-48; David A. Pailin, *Attitudes to Other Religions: Comparative religion in Seventeenth- and Eighteenth-Century Britain*, Manchester 1984; für das 18. Jahrhundert vgl. Frank E. Manuel, *The Eighteenth Century Confronts the Gods*, Cambridge 1959.

18 Zur Buntschriftstellerei vgl. Simone Zweifel, *Aus Büchern Bücher machen: Zur Produktion und Multiplikation von Wissen in frühneuzeitlichen Kompilationen*, Berlin 2021.

19 Zu Ross vgl. David Allan, »›An Ancient Sage Philosopher‹: Alexander Ross and the Defence of Philosophy«, in: *The Seventeenth Century* 16 (2013), S. 68-94.

20 Zu den klassischen Autoren des frühneuzeitlichen Idolatriediskurses wie Selden und Vossius vgl. Martin Mulsow, »John Seldens De Diis Syris: Idolatriekritik und vergleichende Religionsgeschichte

im 17. Jahrhundert«, in: *Archiv für Religionsgeschichte* 3 (2001), hg. von Jan Assmann und Guy Stroumsa, S. 1-24; Ralph Häfner, *Götter im Exil. Frühneuzeitliches Dichtungsverständnis im Spannungsfeld christlicher Apologetik und philologischer Kritik (ca. 1590-1736)*, Tübingen 2003.

21 Zur flexiblen Taxinomie früher »Experimentalwissenschaft« vgl. Vera Keller, *Curating the Enlightenment: Johann Daniel Major and Academic Innovation in the Experimental Century*, erscheint voraussichtlich Cambridge 2023.

22 Johann Ernst Gerhard (praes.), Christian Hoffmann (resp. et auctor), *Umbra in luce, sive consensus et dissensus religionum profanarum, Judaismi, Samaritanismi, Muhammedismi, Gingis-Chanismi, atque paganismi*, Jena 1667. Ich benutze hier die paginierte Neuauflage Jena 1680; vgl. auch Asaph Ben-Tov, *Johann Ernst Gerhard (1621-1668): The Life and Work of a Seventeenth-Century Orientalist*, Leiden 2021, S. 187-207; Gerhard Johannes Vossius, *De theologia gentili et physiologia christiana sive de origine et progressu idololatriae*, 2 Bde., Amsterdam 1668.

23 *Umbra in luce* (Anm. 22), S. 195, mit Bezug auf Vossius, *De theologia gentili* (Anm. 15), I,37, 27, der sich seinerseits auf José de Acosta, *Historia natural y moral de las Indias*, Sevilla 1590, bezieht. Acostas Informant wiederum war Juan Polo de Ondegardo, »Los errores y supersticiones de los indios sacadas«, in: *Doctrina Christiana y Catecismo Provincial que se celebró en la Ciudad de Los Reyes*, Lima 1584, fol. 7-16. Vgl. MacCormack, *Religion in the Andes* (Anm. 9), S. 269f.

24 *Umbra in luce* (Anm. 22), S. 119: »Tigres in provincia Guatimalae Verapaz tantopere metuebant, ut se coram illis prosternerent, et numinis loco venerarentur. Nam et hic, perque totam Novam Hispaniam constans fama est, Diabolum superioribus seculis forma hujus animalis se Barbaris ostentare consuevisse, unde veneratio orta. Jam vero Indi ad Christum conversi, misso timore sagittis eos confodiunt. Peruanos quoque, ne detrimenti aliquid ab iis acciperent, similiter fecisse, ferunt.« Zur Jaguar-, Puma- und Panther-Verehrung in Mittel- und Südamerika vgl. Nicholas J. Saunders (Hg.), *Icons of Power: Feline Symbolism in the Americas*, London 1998; Elizabeth P. Benson (Hg.), *The Cult of the Feline. A Conference in Pre-Columbian Iconography*, Washington D.C. 1972; Karl Taube, *The Major Gods of Ancient Yucatan*, Washington, D.C. 1992.

25 Johann Ludwig Gottfried, *Historia antipodum oder Newe Welt. Das ist: Natur und Eigenschafft deß halben theils der Erden, so West Indien genennt wird. Mit Landtafeln und Kupferstucken gezieret und verlegt durch Matthaeum Merian*, Frankfurt 1631; ders., *Neuwe Archontologia Cosmica, Das ist, Beschreibung aller Käyserthumben, Königreichen und Republicken der gantzen Welt, die keinen Höhern erkennen: Wie dieselbe in ihren Gräntzen und Anmarckungen begrieffen, was darinnen für Provincien unnd Landtschafften [...] Wasser [...] Stätt unnd Vestungen [...]; Item von der Potentanten Rennten unnd Einkommen, Kriegs-Macht [...] Religions- unnd Kirchen-Wesen [...] Nachfolge der Römischen Käysern, Königen, Fürsten und Herren*, Frankfurt 1638. Das Buch basiert auf dem französischen Werk von Pierre d'Avity, *Les Estats, empires, et principautéz du monde: représentez par la description des pays, moeurs des habitans, richesses des provinces, les forces, le gouvernement, la religion, et les princes qui ont gouverné chacun estat; Avec l'origine de toutes les religions, et de tous les Chevaliers et Ordres militaires*, Paris 1625.

26 *Umbra in luce* (Anm. 22), S. 71-74.

27 Vgl. allgemein Berthold Riese, *Die Inka*, München 2016; Victor W. von Hagen, *Das Reich der Inka: Kunst, Architektur, Staatswesen und Götterwelt des Reiches der Sonnenkönige*, Hamburg 1961.

28 *Umbra in luce* (Anm. 22), S. 72: »Falso enim hunc principalem Peruvianorum Deum suspiciati fuerunt Hispani, eodem Garcilasso annotante. Erroris haut una occasio. Peruviani omnes res, in quibus Daemon apparere, aut per quas verba facere consueverat, veluti sacras, in summa habuerunt veneratione, quamvis non adorarent. Eas omnes vocabant Huaca vel Guaca. *Nomen* autem *Huaca significat omne quicquid sacrum, excellens in sua specie, monstrosum, aut pulchritudine, deformitative in rerum natura eminent. Unde, cum et Idolum ita vocerent, facilere crediderre Hispani, Barbaros tot deos colere, quot Huacas nominarent.*« Vgl. Garcilaso della Vega, *Comentarios Reales de los Incas*, Lissabon 1609; dt.: *Wahrhaftige Kommentare zum Reich der Inka*, Berlin 1983, S. 58. Zu Garcilaso (1539-1616) vgl. Luis Alberto Sanchez, *Garcilaso Inca de la Vega: Primer Criollo*, Lima 1993; Mercedes López-Baralt, *El Inca Garcilaso, traductor de culturas*, Madrid 2011; Christian Fernandez, José Antonio Mazzotti (Hg.), *Approaches to Teaching the Works of Inca Garcilaso De La Vega*, New York 2022.

29 Claudia Brosseder, *The Power of Huacas. Change and Resistance in the Andean World of Colonial Peru*, Austin 2014.
30 Carlo Ginzburg, »Ethnophilology: Two Case Studies«, in: Martin Mulsow (Hg.), *New Perspectives on Global Intellectual History = Global Intellectual History* 2(2) (2017), S. 1-15. Vgl. auch Margarita Zamora, *Language, Authority and Indigenous History in the Comentarios Reales de los Incas*, Cambridge 1988.
31 Vgl. etwa Coleman Donaldson, »Jula Ajami in Burkina Faso: A Grassroots Literacy in the Former Kong Empire«, in: *Working Papers in Educational Linguistics (WPEL)* 28 (2013), S. 19-36; Scott Clark, *Alphabet and orthography statement for Fulfulde [FUB] Ajamiya (found in Nigeria, Cameroon, Chad and Central African Republic)*, Yaoundé 2007; Friederike Lüpke, »Multilingualism on the Ground«, in: dies., Anne Storch (Hg.), *Repertoires and Choices in African Languages*, Berlin 2013, S. 65-70.
32 Tomás Bartoletti, »Ethnophilology and colonial demonology: Towards a global history of early modern superstition«, in: *Global Intellectual History* (2020), S. 1-27.
33 Jorge Cañizares-Esguerra, *Puritan Conquistadors: Iberianizing the Atlantic, 1550-1700*, Stanford 2006.
34 Kristie P. Flannery, »Can the Devil Cross the Deep Blue Sea? Imagining the Spanish Pacific and Vast Early America from Below«, in: *William and Mary Quarterly* 79 (2022), S. 31-60. Der Artikel erzählt den Fall eines mexikanischen Strafgefangenen im 18. Jahrhundert, der zur Zwangsarbeit nach Manila deportiert wird. Um eine Chance auf Freiheit zu finden, schließt er einen Pakt mit dem Teufel und macht die Erfahrung, daß auch Manila in gewisser Weise zu der ihm bekannten »amerikanischen« Welt gehöre. S. 32: »Rodríguez used demonology to reflect on questions of distance and the nature of the ties that bound Manila to Mexico across the Pacific Ocean.«
35 Zum Begriff der Triangulation vgl. die »Einleitung« zu diesem Buch.
36 Ausgangspunkt für alle Beschäftigung mit Potosí ist die Chronik von Arzanz de Orsua y Vela, die von der Gründung der Stadt bis in die Mitte des 18. Jahrhunderts reicht. Die maßgebliche und kommentierte Ausgabe: *Historia de la Villa Imperial de Potosí*, hg. von Lewis Hanke, Gunnar Mendoza, 3 Bde., Rhode Island 1965. Vgl. jetzt auch Kris Lane, *Potosí: The Silver City that Changed the World*, Los Angeles 2019.

37 Peter Bakewell, *Miners of the Red Mountain: Indian Labor in Potosi, 1545-1650*, Albuquerque 1985.
38 Zu den Zirkulationsströmen des peruanischen Silbers vgl. Timothy Brook, *Vermeers Hut. Das 17. Jahrhundert und der Beginn der globalen Welt*, Berlin 2009, S. 165-198; Enrique Tandeter, *Coacción y mercado: La minería de la plata en el Potosí colonial, 1692-1826*, Buenos Aires 1992; Carlo Cipolla, *Conquistadores, pirati, mercatanti. La saga dell'argento spagnuolo*, Bologna 1996. Zu den frühen Silber-Pesos aus Potosí und ihrer »kosmopolitischen« Geschichte vgl. Kris Lane, »Money Talks. Confessions of a Disgraced Cosmopolitan Coin of the 1640s«, in: Felicia Gottmann (Hg.), *Commercial Cosmopolitanism? Cross-Cultural Objects, Spaces, and Institutions in the Early Modern World*, London 2021, S. 72-91.
39 Das gilt nicht nur für Lateinamerika. Vgl. allgemein David Clark, *Urban World/Global City*, London 1996. Für die frühe Neuzeit vgl. etwa Erik Aerts u. a. (Hg.), »Metropolitan Cities and their Hinterlands in Early Modern Europe« (Session B-6), in: *Proceedings of the Tenth International Economic History Congress*, Löwen 1990; Cátia Antunes, *Globalisation in the Early Modern Period: The Economic Relationship between Amsterdam and Lisbon, 1640-1705*, Amsterdam 2004; Julia Adams, *One's Company, Three's a Crowd: Metropolitan State Building and East Indies Merchant Companies in the Early Modern Netherlands, France and England, 1600-1800*, Ann Arbor, MI 1990; Thomas A. Kirk, *Genoa and the Sea: Policy and Powers in an Early Modern Maritime Republic, 1559-1684*, Baltimore, MD 2005; George E. Munro, *The Most Intentional City: St. Petersburg in the Reign of Catherine the Great*, Madison, WI 2008; Margrit Schulte Beerbühl u. a. (Hg.), *Spinning the Commercial Web: International Trade, Merchants, and Commercial Cities, c. 1640-1939*, Frankfurt 2004.
40 Vgl. Peter Bakewell, »Mining in Colonial Spanish America«, in: Leslie Bethell (Hg.), *The Cambridge History of Latin America*, Bd. 2, Cambridge 1984, S. 105-152.
41 ⟨https://www.nybooks.com/articles/2019/11/21/potosi-silver-rush/⟩ [Letzter Zugriff: 28.3.2022] Gemälde von Miguel Berrio aus dem Jahr 1758.
42 Zur Kartographie vgl. jüngst Irina Saladin, *Karten und Mission. Die jesuitische Konstruktion des Amazonasraums im 17. und 18. Jahr-*

hundert, Tübingen 2020. Zur Missionarslinguistik vgl. unten Anm. 113.

43 Vgl. Cristiana Bertazoni, »The Place of Antisuyu in the Discourse of Guamán Poma de Ayala«, in: Adrian J. Pearce, David G. Beresford-Jones, Paul Heggarty (Hg.), *Rethinking the Andes-Amazonia Divide. A Cross-Disciplinary Exploration*, London 2020, S. 297-312; Vera Tyuleneva, »The Amazonian Indians as viewed by three Andean Chroniclers«, in: ebd., S. 286-296; Adrian J. Pearce, »Colonial Coda: The Andes-Amazonia frontier under Spanish Rule«, in: ebd., S. 313-324.

44 Zu den Chiriguanas am Fuße der Anden, die eine konstante Bedrohung der Leute in der Provinz Charcas waren, vgl. Isabelle Combès, »Grigotá y Vitupue. En los albores de la historia chiriguana (1559-1564)«, in: *Bulletin de l'Institut Français d'Études Andines* 41 (2012), S. 57-79. Der Aufsatz argumentiert für einen erst relativ späten (vielleicht schon kolonialzeitlichen) Prozeß der Dominanz Guaraní-sprechender Gruppen an der östlichen Grenze der Provinz Charcas.

45 Heidi V. Scott, *Contested Territory: Mapping Peru in the Sixteenth and Seventeenth Centuries*, Notre Dame, Indiana 2009, S. 133; France M. Renard-Casevitz, Thierry Saignes, A. C. Taylor, *L'inca, l'espagnol et les sauvages: Rapports entre les societés amazoniennes et andines du Xve au XVIIe siècle*, Paris 1986.

46 Marcela Inch Calvimonte, »Libros, comerciantes y libreros. La Plata y Potosí en el siglo de oro«, in: Andrés Eichmann, dies. (Hg.), *La constructión de lo urbano en Potosí y la Plata (siglos XVI-XVII)*, Sucre 2008, S. 415-538, bes. S. 487-499.

47 Ebd., S. 480.

48 Ebd., S. 473f. Vgl. Sergius Kodera, *Filone und Sofia in Leone Ebreos Dialoghi d'amore. Platonische Liebesphilosophie der Renaissance und Judentum*, Frankfurt 1995; João J. Vila-Chã, *Amor Intellectualis? Leone Ebreo (Judah Abravanel) and the Intelligibility of Love*, Braga 2006.

49 *La traduccíon del Indio de los Tres Diálogos de Amor de León Hebreo, hecha de Italiano en Español por Garcilaso Inca de la Vega, natural de la gran ciudad del Cuzco, cabeza de los Reinos y Provincias del Perú*, Madrid 1590. Vgl. James Nelson Novoa, »From Incan Realm to the Italian Renaissance: Garcilaso el Inca and the Voyage of his Translation of Leone Ebreo's Dialoghi d'Amore«, in: Car-

mine di Biase (Hg.), *Travel and Translation in the Early Modern Period*, Amsterdam 2006, S. 187-202.
50 Für die Vermutungen, Leone Ebreo könne sein Buch ursprünglich auf Hebräisch verfaßt haben, vgl. Ginzburg, *Ethnophilology* (Anm. 30), S. 9.
51 Archivio Histórico de la Casa de Moneda de Potosí, AHP EN 52, Potosí, 29.8.1619, fol. 1612r-v. Vgl. Inch Calvimonte, *Libros* (Anm. 46), S. 473.
52 Lane, *Potosí* (Anm. 36), S. 107 und 220, mit Bezug auf Inquisitionspapiere des Archivio Histórico Nacional de Chile (AHNC), Inquisición, V 359, fol. 86.
53 Vgl. die genealogische Webseite ⟨https://gw.geneanet.org/ferneche?lang=en&p=ana+maria&n=avendano+zuniga+y+villagra⟩ [Letzter Zugriff: 9.1.2022].
54 Inch Calvimonte, *Libros* (Anm. 36).
55 Lane, *Potosí* (Anm. 36), S. 108.
56 Inch Calvimonte, *Libros* (Anm. 46), S. 481.
57 Vgl. William Eamon, *Science and the Secrets of Nature. Books of Secrets in Medieval and Early Modern Culture*, Princeton 1994; Daniel Jütte, *Das Zeitalter des Geheimnisses. Juden, Christen und die Ökonomie des Geheimen (1400-1800)*, Göttingen 2011.
58 Claudia Brosseder, »Unsettling and Unsettled Readings: Occult Scripts in 16th-Century Lima and the Challenges of Andean Knowledge«, in: Emily A. Engel (Hg.), *A Companion to Early Modern Lima*, Leiden 2019, S. 275-309.
59 Vgl. Orlando Bentancor, *The Matter of Empire. Metaphysics and Mining in Colonial Peru*, Pittsburgh 2017; Nicholas A. Robins, *Mercury, Mining, and Empire: The Human and Ecological Cost of Colonial Silver Mining in the Andes*, Bloomington 2011. Für Mexiko im 18. Jahrhundert vgl. Nuria Valverde Pérez, »Underground Knowledge. Mining, Mapping and Law in Eighteenth-Century Nueva España«, in: Helge Wendt (Hg.), *The Globalization of Knowledge in the Iberian Colonial World*, Berlin 2016, S. 227-259.
60 Vgl. demnächst Jorge Cañizares-Esguerra, Adrian Masters: *The Radical Spanish Empire: Petitions and the Creation of the New World*. Vgl. auch ders., Adrian Masters: »Scriptural Battlefields: The Old Testament, Legal Culture, and the Polemics of the Spanish New World (1492-1822)«, in: R.S. Sugirtharajah (Hg.),

Oxford Handbook of Postcolonial Biblical Criticism, Oxford 2019; José Carlos de la Puente Luna, *Andean Cosmopolitans: Seeking Justice and Reward at the Spanish Royal Court*, Austin 2018; Adrian Masters, »A Thousand Invisible Architects: Vassals, the Petition and Response System, and the Creation of Spanish Imperial Caste Legislation«, in: *Hispanic American Historical Review* 98 (2018), S. 377-406. Für die Gründe der Geheimhaltung von Wissen vgl. auch María M. Portuondo, *Secret Science: Spanish Cosmography and the New World*, Chicago 2009.

61 Vgl. vor allem das Archivio General de Indias in Sevilla, in dem das zentrale Kolonialarchiv in Simancas, aber auch entsprechende Archive aus Cádiz und Sevilla seit 1785 vereinigt sind. Für Potosí und die Fronarbeit der Indios dort vgl. vor allem die Bestände Charcas 266 bis Charcas 273, besonders Charcas 266 und 267. Ich danke Luis Glave Testino für die wertvollen Hinweise.

62 Andrew McKenzie-McHarg, »Der Untergrund als tödliche Falle: von einer Realität des religiösen Konflikts zu einer Metapher der politischen Subversion«, in: Martin Mulsow (Hg.), *Kriminelle – Freidenker – Alchemisten. Räume des Untergrunds in der Frühen Neuzeit*, Köln 2014, S. 619-668. Zur schillernden Bedeutung von Untergrundwissen vgl. auch Tina Asmussen u. a. (Hg.), *Unter Grund / Sous le sol: Eine vertikale Verflechtungsgeschichte / Une histoire d'interdépendances verticales (Traverse: Zeitschrift für Geschichte/Revue d'histoire 2/2020)*.

63 Vgl. für die spätere Zeit auch Rose Marie Buechler, *The Mining Society of Potosí, 1776-1810*, Syracuse 1981.

64 Carmen Salazar-Soler, »Álvaro Alonso Barba: Teorías de la Antigüedad, alquimia y creencias prehispánicas en las Ciencias de la Tierra en el Nuevo Mundo«, in: Berta Ares Queija, Serge Gruzinski (Hg.), *Entre Dos Mundos: Fronteras Culturales y Agentes Mediadores*, Sevilla 1997, S. 269-296; dies., »La alquimia y los sacerdotes mineros en el Virreinato del Perú en el siglo XVII«, in: *Bulletin de l'Institut Français d'Études Andines* 30 (2001), S. 475-499; Tristan Platt, »The Alchemy of Modernity. Alonso Barba's Copper Cauldrons and the Independence of Bolivian Metallurgy (1790-1890)«, in: *Journal of Latin American Studies* 32 (2000), S. 1-54.

65 Vgl. zu ihm: Algunos documentos nuevos sobre Bartolomé de Medina. Archivio Histórico del Museo de Minería de la Ciudad de Pa-

chuca Hidalgo. Vgl. Manuel Castillo Martos, *Bartolomé de Medina y el siglo XVI*, Santander, Cantabria 2006.
66 Karl-Heinz Ludwig, Volker Schmidtchen, *Metalle und Macht: 1000 bis 1600*, Berlin 1992, S. 229-231.
67 Jorge Cañizares-Esguerra, »Bartolomé Inga's mining technologies: Indians, Science, Cyphered Secrecy, and Modernity in the New World«, in: *History and Technology* 34 (2018), S. 61-70, basierend auf dem Manuskript Ms 994 der Biblioteca nacional Madrid, fol. 113r-148v.
68 Guillermo Lohmann Villena, *Las minas de Huancavelica en los siglos XVI y XVII*, Sevilla 1949.
69 Für Verschlüsselungen und Chiffren vgl. Anne-Simone Rous, Martin Mulsow (Hg.), *Geheime Post. Kryptologie und Steganographie der diplomatischen Korrespondenz europäischer Höfe während der Frühen Neuzeit*, Berlin 2015; für Geheimhaltung im Bereich der Technologie vgl. Pamela O. Long, *Openness, Secrecy, Authorship: Technical Arts and the Culture of Knowledge from Antiquity to the Renaissance*, Baltimore 2001.
70 Zur Informationspolitik des Indienrates und der Motivation der Gunsterweise vgl. Arndt Brendecke, *Imperium und Empirie. Funktionen des Wissens in der spanischen Kolonialherrschaft*, Köln 2009.
71 Zum indigenen metallurgischen Wissen vgl. Pablo Cruz, Pascale Absi, »Cerros ardientes y huayras calladas. Potosí antes y durante el contacto«, in: Pablo Cruz, J.-J. Vacher (Hg.), *Mina y metalurgia en los Andes del Sur desde la época prehispánica hasta el siglo XVII*, Lima 2008, S. 91-120. Vgl. allgemein Laura Dierksmeier, Fabian Fechner, »Indigenous Knowledge as a Resource: Transmission, Reception, and Interaction of Knowledge between the Americas and Europe, 1492-1800«, in: dies., Kazuhisa Takeda (Hg.), *Indigenous Knowledge as a Resource*, Tübingen 2021, S. 15-26.
72 Renée Raphael, »In Pursuit of ›useful‹ Knowledge: Documenting Technical Innovation in Sixteenth-century Potosí«, in: *Journal for the History of Knowledge* 1 (1): 11 (2020), ⟨http://doi.org/105334/jhk.16.⟩ [Letzter Zugriff: 28. 3. 2022]. Vgl. auch Antonio Barrera-Osorio, *Experiencing Nature: The Spanish American Empire and the Early Scientific Revolution*, Austin 2006.
73 Raphael betont die kollektive Natur des Ergebnisses, das am Ende des Prozesses stand: »Similar to the way print publications were the result of collaborations between a named author and other in-

dividuals, the fate of Sánchez's and other innovators' declarations in Potosí indicates that the content of the administrative documents was generated by many individuals whose different interests determined what type of information was included in the final product.« Die treibende Kraft des Prozesses war dabei bürokratisches Regelfolgen: »The act of generating documentation was a chief means of demonstrating one's competency as an administrative official.« »In Pursuit of ›useful‹ Knowledge« (Anm. 72), bei Fn. 62 und 67. Soweit die Eingaben am Ort verblieben, finden sie sich dort heute in den Akten. Vgl. die Bestände in Archivo y Biblioteca Nacionales de Bolivia (ABNB), Cabildo Secular de Potosí (CPLA).

74 María Águeda Mendez u. a. (Hg.), *Catálogo de textos marginados novohispanos. Inquisición, siglo XVII*, Mexiko-Stadt 1997. Ich danke Adrian Masters für die Information.

75 Francisco Gómez de Quevedo y Santibáñez Villegas, *Poësias*, Brüssel 1661. Vgl. etwa die Zeilen S. 187f.: »Invisible viene à ser / Por su pluma, y por su mano, / Qualquier maldito escrivano, / Pues nadie los puede ver: / Culpas le dan de comer, / Al Diablo succede ansi, / Mas non ha de salir de aqui. / Maridillo ay, que retrata / Los cuchillos verdaderos, / Que al principio tiene aceros, / Y al cabo en cuerno remata: / Mas su muger de hilar trata / El Cerro de Potosi, / Y non hasalir de aqui.«

76 Vgl. Luis Miguel Glave, *De Rosa y espinas: economia, sociedad y mentalidades andinas, siglo XVII*, Lima 1998, S. 153-157 und 185-194. Vgl. allgemein zu den diabolisierten sozialen Konflikten im Andenraum Andrew Redden, *Diabolism in Colonial Peru, 1560-1750*, London 2007.

77 Die Abb.: Theodor de Bry (Hg.) *Americae nona & postrema pars*, Frankfurt 1602, Tabula III.

78 Vgl. zum Folgenden Thérèse Bouysse-Cassagne, »El Sol de andrento: wakas y santos en las minas da Charcas y en el lago Titicaca, siglos XV a XVII«, in: *Boletín de arqueología PUCP* 8 (2004), S. 59-97; dies., »Le diable e son royaume. Évangélisation et images du Diable dans les Andes«, in: *Terrain* 50 (2008), S. 124-139.

79 Diese Gegentaktiken der Indios nach der Christianisierung beschreibt Claudia Brosseder, *The Power of the Huacas* (Anm. 29). Vgl. auch Cervantes, *The Devil in the New World* (Anm. 13), S. 40-73: The Indian Response.

80 Vgl. Alan Kolata, *The Tiwanaku – portrait of an Andean civiliza-*

tion, Cambridge 1993; Margaret Young-Sánchez, *Tiwanaku: Ancestors of the Inca*, Denver 2004.
81 Vgl. MacCormack, *Religion* (Anm. 14), S. 59.
82 Vgl. allgemein zu archaischen Jägergottheiten Roberto Calasso, *Der himmlische Jäger* (Anm. 1). Vgl. weiter Terence S. Turner, *The Fire of the Jaguar*, Chicago 2017, für die Kayapo in Brasilien.
83 Vgl. Tiffiny A. Tung, *Violence, Ritual, and the Wari Empire: A Social Bioarchaeology of Imperialism in the Ancient Andes*, Gainesville, Florida, 2012; Richard L. Burger, *The Prehistoric Occupation of Chavín de Huántar*, Berkeley 1984; Karen Olsen Bruhns, »The First Civilizations: 2000-200 BC.«, in: dies., *Ancient South America*, Cambridge 1994, S. 126-155.
84 Abb.: Wari-Jaguar Decke aus der Zeit zwischen 600 und 850. Los Angeles County Museum of Art. Inv. Nr. 11.72.688.
85 Vgl. June C. Nash, *We Eat the mines and the Mines Eat us – Dependency and Exploitation in Bolivian Tin Mines*, New York 1993.
86 Bouysse-Cassagne, *Le diable e son royaume* (Anm. 78), betont, daß man dabei eher von Bricolage als von Synkretismus sprechen solle.
87 Vgl. Michael T. Taussig, *Shamanism, Colonialism and the Wild Man*, Chicago 1987, Kap. 18; Heidi V. Scott, *Contested Territory* (Anm. 45), S. 142. Vgl. auch Michael T. Taussig, *The Devil and Commodity Fetishism in South America*, Chapel Hill 1980.
88 Zur jesuitischen Mission in Peru gibt es umfangreiche Literatur. Vgl. etwa Cameron D. Jones, *In Service of Two Masters: The Missionaries of Ocopa, Indigenous Resistance, and Spanish Governance in Bourbon Peru*, Stanford 2018; Ana Carolina Hosne, *The Jesuit Missions to China and Peru, 1570-1610. Expectations and Appraisals of Expansionism*, London 2013. Zu den Missionsberichten und ihrer Rezeption in Europa vgl. Galaxis Borja Gonzalez, *Die jesuitische Berichterstattung über die Neue Welt. Zur Veröffentlichungs-, Verbreitungs- und Rezeptionsgeschichte jesuitischer Americana auf dem deutschen Buchmarkt im Zeitalter der Aufklärung*, Göttingen 2011; Adrien Paschoud, *Le monde améridien au miroir des Lettres édifiantes et curieuses*, Oxford 2008; Renate Duerr, »Der ›Neue Welt-Bott‹ als Markt der Informationen? Wissenstransfer als Moment jesuitischer Identitätsbildung«, in: *Zeitschrift für historische Forschung* 34 (2007), S. 441-466; dies., »›The Shepherd's Boy in the Fable‹ – zum Umgang mit dem *gefähr-*

lichen Wissen der Jesuiten in der Aufklärung«, in: Esther Schmid Heer, Nikolaus Klein, Paul Oberholzer (Hg.), *Transfer, Begegnung, Skandalon? Neue Perspektiven auf die Jesuitenmissionen in Spanisch-Amerika*, Stuttgart 2019, S. 171-194. Speziell zu den deutschen Missionaren das biographische Standardwerk: Johannes Meier (Hg.), *Jesuiten aus Zentraleuropa in Spanischamerika. Ein bio-bibliographisches Handbuch*, Bd. 5, Peru: 1617-1768, bearbeitet von Uwe Glüsenkamp, Münster 2013; dort zur Moxos-Ebene bes. S. 31-34, 67-72, 75-96.

89 Vgl. Cervantes, *The Devil* (Anm. 13); Prieto, *Missionary Scientists* (Anm. 11). Vgl. auch unten Anm. 91 und 97.

90 Zu den Reduktionen im Gebiet der Moxos siehe: Rubén Vargas Ugarte, *Historia de la Compañía de Jesús en Perú*, vol. 3, Burgos 1964; William M. Denevan, *The Aboriginal Cultural Geography of the Llanos de Mojos of Bolivia*, Berkeley/Los Angeles 1966; Elke Mader, »Die Missionsprovinz Mojos in Nordostbolivien«, in: dies., Richard Gippelhauser (Hg.), *Heilige Experimente. Indianer und Jesuiten in Lateinamerika. Zeitschrift für Lateinamerika Wien* 34 (Sondernummer 1989), S. 26-31; David Block, *Mission Culture on the Upper Amazon: Native Tradition, Jesuit Enterprise, and Secular Policy in Moxos, 1660-1880*, Lincoln 1994; Akira Saito, »Guerra y Evangelización en las misiones jesuíticas de Moxos«, in: *Boletín Americanista* 70 (2015), S. 37-56.

91 Dominicus Mayr, 31.12.1718, in: ders., *Terra Amazonum oder Landschafft der streitbahren Weiber*. Hg., übers. und kommentiert von Karl-Heinz Stadelmann, Konstanz und Eggingen 2002, S. 133; im Original (S. 132): »Hi omnes, antequam reliquis christianorum gregibus sese aggregant, pecudum more in sylvis et desertis varie sparsi vivunt, omnes tam viri, quam faeminae totaliter nudi: nullius potestati parent, nullisque legibus tenentur. Religio illis nulla, sed neque superstitis alia, nisi quod in conviviis sive comportationibus, quorum frequens ipsis usus, aut ut melius scribam, maximus abusus est, Diabolo potum offerre soleant, ne sibi, vel suis noceat deinceps.«

92 Vgl. Carlos Fausto, »A Blend of Blood and Tobacco: Shamans and Jaguars among the Parakana of Eastern Amazonia«, in: Neil L. Whitehead, Robin Wright (Hg.), *In Darkness and Secrecy: The Anthropology of Assault Sorcery and Witchcraft in Amazonia*, Durham 2004, S. 157-178; Robin M. Wright: *Mysteries of the Jaguar*

Shamans of the Northwest Amazon, Lincoln, Nebraska 2013. Für Mexiko vgl. Patricia Lopes Don, »Franciscans, Indian Sorcerers, and the Inquisition in New Spain, 1536-1543«, in: *Journal of World History* 17 (2006), S. 27-49.

93 Zu den Sprachenfamilien vgl. Rik van Gijn, Pieter Muysken, »Highland-Lowland Relations: A Linguistic View«, in: Adrian J. Pearce, David G. Beresford-Jones, Paul Heggarty (Hg.), *Rethinking the Andes-Amazonia Divide* (Anm. 43), S. 178-210.

94 Dominicus Mayr, 31.12.1719, in: *Terra Amazonum* (Anm. 91), S. 155. Im Original (S. 154): »Mysta aut pocillator potius infernalis est magus quidam et impostor, orco plurimum familiaris ob frequens quod eidem cum daemone intercedit commercium tum in sanandis curandisque infirmis, ac vulneratis, tum in petendis a styge consiliis, damnisque precavendis, melius dico, decipiendis mirum in modum hisce misellis. Satellitibus eiusmodi infernalibus plurimis passim ab ipsis honor habetur [...].«

95 Vgl. Londa Schiebinger, Claudia Swan, *Colonial Botany. Science, Commerce, and Politics in the Early Modern World*, Philadelphia 2005.

96 Karin Velez, »›By means of tigers‹: Jaguars as Agents of Conversion in Jesuit Mission Records of Paraguay and the Moxos, 1600-1768«, in: *Church History* 84 (2015), S. 768-806. Vgl. auch dies., *The Miraculous Flying House of Loreto: Spreading Catholicism in the Early Modern World*, Princeton 2018.

97 Franz Xaver Eder, *Descriptio Provinciae Moxitarum in Regno Peruano. Quam e scriptis posthumis Frac. Xav. Eder e Soc. Jesu annis XV. sacri apud eosdem Curionis digessit, expolivit, et adnotatiunculis illustravit*, Buda 1791, S. 247f.: »Feris, quas adgredi timent, Arama nomen imponunt, ut scilicet iis non ex metu, sed propter venerationem parcere videantur, quas inter cum tigris maxime sit metuanda, eam plane Aramamaco, summum imperatorem vocant, quae siquem dilaniavit, corraditur omnis interemti supellex, ac singulis noctibus prae foribus exponitur, ut tigris, si libuerit, auferat, ad quam omnia jure haereditatis pertinere dicunt, ut adeo, siquis inde quidquam subducere ausit, tanquam laesae Majestatis reus ab Aramamaco discerpendus sit: quod quidem tam religiose observant, ut, licet uxor, et liberi extrema laborent fame, ex omni tamen illa supellectile ne granum critici Turcici attingant.« Zu Eder vgl. die Dissertation von Henriette Éva Szabó, *Los Misioneros hún-*

garos en el virreinato de Perú en los siglos XVII y XVIII (con mención y análisis especial de la obra de Francisco Éder), La Paz, Bolivien 2013.

98 Ebd., S. 248: »Fingunt non raro furciferi tigridem quamdam ferocientem, quae stragem maximam denunciaverit, nisi furori epulis, ac potu occuratur, et credulos ad haec omnia largissime subministranda compellunt, quibus undique adportatis, ad veteratoris domicilium horis nocturnis turmatim conveniunt, et ante fores silentio consident, solus Motire ingreditur, ferarumque imperatorum sistulis, hunc in usum paratis, ad convivium evocat, quem paulo post ceteris ante januam metu, ac horrore torpentibus, jam adesse, epulari, dapesque collaudare nunciat, qui hisce auditis, nihil jam ultra metuendum rati, sensim e terrore animum recipiunt.«

99 Vgl. John-Paul Ghobrial, »The Secret Life of Elias of Babylon and the Uses of Global Microhistory«, in: *Past and Present* 222 (2014), S. 51-93.

100 Vgl. zum Bilde der Stadt Richard L. Kagan, *Urban Images of the Hispanic World, 1493-1793*, New Haven 2000, S. 173.

101 Luis Martin, *The Intellectual Conquest of Peru. The Jesuit College of San Pablo, 1568-1767*, New York 1968.

102 Serge Gruzinski, *Les quatre parties du monde. Histoire d'une mondialisation*, Paris 2004, S. 82f.

103 Vgl. Andrés I. Prieto, *Missionary Scientists* (Anm. 11). Vgl. allgemein Roberto Hofmeister Pich, Alfredo Santiago Culleton (Hg.), *Scholastica colonialis – Reception and Development of Baroque Scholasticism in Latin America, 16th -18th Centuries / Scholastica colonialis – Recepción y desarollo de la escolástica barroca en América Latina, siglos 16 a 18*, Turnhout 2017.

104 José de Acosta, *Historia natural y moral de las Indias* (Anm. 23). Vgl. Johan Leuridan Huys, *José de Acosta y el origen de la idea de misión. Perú, siglo XVI*, Cuzco 1997; Claudio Burgaleta, SJ: *José de Acosta, SJ (1540-1600): His Life and Thought,* Chicago 2003; Girolamo Imbruglia, »The Invention of Savage Society: Amerindian Religion and Society in Acosta's Anthropological Theology«, in: *History of European Ideas* (2013), S. 2-21; Clifford Ando, Anne McGinness, Sabine MacCormack: »Natural Philosophy, History, and Theology in the Writings of José de Acosta, S.J. (1540-1600)«, in: *Journal of Jesuit Studies* 2 (2015), S. 1-35. Zum weiteren Kontext vgl. Anthony Pagden, *The Fall of Natural*

Man: *The American Indian and the Origins of Comparative Ethnology*, New York 1982.
105 Martin Del Rio (Delrio), *Disquisitionum magicarum libri sex in tres tomos partiti*, Löwen 1599-1601.
106 Acosta, *Historia natural y moral de las Indias* (Anm. 23), Buch V, Kap. 1., S. 304: »Y con la misma tirana despues quel fuerte del Evangelio le veccio, y defarmò, y entrò por la fuerça de la Cruz, las mas importantes y poderosas plaças de su Reyno, acometico las gentes mas remotas y barbaras procurando conservar entre ellas la falsa e mentida divinidad, quel hijo del Dios le avia quitado en su Iglesia, encertandole como a fiera en jaula, para que fuesse para escarnio suyo y regozio de sus siervos, como lo significa por Iob. Mas en fin ya que la ydolotria fue extirpada de la mejor y mas noble parte del mundo, retirose a lo mas apartado, y reynó en estotra parte de el mundo, que aunque en nobleza muy inferior, en grandeza y anchura no lo es.« Ich zitiere die etwas abgekürzte deutsche Übersetzung aus: José de Acosta, *Das Gold des Kondors. Berichte aus der Neuen Welt 1590*, Wien 1991, S. 11.
107 Ebd. Buch V, Kap. 26, S. 375: »Y aunque en muchas ceremonias parece, que concurren con las nuestras, pero es muy diferente por la gran mezcla, que siempre tienen de abominaciones. Lo commun y general dellas es, tener una de tres cosas, que son, o crueldad, o suziedad, o ociosidad. Porque todas ellas o eran crueles, y perjudiciales, como el matar hombres, y derramar sangue: o eran suzias, y asquerosas, como el comer, y bever en nombre de sus ydolos, y con ellos acuestas orinar en nombre del ydolo, y el untarse, y embixarse tan feramente, y otras cien mil baxezas: o por lo menos eran vanas, y ridiculas, y puramente ociosas, y mas cosas de niños que hechos de hombres. La razon desto es la propria condicion del espiritu maligno, cuyo intento es hazer mal, provocando a homicidios, o a suziedades, o por lo menos a vanidades, y ocupaciones impertinentes.« Vgl. auch Prieto, *Missionary Scientists* (Anm. 11), S. 73 f.
108 Vgl. etwa Gregorio García, *Origen de los indios del Nuevo Mundo*, Valencia 1607.
109 Vgl. Jacques Lafaye, *Quetzalcóatl and Guadalupe: The Formation of Mexican National Consciousness, 1531-1813*, Chicago 1987, bes. S. 177ff; Günter Lanczkowski, »Quetzalcoatl: Mythos

und Geschichte«, in: *Numen* 9 (1962), S. 17-36. Vgl. zum breiteren Rezeptionskontext auch Benjamin Keen, *The Aztec Image in Western Thought*, New Brunswick 1971; Elizabeth H. Boone, *Incarnations of the Aztec Supernatural: The Image of Huitzilopochtli in Mexico and Europe*, Philadelphia 1989 (*Transactions of the American Philosophical Society* 79 [1989], S. 1-107), S. 86f.

110 Zu ihm vgl. Irving A. Leonard, *Don Carlos Sigüenza y Góngora, a Mexican Savant of the Seventeenth Century*, Berkeley 1929; vgl. auch Octavio Paz, *Sor Juana oder Die Fallstricke des Glaubens*, Frankfurt 1991.

111 Vgl. Henrique Urbano, »Wiracocha. Utopía y milenarismo en los Andes de los siglos XVI y XVII«, in: Ana de Zaballa Beascoechea (Hg.), *Utopía, mesianismo y milenarismo: experiencias latinoamericanas*, Lima 2002, S. 15-40, bes. S. 22ff. zur Identifikation von Viracocha und Bartholomäus; Óscar Mazín, *Iberoamérica: del descubrimiento a la independencia*, Mexiko-Stadt 2007, S. 156.

112 Vgl. Hugo Ribeiro da Silva, *O clero catedralício português e os equilíbrios sociais do poder (1564-1670)*, Lissabon 2013.

113 Vgl. zu diesen Bemühungen etwa Nancy Farriss, *Tongues of Fire: Language and Evangelization in Colonial Mexico*, Oxford 2018; Antje Flüchter, Rouven Wirbser (Hg.), *Translating Catechisms, Translating Cultures. The Expansion of Catholicism in the early modern world*, Leiden 2017. Allgemein zum Modellcharakter der spanischen Grammatik von Nebrija vgl. Walter D. Mignolo, *The Darker Side of the Renaissance: Literacy, Territoriality, and Colonialization*, Ann Arbor 2007, S. 29-68: Nebrija in the New World: Renaissance Philosophy of Language and the Spread of Western Literacy.

114 Martin, *The Intellectual Conquest of Peru* (Anm. 101).

115 Vgl. etwa Edward B. Tylor, *Primitive Culture: Researches into the Development of Mythology, Philosophy, Religion, Art, and Custom*, London 1871; John Lubbock, *The Origin of Civilization and the Primitive Condition of Man: Mental and Social Condition of Savages*, New York 1871. Vgl. Martin D. Stringer, »Rethinking Animism: Thoughts from the Infancy of our Discipline«, in: *Journal of the Royal Anthropological Institute* 5 (1999), S. 541-56; kritisch: Nurit Bird-David: »Animism revisited: Personhood, Environment, and Relational Epistemology«, in: *Current Anthropology* 41 (2000), S. 67-91.

116 Vgl. allgemein Martin Holbraad, Morten Axel Pedersen: *The Ontological Turn: An Anthropological Exposition*, Cambridge 2017.
117 Viveiros de Castro, *The Relative Native* (Anm. 2), S. 197; meine Übersetzung aus dem Englischen. Zum Befund der »perspektivischen Relativität« vgl. schon Andrew Grey, *The Arakmbut of Amazonian Peru*, Bd. 1: *Mythology, Spirituality and History*; Bd. 2: *The Last Shaman*, Oxford 1996 und 1997.
118 Es ist mir bewußt, daß ich hier eine doppelte Unschärfe in Kauf nehme: Zum einen denken zwar viele, aber nicht alle Amazonasstämme in diesem Perspektivismus; zum anderen stammen die anthropologischen Beobachtungen von heute, nicht aus dem 17. und 18. Jahrhundert. Doch scheint diese Verallgemeinerung an dieser Stelle möglich, da sie mit den frühneuzeitlichen Beobachtungen übereinzustimmen scheint und sich in der Denkweise der indigenen Kulturen mit einiger Wahrscheinlichkeit seitdem nicht viel Grundlegendes geändert hat.
119 Heike Kämpf hat von der Exzentrizität des Verstehens in der Praxis des Ethnologen gesprochen. Sie meint damit, daß man keineswegs immer schon auf das kulturell Gemeinsame und das erfolgreiche Erfassen der fremden Bedeutung (im Sinne der traditionellen Hermeneutik) bauen kann, sondern »mißtrauisch gegen die eigenen gegenstandskonstituierenden Ausschlußgesten zu bleiben« habe. Vgl. Heike Kämpf, *Die Exzentrizität des Verstehens. Zur Debatte um die Verstehbarkeit des Fremden zwischen Hermeneutik und Ethnologie*, Berlin 2003; das Zitat: S. 243. Das gilt sogar noch für die neue, »ontologisch« ansetzende Anthropologie mit ihren an Gilles Deleuze geschulten Konzepten.
120 Vgl. Umberto Lombardo, José Iriarte, Lautaro Hilbert, Javier Ruiz-Pérez, José M. Capriles, Heinz Veit, »Early Holocene crop cultivation and landscape modification in Amazonia«, in: *Nature* 581 (2020), S. 190-193.
121 Vgl. Heiko Prümers, »Hügel umgeben von ›schönen Monstern‹: Ausgrabungen in der Loma Mendoza (Bolivien)«, in: *Expeditionen in vergessene Welten* 25 (2004), S. 47-78; John H. Walker, »Earthworks of the Llanos de Mojos«, in: Claire Smith (Hg.), *Encyclopedia of Global Archaeology*, Berlin und New York 2018, S. 1-19; Charles Mann, »Ancient Earthmovers of the Amazon«, in: *Science* 321, Issue 5893 (2008), S. 1148-1152; vgl. auch allge-

mein ders., *1491: New Revelations of the Americas before Columbus*, New York 2005.
122 Seit Francisco de Orellana, der 1540 mit der Gonzalo-Pizarro-Expedition vom heutigen Ecuador aus aufgebrochen war, sich im Dschungel verlor und die Flüsse abwärts fuhr, bis er auch den Amazonas-Hauptstrom erreichte und so schließlich 1542 in den Atlantik entkam. Der Chronist der Expedition, Gaspar de Carvajal, schilderte Begegnungen mit kriegerischen Frauen an den Ufern. Vgl. etwa Ricardo Accurso, »Las Amazonas de Fray Gaspar de Carvajal«, in: *Aula de Letras. Humanidades y Enseñanza. Primera época*, Online-Zeitschrift, Buenos Aires 2005.
123 Pierre Petit, *De Amazonibus dissertatio*, Amsterdam 1687.
124 Ebd., S. 44f. Vgl. auch die Amazonaskarte von Theodor de Bry aus dem Jahr 1599 in Bd. VIII seiner America-Beschreibung. Vgl. Gerald Sammet, *Die Welt der Karten: Historische und moderne Kartografie im Dialog*, Gütersloh/München 2008, S. 242f.
125 Vgl. den Sammelband von Adrian J. Pearce, David G. Beresford-Jones, Paul Heggarty (Hg.), *Rethinking the Andes-Amazonas Divide* (Anm. 43); darin besonders Heiko Prümers, »The Andes as seen from Mojos«, S. 263-272 und 342 (Fußnoten).
126 Allison M. Bigelow, *Mining Language: Racial Thinking, Indigenous Knowledge, and Colonial Metallurgy in the Early Modern Iberian World*, Chapel Hill 2020.
127 Und damit auch ein allgemeines Bild vom dunklen, bösen, täuschenden Charakter des amerikanischen Kontinents im Gegensatz zum hellen, sichtbaren, guten heimischen Europa. Ein großer Teil der frühneuzeitlichen Wissensproduktion über Lateinamerika ist von diesem Gegensatz, zumindest indirekt, affiziert.
128 In Europa wendete sich die Vorstellung des »Satanischen« auf andere Weise gegen die Spanier, nämlich als Teil eines nationalen Stereotyps des Konfessionsfeinds. Vgl. Christopher Hodgkins, »The Uses of Atrocity: Satanic Spaniards and Hispanic Satans from Las Casas to Milton«, in: *Mediterranean Studies* 8 (1999), S. 175-192.
129 Guamán Poma, *Nueva corónica y buen gobierno*, Ms., 1615, fol. 694. Vgl.: *Die neue Chronik und gute Regierung*. Faksimileausgabe und Übersetzung auf CD-ROM. Hg. von Ursula Thiemer-Sachse, übers. von Ulrich Kunzmann, Berlin 2004. Zu Poma vgl. oben Anm. 43. Außerdem: Rocío Quispe-Agnoli, *La fe andina*

en la escritura. Identidad y resistencia en la obra de Guamán Poma de Ayala, Lima 2006.

Epilog
Mikrohistorie, Globalgeschichte und die Rekonstruktion intellektueller Praktiken

1 Teilweise werden die Beziehungen erst heute, ex post hergestellt, etwa wenn Jonardon Ganeri, *The Lost Age of Reason. Philosophy in Early Modern India 1450-1700*, Oxford 2011, die frühneuzeitliche indische Philosophie mit Begrifflichkeiten der analytischen Philosophie beschreibt oder Christian Coseru, *Perceiving Reality. Conciousness, Intentionality, and Cognition in Buddhist Philosophy*, Oxford 2012, mittelalterliches buddhistisches Denken über den Intentionalitätsbegriff Husserls expliziert. Für die interessanten Konglomerate aus westlichen Ideen und indigenen außereuropäischen Konzepten im 19. und 20. Jahrhundert vgl. etwa Sebastian Conrad, »Enlightenment in Global History: A Historiographical Critique«, in: *American Historical Review* 117 (2012), S. 999-1027, oder Marwa Elshakry, *Reading Darwin in Arabic, 1860-1950*, Chicago 2013.
2 Vgl. Sanjay Subrahmanyam, *Three Ways to Be Alien: Travails and Encounters in the Early Modern World*, Waltham, Mass. 2011, S. 173: »the case study, bridging as it were the gap between microhistory and world history«.
3 Vgl. vor allem das Sonderheft »Global History and Microhistory« von *Past and Present* 242 (Supplement 14) (2019); weiter: Angelika Epple, »Calling for a Practice Turn in Global History: Practices as Drivers of Globalization«, in: *History and Theory* 57 (2018), S. 390-407; Debra Castillo, Shalini Puri (Hg.), *Theorizing Fieldwork in the Humanities*, New York 2017; Francesca Trivellato, »Is There a Future for Italian Microhistory in the Age of Global History?«, in: *California Italian Studies* 2 (2011), ⟨https://escholarship.org/uc/item/0z94n9hq⟩ [Letzter Zugriff: 28.3.2022].
4 Vgl. Carlo Ginzburg, Carlo Poni, »Was ist Mikrogeschichte?«, in: *Geschichtswerkstatt* 6 (1985), S. 48-52, bes. S. 51.
5 Vgl. etwa John-Paul Ghobrial, »The Secret Life of Elias of Babylon and the Uses of Global Microhistory«, in: *Past and Present* 222

(2014), S. 51-93; Linda Colley, *The Ordeal of Elizabeth Marsh: A Woman in World History*, New York 2007.
6 Zur Cambridge School vgl. Martin Mulsow, Andreas Mahler (Hg.), *Die Cambridge School der politischen Ideengeschichte*, Berlin 2010.
7 Vgl. etwa Rosario Lopez, »The Quest for the Global: Remapping Intellectual History«, in: *History of European Ideas* 42 (2016), S. 155-160; Emma Rothschild, »Arcs of Ideas. International History and Intellectual History«, in: Gunilla Budde, Sebastian Conrad, Oliver Janz (Hg.), *Transnationale Geschichte*, Göttingen 2006, S. 217-226.
8 David Armitage, »What's the Big Idea? Intellectual History and the Longue Durée«, in: *History of European Ideas* 38 (2012), S. 493-507.
9 John G. A. Pocock, »On the Unglobality of Contexts: Cambridge Methods and the History of Political Thought«, in: *Global Intellectual History* 4 (2019), S. 1-14. Vgl. auch Knud Haakonssen, Richard Whatmore: »Global Possibilities in Intellectual History: A Note on Practice«, in: *Global Intellectual History* 2 (2017), S. 18-29.
10 Bruno Latour, *Kampf um Gaia. Acht Vorträge über das neue Klimaregime*, Berlin 2017, S. 241-248.
11 Vgl. auch Dipesh Chakrabarty, *Das Klima der Geschichte im planetarischen Zeitalter*, Berlin 2022.

Abbildungsverzeichnis

Abb. 1: Lorenzo Pignoria, Vetustissimae tabulae aeneae sacris Aegyptiorum simulacris coelatae accurata explicatio, Venedig 1605. Privatbesitz.
Abb. 2: Athanasius Kircher, Oedipus Aegyptiacus, Bd. III, Rom 1654, S. 417. Polnische Nationalbibliothek Warschau. Digitale Bibliothek Polona. Public Domain.
Abb. 3: Thot-Buch, Ägypten, al-Faijum, Dimeh (?) 1.-2. Jh. n. Chr., demotisch, zwei Fragmente (D 6314 + 6744). Österreichische Nationalbibliothek.
Abb. 4: Athanasius Kircher, Prodromus Coptus sive Aegyptiacus: [...] in quo cum linguae Coptae, sive Aegyptiacae, quondam Pharaonicae, origo, aetas [...] exhibentur, Rom 1636, S. 204. Polnische Nationalbibliothek Warschau. Digitale Bibliothek Polona. Public Domain.
Abb. 5: Athanasius Kircher, Prodromus Coptus sive Aegyptiacus: [...] in quo cum linguae Coptae, sive Aegyptiacae, quondam Pharaonicae, origo, aetas [...] exhibentur, Rom 1636, S. 207. Polnische Nationalbibliothek Warschau. Digitale Bibliothek Polona. Public Domain.
Abb. 6: Adam Olearius, Außführliche Beschreibung der kundbaren Reyse nach Muscow und Persien, 3. Aufl., Schleswig 1663, nach S. 552. Stanford Libraries. David Rumsey Historical Map Collection. Frei für (kommerzielle) Publikationen.
Abb. 7: Aimé Chézaud, ماسح مصقل صفا اعينة حق نما [Mâsih-i misqal-i safâ]. Handschrift. Bibliothèque nationale de France, Département des manuscrits, Supplément Persan 13, fol. 250r. Frei für wissenschaftliche Publikationen.
Abb. 8: Athanasius Kircher, Oedipus Aegyptiacus, Bd. II.1, Rom 1653, S. 377. Polnische Nationalbibliothek Warschau. Digitale Bibliothek Polona. Public Domain.
Abb. 9: Liu Zhi, 天方性理 [Tianfang Xingli], Bd. 2, 1710. Eigene Gra-

fik. Nach Sachiko Murata u. a. (Hg.), The Sage Learning of Liu Zhi, Cambridge, Mass. 2009, S. 220.

Abb. 10: Bernard Picart, Cérémonies et coutumes religieuses de tous les peuples du monde, Bd. IV, Amsterdam 1736, nach S. 212. Rijksmuseum Amsterdam. Public Domain über Wikimedia Commons.

Abb. 11: Johann Heinrich Ursinus, Novus Prometheus Praeadamitarum plastes ad Caucasum relegatus et religatus schediasma, Frankfurt 1656, Titelblatt. Universiteitsbibliotheek Gent. Freie Lizenz.

Abb. 12: Giovanni Paolo Marana, The First Volume of Letters Writ by a Turkish Spy, Who Lived Five and Forty Years Undiscovered at Paris, London 1691, Frontispiz. Privatbesitz.

Abb. 13: Miniaturporträt des Prinzen Dara Shikoh. The Museum of Fine Arts, Houston, gift of Stephen Hamilton. Public Domain über Wikimedia Commons.

Abb. 14: Schahnameh, das persische Buch der Könige. Handschrift. Wellcome Collection. Lizenz: CC BY 4.0.

Abb. 15: Eugène Flandin, Voyage en Perse. Perse Ancienne: Planches (mit Pascal Coste), Tome IV, Paris 1854. The New York Public Library. Digital Collection. Public Domain.

Abb. 16: Philippus Baldaeus, Wahrhaftige ausführliche Beschreibung der berühmten ost-indischen Kusten Malabar und Coromandel, als auch der Insel Zeylon, Amsterdam 1672, S. 514. Forschungsbibliothek Gotha.

Abb. 17: Jacob Golius, Beyfügung vom Reich Catayo, in: Martino Martini, Novus Atlas. Das ist: Weltbeschreibung, Teil 6: Novus Atlas Sinensis, Amsterdam 1655, S. vi. Universitätsbibliothek Heidelberg. Digitale Bibliothek. Public Domain.

Abb. 18: Martin Fogel, Exzerpt aus: William Seaman, Grammatica linguae Turcicae, Oxford 1670. Handschrift. Gottfried Wilhelm Leibniz Bibliothek – Niedersächsische Landesbibliothek, Hannover, Ms IV 574b, Bl. 65r.

Abb. 19: Martin Fogel, Über semantische Ähnlichkeiten zwischen der türkischen und der ungarischen Sprache. Handschrift. Gottfried Wilhelm Leibniz Bibliothek – Niedersächsische Landesbibliothek, Hannover, Ms IV 574b, Bl. 66r.

Abb. 20: Martin Fogel, Über grammatische Ähnlichkeiten zwischen der türkischen und der ungarischen Sprache. Handschrift. Gottfried Wilhelm Leibniz Bibliothek – Niedersächsische Landesbibliothek, Hannover, Ms IV 574b, Bl. 70r.

Abbildungsverzeichnis 699

Abb. 21: Martin Fogel, Notiz zum Laudanum. Handschrift. Gottfried Wilhelm Leibniz Bibliothek – Niedersächsische Landesbibliothek, Hannover, Ms XLII, 1923, iota 3, Bl. 10r.

Abb. 22: Martin Fogel, Zur schädlichen Wirkung von Opium. Handschrift. Gottfried Wilhelm Leibniz Bibliothek – Niedersächsische Landesbibliothek, Hannover, Ms XLII, 1923, phi 166, Bl. 10r.

Abb. 23: Martin Fogel, Zur Wirkung von Opium auf Kinder. Handschrift. Gottfried Wilhelm Leibniz Bibliothek – Niedersächsische Landesbibliothek, Hannover, Ms XLII, 1923, phi 166, Bl. 10r.

Abb. 24: Datura stramonium, kultiviert im Botanischen Garten der Universität Wrocław. Agnieszka Kwiecień. Lizenz: CC BY 3.0 über Wikimedia Commons.

Abb. 25: Otto Wilhelm Thomé Flora von Deutschland, Österreich und der Schweiz, Bd. IV, Gera 1889, Pl. 492, nach S. 66. www.Bio Lib.de, Kurt Stüber. Lizenz: GNU FDL.

Abb. 26: Martin Fogel, Notiz mit einem Hinweis auf einen Brief von Georg Hieronymus Welsch. Handschrift. Gottfried Wilhelm Leibniz Bibliothek – Niedersächsische Landesbibliothek, Hannover, Ms XLII, 1923, phi 166, Bl. 13r.

Abb. 27: Sant'Ambrogio, Mailand. Bronzeschlange an einem Pfeiler der Seitenschiffarkade. Giovanni Dall'Orto. Public Domain über Wikimedia Commons.

Abb. 28: Abbildung: Roma Numismatics Ltd., London, Lot 1019, Pescennius Niger AR Denarius. https://www.romanumismatics.com.

Abb. 29: Georg Hieronymus Welsch, Philomatheticorum syllabi centuriati VII, quibus accedit VIIIus agyrticorum quorundam recentiorum. Handschrift. Bayerische Staatsbibliothek München, Clm 24122, Bl. 99r.

Abb. 30: Johann Matthäus Faber, Strychnomania, Augsburg 1677, Titelkupfer. Forschungsbibliothek Gotha.

Abb. 31: Thomas Smith, Epistola de moribus ac institutis Turcarum, cui annectitur brevis Constantinopoleos notitia, Oxford 1674, S. 97 mit Unterstreichungen Martin Fogels. Gottfried Wilhelm Leibniz Bibliothek – Niedersächsische Landesbibliothek, Hannover.

Abb. 32: Georg Jacob Kehr, Monarchae Mogolo-Indici vel Mogolis Magni Aurenk Szeb numisma Indo-Persicum in solenem renovationem et confirmationem clientelarum urbis ac sedis imperatoriae

Delhi signatum, Leipzig 1725, Anhang (letztes Blatt). Forschungsbibliothek Gotha.

Abb. 33: Johann Ernst Gerhard (praes.), Christian Hoffmann (resp.), Umbra in luce, sive Consensus et dissensus religionum profanarum, Judaismi, Samaritanismi, Muhammedismi, Gingis-Chanismi, atque Paganismi, Jena 1667, nach S. K2. Forschungsbibliothek Gotha.

Abb. 34: Wayang Kulit (Schattenspielfigur) Yudhishthira. Tropenmuseum Amsterdam. Lizenz: CC BY-SA 3.0 über Wikimedia Commons.

Abb. 35: Hendrik Hondius, India quae Orientalis dicitur, et insulae adiacentes, in: Jan Jansson, Nieuwen atlas ofte weerelts-beschrijvinge, Amsterdam 1657. Stanford Libraries. Renaissance Exploration Map Collection. Public Domain.

Abb. 36: Waere affbeeldinge Wegens het Casteel ende Stadt Batavia gelegen opt groot Eylant Java Anno 1681. Technische Universität Delft. Public Domain über Wikimedia Commons.

Abb. 37: Siehe Abb. 36.

Abb. 38: Siehe Abb. 36.

Abb. 39: Confucius Sinarum philosophus, sive Scientia Sinensis, Paris 1687, S. CXVI-CXVII. Bibliothèque nationale de France. Frei für wissenschaftliche Publikationen.

Abb. 40: Herman Niklas Grim, Laboratorium chymicum, gehouden op het voortreffelycke Eylandt Ceylon, Batavia 1677, Titelblatt. Bayerische Staatsbibliothek München. Münchener Digitalisierungszentrum. Digitale Bibliothek.

Abb. 41: Eigene Grafik.

Abb. 42: Samuel Norton, Alchymiae complementum et perfectio, Frankfurt 1630, s. pag. [S. 20]. Bibliothèques d'Université Paris Cité. Licence Ouverte.

Abb. 43: Eigene Grafik.

Abb. 44: Ben cao gang mu. Mc Gill Library, ark:/13960/s2pf97nggtv.

Abb. 45: Burghard de Groot, Ali Puli een asiatische Moor, in: Ali Puli, Centrum naturae concentratum. Handschrift, 1735. The Ritman Library, Amsterdam. Public Domain über Wikimedia Commons.

Abb. 46: Johann Otto von Helbig (Hellwig), Arcana maiora, oder Curiöse und nützliche Beschreibung vieler wahrhaften physicalischen, medicinischen, chymischen, alchymischen, chyrurgischen und oeconomischen Geheimnisse, Frankfurt und Leipzig, 1712, Frontispiz. Public Domain über Wikimedia Commons.

Abb. 47: Miscellanea Curiosa, sive Ephemeridum medico-physicarum Germanicarum Academiae Imperialis Leopoldinae Naturae Curiosorum, Decuria II, Annus IX./X. (1690/1691), Nürnberg 1691/1692, Frontispiz. Eigenes Exemplar.

Abb. 48: »Tessab« – eigene Grafik.

Abb. 49: Frachtliste, aus: Femme S. Gaastra, De geschiedenis van de VOC, Zutphen 2007, S. 131.

Abb. 50: Friedrich I., Herzog von Sachsen-Gotha-Altenburg, Geheimes Handbüchlein [1684-1685], fol. 45v und 46r. Landesarchiv Thüringen – Staatsarchiv Gotha, Geheimes Archiv, E XI Nr. 99.

Abb. 51: Eigene Grafik.

Abb. 52: Eigene Grafik.

Abb. 53: Nicolaas Witsen, Tartaria, sive magni Chami Imperium, Amsterdam [ca. 1708]. Biblioteca Nacional de Portugal. Public Domain.

Abb. 54: Nicolaas Witsen, Noord en Oost Tartaryen, 3. Aufl., Amsterdam 1785, nach S. 758. Forschungsbibliothek Gotha.

Abb. 55: Nicolaas Witsen, Noord en Oost Tartaryen, 3. Aufl., Amsterdam 1785, nach S. 760. Forschungsbibliothek Gotha.

Abb. 56: Eigene Grafik.

Abb. 57: Mathurin Veyssière de La Croze an Gisbert Cuper, 30. Juli 1711. Handschrift. Koninklijke Bibliotheek, Den Haag, 72 H 19, fol. 15b.

Abb. 58: Mathurin Veyssière de La Croze an Gisbert Cuper, 26. Oktober 1711. Handschrift. Koninklijke Bibliotheek, Den Haag, 72 H 19, fol. 15a.

Abb. 59: Zeichnung vom Kreuz und Teilen des Textes auf der Nestorianischen Stele in Xi'an. University of Minnesota, East Asian Library. Public Domain über Wikimedia Commons.

Abb. 60: Athanasius Kircher, Oedipus Aegyptiacus, Bd. III, Rom 1654, S. 18-19. Polnische Nationalbibliothek Warschau. Digitale Bibliothek Polona. Public Domain.

Abb. 61: Mathurin Veyssière de La Croze an Gisbert Cuper, 26. Oktober 1711. Handschrift. Koninklijke Bibliotheek, Den Haag, 72 H 19, fol. 15b.

Abb. 62: Justus Heurnius, Compendium doctrinae Christianae, de creatione et salvatione generis humani, Batavia 1628, Confucij Doctrina Moralis. Handschrift. Universiteitsbibliotheek Leiden, Special Collections, Acad. 225, fol. 11b. Lizenz: CC BY-NC-ND 3.0.

Abb. 63: 呂大臨 [Lü Dalin], 考古圖: 十卷 [Kaogu tu in zehn Bänden], 1752, Bd. 1, s. pag. Getty Research Institute. Public Domain.

Abb. 64: Francisco Diaz, Vocabulario de letra China con la explicacion Castellana hecho con granpropriedad y abundancia de palabras. Handschrift. Biblioteka Jagiellonska, Krakau, Ms. sin. 13. Digitalisierung der Staatsbibliothek zu Berlin – Preußischer Kulturbesitz. Public Domain.

Abb. 65: Mathurin Veyssière de La Croze an Gisbert Cuper, 26. Oktober 1711. Handschrift. Koninklijke Bibliotheek, Den Haag, 72 H 19, fol. 15a und b.

Abb. 66: Theophil (Gottlieb) Spitzel (Spizel), De re literaria Sinensium commentarius, Leiden 1660, S. 76. Forschungsbibliothek Gotha.

Abb. 67: Mathurin Veyssière de La Croze an Gisbert Cuper, 26. Oktober 1711. Handschrift. Koninklijke Bibliotheek, Den Haag, 72 H 19, fol. 15a.

Abb. 68: Mathurin Veyssière de La Croze an Gisbert Cuper, 26. Oktober 1711. Handschrift. Koninklijke Bibliotheek, Den Haag, 72 H 19, fol. 15b.

Abb. 69: Blatt aus der Ming-Enzyklopädie 三才 圖會 [Sancai tuhui] (1609 u. ö.), Beilage des Briefes von Joachim Bouvet an Gottfried Wilhelm Leibniz, Peking, 4. November 1701. Gottfried Wilhelm Leibniz Bibliothek – Niedersächsische Landesbibliothek, Hannover, LK-MOW Bouvet10, Bl. 27-28. Wikimedia Commons, Public Domain.

Abb. 70: Adam Neuser an Sultan Selim II. Handschrift. Forschungsbibliothek Gotha, Chart. A 407, fol. 351r/v.

Abb. 71: Epistola Ameth Benandala Mohumetani ad Auriacam Principem, Comitem Mauritium, et ad Emmanuelem Portugalliae Principem. Handschrift. Lambeth Palace Library, London, Ms. 673, Deckblatt, fol. 7r.

Abb. 72: Bleitäfelchen. Abtei von Sacromonte. https://sacromonteabbey.com/obras-arte-libros-plumbeos-abadia-sacromonte/

Abb. 73: Schriftenschrank, Frankische Stiftungen Halle. Aus: Heike Link und Thomas Müller-Bahlke (Hg.), Zeichen und Wunder. Geheimnisse des Schriftenschrankes der Kunst- und Naturalienkammer der Franckenschen Stiftungen, Halle 2003, S. 40.

Abb. 74: Andreas Müller, Alphabeta ac notae diversarum linguarum,

Berlin 1703, s. pag. Polnische Nationalbibliothek Warschau. Digitale Bibliothek Polona. Public Domain.

Abb. 75: [Andreas Müller,] Oratio Orationum. SS. Orationis Dominicae versiones, Berlin 1680. Exemplar Hiob Ludolfs mit Notizen zur mongolischen Sprache. Foyle Special Collections Library, King's College, London, Ms. Marsden Collection B6/8.

Abb. 76: Ebd. Wortlisten von Madagaskar.

Abb. 77: John Chamberlayne, Oratio Dominica in diversas omnium fere gentium linguas versa et propriis cuiusque linguae characteribus expressa, Amsterdam 1715, S. 50f. Eigenes Exemplar.

Abb. 78: Johann Ernst Gerhard (praes.), Johannes Schwabe (resp.), Цурковь Московскіи, sive Dissertatio theologica de religione ritibusque ecclesiasticis Moscovitarum, Jena 1665, Titelblatt. Forschungsbibliothek Gotha.

Abb. 79: Johann Ernst Gerhard (praes.), Martin Kempe (resp.), Եկեղեցի Հայերեն, sive Dissertatio de statu Armeniae ecclesiastico et politico, Jena 1665, Titelblatt. Forschungsbibliothek Gotha.

Abb. 80: Johann Ernst Gerhard (praes.), Franz Wilhelm Ramshausen (resp.), ⲦⲈⲔⲔⲖⲎⲤⲒⲀ ⲚⲔⲈϤⲦ, sive Exercitatio theologica, ecclesiae Copticae, Jena 1666, Titelblatt. Forschungsbibliothek Gotha.

Abb. 81: Abraham Ortelius, Theatrum orbis terrarum, Amsterdam 1603. Polnische Nationalbibliothek Warschau. Digitale Bibliothek Polona. Public Domain.

Abb. 82: Hiob Ludolf, Abba Gorgoryos, Karte Äthopiens in Ge'ez-Schrift. Handschrift. Universitätsbibliothek Johann Christian Senckenberg, Frankfurt am Main, Ms. Ff Ludolf II 32, Fasc. E No. 3.

Abb. 83: Hiob Ludolf, Abba Gorgoryos, Karte Äthopiens in lateinischer Schrift. Handschrift. Universitätsbibliothek Johann Christian Senckenberg, Frankfurt am Main, Ms. Ff Ludolf II 32, Fasc. E No. 2.

Abb. 84: Siehe Abb. 83.

Abb. 85: Symbolum sapientiae, hoc est Doctrina solida de religione et vulgo sic dicta sacra scriptura, superstitioni Paganae, Judaicae, Christianae ac Muhammetanea opposita, Titelblatt. Handschrift. Finnische Nationalbibliothek Helsinki. Digital Collections, Fö II 43 (8 HUM). Public Domain.

Abb. 86-88: Johann Ernst Gerhard, Album amicorum. Handschrift. Forschungsbibliothek Gotha, Chart. B 2590.

Abb. 89: Christian Hoffmann, ፋጾንፋ· ዶዶⱴ: Umbra in luce, sive

Consensus et dissensus religionum profanarum, Judaismi, Samaritanismi, Muhammedismi, Gingis-Chanismi, atque Paganismi, 2. Aufl., Jena 1680, Titelblatt. Forschungsbibliothek Gotha.

Abb. 90: Eigene Grafik.

Abb. 91: Erhard Weigel, Geoscopiae selenitarum disputatio secunda de eclipsibus, Jena 1654. Thüringer Universitäts- und Landesbibliothek Jena. Forschungsbibliothek Gotha.

Abb. 92: Rekonstruktion der Karte Erhard Weigels mit Hilfe moderner Berechnungen. Abbildung: Michael Zeiler, eclipse-maps.com.

Abb. 93: Leo Frobenius, Vom Kulturreich des Festlandes, Berlin 1923, S. 83. Eigenes Exemplar.

Abb. 94: Aby Warburg, Skizze der Wanderstraßen der Kultur. Warburg Institute, London. Aus: Claudia Wedepohl, »Ideengeographie. Ein Versuch zu Aby Warburgs Wanderstraßen der Kultur«, in: H. Mitterbauer und K. Scherke (Hg.), Entgrenzte Räume. Kulturelle Transfers um 1900 und in der Gegenwart, Wien 2005, S. 227-254.

Abb. 95: Johann Ludwig Gottfried, Newe Archontologia cosmica, Frankfurt am Main 1646, Titelkupfer. Eigenes Exemplar.

Abb. 96: Acht Reales Münze, Potosí 1680. Mit freundlicher Genehmigung von Heritage Auctions.

Abb. 97: Gaspar Miguel Berrio, Ansicht der Stadt Potosi und des umliegenden Gebirges Zerro aus der Vogelschau (1758), Museum Charcas, Sucre. Lizenz durch akg-Images.

Abb. 98: La traduzion del indio de los tres Dialogos de amor de Leon Hebreo, hecha de italiano en español por Garcilasso Inga de la Vega, Madrid 1590. Biblioteca nacional de España Madrid. Biblioteca digital hispánica. Lizenz: CC BY 4.0.

Abb. 99: La Cifra delos Secretos delas minas de Indias y contra cifra y abecedario della hecho por Luis valle dela cerda despues de declarada, fol. 114r. Handschrift. Biblioteca nacional de España Madrid. Biblioteca digital hispánica, Ms. 994. Lizenz: CC BY 4.0.

Abb. 100: Theodor de Bry (Hg.), Americae nona & postrema pars, Frankfurt am Main 1602, Tabula III. Universitätsbibliothek Heidelberg. Digitale Bibliothek. Public Domain.

Abb. 101: Wari-Jaguar-Decke. Los Angeles County Museum of Art. Inv. Nr. M.72.68.8. Public Domain.

Abb. 102: Plaza Mayor de Lima, unbekannter Maler, 1680. Museo de América Madrid, 2013/03/01. Public Domain über Wikimedia Commons.

Abb. 103: Theodor de Bry (Hg.), Americae Achter Theil, in welchem erstlich beschrieben wirt das mächtige und goldtreiche Königreich Guiana, Frankfurt am Main 1599, Neue landtaffel [...] Kunigreich Guiana. Stanford Libraries. Renaissance Exploration Map Collection. Public Domain.

Abb. 104: Guamán Poma, Nueva corónica y buen gobierno, 1615, fol. 694. Handschrift. Det Kongelige Bibliotek Kopenhagen, GKS 2232 4°.

Namenregister

Aaron 114
Abbadie, Jacques 357
Abbas I. 103, 118
Abbas II. 103
'Abd al-Ğabbār 379
'Abd ar-Raḥmān al-Bisṭāmī 111, 166-170, 178
'Abd ar-Raḥmān Čištı 166-170
'Abdallāh Ibn Salām (Abdia ben Salomon) 365, 370
Abdel Melec Muli Omar 144f.
Aben Pharagi 102, 114, 116
Abraham 19, 20, 59, 68, 91, 97, 102
Abravanel, Juda ben Isaak 448
Abu 'l-Bašar (Adam) 169
Abū 'l-Munā al-Kūhīn al-'Aṭṭār 87
Abu Abdallah Muhammad ibn Said al-Sanhagi 374
Abū Maʿšar 89f., 92f., 170, 172, 174
Abulhessan Aben Abdalla El-hassadi (Abū 'l-Ḥasan Ibn 'Abdallāh al-Asadī) 102
Abū-Tālib 371
Acosta, Cristobal 200, 220
Acosta, José de 461-464
Acosta, Valentín de 446-449
Adam 6, 74, 102, 107f., 111, 114, 128, 130f., 133-135, 137-139, 143f., 150f., 157-159, 162f., 166, 168f., 177, 179f., 183, 185, 187, 226, 237, 272, 321
Agathodaimon 107
Agricola, Georg 449
Agrippa von Nettesheim 91
Aḥmad Ibn Idrīs as-Sinhāğī al-Qarāfī (=Ahmed ben Edris/Idris) 357, 373, 376f.
Aḥmad Ibn Yūsuf at-Tifāšī 45, 92
Ahmed, Shahab 341
Ahriman 175
Akbar 147, 166-168
Alam, Muzzafar 167
'Alawī, Sayyid Aḥmad 105f., 112
al-Baiḍawī 357
al-Bāqir, Muḥammad 158
Alberti, Valentin 420f.
Albertus Magnus 135
al-Bīrūnī 146, 150
al-Būnī, Ahmad 108, 110
Alexander der Große 42, 305
al-Ghazālī (Algazel) 173, 357
Alguazir, Muhammad 369, 373, 381
'Alī 370
'Alī Ibn al-'Abbās 171
Ali Puli 270f.
al-Idrīsī 199

Namenregister

al-Kindī (Alkendi) 108
Allogenes 88
al-Maʿarrī 346, 384
al-Maʾmūn 107
al-Maqdisī 150
Almeida, Manoel 398
Alpino, Prospero 86f., 92, 202
Amantius, Bartholomeus 85
Anckelmann, Eberhard 200
Angelucci, Teodoro 86
Annianus 89
Aphrodite 214
Apianus, Petrus 85
Apollonius von Tyana (Balinus) 107
Aristoteles 105
Arjuna 169
Armitage, David 21, 25, 48, 478
Arnold, Gottfried 349
ar-Rāzī 123, 231
Artabanus 88
Asclepius 81, 90
Asdrubal 397
Assmann, Jan 64
Astrābādī, Fazlallāh 109f.
Ata ibn Muhammad ibn Fathallah al-Husaini 374
Athenagoras 361
Aubert de Versé, Noël 349, 368
Aufrère, Sidney 81
August von Sachsen 227
Averroes 360
Avicenna 105, 161, 173f., 224
Azarpay Coya, Ana 451
ʿAzīz-ad-Dīn Nasafī 121
Babur 117
Bacon, Roger 155
Bahira 363, 365
Bahrām Ibn Farhād 163

Baldaeus, Philippus 178f.
Barba, Álvaro Alonso 450
Bartholin, Thomas 217, 240
Bartholomäus 454, 463f.
Bartoletti, Tomás 442
Basilius Valentinus 276
Bastian, Adolf 388, 422, 432, 435
Baudelot, César 306
Bauhin, Caspar 220f.
Bayle, Pierre 342, 346, 349, 407, 408
Bayly, Christopher 41
Beckwith, Christopher 42
Beke, Kaspar 352
Ben Abdala (Benandala), Ahmed 367-369, 381
Beneke, Friedrich Eduard 432
Benveniste, Emile 186
Bergoglio, Jorge Mario 406
Bernier, François 146-149, 179
Beroalde, Matthieu 84
Beza, Theodor 129
Bezalel 101
Bhabha, Homi 337
Biagio Pelacani da Parma 176
Biandrata, Giorgio 351f., 360f., 362
Biasiori, Lucio 177
Bibliander, Theodor 350, 389
Bigelow, Allison 471
Bignon, Abbé Jean-Paul 287, 303
Biyas / Vyasa 169
Bladel, Kevin van 88f., 150, 153
Blois, François de 379
Blumenberg, Hans 87, 430
Bocchus 397
Bochart, Samuel 212-214, 225, 232, 239, 414

Bodin, Jean 79, 80, 82-87, 90, 93, 475
Böhme, Jakob 365
Bolos von Mendes 88
Bonjour, Guillaume 322
Borch, Ole 254, 273
Borri, Giuseppe Francesco 273
Bourguet, Louis 287, 305, 390
Bouvet, Joachim 293, 303, 308, 315, 324
Bouysse-Cassagne, Thérèse 455
Böving, Johann Georg 405, 417
Boyarin, Daniel 337, 387
Boym, Michael 270, 298f., 317
Brahman 168f.
Brosseder, Claudia 441
Bruno, Giordano 138, 341f.
Buch, Leopold von 430
Buchanan, George 129
Buddha / Budhasaf 151, 153
Bull, Christian 81
Bullinger, Heinrich 360
Burke, Peter 23
Burton, Robert 227
Calasso, Roberto 435
Calvin, Jean 129, 351, 360
Cameron, John 129
Campanella, Tommaso 261
Cañizares-Esguerra, Jorge 15, 442
Cardano, Girolamo 155, 469
Cartheuser, Johann Friedrich 222
Casabona, Giuseppe 219
Casaubon, Isaac 62-64, 83f.
Castañega, Martin de 437, 462
Castell, Edmund 202, 390
Castellanos, Juan 453
Castillo, Alonso del 382

Castro, Eduardo Viveiros de 435, 466f.
Cecco von Ascoli 171, 174-176, 186
Chamberlayne, John 390, 392f., 395
Champion, Justin 375
Chapelain, Jean 146
Charles II. von England 367
Chartier, Roger 24
Cheng-Brüder (Yi und Hao) 33, 311, 328
Chézaud, Aimé 99-103, 105f., 110, 112-117, 119f., 122, 126, 159, 321, 476
Christian von Sachsen-Eisenberg 267
Chwolsohn, Daniil 157
Cicero, Marcus Tullius 91
Clarke, Samuel 359
Clemens Romanus 361
Cleyer, Andreas 253f., 256f., 266f., 270, 276
Cohn, Bernard S. 191
Colbert, Jean Baptiste 213
Collins, Anthony 349, 383
Comenius, Jan Amos 361f.
Cook, Harold 26
Cook, Michael 164
Cotterell, Charles 367f.
Couplet, Philippe 34, 254, 270
Crell, Johann 380
Crell, Samuel 348, 380
Crone, Patricia 13, 150, 379
Crossley, Pamela 48, 285
Cudworth, Ralph 63
Cumont, Franz 186
Cuper, Gisbert 194, 286-290, 292-296, 299-308, 311f., 315,

319, 322, 325f., 328, 390, 476
d'Abano, Pietro 171
d'Ailly, Pierre 155, 351
d'Herbelot, Barthelmy 200
da Orta, Garcia 200, 243
da Solcia, Zanino 177
Daeva 175
Dāmād, Mīr 105, 112
Daneau, Lambert 409
Daneshmand Khan / Mullā Šā fiʿaʾī 146f.
Daniel 50, 156, 354
Dannhauer, Johann Conrad 127, 142
Dara Shikoh, Mohammad (Shukoh) 53, 119, 147f., 166f.
Darnton, Robert 24
David, Ferenc 351, 360
Dawanay 157
Demokrit 88
Descartes, René 147
Diaz, Francisco 315f.
Diderot, Denis 48
Dilherr, Johann Michael 437
Dionysius Areopagita 44, 60
Dominicus Germanus de Silesia 96
Donellan, Keith 28
Dong Zhongshu 32
Durazzo, Luca 147
Ebreo, Leone 447
Eccellensis, Abraham (Ibrāhīm ibn Ibrāhīm ibn Dāwūd Hāqilānī) 98
Eder, Franz Xaver 459-461, 466, 468, 471
Elias von Babylon 461
Elmunin (Al Momin) 377

Emmanuel von Portugal 367
Enos 102
Epikur 340
Esquivel, Juan Galindo de 448
Eupolemos 88
Eva 133, 143, 226
Evans, Gareth 29, 36f.
Faber, Johann Matthäus 229-232, 234
Fabricius, Johann Ludwig 395, 406
Fāżilī, Mīr 110
Ficino, Marsilio 27, 66, 69, 261
Fieschi, Sinibaldi 147
Filipovic, Nenad 341
Fischer-Tiné, Harald 257
Flannery, Kristie 442
Flodrop, Graf (Karl von Wartensleben) 293f., 314f.
Fludd, Robert 111
Fogel, Martin 194f., 197-224, 228-234, 238-240, 476
Foucault, Michel 429
Fowden, Garth 81
Franck, Sebastian 362
Franken, Christian 358
Franziskus (Papst) 406
Frege, Gottlob 28
Friedrich I. von Sachsen-Gotha-Altenburg 279
Friedrich von Württemberg-Neuenstadt 229
Frischmuth, Johannes 203
Frobenius, Leo 423-425, 430
Fu Xi 45, 323, 327
Fuchs, Leonhart 220
Ǧābir ibn Ḥaiyān 108
Ǧalāl ad-Dīn as-Suyūṭī 45, 92

Galland, Antoine 287
Gamarra, Jose Orozco 451
Gaṇi, Yásovijaya 53
García, Gregorio 43 f.
Garcilaso della Vega 441, 447
Garnica, Martin de 453
Gassendi, Pierre 147
Gayōmart 162 f., 187
Geiger, Abraham 380 f.
Genebrard, Gilbert 83 f., 86
Georg III. von England 313
Georgijević, Bartolomej 207, 236
Gerhard, Johann Ernst 245 f., 394, 412 f., 416, 419-421, 423, 430, 432, 436, 439-444, 448
Gesner, Konrad 389
Ginzburg, Carlo 48, 215, 391, 442
Glauber, Johann Rudolf 265-267, 276
Góis, Bento de 184
Golius Martini, Martino 138, 183 f.,
Golius, Jacob 182-184, 355, 357, 373, 376
Gomara, Francisco Lopez de 182
Goody, Jack 60
Gorgoryos (Gregorius), Abba 397-399, 402 f.
Gottfried, Johann Ludwig 440
Graebner, Fritz 426
Grapius, Zacharias 410
Grégoire, Pierre 111
Gregor von Rimini 351
Grim, Herman Niklas 254, 257 f., 266 f., 270, 273
Grotius, Hugo 134

Gruter, Janus 308, 310
Gruzinski, Serge 15, 42 f., 52, 461
Gryphius, Andreas 71 f., 75, 77 f., 80, 119
Guadagnolo, Filippo 98
Guldi, Jo 21
Gunn, Geoffrey 285
Gutbier, Aegidius 197
Hackspan, Theodor 356, 364
Häfner, Ralph 79
Ham (Cham) 45, 74, 92, 327
Hanson, Marta 270
Harenberg, Johann Heinrich 222 f.
Hegel, Georg Wilhelm Friedrich 25, 432
Helbig (Hellwig), Christoph 262, 283
Helbig (Hellwig), Johann Otto 76, 254, 257-265, 267-283
Held, Gottfried 221 f.
Helena 197, 221
Helmont, Johann Baptist van 205
Henoch 70, 89, 90-92, 107, 111
Hera 214
Herbart, Johann Friedrich 432
Herbert of Cherbury, Edward 422
Herder, Johann Gottfried 38
Hermann, Paul 254
Hermes 19 f., 32, 44-46, 59 f., 62-64, 66-71, 74, 80 f., 83-92, 94 f., 107-109, 111, 122, 124 f., 140, 153, 162, 175, 185, 273 f., 323, 327, 329 f., 476
Herport, Albrecht 419
Hesiod 39

Heurnius, Justus 300f.
Hinckelmann, Abraham 365
Hiob 51, 92
Hippokrates 87, 92
Hobbes, Thomas 139, 340, 376
Hoffmann, Christian 75, 412-423, 430, 432, 436, 439-441, 448
Holcot, Robert 351
Holenstein, Elmar 49, 425
Homer 39, 142
Hoornbeek, Johannes 355
Horus 92
Hottinger, Johann Heinrich 346, 355-358, 360, 362, 364, 376f., 379, 381, 414
Huayna Cápac (Wayna Qhapaq) 448
Huet, Pierre-Daniel 212f., 239
Huizong (Kaiser) 310-312
Hülsemann, Johann 411
Humboldt, Wilhelm von 424
Hunt, Lynn 20-24, 26, 53-55
Huntington, Samuel 127
Huygens, Christiaan 159
Hyde, Thomas 199
Hypnos 214
Iapetus 212
Iazardo, Pedro 76
Ibn ʿAbdallāh al-Qasrī 150f., 153, 162, 176, 180, 182
Ibn al-ʿArabī 108, 121-124, 170f.
Ibn ar-Rāwandī 346, 374, 384
Ibn Ezra, Abraham 91, 153, 173
Ibn Ḥazm 373
Ibn Nawbaḫt 89, 93
Ibn Sīnā (Avicenna) 105, 161, 173f., 224
Ibn Taimīya 373

Ibn Waḥšīya 157, 170, 180
Idris 45, 70, 89, 90-92, 107, 124,
Ignatius 361
Ikhwān aṣ-Ṣafāʾ 108, 111
Illapa 439
Imouthes 81
Inti 439
Irenaeus 361
Isaac Amaraa / Isaac Amharam / Isaac ben Salomon Israeli 173
Israel, Jonathan 13, 24
Jacob 375
Jacob, James R. 376
Jacob, Margaret 376
Jahangir 178
Jakobus (Apostel) 382
Jamblich / Iamblichos von Chalkis 83
Jami, Catherine 51
Japhet 212
Jasnow, Richard 81
Jaumann, Herbert 133
Jauß, Hans Robert 87
Jean Paul 393f.
Jenkins, Leoline 367
Jeremia 143
Jerónimo Javier de Ezpeleta y Goni 105
Jesaja 142f.
Jesus / Christus 32, 62, 67, 72, 98, 100f., 106, 114, 116, 130, 133-135, 137f., 144, 149, 157, 172, 174, 176, 291-295, 298, 329, 348f., 354f., 362f., 365, 369, 371-373, 375, 377f., 382, 399, 420
Ji-Afram 162

Joachim von Fiore 176, 360
Johannes der Täufer 114
Johannes Kantakuzenos 365
Johannes von Damaskus 363, 371, 377
Joseph 322
Jungius, Joachim 195, 198, 211, 216, 259
Jurieu, Pierre 357
Justin 361
Kaʿb al-Aḥbār 45, 93, 370
Kangxi 51, 329
Kant 432
Katz, Joshua 39
Kavīndrā 147, 166
Kayvān, Āżar/Adar 160-162, 166-168
Keiter 102
Keller, Vera 274
Kerinth 361
Kircher, Athanasius 45, 63f., 66, 72-76, 91-93, 95-103, 108, 111, 114, 125f., 296-299, 317f., 321f., 420
Kirsten, Michael 230
Kishan [Krishna] 168-170, 178f.
Kolumbus, Christoph 19, 28f., 31, 44-46, 142
Konfuzius 32-36, 39, 121, 254f., 300f., 328
Koningsveld, P. S. van 375
Koschorke, Albrecht 428
Kraus, Paul 375
Kripke, Saul 28f., 36
Kunrath, Heinrich 265, 276
Kyrill von Alexandrien 378
La Croze, Mathurin Veyssière 194, 286-290, 292-297, 299-309, 311f., 314-325, 327f., 357-359, 377-381, 390, 396, 476
La Loubère, Simon de 397
La Mothe le Vayer, François 136
La Peyrère, Isaac 129-140, 142-145, 148, 163, 177, 179-185, 188
La Roche, Michel de 359
La Sena, Pietro 198
Lafitau, Joseph-François 422
Lamprecht, Karl 426
Langallerie, Marquis de 353
Lange, Johann Michael 378f.
Laozi 33
Latour, Bruno 480
Lazarelli, Ludovico 91
Lazarus, Moritz 432
Lazarus-Yafeh, Hava 364, 374
Le Clerc, Jean 348, 372
Lear, Jonathan 242
Leibniz, Gottfried Wilhelm 194f., 216, 284-288, 294-297, 301-315, 320f., 323-326, 328f., 390, 395-397, 405f., 476
Leroi-Gourhan, André 424
Levana 320
Li Shizhen 268f.,
Li Si 32
Li Zhi 340, 342
Liceti, Fortunio 225
Limborch, Philipp van 348
Liu Zhi 120-124, 329
Locke, John 348, 406
Losev, Yakov 290
Lotman, Jurij 428
Lovejoy, Arthur O. 24, 431-434
Lowenhaupt Tsing, Anna 59
Lü Dalin 310f., 314, 316

Ludekenius, Thomas (Pseudonym von Andreas Müller) 390
Ludolf, Hiob 198, 203, 390-392, 396-399, 402-404
Ludolf, Wilhelm Heinrich 391
Ludwig XIV. 144, 166
Luna, Miguel de 382
Luther, Martin 360f.
MacCormack, Sabine 15, 43
MacIntyre, Alasdair 242, 244
Macrobius 84, 93
Mahabad 162, 185
Mahadeva 168f.
Maimonides, Moses 157, 180
Major, John 351
Mandelslo, Johann Albrecht von 417-419
Mann, Thomas 68
Manni da Salo, Gian Giacomo 86
Maracci, Ludovico 378
Marana, Giovanni Paolo 144-149, 159, 166
Marcus, George 40
Maria 172, 341, 378, 382, 436
Martini (Kardinal) 406
Maslama ibn Qāsim al-Qurṭubī 108
Masson, Philippe 184, 300f., 326
Mavrokordatos, Alexandros 234-237
Mayr, Dominicus 457f., 466, 468
Medici, Cosimo de 69
Medina, Bartolomé de 450f.
Megasthenes 151
Mehmet 144, 146
Meier, Gebhard Theodor 410f.
Meister, George 254
Melcun 375
Melius, Peter 355
Menasse ben Israel 180
Mendez, Alfonso 398
Mendoza, Ruiz de 459
Mentzel, Christian 314
Menzius 32, 121
Merlin 175
Messerschmidt, Daniel Gottlieb 326
Messus 88
Meyer, Sergeant 245
Michaelis, Johann David 313
Michelet, Jules 48
Mill, David 380f.
Mill, John Stuart 28
Mills, John 366
Mirza ʿAbd ar-Raḥīm 119
Misraim (Mizraim) 74
Mohammed 105, 110, 114, 121, 123, 144, 150, 168, 272, 341, 363, 365, 369-371, 376-382, 384-386
Mohammed ibn Yūsuf al-Sanūsī 118
Montalto, Elijah 349
Montano, Benito Arias 43
Montesquieu, Baron de 144
Moritz von Nassau 367
Mose (Moses) 60, 83, 89, 96-101, 103, 112, 114, 130f., 140, 144, 172, 175, 180, 224-226, 321, 372, 414, 476
Müller, Andreas 198, 202, 205, 302, 304, 314, 390-393
Müller, Reiner 217
Nadājli Sarī Abdürraḥmān 340-342

Nagy de Harsany, Jacob 207
Nardi, Giovanni 74
Naṣīr ad-Dīn Ṭūsī 183 f.
Naudé, Gabriel 349
Nestorius 375
Neuser, Adam 352-354, 358, 366, 368
Newman, William 244
Newton, Isaac 183, 348
Nicotheus 88
Niewöhner, Friedrich 144
Nikolaus von Kues (Cusanus) 116, 365, 371, 385
Nizolio, Mario 209
Noah 45, 74, 102, 212, 327, 414
Nointel, Marquis de 147
Oberndorffer, Johann 204
Obicini, Tommaso 96-99
Ochino, Bernardino 361
Odysseus 142
Oedipus 299
Oelven, Johann Heinrich 359
Oldenburg, Henry 199
Olearius, Adam 198
Olier, Charles François 147
Orellana, Francisco de 469
Orobio de Castro 349
Osiris 45, 74, 92, 317
Osterhammel, Jürgen 18, 24, 359
Outis 142
Ouyang Xiu 284, 310
Pachakamaq 438, 441, 455, 459
Padtbrugge, Robert 253
Pandorus 89
Paracelsus 205
Pasithea 214
Patrizi, Francesco 86
Paullini, Christian Franz 283

Paulus 60, 129-131, 133, 137 f., 303, 348, 375, 377, 379, 381, 385
Persio, Antonio 86
Pescennius Niger 227
Petau, Denis 361, 385
Peter der Große 289
Petit, Pierre 233, 468
Peucer, Caspar 437
Pico della Mirandola, Giovanni 111
Pidou de Saint-Olon, François 148
Pidou de Saint-Olon, Louis-Marie 148
Pignoria, Lorenzo 71, 78
Pines, Shlomo 379, 381
Pingree, David 175
Pizarro, Hernando 438, 459, 469
Platon 40, 61, 69, 83, 105, 432, 476
Plinius 399, 415
Pocock, John G. A. 41, 357, 478
Pococke, Edward 199, 232 f., 373
Polo, Marco 37
Polycarp 361
Poma, Guamán 472 f.
Pomata, Gianna 270
Pomponazzi, Pietro 136
Popkin, Richard 129
Porphyrius 84, 88
Poseidon 212
Prideaux, Humphrey 357
Principe, Lawrence 244
Prometheus 140 f.
Przypkowsky, Samuel 348
Psalmanazaar, George 392

NAMENREGISTER

Putnam, Hilary 29, 34
Pyrrho 42
Pythagoras 40, 62, 476
Qāzī Saʿīd Qommī 159, 161
Quenstedt, Johann 411
Quevedo, Francisco Gómez de 453
Radziwill, Nicolaus Christoph 77, 79
Raja Jada 169
Rama / Ramchand 168f., 179
Ranke, Leopold 48
Raphael, Renée 453
Ratzel, Friedrich 423f., 426, 433
Re, Domenico da 86
Reimmann, Jakob Friedrich 346, 405, 417
Reiske, Johann Jakob 346, 384
Reland, Adriaan 287, 289f., 292, 299, 302, 359, 380, 390
Rembrandt 178
Renan, Ernest 170
Reuchlin, Johannes 116
Rhine, Willem te 254
Ricci, Matteo 184, 293, 328, 406
Ricoldus von Montecrucis 365
Rinaldi, Odorico 177
Rio, Gabriel del 448
Rio, Martin del (Delrio) 462
Risio, Sergio (Sarkis ar-Ruzzi) 97
Robert of Ketton 350
Rogerius, Abraham 413f.
Roling, Bernd 238
Ross, Alexander 414, 438
Rosselli, Annibale 90-92, 94
Roth, Heinrich 147
Rudbeck, Oluf 164, 305

Rumpf, Georg Eberhard 247, 252, 259
Rycault, Paul 199
Saar, Johann Jakob 417-419
Sachs von Löwenheim, Philipp Jakob 75
Sacrobosco 174
Saʿd al-Dīn al-Ḥammūʾī 121f., 124
Ṣadrā, Mullā 105, 108, 112
Sagrith 157
Saif Ibn ʿUmar at-Tamīmī 375
Ṣāʾin ad-Dīn Ibn Turka 111
Salomo 44, 175
Salzberger, Paul 227
Sambucus, Johannes 227
Sanchoniathon 140
Sand, Christoph 362f., 371-373, 377
Šaraf ad-Dīn ʿAlī Yazdī 111
Saumaise, Claude 139, 180-183
Scaliger, Joseph Justus 86, 128, 230, 414
Schapur I. 88
Scheffer, Sebastian 256
Schelhammer (Schellhammer), David 245
Schellhammer, Günter Christoph 198
Schiltberger, Hans 389
Schlegel, Paul Marquard 195f.
Schmidt, Benjamin 276
Schmidt, Wilhelm 422f.
Schönborner, Johann Christian 72
Schröder, Wilhelm von 275
Seaman, William 200f., 207
Seidel, Martin 358
Selden, John 226, 414

Sendivogius, Michael 265 f., 276
Seneca 141
Sergius 365
Servet, Michel (Michael Servetus, Miguel Serveto) 350-352, 359 f., 362, 384
Seth 102, 107 f., 111
Shah Jahan 166, 168, 178
Shao Yang 33
Shay-Kaliv 162
Shihuangdi (Qin-Kaiser) 31
Siculus Diodor 81, 85, 138, 177, 321
Siger von Brabant 135
Sigismund, Johann 351
Sigüenza y Góngora, Carlos 463
Simon Magus 175, 361
Simon, Richard 234-237
Sissinios (Kaiser) 397
Smith, Pamela 42
Smith, Thomas 232
Smith, William 429
Sokrates 216
Sozzini, Fausto 134, 344, 354, 361, 380
Sozzini, Lelio 361, 372
Spengler, Oswald 429
Sperling, Otto 287, 304 f.
Spiekermann, Björn 409
Spinoza, Baruch de 139
Spitzel (Spizel), Gottlieb (Theophil) 142, 317 f., 321
Stern, Samuel 375
Sterne, Lawrence 48
Stolzenberg, Daniel 96
Stubbe, Henry 349, 363, 376 f., 381, 385, 387
Subrahmanyam, Sanjay 15, 119, 477

Suhrawardī, Šihāb ad-Dīn Yaḥyā 105, 108 f., 112, 159, 161
Sydenham, Thomas 196
Tachenius, Otto 261
Tat / Thot 62, 81 f., 91
Tatian 361
Tellez, Baltasar 398
Tennison, Thomas 367 f.
Tertullian 361
Texcatlipoca 437
Thales 62
Theophil 361
Thevenot, Jean 207
Thevet, André 86
Thomas (Apostel) 463
Thomas von Aquin 84
Thurneysser, Leonard 204
Tietze, Andreas 213 f.
Toland, John 349, 381, 383, 385, 387
Torres de Ulloa, Pedro 453
Trautman, Thomas 128, 149
Turnèbe, Adrien 84
Turretini, François 134
Typhon 317
Urquiçu, Juan de 453
Ursinus, Johann Heinrich 139-142
Valdés, Juan de 361
Valla, Lorenzo 209
Valle, Pietro della 51, 96, 231, 346
Vashista / Bashist 167-169
Vehe (Glirius), Matthias 352, 358
Vergil 293
Vermeulen, Han 326
Vico, Giambattista 38

Viracocha / Wiraqucha 439, 441, 464
Vishnu 168f., 178
Voetius, Gisbert 409-411
Voltaire 407, 421
Vorst, Willem Hendrik 365f., 369, 371f.
Vossius, Gerhard Johannes 414, 439
Wagenseil, Johann Christoph 142f., 378
Wahb Ibn Munabbih 370
Waitz, Theodor 432
Walton, Brian 202, 390
Wang Bi 33, 121,
Wang Fu 310
Wang Mingqing 312
Warburg, Aby 54, 186f., 426f., 429
Wari / Tio 455f.,
Wasson, Gordon 215
Watkins, Calvert 38
Wedel, Georg Wolfgang 76, 195-198, 203-206, 209, 211f., 215f., 221f., 234, 240
Weerdt, Hilde de 311
Weigel, Erhard 415f., 423
Welsch, Georg Hieronymus 200, 202, 219f., 223-233
Whiston, William 348
White, Hayden 47
Wiegers, Gerard 369
Wieland (Guilandinus), Melchior 86f.
Wilhelm von Ockham 351
Wilkens, David 390
Wiszowaty, Andrej 348
Witsen, Nicolaas 179, 287, 289-292, 294, 299, 302, 307, 325, 390, 395-397
Witzel, Michael 425
Wolf, Johann Christoph 287
Wolff, Christian 34
Xu Fu 34
Xunzi 32
Yanbushar 157
Yasan 162
Zauzich, Karl-Theodor 81
Zayyn al-Dīn al Lāri 51
Zhang Xingyao 328f.
Zhang Zai 311
Zhao Jiucheng 310
Zhu Xi 33f., 121, 328
Zoroaster (Zarathustra) 27, 59, 88, 140, 160, 174f., 365
Zostrianus 88
Zwicker, Daniel 361f.,
Zwingli, Huldrych 360f.